Die Parteiautonomie im europäischen Erbrecht

Schriften der
Deutsch-Spanischen
Juristenvereinigung

Schriftleitung:
Lutz Carlos Moratinos Meissner, LL.M.
(Vorstandsmitglied der DSJV)

Wissenschaftlicher Beirat:
Prof. Dr. Juan Hernandez Martí
Prof. Dr. Stefan Leible

Band 52

PETER LANG

Teresa Puig Stoltenberg

Die Parteiautonomie im europäischen Erbrecht

PETER LANG

Bibliografische Information der Deutschen Nationalbibliothek
Die Deutsche Nationalbibliothek verzeichnet diese Publikation in der Deutschen Nationalbibliografie; detaillierte bibliografische Daten sind im Internet über http://dnb.d-nb.de abrufbar.

Zugl.: Hamburg, Univ., Diss., 2018

Umschlagabbildung:
Logo der Deutsch-Spanischen Juristenvereinigung e.V.

D 18
ISSN 1433-884X
ISBN 978-3-631-78424-2 (Print)
E-ISBN 978-3-631-79687-0 (E-PDF)
E-ISBN 978-3-631-79688-7 (EPUB)
E-ISBN 978-3-631-79689-4 (MOBI)
DOI 10.3726/b15927

Peter Lang – Frankfurt am Main · Bern · Bruxelles · New York · Oxford · Warszawa · Wien

Diese Publikation wurde begutachtet.

www.peterlang.com

Meiner Oma

„Mufasa: Die Herrschaft eines Königs geht auf und unter wie die Sonne. Eines Tages, Simba, geht die Sonne meiner Herrschaft auch unter und geht mit dir als neuer König wieder auf.

Simba: Dann gehört mir das alles?“
Der König der Löwen, 4. Szene: Das Ist Unser Königreich

Vorwort und Danksagung

Diese Dissertation wurde im Wintersemester 2018/19 von der Fakultät für Rechtswissenschaft der Universität Hamburg angenommen. Sie beinhaltet im Wesentlichen den Stand der Veröffentlichungen bis Oktober 2018, zum Teil auch bis April 2019.

Mein größter Dank gilt meinem Doktorvater, Herrn Prof. em. Dr. Dr. h.c. mult. Jürgen Basedow, der mich nach meiner Magisterarbeit dazu ermutigt hat, eine Doktorarbeit zu schreiben. Ohne seinen Anstoß wäre dieses Werk nicht entstanden. Für die Erstellung des Zweitgutachtens möchte ich mich bei Herrn Prof. Dr. Dr. h.c. Marian Paschke bedanken.

Den Professoren Jesús Gómez Taboada und Jorge Luis Collantes González bin ich sehr dankbar, dass sie während meines Jurastudiums an der Universitat Internacional de Catalunya ein Interesse an internationalen Erbfällen in mir weckten. Professor Gómez Taboada danke ich insbesondere dafür, dass er mir bereits im Jahr 2012 das Buch „La professio iuris sucesoria“ von seinem Freund Josep M. Fontanellas Morell schenkte. Wie von ihm richtig vermutet, hat das Werk mich tatsächlich erst ein paar Jahre später in seinen Bann gezogen. Dafür dann aber richtig.

Die Arbeit entstand während meiner Tätigkeit als wissenschaftliche Assistentin am Max-Planck-Institut für ausländisches und internationales Privatrecht. Einen besseren Ort hätte ich mir für die Recherche nicht vorstellen können. Ich betrachte es als ein Privileg, Zugang zur Institutsbibliothek, die eine der weltweit umfangreichsten Sammlungen zum internationalen Privatrecht und zu ausländischen Zivilrechtsordnungen in allen Sprachen besitzt, gehabt zu haben. Zudem war der wissenschaftliche Austausch am Institut sehr bereichernd. Stellvertretend für alle Kolleginnen und Kollegen möchte ich mich bei Frau Prof. Dr. Caroline S. Rupp und Herrn Dr. Carl-Friedrich Thoma bedanken.

Ein ganz besonderer Dank geht an meine treuste Weggefährtin: Frau Dr. Sophie Victoria Knebel. Sie hat nicht nur meine Dissertation sorgfältig gegengelesen, sondern hat mich auch moralisch am meisten während meiner gesamten Promotionszeit unterstützt und erheitert. Des Weiteren möchte ich Frau Dr. Alice Margarete Möller danken, die ich während meiner Teilnahme am Programme in European Private Law for Postgraduates kennengelernt habe, und die mir jederzeit in fachlichen Fragen mit Rat und Tat zur Seite stand.

Der Deutsch-Spanischen Juristenvereinigung gilt mein Dank für die Aufnahme dieser Arbeit in ihre Schriftenreihe und für die Gewährung eines großzügigen Druckkostenzuschusses.

Zuletzt möchte ich natürlich auch noch meiner Familie, insbesondere meinen Eltern, Joan Puig Cayuela und Heidrun Stoltenberg, sowie meinem Mann, Tim Möllers, dafür danken, dass sie mich stets unterstützt und an mich geglaubt haben. Tim danke ich zudem ganz besonders, dass er mit viel Liebe und Geduld die einzelnen Puzzleteile meiner Dissertation zusammengefügt und ein ganzes Bild daraus gemacht hat.

Inhaltsverzeichnis

Abkürzungsverzeichnis ... 17

Einleitung ... 23

Erstes Kapitel: Kollisionsrechtliche Privatautonomie im europäischen Erbrecht ... 27

A Definition des Instruments der Rechtswahl ... 27

B Historische Perspektive der *professio iuris* ... 34

I Die südamerikanischen Zivilgesetzbücher des 19. Jahrhunderts ... 36

II Der italienische *codice civile* von 1865 ... 39

III Die Schweiz ... 41

IV Die Vereinigten Staaten von Amerika ... 43

C Die Rechtswahlmöglichkeiten im europäischen Erbrecht vor Inkrafttreten der Erbrechtsverordnung ... 44

I Völkerrechtliche Übereinkommen: Das Haager Abkommen über das auf die Rechtsnachfolge von Todes wegen anzuwendende Recht von 1989 ... 44

II Die begrenzten Rechtswahlmöglichkeiten in den autonomen IPR-Vorschriften der europäischen Länder ... 49

1 Rechtswahl zugunsten des Heimat- und Aufenthaltsrechts des Erblassers (Modell HÜErb) 50

a) Niederlande ... 51

b) Belgien ... 54

c) Finnland ... 58

d) Liechtenstein ... 61

e) Polen ... 64

f) Tschechien ... 66

g) Schweden (Entwurf) ... 68

h) Nichteuropäische Länder ... 68
i) Zwischenfazit ... 70
2 Rechtswahl zugunsten des Rechts des gewöhnlichen Aufenthalts des Erblassers ... 71
a) Italien ... 71
b) Südkorea ... 75
3 Rechtswahl zugunsten des Rechts der Staatsangehörigkeit des Erblassers (Modell EU-ErbVO) ... 76
a) Rumänien ... 76
b) Estland ... 79
c) Schweiz ... 81
d) Bulgarien ... 84
e) Frankreich (Entwurf) ... 87
f) Ukraine ... 88
g) Weißrussland ... 90
h) Nichteuropäische Länder ... 92
i) Zwischenfazit ... 93
4 Teilrechtswahl zugunsten der lex rei sitae ... 94
a) Deutschland ... 94
b) Nichteuropäische Länder ... 97
5 Andere Rechtswahlmöglichkeiten ... 98
a) Moldawien ... 98
b) Dänemark ... 100
c) Österreich (Entwurf) ... 103
d) Nichteuropäische Länder ... 104
D Fazit. Die bisherige Rolle der Parteiautonomie im europäischen Erbkollisionsrecht ... 106

Zweites Kapitel: Die Rechtswahl in der europäischen Erbrechtsverordnung und ihre Schranken *de lege lata* ... 111

A Die neue Erbrechtsverordnung im Rahmen der Vereinheitlichung des Kollisionsrechts in Europa ... 111

B Die allgemeine Zuständigkeit in Artikel 4 und die objektive Anknüpfung an den letzten gewöhnlichen Aufenthalt des Erblassers in Art. 21 EU-ErbVO ... 117

C Die Einführung einer begrenzten Rechtswahlmöglichkeit in Art. 22 EU-ErbVO ... 129

I Formerfordernisse und Wirksamkeitsvoraussetzungen ... 133

II Beschränkung auf die Wahl des Heimatrechts des Erblassers ... 138

III Beschränkung auf den gesamten Nachlass ... 143

IV Andere Einschränkungen ... 151

D Die in Art. 5 EU-ErbVO erlaubte Gerichtsstandsvereinbarung ... 155

E Alternative Vorschläge in unterschiedlichen Stellungnahmen ... 161

I Erweiterung des Kreises der wählbaren Rechte ... 163

1 Das Recht einer früheren Staatsangehörigkeit 163

2 Das Aufenthaltsrecht ... 164

3 Das Güterstatut des Erblassers ... 167

4 Das Recht am Ort der Belegenheit des Grundstücks ... 169

5 Für gemeinschaftliche Testamente und Erbverträge: das Heimat- oder Aufenthaltsrecht von nur einem Erblasser im Zeitpunkt der Rechtswahl ... 170

6 Andere Rechte ... 170

7 Freie Rechtswahl? ... 172

II Zulassung einer Teilrechtswahl ... 172

III Fazit ... 173

F Anwendungsfragen der europäischen Erbrechtsverordnung ... 175

I Die Reichweite des Erbstatuts und seine Abgrenzung zu anderen Statuten ... 175

1 Errichtungs- und Formstatut ... 177
2 Güterrechtsstatut ... 179
3 Gesellschaftsstatut ... 182
4 Sachenrechtsstatut ... 184
5 Andere Statute ... 188
II Wirkung der Rechtswahl ... 192
1 In einseitigen Testamenten ... 192
2 In gemeinschaftlichen Testamenten ... 194
3 In Erbverträgen ... 195
4 In Rechtsgeschäften unter Lebenden auf den Todesfall? ... 197
a) In Schenkungen auf den Todesfall ... 197
b) In Verträgen zugunsten Dritter auf den Todesfall ... 198
c) In weiteren Rechtsgeschäften ... 199
III Rechtswahl im Verhältnis zu Mehrrechtsstaaten .. 200
IV Änderung und Widerruf der Rechtswahl ... 214

G Fazit. Die Aufnahme einer (sehr) beschränkten *professio iuris* in der europäischen Erbrechtsverordnung ... 218

Drittes Kapitel: Analyse einer umfassenderen Rechtswahlfreiheit im Erbkollisionsrecht *de lege ferenda* ... 227

A Das Bedürfnis nach mehr Parteiautonomie im europäischen Erbrecht ... 227

B Vorteile einer weitläufigeren *professio iuris* ... 229

C Nachteile einer ausgedehnteren erbrechtlichen Rechtswahl ... 235
I Entgegenstehende Interessen der Familienmitglieder und des Ehegatten ... 235
1 Die Rechtswahl als Umgehungsmechanismus – Pflichtteilsshopping? ... 236

a) Der Konflikt zwischen der Testierfreiheit und dem Pflichtteilsrecht 238

b) Ein Blick auf die spanische legítima im Gegensatz zur Freedom of Testation im Common Law 248

aa) Das Noterbrecht des Código Civil 249

bb) Die (absolute) Testierfreiheit im anglo-amerikanischen Rechtskreis 255

(1) Das englische Recht 255

(2) Das amerikanische Recht 261

2 Der ordre public-Vorbehalt i.V.m. der vom Bundesverfassungsgericht geforderten Mindestteilhabe der Abkömmlinge am Nachlass bei Anwendung eines ausländischen Rechts, das kein Pflichtteilsrecht kennt 266

3 Fazit zu den entgegenstehenden Interessen naher Angehöriger 274

II Andere entgegenstehende Interessen 277

1 Entgegenstehende Interessen Dritter 277

2 Entgegenstehende staatliche Interessen 279

3 Entgegenstehende Ordnungsinteressen i.Z.m. der Zulassung einer Gerichtsstandsbestimmung durch den Erblasser 281

III Eintritt der Nachlassspaltung bei einer Teilrechtswahl 285

IV Der möglich fehlende Bezug zum anwendbaren Erbrecht bei Zulassung einer freien Rechtswahl 286

D Abwägung zugunsten höherrangiger Interessen. Befürwortung einer umfassenderen Willensfreiheit 287

E Erweiterungsmöglichkeiten der erbrechtlichen Rechtswahl *de lege ferenda* 290

I Durch einen erweiterten Katalog an wählbaren Rechten 291

II Durch die Einführung einer Rechtswahl zugunsten jeder Rechtsordnung, zu der eine objektive Beziehung besteht 297
III Durch die Zulassung einer freien Rechtswahl 302
1 Begriff einer unbegrenzten Rechtswahlfreiheit 304
a) Berufung des Rechts jedes beliebigen Staates der Welt 304
b) Anerkennung der Wahl nichtstaatlichen Rechts im Erbrecht? 307
2 Vergleich zur Rechtswahlfreiheit im (vertraglichen und außervertraglichen) Schuldrecht und Ablehnung einer freien Rechtswahl im Erbrecht 312
IV Durch den Eintritt einer gespaltenen Rechtswahl zugunsten einzelner Nachlassgegenstände *(dépeçage volontaire)* 332
F Lösungsvorschlag: die Zulassung eines „offenen" Katalogs an wählbaren Rechten (auch zugunsten einzelner Vermögenswerte) 335

Schlussfolgerungen und Ausblick auf eine größere Rechtswahlfreiheit im europäischen Erbkollisionsrecht 343

Literaturverzeichnis 347

Anhang 389

Abbildungsverzeichnis 397

Abkürzungsverzeichnis

Abb.	Abbildung
ABGB	Allgemeines Bürgerliches Gesetzbuch (Österreich)
AEUV	Vertrag über die Arbeitsweise der Europäischen Union
a.F.	alte Fassung
allg.	allgemeine
alt.	altes
AP	Audiencia Provincial
Art.	Artikel
AVAG	Liechtensteinisches Gesetz vom 4. Dezember 1911 betreffend die Abhandlung der Verlassenschaften von Ausländern LGBl 1911/6
BeckOGK	beck-online.Grosskommentar
belg. IPRG	belgisches Internationales Privatrechtgesetz
BGH	Bundesgerichtshof
BR	Bundesrat
Brüssel Ia-VO	Verordnung (EU) Nr. 1215/2012 über die gerichtliche Zuständigkeit und die Anerkennung und Vollstreckung von Entscheidungen in Zivil- und Handelssachen
Brüssel IIa-VO	Verordnung (EG) Nr. 2201/2003 über die Zuständigkeit und die Anerkennung und Vollstreckung von Entscheidungen in Ehesachen und in Verfahren betreffend die elterliche Verantwortung und zur Aufhebung der Verordnung (EG) Nr. 1347/2000
bulg. IPRG	bulgarisches Internationales Privatrechtgesetz
BVerfG	Bundesverfassungsgericht
BWNotZ	Zeitschrift für das Notariat in Baden-Württemberg
bzw.	Beziehungsweise
CC	Código Civil (spanisches Zivilgesetzbuch)
CCCat	Codi Civil de Catalunya (katalanisches Zivilgesetzbuch)
CCQ	Code Civil du Québec (Zivilgesetzbuch von Québec)
CDCFN	Compilación del Derecho Civil Foral de Navarra
CDT	Cuadernos de Derecho Transnacional
CE	Constitución Española (spanische Verfassung)
CEFL	Commission on European Family Law
CISG	United Nations Convention on Contracts for the International Sale of Goods

COSAC	Conference of Community and European Affairs Committees of Parliaments of the European Union (Konferenz der Ausschüsse für Gemeinschafts- und Europa-Angelegenheiten der Parlamente der Europäischen Union)
DDR	Deutsche Demokratische Republik
d.h.	Das heißt
DNotI	Deutsches Notarinstitut
DNotZ	Deutsche Notar-Zeitschrift
Drs.	Drucksache
DStR	Deutsches Steuerrecht
endg.	endgültig
EPLJ	European Property Law Journal
EPTL	Estates, Powers and Trusts Law
ERCL	European Review of Contract Law
ESR	European Succession Regulation
estn. IPRG	estnisches Internationales Privatrechtgesetz
EU	Europäische Union
EU-ErbVO	Europäische Erbrechtsverordnung/Verordnung (EU) Nr. 650/2012 über die Zuständigkeit, das anzuwendende Recht, die Anerkennung und Vollstreckung von Entscheidungen und die Annahme und Vollstreckung öffentlicher Urkunden in Erbsachen sowie zur Einführung eines Europäischen Nachlasszeugnisses
EuGH	Gerichtshof der Europäischen Union
EuUntVO	Europäische Unterhaltsverordnung/Verordnung (EG) Nr. 4/2009 über die Zuständigkeit, das anwendbare Recht, die Anerkennung und Vollstreckung von Entscheidungen und die Zusammenarbeit in Unterhaltssachen
EUV	Vertrag über die Europäische Union
Evtl.	Eventuell
EVÜ	Europäisches Schuldvertragsübereinkommen (Übereinkommen über das auf vertragliche Schuldverhältnisse anzuwendende Recht vom 19. Juni 1980)
EWS	Europäisches Wirtschafts- und Steuerrecht
FamRZ	Zeitschrift für das gesamte Familienrecht
Ff.	Fortfolgende
GG	Grundgesetz
Ggf.	Gegebenenfalls

GPR	Zeitschrift für das Privatrecht der Europäischen Union (Früher: Zeitschrift für Gemeinschaftsprivatrecht)
Grdz.	Grundzüge
HCCH	Hague Conference on Private International Law
HeimG	Heimgesetz
h.M.	Herrschende Meinung
HmbWBG	Hamburgisches Wohn- und Betreuungsqualitätsgesetz
Hrsg.	Herausgeber
HUP	Haager Unterhaltsprotokoll (Haager Protokoll über das auf Unterhaltspflichten anzuwendende Recht vom 23.11.2007)
HÜErb	Haager Übereinkommen über das auf die Rechtsnachfolge von Todes wegen anzuwendende Recht vom 1. August 1989
i.d.F.	in der Fassung
i.e.	id est
IPR	Internationales Privatrecht
IPRax	Praxis des Internationalen Privat- und Verfahrensrechts
IPRG	Internationales Privatrechtsgesetz
ital. IPRG	italienisches Internationales Privatrechtgesetz
i.V.m.	Im Verhältnis mit
i.Z.m.	In/Im Zusammenhang mit
IZVR	Internationales Zivilverfahrensrecht
JA	Juristische Arbeitsblätter
JN	Liechtensteinisches Gesetz vom 10. Dezember 1912 über die Ausübung der Gerichtsbarkeit und die Zuständigkeit der Gerichte in bürgerlichen Rechtssachen (Jurisdiktionsnorm) LGBl 1912 Nr. 9/2, LR 272.0
KG	Kammergericht
LDCFPV	Ley del Derecho Civil Foral del País Vasco
LGBl	Landesgesetzblatt
Liecht. IPRG	Liechtensteinisches Internationales Privatrechtgesetz
lit.	Littera (Buchstabe)
LOPJ	Ley Orgánica del Poder Judicial (Spanien)
LRDC	Loi fédérale sur les rapports de droit civil des citoyens établis ou en séjour, du 25 juin 1891 (Schweiz)
m.E.	meines Erachtens
m.H.v.	mit Hilfe von
MittRhNotK	Mitteilungen der Rheinischen Notarkammer
mold. ZGB	moldawisches Zivilgesetzbuch
MüKoBGB	Münchener Kommentar zum BGB

m.w.N.	mit weiteren Nachweisen
NAG	Schweizer Bundesgesetz betreffend die zivilrechtlichen Verhältnisse der Niedergelassenen und Aufenthalter vom 25. Juni 1891
n.F.	neue Fassung
NIPR	Nederlands Internationaal Privaatrecht
NJW	Neue Juristische Wochenschrift
obj.	objektive
o.J.	Ohne Jahrgang
österr. IPRG	österreichisches Internationales Privatrechtgesetz
PECL	Principles of European Contract Law
PK	Perintökaari (finnisches Erbrechtsgesetz)
PKW	Personenkraftwagen
poln. IPRG	polnisches Internationales Privatrechtgesetz
PrPrywM	Ustawa Prawo prywatne międzynarodowe (poln. IPRG)
RabelsZ	Rabels Zeitschrift für ausländisches und internationales Privatrecht
RB	Republik Belarus
RIW	Recht der Internationalen Wirtschaft
Rn	Randnummer
RNotZ	Rheinische Notar-Zeitschrift
Rom I-VO	Verordnung (EG) Nr. 593/2008 über das auf vertragliche Schuldverhältnisse anzuwendende Recht (Rom I)
Rom II-VO	Verordnung (EG) Nr. 864/2007 über das auf außervertragliche Schuldverhältnisse anzuwendende Recht (Rom II)
Rom III-VO	Verordnung (EU) Nr. 1259/2010 zur Durchführung einer Verstärkten Zusammenarbeit im Bereich des auf die Ehescheidung und Trennung ohne Auflösung des Ehebandes anzuwendenden Rechts (Rom III)
rumän. IPRG	rumänisches Internationales Privatrechtgesetz
rumän. ZGB	rumänisches Zivilgesetzbuch
schweiz. IPRG	schweizerisches Internationales Privatrechtgesetz
sog.	sogenannte
StAZ	Zeitschrift für Standesamtswesen, Familienrecht, Staatsangehörigkeitsrecht, Personenstandsrecht, internationales Privatrecht des In- und Auslands
STS	Sentencia del Tribunal Supremo (Urteil des obersten spanischen Gerichtshofs)
TS	Tribunal Supremo (oberster spanischer Gerichtshof)
tschech. IPRG	tschechisches Internationales Privatrechtgesetz

u.a.	unter anderen
ukr. IPRG	ukrainisches Internationales Privatrechtgesetz
UNIDROIT	Principles from the International Institute for the Unification of Private Law
UN-Kaufrecht	United Nations Convention on Contracts for the International Sale of Goods
UPC	Uniform Probate Code
Vgl.	Vergleiche
VO	Verordnung
Vorbem.	Vorbemerkungen
WCErf.	Wet conflictenrecht erfopvolging 04.09.1996
WiRO	Wirtschaft und Recht in Osteuropa
z.B.	Zum Beispiel
ZErb	Zeitschrift für die Steuer- und Erbrechtspraxis
ZEV	Zeitschrift für Erbrecht und Vermögensnachfolge
ZGB	Zivilgesetzbuch
ZNotP	Zeitschrift für die Notarpraxis
ZPO	Zivilprozessordnung

Einleitung

Viele Menschen treffen im Laufe ihres Lebens Entscheidungen, die später (bewusst oder unbewusst) zu einem internationalen Erbfall führen können. So zum Beispiel der Erwerb einer ausländischen Immobilie, die Eheschließung mit einem nicht deutschen Partner oder die Verlagerung des gewöhnlichen Aufenthalts ins Ausland. Und manchmal geht es dann schneller als erwartet und plötzlich steht er vollkommen unangekündigt vor der Tür: der internationale Erbfall.[1] Auch schon das kleinste Auslandselement kann ihn auslösen. Das Konto in der Schweiz, das Ferienhäuschen am Mittelmeer oder verschiedene Staatsangehörigkeiten innerhalb der Familie.

Die Europäische Kommission schätzt, dass sich allein in Europa jedes Jahr über 450.000 Erbfälle mit Auslandsberührung und einem Nachlasswert von ca. 120 Milliarden Euro ereignen. Das bedeutet, dass rund 10% aller Erbfälle in der EU einen internationalen Bezug aufweisen.[2] Dies verwundert nicht, denn die Lebensverhältnisse der Menschen sind wesentlich internationaler geworden. Die Wanderungsströme zwischen den Mitgliedstaaten steigen. Über eine Million Menschen lassen sich jährlich in einem anderen Mitgliedstaat nieder. Nach einer Schätzung der deutschen Banken besitzen über 800.000 Deutsche Immobilien in anderen Mitgliedstaaten. Davon befinden sich ca. 300.000 in Spanien.[3] Auch die

1 Siehe in diesem Zusammenhang die philosophisch-rechtliche Einführung zum Internationalen Erbrecht von Popescu, Dan Andrei. (2007, Seite 277–279) auf Seite 278: „Death is ever present, testimony of the ephemeral and perishable nature of our wandering on Earth."

2 Siehe zu den Zahlen Wilke, Felix M. (2012, RIW, Seite 601), Kindler, Peter. (2010, Seite 252), Lange, Knut Werner. (2011, Seite 427), Maltry, Renate. (2012, Seite 156) sowie folgende Pressemitteilung: http://www.europarl.europa.eu/news/en/press-room/20120313IPR40564/making-cross-border-inheritances-easier (zuletzt geprüft am 28.12.2018).

3 Siehe zu den Statistiken zu Wanderungsströmen und Migrantenbevölkerung in der EU: http://ec.europa.eu/eurostat/statistics-explained/index.php/Migration_and_migrant_population_statistics/de (zuletzt geprüft am 28.12.2018). Siehe außerdem den Beitrag zu den Fakten und Formen der Mobilität der Europäer von Nick, Christian. (2008, Seite 315–316), sowie die im Jahr 2008 von der Kommission erstellten Studie zur geographischen Mobilität in der Europäischen Union, abrufbar unter: http://ec.europa.eu/social/BlobServlet?docId=513&langId=de (zuletzt geprüft am 28.12.2018). Zu den

Zahl der Doppel- und Mehrstaater nimmt international zu. In Deutschland leben beispielsweise etwa drei Millionen Personen mit doppelter Staatsangehörigkeit.[4]

Welches Recht auf einen grenzüberschreitenden Erbfall Anwendung findet, richtet sich seit dem 17.08.2015 nach den Vorschriften der europäischen Erbrechtsverordnung. Nach ihr wird in der Regel objektiv an das Recht des letzten gewöhnlichen Aufenthalts des Erblassers angeknüpft. Doch auch das Institut der Rechtswahl, um das es hauptsächlich in dieser Arbeit geht, hat erfreulicherweise den Weg in die Verordnung gefunden. Unter der erbrechtlichen Rechtswahl oder *professio iuris* ist die dem Erblasser eingeräumte Befugnis zu verstehen, in einer letztwilligen Verfügung von Todes wegen, das auf seinen Erbfall anwendbare Recht selbst zu bestimmen. Gemäß Art. 22 Abs. 1 EU-ErbVO kann der Erblasser aber lediglich sein *Heimatrecht* im Zeitpunkt der Rechtswahl oder im Zeitpunkt seines Todes für seine *gesamte* Rechtsnachfolge von Todes wegen wählen.

Die vorliegende Arbeit setzt sich allerdings nicht nur mit der gegenwärtigen, sondern auch mit der vergangenen und insbesondere mit der zukünftigen Parteiautonomie im europäischen Erbkollisionsrecht auseinander. Dementsprechend ist sie in drei Teile gegliedert.

Das erste Kapitel der Dissertation widmet sich der Parteiautonomie im europäischen Erbkollisionsrecht vor Inkrafttreten der europäischen Erbrechtsverordnung. Dabei stehen die in den autonomen IPR-Vorschriften der europäischen Länder bereits einmal zugelassenen Rechtswahlmöglichkeiten im Fokus. Diese werden systematisch herausgearbeitet und in Gruppen einsortiert. Davor wird dem Leser ein Überblick über die historische Perspektive der *professio iuris* verschafft.

---

verschiedenen Faktoren, die heute zu einer erhöhten Mobilität in Europa beitragen, siehe Carrascosa González, Javier. (2014, CDT, Seite 5–6).

4 Laut dem Statistischen Bundesamt (Destatis) leben in Deutschland zwischen 1,949 (Mikrozensus 2017) und 4,3 Millionen (Zensus 2011) Doppelstaater. Der Mikrozensus wird jährlich erhoben, der Zensus alle 10 Jahre. Das Statistische Bundesamt geht davon aus, dass die korrekte Anzahl an Doppelstaater zwischen den Zahlen des Mikrozensus und des Zensus liegt, für eine Begründung hierzu siehe Seite 9 und die Tabelle 6.1. auf Seite 163 der Fachveröffentlichung „Bevölkerung mit Migrationshintergrund - Ergebnisse des Mikrozensus - Fachserie 1 Reihe 2.2 – 2017“: https://www.destatis.de/DE/Publikationen/Thematisch/Bevoelkerung/MigrationIntegration/Migrationshintergrund2010220177004.pdf?__blob=publicationFile (zuletzt geprüft am 28.12.2018). Siehe auch Dethloff, Nina. (2007, Seite 992, die vor 10 Jahren von etwa zwei Millionen Mehrstaater ausging).

Anschließend werden im zweiten Kapitel die jetzige in Art. 22 der europäischen Erbrechtsverordnung enthaltene Rechtswahl und ihre Schranken *de lege lata* untersucht. Auch die objektive Anknüpfung an den letzten gewöhnlichen Aufenthalt des Erblassers spielt in diesem Teil eine zentrale Rolle. Auf die bei einem internationalen Erbfall zuständigen Gerichte und die in Art. 5 EU-ErbVO erlaubte Gerichtsstandsvereinbarung wird ebenfalls eingegangen. Einen weiteren wichtigen Punkt bilden die bislang in unterschiedlichen Stellungnahmen zur Erbrechtsverordnung veröffentlichten alternativen Vorschläge zur Erweiterung des Kreises der wählbaren Rechte. Ein letzter Abschnitt widmet sich in diesem zweiten Kapitel der Dissertation einigen Anwendungsfragen der europäischen Erbrechtsverordnung. Durchleuchtet werden die Reichweite des Erbstatuts und seine Abgrenzung zu anderen Statuten, die Wirkung der Rechtswahl, die Rechtswahl im Verhältnis zu Mehrrechtsstaaten sowie die Änderung und Widerruf der Rechtswahl.

Darauf aufbauend geht es im dritten und letzten Teil der Arbeit schließlich auf die spannende Suche nach den Erweiterungsmöglichkeiten der Rechtswahlfreiheit im europäischen Erbkollisionsrecht *de lege ferenda*. Auf die Einführung einer *professio fori* kann im Rahmen dieser Arbeit nur am Rande eingegangen werden. Zunächst werden im dritten Kapitel die Vor- und Nachteile einer weitläufigeren erbrechtlichen Rechtswahl betrachtet. Bei den Nachteilen werden insbesondere die entgegenstehenden Interessen der Familienmitglieder und des Ehegatten analysiert. Dafür ist auch der Konflikt zwischen der Testierfreiheit und dem Pflichtteilsrecht auf materiellrechtlicher Ebene näher zu untersuchen. Als Kontrast wird die spanische *legítima* mit der *Freedom of Testation* im Common Law verglichen. Nachdem noch weitere möglicherweise entgegenstehende Interessen geprüft werden (Interessen Dritter, staatliche Interessen und Ordnungsinteressen), kommt es zu einer Abwägung zugunsten höherrangiger Interessen.

Die Zulassung einer, wenn auch sehr begrenzten *professio iuris* in Art. 22 EU-ErbVO, ist ein nicht zu unterschätzender und sehr zu begrüßender Fortschritt auf der Suche nach einer stärkeren Parteiautonomie im Erbkollisionsrecht. Ungeachtet dessen, lädt sie unwillkürlich dazu ein, sich über die Eröffnung einer noch weiteren Rechtswahlfreiheit auf dem Gebiet des internationalen Erbrechts Gedanken zu machen. Sollte der europäische Gesetzgeber es in der Zukunft wagen, die jetzigen Schranken unter der die Rechtswahl in der Erbrechtsverordnung leidet, aufzulösen und einer wesentlich ausgedehnteren Rechtswahl grünes Licht zu geben? Ziel der Dissertation ist es diese Frage zu beantworten und Vorschläge zu liefern, wie so eine erweiterte Rechtswahl aussehen könnte.

Erstes Kapitel: Kollisionsrechtliche Privatautonomie im europäischen Erbrecht

Abstract: In the first chapter of the dissertation party autonomy is analyzed in the field of european succession law before the application of the European Succession Regulation. The main focus lies in the choice-of-law options that were once permitted in the conflict-of-laws rules of the european countries. The different options are classified in several groups. Beforehand the reader is provided with a detailed definition of the instrument of the choice of law and gets an overview of the historical perspective of the *professio iuris*.

A Definition des Instruments der Rechtswahl

Um die Rechtswahl oder *professio iuris* im Rahmen dieser Arbeit gut einordnen zu können, wird zunächst einmal erklärt, was genau unter diesem Begriff im Erbkollisionsrecht zu verstehen ist. Eine umfassende Definition bietet dafür Fontanellas Morell an:

> *„Die dem Erblasser eingeräumte Befugnis, in einer letztwilligen Verfügung von Todes wegen, innerhalb bestimmter Grenzen, das auf den gesamten oder nur auf einen Teil seines Erbfalls anwendbare Recht selbst zu bestimmen."*[5]

Zur Verdeutlichung werden anschließend die einzelnen Begriffsbestimmungen ausführlicher untersucht. Als Erstes geht aus der Definition hervor, dass die *professio iuris* eine ***rechtliche Befugnis***[6] darstellt. Eine Befugnis, die dem Erblasser mittels erteilter Rechtskraft ermöglicht, eine bestimmte Rechtslage zu ändern. Und zwar darf er ein von der objektiven Anknüpfung abweichendes Erbstatut für seine Rechtsnachfolge von Todes wegen anordnen.

---

5 Siehe Fontanellas Morell, Josep M. (2010, Seite 187): „Facultad conferida al causante para que, en una disposición por causa de muerte, designe, dentro de ciertos límites, la ley que debe regir, en todo o en parte, su sucesión." (Übersetzung vom Spanischen ins Deutsche von der Verfasserin). Eine weitere gute Definition ist beispielsweise auch in Andrae, Marianne. (2011, Seite 11) zu finden.

6 Zur *„professio iuris como facultad jurídica"* siehe Fontanellas Morell, Josep M. (2010, Seite 187–190).

Des Weiteren ist darauf aufmerksam zu machen, dass es sich um eine ***dem Erblasser***[7] zustehende Befugnis handelt. Wie auch im weiteren Verlauf der Arbeit noch besser hervorgehen wird, nimmt die Person des Erblassers aus Sicht des Internationalen Privatrechts eine bedeutendere Stellung als die der Erben ein. Ein guter Beweis hierfür ist, dass das Erbkollisionsrecht bislang im Regelfall als Anknüpfungspunkt für das anzuwendende Recht entweder auf ein Merkmal des Erblassers (*seine* Staatsangehörigkeit, *seinen* Aufenthalt) oder auf die Güter, die *sein* Erbe bilden, abgestellt hat.[8] So sind auch die wählbaren Rechte normalerweise entweder direkt mit dem Erblasser oder mit seinem Nachlass eng verbunden.[9] Schließlich würde es sich ziemlich schwierig gestalten, das auf den Erbfall anwendbare Recht mittels Anknüpfung an das Heimat- oder Aufenthaltsrecht einer Person, deren Stellung als Erbe von dem zu ermittelnden Erbstatut abhängig ist, festzulegen.[10]

Die Rechtsträgerschaft der *professio iuris* steht daher in der Regel nur dem Erblasser und nicht den Erben zu.[11] Allerdings sind hier an dieser Stelle einige Vorschriften zu erwähnen, die ausnahmsweise letztere berechtigt oder schon einmal berechtigt hat ein anderes Erbstatut als das objektiv anwendbare zu berufen. Zum Beispiel war in Art. 24 Abs. 2 EGBGB a.F. von 1869 zum Schutz deutscher Erben vorgesehen, dass diese in Anbetracht der Nachlassverbindlichkeiten das sonst nach dem Staatsangehörigkeitsprinzip anwendbare deutsche Recht zugunsten des ausländischen Aufenthaltsrechts des Erblassers abwählen konnten.[12]

---

7 Zur „*professio iuris como facultad del causante*" siehe Fontanellas Morell, Josep M. (2010, Seite 191–193).

8 Siehe Lewald, Hans. (1926, Seite 12): „Il n'y a que deux possibilités. On peut prendre comme élément de rattachement ou la personne du défunt, ou les biens qui composent le patrimoine."

9 Siehe Dölle, Hans. (1966, Seite 209), Dutta, Anatol. (2011, Europäisches Erb-und Erbverfahrensrecht, Seite 59) und Kroll-Ludwigs, Kathrin. (2013, Seite 134).

10 Siehe Lewald, Hans. (1926, Seite 18): „On ne peut pas déterminer la loi successorale en la rattachant au statut personnel d'une personne dont la qualité d'héritier dépend de la loi à déterminer."

11 Für eine ausführliche Untersuchung zur Rechtswahl der Erben siehe Dreher, Karin. (1999, Seite 131–139), die zu dem Ergebnis gelangt, den Erben sei keine Rechtswahlmöglichkeit zu eröffnen. Siehe auch in diesem Sinne Käferböck, Thomas. (2008, Seite 466–467).

12 Wortlaut des Art. 24 Abs. 2 EGBGB von 1869: „Hat ein Deutscher zur Zeit seines Todes seinen Wohnsitz im Auslande gehabt, so können *die Erben* sich in Ansehung der Haftung für die Nachlaßverbindlichkeiten auch auf die an dem Wohnsitze des Erblassers geltenden Gesetze berufen." (Hervorhebungen hinzugefügt). Siehe Arndt,

Auch das nordische Abkommen über Erbschaft und Nachlassteilung vom 19. November 1934 (Kopenhagen), welches das internationale Erbrecht im Verhältnis zwischen Schweden, Dänemark, Norwegen, Finnland und Island vereinheitlicht hat, sieht in Art. 1 als Kompromiss zwischen dem Staatsangehörigkeits- und Aufenthaltsprinzip vor, dass es *die Erben* sein sollen, die die Anwendung des Heimatrechts des Erblassers (binnen sechs Monaten seit seinem Tod) beantragen können; vorausgesetzt dieser hatte seinen Wohnsitz vor weniger als fünf Jahren im nordischen Ausland begründet.[13]

Ein weiteres Beispiel ist die in Art. 46 Abs. 3 des italienischen IPRG von 1995[14] enthaltene Vorschrift, die der Erbengemeinschaft (den *condividenti*)[15] eine Rechtswahl für das auf die Teilung des Nachlasses anwendbare Recht gestattet. Gewählt werden kann das Recht des Ortes der Eröffnung des Nachlassverfahrens oder das Recht des Ortes, an dem sich ein oder mehrere Nachlassgegenstände befinden. Findet keine Rechtswahl statt, richtet sich die Auseinandersetzung der

---

Karl. Marquordt, Gerhard. (1962, Seite 1671, zu den Anwendungsvoraussetzungen siehe Seite 1677–1678) und Dölle, Hans. (1966, Seite 222).

13 Wortlaut des Art. 1 der nordischen Nachlasskonvention: „Hatte ein Staatsbürger eines der vertragsschließenden Staaten zur Zeit seines Todes in einem der anderen Staaten seinen Wohnsitz, so bestimmt sich die gesetzliche Erbfolge nach dem Recht dieses Staates. Hatte der Verstorbene zur Zeit seines Ablebens nicht seit mindestens fünf Jahren in diesem Staate seinen Wohnsitz, so ist jedoch das Recht des Staates anzuwenden, dessen Staatsangehöriger er war, falls dies *einer der gesetzlichen oder der Testamentserben*, für den es rechtlich von Bedeutung ist, beantragt. Würde die Erbschaft nach dem Recht des Heimatstaates dem Staate zufallen, so kann ein solcher Antrag nicht gestellt werden." (Hervorhebungen hinzugefügt). Diese deutsche Übersetzung sowie eine französische ist in Makarov, Aleksandr N. (1960, Seite 687–690) zu finden. Zum Abkommen siehe auch Heckel, Martin. (2006, Seite 178 ff.). Philip, Allan. (1960, Seite 306–309), Von Overbeck, Alfred E. (1965, Seite 1088) und Boulanger, François. (1981, Seite 292). Ein gutes Beispiel ist außerdem in Giesen, Reinhard. (2010, Seite 304–305) zu finden.

14 Wortlaut des Art. 46 Abs. 3 italienisches IPRG: „La divisione ereditaria è regolata dalla legge applicabile alla successione, salvo che i *condividenti*, d'accordo fra loro, abbiano designato la legge del luogo d'apertura della successione o del luogo ove si trovano uno o più beni ereditari." (Hervorhebung hinzugefügt). Siehe Daumiller, Barbara von. (2003, Seite 193).

15 Streng genommen fallen unter den *condividenti* alle die zur Auseinandersetzung des Nachlasses Berechtigten oder an ihr Beteiligten. In der Regel sind dies die Miterben und deren Erben, allerdings kann auch der Erwerber eines Erbteils dazu gehören. Siehe hierzu Daumiller, Barbara von. (2003, Seite 194).

Erbengemeinschaft nach dem objektiven oder nach dem vom Erblasser bestimmten Erbstatut.[16]

Zuletzt ist noch die in der dänischen Rechtsprechung anerkannte Rechtswahl der Erben zugunsten dänischen Rechts zu erwähnen, die sich ebenfalls sehr restriktiv gestaltet. Die erbrechtlichen Kollisionsnormen sind in Dänemark nicht gesetzlich geregelt und leiten sich aus den in der Rechtsprechung und Literatur entwickelten Grundsätzen ab.[17] Wie in Italien dürfen die *arvingerne* (die Erben) in Dänemark allein das auf die Nachlassabwicklung anwendbare Recht bestimmen und das auch nur wenn der Erblasser ihnen eine Rechtswahl nicht verboten hat.[18]

Aus diesen unterschiedlichen Bestimmungen geht der sehr geringe Einfluss, den der Wille der Erben bis jetzt im Erbrecht gehabt hat, hervor. Wie schon oben erläutert, ist der Adressat der *professio iuris* im Normalfall der Erblasser.

Ferner kann die Rechtswahl als eine ***Ausübung der Selbstbestimmung***[19] des Erblassers betrachtet werden. Schließlich ist dieser dazu befugt, das auf seine Rechtsnachfolge anwendbare Recht zu wählen. Die *kollisionsrechtliche* Parteiautonomie oder Verweisungsfreiheit ist von der *materiellrechtlichen* Privatautonomie, i.e. von der Testierfreiheit, zu unterscheiden.[20] An dieser Stelle scheint es

---

16 Zur Rechtswahl der Erben im italienischen IPR siehe Picone, Paolo. (1991, Seite 93–95), Dreher, Karin. (1999, Seite 223–230) oder Daumiller, Barbara von. (2003, Seite 193–208). Eine noch ausführlichere Literaturangabe hierzu ist in Fontanellas Morell, Josep M. (2010, Seite 193, Fußnote 22) zu finden. Seiner Ansicht nach kann in Art. 46 Abs. 3 ital. IPRG nicht von einer Rechtswahl im eigentlichen Sinne die Rede sein, sondern nur von einer *Vereinbarung* zwischen den Mitgliedern der Erbengemeinschaft.

17 Siehe Stefan Reinel in Report Conflits Danemark, abrufbar unter: http://ec.europa.eu/civiljustice/publications/docs/report_conflits_danemark.pdf, 3. Teil Internationales Privatrecht, auf Seite 200, (zuletzt geprüft am 28.12.18). Urteile in Bezug auf die Rechtswahl der Erben sind zum Beispiel in Svenné Schmidt, Torben (1990, Seite 132, Fußnote 24) aufgeführt.

18 Siehe die Rechtsvergleichende Studie der erbrechtlichen Regelungen des Internationalen Verfahrensrechts und Internationalen Privatrechts der Mitgliedstaaten der Europäischen Union des Deutschen Notarinstituts in Zusammenarbeit mit Prof. Dr. Heinrich Dörner und Prof. Dr. Paul Lagarde von 2002, (III. Rechtswahl, Seite 247), abrufbar unter: http://ec.europa.eu/civiljustice/publications/docs/testaments_successions_de.pdf (zuletzt geprüft am 28.12.18) und Kroll-Ludwigs, Kathrin. (2013, Seite 136).

19 Zur „*professio iuris como ejercicio de autonomía*“ siehe Fontanellas Morell, Josep M. (2010, Seite 194–210).

20 Eine gute Differenzierung der Begriffe Parteiautonomie und Privatautonomie ist in Kühne, Gunther. (1973, Seite 21), Neuhaus, Paul Heinrich. (1976, Seite 252), Nishitani, Yuko. (2000, Seite 25–26), Dreher, Karin. (1999, Seite 4), Leible, Stefan. (2004, Seite 485), Henrich, Dieter. (2016, Seite 25), Wennersbusch, Jasmin. (2018, Seite 33–34)

zudem sinnvoll die *direkte* von der *indirekten*, die *reale* von der *hypothetischen* und die *positive* von der *negativen* Rechtswahl auseinanderzuhalten.

Unter *direkte* oder *echte* Rechtswahl ist die vom Erblasser getroffene ausdrückliche oder, wenn erlaubt, konkludente Bestimmung zu verstehen, durch die er seinen Willen hinsichtlich des auf den Erbfall anwendbaren Rechts zum Ausdruck bringt. Währenddessen bezeichnet die *indirekte* oder *unechte* Rechtswahl die Tatsache, dass der Erblasser das objektiv anwendbare Recht mittelbar durch die Änderung des Anknüpfungspunktes beeinflussen kann. Zum Beispiel, indem er bewusst seinen Wohnsitz in ein anderes Land verlegt oder eine neue Staatsangehörigkeit erwirbt. Auch wenn die *direkte* und die *indirekte* Rechtswahl teleologisch im Einklang zueinander stehen, kann bei letzterer nicht von einem vorhandenen Rechtswahlcharakter die Rede sein.[21]

Ebenso sollte die *reale* oder *wirkliche* Rechtswahl von der *hypothetischen* oder *vermutlichen* Rechtswahl abgegrenzt werden. Denn auch hier hat nur erstere, die (wie schon oben erwähnt) ausdrücklich oder je nach Anforderungen sogar stillschweigend getroffen werden kann, einen wahren Rechtswahlcharakter. Bei der *hypothetischen* Rechtswahl handelt es sich indessen um eine Methode, bei der der Richter versucht das Recht zu ermitteln, welches die Parteien vermutlich gewählt hätten, wenn sie sich ihrer Rechtswahlmöglichkeit bewusst gewesen wären. Im internationalen Erbrecht ist die *hypothetische* Rechtswahl nicht in Betracht gezogen worden. Im Grunde ergibt sie nämlich nur dann Sinn, wenn der Parteiwille als primärer Anknüpfungspunkt festgelegt wird.[22]

---

und Bratvogel, Katharina. (2016, Seite 59–60) zu finden. Letztere beschreibt die Parteiautonomie als: „Die Macht, über die Grenzen zwingender materiellrechtlicher Vorschriften irgendeiner Rechtsordnung die anwendbare Rechtsordnung zu bestimmen." Und Kühne betont: "Die Privatautonomie ist Gegenstand des internen, nicht des internationalen Privatrechts."

21 Zur direkten und indirekten Rechtswahl siehe beispielsweise Kühne, Gunther. (1973, Seite 20–21), Neuhaus, Paul Heinrich. (1976, Seite 252), Dreher, Karin. (1999, Seite 5–6), Nishitani, Yuko. (2000, Seite 28), Daumiller, Barbara von. (2003, Seite 4), Wennersbusch, Jasmin. (2018, Seite 35–36) und Bratvogel, Katharina. (2016, Seite 63–65). Für weitere Literaturangaben zu diesem Thema siehe Fontanellas Morell, Josep M. (2010, Seite 197, Fußnote 35).

22 Zur realen und wirklichen Rechtswahl siehe Kühne, Gunther. (1973, Seite 21–22), Neuhaus, Paul Heinrich. (1976, Seite 263–267), Dreher, Karin. (1999, Seite 6–7) und Daumiller, Barbara von. (2003, Seite 5). Weitere Literaturangaben hierzu sind in Fontanellas Morell, Josep M. (2010, Seite 197–198, Fußnote 36) zu finden.

Auch sei erwähnt, dass noch die *positive* von der *negativen* Rechtswahl zu unterscheiden ist. Bei einer *positiven* Rechtswahl erklärt der Erblasser, welches Recht auf seine Rechtsnachfolge von Todes wegen Anwendung finden soll. Bei Ausübung einer *negativen* Rechtswahl würde der Erblasser hingegen nur die Anwendung eines bestimmten Rechts ausschließen, ohne zu erklären, welches Recht indessen anwendbar sein soll.[23] Beispielsweise indem er eine Rechtswahlklausel trifft, die besagt: „Das Recht des Staates X soll nicht auf meine Rechtsnachfolge von Todes wegen Anwendung finden." Auch eine solche Rechtswahl ergibt im Erbrecht keinen Sinn. Demgemäß wird sich der Begriff Rechtswahl im Rahmen dieser Arbeit immer auf die *direkte*, *reale* und *positive* Rechtswahl beziehen.

Überdies ist für die vorliegende Untersuchung besonders wichtig zwischen der eingeschränkten kollisionsrechtlichen Parteiautonomie und der freien Rechtswahl zu differenzieren. Letztere gestattet dem Erblasser jedes beliebige Recht der Welt zu wählen. Dabei kämen auch Rechtsordnungen, zu denen er oder sein Nachlass keinerlei objektive Beziehung haben, infrage. Die einzigen Hemmnisse, die bei der uneingeschränkten Parteiautonomie ebenfalls vorhanden sind, finden sich auf materieller Ebene. Das Ergebnis zu dem das gewählte Erbstatut kommt, darf nicht gegen den *ordre public*-Vorbehalt oder gegen zwingende Vorschriften des Landes, in dem es zur Anwendung gelangt, verstoßen.

Bei der eingeschränkten Parteiautonomie kann wiederum zwischen der Rechtswahl mit einer *ex ante*- und der mit einer *ex post*-Kontrolle unterschieden werden. Bei der ersten stehen dem Erblasser nur die vom Gesetzgeber ausgesuchten Rechtsordnungen, zu denen dieser die engste objektive Verbindung vermutet, zur Wahl. Der Eingriff des Staates erfolgt demgemäß vor der Rechtswahl. Bei der *ex post*-Kontrolle hingegen braucht der Erblasser das auf seinen Erbfall anwendbare Recht nicht vorab aus einem geschlossenen Katalog auszusuchen. Er kann die nach seinem Erachten geeignetste Rechtsordnung bestimmen, solange eine ausreichende Verbindung zu ihr besteht. Seine Rechtswahl wird allerdings erst hinterher für gültig erklärt, wenn auch nach Ansicht des Richters eine solche ausreichende Verbindung zu dem gewählten Erbstatut vorhanden ist.

Zusammenfassend lässt sich festhalten, dass während die *ex ante*-Kontrolle dem Erblasser mehr Rechtssicherheit aber dafür weniger Ermessensspielraum bietet, es bei der *ex post*-Kontrolle genau umgekehrt ist: Der Erblasser hat zwar mehr Freiheit, dafür jedoch weniger Gewissheit, ob das gewählte Recht

---

23 Zur negativen Rechtswahl siehe zum Beispiel Jan von Hein in Rauscher, Thomas. (2016, Seite 155–156, Rn 71).

letztendlich zur Anwendung kommt oder nicht. Anzumerken ist, dass der Richter bei der ersten Variante keine Korrektur mehr vornehmen kann. Selbst wenn er später feststellt, dass eine engere Verbindung zu einer anderen nicht zur Auswahl stehenden Rechtsordnung besteht, wird ihm die Anwendung einer Ausweichklausel untersagt; schließlich stellt die Parteiautonomie bereits eine Äußerung des Grundsatzes der engsten Verbindung oder der größeren Nähe dar.[24]

Als Nächstes ist kurz auf ***den Gegenstand***[25] der *professio iuris* einzugehen. *Unmittelbar* bezieht sich dieser auf das (auf den gesamten oder nur auf einen Teil des Erbfalls) anwendbare materielle Recht. *Mittelbar* indessen auf den Erbfall an sich, denn der Erblasser wählt das anwendbare Recht mit dem Ziel einen so großen Einfluss wie möglich auf seine Rechtsnachfolge auszuüben. Die Frage, ob die Rechtswahl immer zwingend auf den gesamten Erbfall anzuwenden ist oder ob der Erblasser auch nur eine Teilrechtswahl treffen kann, wird im Verlauf der Arbeit ausführlich behandelt werden.

Hinsichtlich ihrer Ausübung, die einer Willenserklärung bedarf, ist die Rechtswahl als ein einseitiges ***Rechtsgeschäft***[26] zu betrachten. Wie im Folgenden beschrieben wird, kann sich der Wille des Erblassers auf unterschiedliche Weise äußern. Einerseits durch eine *ausdrückliche* Rechtswahl, die sich entweder isoliert in einer separaten letztwilligen Verfügung von Todes wegen oder verbunden als selbstständige Klausel in einer letztwilligen Verfügung befindet. Andererseits kann die Willenserklärung auch durch eine *konkludente* Rechtswahl erfolgen, die ebenfalls isoliert (wenn auch nur schwer vorstellbar) oder in einer letztwilligen Verfügung enthalten sein kann.[27] Damit die *professio iuris* formelle und materielle Wirksamkeit entfaltet ist hier anzumerken, dass die vom anwendbaren Recht vorgesehenen Voraussetzungen bezüglich der Rechtsfähigkeit, der Form und des Inhalts erfüllt werden müssen.

Als Letztes ist darauf hinzuweisen, dass das Instrument der Rechtswahl bislang im Bereich des Erbkollisionsrechts immer nur *innerhalb bestimmter* ***Grenzen***[28]

---

24 Zu den Ausweichklauseln im internationalen Privatrecht (les clauses d'exception en droit international privé) i.Z.m. den *principes de proximité et d'autonomie de la volonté* siehe Carlier, Jean-Yves. (1992, Seite 104–105), Dubler, César E. (1983, Seite 78 ff.) und Kokkini-Iatridou, Dimitra. (1994, Seite 29), die treffend schließt: „L'application des clauses d'exception est exclu dans la théorie des règles de conflit facultatives."

25 Zum „*objeto de la professio iuris*" und der Unterscheidung des *objeto inmediato* vom *objeto mediato* siehe Fontanellas Morell, Josep M. (2010, Seite 211–218).

26 Zur „*professio iuris como negocio jurídico*" siehe Fontanellas Morell, Josep M. (2010, Seite 218–233).

27 Zur verbundenen und isolierten, sowie zur ausdrücklichen und konkludenten Rechtswahl siehe auch Dörner, Heinrich. (2007, Seite 277–278).

28 Zu den „*límites a la autonomía conflictual del causante*" siehe Fontanellas Morell, Josep M. (2010, Seite 233–245).

zur Anwendung gekommen ist. Die dem Erblasser eingeräumte Befugnis selbst das auf seine Erbfolge anwendbare Recht zu bestimmen wird sowohl durch materielle als auch durch kollisionsrechtliche Einschränkungen begrenzt. Als materielle Einschränkungen sind Eingriffsnormen und der *ordre public*-Vorbehalt sowie Pflichtteilsrechte naher Angehöriger zu nennen.

Außerdem stehen dem Erblasser aufgrund der kollisionsrechtlichen Einschränkungen in der Regel nur einige wenige vom Gesetzgeber festgelegte wählbare Rechte zur Verfügung. Normalerweise sind das die, zu denen vermutet wird, dass der Erbfall eine ausreichende objektive Verbindung aufweist: das Recht der Staatsangehörigkeit des Erblassers, sein Aufenthaltsrecht bzw. das Recht seines gewöhnlichen Aufenthalts oder das Recht des Belegenheitsorts der Nachlassgegenstände. Andererseits wird die *professio iuris* kollisionsrechtlich auch zeitlich eingeschränkt. Da es sich zumindest bei der Staatsangehörigkeit und beim Aufenthalt des Erblassers um wechselhafte Anknüpfungspunkte handelt, wird der maßgebliche Zeitpunkt in vielen Kollisionsnormen festgehalten.[29]

B Historische Perspektive der *professio iuris*

Nachdem im vorherigen Abschnitt das Instrument der Rechtswahl ausführlich definiert worden ist, wird als Nächstes ein Blick auf die Entstehung und Entwicklung der *professio iuris* geworfen.

In der Antike sind erste Zeugnisse willkürlichen Einflusses der Parteien auf das anwendbare Recht im **hellenistischen Ägypten** zu finden. Die Zuständigkeit griechischer oder ägyptischer Gerichte, die jeweils ihr eigenes Recht anwandten, hing von der Vertragssprache ab, die die Beteiligten wählten. Es war dank dem Brauch der ägyptischen Tierpräparatoren, die als heilig geltenden Krokodile mit juristischer Makulatur auszustopfen, dass englische Papyrologen den Text einer königlichen Verordnung – in der Gerichtsstand und anwendbares Recht für Verträge zwischen Griechen und Ägyptern durch Anknüpfung an die Vertragssprache geregelt war – in einem solchen Tier fanden.[30] Allerdings schien sich der

29 Hauptsächlich unterscheidet Picone vier Möglichkeiten: 1. Im Zeitpunkt der Rechtswahl; 2. Im Zeitpunkt des Todes; 3. Im Zeitpunkt der Rechtswahl und im Zeitpunkt des Todes; 4. Im Zeitpunkt der Rechtswahl oder im Zeitpunkt des Todes. Siehe Fontanellas Morell, Josep M. (2010, Seite 236).

30 Diese Quelle des Papyrus Tebtunis wurde „*La plus ancienne règle de conflit que nous possédion*" gennant. Zur Rechtswahl im ptolemäischen Recht siehe Lewald, Hans. (1946, Seite 24–26), Wicki, André Aloys. (1965, Seite 2–4), Kemp, Peter. (1999, Seite 11–13), Dreher, Karin. (1999, Seite 10), Sturm, Fritz. (1985, Seite 637–638) und Hay, Peter. Borchers, Patrick J. Symeonides, Symeon C. (2010, Seite 9).

Einfluss auf das anwendbare Recht durch die Sprache der Urkunde strikt auf das Vertragsrecht zu beschränken und nicht in anderen Bereichen wie im Erbrecht zur Geltung zu kommen.[31]

Im **Römischen Reich** wurden den Bewohnern der Provinzen, die dort nach ihren Stammesverbänden lebten, die Privilegien des römischen Rechts durch die Verleihung des römischen Bürgerrechts angeboten. Dadurch kam es im Familien- und Erbrecht zu einer immer häufigeren Anwendung römischen Rechts. Die Bewohner wurden aber nicht dazu gezwungen und durften frei entscheiden, ob sie sich an römische Behörden oder an heimische Instanzen wendeten. Demzufolge hatten sie die Wahl zwischen römisches oder heimisches Recht.[32]

Erwägenswert sind ebenfalls die **frühmittelalterlichen Stammesrechte**. Nach dem Untergang des Weströmischen Reiches entstanden durch die germanischen Invasoren unabhängige Staaten, in denen die kollisionsrechtlichen Konflikte nach dem Stammesangehörigkeitsprinzip gelöst wurden. Die Anwendung des Geburtsrechts wurde jedoch mit der Zeit immer schwieriger, da es zu einer Mischung der Völker kam. Um dieses Problem zu lösen, wurden Rechtsbekenntnisse oder *professiones iuris* durchgeführt, in denen der Einzelne das Recht seines Stammes verkündete und über den Inhalt berichtete. Auch wenn diese Aussagen nur der reinen Feststellung dienten (eine freie Rechtswahl widersprach der germanischen Rechtskonzeption), ist umstritten, ob diese Erklärungen eine verlässliche Wiedergabe der Realität waren oder ob das Instrument der *professio iuris* in einigen Fällen schon im Mittelalter als Rechtswahl genutzt wurde. Da es anscheinend nie zu einer Wahrheitsüberprüfung dieser Bekenntnisse kam, war eine Wahl zwischen den verschiedenen persönlichen Rechten durchaus denkbar.[33]

---

31 Siehe Fontanellas Morell, Josep M. (2010, Seite 33–34).

32 Siehe Lewald, Hans. (1946, Seite 26 ff.), Wicki, André Aloys. (1965, Seite 4–6), Kemp, Peter. (1999, Seite 13–15) und Dreher, Karin. (1999, Seite 10–12).

33 Siehe Fontanellas Morell, Josep M. (2010, Seite 38–42), Wicki, André Aloys. (1965, Seite 6–10), Kemp, Peter. (1999, Seite 15–16), Nishitani, Yuko. (2000, Seite 27), Hotz, Klaus P. (1969, Seite 80–81), Dreher, Karin. (1999, Seite 12–13) und Schmitz, Melanie. (2017, Seite 30–33 und Seite 117), die die *professio iuris* im Mittelalter mit einer „indirekten Rechtswahl" vergleicht und auf Seite 32 schreibt: „Die mittelalterlichen *professiones iuris* stellten im Vergleich zur heutigen Rechtswahl bestenfalls manipulierte „Wissens"-erklärungen der Parteien dar."

Für die wissenschaftliche Entstehung der (erbrechtlichen) Rechtswahl ist es aber nicht sinnvoll weiter als Mitte des 19. Jahrhunderts zurückzublicken, da die Parteiautonomie vor dieser Zeit keine wichtige Rolle bei der Lösung von Kollisionskonflikten spielte.[34] Daher werden anschließend direkt die südamerikanischen Zivilgesetzbücher des 19. Jahrhunderts, der italienische *codice civile* von 1865, die Schweiz, wo die moderne *professio iuris* im Kontext der interkantonalen Konflikte entstand, sowie die Rechtswahlmöglichkeiten zugunsten der *lex fori* in einigen Bundesstaaten der Vereinigten Staaten von Amerika Anfang des 20. Jahrhunderts untersucht.

I Die südamerikanischen Zivilgesetzbücher des 19. Jahrhunderts

Erste Hinweise einer wahren Rechtswahlmöglichkeit auf dem Gebiet des Erbrechts sind im lateinamerikanischen Rechtskreis zu finden. So können einige der südamerikanischen Zivilgesetzbücher des 19. Jahrhunderts (Bolivien, Peru, Mexiko, Guatemala), auf die anschließend näher eingegangen wird, als Vorläufer des Instruments der *professio iuris* im internationalen Erbrecht bezeichnet werden. Dabei ist allerdings schon vorab hervorzuheben, dass in den heute geltenden Zivilgesetzbüchern dieser Länder[35] keine solchen Rechtswahlbestimmungen mehr (für ausländische Erblasser zur Abwahl des Wohnsitzrechtes) vorgesehen sind. Nur der Vertrag über das internationale Privatrecht zwischen Kolumbien und Ecuador vom 18. Juni 1903, in dem auch eine *professio iuris* vorhanden ist, steht immer noch in Kraft.

Der erste Gesetzestext in dem eine Rechtswahl im Erbrecht zugelassen wurde, war der **bolivianische Código Civil von 1831**. In seinem Art. 463 erlaubte er ausländischen Erblassern, die zugunsten anderer Ausländer testierten, die Erbfolge seinem Heimatrecht anstatt dem Recht seines Wohnsitzes zu unterstellen. Nicht davon erfasst waren in Bolivien belegene Immobilien, die gem. Art. 464 auf alle Fälle bolivianischem Recht unterlagen.[36]

---

34 Siehe Fontanellas Morell, Josep M. (2010, Seite 101).

35 Código Civil mexicano de 1928, Código Civil del Perú de 1936, Código Civil guatemalense de 1963, Código Civil boliviano de 1975.

36 Wortlaut des Art. 463 Código Civil boliviano de 1831: „Los extranjeros que en Bolivia testen a favor de otros extranjeros, de bienes que poseen en su patria, o de bienes muebles, alhajas, dinero y mercaderías que tienen consigo, o en el territorio de la República, pueden conformarse a las **leyes de su patria**." (Hervorhebungen hinzugefügt). Siehe Ortiz de la Torre, José Antonio Tomás. (1995, Seite 85) und Fontanellas Morell, Josep M. (2010, Seite 137, Fußnote 103). Eine deutsche Übersetzung ist in Makarov, Aleksandr N. (1929, Seite 12), Hotz, Klaus P. (1969, Seite 66) und Daumiller, Barbara von.

Eine ähnliche Rechtswahl wurde im **peruanischen Código Civil von 1851** in Art. 693 aufgenommen. Nicht peruanische Erblasser konnten demnach für das sich im Ausland befindende Vermögen entweder die *lex rei sitae* oder das Recht ihres Geburtsorts, anstelle des peruanischen, wählen. Für in Peru belegene Grundstücke galt nach Art. 692 hingegen immer peruanisches Recht. Um den Handel zu fordern, durften sie aber auch ihr Heimatrecht gem. Art. 694 als das auf die Erbfolge ihres Großhandelsunternehmens in Peru anwendbare Recht bestimmen. Zu bemerken ist, dass die dem ausländischen Erblasser eingeräumten Rechtswahlmöglichkeiten durch Art. 695 erheblich eingeschränkt wurden. Dieser Bestimmung zufolge, hatten sich die Rechte der in Peru lebenden Pflichtteilsberechtigten nämlich nach peruanischem Recht zu richten.[37]

Die alten **mexikanischen Zivilgesetzbücher von 1870 und 1884** ließen ebenfalls eine beschränkte Rechtswahl im Erbrecht zu. Dabei wurde unterschieden, ob der Ausländer sein Testament im Ausland oder in Mexiko errichtet hatte. War Ersteres der Fall, durfte der ausländische Erblasser, gem. Art. 17.2 des Zivilgesetzbuches des Bundesdistrikts von 1884 (Art. 18 in der Fassung von 1870), das auf seinen Mobiliarnachlass anwendbare Recht frei bestimmen. Hatte er indessen sein Testament im Inland errichtet, so gewährte ihm Art. 3286 (vorher Art. 3423) die Wahl zwischen seinem Heimat- und dem mexikanischen Recht. Auch hier ist darauf hinzuweisen, dass auf in Mexiko belegene Immobilien immer mexikanisches Recht anzuwenden war.[38]

(2003, Seite 13, Fußnote 43) zu finden. Zum bolivianischen Zivilgesetzbuch von 1831 siehe Valladão, Haroldo. (1953, Seite 14–16).

37 Artikel 693 Código Civil del Perú de 1851: „El extranjero que teste en el Perú de bienes que tiene fuera de él podrá arreglarse a las **leyes del país donde tenga los bienes**, o a **las del lugar de su nacimiento**." Und Art. 694: „Se permite al extranjero que tenga en el Perú un establecimiento mercantil, en que sólo vende por mayor, el que pueda disponer de él sujetándose a las **leyes del país de su nacimiento**." (Hervorhebungen hinzugefügt). Siehe Fontanellas Morell, Josep M. (2010, Seite 137, Fußnote 103), Hotz, Klaus P. (1969, Seite 67 und Art. 695 in Fußnote 11), Daumiller, Barbara von. (2003, Seite 13, Fußnote 45, 46), Dölle, Hans. (1966, Seite 207–208). Rabel, Ernst. (1958, Seite 274–275). Zum peruanischen Zivilgesetzbuch von 1936 siehe Valladão, Haroldo. (1953, Seite 17–20).

38 Artikel 17 Código Civil de 1884 del Distrito Federal y Territorio de la Baja California: „Si los contratos o testamentos de que habla el artículo anterior fueren otorgados por un extranjero y hubieren de ejecutarse en el Distrito o en la California, **será libre** el otorgante **para elegir la ley** a la que haya de sujetarse la solemnidad interna del acto en cuanto al interés que consista en bienes muebles. Por lo que respecta a los raíces, se observará lo dispuesto en el art. 13." Und Art. 3286: „Los extranjeros que testen en el Distrito y en la California, pueden escoger **la ley de su patria** o **la mexicana**

Der **Código Civil Guatemalas von 1877** ist als letztes südamerikanisches Zivilgesetzbuch, das eine (wenn auch nur sehr beschränkte) Rechtswahl für ausländische Erblasser enthielt, zu nennen. Artikel 797 erlaubte letzteren eine *professio iuris* für ihr Vermögen im Ausland zu treffen, dabei stand ihnen die *lex rei sitae*, ihr Heimatrecht oder das guatemaltekische Recht zur Wahl. Das inländische Vermögen unterlag gem. Art. 796 ebenfalls dem Recht von Guatemala und, genau wie der peruanische Código Civil von 1851, bestimmte Art. 798, dass sich die Pflichtteilsrechte der guatemaltekischen Noterben immer nach guatemaltekischen Recht zu richten hatten.[39]

Wie bereits erwähnt, ist der **Vertrag über das internationale Privatrecht zwischen Kolumbien und Ecuador**, der am 18. Juni 1903 in Quito geschlossen wurde, die einzige Spur, die heute im internationalen Erbrecht von dieser lateinamerikanischen Strömung zugunsten der Parteiautonomie noch übrig geblieben ist. Artikel 18 des Vertrages von 1903 gestattet Ausländern die Wahl zwischen ihrem Heimat- und Wohnsitzrecht. Allerdings wird diese Wahlmöglichkeit durch die in Art. 19 vorgesehenen Inländerschutzklauseln weitgehend eingeschränkt.[40] Der Vertrag von Lima vom 9. November 1878, in dem versucht wurde für alle

---

respecto de la solemnidad interna del acto; en cuanto a las solemnidades externas, deberán sujetarse a los preceptos de este Código." (Hervorhebungen hinzugefügt). Siehe Fontanellas Morell, Josep M. (2010, Seite 137–138, Fußnote 103), Hotz, Klaus P. (1969, Seite 67–68), Daumiller, Barbara von. (2003, Seite 14). Zu den mexikanischen Zivilgesetzbüchern von 1870 und 1884 siehe Valladão, Haroldo. (1953, Seite 53–60) und zur Entstehung und Hintergrund des Código Civil de 1884 siehe Galindo Garfias, Ignacio. (1985, Seite 9–20).

39 Artikel 797 Código Civil de la República de Guatemala de 1877: „El extranjero que teste en Guatemala, de bienes que tiene fuera de ella, podrá arreglarse a las **leyes del país donde tenga los bienes**, o a las del **lugar de su nacimiento**, o conforme a las **leyes de la República**." Und Art. 798: „Cesa el permiso concedido a los extranjeros en el artículo anterior, si tienen en Guatemala **herederos forzosos** conforme a este Código." (Hervorhebungen hinzugefügt). Siehe Fontanellas Morell, Josep M. (2010, Seite 138, Fußnote 103). Eine deutsche Übersetzung der Art. 796–798 ist in Makarov, Aleksandr N. (1929, Seite 71) zu finden. Zur erbrechtlichen Rechtswahl in Guatemala siehe auch Daumiller, Barbara von. (2003, Seite 14). Hotz, Klaus P. (1969, Seite 68). Dölle, Hans. (1966, Seite 208) und zum guatemaltekischen Zivilgesetzbuch von 1877 im Allgemeinen siehe Valladão, Haroldo. (1953, Seite 60–62).

40 Artículo XVIII del Tratado sobre derecho internacional privado entre el Gobierno de Ecuador y el Gobierno de Colombia de 1903: „Los extranjeros podrán testar en la República con arreglo a las leyes del **país de su nacimiento o naturalización**, o según las de su **domicilio**." (Hervorhebungen hinzugefügt). Siehe Fontanellas Morell, Josep M. (2010, Seite 138) oder Kühne, Gunther. (1973, Seite 42, Fußnote 32). Eine deutsche Übersetzung ist in Hotz, Klaus P. (1969, Seite 69), Daumiller, Barbara von.

amerikanischen Staaten als einheitliches Erbstatut das Heimatrecht des Erblassers festzulegen und der vorsah, dass Ausländer ihr Wohnsitzrecht wählen durften, trat nie in Kraft.[41] Auch der brasilianische IPR-Gesetzentwurf aus dem Jahr 1970, der in seinem Art. 64 § 2 dem im Ausland wohnenden Erblasser gestattete, sein in Brasilien belegenes bewegliches Vermögen dem brasilianischen Recht zu unterstellen, wurde letztendlich nicht vorangetrieben.[42]

II Der italienische *codice civile* von 1865

Des Weiteren ist der italienische *codice civile* von 1865 heranzuziehen, der dem Erblasser, nach dem Wortlaut des Art. 9 Abs. 2 der *disposizioni preliminari*, eine Rechtswahlfreiheit bezüglich des auf den Inhalt und auf die Wirkung letztwilliger Verfügungen anwendbaren Rechts einräumte. Das Heimatrecht des Erblassers war erst dann maßgeblich, wenn keine Willensäußerung erfolgte. Für das Erbstatut sah Art. 8 indessen keine Rechtswahlmöglichkeit vor und knüpfte objektiv an die Staatsangehörigkeit des Erblassers an.[43]

Die Lehre von Pasquale Stanislao Mancini hat einen großen Einfluss auf die italienische Kodifikation von 1865 ausgeübt. Mancini unterteilte das Privatrecht in eine *partie nécessaire*, die dem Heimatrecht unterlag (hauptsächlich für persönliche Rechtsverhältnisse), und in eine *partie volontaire*, die im Rahmen des

---

(2003, Seite 15, Fußnote 53) und Makarov, Aleksandr N. (1960, Seite 124) zu finden, in letzterem ist auch eine Übersetzung des Art. 19 abgedruckt.

41 Zum Vertrag von Lima siehe Valladão, Haroldo. (1953, Seite 95–98) und Hotz, Klaus P. (1969, Seite 68).

42 Siehe hierzu Daumiller, Barbara von. (2003, Seite 31). Der *Projeto de Código de Aplicação das Normas Jurídicas (1980)* ist in Makarov, Aleksandr N. (1978, Seite 56–65, Art. 64 – *direito das sucessões* – auf Seite 64) abgedruckt.

43 Artikel 9 Abs. 2 des italienischen *codice civile* von 1865: „La sostanza e gli effetti delle donazioni e delle **disposizioni di ultima volontà** si reputano regolati dalla **legge nazionale** dei disponenti. La sostanza e gli effetti delle obbligazioni si reputano regolati dalla legge del luogo in cui gli atti furono fatti, e, se i contraenti stranieri appartengono ad una stessa nazione, dalla loro legge nazionale. **È salva in ogni caso la dimostrazione di una diversa volontà**." (Hervorhebungen hinzugefügt). Siehe Hotz, Klaus P. (1969, Seite 69), Nishitani, Yuko. (2000, Seite 87), Daumiller, Barbara von. (2003, Seite 20, Fußnote 76 – Art. 9 Abs. 2 – und Fußnote 77 – Art. 8 –), eine Onlineversion des ersten Buches des *codice civile* von 1865 ist unter folgendem Link abrufbar: http://www.notaio-busani.it/download/docs/CC1865_100.pdf (zuletzt geprüft am 19.03.2015), Art. 8 und 9 sind auf Seite 6 und 7 abgedruckt. Eine deutsche Übersetzung ist in Makarov, Aleksandr N. (1929, Seite 80), sowie in Umbrecht, Robert P. (1963, Seite 27–28) zu finden.

ordre public von der *autonomia della volontà* bestimmt werden konnte (z.B. Vertragsschlüsse und Obligationen).[44]

Allerdings ist darauf aufmerksam zu machen, dass der in Art. 9 Abs. 2 Satz 3 des *codice civile* von 1865 enthaltene *principio volontaristico* von der italienischen Lehre und Rechtsprechung nur bei den Obligationen, nicht aber bei den Schenkungen und letztwilligen Verfügungen berücksichtigt wurde.[45] Mancini selbst beachtete die Parteiautonomie im Erbrecht auch nicht, vermutlich um die Widersprüche zwischen Art. 8 und Art. 9 der *disposizioni preliminari* zu vermeiden.[46] Dabei ist zu erwähnen, dass der Entwurf des Art. 9 Abs. 2 Satz 1 und 3 nicht von Mancini sondern von Vaccarone stammte; Mancini sprach sich gegen eine Rechtswahlmöglichkeit in Bezug auf einseitige Rechtsgeschäfte aus.[47] Beim *codice civile* von 1942 (Art. 23) gab es hingegen von vornherein keine Zweifel darüber, dass eine *professio iuris* im Erbrecht ausgeschlossen war. Diese wurde allerdings von der *Commissione per la reforma del diritto internazionale privato* in Art. 44 ihres *progetto di reforma* im Jahr 1989 wieder eingeführt und war später in dem bis August 2015 anwendbaren Art. 46 Abs. 2 ital. IPRG von 1995 vorgesehen.[48]

44 Siehe Nishitani, Yuko. (2000, Seite 207), Dreher, Karin. (1999, Seite 26), Fontanellas Morell, Josep M. (2010, Seite 95), Cesari, Patrizia. (2002, Seite 160), Daumiller, Barbara von. (2003, Seite 20) und Jayme, Erik. (1980, Seite 3–4 - Mancinis System - und Seite 7–8 - Mancini und die Kodifikation von 1865 -).

45 Siehe Vitta, Edoardo. (1975, Seite 108 und 122): „Il principio volontaristico, il quale, …, era stato accolto (art. 9) tanto per i contratti quanto per le successioni testamentarie, abbia invece finito per restare **in pratica lettera morta** relativamente a queste ultime. „ (Hervorhebungen hinzugefügt), De Cesari, Patrizia. (2002, Seite 161), Daumiller, Barbara von. (2003, Seite 20–22), Fontanellas Morell, Josep M. (2010, Seite 139). Zur Rechtsprechung (Appellationsgericht Mailand 16. April 1904 und Appellationsgericht Genua 3. August 1928) siehe Hotz, Klaus P. (1969, Seite 69–70) und Frankenstein, Ernst. (1935, Seite 415). Eine Zusammenfassung der Meinung der italienischen Lehre zu Art. 9 Abs. 2 i.V.m. Art. 8 ist in Nishitani, Yuko. (2000, Seite 240–241, Fußnote 227) zu finden.

46 So erwähnte er beispielsweise die in Art. 9 Abs. 2 Satz 3 vorgesehene Rechtswahlmöglichkeit für *donazioni e disposizioni di ultima volontà* weder in seiner Genfer Rede hinsichtlich dieser Vorschrift im Jahre 1874 noch nahm er Bezug auf sie in seinem Gutachten zum Fall Samama. Siehe Nishitani, Yuko. (2000, Seite 239–240).

47 *Ebenda.* (2000, Seite 240).

48 Zur Entwicklung der *professio iuris* im Erbrecht nach dem *codice civile* von 1865 in Italien siehe Fontanellas Morell, Josep M. (2010, Seite 140–141).

III Die Schweiz

Die wohl mit Abstand bedeutsamste Rechtsordnung, in der die Parteiautonomie im Bereich des Erbrechts Ende des 19. Jahrhunderts Fuß gefasst hat, ist die schweizerische. In diesem Sinne wird die Schweiz von Fontanellas Morell als „auténtica cuna" (tatsächliche Geburtsstätte) der *professio iuris* bezeichnet.[49] Bemerkenswert dabei ist, dass dieses Instrument gar nicht im internationalen sondern im interkantonalen Kontext erschien und auf ausländische Erblasser mit Wohnsitz in der Schweiz nur durch Analogie angewendet wurde.

Aufgrund der in den Kantonen sehr unterschiedlichen Regelungen zum Pflichtteilsrecht der Geschwister wurde bei der Entstehung des Schweizerischen Zivilgesetzbuches vom 10. Dezember 1907 zwar beschlossen in Art. 471 ZGB eine bundesrechtliche Regelung aufzunehmen, den Kantonen aber in Art. 472 ZGB eine Reserve zu gestatten, durch die sie ihr eigenes Recht weiterhin für anwendbar erklären konnten.[50] Um die Konflikte zwischen Bundes- und kantonalem Recht zu lösen, mussten die in **Art. 22 NAG** enthaltenen interkantonalen Kollisionsvorschriften herangezogen werden. Diese Norm erklärte das Recht des letzten Wohnsitzes des Erblassers für maßgeblich, ließ aber eine *professio iuris* zugunsten des Heimatkantons zu und spiegelte dadurch den politisch erzielten Kompromiss zwischen National- und Ständerat wieder.[51]

---

49 *Ebenda*. (2010, Seite 148).

50 Siehe Hotz, Klaus P. (1969, Seite 37 ff.), der die Kantone aufzählt, die von dieser Ermächtigung Gebrauch gemacht haben, und Schnitzer, Adolf F. (1958, Seite 513–514).

51 Wortlaut des Art. 22 des Schweizer Bundesgesetzes betreffend die zivilrechtlichen Verhältnisse der Niedergelassenen und Aufenthalter vom 25. Juni 1891 (NAG, auf Französisch LRDC): „Die Erbfolge richtet sich nach dem Rechte des letzten Wohnsitzes des Erblassers. Durch letztwillige Verfügung oder durch Erbvertrag kann jedoch jemand die Erbfolge in seinen Nachlaß dem **Rechte seines Heimatkantons** unterstellen." (Hervorhebung hinzugefügt). Siehe Makarov, Aleksandr N. (1929, Seite 191). Die These von Patrick de Preux (1981): *„La professio juris – Etude de l'article 22 LRDC"* ist diesem Artikel gewidmet. Zur Entstehungsgeschichte siehe Hotz, Klaus P. (1969, Seite 31–36). Auf Seite 37 wird hervorgehoben, dass nur die Schweizerbürger mit letztem Wohnsitz in der Schweiz, aber **außerhalb ihres Heimatkantons**, die in Art. 22 NAG vorgesehene Rechtswahl treffen können. Die Schweizer, die mit letztem Wohnsitz in ihrem Heimatkanton versterben, haben keine Wahl; sie unterstehen der bundesrechtlichen Regelung oder gegebenenfalls die ihres Kantons. Siehe hierzu auch Schnitzer, Adolf F. (1958, Seite 514).

Wie schon angedeutet, fand diese Vorschrift dank dem in **Art. 32 NAG** ausgesprochenen Verweis (unter Vorbehalt der Staatsverträge)[52] auch auf ausländische Erblasser Anwendung, vorausgesetzt sie hatten ihren Wohnsitz in der Schweiz.[53] Dementsprechend erfolgte die objektive Anknüpfung für Nicht-Schweizer gem. Art. 22 Abs. 1 NAG immer an das Schweizer Bundesrecht, da Ausländer nicht als Kantonsangehörige betrachtet wurden.[54] Allerdings hatten sie, genau wie die Schweizer, die außerhalb ihres Heimatkantons in der Schweiz wohnten, die Möglichkeit ihr Heimatrecht durch eine ausdrückliche *professio iuris* für anwendbar zu erklären.[55]

Auf Schweizer, die im Ausland wohnten, war Art. 22 NAG hingegen nicht analogisch anzuwenden. Artikel 28 NAG bestimmte, dass für Auslandschweizer (mit Ausnahme ihrer sich in der Schweiz befindenden Liegenschaften) das Recht ihres Wohnsitzstaates maßgeblich war. Nur, wenn sie dem ausländischen Recht nicht unterworfen waren, wurde an das Heimatrecht (i.e. an das Recht ihres Heimatkantons) angeknüpft.[56] Auf Ausländer, die ihren Wohnsitz im Ausland hatten, war Art. 22 NAG auch nicht anwendbar.[57]

Abschließend kann gesagt werden, dass die für die in der Schweiz lebenden Ausländer dargelegte Rechtswahl von 1891 auf eine sehr positive Resonanz gestoßen ist und im Bundesgesetz über das Internationale Privatrecht (IPRG) vom 18. Dezember 1987 nicht nur übernommen (Art. 90 Abs. 2) sondern sogar auf die

---

52 Siehe Art. 34 NAG in Makarov, Aleksandr N. (1929, Seite 192), zum Art. 22 NAG im Verhältnis zu den Staatsverträgen siehe Hotz, Klaus P. (1969, Seite 53–62), sowie Meili, Friedrich. (1902, Seite 123), Von Overbeck, Alfred E. (1965, Seite 1089) und Kühne, Gunther. (1973, Seite 35–36).

53 Wortlaut des Art. 32 NAG: „Die Vorschriften des gegenwärtigen Gesetzes finden auf die **Ausländer**, welche in der **Schweiz ihren Wohnsitz** haben, entsprechende Anwendung." (Hervorhebungen hinzugefügt). Siehe Makarov, Aleksandr N. (1929, Seite 192). Zu der Schlussfolgerung, dass Art. 22 NAG auch auf internationaler Ebene anwendbar war, gelang die ganze herrschende Lehre und Rechtsprechung, siehe Kühne, Gunther. (1973, Seite 34) und Von Overbeck, Alfred E. (1965, Seite 1089).

54 Siehe Schnitzer, Adolf F. (1958, Seite 516).

55 Zu den Formerfordernissen und zur Begrenzung auf das Recht der Heimat siehe Meili, Friedrich. (1902, Seite 123), sowie Stauffer, Wilhelm. (1973, Seite 74, Unterpunkt 10).

56 Siehe Art. 28 NAG in Makarov, Aleksandr N. (1929, Seite 191). Für Näheres zur Rechtslage der Schweizerbürger mit letztem Wohnsitz im Ausland siehe Schnitzer, Adolf F. (1958, Seite 515–516), Meili, Friedrich. (1902, Seite 123) und Hotz, Klaus P. (1969, Seite 39–41).

57 Siehe hierzu Kühne, Gunther. (1973, Seite 35), nach der Rechtsprechung und Lehre war in solchen Fällen das Recht des ausländischen Wohnsitzes heranzuziehen.

Schweizer mit letztem Wohnsitz im Ausland erweitert wurde (Art. 91 Abs. 2).[58] Darauf wird in diesem Kapitel unter *C.II. Die begrenzten Rechtswahlmöglichkeiten in den autonomen IPR-Vorschriften der europäischen Länder* noch ausführlicher zurückzukommen sein.

IV Die Vereinigten Staaten von Amerika

Als Letztes sind noch kurz die ab Anfang des 20. Jahrhunderts in einigen vereinzelten amerikanischen Bundesstaaten auftauchenden Rechtswahlmöglichkeiten im Erbrecht zugunsten der *lex fori* anzusprechen. So gestattete § 47 des **New Yorker Decedent Estate Law** vom 17.02.1909 dem in- oder ausländischen Erblasser seine Erbfolge für das sich in New York befindende bewegliche Vermögen dem Recht von New York zu unterstellen, unabhängig davon wo er seinen Wohnsitz hatte.[59] Diese Norm wurde von § 3–5.1 (h) des bis heute gültigen Estates, Powers and Trusts Law (EPTL) des Staates New York von 1966 mit gleichem Inhalt ersetzt.[60] Ähnliche Vorschriften waren in § 89 b des Probate Act of **Illinois** von 1939, in Art. 93 § 368 des Annotated Code of the Public General Laws of **Maryland** von 1957 oder in § 50–02–14 des **North Dakota** Century Code von 1959 enthalten; letztere wurden allerdings jeweils im Jahr 1969 und 1976 abgeschafft.[61]

---

58 Siehe Fontanellas Morell, Josep M. (2010, Seite 143–148) und Kühne, Gunther. (1973, Seite 35).

59 Wortlaut § 47 des New Yorker Decedent Estate Law 1909: „Whenever a decedent, being a citizen of the United States or a citizen or a subject of a foreign country, wherever resident, shall have declared in his will and testament that he elects that such testamentary dispositions shall be construed and regulated by the laws of this state, the validity and effect of such dispositions shall be determined by such laws." Siehe Ferid, Murad. (1969, Seite 97), Scheuermann, Thomas. (1969, Seite 133, Fußnote 4), Rabel, Ernst. (1958, Seite 275) oder Hotz, Klaus P. (1969, Seite 65). Für eine deutsche Übersetzung siehe Makarov, Aleksandr N. (1929, Seite 260). Zur Rechtswahl der *lex fori* in New York siehe außerdem Davids, Berkeley Reynolds. (1923, Seite 873–874, § 531), Daumiller, Barbara von. (2003, Seite 15–16) und Von Overbeck, Alfred E. (1965, Seite 1089).

60 § 3–5.1 (h) EPTL 1966 ist beispielsweise in Hotz, Klaus P. (1969, Seite 65), Kühne, Gunther. (1973, Seite 36) oder Brandi, Tim. (1996, Seite 250) abgedruckt. Zu dieser Vorschrift siehe auch Basedow, Jürgen. (2015, The Law of Open Societies, Seite 265, Unterpunkt 422). (Eine spanische Übersetzung dieses Werkes von der Verfasserin ist 2017 bei Legis unter dem Titel „El derecho de las sociedades abiertas" erschienen).

61 Siehe Fontanellas Morell, Josep M. (2010, Seite 149–150, Fußnote 141), Kühne, Gunther. (1973, Seite 37), Daumiller, Barbara von. (2003, Seite 16), Dölle, Hans. (1966, Seite 208), sowie Boulanger, François. (1981, Seite 214).

Erwähnenswert ist auch § 2-602 des **Uniform Probate Code** in seiner ursprünglichen Fassung aus dem Jahr 1969, der in mehreren amerikanischen Bundesstaaten angenommen wurde, und keine objektive Verbindung zum gewählten Recht für die Bedeutung und rechtliche Wirkung einer testamentarischen Verfügung erforderte. Die ursprüngliche Fassung wies, zumindest auf dem Papier, eine weitgehendere Rechtswahl als die darauffolgenden in den Jahren 1975 und 1990 auf. Bei der Fassung von 1969 stand nur, dass der *ordre public*-Vorbehalt eingehalten werden musste, währenddessen bei den neueren Fassungen ausdrücklich ein Pflichtteilsvorbehalt hinzugefügt wurde und es somit lediglich zu einer materiellrechtlichen Verweisung kam. Allerdings wird von einigen Autoren vertreten, dass die eingeführte Angehörigenschutzvorschrift nur als ein Beispiel der *public policy* gelten sollte und auch die ursprüngliche Fassung des Uniform Probate Code aus dem Jahr 1969 keine kollisionsrechtliche Verweisung enthielt.[62]

C Die Rechtswahlmöglichkeiten im europäischen Erbrecht vor Inkrafttreten der Erbrechtsverordnung

I Völkerrechtliche Übereinkommen: Das Haager Abkommen über das auf die Rechtsnachfolge von Todes wegen anzuwendende Recht von 1989

Das kollisionsrechtlich relevanteste Übereinkommen im Bereich des internationalen Erbrechts ist das Haager Abkommen über das auf die Rechtsnachfolge von Todes wegen anzuwendende Recht vom 1. August 1989 (nachfolgend HÜErb abgekürzt).[63] Zu berücksichtigen gilt, dass dieses Übereinkommen keine internationalen Zuständigkeitsvorschriften enthält und gewisse Bereiche ausdrücklich von der Anwendung des Abkommens in Art. 1 Abs. 2 HÜErb ausgenommen sind. Beispielsweise die Testierfähigkeit, die Form von Verfügungen von Todes wegen oder Fragen des ehelichen Güterrechts.

---

62 Zum Uniform Probate Code siehe Brandi, Tim. (1996, Seite 252–256), Daumiller, Barbara von. (2003, Seite 17), Sturm, Fritz. (1985, Seite 643–644) und Fontanellas Morell, Josep M. (2010, Seite 152–153, mit einer Aufzählung der Bundesstaaten, in denen der Uniform Probate Code in einer seiner unterschiedlichen Versionen schon einmal zur Anwendung gekommen ist, in Fußnote 147).

63 Zur Vorgeschichte und Entstehung des Haager Übereinkommens von 1989 siehe Brandi, Tim. (1996, Seite 26–28), sowie Käferböck, Thomas. (2008, Seite 69–73) und Basedow, Jürgen. (2015, Seite 266, Unterpunkt 424).

Im Vergleich zum Haager Übereinkommen über das auf die Form letztwilliger Verfügung anwendbare Recht vom 5. Oktober 1961, das in 42 Staaten in Kraft getreten ist, wurde die Haager Erbrechtskonvention nur von den Niederlanden ratifiziert. Gezeichnet wurde sie indes auch von Argentinien, Luxemburg und der Schweiz. Inzwischen hat die Konvention gar keine Vertragsstaaten mehr, am 17. Dezember 2014 wurde von den Niederlanden die Kündigung des Übereinkommens bekannt gegeben.[64] Dennoch ist das Haager Abkommen von 1989 über das auf die Rechtsnachfolge von Todes wegen anzuwendende Recht im Rahmen dieser Arbeit von großer Bedeutung: Artikel 5 HÜErb eröffnet dem Erblasser nämlich bis zu vier Rechtswahlmöglichkeiten.[65]

Vorab ist jedoch die in **Art. 3 HÜErb** enthaltene objektive Anknüpfungsleiter anzusprechen, die einen Kompromiss zwischen Domizil- und Staatsangehörigkeitsprinzip darstellt. Als Erstes wird in Art. 3 Abs. 1 HÜErb an das Recht des Staates angeknüpft, in dem der Erblasser im Zeitpunkt seines Todes seinen gewöhnlichen Aufenthalt hatte, vorausgesetzt er gehörte zu diesem Zeitpunkt dem Domizilstaat an. Die einzige Auslandsberührung wird hier i.d.R. durch das Nachlassvermögen im Ausland begründet.

Das Aufenthaltsrecht ist auf einer zweiten Ebene gem. Art. 3 Abs. 2 Satz 1 HÜErb auch dann maßgeblich, wenn die zusätzliche Staatsangehörigkeitsvoraussetzung nicht gegeben ist, der Erblasser dafür aber mindestens **fünf Jahre** in dem Staat gewohnt hat. Mit anderen Worten, während der ersten fünf Aufenthaltsjahre in einem fremden Land wird die Verbindung zum Heimatstaat vom Übereinkommen objektiv als enger betrachtet.[66] Dabei ist jedoch die Flexibilität der Vorschrift durch die vorgesehenen **Ausweichklauseln** hervorzuheben. Für den

---

64 Die Texte und Statustabellen der Konventionen sind auf der offiziellen Webseite der Haager Konferenz (HCCH) abrufbar: http://www.hcch.net/index_de.php?act =conventions.status&cid = 40 (für das Haager Übereinkommen von 1961) und http://www.hcch.net/index_de.php?act =conventions.text&cid = 62 (für das Haager Abkommen von 1989), zuletzt geprüft am 28.12.2018. Eine deutsche Übersetzung des Übereinkommens über das auf die Rechtsnachfolge von Todes wegen anzuwendende Recht ist in Brandi, Tim. (1996, Anhang, Seite 438–445) zu finden.

65 Eine der großen Diskussionen beim Vorentwurf des Haager Abkommens von 1989 war, neben der objektiven Anknüpfung an die Staatsangehörigkeit gegenüber dem Wohnsitz des Erblassers, die Zulassung der *professio iuris*. Die Mehrheit der Länder konnte sich aber schnell mit einer beschränkten Rechtswahl anfreunden. Siehe hierzu Van Loon, Hans. (1989, Seite 12).

66 Kritisch in Bezug auf die Fristenlösung des Abkommens äußern sich beispielsweise Basedow, Jürgen. Diehl-Leistner, Barbara. (1990, Seite 40–41) oder Dutta, Anatol. (2009, RabelsZ 73, Seite 565, mit weiteren Verweisungen in Fußnote 106).

Fall, dass der Erblasser nach Ablauf der fünf Jahre weiterhin eine offensichtlich engere Verbindung zu seinem Heimatland aufweist, ist gem. Art. 3 Abs. 2 Satz 2 HÜErb das Recht dieses Staates anzuwenden. Zum Beispiel bei vorhandenen Rückkehrabsichten des Erblassers, der nur beruflich im Ausland tätig ist, oder im Falle der Rentnerkolonien aufgrund der fehlenden Integration in die Gesellschaft des Aufenthaltsstaates.[67]

An dritter Stelle knüpft Art. 3 Abs. 3 HÜErb an die Staatsangehörigkeit des Erblassers im Zeitpunkt seines Todes und lässt erneut eine Korrektur der Regelanknüpfung zu, wenn der Erblasser eine engere Verbindung zum Recht eines anderen Staates besaß. Diese zweite Ausweichklausel war hauptsächlich für die erst vor Kurzem eingewanderten Immigranten, ohne Absicht in ihr Heimatland zurückzukehren, zugunsten ihres neuen gewöhnlichen Aufenthaltsrechts gedacht.[68] Durch die Ausweichklauseln sind dementsprechend Ausnahmen, sowohl für den Zeitraum vor als auch nach dem Ablauf der Fünfjahresfrist, vorgesehen.

Der zu erzielende Kompromiss zwischen Staatsangehörigkeit- und Wohnsitzprinzip war auch der Hauptgrund für die Zulassung einer Rechtswahl im Haager Abkommen von 1989. In diesem Sinne wird dem Erblasser in **Art. 5 Abs. 1 HÜErb** erlaubt, die Erbfolge in ihren gesamten Nachlass[69] seinem Heimat- oder Aufenthaltsrecht,[70] entweder im Zeitpunkt der Rechtswahl oder im Zeitpunkt seines Todes, zu unterstellen.[71] Dadurch entstehen insgesamt vier

67 Siehe *Mögliche Kriterien für das Vorliegen einer engeren Verbindung zum Heimatrecht* in Brandi, Tim. (1996, Seite 119–120). Schmellenkamp deutet darauf hin, dass diese Ausnahmeregelung zu Streitigkeiten zwischen den Erbprätendenten führen kann, siehe Schmellenkamp, Cornelia. (1997, Seite 250). Auch Dutta, Anatol. (2009, RabelsZ 73, Seite 565) hebt kritisch hervor: „Escape clauses such as those used in the Hague Succession Convention only allow considering the real interests of the deceased to a limited extent. An escape clause requires the court to adjudicate an internal orientation of the deceased at a point in time where the court – due to the death of the deceased – can only base its decision on assumptions or, potentially conflicting, information from close dependants, necessitating already on the choice-of-law-level comprehensive inquiries."

68 Siehe *Engere Verbindung und Heimatrecht (Art. 3 III a.E.)* in Brandi, Tim. (1996, Seite 123).

69 Dass die *gesamte* Erbfolge gemeint ist und keine Teilrechtswahl zulässig ist, wird zusätzlich auch noch ausdrücklich in Art. 7.1 HÜErb betont.

70 Anders als in Art. 3 HÜErb ist hier keine Mindestzeitdauer für den gewöhnlichen Aufenthalt erforderlich.

71 Als *fortschrittlich* wird die *professio iuris* in Art. 5 HÜErb von Kroll-Ludwigs, Kathrin. (2013, Seite 131) bezeichnet. Zur Entstehungsgeschichte der Wahl zwischen Heimat- und Aufenthaltsrecht in Art. 5 HÜErb und den Diskussionen hinsichtlich des dafür

Rechtswahlmöglichkeiten. Bei Mehrstaatern können es gegebenenfalls aber sogar noch mehr sein, da sie die freie Wahl zwischen ihren Heimatrechten haben.[72] Gemäß Art. 5 Abs. 2 HÜErb muss die Rechtswahlerklärung ausdrücklich erfolgen, eine stillschweigende Rechtswahl ist demzufolge ausgeschlossen.[73]

Unter anderen Gründen wurde die *professio iuris* in Art. 5 HÜErb aus Angst die Einführung einer zu großen Rechtswahlfreiheit könne, in Anbetracht der Neuheit dieses Instruments, die Akzeptanz des Übereinkommens gefährden, auf Rechtsordnungen beschränkt zu denen der Erblasser eine sehr enge Verbindung aufwies: das Recht seiner Staatsangehörigkeit oder das Recht seines gewöhnlichen Aufenthalts. So wurde beispielsweise die Wahl des Ehegüterrechtsstatuts oder der *lex rei sitae* abgelehnt.[74]

Am Rande sei erwähnt, dass die Gegner der ihrer Meinung nach „zu weiten" in Art. 5 HÜErb zugelassenen Rechtswahl, es letztendlich noch geschafft haben in Art. 24.1 (c) und (d) HÜErb einen Ausnahme einzuführen, die der *lex fori* gegenüber dem vom Erblasser gewählten Recht unter bestimmten Umständen den Vorrang einräumt. Demzufolge wurde festgelegt, dass jeder Staat bei der Unterzeichnung, der Ratifikation, der Annahme, der Genehmigung oder dem Beitritt den Vorbehalt machen kann, eine nach Artikel 5 vorgenommene Rechtswahl nicht anzuerkennen. So zum Beispiel, wenn das gewählte Recht dem Ehegatten oder einem Kind des Erblassers die gesamten (oder einen sehr erheblichen Teil) der erbrechtlichen Zuwendungen entzieht, auf die sie nach den zwingenden Vorschriften des Rechts des Staates, der den Vorbehalt gemacht hat, Anspruch gehabt hätten.[75]

Des Weiteren ist aufzuführen, dass **Art. 6 HÜErb**[76] das Ergebnis eines Kompromissvorschlags zwischen den Befürwortern und den Gegnern einer Teilrechtswahl zugunsten des Rechts der Belegenheit des Vermögens ist. Da man sich

---

maßgeblichen Zeitpunktes siehe Brandi, Tim. (1996, Seite 293–296). Siehe auch Van Loon, Hans. (1989, Seite 12–13), Lipstein, Kurt. (1975, Seite 40–41), Schmellenkamp, Cornelia. (1997, Seite 251–252) und Dutta, Anatol. (2011, Europäisches Erb-und Erbverfahrensrecht, Seite 59 ff.).

72 Siehe Kroll-Ludwigs, Kathrin. (2013, Seite 131) und Brandi, Tim. (1996, Seite 292).

73 Zur Formulierung und Form der Rechtswahl gem. Art. 5.2 HÜErb siehe Schmellenkamp, Cornelia. (1997, Seite 252–253).

74 Siehe Brandi, Tim. (1996, Seite 292 und Seite 307).

75 *Ebenda.* (1996, Seite 296–303), auf Seite 302: „Ziel beider Vorschriften [Art. 24 I d) und Art. 24 I c)] ist es, die materiellen Interessen der im Forum lebenden Angehörigen an einer angemessenen zwingenden Nachlaßbeteiligung zu schützen." Siehe hierzu auch Davì, Angelo. (2004, Seite 389).

76 Wortlaut des Art. 6 HÜErb: „Eine Person kann die Erbfolge in bestimmte Güter ihres Nachlasses dem Recht eines oder mehrerer Staaten unterstellen. Diese Rechtswahl

auf eine *kollisionsrechtliche* Rechtswahl zum Vorteil der *lex rei sitae* nicht einigen konnte, wurde die Einführung einer lediglich *materiellrechtlichen* Verweisung für einzelne Nachlassgegenstände aufgenommen.[77] Diese in Art. 6 HÜErb enthaltene materiellrechtliche Verweisungsmöglichkeit gestattet dem Erblasser aber nur Bezug auf bestimmte dispositive Vorschriften im Rahmen der zwingenden Sachnormen des anwendbaren Rechts zu nehmen.[78]

Zuletzt sollte auch die in **Art. 11 HÜErb** vorgesehene Rechtswahl für Erbverträge angesprochen werden. Gewählt werden kann das Aufenthalts- oder das Heimatrecht der Person oder einer der Personen, deren Nachlass im Zeitpunkt des Vertragsschlusses betroffen ist. Der Zeitpunkt wird hier also auf den Zeitpunkt der Rechtswahl beschränkt. Folglich ist eine *professio iuris* zugunsten des Aufenthalts- oder Heimatrechts im Zeitpunkt des Todes bei Erbverträgen, im Gegensatz zu Art. 5 Abs. 1 HÜErb, nicht gestattet. Grund für diese Beschränkung war wohl das Ziel der Parteien, die Erbfolge bereits *zu Lebzeiten* des Erblassers *bindend* zu regeln.[79]

Abschließend lässt sich sagen, dass die Aufnahme der *professio iuris* in Art. 5 HÜErb, die dem Erblasser eine Wahl zwischen seinem Heimat- und Aufenthaltsrecht im Zeitpunkt der Rechtswahl oder im Zeitpunkt seines Todes ermöglicht, trotz der sehr geringen Zahl an Ratifizierungen des Übereinkommens von Bedeutung ist. Ihre Regelung hat sich als Vorgabe für spätere Gesetzestexte erwiesen,[80] insbesondere hat sie auch einen großen Einfluss auf die EU-ErbVO ausgeübt.[81] Daher kann die Zulassung der Rechtswahl im Haager Abkommen über das auf

kann jedoch die Anwendung der zwingenden Vorschriften des nach Artikel 3 oder Artikel 5 Absatz 1 anzuwendenden Rechts nicht berühren."

77 „Der Logik der materiellrechtlichen Verweisung entspricht es, dass die Verweisungsmöglichkeiten unter Art. 6 weder auf besondere Vermögensgegenstände, …, noch auf bestimmte Rechtsordnungen beschränkt ist" so Brandi, Tim. (1996, Seite 310). Siehe auch Borrás, Alegría. (1996, E Pluribus Unum, Seite 19).

78 Zur materiellrechtlichen Verweisung des Art. 6 HÜErb im Allgemeinen und seinem fraglichen Nutzen für die kontinentaleuropäischen Staaten siehe Brandi, Tim. (1996, Seite 309–315). Schmellenkamp, Cornelia. (1997, Seite 252) empfiehlt die Vorschrift dieses Artikels zu ignorieren, da sie leicht zu falschen Ergebnissen führen kann.

79 Zur *Rechtswahl in Erbverträgen (Art. 11)* siehe Brandi, Tim. (1996, Seite 315–320), mit Kommentaren zum Vorbehalt zugunsten am Vertrag nicht beteiligter Dritter in Art. 12 auf Seite 319. Siehe auch Daumiller, Barbara von. (2003, Seite 30) und Dreher, Karin. (1999, Seite 19).

80 Im nächsten Unterpunkt *C.II.1.* werden die IPR-Vorschriften, die dem Modell des HÜErb folgen, näher untersucht.

81 Siehe Kroll-Ludwigs, Kathrin. (2013, Seite 130–131) und Rühl, Giesela. (2011, Seite 337–341).

die Rechtsnachfolge von Todes wegen anzuwendende Recht vom 1. August 1989 als tatsächlicher Auslöser für die Verbreitung dieses Instruments, wie es heute im internationalen Erbrecht bekannt ist, betrachtet werden.[82]

II Die begrenzten Rechtswahlmöglichkeiten in den autonomen IPR-Vorschriften der europäischen Länder

In den letzten Jahrzenten, insbesondere in den vergangenen 15 Jahren, hat sich die Parteiautonomie in Europa auf dem Gebiet des internationalen Erbrechts in mehreren sehr unterschiedlichen Rechtssystemen durchgesetzt und in anderen wurde ihre Einführung immerhin erwogen. Es handelt sich hierbei also keinesfalls um ein Einzelphänomen, vielmehr kann von einer *allgemeinen Tendenz* zur Anerkennung der *professio iuris* im europäischen Erbrecht gesprochen werden.[83] Allerdings ist festzuhalten, dass von diesem Gestaltungsinstrument nur auf sehr beschränkter Weise Gebrauch gemacht wird. Die wählbaren Rechte sind entweder mit dem Erblasser oder mit dem Nachlass eng verbunden oder aber die Rechtswahl wird nur unter einem Pflichtteilsvorbehalt zugelassen.[84]

Anschließend werden sowohl die Rechtswahlmöglichkeiten, die in den autonomen IPR-Vorschriften der EU-Mitgliedstaaten vor Anwendung der europäischen Erbrechtsverordnung erlaubt waren, als auch die der Nichtmitgliedstaaten, unter Berücksichtigung der einzelnen Besonderheiten, gruppiert und nach Modellen aufgeführt. Nicht flächendeckend wird dabei zur besseren Kontextualisierung auch ein Blick auf die *professio iuris* außerhalb Europas geworfen werden. Hierfür habe ich die verschiedenen Rechtswahlmöglichkeiten nach ihrem Anknüpfungspunkt klassifiziert.[85]

---

82 Siehe Fontanellas Morell, Josep M. (2010, Seite 127–129).

83 So auch Daumiller, Barbara von. (2003, Seite 37): „Insbesondere in jüngerer Zeit scheint sich das Institut im europäischen Raum mehr und mehr durchzusetzen. Herrschte vor einigen Jahren noch die Befürchtung, die Einführung einer Rechtswahl im Erbrecht sei im nationalen Alleingang nicht durchsetzbar…, stellt sie mittlerweile ein Stück gelebter Rechtswirklichkeit dar." Auf internationaler (nicht nur europäischer) Ebene stellt Basedow, Jürgen. (2015, Seite 265, Unterpunkt 422) fest: „Over the last 30 or 40 years, a general trend in international legislation towards the recognition of the decedent's ability to designate the law applicable to succession is undeniable."

84 Siehe Dutta, Anatol. (2011, Europäisches Erb-und Erbverfahrensrecht, Seite 59) und Kroll-Ludwigs, Kathrin. (2013, Seite 134).

85 Für andere Klassifizierungen der Rechtswahl im internationalen Erbrecht siehe beispielsweise Fontanellas Morell, Josep M. (2010, Seite 234–235, professio estricta, professio amplia und professio favor fori) oder Popescu, Dan Andrei. (2007, Seite 306–310, a) Rechtsordnungen, die keine Rechtswahl zulassen, b) Rechtsordnungen, die die

Zum einen können die Rechtsordnungen, die eine Rechtswahl zugunsten des Heimat- und Aufenthaltsrechts des Erblassers (Modell HÜErb – die Niederlande, Belgien, Finnland, Liechtenstein, Polen, die Tschechische Republik, Burkina Faso, Benin und Québec), von denen die diese nur zugunsten des Rechts des gewöhnlichen Aufenthalts des Erblassers (Italien und Südkorea) oder nur zugunsten des Rechts der Staatsangehörigkeit des Erblassers zulassen (Modell EU-ErbVO – Rumänien, Estland, Schweiz, Bulgarien, Ukraine, Weißrussland, sowie sechs weitere ehemalige Sowjetrepubliken), differenziert werden.

Des Weiteren sind Rechtsordnungen vorhanden, die eine Teilrechtswahl zugunsten der *lex rei sitae* (Deutschland, Québec und Südkorea) anerkennen, Rechtsordnungen die eine freie Wahl vorsehen solange die zwingenden Bestimmungen des objektiv anwendbaren Erbstatuts nicht beseitigt werden (Moldawien und früher Rumänien), Rechtsordnungen die lediglich *den Erben* eine Wahl des auf die Auseinandersetzung des Nachlasses anwendbaren Rechts ermöglichen (Dänemark und Italien) und Rechtsordnungen die eine Rechtswahl zugunsten der *lex fori* für das lokale Vermögen erlauben (vereinzelte US-Staaten).[86]

1 Rechtswahl zugunsten des Heimat- und Aufenthaltsrechts des Erblassers (Modell HÜErb)

Als Erstes werden die Kollisionsnormen derjenigen Länder untersucht, die wie das *Haager Abkommen über das auf die Rechtsnachfolge von Todes wegen anzuwendende Recht von 1989* eine Rechtswahl zugunsten des Heimat- und Aufenthaltsrecht des Erblassers zulassen.[87] Dabei sind zuerst das niederländische und

---

Wirkungen einer Rechtswahl auf bestimmte Vermögenswerte begrenzen, c) Rechtsordnungen, die eine Rechtswahl nur unter dem Pflichtteilsvorbehalt zulassen und d) Rechtsordnungen, die eine Rechtswahl erlauben ohne diese Wahl den zwingenden Bestimmungen unterzuordnen).

86 Siehe die von der Verfasserin farblich nach Modellen markierte Europakarte im Anhang Nr. 1 mit den Rechtsordnungen, die eine erbrechtliche Rechtswahl schon vor Inkrafttreten der EU-ErbVO zuließen und einer Angabe des Jahres ab dem diese eingeführt wurde. Für einen Überblick aller Rechtsordnungen die auf Ebene des internationalen Erbrechts eine *professio iuris* zulassen oder schon einmal zugelassen haben siehe die Weltkarte im Anhang Nr. 2.

87 Bonomi, Andrea. (2011, Recueil des Cours, Seite 235) stellt fest: „En droit comparé, **la solution la plus répandue** est celle qui autorise le de cujus à opter entre sa loi nationale et celle de sa résidence habituelle (ou de son domicile). Selon la doctrine, cette option permet de jeter un pont entre ces critères de rattachement traditionnels, dont chacun a ses mérites en matière successorale.“ (Hervorhebungen hinzugefügt).

das belgische Erbkollisionsrecht heranzuziehen, die der Haager Erbrechtskonvention in dieser Hinsicht exakt nachgebildet sind.

a) *Niederlande*

Wie bereits im vorherigen Punkt *C.I.* erwähnt, ist die Niederlande der einzige Staat, von dem das obengenannte Übereinkommen ratifiziert wurde. Gemäß Art. 28 HÜErb ist das Abkommen aber völkerrechtlich nie in Kraft getreten, dafür hätte es der Ratifikation durch mindestens drei Staaten bedürft. Trotzdem wurden die Bestimmungen des HÜErb, aufgrund des am 01.10.1996 in Kraft getretenen niederländischen Erbkollisionsgesetzes (*Wet conflictenrecht erfopvolging* – nachfolgend WCErf abgekürzt)[88], Teil des niederländischen Internationalen Privatrechts.[89]

Vor dem Inkrafttreten des WCErf war das auf die Erbfolge anwendbare Recht in den Niederlanden nicht gesetzlich festgelegt und wurde größtenteils von der Rechtsprechung entwickelt, die generell auf das Recht der Staatsangehörigkeit des Erblassers im Zeitpunkt seines Todes zurückgriff.[90] Nur wenn dieser keine enge Bindung mehr zu seinem Heimatstaat hatte, wurde subsidiär auf das Recht des letzten Wohnsitzes oder des letzten gewöhnlichen Aufenthalts verwiesen. Diese Ersatzanknüpfung fungierte sozusagen als Realitätsprüfung, wenn die Staatsangehörigkeit *verwaterd* (verwässert) war.[91] Eine Rechtswahl war zu dem Zeitpunkt

---

88 Der Gesetzestext des *Wet conflictenrecht erfopvolging* kann auf folgender Webseite auf Niederländisch abgerufen werden: http://www.st-ab.nl/wetten/0451_Wet_conflictenrecht_erfopvolging.htm (zuletzt geprüft am 28.12.2018). Eine deutsche Übersetzung ist in Weber, Wolfgang. (2000, Seite 59–60) abgedruckt.

89 Siehe Art. 1 des WCErf: „Das Recht, das auf die Erbfolge anwendbar ist, wird durch die Vorschriften des am 1. August 1989 in Den Haag geschlossenen Übereinkommens über das auf die Erbfolge anwendbare Recht bestimmt, dessen französischer und englischer Wortlaut mit Übersetzung in das Niederländische im Tractatenblad 1994, 49 veröffentlicht sind.“ (Übersetzung von Notar Dr. Wolfgang Weber, siehe vorherige Fußnote). Am 19.05.2011 wurde dieser Artikel durch eine analoge Bestimmung in Art. 145 des *Vaststelling en invoering van Boek 10 (Internationaal privaatrecht) van het Burgerlijk Wetboek* (Vaststellings- en Invoeringswet Boek 10 Burgerlijk Wetboek) ersetzt.

90 Erbfolge und Nachlassabwicklung wurden unterschiedlich angeknüpft, nach h.M. unterlag letztere dem *sterfhuis*, dem Recht des letzten Wohnsitzes des Erblassers. Siehe Schmellenkamp, Cornelia. (1997, Seite 246). Zur objektiven Anknüpfung des Erbstatuts vor dem 01.10.1996 siehe Schömmer, Hans-Peter. Eule, Wolfgang. (2010, Seite 109–112).

91 Zur Abweichung von der Staatsangehörigkeitsanknüpfung bei ineffektiver Staatsangehörigkeit in den Niederlanden vor Inkrafttreten des WCErf siehe Schömmer,

grundsätzlich nicht zugelassen. Auch wenn sie in der Literatur überwiegend anerkannt wurde, entschied sich der größte Teil der Rechtsprechung gegen sie.[92]

Bis zur Anwendung der europäischen Erbrechtsverordnung am 17.08.2015 war das niederländische Erbkollisionsgesetz (WCErf), i.e. die Vorschriften des HÜErb für die Bestimmung des auf die gesetzliche und gewillkürte Erbfolge anzuwendenden Rechts,[93] auf alle die sich nach dem 30.09.1996 ereignenden Erbfälle anwendbar. Die auf einen Kompromiss zwischen Domizil- und Staatsangehörigkeitsprinzip beruhende objektive Anknüpfungsleiter des Art. 3 HÜErb wird an dieser Stelle nicht noch einmal dargelegt, da sie bereits im vorherigen Punkt *C.I.* ausführlich definiert wurde.

Angesichts der Übernahme des HÜErb in das *Wet conflictenrecht erfopvolging* war es in den Niederlanden möglich von der in Art. 5 HÜErb vorgesehenen *professio iuris* zugunsten des Recht des Staates der Staatsangehörigkeit oder des gewöhnlichen Aufenthalts des Erblassers, entweder im Zeitpunkt seines Todes oder im Zeitpunkt der Rechtswahl, Gebrauch zu machen. Auch hier wird auf eine ausgiebige Wiederholung verzichtet und auf Seite 46 ff. der Dissertation verwiesen. Allerdings ist hervorzuheben, dass sich in den Niederlanden eine Tendenz hinsichtlich der Zulassung einer konkludenten oder stillschweigenden Rechtswahl entwickelte.[94]

Anschließend wird zur Verdeutlichung anhand eines Beispiels das *aus Sicht der Niederlande* bis zum 17.08.2015 anwendbare Recht bei einem deutsch-niederländischen Erbfall untersucht.[95] So wäre auf die Erbfolge eines deutschen Erblassers

---

Hans-Peter. Eule, Wolfgang. (2010, Seite 110) und insbesondere Stille, August L.G.A. (1990, Seite 223–233).

92 Siehe Fontanellas Morell, Josep M. (2010, Seite 167, Fußnote 200), Schömmer, Hans-Peter. Eule, Wolfgang. (2010, Seite 111–112), Schmellenkamp, Cornelia. (1997, Seite 246) und Weber, Wolfgang. (2019, Band VI, Niederlande Grdz., Seite 1–2, für abweichende Entscheidungen zugunsten einer Rechtswahl zu der Zeit vor Inkrafttreten des WCErf siehe Seite 2, Fußnote 11).

93 Zu berücksichtigen ist, dass einige Sachbereiche nicht vom HÜErb erfasst werden und im WCErf geregelt sind, wie z.B. die Nachlassabwicklung (einschließlich der Erbauseinandersetzung), die gem. Art. 4 und 5 WCErf dem niederländischen Recht unterliegt, vorausgesetzt der Erblasser hatte seinen letzten gewöhnlichen Aufenthalt in den Niederlanden. (Diese Regelung stimmt mit dem vorherigen ungeschriebenen Kollisionsrecht überein, siehe Fußnote 90).

94 Siehe hierzu Schömmer, Hans-Peter. Eule, Wolfgang. (2010, Seite 126, Rn 371–372).

95 Zum (neuen) materiellen Erbrecht in den Niederlanden, das seit dem 01.01.2003 im 4. Buch des *Burgerlijk Wetboek* zu finden ist, siehe Weber, Wolfgang. (2019, Band VI, Niederlande Grdz., Seite 11–18, mit weiteren Quellen auf Seite 20), Van Maas de Bie,

mit gewöhnlichem Aufenthalt (seit mindestens 5 Jahren) in Amsterdam und Vermögen in beiden Ländern, gem. Art. 3 Abs. 2 Satz 1 HÜErb, niederländisches Recht anzuwenden gewesen.[96] Es sei denn, der Erblasser hätte eine Rechtswahl zugunsten seines Heimatrechts vorgenommen (Art. 5 Abs. 1 HÜErb), dann wäre das deutsche Recht für den gesamten Nachlass zur Anwendung gelangt.[97]

Umgekehrt wäre das auf die Rechtsnachfolge eines niederländischen Erblassers anwendbare Recht, der seinen gewöhnlichen Aufenthalt mehrere Jahre in Kopenhagen begründete und sich letztlich dafür entschied seinen Lebensabend in Hamburg zu verbringen, nach der objektiven Anknüpfung des Art. 3 Abs. 2 Satz 1 HÜErb, das deutsche gewesen. Vorausgesetzt der niederländische Rentner hätte die fünfjährige Mindestaufenthaltsdauer in Deutschland erfüllt. Anderenfalls, wäre das Recht seiner Staatsangehörigkeit, i.e. niederländisches Recht, zur Geltung gekommen.

Äußerst interessant wäre es in diesem Fall gewesen, wenn der Erblasser während seines Aufenthalts in Kopenhagen eine Rechtswahl zugunsten des dänischen Rechts getroffen hätte.[98] Denn selbst nach Verlagerung seines gewöhnlichen Aufenthalts nach Hamburg, wäre die Rechtswahl gem. Art. 5 Abs. 1 HÜErb wirksam gewesen: Es hätte eine *professio iuris* zugunsten des gewöhnlichen Aufenthalts des Erblassers im Zeitpunkt der Rechtswahl vorgelegen.

Arlette R. (2015, Seite 922–931) und Schömmer, Hans-Peter. Eule, Wolfgang. (2010, Seite 220–302). Im Vergleich zu der vorherigen Regelung, hat der überlebende Ehegatte jetzt eine wesentlich bessere Stellung. Zum Erbverfahrensrecht und der internationalen Zuständigkeit niederländischer Gerichte (in der Zivilprozessordnung Wetboek van Burgerlijke Rechtsvordering) siehe Van Maas de Bie, Arlette R. (2004, Seite 691–692) und Schömmer, Hans-Peter. Eule, Wolfgang. (2010, Seite 302–305).

96 Unter außergewöhnlichen Umständen, wenn der deutsche Erblasser offensichtlich engere Verbindungen zu Deutschland gehabt hätte (z.B. wenn er nur aus beruflichen Gründen seinen gewöhnlichen Aufenthalt nach Amsterdam verlegt hätte), wäre eine Verweisung auf das deutsche Recht, dem Wortlaut des Art. 3 Abs. 2 Satz 2 HÜErb zufolge, denkbar gewesen.

97 Erneut ist darauf hinzuweisen, dass die Rechtswahl nur die Erbfolge und nicht die Verteilung und Abwicklung des Nachlasses erfasst hätte, siehe Fußnote 93.

98 Eine Mindestzeitdauer für den gewöhnlichen Aufenthalt (wie in Art. 3 HÜErb erforderlich), sah Art. 5 HÜErb nicht vor. Mit anderen Worten, selbst wenn der gewöhnliche Aufenthalt des Niederländers in Dänemark weniger als 5 Jahre betragen hätte, hätte ihm die Wahl dänischen Rechts offen gestanden.

b) Belgien

Seit Inkrafttreten des *Gesetzes vom 16.07.2004 zur Einführung des Gesetzbuches über das internationale Recht*[99] am 1. Oktober 2004 folgte auch Belgien dem Modell der Haager Erbrechtskonvention. Jedenfalls hinsichtlich der Rechtswahlmöglichkeiten, wenn auch mit einem bedeutenden Vorbehalt, auf den später zurückzukommen ist.

Wie auch bis 1996 in den Niederlanden, waren die meisten Regeln des belgischen internationalen Privatrechts vor 2004 nicht kodifiziert und wurden überwiegend von der Rechtsprechung und der Lehre bestimmt.[100] Die aus Art. 3 Abs. 2 belgisches ZGB abgeleiteten erbrechtlichen Kollisionsnormen, die sich durch eine *dualité de régimes* (Unterscheidung zwischen bewegliches und unbewegliches Vermögen) kennzeichneten, wurden grundlegend in das neue IPR-Gesetz von 2004 übernommen.[101] Eine Rechtswahl war aber zu der Zeit vor Inkrafttreten des eben genannten Gesetzes unzulässig.[102]

Demnach folgte das belgische Erbkollisionsrecht also nicht dem Haager Abkommen hinsichtlich der objektiven Anknüpfung (Art. 3 HÜErb), wie das niederländische Erbkollisionsrecht (WCErf) es tat, sondern behielt den Grundsatz der Nachlassspaltung bei. Für das bewegliche Vermögen wurde in Art. 78 § 1 belgisches IPRG an das Recht des letzten gewöhnlichen Wohnortes[103] des Erblassers angeknüpft. Für das unbewegliche Vermögen war indessen gem. Art. 78 § 2 belg.

---

99 Loi portant le Code de droit international privé, 16 juillet 2004/Wet houdende het Wetboek van internationaal privaatrecht, 16 juli 2004. Auf beiden Sprachen unter folgender Webseite verfügbar: http://www.ejustice.just.fgov.be/cgi_loi/change_lg.pl?language=fr&la=F&cn=2004071631&table_name=loi (zuletzt geprüft am 28.12.2018). Eine deutsche Übersetzung der erbrechtlichen Bestimmungen (Art. 77–84) ist in Dörner, Heinrich. (2007, Seite 453–455) zu finden.

100 Siehe hierzu Pertegas, Marta. (2006, IPrax, Seite 53), Pintens, Walter. (2004, Seite 1421) und Hustedt, Volker. Schür, Gido. (2015, Seite 226).

101 Siehe Verbeke, Alain. (2003, Seite 79–80).

102 Siehe Hustedt, Volker. (2004, Seite 267–268) und Hustedt, Volker. Genkin, Katia. (2019, Band I, Belgien Grdz., Seite 6), die darauf hinweisen, dass nur eine indirekte Rechtswahl (z.B. durch Verlegung des Wohnsitzes) möglich war. Der Unterschied zwischen direkter und indirekter Rechtswahl wurde zuvor auf Seite 31 der Dissertation aufgeführt. Bei einer indirekten Rechtswahl handelt es sich lediglich um eine mittelbare Einflussnahme, es fehlt der Rechtswahlcharakter.

103 Eine Definition der *résidence habituelle* ist in Art. 4 § 2 belg. IPRG enthalten, die als *lieu où une personne physique s'est établie à titre principal* beschrieben wird, wobei insbesondere die persönlichen und beruflichen Umstände in Betracht zu ziehen sind.

IPRG die *lex rei sitae* maßgeblich.[104] Zudem sah Art. 19 § 1 belg. IPRG eine allgemeine Ausweichklausel vor, sodass für das ganze Vermögen auch ein anderes Recht zur Anwendung gelangen konnte, wenn aus den gesamten Umständen offensichtlich hervorging, dass der Fall eine engere Verbindung zu einem anderen Staat aufzeigte als zu dem, auf dessen Recht objektiv verwiesen wurde.[105]

Aber kommen wir nun zu dem uns wirklich interessierenden Punkt des autonomen belgischen Erbkollisionsrechts für diese Studie: Die in Art. 79 belg. IPRG zugelassene Wahl des auf die Erbfolge anwendbaren Rechts. Die subjektive Anknüpfung der obengenannten Vorschrift schien auf den ersten Blick mit der in Art. 5 HÜErb vorgesehenen *professio iuris* übereinzustimmen, erlaubt wurde eine Wahl zugunsten des Heimat- oder des Aufenthaltsrechts des Erblassers, entweder im Zeitpunkt der Rechtswahl oder im Zeitpunkt seines Todes.[106] Auf den zweiten Blick enthielt Art. 79 Abs. 1 Satz 3 belg. IPRG aber einen äußerst wichtigen Vorbehalt:

> *„Diese Bezeichnung darf jedoch nicht dazu führen, dass ein Erbe seinen Anspruch auf den Pflichtteil verliert, der ihm durch das aufgrund von Artikel 78 anwendbare Recht zugesichert wird.“*[107]

Mit anderen Worten, unter dem Pflichtteilsvorbehalt des objektiven Erbstatuts durfte der Erblasser die Rechtswahl nur hinsichtlich seines am Nachlass frei verfügbaren Teils treffen. Die sogenannte *freie Quote* des Erblassers hängt von den

---

104 Gemäß Art. 16 belg. IPRG handelt es sich bei den Verweisungen um Sachnormverweisungen. Dies stellte eine Neuerung dar, denn vor Inkrafttreten des IPRG im Jahr 2004 wurden die Verweisungen als Gesamtverweisungen verstanden. Zur Rückverweisung und grundsätzlicher Ausschließung des *Renvoi* (unter Berücksichtigung der Ausnahmevorschrift für unbewegliches Vermögen in Art. 78 § 2 Satz 2 belg. IPRG) siehe Hustedt, Volker. Genkin, Katia. (2019, Band I, Belgien Grdz., Seite 10–11) und auf Französisch Bouckaert, Frans. (2004, Seite 419).

105 Zur objektiven Anknüpfung des Art. 78 und zur Ausnahmeklausel des Art. 19 § 1 belg. IPRG siehe Heinig, Jens. (2014, Heft 6, Seite 284–285), Dörner, Heinrich. (2007, Seite 455–456), Hustedt, Volker. Genkin, Katia. (2019, Band I, Belgien Grdz., Seite 5–6), Bouckaert, Frans. (2004, Seite 418–419) und Meeusen, Johan und Traest, Michael. (2006, Seite 102–105 und 400–403).

106 Dem Wortlaut des Art. 79 Abs. 1 Satz 1 belg. IPRG zufolge musste die Wahl den gesamten Nachlass erfassen (bewegliches und unbewegliches Vermögen). Eine Teilrechtswahl war nicht erlaubt, dadurch konnte unter Umständen eine Nachlassspaltung vermieden werden.

107 Übersetzung in Dörner, Heinrich. (2007, Seite 454).

pflichtteilsberechtigten Personen ab und beträgt z.B. nach belgischem Recht den in weiß ausgefüllten Bruchteil in Abbildung 1.

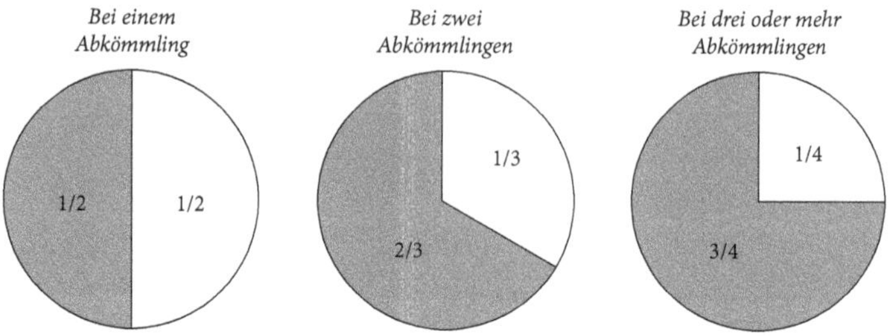

Abb. 1: Freie Quote des Erblassers nach belgischem Recht.

In dunkelgrau sind gem. Art. 913 des belg. ZGB die Noterbrechtquoten der Abkömmlinge in Abbildung 1 markiert. Wie auch im deutschen Recht sind die Vorfahren nur dann berechtigt ihren Pflichtteil in Anspruch zu nehmen, wenn der Erblasser keine Abkömmlinge hinterlässt. Ist dies der Fall, hängt die Quote des Noterbrechts nach belgischem Erbrecht erneut von der Anzahl der Aszendenten ab (1/2 bei Vorhandensein von Vorfahren in der väterlichen und in der mütterlichen Linie und ¼ wenn diese nur in der einen oder anderen Linie vorhanden sind). Das Noterbrecht des Ehegatten gestaltet sich hingegen in Form eines Nießbrauchrechts am halben Nachlass, welches sich anteilig auf die freie Quote des Erblassers erstreckt und diese, wenn auch nicht reduziert, doch stark belastet.[108]

Zusammenfassend lässt sich sagen, dass der in Art. 79 Abs. 1 Satz 3 belg. IPRG vorgesehener Pflichtteilsvorbehalt zweifellos eine große Einschränkung der zugelassenen Rechtswahlfreiheit darstellte. In der Praxis konnte die *professio iuris* sogar zu unerwünschten Ergebnissen führen, beispielsweise die Kumulierung von Pflichtteilsrechten aus dem objektiv anwendbaren und dem gewählten

108 Für detaillierte Information zum materiellen Erbrecht in Belgien siehe Hustedt, Volker. Schür, Gido. (2015, Seite 234–249, zum Noterbrecht Seite 243–244), Hustedt, Volker. Genkin, Katia. (2019, Band I, Belgien Grdz., Seite 18–47, zum Noterbrecht Seite 35–38), Pintens, Walter. (2001, Seite 26–32), der ab Seite 30 eine interessante Diskussion um das Noterbrecht führt, sowie Vastersavendts, Alfons. (Praktisch Handboek van Erfrecht, 1975) und Raucent, Léon. (Les Successions, 1988).

Recht.[109] Frans Bouckaert brachte die Situation sehr schön auf den Punkt indem er feststellte:

> *„L'autonomie de la volonté sera réduite à une peau de chagrin, tout au moins dans les cas où la loi successorale initialement compétente connaît l'institution de la réserve. La désignation d'une autre loi que la « lex successionis » sera, en outre, source de complications...“*[110]

Bevor das finnische Kollisionsrecht analysiert wird, soll auch hier an dieser Stelle das *aus Sicht Belgiens* bis zum 17.08.2015 anwendbare Erbstatut bei einem deutsch-belgischen Erbfall mithilfe von ein paar Beispielen geprüft werden.[111]

Als Erstes ist der Fall eines deutschen Erblassers mit Wohnsitz in Brüssel und Grundeigentum in Düsseldorf zu erörtern. Das auf das bewegliche Vermögen anwendbare Recht wäre gem. Art. 78 § 1 belg. IPRG das belgische Recht gewesen (als Recht des letzten gewöhnlichen Aufenthalts des Erblassers). Auf das sich in Deutschland befindende unbewegliche Vermögen hätte sich indessen deutsches Recht (Anknüpfung an die *lex rei sitae* nach Art. 78 § 2 belg. IPRG) als maßgeblich erwiesen.

Um etwa eine Nachlassspaltung zu vermeiden, hätte der Erblasser aber auch von der in Art. 79 belg. IPRG enthaltenen *professio iuris* zugunsten seines Heimat- oder Aufenthaltsrechts Gebrauch machen können und beispielsweise deutsches Recht wählen können. Bei vorhandenen Pflichtteilsberechtigten, hätte allerdings berücksichtigt werden müssen, dass die ausgeübte Rechtswahl nur auf die freie Quote seines Nachlasses Wirkung gehabt hätte (die nach belgischem für das bewegliche und nach deutschem Erbrecht für das unbewegliche Vermögen zu ermitteln gewesen wäre).

---

109 Zu Art. 79 belg. IPRG siehe Hustedt, Volker. Genkin, Katia. (2019, Band I, Belgien Grdz., Seite 6–7), Pertegas, Marta. (2006, Seite 404–409), Fontanellas Morell, Josep M. (2010, Seite 169–170), Kroll-Ludwigs, Kathrin. (2013, Seite 505–506) und insbesondere Bouckaert, Frans. (2004, Seite 423–427).

110 Siehe Bouckaert, Frans. (2004, Seite 427).

111 Zum materiellen Erbrecht in Belgien siehe Fußnote 108. Die Zuständigkeit belgischer Gerichte in Erbsachen ist in Art. 77 begl. IPRG geregelt, demnach sind diese zuständig, wenn der Verstorbene im Zeitpunkt seines Todes seinen gewöhnlichen Aufenthalt in Belgien hatte oder wenn die Klage Gegenstände betrifft, die sich im Zeitpunkt der Einreichung der Klage in Belgien befinden. Außerdem sind belgische Gerichte gem. Art. 5 Abs. 1 belg. IPRG auch dann zuständig, wenn der Beklagte seinen Wohnort oder gewöhnlichen Wohnsitz in Belgien hat. Siehe hierzu Traest, Michael. (2006, Artikel 77, Seite 396–399), Bouckaert, Frans. (2004, Seite 418) und Hustedt, Volker. Genkin, Katia. (2019, Band I, Belgien Grdz., Seite 11).

Bei einem belgischen Erblasser mit gewöhnlichem Aufenthalt in Köln und Immobilien in den Niederlanden andererseits, hätte sich das aus Sicht des Art. 78 belg. IPRG objektiv auf die Erbfolge anwendbare Recht als das deutsche für das bewegliche und das niederländische für das unbewegliche Vermögen herausgestellt. Auch in diesem Fall hätte der Erblasser die in Art. 79 belg. IPRG zugelassene Rechtswahl ausüben können und zum Beispiel belgisches Recht als einheitliches Erbrecht (für seinen gesamten Nachlass) anwendbar erklären können. Doch erneut hätte sich die *professio iuris* aufgrund des Pflichtteilsvorbehalts des Art. 79 Abs. 1 Satz 3 belg. IPRG lediglich auf den freien Teil seines Nachlasses ausgestreckt (der diesmal nach deutschem für das bewegliche und nach niederländischem Erbstatut für das unbewegliche Vermögen zu berechnen gewesen wäre).[112]

c) Finnland

Das finnische Kollisionsrecht, das durch das Gesetz Nr. 1228/2001 als 26. Kapitel des Erbrechtsbuchs 40/1965 (*Perintökaari* auf Finnisch und *Ärvdabalk* auf Schwedisch)[113] kodifiziert wurde und am 01.03.2002 in Kraft trat, stellte sich hinsichtlich einer Rechtswahl im Erbrecht noch liberaler als das niederländische Recht heraus.

Vor dem Inkrafttreten des 26. Kapitels Perintökaari fehlten in Finnland, wie auch in den Niederlanden und Belgien, kodifizierte Regeln im Bereich des internationalen Erbrechts.[114] Dem Richterrecht und der Lehre nach zu urteilen, unterlag das Erbstatut grundsätzlich dem Staatsangehörigkeitsprinzip, i.e. dem Heimatrecht des Erblassers im Zeitpunkt seines Todes. Ob eine Rechtswahl zulässig war, wurde von der Rechtsprechung nicht entschieden.[115]

---

112 Für weitere Beispiele siehe Heinig, Jens. (2014, Heft 6, Seite 284–286) und Hustedt, Volker. Genkin, Katia. (2019, Band I, Belgien Grdz., Seite 13–15).

113 Das Gesetz ist auf Finnisch und auf Schwedisch unter folgender Seite abrufbar: https://www.finlex.fi/fi/laki/ajantasa/1965/19650040 (zuletzt geprüft am 28.12.2018). Für eine Übersetzung des 26. Kapitels (Internationalprivatrechtliche Bestimmungen) ins Deutsche siehe Reich, Anne-Katrin. (2002, Seite 549–551), Dörner, Heinrich. (2007, Seite 488–493) sowie Mincke, Wolfgang. (2019, Band II, Finnland Texte, Seite 1–75 (komplette Übersetzung des Erbrechtsgesetz), das 26. Kapitel ab Seite 63).

114 Die wichtigste Ausnahme stellt die Nachlasskonvention der nordischen Länder von 1934 dar, die auch schon auf Seite 29 der Dissertation erwähnt wurde und die i.d.R. dem Wohnsitzprinzip folgte. Siehe hierzu Mincke, Wolfgang. (2019, Band II, Finnland Grdz., Seite 2–3).

115 Siehe Reich, Anne-Katrin. (2002, Seite 548), Dörner, Heinrich. (2007, Seite 488) und Mincke, Wolfgang. (2019, Band II, Finnland Grdz., Seite 2).

Mit Inkrafttreten des Erbrechtsgesetzes im Jahr 2002 wurde in Kap. 26 § 5 PK die objektive Anknüpfung an das Recht der Staatsangehörigkeit des Erblassers zugunsten des Rechts seines letzten Wohnsitzes[116] geändert. Voraussetzung dafür war, dass er zum Zeitpunkt seines Todes die Staatsangehörigkeit dieses Staates besaß oder seit mindestens fünf Jahren seinen gewöhnlichen Aufenthalt dort begründet hatte. Konnte der Erblasser keine dieser beiden Voraussetzungen erfüllen, so wurde subsidiär sein Heimatrecht im Todeszeitpunkt für anwendbar erklärt.[117] Der obengenannte Artikel enthielt schließlich noch eine Ausweichklausel für den Fall, dass der Erblasser unter Beachtung aller Umstände eine engere Verbindung zu einem anderen Staat hatte. Demnach orientierte sich das finnische Erbkollisionsrecht an der Anknüpfungsleiter des Art. 3 HÜErb und erzielte somit dieselben Kompromissergebnisse zwischen Wohnsitz- und Heimatrecht.

Am interessantesten erwiesen sich aber freilich die noch weitergehenden Rechtswahlmöglichkeiten die Kap. 26 § 6 Abs. 2 PK dem Erblasser, im Vergleich zu Art. 5 HÜErb, anbot.[118] Neben dem Recht des Staates, dessen Angehöriger der Erblasser bei der Wahl oder bei seinem Tode war, und dem Recht des Staates, in dem er bei der Wahl oder bei seinem Tode seinen Wohnsitz hatte, durfte sich dieser nämlich zusätzlich für **das Recht eines früheren Wohnsitzes** oder, wenn er im Zeitpunkt der Wahl verheiratet war, für **das auf die ehegüterrechtlichen Beziehungen anzuwendende Recht** entscheiden. Letztere Option lief auf einen Gleichlauf von Güter- und Erbstatut hinaus,[119] der beispielsweise bei deutsch-finnischen Erbfällen durchaus sinnvoll erscheinen konnte. War nämlich deutsches Erb- aber finnisches Güterrecht anzuwenden, erhielt der überlebende Ehegatte sowohl den gesetzlichen Erbteil nach deutschem Recht als auch den güterrechtlichen Ausgleich nach finnischem Recht, was zulasten der Kinder ging. Doch der umgekehrte Fall stellte sich als noch katastrophaler heraus, bei Anwendung von

116 Der finnische Wohnsitzbegriff ähnelte stark dem angelsächsischen *domicile*, ein Bleibewille wurde erwartet. Siehe Knorre, Karl-Friedrich und Mincke, Wolfgang. (2015, Seite 469), sowie Mincke, Wolfgang. (2019, Band II, Finnland Grdz., Seite 6).

117 Gemäß Kap. 26 § 19 Abs. 1 waren i.d.R. alle Verweisungen als Sachnormverweisungen zu verstehen. Rückverweisungen wurden nur noch angenommen, wenn dies ausdrücklich geregelt war.

118 Die zugelassene *professio iuris* bezog sich auf den gesamten Nachlass, eine Teilrechtswahl war wie im HÜErb ausgeschlossen.

119 Das spanische IPR enthält zwar keine erbrechtliche Rechtswahl, zur Abstimmung von Erb- und Güterstatut sieht Art. 9 Abs. 8 Satz 3 CC allerdings vor, dass das gesetzliche Erbrecht des Verwitweten dem Güterrechtsstatut der Ehegatten unterliegt.

finnischem Erb- und deutschem Güterrecht, konnte der überlebende Ehegatte komplett leer ausgehen.[120]

Abschließend sollen einige Beispiele betreffend des *aus Sicht Finnlands* bis zum 17.08.2015 anwendbaren Rechts auf einen deutsch-finnischen Erbfall betrachtet werden.[121] So hätte sich objektiv gem. Kap. 26 § 5 PK das finnische Recht für die Erbfolge eines deutschen Erblassers mit gewöhnlichem Aufenthalt (seit mindestens fünf Jahren) in Helsinki als maßgeblich erwiesen. Allerdings hätte der Erblasser gem. Kap. 26 § 6 Abs. 2 PK eine Rechtswahl zugunsten seines Heimatrechts (deutsches Recht), zugunsten des Rechts eines früheren Wohnsitzes (russisches Recht) oder zugunsten seines Güterstatuts (schwedisches Recht) treffen können.

Bei einem finnischen Erblasser mit Wohnsitz in Hamburg wäre hingegen deutsches Erbrecht anwendbar gewesen, vorausgesetzt der Erblasser hätte seinen Aufenthalt in Deutschland schon seit mindestens fünf Jahren begründet. Anderenfalls wäre subsidiär das finnische Recht als Recht der Staatsangehörigkeit des Erblassers im Zeitpunkt seines Todes herangezogen worden. Doch auch hier hätte der Erblasser von den in Kap. 26 § 6 Abs. 2 PK vorgesehenen Rechtswahlmöglichkeiten Gebrauch machen können und beispielsweise finnisches Recht als Heimatrecht oder aber polnisches oder estnisches Recht als Rechte seiner früheren Aufenthaltsorte wählen dürfen. Wäre der Erblasser verheiratet gewesen und hätte sich sein Güterstatut wiederum nach einem anderen Recht gerichtet (z.B. dänisches Recht), hätte er auch dieses auf die ehegüterrechtlichen Beziehungen anzuwendende Recht als maßgeblich erklären können, um so einen Gleichlauf von Güter- und Erbstatut zu erzielen.

---

120 Siehe den Artikel von Peter Jaspers „Die deutsch-finnische Familie im Spannungsfeld zwischen den Rechtsordnungen", abrufbar unter: http://www.dfgnord.de/files/deutsch_finnisches_recht.pdf, (zuletzt geprüft am 25.06.2015). Siehe auch Mincke, Wolfgang. (2019, Band II, Finnland Grdz., Seite 7), Heinig, Jens. (2014, Heft 6, Seite 290) sowie Knorre, Karl-Friedrich und Mincke, Wolfgang. (2004, Seite 361).

121 Zum materiellen Erbrecht in Finnland siehe Knorre, Karl-Friedrich und Mincke, Wolfgang. (2015, Seite 474–485), Mincke, Wolfgang. (2019, Band II, Finnland Grdz., Seite 15–61), Miettinen, Johanna. (2006, Seite 328–335), Norri, Matti. (Perintö ja testamentti, 2005), Aarnio, Aulis. Kangas, Urpo. (Äktenskap, arv och testamente, 1995) und Dopffel, Peter. (Entwicklung des Erbrechts in Schweden und Finnland, 1986). Die Zuständigkeitsvorschriften finnischer Gerichte in Erbangelegenheiten befinden sich in Kap.26 § 1–4 PK. Siehe hierzu Mincke, Wolfgang. (2019, Band II, Finnland Grdz., Seite 3–6).

Anhand dieser Beispiele wird deutlich, dass das Spektrum der zur Wahl stehenden Rechtsordnungen allein durch die Eröffnung der Wahl eines früheren Wohnsitzes und des Güterstatuts wesentlich breiter wird.

d) Liechtenstein

Ferner sollte das Fürstentum Liechtenstein keinesfalls übersehen werden. Durch das am 1. Januar 1997 in Kraft getretene Gesetz vom 19. September 1996 über das internationale Privatrecht,[122] hat auch Liechtenstein eine Rechtswahl auf dem Gebiet des Erbrechts eingeführt. Diese ist aber wesentlich eingeschränkter als im finnischen Kollisionsrecht.

Vor der Kodifizierung gab es in Liechtenstein keine spezifische erbrechtliche Kollisionsnorm und es wurde auf das internationalzivilprozessrechtliche Gesetz (AVAG) i.V.m. der nationalen Jurisdiktionsnorm (JN) zurückgegriffen, die von einem Gleichlauf zwischen *forum* und *ius* ausging. Eine Rechtswahl war ausgeschlossen.[123]

Nach Inkrafttreten des liechtensteinischen Internationalen Privatrechtgesetzes sind Vorschriften zur objektiven Anknüpfung des auf die Rechtsnachfolge von Todes wegen anzuwendenden Rechts in Art. 29 Abs. 1 und 2 liecht. IPRG normiert worden. Im ersten Absatz wird festgelegt, dass die Erbfolge grundsätzlich nach dem Personalstatut des Erblassers im Zeitpunkt seines Todes, i.e. nach seinem Heimatrecht gem. Art. 10 Abs. 1 liecht. IPRG[124], zu beurteilen ist. Allerdings sieht Art. 29 Abs. 2 liecht. IPRG einen wichtigen Vorbehalt vor. Wird eine *Verlassenschaftsabhandlung* in Liechtenstein durchgeführt, so gilt stets liechtensteinisches

---

122 Der Gesetzestext ist beispielsweise in Kohler, Christian. (1997, Seite 364–369, zum Erbrecht siehe Seite 366) oder in Sturm, Fritz. (1997, Seite 27–40, zum Erbrecht Seite 33) abgedruckt und kann auch unter der Gesetzesdatenbank LILEX abgerufen werden: https://www.gesetze.li/konso/1996194000?search_text = Internationale%20 Privatrecht&search_loc = text&lrnr =&lgblid_von =&observe_date = 29.12.2018 (zuletzt geprüft am 29.12.2018).

123 Zur Lage vor Inkrafttreten des liecht. IPRG siehe Marxer, Florian. (2002, Seite 42–43 und 66).

124 Bei Staatenlosen oder Personen mit ungeklärter Staatsangehörigkeit war der gewöhnliche Aufenthalt maßgeblich, bei Flüchtlingen wurde an den Wohnsitz und hilfsweise auch an den gewöhnlichen Aufenthalt angeknüpft. Siehe Art. 10 Abs. 2 und 3 liecht. IPRG.

Recht. Dadurch kommt Art. 29 Abs. 1 liecht. IPRG faktisch nur außerhalb von Nachlassverfahren zur Anwendung.[125]

Doch diese objektiven Anknüpfungen können von ausländischen Erblassern[126] sowie von liechtensteinischen Erblassern mit Wohnsitz im Ausland durch Ausübung einer *professio iuris* verdrängt werden.[127] Artikel 29 Abs. 3 liecht. IPRG gestattet ersteren eine Rechtswahl zugunsten einer ihrer Heimatrechte[128] oder zugunsten des Rechts des Staates ihres letzten gewöhnlichen Aufenthalts. Artikel 29 Abs. 4 liecht. IPRG kündigt dieselben Rechtswahlmöglichkeiten für die zweite Gruppe an.[129]

Anzumerken ist, dass diese in Art. 29 liecht. IPRG gestatteten Rechtswahlmöglichkeiten auch im Vergleich zum Haager Erbrechtsübereinkommen deutlich eingeschränkter sind. Erstens aufgrund der Ausschließung des liechtensteinischen Erblassers mit Wohnsitz in Liechtenstein von der Rechtswahl[130] und zweitens angesichts ihrer zeitlichen Begrenzung. Gewählt werden kann nur eins der Rechte dessen Staatsangehörigkeit der Erblasser *im Zeitpunkt seines Todes* besitzt oder das Recht seines *letzten* gewöhnlichen Aufenthalts.

---

125 Siehe Süß, Rembert. Ritter v. Schönfeld, Johannes. (2015, Seite 823–824), Heinig, Jens. (2014, Heft 6, Seite 293), Marxer, Florian. (2002, Seite 68–73), Dörner, Heinrich. (2007, Seite 545) und Daumiller, Barbara von. (2003, Seite 27).

126 Anders als im schweizerischen Recht waren damit alle Ausländer gemeint und nicht nur die im Inland niedergelassenen. Siehe Sturm, Fritz. (1997, Seite 13).

127 Artikel 11 Abs. 1 liecht. IPRG erläuterte, dass eine Rechtswahl i.d.R. als Sachnormverweisung zu verstehen war, d.h. es kam zur direkten Anwendung der materiellrechtlichen Regeln der gewählten Rechtsordnung.

128 Der Erblasser musste im Zeitpunkt seines Todes dem Staat, dessen Recht er gewählt hatte, angehören. Dies ging zwar nicht ausdrücklich aus dem Gesetzestext hervor, konnte aber per Analogie mit dem schweizerischen Recht (Art. 90 Abs. 2 Satz 2 IPRG Schweiz) geschlossen werden. Siehe hierzu Marxer, Florian. (2002, Seite 77).

129 Siehe Marxer, Florian. (2002, Seite 74–78), Sturm, Fritz. (1997, Seite 13–14), Süß, Rembert. Ritter v. Schönfeld, Johannes. (2015, Seite 824), Heinig, Jens. (2014, Heft 6, Seite 293–294), Appel, Alexander. (1997, Seite 524), Daumiller, Barbara von. (2003, Seite 27) und Dörner, Heinrich. (2007, Seite 545).

130 Dadurch sollte verhindert werden, dass sich Inländer auf ein anderes Heimatrecht beriefen und erbrechtliche Vorschriften des Fürstentums umgingen. Siehe Sturm, Fritz. (1997, Seite 13–14).

Bevor die jüngeren IPR-Kodifikationen Polen und Tschechiens beleuchtet werden, folgen noch ein paar Beispiele des *aus Sicht Liechtensteins* (auch nach dem 17.08.2015) anwendbaren Rechts auf einen deutsch-liechtensteinischen Erbfall.[131]

Auf einen deutschen Erblasser mit letztem gewöhnlichen Aufenthalt in Vaduz wäre bei einem Nachlassverfahren in Liechtenstein gem. Art. 29 Abs. 2 liecht. IPRG liechtensteinisches Recht anwendbar. Außerhalb von Nachlassverfahren würde objektiv das deutsche Recht als Heimatrecht des Erblassers nach Art. 29 Abs. 1 i.V.m. Art. 10 Abs. 1 liecht. IPRG für maßgeblich erklärt werden. Der deutsche Erblasser hätte allerdings die Möglichkeit, eine *professio iuris* zugunsten des deutschen Rechts (das Recht seiner Staatsangehörigkeit) oder des liechtensteinischen Rechts (das Recht seines letzten gewöhnlichen Aufenthalts) durchzuführen (Art. 29 Abs. 3 liecht. IPRG). Was ihm beispielsweise nicht gestattet ist, ist die Wahl zugunsten des schweizerischen Rechts als Recht seines früheren gewöhnlichen Aufenthalts oder als Recht seines gewöhnlichen Aufenthalts im Zeitpunkt der Wahl.

Bei einem liechtensteinischen Erblasser mit Wohnsitz in Stuttgart gelangt als objektive Anknüpfung hingegen immer das liechtensteinische Recht zur Anwendung, sowohl im Rahmen eines Nachlassverfahrens als auch außerhalb dieses Rahmens (aufgrund des liechtensteinischen Heimatrechts). Dank seines Wohnsitzes im Ausland könnte der Erblasser aber auch eine Rechtswahl zugunsten des deutschen Rechts als Recht seines letzten gewöhnlichen Aufenthalts treffen (Art. 29 Abs. 4 liecht. IPRG). Sollte er zum Schluss seinen gewöhnlichen Aufenthalt wieder ins Fürstentum Liechtenstein verlegen, könnte er von dieser Möglichkeit nicht mehr profitieren. Die Tatsache, dass er sein Lebenszentrum über 30 Jahre in Deutschland hatte und immer noch Eigentümer deutscher Immobilien ist, verändert die Lage nicht.[132]

---

131 Das Erbrecht des österreichischen ABGB von 1812 (§§ 531 bis 824) wurde in Liechtenstein durch Fürstliche Verordnung im Jahr 1846 rezipiert. Siehe Marxer, Florian. (2002, Seite 42) und Dörner, Heinrich. (2007, Seite 546). Zum österreichischen materiellen Erbrecht siehe Verschraegen, Bea. (2019, Band VI, Österreich Grdz., Seite 72–144), Schömmer, Hans-Peter. Faßold, Heidemarie. Bauer, Klaus. (2003, Seite 88–121) sowie Gruber, Michael. Kalss, Susanne. Müller, Katharina. Schauer, Martin. (Erbrecht und Vermögensnachfolge, 2010). Die internationale Zuständigkeit liechtensteinischer Gerichte in Erbangelegenheiten wird (nach der Reform im Jahr 2010) hauptsächlich in § 54 der Jurisdiktionsnorm (JN) geregelt. Zu den Zuständigkeitsregeln in Liechtenstein siehe Frick, Mario. (2010, Seite 106–107).

132 Für weitere Beispiele siehe Heinig, Jens. (2014, Heft 6, Seite 294–295).

e) Polen

Auch das neue polnische Gesetz über das Internationale Privatrecht vom 4. Februar 2011 (*Ustawa Prawo prywatne międzynarodowe* - PrPrywM)[133] ist aufgrund der im Bereich des Erbkollisionsrechts vorgesehenen *professio iuris* für diese Untersuchung relevant. Vor dem 16.05.2011 war in Polen das noch aus sozialistischer Zeit stammende Gesetz über das Internationale Privatrecht vom 12.11.1965 auf grenzüberschreitende Erbfälle anwendbar. Objektiv wurde in Art. 34 des alten poln. IPRG an die Staatsangehörigkeit des Erblassers im Zeitpunkt seines Todes angeknüpft. Eine Rechtswahl war unzulässig.[134]

Dieser objektive Anknüpfungspunkt an das Heimatrecht des Erblassers im Zeitpunkt seines Todes wurde im neuen poln. IPRG in Art. 64 Abs. 2 beibehalten. Bei mehrfacher Staatsangehörigkeit war die polnische Staatsangehörigkeit gem. Art. 2 Abs. 1 poln. IPRG vorrangig zu behandeln. Bei Staatenlosen oder bei Personen deren Staatsangehörigkeit nicht festgestellt werden konnte, wurde in Art. 3 Abs. 1 poln. IPRG auf das Recht des Wohnsitzes und, mangels eines Wohnsitzes, auf das Recht des gewöhnlichen Aufenthalts verwiesen.[135]

Sehr bemerkenswert war zudem die sich schon von der Gesetzestextreihenfolge ableitende primäre Stellung der Rechtswahl in Art. 64 Abs. 1 poln. IPRG, aus der sehr deutlich hervorging, dass die objektive Anknüpfung nur griff, wenn der Erblasser keine Rechtswahl vorgenommen hatte. Die drei ihm zur Wahl stehenden Rechte waren: sein Heimatrecht, sein Wohnsitzrecht und das Recht seines gewöhnlichen Aufenthalts, jeweils im Zeitpunkt der Rechtswahl oder im Zeitpunkt seines Todes.[136] In der Literatur wurde oft kritisiert, dass der Wohnsitz

---

133 Eine Übersetzung der definitiven Version ins Deutsche ist in Ernst, Ulrich. (2012, Seite 639–653) abgedruckt. Auf Polnisch kann der Gesetzestext unter folgender Webseite abgerufen werden: http://isap.sejm.gov.pl/DetailsServlet?id = WDU20110800432 (zuletzt geprüft am 29.12.2018).

134 Zum alten polnischen Erbkollisionsrecht siehe Schömmer, Hans-Peter. Remin, Andrzej. Szewior, Renata. (2011, Seite 99–101), Kristic, Thomas. (2010, Rn 389–390). Lakomy, Slawomir. (2004, Seite 757), Pazdan, Maksymilian. (2003, Seite 2019–2020) und Dörner, Heinrich. (2007, Seite 587).

135 Zur objektiven Anknüpfung in Art. 64 Abs. 2 poln. IPRG siehe Kowalczyk, Barbara. (2012, ZEV, Seite 196), Heinig, Jens. (2014, Heft 6, Seite 298), De Vries, Tina. (2019, Band VI, Polen Grdz., Seite 16), die die ausschlaggebenden Gründe für die Beibehaltung der Heimatrechtanknüpfung aufführt, und Ernst, Ulrich. (2012, Seite 606–608) hinsichtlich der Modernisierung zur Feststellung des Heimatrechts.

136 Gemäß Art. 5 Abs. 2 poln. IPRG ist eine Rechtswahl als Sachnormverweisung zu verstehen. Zur Rechtswahl in Art. 64 Abs. 1 poln. IPRG siehe De Vries, Tina. (2019, Band VI, Polen Grdz., Seite 16), Ernst, Ulrich. (2012, Seite 629), Kowalczyk, Barbara.

und der letzte gewöhnliche Aufenthalt nebeneinander bestanden ohne im Gesetz definiert worden zu sein.[137]

Zur Verdeutlichung folgen anschließend kurze Beispiele bezüglich des *aus Sicht Polens* bis zum 17.08.2015 auf einen deutsch-polnischen Erbfall anwendbaren Rechts.[138] So wäre objektiv auf die Rechtsnachfolge eines deutschen Erblassers mit letztem gewöhnlichen Aufenthalt in Warschau gem. Art. 64 Abs. 2 poln. IPRG deutsches Recht anwendbar gewesen. Der Erblasser hätte in diesem Fall auch eine *professio iuris* zugunsten des polnischen Rechts (Art. 64 Abs. 1 poln. IPRG) ausüben und dadurch das objektiv anwendbare Heimatrecht abwählen können.

Bei einem polnischen Erblasser mit Wohnsitz in Berlin wäre demzufolge, in Ermangelung einer Rechtswahl, das polnische Recht zur Anwendung gelangt. Hätte sich dieser aber für die Ausführung einer *professio iuris* entschlossen, so hätte er beispielsweise das litauische Recht als Recht seines gewöhnlichen Aufenthalts im Zeitpunkt der Rechtswahl oder das deutsche Recht als Recht seines Wohnsitzes im Zeitpunkt seines Todes wählen können.[139]

(2012, ZEV, Seite 196), Heinig, Jens. (2014, Heft 6, Seite 299), Lakomy, Slawomir und Müller-Judenau, Jakub. (2015, Seite 999) sowie insbesondere Wysocka-Bar, Anna. (2014, Seite 408–414).

137 So beispielsweise Ernst, Ulrich. (2012, Seite 607) und Wysocka-Bar, Anna. (2014, Seite 408–409). Letztere führt aus, dass lediglich im Gesetzesentwurf erörtert wurde, beide Begriffe seien ähnlich aber nicht identisch. Der Wohnsitz schien einen längeren Bleibewillen und eine engere Bindung als der gewöhnliche Aufenthalt vorauszusetzen.

138 Zum polnischen materiellen Recht siehe Schömmer, Hans-Peter. Remin, Andrzej. Szewior, Renata. (2011, Seite 101–200), De Vries, Tina. (2019, Band VI, Polen Grdz., Seite 20–110) und Lakomy, Slawomir und Müller-Judenau, Jakub. (2015, Seite 999–1009). Das polnische Zivilverfahrensgesetzbuch wurde im Jahr 2008 novelliert, eine gute Zusammenfassung ist in Gralla, Erhardt. (2011, Seite 204) zu finden; für eine deutsche Übersetzung des Gesetzes siehe Seite 205–213 oder De Vries, Tina. (2019, Band VI, Polen Texte, Seite 80–159).

139 Siehe die Anmerkung zum Beschluss des OLG Schleswig vom 25.04.2016 von Schmidt, Jan Peter. (2016, Seite 1606–1613) hinsichtlich des Erbfalls eines polnischen Erblassers mit letztem gewöhnlichen Aufenthalt in Deutschland. Durch die Mitunterzeichnung des Ehegattentestaments ist seitens des Erblassers eine *konkludente Rechtswahl* zugunsten des deutschen Rechts gem. Art. 64 Abs. 1 poln. IPRG getroffen worden. Siehe hierzu auch den Aufsatz „OLG Schleswig: Erbfolge nach in Deutschland lebendem Polen aufgrund konkludenter Rechtswahl in gemeinschaftlichem Testament" von Margonski, Martin. (2016, Seite 502–507). Beide Autoren kritisieren die dogmatische Begründung der Entscheidung. Siehe Margonski auf Seite 507: „Es war nicht nötig, die Zulässigkeit der konkludenten Rechtswahl nach Art. 64 Abs. 1 IPRG 2011 unter Heranziehung der Grundsätze der ergänzenden Auslegung aus § 2084 BGB

f) Tschechien

Das Gesetz der Tschechischen Republik vom 25.01.2012 über das Internationale Privatrecht (*Zákon o mezinárodním právu soukromém*)[140] ist als letztes autonomes europäisches Kollisionsrecht, das sich (hinsichtlich der zur Wahl stehenden Rechte) nach dem Modell des Haager Abkommens von 1989 richtete, zu nennen. Wie auch Polen, folgte Tschechien vor Inkrafttreten dieses Gesetzes am 01.01.2014 dem Staatsangehörigkeitsprinzip des Erblassers im Zeitpunkt seines Todes gem. Art. 17 des im Sozialismus entstandenen Gesetzes Nr. 97/1963 über das internationale Privat- und Prozessrecht. Eine Rechtswahl war ebenfalls nicht erlaubt.[141]

Mit dem neuen tschechischen Gesetz über das Internationale Privatrecht änderte sich diese Situation, da § 76 Satz 1 tschech. IPRG primär an den gewöhnlichen Aufenthalt des Erblassers im Zeitpunkt seines Todes anknüpfte. Allerdings sah § 76 Satz 2 tschech. IPRG eine wichtige Ausnahme zu diesem Grundsatz vor: War der Erblasser tschechischer Staatsbürger oder hatte zumindest einer der Erben seinen gewöhnlichen Aufenthalt in der Tschechischen Republik, so kam stets das tschechische Recht zur Anwendung.[142]

Der Erblasser konnte aber auf die in § 77 Abs. 4 tschech. IPRG vorgesehenen *professio iuris* zurückgreifen und das Recht seines gewöhnlichen Aufenthalts oder das Recht, dessen Staatsangehörigkeit er im Zeitpunkt der Rechtswahl besaß,

---

zu begründen. Die Zulässigkeit der konkludenten Rechtswahl des Erbstatuts war auf Ebene des polnischen Erbkollisionsrechts ausdrücklich geregelt."

140 Dieses Gesetz wurde am 22.03.2012 im tschechischen Gesetzblatt Sbírka zákonů unter der Nr. 91/2012 veröffentlicht und ist online unter folgender Webseite abrufbar: http://www.zakonyprolidi.cz/cs/2012-91#cast4 (zuletzt geprüft am 29.12.2018). Für eine deutsche Übersetzung siehe Ondrejka, Martin T. Dobiáš, Petr. (2014, Seite 91–109, zum Erbrecht Seite 101–102).

141 Zum alten tschechischen Erbkollisionsrecht siehe Pauknerová, Monika. (2011, Seite 166–168), Dörner, Heinrich. (2007, Seite 632–633), Kristic, Thomas. (2010, Rn 597–602), Bohata, Petr. (2015, Band VIII, Tschechische Republik Grdz., Seite 6–7), Rombach, Claudie. (2004, Seite 1028–1030), sowie Pfeiffer, Magdalena. (2012, Seite 293).

142 Siehe hierzu Heinig, Jens. (2014, Heft 6, Seite 305–306), der darauf hinweist, dass die Frage *wer Erbe ist* nach tschechischem Recht beurteilt werden sollte, siehe auch Dobiáš, Petr. (2012, Seite 675), Bohata, Petr. (2012, Seite 198), Rombach, Claudie. (2015, Seite 1356–1357) sowie die Kommentare zu Art. 76 tschech. IPRG in Bříza, Petr. (2014, Seite 413–426) und Dobiáš, Petr. (2013, Seite 291–294).

wählen.[143] Da der dafür maßgebliche Zeitpunkt in beiden Fällen der Zeitpunkt der Rechtswahl war, gestalteten sich die Rechtswahlmöglichkeiten in Tschechien im Vergleich zu den anderen bis jetzt analysierten Kollisionsnormen, mit Ausnahme Liechtensteins, etwas eingeschränkter.[144]

Dies soll anschließend anhand einiger Beispiele zum Vorschein gebracht werden. *Aus Sicht der Tschechischen Republik* war das objektiv bis zum 17.08.2015 anwendbare Recht auf einen deutsch-tschechischen Erbfall i.d.R. das tschechische[145]: Sowohl im Fall eines deutschen Erblassers mit gewöhnlichem Aufenthalt in Prag (§ 76 Satz 1 tschech. IPRG) als auch im Fall eines tschechischen Erblassers mit gewöhnlichem Aufenthalt in Dresden (§ 76 Satz 2 tschech. IPRG). Selbst auf den Erbfall eines seit längerer Zeit in Ungarn lebenden deutschen Erblassers wäre gem. § 76 Satz 2 tschech. IPRG tschechisches Erbstatut angewandt worden, wenn nur einer der Erben seinen gewöhnlichen Aufenthalt in Tschechien gehabt hätte.

Doch in all diesen Fällen hätte der Erblasser die ihm in § 77 Abs. 4 tschech. IPRG ermöglichte Rechtswahl treffen können und das objektiv anwendbare tschechische Erbrecht durch das deutsche ersetzen können. Im ersten und im dritten Fall aufgrund seiner deutschen Staatsangehörigkeit und im zweiten Fall mittels einer *professio iuris* zugunsten seines gewöhnlichen Aufenthaltsrechts im Zeitpunkt der Rechtswahl. Im Fall des in Budapest lebenden Deutschen wäre außerdem auch noch eine Wahl zugunsten des Rechts seines gewöhnlichen Aufenthalts im Zeitpunkt der Rechtswahl erlaubt gewesen, i.e. ungarisches Recht. Hätte der deutsche Erblasser später seinen Lebensabend in Italien verbracht, wäre

143 Die Rechtswahl hatte auch vor der objektiven Sonderregelanknüpfung (Anwendung tschechischen Rechts bei tschechischem Erblasser oder bei gewöhnlichem Aufenthalt eines Erben in Tschechien) Vorrang.

144 Siehe Heinig, Jens. (2014, Heft 6, Seite 305), Bohata, Petr. (2012, Seite 198), Rombach, Claudie. (2015, Seite 1357) und die Kommentare zu Art. 77 tschech. IPRG in Bříza, Petr. (2014, Seite 426–448) und Dobiáš, Petr. (2013, Seite 294–299).

145 Das tschechische materielle Erbrecht wurde auch neu geregelt und ist jetzt wesentlich ausführlicher in den §§ 1475–1720 des am 01.01.2014 in Kraft getretene Zivilgesetzbuches (občanský zákoník, předpis č. 89/2012) zu finden. Eine deutsche Übersetzung kann auf folgender Seite heruntergeladen werden: http://obcanskyzakonik.justice.cz/images/pdf/Burgerliches-Gesetzbuch.pdf (zuletzt geprüft am 29.12.2018). Zum neuen tschechischen Erbrecht siehe Rombach, Claudie. (2015, Seite 1358–1379) und Fiala, Roman. Drápal, Ljubomír. (Občanský zákoník - Dědické právo (§ 1475 - 1720), 2015). Insbesondere sind Erbverträge und Vermächtnisse als neue Rechtsinstitute hervorzuheben. Für einen Überblick zur Neugestaltung der internationalen Zuständigkeit tschechischer Gerichte bei Erbangelegenheiten (§§ 74–75 tschech. IPRG) siehe Bohata, Petr. (2012, Seite 197–198).

aber nicht das italienische Recht für anwendbar erklärt worden: Eine Rechtswahl zugunsten des Rechts des gewöhnlichen Aufenthalts des Erblassers im Zeitpunkt seines Todes war in Tschechien unzulässig.[146]

g) Schweden (Entwurf)

Erwähnenswert ist auch, dass in Schweden bereits im Jahr 1987 eine Rechtswahl zugunsten des Heimat- oder Wohnsitzrechts des Erblassers von der Kommission zur *familjerättsreform* vorgeschlagen wurde. Das Recht eines früheren Wohnsitzes sollte ebenfalls gewählt werden können. Allerdings schaffte es der Vorschlag nicht zur Gesetzgebung. Die objektive Anknüpfung erfolgte nach dem Gesetz (1937:81) über die internationalen Rechtsverhältnisse in Nachlassangelegenheiten – *Lag (1937:81) om internationella rättsförhållanden rörande dödsbo* – in 1:1 Absatz 1 an das Recht der Staatsangehörigkeit des Erblassers. Eine Rechtswahl wurde auch nach 1987 nicht zugelassen.[147]

h) Nichteuropäische Länder

Zum Schluss ist noch darauf hinzuweisen, dass das Haager Abkommen über das auf die Rechtsnachfolge von Todes wegen anwendbare Recht von 1989 auch auf einige nichteuropäische Rechtsordnungen sichtbaren Einfluss gehabt hat. So zum Beispiel auf das Erbkollisionsrecht in Burkina Faso, Benin und Québec.

In **Burkina Faso** sind die entsprechenden Bestimmungen im *Code des personnes et de la famille* vom 16.11.1989 geregelt. Objektiv knüpft Art. 1043 Abs. 1 des obengenannten Gesetzes an die Staatsangehörigkeit des Erblassers an. Es sei denn, dieser weist gem. Art. 1043 Abs. 2 eine engere Verbindung zu seinem letzten Wohnsitzstaat auf. Allerdings wird dem Erblasser in Art. 1044 Abs. 1 eine Rechtswahl zugunsten seines Heimatrechts oder zugunsten seines Wohnsitzrechts für seinen gesamten Nachlass eröffnet. Wie in Tschechien ist der dafür

146 Für weitere Beispiele siehe Heinig, Jens. (2014, Heft 6, Seite 305–306), der richtigerweise feststellt, eine Rechtswahl hätte allein schon wegen der Unsicherheit, ob ein Erbe seinen gewöhnlichen Aufenthalt in Tschechien haben würde, nahegelegen.

147 Siehe die Rechtsvergleichende Studie der erbrechtlichen Regelungen des Internationalen Verfahrensrechtes und Internationalen Privatrechts der Mitgliedstaaten der Europäischen Union des Deutschen Notarinstituts in Zusammenarbeit mit Prof. Dr. Heinrich Dörner und Prof. Dr. Paul Lagarde von 2002. (III. Rechtswahl, Seite 242), abrufbar unter der in Fußnote 18 zitierten Webseite. Siehe auch Johansson, Ernst. (2004, Seite 850) und Frantzen, Torstein. (2002, Seite 305 und Fußnote 949).

maßgebliche Zeitpunkt in beiden Fällen auf den Todeszeitpunkt des Erblassers beschränkt.[148]

Im Wesentlichen hat **Benin** das Erbkollisionsrecht Burkina Fasos in seinem *Code des personnes et de la famille* vom 06.07.2002 übernommen. Artikel 1004 ist praktisch eine Kopie von Art. 1043 des burkinischen Gesetzes: Die beninische objektive Anknüpfung folgt auch dem Staatsangehörigkeitsprinzip und sieht dieselbe Ausweichklausel zugunsten einer engeren Beziehung zum Wohnsitzstaat vor. Hervorzuheben ist, dass sich die in Art. 1005 enthaltene *professio iuris* etwas liberaler für den Erblasser gestaltet als in Burkina Faso. Demgemäß kann dieser nicht nur sein Heimat- oder Wohnsitzrecht *im Zeitpunkt seines Todes* wählen, sondern auch *im Zeitpunkt der Rechtswahl* (wie in Art. 5 Abs. 1 HÜErb vorgesehen).[149]

In **Québec** befinden sich die erbrechtlichen Kollisionsnormen im Zehnten Buch des *Code Civil du Québec* vom 18.12.1991.[150] Wie in Belgien, erfolgt die objektive Anknüpfung in Québec gem. Art. 3098 Abs. 1 CCQ für bewegliche Sachen an das Recht des letzten Wohnsitzes des Erblassers und für unbewegliche Sachen an die *lex rei sitae.*[151] Dabei sieht Art. 3098 Abs. 2 CCQ nach dem Vorbild des Haager Erbrechtsübereinkommens eine *professio iuris* für den gesamten Nachlass zugunsten des Rechts der Staatsangehörigkeit oder des Wohnsitzes des Erblassers entweder im Zeitpunkt der Rechtswahl oder im Zeitpunkt seines

148 Siehe Dörner, Heinrich. (2007, Seite 468–470, mit einer Übersetzung dieser Artikel ins Deutsche auf Seite 468), Daumiller, Barbara von. (2003, Seite 28), Fetsch, Johannes. (2006, Seite 94), Boye, Abd-El-Kader (1994, Seite 358–359). Für weitere Quellen zur burkinischen Rechtswahl im Erbrecht siehe Fontanellas Morell, Josep M. (2010, Seite 164, Fußnote 192).

149 Siehe Dörner, Heinrich. (2007, Seite 457–460, mit einer deutschen Übersetzung der genannten Artikel auf Seite 457). Zum internen personalgespalteten Erbrecht in Benin siehe Gbaguidi, Ahonagnon Noel. (Erbrecht an Grund und Boden in Benin. Betrachtung zur Ermittlung des Erbstatuts in einem Mehrrechtsstaat, 1994).

150 Für eine deutsche Übersetzung der Art. 3098–3101 CCQ siehe Riering, Wolfgang. (2019, Band IV, Kanada Texte Québec, Seite 3–4) oder Dörner, Heinrich. (2007, Seite 526). Der authentische Text auf Französisch und Englisch ist in RabelsZ 60 (1996) unter Materialien auf Seite 327–352 abgedruckt und kann auch unter folgender Webseite abgerufen werden: http://legisquebec.gouv.qc.ca/fr/ShowDoc/cs/CCQ-1991 (zuletzt geprüft am 29.12.2018). Zum materiellen Erbrecht (Drittes Buch, Art. 613–898 CCQ) siehe Riering, Wolfgang. (2019, Band IV, Kanada. Nr. 11 Provinz Québec Grdz., Seite 15–58, und Kanada Texte Québec, Seite 26–83).

151 Zur Lage vor Inkrafttreten des Code Civil du Québec am 01.01.1994 siehe Riering, Wolfgang. (2019, Band IV, Kanada. Nr. 11 Provinz Québec Grdz., Seite 11–12).

Todes vor. Als Besonderheit kann außerdem auch das Belegenheitsrecht seines unbeweglichen Vermögens gewählt werden, worauf zu einem späteren Zeitpunkt zurückzukommen sein wird. Letztlich ist noch anzuführen, dass die in Art. 3098 Abs. 1 CCQ enthaltene Rechtswahl ihre Wirkung verliert, sobald dadurch z.B. die dem Ehegatten oder den Kindern zustehenden gesetzlichen Rechte *„to a large degree"*, i.e. weitgehend, beeinträchtigt werden (siehe Art. 3099 Abs. 1 CCQ).[152]

i) Zwischenfazit

Als Zwischenfazit kann an dieser Stelle festgehalten werden, dass von den sich am Haager Abkommen von 1989 orientierenden autonomen europäischen Erbkollisionsvorschriften, die Finnlands mit Abstand am liberalsten sind. Indem zusätzlich eine Rechtswahl zugunsten eines früheren Wohnsitzes des Erblassers und zugunsten des Ehegüterstatuts zulässig war, gestaltete sich die *professio iuris* in Finnland durchaus fortschrittlicher und weitgehender als die des Haager Übereinkommens. Besondere Aufmerksamkeit ist aber auch dem polnischen IPR-Gesetz zu widmen, das als einzige (der bis jetzt analysierten Kollisionsnormen) die subjektive Anknüpfung auch gegenständlich vor der objektiven Anknüpfung im Gesetzestext platzierte und neben dem Heimatrecht des Erblassers sowohl sein Wohnsitzrecht als auch das Recht seines gewöhnlichen Aufenthalts in den Katalog der zur Wahl stehenden Rechte mit aufnahm.

Die Niederlande folgten haargenau dem Modell des HÜErb, sodass weder positive noch negative Abweichungen zu nennen sind. Dies ist im Fall von Belgien, Tschechien und Liechtenstein anders. Obwohl auch sie sich am Haager Abkommen hinsichtlich der *professio iuris* inspirierten, sind eindeutig Abstriche zu machen. In Belgien war es der Pflichtteilsvorbehalt des objektiven Erbstatuts, der die Rechtswahlfreiheit des Erblassers erheblich einschränkte.[153] In der Tschechischen Republik durfte der Erblasser das Recht seiner Staatsangehörigkeit

---

152 Zum Erbkollisionsrecht in Québec siehe Glenn, Patrick. (1996, Seite 241–242), Dörner, Heinrich. (2007, Seite 526–527), Daumiller, Barbara von. (2003, Seite 23–24) und Riering, Wolfgang. (2019, Band IV, Kanada. Nr. 11 Provinz Québec Grdz., Seite 12–14). Zu Art. 3099 Abs. 1 CCQ siehe auch Basedow, Jürgen. (2015, Seite 269–270, Unterpunkt 427), der hervorhebt, dass diese Vorschrift dem Richter einen gewissen Ermessensspielraum gestattet.

153 Dabei ist anzumerken, dass auch wenn Art. 5 HÜErb selbst keinen Pflichtteilsvorbehalt enthielt, Art. 24 Abs. 1 (d) HÜErb festlegte, jeder Vertragsstaat könne so einen erklären. Auch hier ist noch einmal ausdrücklich zu erwähnen, dass das HÜErb nie in Kraft getreten ist, dafür hätte es von mindestens drei Staaten ratifiziert werden müssen.

und das Recht seines gewöhnlichen Aufenthalts hingegen nur *im Zeitpunkt der Rechtswahl* wählen. In Liechtenstein wurde sogar der liechtensteinische Erblasser mit Wohnsitz im Inland von der Rechtswahlmöglichkeit ausgeschlossen und der maßgebliche Zeitpunkt der zu wählenden Rechte wurde (andersrum als in Tschechien) auf den *Zeitpunkt des Todes* begrenzt.

2 Rechtswahl zugunsten des Rechts des gewöhnlichen Aufenthalts des Erblassers

a) Italien

Italien ist als einziges europäisches Land einzuordnen, das objektiv an das Heimatrecht des Erblassers anknüpft und ausschließlich eine *professio iuris* zugunsten seines gewöhnlichen Aufenthalts im Todeszeitpunkt vorsieht.[154] Das italienische Erbkollisionsrecht ist im Gesetz Nr. 218 über die Reform des italienischen Internationalen Privatrechts vom 31.05.1995 (*Legge 31 maggio 1995, n. 218 - Riforma del sistema italiano di diritto internazionale privato*) kodifiziert.[155]

Vor Inkrafttreten des italienischen IPRG am 01.09.1995 knüpfte Art. 23 der Einführungsbestimmungen zum Zivilgesetzbuch von 1942 (*Disposizioni preliminari al Codice civile di 1942*) auch an die Staatsangehörigkeit des Erblassers im Zeitpunkt seines Todes an. Eine Rechtswahl wurde nicht zugelassen. Dabei ist jedoch zu berücksichtigen, dass die Parteiautonomie auf dem Gebiet des internationalen Erbrechts in Italien nicht ganz fremd war. Im Rahmen der historischen Perspektive wurde bereits die in Art. 9 Abs. 2 des *italienischen codice civile von 1865* enthaltene (wenn auch in der Praxis nicht angewandte) Rechtswahlmöglichkeit hinsichtlich des auf den Inhalt und auf die Wirkung letztwilliger Verfügungen anwendbaren Rechts erörtert.[156]

---

154 Einige Autoren, unter ihnen viele deutsche (siehe die in Fußnote 277 zitierten Autoren bei Kruis, Ferdinand. (2005, Seite 51), aber beispielsweise auch Fontanellas Morell, Josep M. (2010, Seite 130–131)), meinen das HÜErb habe auch die italienische Regelung maßgeblich beeinflusst. Dies wird in der italienischen Literatur nicht vertreten. Zum unterschiedlichen Inhalt und Zielsetzung der beiden Normen siehe die Analyse von Kruis, Ferdinand. (2005, Seite 51–55).

155 Für eine deutsch-italienische Version siehe Hausmann, Rainer. Trabucchi, Giuseppe. (2019, Band III, Italien Texte, Seite 15–31, Kapitel VII über das Erbrecht auf Seite 24–25). Eine deutsche Übersetzung der Art. 46–50 ist auch in Dörner, Heinrich. (2007, Seite 518–519) abgedruckt.

156 Siehe hierzu Hausmann, Rainer. Trabucchi, Giuseppe. (2019, Band III, Italien Grdz., Seite 26), Cesari, Patrizia. (2002, Seite 122–123) und Daumiller, Barbara von. (2003,

Ab dem 01.09.1995 war sodann Art. 46 Abs. 1 ital. IPRG für die Bestimmung des objektiv auf die gesamte Rechtsnachfolge von Todes wegen anzuwendenden Rechts heranzuziehen. Nach dieser Vorschrift wurde, in Übereinstimmung mit den vorherigen Kollisionsnormen, das Heimatrecht des Erblassers im Zeitpunkt seines Todes für maßgeblich erklärt.[157] Die Neuerung der Vorschrift wurde aus rein formalen Gründen durchgeführt, inhaltlich änderte sich an der objektiven Anknüpfung nichts.[158]

Dafür enthielt Art. 46 Abs. 2 ital. IPRG eine Rechtswahlmöglichkeit zugunsten des Rechts des Staates, in dem der Erblasser im Zeitpunkt der *professio iuris* seinen gewöhnlichen Aufenthalt[159] hatte. Die getroffene Rechtswahl war später aber nur wirksam, wenn der Erblasser diesen Aufenthalt bis zu seinem Tode beibehielt. Dadurch litt die Rechtswahl unter einer doppelten zeitlichen Begrenzung: Sie galt nur, wenn der Erblasser *im Zeitpunkt seines Todes* seinen gewöhnlichen Aufenthalt im selben Staat wie *im Zeitpunkt der Rechtswahl* begründete.

Zudem sah Art. 46 Abs. 2 Satz 3 ital. IPRG (ähnlich wie in Belgien Art. 79 Abs. 1 Satz 3 belg. IPRG) einen Vorbehalt zugunsten der Noterbberechtigten des italienischen Erblassers vor, die im Zeitpunkt seines Todes ihren gewöhnlichen Aufenthalt in Italien hatten. Dadurch sollte vermieden werden, dass der italienische Erblasser seinen gewöhnlichen Aufenthalt in ein Land verlegte, nach dessen Erbrecht seine Pflichtteilsberechtigten schlechter dastanden als nach italienischem Recht.

Seite 20–22 und Seite 82–83, auch im von Edoardo Vitta erarbeiteten Gesetzesentwurf von 1983 war schon eine (sogar noch liberalere) Rechtswahl des Erblassers geplant).

157 Zur objektiven Anknüpfung (*collegamento oggettivo*) siehe Hausmann, Rainer. Trabucchi, Giuseppe. (2019, Band III, Italien Grdz., Seite 27–34), Daumiller, Barbara von. (2003, Seite 69–80), Kruis, Ferdinand. (2005, Seite 24–34), Reiß, Jürgen. (2014, Seite 21), Heinig, Jens. (2014, Heft 6, Seite 291), Cubeddu Wiedemann, Maria Giovanna und Wiedemann, Anton. (2015, Seite 701), Damascelli, Domenico. (2011, Seite 147–149), Cesari, Patrizia. (2002, Seite 122–123) und Salerno Cardillo, Franco. Damascelli, Domenico. (2003, Seite 1569–1571).

158 Dafür ist auf die Einführung einer Rück- und Weiterverweisung in Art. 13 ital. IPRG hinzuweisen (*rinvio indietro e rinvio altrove*), sodass Verweisungen nicht mehr als Sachnorm- sondern als Gesamtverweisungen zu verstehen waren. Siehe Daumiller, Barbara von. (2003, Seite 72–77) und Kruis, Ferdinand. (2005, Seite 30–34).

159 Gemeint ist die *residenza* im Sinne des Art. 43 Abs. 2 codice civile (*il luogo in cui la persona ha la dimora abituale*) und nicht der schlichte Aufenthalt, auch wenn sich dies nicht eindeutig aus dem Wortlaut des Art. 46 Abs. 2 Satz 1 ital. IPRG ableiten lässt (*la legge dello Stato in cui risiede*). Siehe Daumiller, Barbara von. (2003, Seite 83–84) und Cesari, Patrizia. (2002, Seite 165).

Beispielsweise beträgt die *riserva* (der Pflichtteil) gem. Art. 540 ff. *codice civile* in den in Abbildung 2 dargelegten Konstellationen den dunkelgrauen Bruchteil für den Ehegatten und den hellgrauen für die Abkömmlinge. Der Ehegatte erhält außerdem das Wohnrecht an der Ehewohnung und ein Nutzungsrecht am Hausrat. In weiß ist in Abbildung 2 die *quota disponibile* des Erblassers gekennzeichnet.[160]

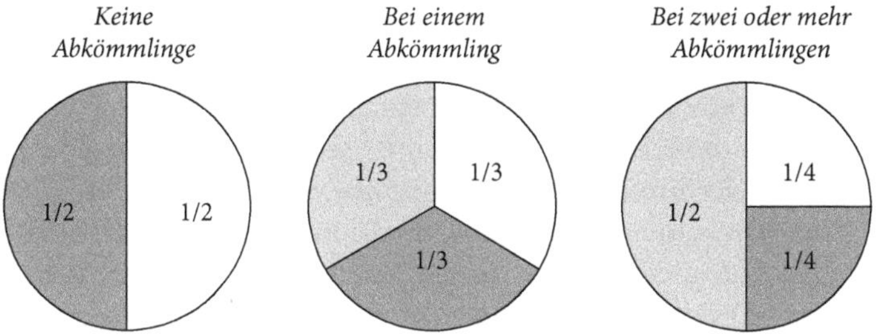

Abb. 2: Freie Quote des Erblassers nach italienischem Recht.

Aufgrund dieser in Art. 46 Abs. 2 und Abs. 3 ital. IPRG vorgesehenen Einschränkungen bei der Ausübung der *professio iuris* (Abstellen der Wirksamkeit auf die Beibehaltung des gewöhnlichen Aufenthalts im Todeszeitpunkt und Pflichtteilsvorbehalt zugunsten der in Italien lebenden *legittimari*) gab es weder für den Erblasser noch für andere Beteiligte Rechtssicherheit darüber, ob das gewählte Recht tatsächlich zur Anwendung gelangen würde.[161]

Als Besonderheit ist erneut auf die (schon in Abschnitt *A. Definition des Instruments der Rechtswahl* dargelegte) Wahl des auf die Auseinandersetzung des Nachlasses anwendbaren Rechts seitens der Erbengemeinschaft in Art. 46 Abs. 3

160 Zu den pflichtteilsberechtigten Personen im italienischen Recht und die Höhe ihrer Pflichtteile siehe Hausmann, Rainer. Trabucchi, Giuseppe. (2019, Band III, Italien Grdz., Seite 155–159) und Cubeddu Wiedemann, Maria Giovanna und Wiedemann, Anton. (2015, Seite 726–730).

161 Zur subjektiven Anknüpfung (*collegamento soggettivo*) siehe Hausmann, Rainer. Trabucchi, Giuseppe. (2019, Band III, Italien Grdz., Seite 34–45), Cubeddu Wiedemann, Maria Giovanna und Wiedemann, Anton. (2015, Seite 703–706), Daumiller, Barbara von. (2003, Seite 81–192), Kruis, Ferdinand. (2005, Seite 35–97), Dreher, Karin. (1999, Seite 185–221), Reiß, Jürgen. (2014, Seite 29–32), Heinig, Jens. (2014, Heft 6, Seite 291–292), Dörner, Heinrich. (2007, Seite 519–520), Damascelli, Domenico. (2011, Seite 149–150), Cesari, Patrizia. (2002, Seite 162–167) und Salerno Cardillo, Franco. Damascelli, Domenico. (2003, Seite 1571–1573).

ital. IPRG hinzuweisen.[162] Demgemäß konnten die Erbberechtigten entweder das Recht des Ortes, an dem die Erbfolge eröffnet wurde, oder das Recht des Ortes, an dem sich ein oder mehrere Nachlassgegenstände befanden, wählen. Dieses Wahlrecht bestand unabhängig davon, ob der Erblasser selbst eine *professio iuris* getroffen hatte oder nicht, und konnte (anders als in Dänemark) auch nicht vom Erblasser verboten werden.[163]

Abschließend folgen noch ein paar Beispiele in Bezug auf das *aus Sicht Italiens* bis zum 17.08.2015 auf einen deutsch-italienischen Erbfall anwendbaren Rechts.[164] Bei einem deutschen Erblasser mit letztem gewöhnlichen Aufenthalt in Rom wäre objektiv gem. Art. 46 Abs. 1 ital. IPRG deutsches Recht als Staatsangehörigkeitsrecht des Erblassers im Zeitpunkt seines Todes anwendbar gewesen. Allerdings hätte der Erblasser von der Rechtswahl in Art. 46 Abs. 2 ital. IPRG Gebrauch machen können und das italienische Recht als Recht des Staates seines gewöhnlichen Aufenthalts wählen dürfen. Zur Anwendung italienischen Rechts wäre es aber nur gekommen, wenn der deutsche Erblasser seinen gewöhnlichen Aufenthalt sowohl im Zeitpunkt der Rechtswahl als auch im Zeitpunkt seines Todes in Italien gehabt hätte.

Bei einem italienischen Erblasser mit Wohnsitz in München wäre folglich das italienische Recht das objektive Erbstatut gewesen. Aber auch hier hätte der Erblasser eine Rechtswahl zugunsten des deutschen Rechts, als Recht seines gewöhnlichen Aufenthalts, treffen können. Ob die Wahl letztendlich wirksam gewesen wäre oder nicht, wäre davon abhängig gewesen, ob der Erblasser auch noch im Zeitpunkt seines Todes seinen gewöhnlichen Aufenthalt in Deutschland beibehalten hätte. Wären außerdem Erben mit gewöhnlichem Aufenthalt in Italien (im

---

162 Siehe bereits Seite 29–30 der Dissertation.

163 Siehe Hausmann, Rainer. Trabucchi, Giuseppe. (2019, Band III, Italien Grdz., Seite 44–45), Kruis, Ferdinand. (2005, Seite 167–201), Reiß, Jürgen. (2014, Seite 32), Cesari, Patrizia. (2002, Capitolo Sesto, Il ruolo dell'autonomia della volontà nella divisione ereditaria, Seite 219–242). Weitere Quellen sind bereits in Fußnote 16 der Dissertation zitiert.

164 Das italienische materielle Erbrecht befindet sich im zweiten Buch des *codice civile* (Art. 456–809, Libro Secondo Delle Successioni), siehe Hausmann, Rainer. Trabucchi, Giuseppe. (2019, Band III, Italien Texte, Seite 33–134 und Italien Grdz., Seite 63–238), Reiß, Jürgen. (2014, Seite 51–131) und Cubeddu Wiedemann, Maria Giovanna und Wiedemann, Anton. (2015, Seite 714–757). Die allgemeinen Grundsätze über die internationale Zuständigkeit italienischer Gerichte sind in Art. 3–12 ital. IPRG enthalten. Die Regeln über die internationale Zuständigkeit in Erbsachen befinden sich indessen in Art. 50 ital. IPRG. Siehe hierzu Hausmann, Rainer. Trabucchi, Giuseppe. (2019, Band III, Italien Grdz., Seite 26–27 und Seite 58–60).

Zeitpunkt des Todes des Erblassers) vorhanden gewesen, so hätten diese von dem in Art. 46 Abs. 2 Satz 3 ital. IPRG enthaltenen Pflichtteilsvorbehalt profitieren können. Dazu war oft ein nicht ganz unproblematischer Günstigkeitsvergleich durchzuführen, unter Ausschluss der sogenannten *Rosinentheorie.*[165] Hätten sich die Erben in diesem Fall für das italienische Pflichtteilsrecht entschieden, wäre letzteres neben die Geltung des deutschen Erbrechts im Übrigen getreten.[166]

Es sei an dieser Stelle kurz erwähnt, dass bereits im Jahr 1963 die Internationale Union des lateinischen Notariats, die „Union internationale du notariat latin", im Rahmen ihres vom 07. bis 17.09.1963 in Brüssel gehaltenen VII. Kongresses zum internationalen Ehegüter- und Erbrecht zur Ermittlung des Erbstatuts vorschlug, objektiv an das Heimatrecht des Erblassers anzuknüpfen, letzterem aber eine durch Testament ausgeübte Rechtswahl zugunsten seines letzten Wohnsitzrechtes zu gestatten. Dabei wurde der Wohnsitzbegriff sehr streng ausgelegt, gemeint war der nicht vorgetäuschte oder zweifelhafte Ort „an dem der Erblasser tatsächlich, gegebenenfalls mit seiner Frau und seinen Kindern, gewohnt hat."[167]

b) Südkorea

Außerhalb Europas folgt noch die Republik Korea dem italienischen Modell, zumindest teilweise. Die Bestimmungen des südkoreanischen Erbkollisionsrechts befinden sich im Gesetz Nr. 6465 über das Internationale Privatrecht der Republik Korea (*Guk Je Sa Beop*) vom 07.04.2001.[168] Während objektiv in § 49 Abs. 1 an die Staatsangehörigkeit des Erblassers im Zeitpunkt seines Todes angeknüpft

---

165 So spricht das deutsche Recht dem überlebenden Ehegatten z.B. eine höhere Pflichtteilsquote zu, dafür aber kein echtes Noterbrecht wie nach italienischem Recht, sondern nur einen schuldrechtlichen Anspruch. Die Pflichtteilsberechtigten mussten sich entscheiden, ob sie sich insgesamt auf das gewählte oder auf das italienische Recht beriefen. Siehe hierzu Hausmann, Rainer. Trabucchi, Giuseppe. (2019, Band III, Italien Grdz., Seite 39).

166 Für weitere Beispiele zu deutsch-italienischen Erbfällen siehe Reiß, Jürgen. (2014, Seite 27, 29, 32–33) und Wolfgang Eule in Krug, Walter. (2014, Seite 602–604).

167 Siehe Rigaux, François. (1964, Seite 168–176), Dölle, Hans. (1966, Seite 230) und insbesondere Dumoulin, Franz Josef. (1964, 4. Parteiautonomie, Seite 429–432), der auf Seite 432 feststellt, dass beim Vorschlag des lateinischen Notariats „offen bleibt, ob der Erblasser schon zur Zeit der Wahl den letzten Wohnsitz haben muss, um wirksam wählen zu können". Eine Übersetzung ins Deutsche des Vorschlages hinsichtlich der Feststellung des Erbstatuts seitens der Internationalen Union des lateinischen Notariats ist ebenfalls in RabelsZ 28 (1964) auf Seite 493 (VI. Erbstatut) abgedruckt.

168 Für eine deutsche Übersetzung siehe Kim-Ukkon, Louis. (2019, Band V, Republik Korea Texte, Seite 3–7a, zum Erbrecht (7. Kapitel) Seite 7–7a), Pissler, Knut Benjamin.

wird, sieht § 49 Abs. 2 Satz 1 eine Rechtswahl zugunsten des gewöhnlichen Aufenthalts des Erblassers vor. Wie in Italien, ist die ausgeübte *professio iuris* aber nur dann wirksam, wenn der Erblasser seinen gewöhnlichen Aufenthalt bis zu seinem Tode beibehält. Auf einen Pflichtteilsvorbehalt im Sinne des Art. 46 Abs. 2 Satz 3 ital. IPRG wurde in Südkorea allerdings verzichtet. Zum Schluss ist noch darauf hinzuweisen, dass § 49 Abs. 2 Satz 2 des südkoreanischen IPRG auch eine Rechtswahl zugunsten des Belegenheitsortes des unbeweglichen Vermögens vorsieht (näheres dazu folgt in diesem ersten Kapitel unter *C.II.4. Teilrechtswahl zugunsten der lex rei sitae*).[169]

3 Rechtswahl zugunsten des Rechts der Staatsangehörigkeit des Erblassers (Modell EU-ErbVO)

Des Weiteren ist die Gruppe von Ländern zu untersuchen, die (wenn auch mit einigen Abweichungen) dem Modell ähneln für das sich die neue europäische Erbrechtsverordnung entschieden hat, i.e. objektive Anknüpfung an den letzten gewöhnlichen Aufenthalt des Erblassers mit Rechtswahlmöglichkeit zugunsten seines Heimatrechts.

a) Rumänien

Am ähnlichsten scheinen die im siebten Buch des rumänischen Zivilgesetzbuches von 2011 (*Noul Cod Civil – Legea 287/2009*)[170] enthaltenen Erbkollisionsvorschriften zu sein. Vor Inkrafttreten dieses neuen Zivilgesetzbuches am 01.10.2011

(2006, Seite 342–357, zur Erbschaft auf Seite 353) und Tsche, Kwang-Jun. (2007, Seite 479–484, auf Seite 483).

169 Siehe Pissler, Knut Benjamin. (2006, Seite 326–328 und 2010, Seite 148–151), Kim-Ukkon, Louis. (2019, Band V, Republik Korea Grdz., Seite 11–13), Tsche, Kwang-Jun. Mörsdorf-Schulte, Juliana. (2007, Seite 473–475), Suk, Kwang Hyun. (2004, Seite 136–137) und Dörner, Heinrich. (2007, Seite 536–537). Zum materiellen Erbrecht (fünftes Buch des südkoreanischen Zivilgesetzbuches von 1958 i.d.F. von 1990) siehe Kim-Ukkon, Louis. (2019, Band V, Republik Korea Grdz., Seite 16a-88 und Texte auf Seite 8–24), Lee, Byung-Jun. (2010, Seite 109–111) und Deutscher Rat für Internationales Privatrecht. (Gutachten zum internationalen und ausländischen Privatrecht 1996, Korea – Nr. 38, Seite 516–521, sowie 1997, Korea – Nr. 34, Seite 461–465). Auf Koreanisch siehe Gim, Ju su. Kim, Sang-Yong. (Chin jog, sang sog beob, 2013).

170 Siehe Baias, Flavius-Antoniu. (Noul Cod civil. Comentariu pe articole (art. 1–2664), 2012). Online kann das neue Zivilgesetzbuch unter folgender Webseite abgerufen werden: http://legeaz.net/noul-cod-civil/ (zuletzt geprüft am 29.12.2018). Für eine französische Übersetzung des rumän. ZGB siehe Borcan, Daniela. Ciuruc, Manuela. (2013, die Erbkollisionsnormen sind auf Seite 680–681 zu finden).

war in Rumänien das Gesetz Nr. 105/1992 über die Regelung der internationalprivatrechtlichen Verhältnisse maßgeblich. Auf letztere Bestimmungen wird zu einem späteren Zeitpunkt (im Rahmen der Analyse Moldawiens) erneut zurückzukommen sein.

An dieser Stelle sei jedoch schon einmal dargelegt, dass Art. 66 altes rumän. IPRG objektiv zwischen beweglichen Sachen (Anknüpfung an das Heimatrecht des Erblassers im Zeitpunkt seines Todes) und unbeweglichen Sachen und Betriebsvermögen (Anknüpfung an die *lex rei sitae*) unterschied. Zudem sah Art. 68 Abs. 1 altes rumän. IPRG auch eine Rechtswahlmöglichkeit auf dem Gebiet des Erbrechts vor. Gewählt werden konnte ein beliebig anderes als das in Art. 66 bezeichnete Recht, ohne allerdings von den zwingenden Vorschriften dieses Rechts abweichen zu dürfen. Dadurch wurde die auf den ersten Blick so großzügige Reichweite der Parteiautonomie in Art. 68 Abs. 1 laut Dan Andrei Popescu *sinnlos*, denn sie bestand nur auf dem Papier:

> „... *pursuant to the internal legislation the testator could do whatever he wanted as far as the disposable portion was concerned and it was not necessary that the legislature "allowed" the testator's choice of law on the plan of private international law. This is why we assume that Article 68 paragraph 1 of the law is senseless and illogical. What's the reason in "deceiving" the testator by allowing him to choose the law to be applied when this choice will be constantly subjected to a "conformity control," referring to the contents of the imperative regulations of the law objectively applied? Thus, profession juris exists only formally and only in the obscure imagination of our legislature...*"[171]

Ab dem 01.10.2011 änderte sich die Lage und die objektive Anknüpfung erfolgte gem. Art. 2633 neues rumän. ZGB für den gesamten Nachlass an das Recht des Staates des gewöhnlichen Aufenthalts des Erblassers im Zeitpunkt seines Todes. Von einer Differenzierung zwischen beweglichen und unbeweglichen Sachen wurde abgesehen, sodass es zu keiner Nachlassspaltung mehr kam.[172]

---

171 Siehe Popescu, Dan Andrei. (2007, Seite 303–306, Zitat auf Seite 305–306). Zum alten rumänischen Erbkollisionsrecht siehe auch Căpățînă, Octavian. (1994, Seite 494–495), Munteanu, Marietta. Leonhardt, Peter. (2019, Band VI, Rumänien Grdz., Seite 14–15), Süß, Rembert. (2015, Seite 1068), Daumiller, Barbara von. (2003, Seite 24–25) sowie Fontanellas Morell, Josep M. (2010, Seite 164, Fußnote 193 und Seite 234, Fußnote 164).

172 Siehe Avasilencei, Catalina. (2012, Seite 273), Baias, Flavius-Antoniu. (2012, Seite 2592), Süß, Rembert. (2012, Seite 588 und 2015, Seite 1067–1068), Heinig, Jens. (2014, Heft 6, Seite 299) und DNotI-Report 21/2011, auf Seite 174, abrufbar unter: http://www.dnoti.de/dnoti-report/index.html (zuletzt geprüft am 29.12.2018).

Artikel 2634 Abs. 1 rumän. ZGB nahm indessen die neue, diesmal wahre, *professio iuris* zugunsten des Heimatrechts des Erblassers auf. Auch wenn der Gesetzestext sich nicht ausdrücklich über den dafür maßgeblichen Zeitpunkt äußerte, kann davon ausgegangen werden, dass es genügte, wenn die Staatsangehörigkeit des Erblassers im Zeitpunkt der Rechtswahl bestand. Demzufolge hätte die getroffene Rechtswahl ihre Wirksamkeit durch einen Staatsangehörigkeitswechsel nicht verloren.[173]

Abschließend folgen ein paar Beispiele hinsichtlich des *aus Sicht Rumäniens* bis zum 17.08.2015 auf einen deutsch-rumänischen Erbfall anwendbaren Rechts.[174] So wäre objektiv auf die Rechtsnachfolge eines deutschen Erblassers mit letztem gewöhnlichen Aufenthalt in Bukarest gem. Art. 2633 rumän. ZGB rumänisches Recht (als Recht des gewöhnlichen Aufenthalts des Erblassers im Zeitpunkt seines Todes) anwendbar gewesen. Der Erblasser hätte allerdings eine *professio iuris* zugunsten des deutschen Rechts als sein Heimatrecht (Art. 2634 Abs. 1 rumän. ZGB) ausüben und dadurch das objektiv anwendbare Aufenthaltsrecht abwählen können. Selbst wenn der Erblasser seine deutsche Staatsangehörigkeit nach der Rechtswahl zugunsten der rumänischen aufgegeben hätte, wäre die getroffene *professio iuris* höchstwahrscheinlich wirksam geblieben.

Bei der umgekehrten Konstellation, rumänischer Erblasser mit letztem gewöhnlichen Aufenthalt in Berlin, wäre aus rumänischer Sicht zwar auf das

---

173 Siehe in diesem Sinne Avasilencei, Catalina. (2012, Seite 274): „A notre avis le choix reste valable, car cette condition de validité s'apprécie au moment où celui-ci a été effectué, et rien n'impose que le choix soit effectué en faveur de la loi nationale que la personne en cause ait au moment de sa mort" und Heinig, Jens. (2014, Heft 6, Seite 299–300), der aus Gründen der Rechtssicherheit für diese Interpretation plädiert. Skeptischer beispielsweise Süß, Rembert. (2012, Seite 588). Für eine Kommentierung des Art. 2634 auf Rumänisch siehe Baias, Flavius-Antoniu. (2012, Seite 2593).

174 Zum neuen materiellen Erbrecht Rumäniens siehe Süß, Rembert. (2015, Seite 1068–1078), Chirică, Dan. (Tratat de drept civil, succesiunile și liberalitățile, 2014) und Soreață, Maria Marieta. (Noutăți legislative în materia succesiunilor introduse prin noul Cod civil, 2013). Für eine kurze Zusammenfassung auf Deutsch über die auf dem Gebiet des Erbrechts eingeführten Neuigkeiten im vierten Buch des Codul Civil Nou siehe Alunaru, Christian. (2010, Seite 209–210). Siehe auch den *„Commentaire introductif au Livre IV. Des successions et libéralités"* von Dr. Răzvan Dincă in Borcan, Daniela. Ciuruc, Manuela. (2013, Seite 277–284, mit einer anschließenden Übersetzung des vierten Buches ins Französische auf Seite 285–332). Zur neuen internationalen Zuständigkeit Rumäniens in der am 15.02.2013 in Kraft getretenen neuen Zivilprozessordnung (Noul Cod de procedură civilă) siehe Zidaru, Gheorghe-Liviu. (2013, Seite 92–95).

deutsche Recht verwiesen worden (Art. 2633 rumän. ZGB), allerdings hätte das deutsche Recht die Verweisung nicht angenommen und eine Rückverweisung auf das Heimatrecht des Erblassers gem. Art. 25 Abs. 1 EGBGB ausgesprochen. Diese Rückverweisung wäre vom rumänischen IPR (Art. 2559 Abs. 2 rumän. ZGB) angenommen worden. Somit wäre in diesem Fall aus Sicht Rumäniens immer das rumänische Recht zur Anwendung gelangt. Eine Rechtswahl zugunsten des deutschen Rechts gestattete das rumänische Erbkollisionsrecht dem in Berlin lebenden Rumänen nicht.[175]

b) Estland

Die in Estland durch das Gesetz über das internationale Privatrecht vom 27. März 2002 (*Rahvusvahelise eraõiguse seadus*)[176] in Kraft getretenen Erbkollisionsrechtvorschriften sind für diese rechtsvergleichende Studie ebenfalls relevant, da auch sie dem Modell der EU-ErbVO folgen. Vor dem 01.07.2002 waren auf grenzüberschreitende Erbfälle die in § 157 des Allgemeinen Teils des estnischen Zivilgesetzbuches vom 28. Juni 1994 enthaltenen IPR-Normen maßgeblich. Für unbewegliche Sachen galt die Regel der *lex rei sitae* (§ 157 Abs. 1 und 2), bewegliche Sachen unterlagen hingegen dem Recht des letzten Wohnsitzes des Erblassers (§ 157 Abs. 3). Allerdings ist hervorzuheben, dass für bewegliche Sachen eine Rechtswahl zugunsten der *lex rei sitae* oder zugunsten des Heimatrechts des Erblassers erlaubt war (§ 157 Abs. 4).[177]

Mit Inkrafttreten des estnischen IPRG im Jahr 2002 wurde die frühere durch § 157 des alten ZGB entstehende Nachlassspaltung beseitigt. Gemäß § 24 estn. IPRG erfolgte die objektive Anknüpfung nun für den gesamten Nachlass an das

---

175 Aus Sicht Deutschlands wäre hingegen deutsches Recht auf diesen Erbfall anwendbar gewesen. Artikel 25 Abs. 1 EGBGB hätte erst einmal auf das rumänische Recht als Recht der Staatsangehörigkeit des Erblassers im Zeitpunkt seines Todes verwiesen. Danach hätte das rumänische Recht gem. Art. 2633 rumän. ZGB auf das deutsche Recht als Recht des letzten gewöhnlichen Aufenthalts zurückverwiesen und letztendlich hätte das deutsche Recht diese Rückverweisung angenommen (Art. 4 Abs. 1 Satz 2 EGBGB). Für weitere Beispiele siehe Heinig, Jens. (2014, Heft 6, Seite 299–300) und Süß, Rembert. (2012, Seite 588).

176 Für eine deutsch-estnische Version des IPR-Gesetzes siehe Schulze, Ulrich W. (2019, Band II, Estland Texte, Seite 3–29). Siehe auch Dörner, Heinrich. (2007, Seite 486–487). Auf Estnisch kann der Gesetzestext auf folgender Webseite abgerufen werden: https://www.riigiteataja.ee/akt/751904 (zuletzt geprüft am 29.12.2018).

177 Siehe Sein, Karin. (2003, Seite 1158–1161). Für eine englische Übersetzung des § 157 estnisches ZGB von 1994 siehe Ilja, Merit Ene. (1996, Seite 441–442).

Recht des Staates in dem der Erblasser seinen letzten Wohnsitz hatte, i.e. *im Zeitpunkt seines Todes*. Bei Erbverträgen wurde indes, § 29 Abs. 1 estn. IPRG zufolge, auf das Recht des Staates abgestellt, in dem der Wohnsitz des Erblassers *im Zeitpunkt des Abschlusses des Erbvertrags* lag.[178]

Neu war auch die in § 25 Abs. 1 estn. IPRG vorgesehene Rechtswahl durch Testament oder Erbvertrag zugunsten des Heimatrechts des Erblassers für sein gesamtes Vermögen (und nicht nur für bewegliche Teile des Nachlasses).[179] Doch § 25 Abs. 2 estn. IPRG enthielt (ähnlich wie Art. 46 Abs. 2 italienisches IPRG) eine wichtige zeitliche Einschränkung: Die getroffene Wahl des Rechts der Staatsangehörigkeit des Erblassers wurde unwirksam, wenn er diese nicht mehr im Zeitpunkt seines Todes besaß. Bedingung war demzufolge, dass der Erblasser auch im Todeszeitpunkt demselben Staat angehörte wie im Zeitpunkt der Rechtswahl. Änderte er diese ohne eine neue *professio iuris* auszuüben, so wurde die Rechtswahl als unwirksam betrachtet und die objektive Anknüpfung zugunsten des Rechts des Staates seines letzten Wohnsitzes kam zur Geltung.[180]

Zur Verdeutlichung folgen anschließend einige Beispiele in Bezug auf das *aus Sicht Estlands* bis zum 17.08.2015 auf einen deutsch-estnischen Erbfall anwendbare Erbstatut.[181] So wäre im Falle eines deutschen Erblassers mit letztem gewöhnlichen Aufenthalt in Tallinn estnisches Recht, als Recht des letzten Wohnsitzes des Erblassers, gem. § 24 estn. IPRG anwendbar gewesen. Indessen hätte der deutsche Erblasser auch von der in § 25 Abs. 1 estn. IPRG vorgesehenen Rechtswahl zugunsten seines Heimatrechts Gebrauch machen können.

---

178 Siehe Schulze, Ulrich W. (2019, Band II, Estland Grdz., Seite 35), Heinig, Jens. (2014, Heft 6, Seite 288), Süß, Rembert. (2004, Seite 351) oder Dörner, Heinrich. (2007, Seite 487).

179 Bei gemeinschaftlichen Testamenten konnten Ehegatten gem. § 29 Abs. 2 estn. IPRG nur eine Rechtswahl zugunsten des Wohnsitzrechts eines Ehegatten treffen.

180 Siehe Schulze, Ulrich W. (2019, Band II, Estland Grdz., Seite 34), Heinig, Jens. (2014, Heft 6, Seite 288–289), Süß, Rembert. (2004, Seite 351), Fetsch, Johannes. (2006, Seite 96) und Dörner, Heinrich. (2007, Seite 486).

181 Zum neuen materiellen Erbrecht Estlands siehe Schulze, Ulrich W. (2019, Band II, Estland Grdz., Seite 50–96, das Erbgesetz vom 17. Januar 2008 (Pärimisseadus) ist in Estland Texte, Seite 31–112, abgedruckt), sowie Bergmann, Aet. Saaber, Anne. (2015, Seite 451–465). Auf Estnisch siehe Liin, Urve. (Pärimisõigus, 2005) und Mikk, Tiina. (Pärimisõigus, 2004, auch online abrufbar unter: http://dspace.utlib.ee/dspace/bitstream/handle/10062/16259/9985671090.pdf?sequence= 1, zuletzt geprüft am 29.12.2018). Für eine Zusammenfassung über *The Law of Succession Act* auf Englisch siehe Varul, Paul. (2006, Seite 55). Zur internationalen Zuständigkeit estnischer Gerichte siehe Schulze, Ulrich W. (2019, Band II, Estland Grdz., Seite 37–40).

Diese wäre aber nur dann wirksam gewesen, wenn er auch im Zeitpunkt seines Todes noch die deutsche Staatsangehörigkeit gehabt hätte. Außerdem ist anzumerken, dass die Verweisung einer estnischen Kollisionsnorm gem. § 6 Abs. 1 Satz 1 estn. IPRG als Gesamtverweisung verstanden wurde. Dies zählte auch bei einer Rechtswahl, was sehr ungewöhnlich war. So hätte die estnische Rechtswahl in diesem Fall nicht direkt auf das deutsche Sachrecht, sondern erst auf das deutsche IPR verwiesen, welches die Verweisung aber gem. Art. 25 Abs. 1 EGBGB angenommen hätte.

Andersrum wäre auf den Erbfall eines estnischen Erblassers mit letztem Wohnsitz in Kiel deutsches Recht maßgeblich gewesen. Hier ist erneut zu berücksichtigen, dass wenn der Erblasser eine *professio iuris* zugunsten des estnischen Rechts als Recht seiner Staatsangehörigkeit getroffen hätte, diese erst dann wirksam geworden wäre, wenn er seine Staatsangehörigkeit bis zu seinem Tode beibehalten hätte. Dabei wäre es wieder zu einer komplizierten Verweisungskette gekommen: Das estnische IPR hätte auf das deutsche IPR verwiesen, welches seinerseits gem. Art. 25 Abs. 1 EGBGB auf das estnische Recht, als Heimatrecht des Erblassers, zurückverwiesen hätte. Letzten Endes, hätte das estnische IPR diese Rückverweisung gem. § 6 Abs. 1 Satz 2 estn. IPRG angenommen und estnisches materielles Recht wäre, wie vom Erblasser gewollt, anwendbar gewesen.[182]

c) Schweiz

Auch die Schweizerische Eidgenossenschaft, die schon seit etwas längerer Zeit eine Rechtswahlmöglichkeit im internationalen Erbrecht zulässt, ist an dieser Stelle erneut anzusprechen. Wie in Abschnitt *B. Historische Perspektive der professio iuris* erwähnt, sah das Schweizer Bundesgesetz vom 25. Juni 1891 betreffend die zivilrechtlichen Verhältnisse der Niedergelassenen und Aufenthalter bereits eine Rechtswahl für ausländische Erblasser mit Wohnsitz in der Schweiz zugunsten ihres Heimatrechts vor (Art. 22 i.V.m. Art. 32 NAG).[183] Diese Rechtswahlmöglichkeit wurde im zurzeit noch geltenden Bundesgesetz über das Internationale

---

182 Zur Rück- und Weiterverweisung im estnischen IPR siehe Schulze, Ulrich W. (2019, Band II, Estland Grdz., Seite 36) und Heinig, Jens. (2014, Heft 6, Seite 289), der weitere Beispiele aufführt und auch das Sonderproblem der Rückverweisung bei einer durch estnische Erblasser in einem gemeinschaftlichen Testament getroffene Rechtswahl zugunsten des deutschen Wohnsitzrechts gem. § 29 Abs. 2 estn. IPRG anspricht (Anwendung des estnischen Rechts, trotz Wahl des deutschen Rechts).

183 Zur vorherigen Regelung siehe *III. Die Schweiz* unter *B. Historische Perspektive der professio iuris* auf Seite 41 ff. der Dissertation.

Privatrecht (IPRG) vom 18. Dezember 1987[184] beibehalten und auf Schweizer mit letztem Wohnsitz im Ausland ausgestreckt.

Für die Bestimmung des auf den Erbfall anwendbaren Rechts unterscheidet das schweizerische IPR zwischen denjenigen Erblassern, die ihren letzten Wohnsitz in der Schweiz und denjenigen, die ihren letzten Wohnsitz im Ausland gehabt haben.[185] Objektiv wird in Art. 90 Abs. 1 schweiz. IPRG für die Rechtsnachfolge von Personen *mit letztem Wohnsitz in der Schweiz* an das schweizerische Recht angeknüpft. Bei Personen *mit letztem Wohnsitz im Ausland* spricht Art. 91 Abs. 1 schweiz. IPRG eine Gesamtverweisung auf das Recht des Wohnsitzstaates des Erblassers aus, sodass deren Kollisionsvorschriften maßgeblich sind (*foreign court theory*).[186]

Allerdings dürfen sowohl *ausländische Erblasser mit Wohnsitz in der Schweiz* als auch *Auslandsschweizer* eine *professio iuris* ausüben. So sieht Art. 90 Abs. 2 schweiz. IPRG für erstere Gruppe eine Rechtswahlmöglichkeit zugunsten eines ihrer Heimatrechte vor. Diese Rechtswahl wird aber (wie in Estland) unwirksam, wenn der Erblasser im Zeitpunkt seines Todes nicht mehr dem Staat angehört dessen Recht er gewählt hat oder wenn er die schweizerische Staatsangehörigkeit erworben hat.[187] Für *Schweizer mit Wohnsitz im Ausland* ist ebenfalls eine Rechtswahl gem. Art. 87 i.V.m. Art. 91 Abs. 2 schweiz. IPRG erlaubt. Wobei letztere sogar entscheiden dürfen, ob das schweizerische Recht nur auf das in der Schweiz belegene oder auf das gesamte Vermögen anwendbar sein soll. Auch durch die Wahl der schweizerischen Zuständigkeit (*professio fori*) kommt es grundsätzlich

---

184 Siehe Lorenz, Stephan. (2019, Band VII, Schweiz Texte, Seite 1–6b) und Dörner, Heinrich. (2007, Seite 601–605). Der komplette Gesetzestext kann auch unter folgender Webseite abgerufen werden: https://www.admin.ch/opc/de/classified-compilation/19870312/index.html (zuletzt geprüft am 29.12.2018).

185 Unter Wohnsitzstaat wird in der Schweiz der Staat verstanden, in dem sich eine Person mit der Absicht dauernden Verbleibens aufhält (Art. 20 Abs. 1 lit. a schweiz. IPRG). Zum Wohnsitz- oder Domizilprinzip siehe Schömmer, Hans-Peter. Bürgi, Urs. (2006, Seite 194) und Wolf, Stephan. Dorjee-Good, Andrea. (2015, Seite 1144–1145).

186 Zur objektiven Anknüpfung siehe Lorenz, Stephan. (2019, Band VII, Schweiz, Seite 23–24a), Honsell, Heinrich. Vogt, Nedim Peter. Schnyder, Anton K. Berti, Stephen V. (2013, zu Art. 90 Abs. 1 schweiz. IPRG Seite 739–741 und zu Art. 91 Abs. 1 schweiz. IPRG Seite 749–752) Dutoit, Bernard. (2001, zu Art. 90 Abs. 1 schweiz. IPRG Seite 299–300 und zu Art. 91 Abs. 1 schweiz. IPRG Seite 304–306) und Weber, Susanne. (2012, Seite 154).

187 Anders als in Estland bezieht sich die Rechtswahl hier (wie es der Normalfall ist) direkt auf das materielle Erbrecht. Gemäß Art. 13 schweiz. IPRG sind alle Verweisungen als Sachnormverweisungen zu verstehen.

zur Anwendung schweizerischen Rechts. Es sei denn, der Erblasser trifft einen ausdrücklichen Vorbehalt zugunsten des Rechts seines letzten Wohnsitzes gem. Art. 91 Abs. 2 schweiz. IPRG.[188]

Zuletzt folgen noch ein paar Beispiele bezüglich des *aus Sicht der Schweiz* (auch nach dem 17.08.2015) anwendbaren Erbstatuts auf einen deutsch-schweizerischen Erbfall.[189] So ist objektiv auf die Rechtsnachfolge eines deutschen Erblassers mit letztem Wohnsitz in Zürich schweizerisches Recht anzuwenden (Art. 90 Abs. 1 schweiz. IPRG). Ferner könnte der Erblasser auch von der in Art. 90 Abs. 2 schweiz. IPRG vorgesehenen *professio iuris* Gebrauch machen und sein deutsches Heimatrecht für anwendbar erklären. Voraussetzung für die Wirksamkeit der getroffenen Rechtswahl ist, dass der deutsche Erblasser im Zeitpunkt seines Todes weiterhin seine deutsche Staatsangehörigkeit besitzt und nicht die schweizerische erworben hat.

Im Fall eines schweizerischen Erblassers mit letztem Wohnsitz in München ist gem. Art. 91 Abs. 1 schweiz. IPRG das Recht anzuwenden, auf welches das Kollisionsrecht des Wohnsitzstaates (Deutschland) verweist. Da Art. 25 Abs. 1 EGBGB auf das Heimatrecht des Erblassers im Zeitpunkt seines Todes anknüpft, wäre demgemäß schweizerisches Recht anwendbar. Dank dem in Art. 91 Abs. 2 schweiz. IPRG enthaltenen Vorbehalt, könnte der Erblasser aber von dieser objektiven Anknüpfung ausweichen, indem er ausdrücklich in einer letztwilligen Verfügung oder in einem Erbvertrag festlegt, dass das deutsche Recht als Recht seines letzten Wohnsitzes maßgeblich sein soll.[190]

---

188 Zur subjektiven Anknüpfung siehe Lorenz, Stephan. (2019, Band VII, Schweiz, Seite 24a-25a), Schömmer, Hans-Peter. Bürgi, Urs. (2006, Seite 191–193), Honsell, Heinrich. Vogt, Nedim Peter. Schnyder, Anton K. Berti, Stephen V. (2013, zu Art. 90 Abs. 2 schweiz. IPRG Seite 739–746, zu Art. 87 schweiz. IPRG Seite 726–733, zu Art. 91 Abs. 2 schweiz. IPRG Seite 753–754) und Dutoit, Bernard. (2001, zu Art. 90 Abs. 2 schweiz. IPRG Seite 299–303, zu Art. 87 schweiz. IPRG Seite 293–295, zu Art. 91 Abs. 2 schweiz. IPRG Seite 306). Siehe auch Daumiller, Barbara von. (2003, Seite 22–23), Samuel, Adam. (1988, Seite 694) sowie Weber, Susanne. (2012, Seite 154–155).

189 Zum schweizerischen materiellen Erbrecht, das hauptsächlich in den Art. 457–640 des schweiz. ZGB von 1907 geregelt ist, siehe Lorenz, Stephan. (2019, Band VII, Schweiz Grdz., Seite 44–129a), Schömmer, Hans-Peter. Bürgi, Urs. (2006, Seite 87–185) und Wolf, Stephan. Dorjee-Good, Andrea. (2015, Seite 1158–1187). Zur internationalen Zuständigkeit (Art. 86–89 schweiz. IPRG) siehe Dörner, Heinrich. (2007, Seite 607), Schömmer, Hans-Peter. Bürgi, Urs. (2006, Seite 195–203), Wolf, Stephan. Dorjee-Good, Andrea. (2015, Seite 1145–1147) und Samuel, Adam. (1988, Seite 694).

190 Für weitere Beispiele siehe Heinig, Jens. (2014, Heft 6, Seite 300–302).

Die nächsten innerhalb dieses Abschnittes zu behandelnden Länder (Bulgarien, die Ukraine und Weißrussland) sehen zwar auch eine Rechtswahl zugunsten des Heimatrechts des Erblassers vor, allerdings weichen sie noch mehr als Rumänien, Estland und die Schweiz vom Modell der EU-ErbVO ab.

d) Bulgarien

In Bulgarien wurden die erbrechtlichen Kollisionsnormen zum ersten Mal im Gesetzbuch über das Internationale Privatrecht vom 4. Mai 2005 (кодекс на международното частно право)[191] kodifiziert. Vor Inkrafttreten dieses Gesetzes am 21.05.2005 war das Internationale Erbrecht in Bulgarien nicht normiert und in der Rechtsprechung gab es keine einheitlichen Entscheidungen in Bezug auf das bei einem grenzüberschreitenden Erbfall anwendbare Recht. Die Gerichte folgten zwei unterschiedliche Tendenzen: Entweder wendeten sie das Recht der Staatsangehörigkeit des Erblassers auf den gesamten Nachlass an (einheitliches Statut) oder sie knüpften an das Heimatrecht für bewegliche Sachen und an die *lex rei sitae* für unbewegliche Sachen an (geteiltes Statut). Eine Rechtswahlmöglichkeit war ausgeschlossen.[192]

Bei der Kodifizierung des Erbkollisionsrechts im Jahr 2005 entschied sich der bulgarische Gesetzgeber letzten Endes für die Option der Nachlassspaltung. Folglich wurde in Art. 89 Abs. 1 und 2 bulg. IPRG festgelegt, dass die objektive Anknüpfung für bewegliche Sachen an das Recht des gewöhnlichen Aufenthalts des Erblassers im Zeitpunkt seines Todes und für unbewegliche Sachen an die *lex rei sitae* zu erfolgen hatte. Da zuvor in der Gerichtspraxis auf das Heimatrecht des

---

191 Eine deutsche Übersetzung des IPR-Gesetzes ist in Jessel-Holst, Christa. (2007, RabelsZ 71, Seite 457–493, *Neuntes Kapitel Erbbeziehungen* auf Seite 479–480), sowie in Schrameyer, Klaus. (2006, Seite 113–149, *Neuntes Kapitel* auf Seite 129) zu finden. Für eine deutsch-bulgarische Version siehe Jessel-Holst, Christa. (2019, Band I, Bulgarien Texte, Seite 26–38, *Neuntes Kapitel* auf Seite 34–35). Auf Bulgarisch ist der Gesetzestext online unter folgender Webseite abrufbar: http://www.lex.bg/bg/laws/ldoc/2135503651 (zuletzt geprüft am 29.12.2018).

192 Zur Rechtslage vor Inkrafttreten des bulg. IPRG 2005 seihe Zidarova, Jordanka. Stančeva-Minčeva, Sofia. (2007, Seite 440–441, mit weiteren Quellenangaben auf Seite 427, Fußnote 26, so beispielsweise auf Bulgarisch Kutikov, Vladimir Josifov. (Meždunarodno častno pravo na NR Bulgarija, 1976) oder Todorov, Todor. (Meždunarodni semejni i nasledstveni pravootnošenija, 1994)), siehe auch Jessel-Holst, Christa. (2015, Band I, Bulgarien Grdz., Seite 6) und Maesch, Petja. (2010, Seite 300), die darauf hinweist, dass in der Lehre bereits Anfang der 1990er Jahre für die Einführung einer Rechtswahl im Erbrecht plädiert wurde.

Erblassers verwiesen wurde, stellte die Einführung des letzten gewöhnlichen Aufenthalts eine Neuheit im bulgarischen Internationalen Erbrecht dar.[193]

Um diese durch die objektive Anknüpfung entstehende Nachlassspaltung zu korrigieren, gestattete Art. 89 Abs. 3 bulg. IPRG dem Erblasser sein gesamtes Vermögen dem Recht des Staates, dem er *im Zeitpunkt der Rechtswahl* angehörte, zu unterstellen.[194] Dabei musste jedoch berücksichtigt werden, dass Art. 89 Abs. 5 bulg. IPRG (wie auch Belgien in Art. 79 Abs. 1 Satz 3 belg. IPRG und Italien in Art. 46 Abs. 2 Satz 3 ital. IPRG) einen Pflichtteilsvorbehalt enthielt. Demnach konnte der Erblasser nur eine *professio iuris* über seinen (nach dem objektiv anwendbaren Recht zu ermittelnden) frei verfügbaren Teil am Nachlass treffen.[195]

Aufgrund der differenzierten Anknüpfung für bewegliche und unbewegliche Sachen in Art. 89 Abs. 1 und 2 bulg. IPRG, kam es leicht zur Anwendung von zwei oder mehreren, durchaus sehr unterschiedlichen, Erbstatuten. Die freie Quote am Nachlass konnte daher oft nicht einheitlich festgestellt werden und war jeweils für die beweglichen und unbeweglichen Sachen einzeln zu ermitteln. Es sei denn, alle unbeweglichen Sachen befanden sich im Staat des letzten gewöhnlichen Aufenthalts des Erblassers.

War das objektiv anwendbare Erbstatut (bzw. eins der objektiv anwendbaren) das bulgarische, so ergab *der Pflichtteil* bei Zusammentreffen des Ehegatten mit Abkömmlingen, gem. Art. 29 Abs. 3 bulg. Erbgesetz von 1949 i.d.F. von 1992, die in dunkelgrau und *der frei verfügbare Teil* die in weiß ausgefüllten Bruchteile in Abbildung 3. Dabei ist anzumerken, dass der Pflichtteilsanteil des Ehegatten immer dem eines Kindes entspricht.[196]

---

193 Zur objektiven Anknüpfung in Art. 89 Abs. 1 und 2 bulg. IPRG siehe Jessel-Holst, Christa. (2019, Band I, Bulgarien Grdz., Seite 10, und 2007, Seite 381), Ivanova, Stela. (2015, Seite 322), Heinig, Jens. (2014, Heft 6, Seite 286), Dörner, Heinrich. (2007, Seite 467) und insbesondere Zidarova, Jordanka. Stančeva-Minčeva, Sofia. (2007, Seite 441–442).

194 Gemäß Art. 40 Abs. 1 bulg. IPRG sind Rück- und Weiterverweisungen anzunehmen, eine Rechtswahl ist aber als Sachnormverweisung zu verstehen, so Art. 40 Abs. 2 bulg. IPRG.

195 Zur subjektiven Anknüpfung und zur Schutzklausel für die Erben in Art. 89 Abs. 3 und 5 bulg. IPRG siehe Jessel-Holst, Christa. (2019, Band I, Bulgarien Grdz., Seite 10, und 2007, Seite 381), Heinig, Jens. (2014, Heft 6, Seite 286–287), Ivanova, Stela. (2015, Seite 322–323), Dörner, Heinrich. (2007, Seite 467–468), Zidarova, Jordanka. Stančeva-Minčeva, Sofia. (2007, Seite 442) und Maesch, Petja. (2010, Seite 299–300).

196 Zum bulgarischen Pflichtteilsrecht siehe Jessel-Holst, Christa. (2019, Band I, Bulgarien Grdz., Seite 23–24). Eine Übersetzung der Art. 28 und 29 zum Pflichtteil und zum verfügbaren Teil ist in Schrameyer, Sabine. (1995, Seite 290) abgedruckt.

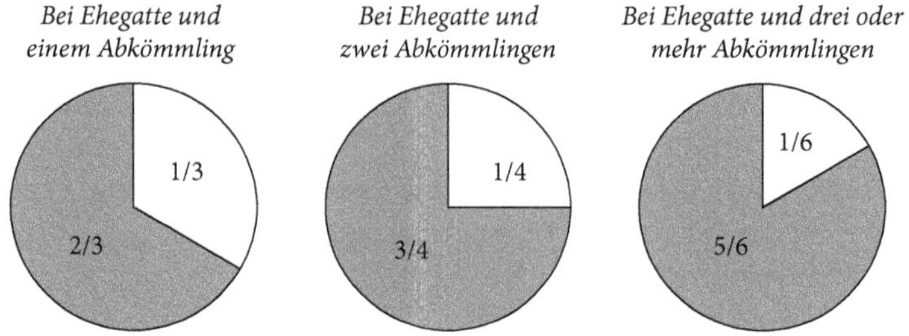

Abb. 3: Freie Quote des Erblassers nach bulgarischem Recht.

Im Anschluss werden noch einige Beispiele bezüglich des *aus Sicht Bulgariens* bis zum 17.08.2015 auf einen deutsch-bulgarischen Erbfall anwendbaren Rechts dargestellt.[197] In diesem Sinne, wäre objektiv auf die Rechtsnachfolge von Todes wegen eines deutschen Erblassers mit letztem gewöhnlichen Aufenthalt in Sofia und Immobilien in Deutschland gem. Art. 89 Abs. 1 und 2 bulg. IPRG bulgarisches Recht auf die beweglichen Sachen, als Recht des gewöhnlichen Aufenthalts des Erblassers im Zeitpunkt seines Todes, und deutsches Recht, als *lex rei sitae*, auf die unbeweglichen Sachen anwendbar gewesen. Um diese entstehende Nachlassspaltung zu verhindern, hätte der Erblasser für sein gesamtes Vermögen eine *professio iuris* zugunsten seines Heimatrechts, i.e. deutsches Recht, ausüben können (Art. 89 Abs. 3 bulg. IPRG). Allerdings hätte er die Nachlassspaltung dadurch nur vermieden, wenn keine pflichtteilsberechtigten Personen vorhanden gewesen wären. Bei einem verheirateten Erblasser mit einem Kind beispielsweise, hätte der Pflichtteilsvorbehalt in Art. 89 Abs. 5 bulg. IPRG gegriffen und die *professio iuris*

197 Das bulgarische materielle Erbrecht ist in den Art. 1–80 des Erbgesetzes vom 18. Januar 1949 in der grundlegend überarbeiteten Fassung von 1992 (Закон за наследството) enthalten. Für eine Textübersetzung mit Einführung siehe Schrameyer, Sabine. (1995, Seite 281–298, Gesetzestext ab Seite 286). Für eine deutsch-bulgarische Version siehe Jessel-Holst, Christa. (2019, Band I, Bulgarien Texte, Seite 1–24). Auf Bulgarisch auch unter folgender Webseite abrufbar: http://lex.bg/en/laws/ldoc/2121542657 (zuletzt geprüft am 29.12.2018). Zum materiellen Erbrecht siehe insbesondere Jessel-Holst, Christa. (2019, Band I, Bulgarien Grdz., Seite 11–33), Ivanova, Stela. (2015, Seite 324–338) und auf Bulgarisch Tasev, Christo. (Bălgarsko nasledstveno pravo, 2000). Zur internationalen Zuständigkeit bulgarischer Gerichte in Art. 4–28 bulg. IPRG (Art. 14 für erbrechtliche Angelegenheiten) siehe Zidarova, Jordanka. Stančeva-Minčeva, Sofia. (2007, Seite 441) und Jessel-Holst, Christa. (2019, Band I, Bulgarien Grdz., Seite 11).

hätte sich nur auf den frei verfügbaren Teil seines Nachlasses erstreckt. So wäre nach der Rechtswahl auf seine Immobilen und auf 1/3 seiner beweglichen Sachen deutsches Recht und auf die restlichen 2/3 seiner Mobilien weiterhin bulgarisches Recht anwendbar gewesen.

Bei einem bulgarischen Erblasser mit letztem gewöhnlichen Aufenthalt in Hannover und Grundstücke in Bulgarien und in Deutschland wäre *aus Sicht Bulgariens* indessen deutsches Recht auf die beweglichen Sachen, als Recht des Staates in dem er seinen gewöhnlichen Aufenthalt im Zeitpunkt seines Todes hatte, und bulgarisches bzw. deutsches Recht, als *lex rei sitae*, auf die Immobilien in Plovdiv und Hannover anzuwenden gewesen. Auch hier hätte der Erblasser von der in Art. 89 Abs. 3 bulg. IPRG vorgesehenen *professio iuris* Gebrauch machen und bulgarisches Recht als sein Heimatrecht wählen können. Wäre der Erblasser verheiratet gewesen und hätte er zwei Söhne hinterlassen, so ist erneut darauf hinzuweisen, dass er die Rechtswahl nur über seine *freie Quote* am Nachlass hätte treffen können (1/4 nach bulgarischem Recht und 5/8 oder 1/2 nach deutschem Recht, abhängig vom Gütersand der Ehegatten).[198]

e) Frankreich (Entwurf)

Ähnlich wie das bulgarische Erbkollisionsrecht sah auch der französische Gesetzesentwurf aus dem Jahr 1967 – *le projet de loi complétant le Code civil en matière de droit international privé* – eine Rechtswahl im Bereich des Erbrechts in seinen Art. 2307 und 2308 vor.[199] Für bewegliche Sachen war objektiv das Wohnsitzrecht anwendbar, wobei der Erblasser eine *professio iuris* zugunsten seines Heimatrechts treffen konnte (Art. 2307 Abs. 1). Unbewegliche Sachen und Handelsgeschäfte richteten sich nach der *lex rei sitae* (Art. 2307 Abs. 2). Zudem wurde dem Erblasser in Art. 2308 gestattet, seine Erbfolge einem anderen beliebigen Recht zu unterstellen. Dabei mussten jedoch die zwingenden Normen des Erbstatuts unberührt bleiben. Also konnte bei dieser zweiten Rechtswahl nur von einer materiellrechtlichen Dispositionsfreiheit die Rede sein. Der Entwurf wurde letzten Endes nicht zum Gesetz in Frankreich.[200]

---

198 Für weitere Beispiele siehe Ivanova, Stela. (2015, Seite 323), sowie ihr ausführliches Gutachten zu einer bulgarischen Erblasserin mit Wohnsitz in Deutschland (2010, Seite 197–204).

199 Siehe auf Französisch Makarov, Aleksandr N. (1978, Seite 110–115, Art. 2307–2308 auf Seite 114) und auf Deutsch Reichelt, Gerte. (1971, Seite 250–255, Art. 2307–2308 auf Seite 253–254).

200 Zum Gesetzesentwurf siehe Daumiller, Barbara von. (2003, Seite 32–33), Reichelt, Gerte. (1971, Seite 257–259) und zum *progetto di legge francese del 1967* auf Italienisch

Die letzten hier zu analysierenden Rechtswahlmöglichkeiten auf dem Gebiet des internationalen Erbrechts, die (wenn auch nur sehr gehemmt) dem Modell der EU-ErbVO folgen, sind die der Ukraine und Weißrussland.

f) Ukraine

Das nationale Kollisionsrecht der Ukraine wurde zum ersten Mal einheitlich im Gesetz über das Internationale Privatrecht Nr. 2709-IV vom 23.06.2005 (Про міжнародне приватне право)[201] normiert. Vor Inkrafttreten dieses Gesetzes am 1. September 2005 befanden sich die Erbkollisionsnormen in Art. 570 des alten Zivilgesetzbuches der Ukraine aus dem Jahr 1963. Im ersten Absatz dieses Artikels wurde an das Recht des letzten Wohnsitzes des Erblassers (in Art. 17 alt. ukr. ZGB definiert) angeknüpft. Allerdings galt dies nicht für unbewegliche Nachlassgegenstände, für die die *lex rei sitae* maßgeblich war, so Art. 570 Abs. 3 alt. ukr. ZGB (bei Grundbesitz in der Ukraine) und Art. 28 Abs. 3 des Konsularvertrages zwischen der Bundesrepublik Deutschland und der Union der Sozialistischen Sowjetrepubliken vom 25. April 1958.[202]

Die obengenannten Anknüpfungskriterien wurden auch im neuen aus dem Jahr 2005 stammenden ukrainischen Gesetz über das Internationale Privatrecht

---

siehe Cesari, Patrizia. (2002, Seite 84–85). Siehe auch Stade, Stefan. (2015, Seite 70), der darauf hinweist, dass Frankreich vor Anwendung der Erbrechtsverordnung keine Rechtswahl im Bereich des Erbrechts kannte, wenn auch immer wieder die Unterzeichnung und Ratifikation des Haager Abkommens von 1989 diskutiert wurde. Erwähnt werden kann zudem, dass den Verfahrensparteien nach französischem Recht ein *accord procédural*, eine prozessuale Vereinbarung über das anwendbare Recht für die Laufzeit eines bestimmten Gerichtsverfahrens, gestattet wird. Dies allerdings nur, wenn es um verzichtbare Rechte (*droits disponibles*) geht, siehe hierzu Fulli-Lemaire, Samuel. Rojas Tamayo, Daniel. (2011, Seite 189) und insbesondere Fauvarque-Cosson, Bénédicte. (2005, Seite 263–284) und (2004, Seite 3–12).

201 Die Originalfassung auf Ukrainisch ist unter folgender Webseite abrufbar: http://zakon1.rada.gov.ua/laws/main/2709-15 (zuletzt geprüft am 29.12.2018). Eine Übersetzung ins Deutsche ist in Von Albertini, Lamara. (2006, Seite 116–121, ohne Kollisionsnormen des Erbrechts) zu finden, diese sind dafür von Axel Weishaupt in Dörner, Heinrich. (2007, Seite 639–640) übersetzt worden.

202 Zum alten Kollisionsrecht siehe Chernysch, Volodymyr. (2003, Seite 2654–2655) und Fetsch, Johannes. (2006, Seite 116). Im Verhältnis zu Deutschland war und ist immer noch der Konsularvertrag vorrangig anzuwenden. Da die Rechtsnachfolge hinsichtlich des beweglichen Nachlasses jedoch nicht vom Konsularvertrag erfasst wird, ist hierfür auf das autonome Kollisionsrecht abzustellen. Siehe Dörner, Heinrich. (2007, Seite 638–639) und Heinig, Jens. (2014, Heft 6, Seite 306).

beibehalten. In diesem Sinne legt Art. 70 Satz 1 Halbsatz 1 ukr. IPRG das Recht des letzten Wohnsitzes des Erblassers für bewegliches Vermögen und Art. 71 Satz 1 ukr. IPRG das Recht des Lageortes für unbewegliches Vermögen fest.[203] Neu war die Einführung einer Rechtswahl zugunsten des Heimatrechts des Erblassers in Art. 70 Satz 1 Halbsatz 2 ukr. IPRG. Diese *professio iuris* konnte aber lediglich für die beweglichen Nachlassgegenstände ausgeübt werden und wurde gem. Art. 70 Satz 2 ukr. IPRG (wie in Estland oder in der Schweiz) ungültig, wenn der Erblasser seine Staatsangehörigkeit nach der getroffenen Rechtswahl änderte.[204]

Anschließend folgen noch ein paar Beispiele in Bezug auf das *aus Sicht der Ukraine* auf einen deutsch-ukrainischen Erbfall anwendbare Recht.[205] Auch nach dem 17.08.2015 gilt weiterhin der deutsch-sowjetische Konsularvertrag aus dem Jahr 1958. Bei einem deutschen Erblasser mit letztem Wohnsitz in Kiev und Immobilien in Deutschland wäre auf letztere gem. Art. 28 Abs. 3 des Konsularvertrages die *lex rei sitae* anwendbar, i.e. deutsches Recht. Auf die beweglichen Sachen wäre hingegen ukrainisches Recht als Recht des letzten Wohnsitzes des Erblassers anwendbar (siehe Art. 70 Satz 1 Halbsatz 1 ukr. IPRG). Um diese Nachlassspaltung zu verhindern, könnte der deutsche Erblasser in diesem Fall

---

203 Die Verweisungen des ukrainischen Rechts sind gem. Art. 9 Abs. 1 ukr. IPRG als Sachnormverweisungen zu verstehen.

204 Zum neuen Erbkollisionsrecht in der Ukraine siehe Heinig, Jens. (2014, Heft 6, Seite 306), Dörner, Heinrich. (2007, Seite 640), Dovgert, Anatoliy. (2005, Seite 131), Süß, Rembert. (2015, Seite 1421) und Fontanellas Morell, Josep M. (2010, Seite 167).

205 Das materielle Erbrecht befindet sich in den Art. 1216–1308 im 6. Buch des ukrainischen Zivilgesetzbuches Nr. 435-IV vom 16.01.2003, i.d.F. des Änderungsgesetzes Nr. 1111-V vom 31.05.2007 (Цивільний кодекс України oder Zivilny kodeks Ukrainy). Siehe hierzu Debryckyi, Orest. Yunko, Michael. (2019, Band VIII, Ukraine Grdz., Seite 12–61) und Süß, Rembert. (2015, Seite 1422–1424). Die Originalfassung auf Ukrainisch ist unter folgender Webseite abrufbar: http://zakon2.rada.gov.ua/laws/main/435-15 (zuletzt geprüft am 29.12.2018). Für eine Übersetzung siehe Debryckyi, Orest. Yunko, Michael. (2019, Band VIII, Ukraine Texte, Seite 3–49). Ein Textkommentar zum Zivilgesetzbuch auf Ukrainisch ist in Charytonov, Jeyhen O. Holubjeva, N. Ju. (2011, zum Erbrecht auf Seite 1128–1198) zu finden. Die Regelungen zur Internationalen Zuständigkeit sind in den Art. 75–77 des 12. Abschnitts „Gerichtliche Zuständigkeit und Ausführung von ausländischen Rechtshilfeersuchen" ukr. IPRG 2005 i.V.m. Art. 1221 ZGB 2003 und einigen Bestimmungen des Zivilprozessgesetzes vom 18.01.2018 enthalten. Siehe Süß, Rembert. (2015, Seite 1424), Debryckyi, Orest. (2015, Band VIII, Ukraine Grdz., Seite 3–4 und 10–12, sowie Ukraine Texte, Seite 45 ff.), Debryckyi, Orest. Yunko, Michael. (2019, Band VIII, Ukraine Grdz., Seite 7–8) und Von Albertini, Lamara. (2006, Seite 121).

gem. Art. 70 Satz 1 Halbsatz 2 ukr. IPRG eine *professio iuris* zugunsten seines Heimatrechts treffen. Demnach würde sein gesamtes Vermögen (bewegliches und unbewegliches) dem deutschen Recht unterliegen. Die dafür zu erfüllende Bedingung wäre, dass der Erblasser seine Staatsangehörigkeit nicht nach der Rechtswahl ändert (Art. 70 Satz 2 ukr. IPRG).

Bei einem ukrainischen Erblasser mit letztem Wohnsitz in Berlin und unbeweglichem Vermögen in Deutschland und in der Ukraine wäre indessen einerseits deutsches Recht auf sein bewegliches Vermögen und auf seine Immobilie in Deutschland und andererseits ukrainisches Recht auf seine unbeweglichen Sachen in der Ukraine anwendbar. Da sich in diesem Fall in beiden Ländern Immobilien befinden, könnte der Erblasser die aufgrund der Anwendung der *lex rei sitae* entstehende Nachlassspaltung nicht vermeiden. Dennoch hätte er gem. Art. 70 Satz 1 Halbsatz 2 ukr. IPRG die Möglichkeit ukrainisches Recht, als Recht dessen Staatsangehörigkeit er im Zeitpunkt der Rechtswahl und im Zeitpunkt seines Todes besitzt, für die beweglichen Nachlassgegenstände zu wählen.

g) Weißrussland

Letztlich ist auf Weißrussland hinzuweisen, dessen Erbkollisionsrecht im Zivilgesetzbuch der Republik Belarus vom 07.12.1998 Nr. 218-Z (Abschnitt VII. Internationales Privatrecht. Kapitel 75. Kollisionsnormen. § 8. Erbrecht) – Гражданский кодекс Республики Беларусь (Раздел VII. Международное частное право. Глава 75. Коллизионные нормы. § 8. Наследственное право)[206] enthalten ist und sehr der ukrainischen Regelung ähnelt. So wird in Art. 1133 ZGB RB (wie in Art. 70 Satz 1 Halbsatz 1 ukr. IPRG) für bewegliches Vermögen an das Recht des Landes, in dem der Erblasser seinen letzten Wohnsitz[207] hatte,

206 Für eine deutsch-weißrussische Version siehe Mosgo, Oleg. (2019, Band IX, Weißrussland Texte, Seite 42–48, für die Erbkollisionsnormen siehe Seite 48, eine Übersetzung von Mosgo ins Deutsche ist auch in IPRax 2000, Seite 149–154, auf Seite 154 abgedruckt). Eine Übersetzung der erbrechtlichen Kollisionsnormen von Alexander Trunk ist in Dörner, Heinrich. (2007, Seite 451) zu finden. Auf Weißrussisch ist der Gesetzestext von Čigir, Vasilij F. (Graždanskij kodeks Respubliki Belarus 1998, 2000) und Juškevič, N. A. (Graždanskij kodeks Respubliki Belarus 1998, 2013) herausgegeben und kann auch unter folgender Webseite abgerufen werden: http://www.uni-kiel.de/leobalt/Datenbank/Belarus/Gesetze%20ua/ZGB%20(IPR)%201998%20rus.htm (zuletzt geprüft am 29.12.2018).

207 Eine Definition des Wohnsitzes ist in Art. 19 ZGB RB enthalten, siehe hierzu Mosgo, Oleg. (2019, Band IX, Weißrussland Grdz., Seite 8).

angeknüpft.[208] Für unbewegliches Vermögen gilt indessen gem. Art. 1134 ZGB RB das Recht des Lageortes (wie auch Art. 71 Satz 1 ukr. IPRG vorsieht).[209]

Eine Rechtswahl zugunsten des Heimatrechts des Erblassers für den beweglichen Nachlass wird in Art. 1133 ZGB RB ebenfalls erlaubt. Anders als Art. 70 Satz 1 Halbsatz 2 ukr. IPRG ist bei der weißrussischen *professio iuris* nicht eindeutig aus dem Gesetzestext zu entnehmen, ob letztere unwirksam wird, wenn der Erblasser seine Staatsangehörigkeit nach der Rechtswahl verliert.[210]

Zuletzt werden noch einige Beispiele bezüglich des *aus Sicht Weißrusslands* auf einen deutsch-weißrussischen Erbfall anwendbaren Rechts angeführt.[211] Auch hier gilt nach dem 17.08.2015 weiterhin der deutsch-sowjetische Konsularvertrag aus dem Jahr 1958. Sodass bei einem deutschen Erblasser mit letztem Wohnsitz in Minsk und Grundstücke in Deutschland und in Weißrussland, gem. Art. 28 Abs. 3 des Konsularvertrages die *lex rei sitae* auf seinen unbeweglichen Nachlass und gem. Art. 1133 ZGB RB das weißrussische Recht als Recht

208 Die Verweisungen des weißrussischen Rechts sind gem. Art. 1096 ZGB RB Sachnormverweisungen.

209 Im Verhältnis zu Deutschland hat der Konsularvertrag zwischen der Bundesrepublik Deutschland und der Union der Sozialistischen Sowjetrepubliken vom 25. April 1958, wie in der Ukraine, Vorrang (die Anwendung der *lex rei sitae* stütz sich auf Art. 28 Abs. 3 des Konsularvertrages), siehe Fußnote 202. Zur vorherigen Regelung siehe Bilinsky, Andreas. (2019, Band VIII, Sowjetunion (UdSSR)) und Čigir, Vasilij F. (Graždanskij kodeks Respubliki Belarus 1964, 1994), weitere Quellen sind in Mosgo, Oleg. (2019, Band IX, Weißrussland Grdz., Seite 1–2) zitiert. Zu den aktuellen Kollisionsnormen im Erbrecht siehe Ließem, Alexander. Bekgulyan, Sergey. (2015, Seite 1477), Mosgo, Oleg. (2019, Band IX, Weißrussland Grdz., Seite 8–9), Danilevich, Aliaksandr. (2012, Seite 85), Heinig, Jens. (2014, Heft 6, Seite 307–308), Fetsch, Johannes. (2006, Seite 92) und Dörner, Heinrich. (2007, Seite 452).

210 Für die Unwirksamkeit in so einem Fall würde die Differenzierung der Tempora im Wortlaut des Art. 1134 ZGB RB sprechen: „wenn der Erblasser nicht in seinem Testament das Recht des Landes *gewählt hat*, dessen Staatsbürger er *ist*." Siehe in diesem Sinne Heinig, Jens. (2014, Heft 6, Seite 308).

211 Das weißrussische materielle Erbrecht befindet sich im 6. Abschnitt des ZGB aus dem Jahr 1998 (Art. 1031–1092). Siehe insbesondere Ließem, Alexander. Bekgulyan, Sergey. (2015, Seite 1475–1482) und Mosgo, Oleg. (2019, Band IX, Weißrussland Grdz., Seite 10–24 und Weißrussland Texte, Seite 1–41). Ein Kommentar auf Weißrussisch zum materiellen Erbrecht des ZGB 1998 ist in Čigir, Vasilij F. (2000, Seite 648–653) zu finden. Dabei ist anzumerken, dass die Literatur zum Erbrecht in Weißrussland sehr rar ist. Zur internationalen Zuständigkeit weißrussischer Gerichte (Art. 544–557 des Zivilverfahrensgesetzbuches Weißrusslands 1999 - Graždanskij processualnyj kodeks) siehe Danilevich, Aliaksandr. (2012, Seite 97–99).

seines letzten Wohnsitzes auf seinen beweglichen Nachlass anwendbar ist. Es sei denn, er hat für letztere Nachlassgegenstände sein Heimatrecht, i.e. deutsches Recht, gewählt.

Bei einem weißrussischen Erblasser mit letztem Wohnsitz in Kiel und Immobilien in der Republik Belarus wäre auf die Belegenheiten weißrussisches Recht (Art. 28 Abs. 3 des Konsularvertrages) und auf sein restliches bewegliches Vermögen deutsches Recht als Recht seines letzten Wohnsitzes anzuwenden (Art. 1133 ZGB RB). Bei dieser Konstellation hätte der Erblasser die Nachlassspaltung verhindern können, indem er von der in Art. 1133 ZGB RB enthaltenen Rechtswahl Gebrauch gemacht und auch für seine beweglichen Sachen das weißrussische Recht, als Recht dessen Staatsangehörigkeit er besitzt, für maßgeblich erklärt hätte.

h) Nichteuropäische Länder

Des Weiteren gibt es außerhalb Europas noch mehr ehemalige Sowjetrepubliken, die eine *professio iuris* zugunsten der Staatsangehörigkeit des Erblassers erlauben: **Armenien** (Art. 1292 Abs. 1 des ZGB der Republik Armenien vom 17.06.1998),[212] **Aserbaidschan** (Art. 29 Abs. 1 des Gesetzes der Republik Aserbaidschan über das Internationale Privatrecht vom 06.06.2000),[213] **Kasachstan** (Art. 1121 des ZGB der Republik Kasachstan vom 01.07.1999),[214] **Kirgisistan** (Art. 1206 des ZGB vom 05.01.1998),[215] **Tadschikistan** (Art. 1231 des ZGB vom

---

212 Siehe Dück, Hermann. (2019, Band I, Armenien Grdz., Seite 1–4, zum materiellen Erbrecht Seite 4–12, für eine Übersetzung siehe Armenien Texte, Seite 2–4, § 10. Auf das Erbe anzuwendendes Recht auf Seite 4 und Seite 5–22 für eine Übersetzung des materiellen Erbrechts in Abschnitt XI ZGB) sowie Dörner, Heinrich. (2007, Seite 445–446) und Fetsch, Johannes. (2006, Seite 92).

213 Siehe Dück, Hermann. (2019, Band I, Aserbaidschan Grdz., Seite 1–5, zum materiellen Erbrecht Seite 6–14, eine Übersetzung ins Deutsche ist unter Aserbaidschan Texte, Seite 2–7, das 7. Kapitel über das Erbrecht auf Seite 7 und das materielle Erbrecht in Abschnitt X des ZGB vom 28.12.1999 auf Seite 8–31 abgedruckt) und Dörner, Heinrich. (2007, Seite 446–448). Für eine Übersetzung siehe auch Acar, Gültekin. Lorenz, Moritz. (2003, Seite 386–389, Kapitel 7. Erbrecht auf Seite 389).

214 Siehe Weishaupt, Axel. (2019, Band IV, Kasachstan Grdz., Seite 4–5 und zum materiellen Erbrecht Seite 8–20, für eine deutsche Übersetzung siehe Kasachstan Texte, Seite 25–57 und zum Kollisionsrecht Seite 2–13 auf Seite 11–12 oder 2002, Seite 55–58, auf Seite 58). Siehe auch Dörner, Heinrich. (2007, Seite 527–528), Fetsch, Johannes. (2006, Seite 102) und für ein IPR-Gutachten zum kasachischen Erbrecht Wohlgemuth, Arno. (1995, Seite 195–198).

215 Siehe Weishaupt, Axel. (2019, Band IV, Kirgisistan Grdz., Seite 1–4, zum materiellen Erbrecht Seite 6–18, für eine deutsche Übersetzung siehe Kirgisistan Texte, Seite 2–7

01.03.2005)[216] und **Usbekistan** (Art. 1197 des ZGB vom 01.03.1997)[217]. Mit Ausnahme Aserbaidschans folgen all diese aus dem Zerfall der Sowjetunion entstandenen Republiken exakt dem zuletzt erörterten Modell Weißrusslands, indem objektiv für die beweglichen Nachlassgegenstände an das Recht des letzten Wohnsitzes des Erblassers und für die unbeweglichen Sachen an die *lex rei sitae*[218] angeknüpft wird, wobei die Rechtswahl zugunsten des Heimatrechts des Erblassers nur für den beweglichen Nachlass getroffen werden kann. Im Verhältnis zu Deutschland ist jedoch der Konsularvertrag zwischen der Bundesrepublik Deutschland und der Union der Sozialistischen Sowjetrepubliken vom 25. April 1958 stets vorrangig anzuwenden, sodass sich die Rechtswahl auch im Fall Aserbaidschans nur auf das bewegliche Vermögen erstreckt.[219]

i) *Zwischenfazit*

Als kurzes Zwischenfazit lässt sich sagen, dass keine einzige der hier in diesem Abschnitt untersuchten Rechtsordnungen akkurat dem Modell der europäischen Erbrechtsverordnung folgte oder gar eine liberalere Regelung als diese vorsah, wie beispielsweise Finnland bei der ersten sich am Haager Abkommen orientierenden Gruppe von analysierten Staaten. Selbst die Kollisionsnormen Rumäniens, die dem Modell der EU-ErbVO am ähnlichsten waren und als einzige auch demselben objektiven Anknüpfungspunkt folgten, stellten sich hinsichtlich des Zeitpunktes der Rechtswahl beschränkter als die Erbrechtsverordnung dar. Erlaubt war nur eine *professio iuris* zugunsten der Staatsangehörigkeit des Erblassers im Zeitpunkt der Rechtswahl und nicht im Zeitpunkt seines Todes.

---

auf Seite 7 und zum materiellen Erbrecht Seite 11–28), sowie Krüger, Hilmar. Braun, Julia. (2004, Seite 270–275, § 7 Erbrecht auf Seite 275), Dörner, Heinrich. (2007, Seite 530–531) und Fetsch, Johannes. (2006, Seite 102).

216 Zum tadschikischen Recht siehe Dörner, Heinrich. (2007, Seite 626–628, mit einer Übersetzung der erbrechtlichen Kollisionsnormen auf Seite 627).

217 Siehe Weishaupt, Axel. (2019, Band IX, Usbekistan Grdz., Seite 4–5, zum materiellen Erbrecht Seite 8–21, für eine deutsche Übersetzung siehe Usbekistan Texte, Seite 1–7 auf Seite 6–7 und zum materiellen Erbrecht Seite 10–27). Für eine deutsch-englische Übersetzung siehe Kropholler, Jan. (1999, Seite 955–957). Siehe auch Dörner, Heinrich. (2007, Seite 642–644) und Fetsch, Johannes. (2006, Seite 117).

218 Siehe Art. 1292 Abs. 3 ZGB Armenien, Art. 1123 ZGB Kasachstan, Art. 1208 ZGB Kirgisistan, Art. 1233 Satz 1 ZGB Tadschikistan und Art. 1199 ZGB Usbekistan.

219 Gemäß Art. 28 Abs. 3 des Konsularvertrages sind auf die unbeweglichen Nachlassgegenstände die Rechtsvorschriften des Belegenheitsstaates anzuwenden.

Bei den anderen Erbkollisionsnormen waren jedoch noch mehr Abstriche zu machen. Im Fall Estlands wurde die getroffene Wahl des Heimatrechts des Erblassers unwirksam, wenn er im Zeitpunkt seines Todes nicht mehr demselben Staat angehörte wie im Zeitpunkt der Rechtswahl. So ist es auch in der Schweiz. Dabei muss allerdings hervorgehoben werden, dass die Schweizer mit Wohnsitz im Ausland sogar die Möglichkeit haben zu entscheiden, ob das schweizerische Recht nur auf das in der Schweiz belegene oder auf das gesamte Vermögen anwendbar sein soll.

Ähnlich wie in Belgien oder in Italien kann abschließend festgehalten werden, dass sich die *professio iuris* in Bulgarien aufgrund des Pflichtteilsvorbehalts besonders eingeschränkt gestaltete, sodass der Erblasser lediglich eine Rechtswahl über seinen – oft nicht einheitlich feststellbaren – frei verfügbaren Teil am Nachlass treffen konnte. Aber auch in der Ukraine und in Weißrussland ist die Rechtswahl im Erbrecht sehr begrenzt, da sie sich nur auf den beweglichen Teil des Nachlasses erstreckt und zudem unwirksam wird, wenn der Erblasser seine Staatsangehörigkeit nach der Rechtswahl verliert.

4 Teilrechtswahl zugunsten der lex rei sitae

Ferner können diejenigen Rechtsordnungen differenziert werden, die eine erbrechtliche Rechtswahl nur für unbewegliches Vermögen zugunsten des Belegenheitsrechts zulassen. In Europa folgte im Grunde allein Deutschland diesem Modell und dies, wie im Folgenden ausgeführt wird, mit mehreren Einschränkungen. Wobei erneut zu erwähnen ist, dass auch die Schweizer mit Wohnsitz im Ausland nur für ihr in der Schweiz belegenes Vermögen eine *professio iuris* gem. Art. 87 i.V.m. Art. 91 Abs. 2 schweiz. IPRG ausüben können. Außerhalb Europas sehen beispielsweise noch die Kollisionsnormen von Québec und Südkorea eine Teilrechtswahl zugunsten der *lex rei sitae* vor.

a) Deutschland

Die autonomen Erbkollisionsnormen sind in Deutschland im Einführungsgesetz zum Bürgerlichen Gesetzbuch (EGBGB) in der Fassung des Gesetzes zur Neuregelung des Internationalen Privatrechts aus dem Jahr 1986 enthalten. Vor Inkrafttreten des obengenannten Gesetzes am 01.09.1986, waren die Art. 24–26 EGBGB der alten Fassung maßgeblich.[220] Demgemäß wurde an das Heimatrecht

220 Siehe Dörner, Heinrich. (2007, Seite 6–8, mit den abgedruckten Art. 24–26 EGBGB a.F., und Seite 134), Coester, Michael. (1981, Seite 53–55) sowie Siehr, Kurt. (1987, Seite 4).

des Erblassers im Zeitpunkt seines Todes angeknüpft, eine Rechtswahl war unzulässig. Eine erste Ausnahme zum Staatsangehörigkeitsprinzip konnte in Art. 24 Abs. 2 EGBGB a.F. für den Fall eines deutschen Erblassers mit Wohnsitz im Ausland gefunden werden. Nach dieser Vorschrift, hatten die deutschen Erben die Möglichkeit für die Haftung an den Nachlassverbindlichkeiten das ausländische Aufenthaltsrecht des Erblassers anstelle des deutschen Rechts zu wählen.[221] Eine weitere Durchbrechung des obengenannten Prinzips war als *privilegium germanicum* in Art. 25 Abs. 2 EGBGB a.F. bei einem ausländischen Erblasser mit Wohnsitz in Deutschland für deutsche Erbberechtigte vorgesehen. Demnach konnten letztere ihre Ansprüche anstatt nach ausländischem Erbstatut auch nach deutschem Recht geltend machen.[222]

Mit Inkrafttreten des Gesetzes zur Neuregelung des Internationalen Privatrechts im Jahr 1986, wurde die objektive Anknüpfung an das Recht der Staatsangehörigkeit des Erblassers im Zeitpunkt seines Todes in Art. 25 Abs. 1 EGBGB n.F. beibehalten.[223] Dabei war das Prinzip der kollisionsrechtlichen Nachlasseinheit maßgeblich. Anknüpfungsausnahmen an das Heimatrecht des Erblassers gab es beispielsweise für Staatenlose und Mehrstaater.[224]

Neu war indessen die in Art. 25 Abs. 2 EGBGB n.F. vorgesehene Rechtswahl im Erbrecht,[225] die allerdings unter einer dreifachen Einschränkung litt.[226] Erstens

---

221 Siehe hierzu bereits Seite 28 der Dissertation, sowie Coester, Michael. (1981, Seite 55–56) und Dörner, Heinrich. (2007, Seite 7).

222 Siehe Coester, Michael. (1981, Seite 56), Dörner, Heinrich. (2007, Seite 7–8) und Siehr, Kurt. (1987, Seite 4), der darauf hinweist, dass diese Bestimmung des Art. 25 Abs. 2 EGBGB a.F. wenig Bedeutung gehabt hat und ihren Zweck verfehlt hat.

223 Zur Begründung des Festhaltens an die Anknüpfung des Heimatrechts des Erblassers siehe Dörner, Heinrich. (2007, Seite 9) und Firsching, Karl. (2019, Band II, Deutschland Grdz. Seite 51).

224 Zu den Ausnahmen siehe den ausführlichen Bericht von Firsching, Karl. (2019, Band II, Deutschland Grdz. Seite 36–42), auch zu den Flüchtlingen und DDR-Bürgern.

225 Zur Entstehungsgeschichte der Rechtswahl siehe Tiedemann, Andrea. (1993, Seite 22) und (1991, Seite 20–22), die darauf hinweist, dass die Lobby der Notare eine wichtige Rolle bei der Einführung der erbrechtlichen Rechtswahl in Art. 25 Abs. 2 EGBGB n.F. gespielt haben.

226 In der Diskussion stand eine durchaus weitere Rechtswahl im Erbrecht zuzulassen. Für eine gute Zusammenfassung der verschiedenen Vorschläge siehe Daumiller, Barbara von. (2003, Seite 33–37). Beispielsweise schlug das Max-Planck-Institut für ausländisches und internationales Privatrecht in den *Thesen zur Reform des internationalen Privat- und Verfahrensrechts* vor, dass der Erblasser jede Rechtsordnung als Erbstatut wählen könne, solange eine objektive Beziehung zur gewählten Rechtsordnung

galt sie nur für unbewegliches Vermögen.[227] Zweitens musste sich dieses unbewegliche Vermögen im Inland befinden. Und Drittens konnte nur deutsches Erbrecht (und das auch nur im Ganzen) gewählt werden.[228] Der hauptsächliche Grund für so eine mehrfache Rechtswahleinschränkung war der Schutz von Pflichtteilsberechtigten.[229]

Umstritten war zudem, ob die oben beschriebene *professio iuris* auch lediglich auf ein bestimmtes Grundstück angeordnet werden konnte oder ob alle in Deutschland belegenen Immobilien von der Rechtswahl erfasst werden mussten. Die herrschende Meinung war der Ansicht, dass der Erblasser sowohl eine Rechtswahl für sein gesamtes inländisches unbewegliches Vermögen als auch nur für einzelne Grundstücke treffen konnte. Dafür sprach der Wortlaut des Art. 25 Abs. 2 EGBGB n.F. sowie das Interesse einzelne Immobilien dem deutschen Erbrecht zu unterstellen.[230]

---

bestünde. Siehe Dopffel, Peter. Siehr, Kurt. (1980, RabelsZ 44, Seite 344–366, zu These 16 „Erbfolge" Seite 352 und 362–363).

227 Zum Begriff des unbeweglichen Vermögens im Sinne des Art. 25 Abs. 2 EGBGB n.F. siehe Dörner, Heinrich. (2007, Seite 271–274), Krzywon, Hagen. (1987, Seite 5) und Siehr, Kurt. (1987, Seite 7).

228 Hatte der Erblasser ein Hofgut in Deutschland und wählte er deutsches Recht so trat ggf. die Sonderrechtsnachfolge der Höfeordnung ein. Siehe hierzu Thoms, Cordula. (1996, Seite 85). Zur Höfeordnung siehe Sticherling, Philipp. (2013, Seite 651–737), Wöhrmann, Otto. Stöcker, Hans A., Wöhrmann, Heinz. (Das Landwirtschaftserbrecht, 2012) oder Lüdtke-Handjery, Christian. von Jeinsen, Ulrich. (Höfeordnung für die Länder Hamburg, Niedersachsen, Nordrhein-Westfalen und Schleswig-Holstein, 2015).

229 Näheres zur Einschränkungsbegründung (Bericht des Rechtsausschusses vom 09.06.1986) ist in Dörner, Heinrich. (2007, Seite 10–11) sowie in Firsching, Karl. (2019, Band II, Deutschland Grdz. Seite 42–43) zu finden. Zu dieser beschränkten Rechtswahlmöglichkeit äußern sich beispielsweise Siehr, Kurt. (1987, Seite 7) und Fontanellas Morell, Josep M. (2010, Seite 160) kritisch.

230 Artikel 25 Abs. 2 EGBGB n.F. legte fest: Der Erblasser kann für *im Inland belegenes unbewegliches Vermögen* in der Form einer Verfügung von Todes wegen deutsches Recht wählen. (Hervorhebungen hinzugefügt). Siehe Dörner, Heinrich. (2007, Seite 118). Hätte der Gesetzgeber sicherstellen wollen, dass die Rechtswahl nur für die gesamten Immobilien getroffen werden konnte, hätte er für „das" im Inland belegene unbewegliche Vermögen hinzufügen müssen. Siehe in diesem Sinne Dörner, Heinrich. (2007, Seite 278–279), Lichtenberger, Peter. (1986, Seite 665), Firsching, Karl. (2019, Band II, Deutschland Grdz., Seite 42), Siehr, Kurt. (1987, Seite 7), Tiedemann, Andrea. (1991, Seite 24–25), Käferböck, Thomas. (2008, Seite 296, Fußnote 77) und Fontanellas Morell, Josep M. (2010, Seite 215, Fußnote 93). Eine Aufzählung der

Besonders relevant gestaltete sich diese *optio iuris* des Art. 25 Abs. 2 EGBGB n.F. demzufolge für ausländische Erblasser,[231] die ihr gesamtes in Deutschland belegenes unbewegliches Vermögen oder auch nur einzelne Objekte dem deutschen Recht unterstellen wollten. Da auf den übrigen Nachlass ausländisches Recht anwendbar war, kam es in so einem Fall zu einer kollisionsrechtlichen Nachlassspaltung, d.h. jedes durch die Spaltung entstandene Teil wurde als selbstständiger Nachlass angesehen.[232] Obwohl es sich bei der im Jahr 1986 eingeführten erbrechtlichen Rechtswahl zweifellos um eine sehr eingeengte *professio iuris* handelte, ist nicht außer Acht zu lassen, dass Deutschland durch diese frühe Aufnahme eine der ersten Rechtsordnungen in Europa war, die eine Rechtswahl im internationalen Erbrecht zuließ.

b) Nichteuropäische Länder

Wie bereits erwähnt, sieht außerhalb Europas auch der Code Civil du **Québec** vom 18.12.1991 (Zehntes Buch - Internationales Privatrecht) mitunter eine Rechtswahlmöglichkeit zugunsten des Lageortsrechts für unbewegliches Vermögen im Erbrecht vor.[233] So wie in Belgien, Bulgarien oder in der Ukraine, wird in Québec objektiv an das Recht des letzten Wohnsitzes des Erblassers für bewegliche Sachen und an das Belegenheitsrecht für unbewegliche Sachen angeknüpft (Art. 3098 Abs. 1 CCQ). Eine *professio iuris* kann einerseits für den gesamten Nachlass zugunsten des Heimat- oder Wohnsitzrechts des Erblassers (entweder im Zeitpunkt der Rechtswahl oder im Zeitpunkt seines Todes) getroffen werden, oder aber zugunsten der *lex rei sitae* hinsichtlich seines unbeweglichen Vermögens (Art. 3098 Abs. 2 CCQ). Allerdings wird so eine Rechtswahl gem. Art. 3099

---

hierzu ablehnenden und kritischen Literatur ist in Dörner, Heinrich. (2007, Seite 278) abgedruckt.

231 Im Grunde muss sogar festgestellt werden, dass die Rechtswahl des Art. 25 Abs. 2 EGBGB n.F. für *deutsche Erblasser* ganz ohne Interesse war, da auf ihre gesamte Rechtsnachfolge sowieso deutsches Recht gem. Art. 25 Abs. 1 EGBGB n.F. Anwendung fand. So auch Basedow, Jürgen. (1986, Seite 2977).

232 Zur Nachlassspaltung siehe Dörner, Heinrich. (2007, Seite 11), Firsching, Karl. (2019, Band II, Deutschland Grdz. Seite 43), Tiedemann, Andrea. (1993, Seite 21), Käferböck, Thomas. (2008, Seite 289 und 295–296), Prüß, Thomas. (2001, Seite 73) und Fontanellas Morell, Josep M. (2010, Seite 214–215), der es überraschend fand, dass ausgerechnet Deutschland mit der Zulassung dieser Teilrechtswahl sein traditionelles Prinzip der Nachlasseinheit durchbrach.

233 Zu den Quellen zum Erbkollisionsrecht in Québec siehe bereits die Fußnoten 150–152 der Dissertation.

Abs. 1 CCQ unwirksam, wenn dadurch die dem Ehegatten oder den Kindern zustehenden gesetzlichen Rechte weitgehend entzogen werden oder aber wenn nach Art. 3099 Abs. 2 CCQ die Anwendung besonderer erbrechtlicher Vorschriften für bestimmte Güter, die vom Belegenheitsrecht aufgrund ihrer wirtschaftlichen, familiären oder sozialen Zweckbestimmungen aufgestellt werden, beeinträchtigt wird.[234]

In **Südkorea** ist durch das Gesetz Nr. 6465 über das Internationale Privatrecht der Republik Korea (Guk Je Sa Beop) vom 07.04.2001 ebenfalls eine erbrechtliche *professio iuris* zugunsten des Rechts des Belegenheitsortes für unbewegliches Vermögen eingeführt worden.[235] Die objektive Anknüpfung erfolgt in Südkorea gem. § 49 Abs. 1 des obengenannten Gesetzes an das Heimatrecht des Erblassers im Zeitpunkt seines Todes. Dem italienischen Modell zufolge wird in § 49 Abs. 2 Satz 1 des südkoreanischen IPRG eine Rechtswahl zugunsten des gewöhnlichen Aufenthalts des Erblassers erlaubt, vorausgesetzt der Erblasser behält diesen bis zu seinem Tode bei. Noch relevanter ist an dieser Stelle jedoch die in § 49 Abs. 2 Satz 2 vorgesehene Rechtswahlmöglichkeit zugunsten des Legeortrechts für das unbewegliche Vermögen. Anders als in Québec sind im südkoreanischen IPRG keine Unwirksamkeitsgründe in Bezug auf die Rechtswahl der *lex rei sitae* bestimmt.

5 Andere Rechtswahlmöglichkeiten

Zum Schluss sind noch die Rechtswahlmöglichkeiten Moldawiens und Dänemarks im europäischen Erbkollisionsrecht einzuordnen. Alsdann wird die in einigen US-Staaten zugelassene *professio iuris* zugunsten der *lex fori* für lokales Vermögen untersucht.

a) Moldawien

Die Republik Moldawien folgt dem alten rumänischen Modell der freien Rechtswahl, solange die zwingenden Bestimmungen des objektiv anwendbaren Erbstatuts nicht beseitigt werden. Die erbrechtlichen Kollisionsnormen befinden sich in Moldawien im fünften Buch des Gesetzes Nr. 1107-XV vom 06.06.2002 (Codul Civil al Republicii Moldova – Zivilgesetzbuch der Republik Moldawien).[236] Davor

234 Ein gutes Beispiel (deutscher Erblasser mit Wohnsitz in Québec und Immobilien in Florida) ist in Glenn, Patrick. (1996, Seite 241) dargestellt.

235 Die Quellen zum südkoreanischen Erbkollisionsrecht sind bereits in Fußnote 168–169 der Dissertation abgedruckt.

236 Für eine deutsche Übersetzung der erbrechtlichen Kollisionsnormen der Republik Moldawien siehe Dörner, Heinrich. (2007, Seite 558–559). Eine vollständige

war Art. 601 des moldawischen Zivilgesetzbuches vom 26.12.1964 maßgeblich, der seinerseits die Regeln des Art. 127 der Grundlagen der Zivilgesetzgebung der UdSSR und der Unionsrepubliken vom 08.12.1961 übernommen hatte. So wurde für den beweglichen Nachlass an den letzten Wohnsitz des Erblassers und für den unbeweglichen an den Belegenheitsort angeknüpft. Eine Rechtswahl war nicht erlaubt.[237]

Mit Inkrafttreten des moldawischen Zivilgesetzbuches 2002 veränderte sich die Lage. Demnach erfolgt die objektive Anknüpfung in Art. 1622 mold. ZGB, wie in Art. 66 altes rumän. IPRG, für bewegliche Sachen an das Heimatrecht des Erblassers im Zeitpunkt seines Todes (also nicht mehr an seinen letzten Wohnsitz) und für unbewegliche Sachen an die *lex rei sitae*; wobei die Qualifikation als beweglich oder unbeweglich gem. Art. 1601 Abs. 2 mold. ZGB vom Belegenheitsrecht entschieden wird und alle Verweisungen auf das ausländische Recht als Sachnormverweisungen zu verstehen sind (Art. 1583 mold. ZGB).[238]

Neu war die nach dem Modell des Art. 68 Abs. 1 altes rumän. IPRG[239] in Art. 1623 Abs. 1 mold. ZGB zugelassene „freie" Rechtswahl zugunsten eines anderen Rechts als das der *lex patriae* und der *lex situs*. Auch wenn diese *professio iuris* auf den ersten Blick aufgrund ihrer nicht Einschränkung auf bestimmte Anknüpfungspunkte sehr liberal erscheint (im Grunde kann jede beliebige Rechtsordnung der Welt gewählt werden), kommt ihr nur eine geringe praktische

Übersetzung ins Deutsche des fünften Buches über das internationale Privatrecht des moldawischen Zivilgesetzbuches ist unter folgender Webseite abrufbar: http://www.uni-kiel.de/leobalt/Datenbank/Moldau/Gesetze%20ua/ZGB%20(IPR)%202002%20dt.htm (zuletzt geprüft am 29.12.2018). Auf Moldawisch siehe Buruiană, Mihail. Efrim, Oleg. Eşanu, Nicolae. (2006, Cartea a cincea Dreptul Internaţional Privat, Seite 1233–1355) oder: http://lex.justice.md/md/325085/ (zuletzt geprüft am 29.12.2018).

237 Zum alten moldawischen Erbkollisionsrecht siehe Weishaupt, Axel. (2019, Band V, Moldau Grdz. Seite 3–4).

238 Im Verhältnis zu Deutschland hat der Konsularvertrag zwischen der Bundesrepublik Deutschland und der Union der Sozialistischen Sowjetrepubliken vom 25. April 1958 Vorrang, siehe hierzu bereits Fußnote 202. Zur objektiven Anknüpfung in Art. 1622 mold. ZGB siehe insbesondere Süß, Rembert. (2015, Seite 893), aber auch Heinig, Jens. (2014, Heft 6, Seite 295–296), Fetsch, Johannes. (2006, Seite 105), Dörner, Heinrich. (2007, Seite 559) und auf Moldawisch Buruiană, Mihail. Efrim, Oleg. Eşanu, Nicolae. (2006, Capitolul VI Raporturile de succesiune cu element de extraneitate, Seite 1350–1352).

239 Siehe hierzu bereits Seite 77 und Fußnote 171 der Dissertation unter C.II.3.a) Rumänien.

Bedeutung zu. Denn die zwingenden Vorschriften des objektiv anwendbaren Erbstatuts müssen trotz Rechtswahl unberührt bleiben. Nur die dispositiven Bestimmungen des Erbstatuts dürfen dementsprechend ersetzt werden. Generell kann also kaum von einer kollisionsrechtlichen *optio iuris* sondern lediglich von einer materiellrechtlichen Gestaltungsmöglichkeit die Rede sein.[240]

Zur Verdeutlichung folgt anschließend noch ein Beispiel hinsichtlich des *aus Sicht der Republik Moldawiens* auf einen deutsch-moldawischen Erbfall anwendbaren Rechts.[241] So wäre objektiv gem. Art. 28 Abs. 3 des deutsch-sowjetischen Konsularvertrags aus dem Jahr 1958 i.Z.m. Art. 1622 mold. ZGB auf den Erbfall eines deutschen Erblassers mit letztem Wohnsitz in Kischinau und Immobilien in Moldawien und in Deutschland zum einen deutsches Recht als Recht der Staatsangehörigkeit des Erblassers im Zeitpunkt seines Todes für die beweglichen Sachen und als *lex rei sitae* für die in Deutschland belegenen unbeweglichen Sachen anwendbar. Zum anderen wäre moldawisches Recht für die in Moldawien belegenen Grundstücke maßgeblich, wodurch es in diesem Fall zu einer Nachlassspaltung käme. Dabei könnte der Erblasser auch von der in Art. 1623 Abs. 1 mold. ZGB enthaltenen Rechtswahlmöglichkeit Gebrauch machen und beispielsweise französisches Recht – oder irgendein anderes Erbstatut das keine objektive Beziehung zu dem Fall hat – für anwendbar erklären, solange die zwingenden Bestimmungen des deutschen und des moldawischen Rechts nicht beseitigt werden. Allerdings ist von so einer *professio iuris*, wie sie in den moldawischen Erbkollisionsnormen vorgesehen ist, stark abzuraten, da sie einen großen Rechtsunsicherheitsfaktor darstellt.

b) Dänemark

Als letzte europäische Rechtsordnung, die in einem sehr beschränkten Umfang eine Rechtswahl im Bereich des internationalen Erbrechts zulässt, ist Dänemark zu nennen. Wobei schon gleich am Anfang betont werden muss, dass diese durch die dänische Rechtsprechung anerkannte Rechtswahl lediglich *den Erben* zusteht

---

240 Zur subjektiven Anknüpfung in Art. 1623 Abs. 1 mold. ZGB siehe Süß, Rembert. (2015, Seite 893), Heinig, Jens. (2014, Heft 6, Seite 296), Fetsch, Johannes. (2006, Seite 105), Dörner, Heinrich. (2007, Seite 559) und auf Moldawisch Buruiană, Mihail. Efrim, Oleg. Eşanu, Nicolae. (2006, Capitolul VI Raporturile de succesiune cu element de extraneitate, Seite 1352–1353).

241 Zum im vierten Buch des Codul Civil al Republicii Moldova 2002 geregelten materiellen Erbrechts (Art. 1432–1575) siehe Süß, Rembert. (2015, Seite 894–895) und auf Moldawisch Buruiană, Mihail. Efrim, Oleg. Eşanu, Nicolae. (2006, Cartea a patra, Dreptul Succesoral, Seite 1115–1229).

und dadurch nicht als erbrechtliche *professio iuris* im eigentlichen Sinne eingestuft werden kann. Bei letztere handelt es sich schließlich, um eine *dem Erblasser* eingeräumte Befugnis.[242] Dennoch ist auch die den Erben ermöglichte Wahl des auf die Nachlassabwicklung anwendbaren Rechts im Rahmen dieser Untersuchung und zur Vervollständigung des Bildes der in Europa vor Inkrafttreten der europäischen Erbrechtsverordnung zugelassenen Parteiautonomie bedeutsam.

Als Erstes ist daran zu erinnern, dass das dänische internationale Erbrecht nicht kodifiziert ist und auf Gewohnheitsrecht und Rechtsprechung basiert. So wird objektiv an das Recht des Domizils des Erblassers im Zeitpunkt seines Todes angeknüpft. Nach dänischer Auffassung ist unter Domizil sowohl der letzte feste und dauerhafte Wohnsitz als auch der Ort, an dem eine Person ihren Bleibewillen hat, zu verstehen. Somit setzt sich dieser Begriff aus einem objektiven und aus einem subjektiven Element zusammen. Ein Doppeldomizil ist ausgeschlossen. Hat der Erblasser neben seinem ausländischen auch einen dänischen Wohnsitz, so gilt nur der letzte. Bei mehreren ausländischen Domizilen wird hingegen das Erbstatut des Wohnsitzstaates, dessen Angehöriger der Erblasser ist, angewendet. Als Ausnahme knüpft die dänische Rechtsprechung an die *lex rei sitae*, wenn das Belegenheitsrecht der unbeweglichen Güter besondere Bestimmungen enthält. Eine Rückverweisung wird generell nicht anerkannt.[243]

Wie bereits erwähnt, hat die dänische Rechtspraxis allein zugunsten der Erben anerkannt, dass diese dänisches Recht für die Auseinandersetzung des Nachlasses wählen können, wenn der Verstorbene ein fremdes Domizil hatte. So eine Vereinbarung konnte aber nur dann getroffen werden, wenn sie vom Erblasser nicht testamentarisch verboten wurde. Eine ähnliche Rechtswahlmöglichkeit ist

---

242 Siehe hierzu bereits Seite 28–30 der Dissertation unter Abschnitt *A. Definition des Instruments der Rechtswahl.*

243 Siehe Flick, Hans. Piltz, Detlev J. (2008, Seite 160–161), Ring, Gerhard. Olsen-Ring, Line. (2015, Seite 346), Kroll-Ludwigs, Kathrin. (2013, Seite 133), Fetsch, Johannes. (2006, Seite 95), Dörner, Heinrich. (2007, Seite 480), Thorbek, Jytte. Steiniger, Wolfgang. (2019, Band II, Dänemark Grdz. Seite 6–8), die Rechtsvergleichende Studie der erbrechtlichen Regelungen des Internationalen Verfahrensrechtes und Internationalen Privatrechts der Mitgliedstaaten der Europäischen Union des Deutschen Notarinstituts in Zusammenarbeit mit Prof. Dr. Heinrich Dörner und Prof. Dr. Paul Lagarde von 2002. (III. Rechtswahl, Seite 233–234), abrufbar unter der in Fußnote 18 zitierten Webseite, sowie Stefan Reinel in Report Conflits Danemark, (3. Teil Internationales Privatrecht, auf Seite 200–201), abrufbar unter der in Fußnote 17 zitierten Webseite. Auf Dänisch siehe Svenné Schmidt, Torben. (1990, Seite 131–132) und Philip, Allan. (1971, mit einer Aufzählung der Rechtsprechung zugunsten des *sidste domicillov* auf Seite 260).

in Art. 46 Abs. 3 des italienischen IPRG von 1995 vorgesehen, wie weiter oben unter Abschnitt *C.II.2. Rechtswahl zugunsten des Rechts des gewöhnlichen Aufenthalts des Erblassers* erörtert.[244]

Im Verhältnis zu Norwegen, Schweden, Finnland und Island ist das nordische Abkommen über Erbschaft und Nachlassteilung vom 19. November 1934 stets vorrangig zu behandeln. Die *Nordisk Dødsbokonvention* folgt in ihrem Art. 1 ebenfalls dem Domizilprinzip, vorausgesetzt der Erblasser hatte seinen Wohnsitz seit mindestens fünf Jahren in diesem Staat begründet. Anderenfalls können die Erben, innerhalb von sechs Monaten nach Eintritt des Erbfalls, beantragen dass das Heimatrecht des Erblassers maßgeblich sein soll.[245]

Zum Schluss folgen noch ein paar kurze Beispiele in Bezug auf einen deutsch-dänischen und auf einen schwedisch-dänischen Erbfall.[246] So wäre *aus Sicht Dänemarks* auf den Erbfall eines deutschen Staatsbürgers mit Wohnsitz in Aarhus dänisches Recht anwendbar. Und bei einem dänischen Staatsangehörigen mit letztem Domizil in Flensburg müsste nach der *retspraksis* konsequenterweise deutsches Erbrecht angewendet werden. In keinem dieser Fälle hätte der Erblasser die Möglichkeit eine Rechtswahl, beispielsweise zugunsten seines Heimatrechts,

244 Zur *lovval* zugunsten der Erben im dänischen Erbkollisionsrecht siehe erneut Stefan Reinel in Report Conflits Danemark (3. Teil Internationales Privatrecht, auf Seite 201–202), abrufbar unter der in Fußnote 17 zitierten Webseite, siehe auch die Rechtsvergleichende Studie der erbrechtlichen Regelungen des Internationalen Verfahrensrechtes und Internationalen Privatrechts der Mitgliedstaaten der Europäischen Union des Deutschen Notarinstituts in Zusammenarbeit mit Prof. Dr. Heinrich Dörner und Prof. Dr. Paul Lagarde von 2002 (Seite 247 und 269), abrufbar unter der in Fußnote 18 zitierten Webseite, sowie Kroll-Ludwigs, Kathrin. (2013, Seite 136). Siehe insbesondere auf Dänisch Svenné Schmidt, Torben. (1990, Seite 132, mit zitierter Rechtsprechung in Fußnote 24) und Nielsen, Peter Arnt. (1997, Seite 439–440, Urteile in Fußnote 13).

245 Siehe hierzu bereits Seite 29 der Dissertation einschließlich Fußnote 13. Zur *5- års regel* auf Dänisch siehe Philip, Allan. (1971, Seite 270–271) und Nielsen, Peter Arnt. (1997, Seite 446 ff.). Siehe zudem Giesen, Reinhard. (2010, Seite 301–305), der darauf aufmerksam macht, dass viele norwegische Autoren die Ansicht vertreten, eine Rechtswahlmöglichkeit der Erben zugunsten der *lex patriae* des Erblassers sei im **norwegischen Recht** auch außerhalb des Anwendungsbereichs der Nordischen Nachlasskonvention *de lege lata* gestattet.

246 Zum materiellen dänischen Erbrecht siehe Ring, Gerhard. Olsen-Ring, Line. (2008, Seite 76–77 und 2015, Seite 347–371). Im Jahr 2008 gab es in Dänemark eine umfassende Neuregelung des Erbrechts. Kernpunkte der Reform waren die Stärkung der erbrechtlichen Stellung des Ehegatten und die Zulassung einer größeren Testierfreiheit des Erblassers.

zu treffen. Allerdings könnten die Erben im zweiten Fall (Däne mit Wohnsitz in Deutschland) vereinbaren, dass dänisches Recht auf die Nachlassabwicklung anwendbar sein soll, vorausgesetzt es liegt kein Verbot seitens des Erblassers im Testament vor.

Bei einem schwedisch-dänischen Erbfall wäre indessen das nordische Abkommen anzuwenden, das vor dem autonomen dänischen Erbkollisionsrecht Vorrang hat. So wäre bei einem dänischen Erblasser mit letztem Wohnsitz in Göteborg gem. Art. 1 der Konvention, die auch dem Domizilprinzip folgt, schwedisches Recht anwendbar. Und bei einem schwedischen Erblasser mit letztem Wohnsitz in Kopenhagen wäre demzufolge dänisches Recht maßgeblich. Doch hätte der Erblasser seinen Wohnsitz noch keine 5 Jahre im skandinavischen Nachbarland begründet, könnten die Erben (innerhalb von sechs Monaten nach dem Tod des Erblassers) sein Heimatrecht wählen.

An dieser Stelle ist noch kurz darauf hinzuweisen, dass das anglo-amerikanische Kollisionsrecht dem Erblasser weitgehend gestattet, das auf einen *testamentary trust* anwendbare Recht selbst zu bestimmen, i.e. dem *settlor* wird erlaubt, das *trust*-Statut zu wählen. Auch wenn es sich hierbei wieder einmal nicht um eine erbrechtliche Rechtswahl im eigentlichen Sinne handelt, ist diese vorgesehene Einflussmöglichkeit des Common Laws, insbesondere angesichts der starken Verbreitung des *trust* als Gestaltungsinstrument im anglo-amerikanischen Rechtskreis, sehr beachtenswert.[247] Außerdem lässt das Common Law zu, dass das *auf die Auslegung* einer testamentarischen Verfügung anwendbare Recht vom Erblasser bestimmt wird.[248]

c) Österreich (Entwurf)

Ganz flüchtig ist in diesem Zusammenhang ebenfalls anzusprechen, dass es in Österreich im Jahr 1971 zu einem Gesetzentwurf zur Neuregelung des internationalen Privat- und Prozessrechts kam. Genau wie in Art. 9 Abs. 2 des italienischen

---

247 Zur Rechtswahl bei Errichtung eines *testamentary trust* im anglo-amerikanischen Rechtskreis siehe Brandi, Tim. (1996, Seite 247–248, insbesondere Fußnote 36) sowie den Beitrag von Daumiller, Barbara von. (2003, Seite 7–8, mit weiteren Quellenangaben in Fußnote 25). Zu den *testamentary trusts* mit einer Unterscheidung zwischen England *(Recognition of Trust Act 1987)* und den restlichen Commonwealth Staaten siehe Odersky, Felix. (2001, Seite 64–65).

248 Siehe Collins, Lawrence in Dicey, Morris and Collins on the Conflict of Laws (2012, Rule 157, Seite 1432–1438), Hill, Jonathan. Ní Schúilleabháin, Máire. (2016, Seite 497 und 500–501), Brandi, Tim. (1996, Seite 247–248) und Vassilakakis, Evangelos. (2016, Seite 222).

codice civile von 1865 konnte der Erblasser aber nur das *auf die Wirksamkeit* letztwilliger Verfügungen anwendbare Recht frei bestimmen (§ 9 i.Z.m. § 29 des Entwurfes). Traf der Erblasser keine Wahl diesbezüglich, so war sein letztes Heimatrecht maßgeblich. Für das Erbstatut wurde in § 28 des Entwurfes an das letzte Personalstatut des Erblassers angeknüpft, eine Rechtswahl war hierfür nicht vorgesehen.[249]

d) Nichteuropäische Länder

Außerhalb Europas kann abschließend noch ein Blick auf die in **einigen US-Staaten** zugelassene *professio iuris* zugunsten der *lex fori* für lokales Vermögen geworfen werden.

Wie schon im Rahmen der historischen Perspektive erwähnt, gestattet § 3–5.1 (h) des Estates, Powers and Trusts Law (EPTL) des Staates **New York** vom 02.08.1966[250] (zuvor § 47 des New Yorker Decedent Estate Law vom 17.02.1909) einem nicht im Zeitpunkt seines Todes in New York domizilierten Erblasser die *lex fori*, i.e. New Yorker Recht, für sein in New York belegenes Mobiliarvermögen, als Erbstatut zu wählen.[251] Die sich im Forum befindenden Immobilien unterliegen aufgrund der objektiven Anknüpfung an die *lex rei sitae* bereits dem New Yorker Recht (§ 3–5.1 (b) (1) EPTL). Deshalb umfasst die *professio iuris* nur noch die beweglichen Sachen, die anderenfalls dem Recht des Domizils des Erblassers zufallen würden (§ 3–5.1 (b) (2) EPTL).[252]

---

249 Zum österreichischem Gesetzentwurf siehe Daumiller, Barbara von. (2003, Seite 31–32) und Schwind, Fritz. (1971, Seite 165, 171–172, 205–208 und 234–237).

250 Siehe bereits Fußnote 60 der Dissertation mit mehreren Quellenangaben zu § 3–5.1 (h) EPTL.

251 Siehe hierzu Basedow, Jürgen. (2015, Seite 265, Unterpunkt 422), der feststellt, dass solche Vorschriften eher im Interesse der lokalen Behörden verabschiedet werden und nicht unbedingt, um dem Erblasser eine bessere internationale Vermögensplanung zu ermöglichen. Ähnlich Brandi, Tim. (1996, Seite 251), der darauf hinweist, dass manche Autoren die Rechtswahl zugunsten der *lex fori* als Mittel sehen, um bewegliches Vermögen in den Forumstaat zu locken.

252 Zur Rechtswahl im Erbrecht ist außerdem New Yorker Fallrecht vorhanden, siehe Solomon, Dennis. Firsching, Karl. Heusler, Hans-Joachim. (2019, Band IX, USA Texte New York, Seite 3, Fußnote 19). Zur Reichweite der erbrechtlichen Parteiautonomie hat sich die Rechtsprechung ebenfalls geäußert, so in den Fällen *In re Estate of Clark* (amerikanischer Erblasser mit letztem Domizil in Virginia) sowie *In re Estate of Renard* (französisch-amerikanische Erblasserin mit letztem Domizil in Frankreich), die beide Wertpapiere in New York hatten. Siehe hierzu Brandi, Tim. (1996, Seite 257–262) und Hay, Peter. Borchers, Patrick J. Symeonides, Symeon C. (2010,

Eine entsprechende Regel ist auch in den Staaten von **Illinois** und **Florida** vorgesehen. Bei ersterem Staat in Section 755, 5/7–6 Illinois Compiled Statutes (ILCS) Ch.110 1/2, par. 7–6 aus dem Jahr 1975 (früher § 89 b des Probate Act of Illinois von 1939) und beim zweiten in Chapter 731.106 (2) der Florida Statutes von 2002.[253] Etwas liberaler, im Vergleich zu den bisherigen hier angesprochenen US-Staaten (New York, Illinois und Florida), gestaltet sich die *professio iuris* zugunsten der *lex fori* in **Connecticut**. Section 45a-287 der Connecticut General Statutes Annotated aus dem Jahr 1958 lässt nämlich nicht nur eine Rechtswahl zugunsten des Rechts von Connecticut für das in Connecticut belegene bewegliche Vermögen zu, sondern ermöglicht auch eine Rechtswahl zugunsten des außerhalb Connecticuts belegenen Vermögens. Allerdings sind die erbrechtlichen Ansprüche, die nach dem Recht des Domizils des Erblassers bezüglich der im Domizilstaat belegenen Vermögenswerte bestehen, von dieser *professio iuris* ausgenommen.[254]

Abgesehen von der in New York, Illinois, Florida und Connecticut anerkannten Rechtswahl zugunsten der *lex fori* für das (i.d.R. lediglich lokale) bewegliche Vermögen des Erblassers, sind im amerikanischen Recht nur noch vereinzelte Rechtswahlmöglichkeiten hinsichtlich der Auslegung testamentarischer Verfügungen zu finden. So beispielsweise § 264 Comment (e) Restatement Second on the Conflict of Laws, § 2–703 Uniform Probate Code[255] und Art. 3531 Louisiana

---

Seite 1310). Zum materiellen Erbrecht in New York siehe Solomon, Dennis. Firsching, Karl. Heusler, Hans-Joachim. (2019, Band IX, USA Texte New York, Seite 5–14).

253 Die Vorschriften sind unter folgenden Webseiten abrufbar: http://www.ilga.gov/legislation/ilcs/ilcs5.asp?ActID = 2104&ChapterID = 60 (Illinois) und http://www.leg.state.fl.us/statutes/index.cfm?App_mode = Display_Statute&Search_String =&URL = 0700-0799/0731/Sections/0731.106.html (Florida) (beide zuletzt geprüft am 29.12.2018). Zum materiellen Erbrecht in Illinois siehe Solomon, Dennis. Firsching, Karl. Heusler, Hans-Joachim. (2019, Band IX, USA Grdz. Illinois, Seite 2–5) und für das in Florida siehe Lundmark, Thomas. (2019, Band IX, USA Grdz. Florida, Seite 1–3).

254 Für Connecticut siehe: http://law.justia.com/codes/connecticut/2012/title-45a/chapter-802b/section-45a-287 (zuletzt geprüft am 29.12.2018). Zum materiellen Erbrecht in Connecticut siehe Solomon, Dennis. Firsching, Karl. Heusler, Hans-Joachim. (2019, Band IX, USA Texte Connecticut, Seite 1–6). Zu den Rechtswahlmöglichkeiten zugunsten der *lex fori* in den Vereinigten Staaten im Allgemeinen siehe Fontanellas Morell, Josep M. (2010, Seite 148–154) und Brandi, Tim. (1996, Seite 250–251).

255 Zu § 2–602 ursprüngliche Fassung Uniform Probate Code siehe bereits Seite 44 der Dissertation, einschließlich Fußnote 62.

Civil Code.[256] Auch wenn die in den vorgenannten Vorschriften enthaltenen Rechtswahlklauseln nicht auf bestimmte Rechtsordnungen eingeschränkt sind, ist ihre praktische Bedeutung aufgrund der begrenzten Reichweite, insbesondere auf internationaler Ebene, sehr geringfügig.

D Fazit. Die bisherige Rolle der Parteiautonomie im europäischen Erbkollisionsrecht

Nach dieser umfassenden Analyse des Auftretens der erbrechtlichen Rechtswahl aus historischer Sicht bis Anfang des 20. Jahrhunderts, ihrer Zulassung im Haager Abkommen von 1989 und ihres Durchsetzungsvermögens in bis zu 15 sehr unterschiedlichen europäischen Rechtsordnungen ab Ende der 1980er Jahre, können mehrere Schlussfolgerungen gezogen werden.

Zum einen kann festgehalten werden, dass **das Institut der Rechtswahl dem internationalen Erbrecht weder aus einer zeitlichen noch aus einer geographischen Perspektive fremd ist**. Bereits im alten Rom standen die Bewohner der Provinzen vor der kollisionsrechtlichen Frage, ob sie sich für das römische anstatt für das eigene heimische Erbrecht ihres Stammesverbandes entscheiden sollten. Und insbesondere im frühen Mittelalter kam es zu vielen Rechtsbekenntnissen oder *professiones iuris*, die durchaus als Rechtswahl zwischen den verschiedenen persönlichen Stammesrechten genutzt werden konnten. Dennoch ist die wissenschaftliche Entstehung der erbrechtlichen *professio iuris* erst auf Mitte des 19. Jahrhunderts zurückzuführen; zunächst in einigen südamerikanischen Zivilgesetzbüchern, im italienischen *codice civile* von 1865 und in der Schweiz, wo das Instrument der modernen Rechtswahl im interkantonalen Kontext erschien und durch Analogie von ausländischen Erblassern genutzt werden konnte. Anfang des 20. Jahrhunderts kamen auch in einigen Bundesstaaten der USA erste Rechtswahlmöglichkeiten zugunsten der *lex fori* zum Vorschein. Insbesondere ist jedoch die in den diversen autonomen Erbkollisionsrechten Europas ab Ende des 20. und Anfang des 21. Jahrhunderts zugelassene Parteiautonomie hervorzuheben. Wie bereits Barbara von Daumiller schön formuliert hat:

> *„Betrachtet man die Verbreitung der Rechtswahl im internationalen Erbrecht in zeitlicher und in geographischer Sicht, so kann von einem Phänomen, das nur vereinzelt auftritt,*

---

256 Siehe hierzu Basedow, Jürgen. (2015, Seite 265–266, Unterpunkt 423): „It follows that once a choice of the applicable law is permitted with regard to construction and interpretation, there is a strong case for allowing it also in respect of other substantive issues."

keine Rede sein. Den verschiedensten Rechtsordnungen war und ist die professio juris bekannt…"[257]

Um einen guten geographischen und zeitlichen Überblick der Rechtsordnungen, die eine Rechtswahl im Erbrecht zulassen oder schon einmal zugelassen haben, zu bekommen, siehe erneut die Europa- und Weltkarte im Anhang Nr. 1 und Nr. 2. Schon auf den ersten Blick fällt beim Betrachten der Weltkarte auf, dass sich die meisten Rechtsordnungen, die eine erbrechtliche Rechtswahl vor Inkrafttreten der EU-ErbVO vorsahen, in Europa befinden.

Außerhalb Europas sind auf dem afrikanischen Kontinent nur Burkina Faso und Benin zu nennen, im asiatischen Rechtskreis lediglich Südkorea, im Kaukasus und Zentralasien einige aus dem Zerfall der Sowjetunion entstandenen Staaten (Armenien, Aserbaidschan, Kasachstan, Kirgisistan, Tadschikistan und Usbekistan) und auf dem amerikanischen Kontinent Québec und vereinzelte US-Staaten (New York, Illinois, Florida und Connecticut). Von der lateinamerikanischen Strömung zugunsten der Parteiautonomie im 19. Jahrhundert ist nur noch der Vertrag über das internationale Privatrecht zwischen Kolumbien und Ecuador von 1903 übrig geblieben.

Die ersten europäischen Rechtsordnungen, die einen gewissen Grad an Parteiautonomie auf dem Gebiet des Erbrechts zuließen, waren Italien (1865) und die Schweiz (1891). Doch erst **ab Ende der 1980er Jahre** kann von **einer immer stärker werdenden Durchsetzung der erbrechtlichen Rechtswahl auf dem europäischen Kontinent** gesprochen werden. Während zunächst lediglich Deutschland (1986) und die Schweiz (1987) eine Rechtswahl im Erbrecht vorsahen, folgten ab den 1990er Jahren viele weitere Länder: Rumänien (1992), Estland (1994), Italien (1995), die Niederlande (1996), Liechtenstein (1997) und Weißrussland (1998). Vor allem aber ab Anfang des 21. Jahrhunderts hat sich die *professio iuris* in sehr vielen Erbkollisionsrechten in Europa verfestigt: in Finnland (2002), Estland (Erneuerung - 2002), Moldawien (2002), Belgien (2004), Bulgarien (2005), Ukraine (2005), Rumänien (Erneuerung - 2011) und vor Kurzem auch in Polen (2011) und in der Tschechischen Republik (2012).[258] Angesichts dieses Szenarios äußert sich Fontanellas Morell wie folgt:

„Das Eindringen der erbrechtlichen professio iuris im positiven Recht während der letzten zwei Jahrzenten ist größtenteils die Chronik eines Erfolges … niemand kann daran zweifeln,

257 Siehe Daumiller, Barbara von. (2003, Seite 37, Hervorhebungen hinzugefügt).

258 Weder die in Italien (Art. 46 Abs. 3 ital. IPRG) noch die von der dänischen Rechtsprechung hinsichtlich der Nachlassabwicklung anerkannten Rechtswahl der *Erben* ist als erbrechtliche *professio iuris* einzuordnen. Von letzterer kann nur gesprochen werden, wenn dem *Erblasser* die Befugnis zusteht ein anderes als das objektiv anwendbare

dass die schrittweise Einführung der Rechtswahl in vielen IPR-Kodifikationen, mit aller Wahrscheinlichkeit, ein unaufhaltsames Ereignis ist, bei dem nur noch – und dies ist nicht gerade wenig – die Bedingungen, in denen die Rechtswahl zustande kommt, zu diskutieren sind (wählbare Rechte, Zeitpunkt der Beurteilung der persönlichen Anknüpfungspunkte, Formbedingungen der Rechtswahl, Erwägung hinsichtlich der Einführung oder nicht Einführung materieller Einschränkungen)."[259]

Auch nach meinem Ermessen kann **die Etablierung einer erbrechtlichen Rechtswahl in bis zu 15 ausdifferenzierten europäischen Kollisionsnormen** durchaus als **ein Erfolg** bezeichnet werden. Teil dieses Erfolges ist sicherlich dem Haager Abkommen über das auf die Rechtsnachfolge von Todes wegen anzuwendende Recht vom 1. August 1989 zuzuschreiben. Obwohl das Übereinkommen nur von den Niederlanden ratifiziert wurde, haben sich über ein Drittel der Rechtsordnungen, die eine *professio iuris* im europäischen Raum erlaubten, an seinem Modell orientiert (die Niederlanden, Belgien, Finnland, Liechtenstein, Polen, Tschechien und einigen Autoren[260] nach zu urteilen auch Italien). In diesem Sinne hat das **Haager Abkommen** eine nicht zu unterschätzende Rolle gespielt und kann als **wirklicher Auslöser für die Verbreitung der erbrechtlichen Rechtswahl in Europa** betrachtet werden.

Vor dem Hintergrund der Tatsache, dass es sich bei der Einführung der *professio iuris* im europäischen Erbrecht um ein *„unaufhaltsames Ereignis"* handelt, kann zudem festgestellt werden, dass wohl auch ohne Verabschiedung einer EU-Erbrechtsverordnung, immer mehr Rechtsordnungen dieser Tendenz gefolgt wären und bei der Neukodifizierung ihres IPRs, so wie zuletzt Polen (2011) und

---

Erbstatut zu wählen. Von so einer den *Erben* anerkannten Rechtswahl rät beispielsweise das Deutsche Notarinstitut in Zusammenarbeit mit Prof. Dr. Heinrich Dörner und Prof. Dr. Paul Lagarde ab, siehe Rechtsvergleichende Studie der erbrechtlichen Regelungen des Internationalen Verfahrensrechtes und Internationalen Privatrechts der Mitgliedstaaten der Europäischen Union 2002, (III. Rechtswahl, Seite 269), abrufbar unter der in Fußnote 18 zitierten Webseite.

259 Siehe Fontanellas Morell, Josep M. (2010, Seite 171–173): „… la penetración de la professio iuris sucesoria en el derecho positivo de los dos últimos decenios es, en buena parte, la crónica de un éxito… nadie puede tener dudas de que la progresiva introducción de la opción de ley en muchas codificaciones de DIPr es, con toda probabilidad, un hecho imparable, del que lo único que hay que debatir – y no es poca cosa – son los términos (leyes opcionables, momento de apreciación de las conexiones de tipo personal, condiciones de forma de la designación, restricciones materiales a tomar – o no – en cuenta) en los que la misma va a producirse." (Übersetzung vom Spanischen ins Deutsche von der Verfasserin).

260 Siehe Fußnote 154 unter Abschnitt *C.II.2.a)* der Dissertation.

die Tschechische Republik (2012), eine Rechtswahl im Erbrecht aufgenommen hätten.

Zum Schluss ist noch äußerst wichtig hervorzuheben, dass der erbrechtlichen Parteiautonomie in den oben analysierten europäischen Rechtsordnungen **ein sehr unterschiedlicher Spielraum** eingeräumt wurde. Die liberalste *professio iuris* konnte zweifellos im finnischen Erbkollisionsrecht gefunden werden. Kapitel 26 § 6 Abs. 2 Perintökaari ermöglichte dem Erblasser nicht nur eine (wie im Haager Abkommen von 1989 enthaltene) Rechtswahl zugunsten seines Heimat- oder Wohnsitzrechts im Zeitpunkt der Rechtswahl oder im Zeitpunkt seines Todes, sondern gewährte ihm auch eine *optio iuris* zugunsten des Rechts eines früheren Wohnsitzes oder zugunsten seines Ehegüterstatuts. Dadurch stellte sich die Palette an wählbaren Rechten in Finnland als die breiteste von allen hier untersuchten Rechtsordnungen heraus.

Währenddessen konnte in Belgien (Art. 79 Abs. 1 Satz 3 belg. IPRG), Italien (Art. 46 Abs. 2 Satz 3 ital. IPRG) und Bulgarien (Art. 89 Abs. 5 bulg. IPRG) von keiner „wahren" erbrechtlichen Rechtswahl die Rede sein. Aufgrund der in diesen Vorschriften vorgesehenen Pflichtteilsvorbehalte erstreckte sich die vom Erblasser getroffene Rechtswahl lediglich auf den frei verfügbaren Teil seines Nachlasses[261]. Auch in Moldawien (Art. 1623 Abs. 1 mold. ZGB) und früher Rumänien (Art. 68 Abs. 1 altes rumän. IPRG) trat die *professio iuris* – trotz eines nicht auf bestimmte Rechtsordnungen eingeschränkten Katalogs an wählbaren Rechten – sehr restriktiv auf, da die zwingenden Vorschriften des objektiv anwendbaren Erbstatuts nicht berührt werden durften.

Des Weiteren ist auf diejenigen Rechtsordnungen aufmerksam zu machen, deren Rechtswahl unter einer doppelten zeitlichen Anknüpfung litt: Italien (Art. 46 Abs. 2 ital. IPRG), Estland (§ 25 Abs. 2 estn. IPRG), Schweiz (Art. 90 Abs. 2 schweiz. IPRG), Ukraine (Art. 70 Satz 2 ukr. IPRG) und außerhalb Europas Südkorea (§ 49 Abs. 2 Satz 1 südkoreanisches IPRG). Nach diesen

261 Siehe hierzu Dutta, Anatol. (2009, RabelsZ 73, Seite 574 und 581), der den durch die obengenannten Vorschriften Belgiens, Italiens und Bulgariens erschaffenen Schutz naher Angehöriger aufgrund seiner Unvollständigkeit kritisiert. Solange sich der Pflichtteilsvorbehalt nicht konsequenterweise auch auf die objektive Anknüpfung erstreckt, kann nicht von einem effektiven Schutz gesprochen werden. Denn der Erblasser kann ja auch eine indirekte Rechtswahl durch Veränderung seines gewöhnlichen Aufenthalts oder seiner Staatsangehörigkeit erreichen. Siehe auch Kroll-Ludwigs, Kathrin. (2013, Seite 506–507), die darauf hinweist, dass „der Schutz zwingender Angehörigenrechte im belgischen und italienischen Kollisionsrecht nur um den Preis einer erheblichen Beschränkung der Parteiautonomie ermöglicht wird."

Erbkollisionsnormen war die getroffene Rechtswahl später nur dann wirksam, wenn der Erblasser auch im Zeitpunkt seines Todes weiterhin den Anknüpfungspunkt des gewählten Rechts besaß.[262]

Sehr eingeschränkt gestaltete sich ferner die Rechtswahl in den Rechtsordnungen, die lediglich eine Rechtswahl für einen Teil des Nachlasses zuließen. So das deutsche IPR, welches in Art. 25 Abs. 2 EGBGB nur eine *optio iuris* für im Inland belegenes *unbewegliches Vermögen* zugunsten des deutschen Rechts vorsah, oder die in der Ukraine (Art. 70 Satz 1 Halbsatz 2 ukr. IPRG) und in Weißrussland (Art. 1133 ZGB RB) allein für den *beweglichen Nachlass* zugelassene Rechtswahl zugunsten des Heimatrechts des Erblassers. Außerhalb Europas folgten auch Armenien, Aserbaidschan, Kasachstan, Kirgisistan, Tadschikistan und Usbekistan letzterem Modell.

Aus der Untersuchung des ersten Teils der Arbeit kann das Fazit gezogen werden, dass die *professio iuris* zwar im europäischen Erbrecht Fuß gefasst hat, der Erblasser aber bis jetzt nur auf sehr beschränkter Weise von diesem Instrument Gebrauch machen konnte. Sei es weil ihm nur ein sehr schmales Spektrum an (entweder mit ihm oder mit seinem Nachlass eng verbundenen) wählbaren Rechten zur Verfügung stand – selbst Finnland als liberalstes Erbkollisionsrecht war von einer freien Rechtswahl weit entfernt –, sich die Rechtswahl nur auf einen Teil des Nachlasses erstrecken durfte oder diese nur unter materiellen Einschränkungen zugelassen wurde (nicht Berührung der nach dem objektiv anwendbaren Recht festgelegten Pflichtteilsvorbehalte oder zwingenden Vorschriften).

Die Ursache für diese bislang sehr **zurückhaltende Zulassung** der erbrechtlichen Rechtswahl in den autonomen IPR-Vorschriften der europäischen Länder ist wohl hauptsächlich auf die Angst, der Erblasser könnte dieses Gestaltungsinstrument als **Umgehung der Pflichtteilsrechte** nutzen, zurückzuführen.[263] Um dem nachzugehen, wird der Konflikt zwischen der Testierfreiheit und dem Pflichtteilsrecht ausführlich im dritten Kapitel dieser Arbeit (unter Gliederungspunkt *C.I. Entgegenstehende Interessen der Familienmitglieder und des Ehegatten*) materiellrechtlich behandelt.

---

262 Diese Ländergruppe wurde von Fontanellas Morell, Josep M. (2010, Seite 177) als die dem „*modelo cumulativo*" folgende bezeichnet.

263 Siehe auch in diesem Sinne beispielsweise Andrea Bonomi in Anderson, Miriam. Arroyo i Amayuelas, Esther. (2011, Seite 32): „The main objection against the admission of the choice of law in the field of succession has traditionally been the need to protect the expectations of family members. This is the main reason why the choice is presently still excluded in many countries. Even in some of the private international systems in which the freedom of choice has been admitted, it is subject to significant restrictions."

Zweites Kapitel: Die Rechtswahl in der europäischen Erbrechtsverordnung und ihre Schranken *de lege lata*

Abstract: The main goal of the second chapter is to highlight that the allowed choice of law in Article 22 of the Succession Regulation is quite limited. Nevertheless, it is to be welcomed as a step in the right direction that the testator has the possibility to choose as the law applicable to his succession as a whole the law of his nationality at the time of making the choice or at the time of death. Otherwise the law of his habitual residence, which is the general rule under Article 21 of the Regulation, would apply.

A Die neue Erbrechtsverordnung im Rahmen der Vereinheitlichung des Kollisionsrechts in Europa

Am 16.08.2012 ist die sich schon seit vielen Jahren in Vorbereitung befindende europäische Erbrechtsverordnung[264] in Kraft getreten.[265] Von einigen wird sie auch als Rom IV-VO bezeichnet und zeitlich ist sie auf Erbfälle, die sich ab dem 17.08.2015 ereignen, anwendbar. Räumlich gilt die Verordnung in allen Mitgliedstaaten der EU unter Ausschluss von Dänemark, Irland und dem Vereinigten Königreich.[266] Gemäß Art. 20 der EU-ErbVO ist die Verordnung als *Loi uniforme* anzusehen, d.h., sie ist universell anzuwenden. Ihre Kollisionsvorschriften gelten auch dann, wenn auf das Erbrecht eines Drittstaates verwiesen wird. Als Drittstaaten werden auch die oben erwähnten ausgeschlossenen Mitgliedstaaten

---

264 Verordnung (EU) Nr. 650/2012 über die Zuständigkeit, das anzuwendende Recht, die Anerkennung und Vollstreckung von Entscheidungen und die Annahme und Vollstreckung öffentlicher Urkunden in Erbsachen sowie zur Einführung eines Europäischen Nachlasszeugnisses.

265 Auch wenn das Grünbuch über Erb- und Testamentsrecht schon im Jahr 2005 erschien, wurde der Kommissionsvorschlag für eine Erbrechtsverordnung erst am 14.10.2009 vorgelegt. Am 13.03.2012 wurde der Vorschlag vom Europäischen Parlament angenommen und der Beschluss des Rates erfolgte am 07.06.2012. Siehe zu den Vorarbeiten zur Erbrechtsverordnung beispielsweise Susanne Frodl und Friedrich Kieweler in Rechberger, Walter H. Zöchling-Jud, Brigitta. (2015, Seite 7–11).

266 Siehe Art. 1 und 2 des Protokolls Nr. 21 und des Protokolls Nr. 22 zum EUV und AEUV, sowie die Erwägungsgründe 82 und 83 EU-ErbVO.

angesehen. Auf den sachlichen Anwendungsbereich der Verordnung wird in diesem Kapitel unter *F.I. Die Reichweite des Erbstatuts und seine Abgrenzung zu anderen Statuten* eingegangen.

Eins steht fest, die Erbrechtsverordnung soll nicht zur Vereinheitlichung des materiellen Erbrechts in Europa,[267] sondern zur Harmonisierung des internationalen Privat- und Zivilverfahrensrechts beitragen. Da sich die Erbrechtsverordnung mit beiden Bereichen (Zuständigkeit und anwendbares Recht) auseinandersetzt, handelt es sich um eine sogenannte „all inclusive-“ oder „Paket-Verordnung“. Kathrin Kroll-Ludwigs formuliert präzise:

> *„Anders als harmonisiertes Privatrecht, ermöglichen einheitliche Kollisionsnormen gerade einen Wettbewerb der mitgliedstaatlichen Rechtsordnungen und tragen mithin zur Förderung der Freizügigkeit in einem europäischen Rechtsraum bei.“*[268]

Vor Anwendung der europäischen Erbrechtsverordnung waren die autonomen IPR- und IZVR-Regelungen der Mitgliedstaaten für grenzüberschreitende Erbfälle sehr zersplittert; durch die neue Erbrechtsverordnung soll diese Situation verbessert werden. Wichtig ist, die Erbrechtsverordnung im Rahmen der Vereinheitlichung des europäischen Kollisionsrechts zu betrachten. Seit Anfang des 21. Jahrhunderts hat der europäische Gesetzgeber mehrere Verordnungen erlassen, dessen Ziel die Harmonisierung des internationalen Privat- und

---

267 Aufgrund der sehr unterschiedlichen kulturellen Hintergründe in den einzelnen Mitgliedstaaten würde sich eine materielle Vereinheitlichung auch als sehr utopisch erweisen. Siehe hierzu den Artikel „Aktuelle Entwicklungen und Probleme des europäischen Internationalen Zivilverfahrensrechts“ von Schack, Haimo (2009, Seite 117, auch online abrufbar unter: http://www.ritsumei.ac.jp/acd/cg/law/lex/rlr26/haimo%20schack-1.pdf, zuletzt geprüft am 29.12.2018). Außerdem würde dem europäischen Gesetzgeber dafür auch die Kompetenz fehlen, siehe Nick, Christian. (2008, Seite 306). Nicht so unwahrscheinlich sieht beispielsweise Oppermann, Karl Felix. (2016, Seite 9 und Fußnote 47) einer Vereinheitlichung des Sachrechts im Verlauf des 21. Jahrhunderts entgegen. Siehe auch den Beitrag von Verbeke, Alain. Leleu, Yves-Henri. (2011, „Harmonisation of the Law of Succession in Europe“ in dem Werk „Towards a European Civil Code“, Seite 459–479), auf Seite 478–479: „The emergence of some common principles in the field of succession law shows that there might be a solid basis for the unification **of some parts** of the law of succession.“ (Hervorhebungen hinzugefügt) und Dethloff, Nina. (2007, Seite 1000): „Schwierigkeiten, die erheblich divergierendes Familien- und Erbrecht in grenzüberschreitenden Fällen bereitet, lassen sich nur durch eine Vereinheitlichung auch im Bereich des materiellen Rechts überwinden.“

268 Siehe Kroll-Ludwigs, Kathrin. (2013, Seite 31).

Zivilverfahrensrechts ist. Im Bereich des Schuldrechts die Rom I-VO (2008)[269] für vertragliche Schuldverhältnisse und die Rom II-VO (2007) für außervertragliche Schuldverhältnisse. Auf dem Gebiet des Familienrechts kann die Rom III-VO (2010) für Ehescheidungen und die Unterhaltsverordnung (2008) genannt werden.[270] Neu sind die am 24. Juni 2016 in Kraft getretenen Verordnungen im Bereich des Ehegüterrechts und des Güterrechts eingetragener Partnerschaften.[271] Was das internationale Zivilverfahrensrecht betrifft, so ist einerseits die Brüssel Ia-VO in Zivil- und Handelssachen[272] und andererseits die Brüssel IIa-VO in Ehesachen und in Verfahren über die elterliche Verantwortung[273] hervorzuheben.[274]

Die Parteiautonomie nimmt auch in den obengenannten Verordnungen eine wichtige Rolle ein. Andrea Bonomi schreibt:

> „*L'autonomie de la volonté constitue l'un des piliers du droit international privé européen en formation. Le choix de la loi applicable est en effet prévu dans la plupart des règlements adoptés ou proposés en matière de conflit de lois par les institutions de l'Union européenne au cours des dernières années.*"[275]

---

269 Vorgänger der Rom I-VO war das Übereinkommen über das auf vertragliche Schuldverhältnisse anzuwendende Recht vom 19. Juni 1980 (EVÜ).

270 In der Literatur wird zudem der Gedanke an eine Rom 0-Verordnung als Allgemeiner Teil des europäischen IPR geäußert. Siehe beispielsweise Wilke, Felix M. (2012, GPR, Seite 334–341), Leible, Stefan. Unberath, Hannes. (2013, Brauchen wir eine Rom-0-Verordnung?) oder Rieländer, Frederick. (2017, Überlegungen zu einem Allgemeinen Teil des europäischen Kollisionsrechts, Seite 303–333).

271 Siehe Verordnung (EU) 2016/1103 des Rates vom 24. Juni 2016 zur Durchführung einer Verstärkten Zusammenarbeit im Bereich der Zuständigkeit, des anzuwendenden Rechts und der Anerkennung und Vollstreckung von Entscheidungen in Fragen des ehelichen Güterstands und Verordnung (EU) 2016/1104 des Rates vom 24. Juni 2016 zur Durchführung einer Verstärkten Zusammenarbeit im Bereich der Zuständigkeit, des anzuwendenden Rechts und der Anerkennung und Vollstreckung von Entscheidungen in Fragen güterrechtlicher Wirkungen eingetragener Partnerschaften.

272 Diese „Verordnung (EU) Nr. 1215/2012 über die gerichtliche Zuständigkeit und die Anerkennung und Vollstreckung von Entscheidungen in Zivil- und Handelssachen" ist die Neufassung der Verordnung (EG) Nr. 44/2001.

273 Verordnung (EG) Nr. 2201/2003 über die Zuständigkeit und die Anerkennung und Vollstreckung von Entscheidungen in Ehesachen und in Verfahren betreffend die elterliche Verantwortung und zur Aufhebung der Verordnung (EG) Nr. 1347/2000.

274 Dethloff, Nina. (2007, Seite 995–996) formuliert zutreffend, dass die Vergemeinschaftung des europäischen Verfahrens- und Kollisionsrechts „weit reichend und unaufhaltsam" ist.

275 Siehe Bonomi in Bonomi, Andrea. Wautelet, Patrick. (2016, Seite 356–357).

Über die größte Rechtswahlfreiheit verfügen die Parteien bisher im internationalen Schuldrecht, aufgrund der in Art. 3 Rom I-VO und in Art. 14 Rom II-VO zugelassenen freien Rechtswahl.[276] Aber auch außerhalb des Schuldrechts, wo das Prinzip der Parteiautonomie schon seit längerer Zeit fest verankert ist, wird die Rechtswahl jedes Mal zugänglicher und findet mehr Befürworter.[277] So sieht Art. 5 der Rom III-VO einen relativ breiten Katalog an wählbaren Ehescheidungsrechten für die Ehegatten vor. Gewählt werden kann das Recht des gewöhnlichen Aufenthalts beider Ehegatten zum Zeitpunkt der Rechtswahl, das Recht des letzten beiderseitigen gewöhnlichen Aufenthalts bei einseitigem Fortbestehen, das Recht der Staatsangehörigkeit eines der Ehegatten zum Zeitpunkt der Rechtswahl oder das Recht des Staates des angerufenen Gerichts.[278]

Ferner wird in Art. 15 der Unterhaltsverordnung festgelegt, dass sich das anwendbare Recht für diejenigen Mitgliedstaaten, die durch das *Haager Protokoll von 2007 über das auf Unterhaltspflichten anzuwendende Recht* gebunden sind, nach diesem Protokoll bestimmt. Artikel 8 Abs. 1 des Haager Protokolls von 2007 sieht auch mehrere wählbare Rechte vor: das Recht der Staatsangehörigkeit oder des gewöhnlichen Aufenthalts einer der Parteien im Zeitpunkt der Rechtswahl, das von den Parteien als das auf ihren Güterstand bestimmte anzuwendende Recht oder das tatsächlich darauf angewandte und letztlich das von den Parteien als das auf ihre Ehescheidung oder Trennung bestimmte anwendbare Recht, bzw. erneut das tatsächlich darauf angewandte. Eine Rechtswahl in

---

276 Zur freien Rechtswahl in der Rom I-VO siehe Stefan Leible in Hüßtege, Rainer. Mansel, Heinz-Peter. (2015, Seite 69–84), Martiny, Dieter. (2015, Seite 844 ff.) und in der Rom II-VO Martin Gebauer in Hüßtege, Rainer. Mansel, Heinz-Peter. (2015, Seite 495–508). Die Reichweite der Parteiautonomie im Recht der vertraglichen und außervertraglichen Schuldverhältnisse wird auch von Kroll-Ludwigs, Kathrin. (2013, Seite 48–99) behandelt. Zur Rechtswahl in der Rom I und in der Rom II-VO siehe außerdem Jan von Hein und Peter Picht in Rauscher, Thomas. (2016, jeweils Seite 94–187 und Seite 932–959). Zur Parteiautonomie im Internationalen Vertragsrecht vor Inkrafttreten der Rom I-VO siehe Siehr, Kurt. (1989, Seite 493–510).

277 Zur Parteiautonomie in Gebieten in denen diese vorher fremd war siehe insbesondere Basedow, Jürgen. (2015, *Chapter 3: New Domains for Party Autonomy*, Seite 153–282). Siehe auch Bonomi, Andrea. (2011, Recueil des Cours, Seite 197).

278 Zur Rechtswahl in der Rom III-VO siehe Raupach, Claudia. (2014, Seite 158 ff.), Rösler, Hannes. (2014, Seite 155–192), Katharina Hilbig-Lugani in Hüßtege, Rainer. Mansel, Heinz-Peter. (2015, Seite 632–658), Brosch, Marlene. (2019, Seite 65–86) oder Rüberg, Sinja. (2006, Seite 205–248).

Bezug auf Unterhaltspflichten mit Kindern ist gem. Art. 8 Abs. 3 des Protokolls allerdings unzulässig.[279]

Artikel 22 der Ehegüterrechtsverordnung enthält ebenfalls einen Katalog an wählbaren Rechten: das Recht des Staates, in dem die Ehegatten ihren gemeinsamen gewöhnlichen Aufenthalt zum Zeitpunkt der Rechtswahl haben, bzw. das Recht des Staates, in dem einer der Ehegatten zum Zeitpunkt der *professio iuris* seinen gewöhnlichen Aufenthalt hat oder das Heimatrecht einer der Ehegatten zum Zeitpunkt der Rechtswahl.[280] Artikel 22 der Güterrechtsverordnung eingetragener Partnerschaften sieht – anders als der Vorschlag[281] – auch einen Rechtswahlkatalog vor. So können Lebenspartner jetzt das Recht des Staates, in dem sie ihren gewöhnlichen Aufenthalt zum Zeitpunkt der Rechtswahl haben, wählen (bzw. gewählt werden kann auch das Recht des Staates, in dem nur einer von ihnen seinen gewöhnlichen Aufenthalt hat), sowie das Heimatrecht einer der Partner zum Zeitpunkt der Rechtswahl oder das Recht des Staates, nach dessen Recht die eingetragene Partnerschaft begründet wurde. Am Rande sei erwähnt, dass Art. 25 Brüssel Ia-VO und Art. 12 Brüssel IIa-VO Gerichtsstandsvereinbarungen vorsehen.[282]

Melanie Schmitz schreibt als Fazit in ihrer Dissertation zur Rechtswahlfreiheit im europäischen Kollisionsrecht:

---

279 Zur Unterhaltsverordnung siehe beispielsweise Gruber, Urs Peter. (2010, Seite 128–139), Nademleinsky, Marco. (2011, Seite 130–134) oder Brosch, Marlene. (2019, Seite 15–56).

280 Siehe Weber, Johannes. (2016, Die Europäischen Güterrechtsverordnungen: Eine erste Annäherung, Seite 659–697, zur Rechtswahl des Güterstatuts Seite 676–682), Burghaus, Julia. (2010, Die Vereinheitlichung des Internationalen Ehegüterrechts in Europa, Seite 283 ff., zur Rechtswahl in Art. 16 des Vorschlages zur Ehegüterrechtsverordnung Seite 291 ff.), Bonomi in Bonomi, Andrea. Wautelet, Patrick. (2016, Seite 340) und Brosch, Marlene. (2019, Seite 86–120). Zur Parteiautonomie im internationalen Familienrecht im Allgemeinen siehe Nick, Christian. (2008, Seite 287–288).

281 In Art. 15 des Vorschlages für eine Verordnung im Bereich des Güterrechts eingetragener Partnerschaften war hingegen noch keine Rechtswahl erlaubt. Maßgeblich sollte immer das Recht des Staates, in dem die Partnerschaft eingetragen ist, sein.

282 Siehe zu Art 25 Brüssel Ia-VO Herranz Ballesteros, Mónica. (2014, The Regime of Party Autonomy in the Brussels I Recast: the Solutions Adopted for Agreements on Jurisdiction, Seite 291–308), Nordmeier, Carl Friedrich. (2016, Internationale Gerichtsstandsvereinbarungen nach der EuGVVO n. F., Seite 331–336) sowie Simotta, Daphne-Ariane. (2013, Die Gerichtsstandsvereinbarung nach der neuen EuGVVO, Seite 58 ff.). Und zu Art. 12 Brüssel IIa-VO siehe beispielsweise Hausmann, Rainer. (2013, Seite 205–211) oder Rauscher, Thomas. (2015, Seite 179–196).

„Die vorangehende Untersuchung hat ergeben, dass der Anknüpfung an den Parteiwillen in der Geschichte des Internationalen Privatrechts in Europa noch nie so viel Raum gewährt wurde wie im geltenden europäischen Kollisionsrecht. Von einem echten Paradigmenwechsel ist das europäische Verordnungsrecht allerdings noch weit entfernt, da den Rechtswahlmöglichkeiten der Parteien jenseits des liberalen Schuldrechts enge Grenzen gesetzt werden und das Prinzip der engsten Verbindung hier die Rechtswahl noch stark dominiert.“[283]

Laut Heinz-Peter Mansel, Karsten Thorn und Rolf Wagner handelt es sich bei der europäischen Erbrechtsverordnung *„um das schwierigste Vorhaben, das in der justiziellen Zusammenarbeit in Zivilsachen bislang abgeschlossen worden ist“*.[284] Auf kollisionsrechtlicher Ebene sind ihre bedeutsamsten Fortschritte, die Vereinheitlichung des Anknüpfungspunktes für die Bestimmung der zuständigen Gerichte und des anwendbaren Rechts zugunsten des letzten gewöhnlichen Aufenthalts des Erblassers sowie die Zulassung einer beschränkten *professio iuris* zugunsten des Heimatrechts des Erblassers (Kapitel II und III EU-ErbVO).[285] Des Weiteren ist die Vereinfachung der Anerkennung und Vollstreckbarkeit von Entscheidungen und öffentlichen Urkunden (Kapitel IV und V EU-ErbVO) hervorzuheben,[286] sowie die Einführung eines europäischen Nachlasszeugnisses, das den Erben, Vermächtnisnehmer, Testamentsvollstrecker oder Nachlassverwalter ermöglicht, ihre Rechtsstellung einheitlich in allen Mitgliedstaaten nachzuweisen (Kapitel VI EU-ErbVO).[287] Im Rahmen dieser Dissertation soll aber hauptsächlich auf die in Art. 22 EU-ErbVO erlaubte Rechtswahl eingegangen werden.

283 Siehe Schmitz, Melanie. (2017, § 13 Übersicht über die wesentlichen Ergebnisse der Arbeit, Seite 312).

284 Siehe Mansel, Heinz-Peter. Thorn, Karsten. Wagner, Rolf. (2013, Seite 6).

285 Dies wird in den Abschnitten *B.* bis *D.* dieses zweiten Kapitels der Dissertation näher beleuchtet.

286 Zum Kapitel IV und V siehe Johannes Weber und Frank Bauer in Dutta, Anatol. Weber, Johannes. (2016, Seite 296–332 und Seite 333–363), sowie Mark Makowsky in Hüßtege, Rainer. Mansel, Heinz-Peter. (2015, 987–1033).

287 Zum Nachlasszeugnis siehe Matteo Fornasier in Dutta, Anatol. Weber, Johannes. (2016, Seite 364–468), Möller, Alice Margarete. (2018, Seite 176 ff.), Carl Friedrich Nordmeier in Hüßtege, Rainer. Mansel, Heinz-Peter. (2015, 1034–1101) oder Zimmermann, Walter. (2016, Seite 397–419).

B Die allgemeine Zuständigkeit in Artikel 4 und die objektive Anknüpfung an den letzten gewöhnlichen Aufenthalt des Erblassers in Art. 21 EU-ErbVO

Seit dem Erwachen des Nationalismus Anfang des 19. Jahrhunderts und bis zum Inkrafttreten der europäischen Erbrechtsverordnung haben die meisten EU-Mitgliedstaaten zur Ermittlung des anwendbaren Erbstatuts an die Staatsangehörigkeit des Erblassers im Zeitpunkt seines Todes angeknüpft, so zum Beispiel Deutschland (Art. 25 Abs. 1 EGBGB), Griechenland (Art. 28 griechisches ZGB), Schweden (1:1 Abs. 1 schwedisches IPRG), Spanien (Art. 9.8 spanisches ZGB), Italien (Art. 46 Abs. 1 italienisches IPRG), Portugal (Art. 62 i.V.m. Art. 31 portugiesisches ZGB), Österreich (§ 28 Abs. 1 i.V.m. § 9 Abs. 1 österreichisches IPRG), Slowenien (Art. 32 slowenisches IPRG) und Polen (Art. 64 Abs. 2 neues polnisches IPRG/Art. 34 altes polnisches IPRG).[288] Demzufolge stellte die in Art. 21 EU-ErbVO zur Bestimmung des anwendbaren Rechts eingeführte Anknüpfung an den letzten gewöhnlichen Aufenthalt des Erblassers für diese Ländergruppe ein totales Novum im Erbkollisionsrecht dar.[289]

Nur für ein paar wenige Staaten, wie Rumänien (Art. 2633 neues rumän. ZGB), Estland (§ 24 estn. IPRG) oder Tschechien (§ 76 Satz 1 tschech. IPRG[290]), die ihren Anknüpfungspunkt zugunsten des Rechts des Staates, in dem der

288 Zur historischen Entwicklung der Staatsangehörigkeit als Anknüpfungspunkt im IPR siehe Herweg, Cornelia. (2004, Seite 44), Kränzle, Michael. (2014, Seite 14–15), Reichelt, Gerte. (1985, Seite 16–22) und insbesondere Mansel, Heinz-Peter. (1988, Seite 5–40) sowie De Winter, Louis I. (1970, Seite 361–366 (A. From Roman Law to 19th-Century Codification) und Seite 367–377 (B. The Revolutionary Change in the 19th Century)). Für eine (nicht erschöpfende) Auflistung der Staaten, die innerhalb und *außerhalb* Europas dem Staatsangehörigkeitsprinzip im Erbkollisionsrecht folgten bzw. immer noch folgen, siehe Basedow, Jürgen. (2015, Seite 264, Unterpunkt 421, Fußnote 841). Siehe auch den Beitrag „Abschied vom Staatsangehörigkeitsprinzip" von Vékás, Lajos. (2011, Seite 51), sowie „Was bringt die *Opferung* des Heimatstaatprinzips?" von Geimer, Reinhold. (2011, Seite 24–25).

289 Siehe Bonomi, Andrea. (2010, NIPR, Seite 606), der ebenfalls feststellt, dass für die meisten Mitgliedstaaten „this solution constitutes *a fundamental change* from their national conflict solutions." (Hervorhebungen hinzugefügt).

290 Dabei musste die in § 76 Satz 2 tschech. IPRG vorgesehene Regelanknüpfungsausnahme bei tschechischem Erblasser oder bei gewöhnlichem Aufenthalt in Tschechien seitens einer der Erben zugunsten des tschechischen Rechts berücksichtigt werden, siehe hierzu bereits Seite 66 der Dissertation, einschließlich Fußnote 142, unter *C.II.1.f) Tschechien*. Bis zum 01.01.2014 folgte das tschechische IPR aber noch dem traditionellen Staatsangehörigkeitsprinzip.

Erblasser seinen letzten gewöhnlichen Aufenthalt oder Wohnsitz begründete, bereits einige Jahre vor Inkrafttreten der europäischen Erbrechtsverordnung umgestellt hatten, veränderte sich *de facto* nicht viel.[291] Der neue objektive Anknüpfungspunkt der Verordnung war aber auch denjenigen Mitgliedstaaten, die einer Kombination aus Staatsangehörigkeits- und Aufenthaltsprinzip folgten, wie die Niederlande (Übernahme des Art. 3 HÜErb) und Finnland (Kap. 26 § 5 PK), oder die an das Wohnsitzrecht bzw. an das Recht des gewöhnlichen Aufenthalts des Erblassers im Zeitpunkt seines Todes für bewegliches Vermögen – *mobilia sequuntur personam* – und an das Belegenheitsrecht für unbewegliches Vermögen – *lex rei sitae* – anknüpften, nicht ganz fremd. Letzterer Gruppe gehörten beispielsweise Frankreich (Art. 3 Abs. 2, Art. 102 Abs. 1 französisches ZGB, Rechtsprechung und Lehre[292]), Belgien (Art. 78 § 1 und 2 belgisches IPRG), Bulgarien (Art. 89 Abs. 1 und 2 bulg. IPRG) oder Litauen (Art. 1.62 litauisches ZGB) an.[293]

Was die erbrechtliche Zuständigkeitsanknüpfung der Mitgliedstaaten vor Inkrafttreten der EU-ErbVO betrifft, so muss festgestellt werden, dass die meisten Staaten mehrere alternative Gerichtsstände vorsahen (allgemeiner Gerichtsstand, wenn der Beklagte seinen Wohnsitz im Inland hatte, besondere Gerichtsstände, z.B. wenn der Erblasser seinen Wohnsitz im Inland hatte oder Staatsangehöriger dieses Landes war, wenn der Vermögensgerichtsstand eintrat, etc.). Infolgedessen, und mangels eines internationalen Zuständigkeitsabkommens, kam es des Öfteren vor, dass mehrere Gerichte für dieselbe Erbrechtsangelegenheit nach

---

291 Dänemark, eines der wenigen EU-Mitgliedstaaten in denen die Erbrechtsverordnung nicht anwendbar ist, folgt nach der Rechtsprechung und Lehre auch dem Domizilprinzip.

292 Siehe hierzu Herweg, Cornelia. (2004, Seite 62–63), Döbereiner, Christoph. (2004, Seite 381–382) und Ferid, Murad. (2019, Band II, Frankreich Grdz., Seite 9, Fußnoten 14–16); die Entscheidung des französischen Kassationshofes (Cour de cassation) vom 19.06.1939 beendete die jahrelange Kontroverse hinsichtlich des Anknüpfungspunktes für Mobilien im Bereich des internationalen Erbrechts.

293 Einen guten Überblick über die objektiven Anknüpfungen im Erbkollisionsrecht vor und nach der Erbrechtsverordnung verschaffen die von der Webseite http://www.internationales-erbrecht.de/ runtergeladenen und im Anhang Nr. 3 abgebildeten Europa- und Weltkarten. Großbritannien und Irland, für die die Erbrechtsverordnung neben Dänemark ebenfalls nicht anwendbar ist, folgen weiterhin dem letzten *domicile* für *movable property* und der *lex situs* für *immovable property*.

ihren jeweiligen autonomen internationalen Zuständigkeitsvorschriften berechtigt waren sich mit dem Fall zu befassen.[294]

Beispielsweise wären bei einem deutschen Erblasser mit letztem Wohnsitz in Spanien vor Inkrafttreten der EU-ErbVO sowohl die deutschen Gerichte nach § 27 Abs. 2 ZPO (besonderer Gerichtsstand der Erbschaft bei deutscher Staatsangehörigkeit des Erblassers)[295] als auch die spanischen gem. Art. 22.3 LOPJ (besonderer Gerichtsstand der Erbschaft bei letztem Wohnsitz des Erblassers in Spanien oder bei spanischen Immobilien)[296] zuständig gewesen. Ob letztendlich die deutschen oder die spanischen Gerichte über den Erbfall entschieden hätten, wäre vom zuerst angerufenen Gericht abhängig gewesen. Dies führte in der Praxis zu einer großen Unsicherheit im Rechtsverkehr und zur Ausnutzung des *forum shopping*.[297]

Dank dem neuen Art. 4 EU-ErbVO, der eine **allgemeine internationale**[298] **Zuständigkeit** für den gesamten Nachlass zugunsten der Gerichte desjenigen Mitgliedstaates vorsieht, in dem der Erblasser im Zeitpunkt seines Todes seinen gewöhnlichen Aufenthalt hatte,[299] können jetzt solche sich aus dem bisherigen Flickenteppich der nationalen autonomen Zuständigkeitsvorschriften ergebenden

294 Zur internationalen Zuständigkeitslage im europäischen Erbrecht vor Inkrafttreten der EU-ErbVO siehe die 2011 online publizierte Dissertation „Wandel der internationalen Zuständigkeit im Erbrecht" (Seite 119–120) von Stefan Georg Seyfarth, abrufbar unter folgender Webseite: http://d-nb.info/1023210371/34 (zuletzt geprüft am 29.12.2018) und Walter H. Rechberger und Susanne Frodl in Rechberger, Walter H. Zöchling-Jud, Brigitta. (2015, Seite 45 ff.). Zu den konkurrierenden Gerichtsständen siehe auch Dörner, Heinrich. Hertel, Christian. Lagarde, Paul. Riering, Wolfgang. (2005, Seite 2) und Lehmann, Daniel. (2012, Seite 2088).

295 Für einen Überblick der deutschen autonomen Vorschriften zur internationalen Zuständigkeit im Erbrecht siehe erneut die Dissertation von Stefan Georg Seyfarth (Seite 25 ff., abrufbar unter der in der vorherigen Fußnote 294 aufgeführten Webseite) und Tiedemann, Andrea. (1993, Seite 65 ff.).

296 Zur spanischen Regelung siehe Ballesta Martí, Lídia. (Quaderns de Recerca (Bellaterra) Núm.15, Curs 2011–2012, Seite 9–20). Siehe auch den Kommentar von José Luis Iglesias Buigues und Felipe Garín Alemany in Iglesias Buigues, José Luis. Palao Moreno, Guillermo. (2015, Seite 63–64) hinsichtlich der nicht mehr Anwendbarkeit der Art. 22.2 und 3 LOPJ mit Inkrafttreten der EU-ErbVO.

297 Zur Entscheidungsdisharmonie und das dadurch entstehende *forum shopping* siehe Nick, Christian. (2008, Seite 304–305).

298 Die örtliche oder innerstaatliche Zuständigkeit wird gem. Art. 2 EU-ErbVO weiterhin durch das nationale Prozessrecht bestimmt.

299 Vereinzelt wurde, anstatt einer allgemeinen internationalen Zuständigkeit zugunsten des gewöhnlichen Aufenthalts des Erblassers, die Schaffung zahlreicher alternativer Gerichtsstände nach dem Modell der Brüssel I-VO oder einer international

Situationen größtenteils – sowohl für streitige Verfahren als auch für die freiwillige Gerichtsbarkeit[300] – vermieden werden.[301]

Hatte der Verstorbene seinen letzten gewöhnlichen Aufenthalt hingegen in einem Drittstaat, kommt die in Art. 10 EU-ErbVO vorgesehene **subsidiäre Zuständigkeit** ins Spiel. Letztere erkennt die internationale Zuständigkeit der Gerichte eines Mitgliedstaates an, wenn sich dort Nachlassvermögen befindet. Diese Zuständigkeit erstreckt sich gem. Art. 10 Abs. 1 EU-ErbVO auf den gesamten Nachlass, wenn der Erblasser im Zeitpunkt seines Todes die Staatsangehörigkeit dieses Staates besaß oder innerhalb der letzten fünf Jahre seinen gewöhnlichen Aufenthalt in diesem Staat hatte. Sind die genannten Voraussetzungen nicht gegeben, wird die Zuständigkeit auf den im Mitgliedstaat belegenen Nachlass beschränkt (Art. 10 Abs. 2 EU-ErbVO). Erwähnenswert ist auch, dass Gerichte eines Mitgliedstaates gem. Art. 11 EU-ErbVO (nach dem Vorbild des Art. 7 EU-UnthVO) in Ausnahmefällen international zuständig sein können, wenn sich die Durchführung eines Verfahrens in einem Drittstaat als nicht zumutbar oder unmöglich darstellt. Damit diese **Notzuständigkeit** oder *forum necessitatis* gegeben ist, muss die Sache einen ausreichenden Bezug zu dem Gericht des Mitgliedstaates aufweisen.[302]

Was das **anwendbare Erbrecht** betrifft, so enthält Art. 21 Abs. 1 EU-ErbVO eine **Regel oder Hauptanknüpfung**, die auch für die gesamte Rechtsnachfolge von Todes wegen[303] an das Recht des Staates, in dem der Erblasser im Zeitpunkt seines Todes seinen letzten gewöhnlichen Aufenthalt hatte, erfolgt.[304] Eine

---

ausschließlichen Belegenheitszuständigkeit vorgeschlagen. Siehe hierzu Lehmann, Daniel. (2006, Seite 206).

300 Diskussionen gab es auch hinsichtlich einer Begrenzung des Anwendungsbereichs auf die freiwillige Gerichtsbarkeit, siehe Bauer, Frank. (2006, Seite 203).

301 Für eine ausführlichere Untersuchung zum Thema „La residencia habitual como criterio de competencia general" siehe José Luis Iglesias Buigues und Felipe Garín Alemany in Iglesias Buigues, José Luis. Palao Moreno, Guillermo. (2015, Seite 66–69).

302 Siehe die Kommentierung von Iglesias Buigues, José Luis und Garín Alemany, Felipe in Iglesias Buigues, José Luis. Palao Moreno, Guillermo. (2015, auf Seite 93–98 zur subsidiären Zuständigkeit und auf Seite 99–100 zum *forum necessitatis*).

303 Die kollisionsrechtliche Nachlasseinheit kann als Pendant zur materiellrechtlichen Universalsukzession bezeichnet werden, siehe Dörner, Heinrich. (2007, Seite 9).

304 Für eine umfangreiche Analyse hinsichtlich des gewöhnlichen Aufenthalts des Erblassers unter Art. 21 Abs. 1 EU-ErbVO siehe Mankowski, Peter. (2015, Seite 39–46), Palao Moreno in Iglesias Buigues, José Luis. Palao Moreno, Guillermo. (2015, Seite 140–147) und insbesondere Kränzle, Michael. (2014, § 5 Der gewöhnliche Aufenthalt in der EuErbVO, Seite 186–288).

Ausnahme zu dieser Grundsatzanknüpfung des gewöhnlichen Aufenthalts ist in Art. 21 Abs. 2 EU-ErbVO für Fälle vorgesehen, in denen sich aus der Gesamtheit der Umstände ergibt, dass der Erblasser im Zeitpunkt seines Todes eine *offensichtlich engere Verbindung* zu einem anderen Staat hatte (z.B. bei Umzug des Erblassers in den Staat seines gewöhnlichen Aufenthalts kurz vor seinem Tod, siehe Erwägungsgrund 25).[305] Die Ausweichklausel des Art. 21 Abs. 2 EU-ErbVO ist eng auszulegen, dies kann auch aus dem soeben genannten Erwägungsgrund entnommen werden.[306]

Aufgrund der Vereinheitlichung der primären Anknüpfung an den letzten gewöhnlichen Aufenthalt des Erblassers für das anwendbare Recht und für die Zuständigkeit, wird die *lex fori* grundsätzlich mit der *lex causae* übereinstimmen. Dadurch wird es in der Regel zu einem Gleichlauf zwischen *forum* und *ius* bei grenzüberschreitenden Erbfällen in der Europäischen Union kommen.

Doch was genau ist unter dem Begriff „letztem gewöhnlichen Aufenthalt" zu verstehen? Eine international oder europäisch verbindliche Definition des gewöhnlichen Aufenthalts gibt es nicht. Ob dies daran liegt, dass der gewöhnliche Aufenthalt einfacher zu erkennen als zu definieren ist, bleibt fraglich. Auch die Haager Konferenz lehnt es ab, den Begriff in ihren Rechtsakten zu bestimmen, um diesem nicht seine Flexibilität zu entziehen. Allerdings hat sich in Europa die Auffassung, dass es sich beim gewöhnlichen Aufenthalt, um den Daseinsmittelpunkt – *le centre effectif de la vie* – einer Person handelt, weitgehend durchgesetzt.[307] Auch die neue EU-ErbVO enthält gewollt keine Legaldefinition oder

---

305 Zur Ausweichklausel des Art. 21 Abs. 2 EU-ErbVO siehe ebenfalls Palao Moreno in Iglesias Buigues, José Luis. Palao Moreno, Guillermo. (2015, Seite 148–150) und die kritischen Anmerkungen von Döbereiner, Christoph. (2013, Teil I, Seite 362), sowie von Keim, Christopher. (2013, Seite 70), der die Ansicht vertritt, die Klausel schaffe mehr Unsicherheit als Sicherheit aufgrund der „wenig trennscharfen Tatbestandsmerkmale der Ausnahmeregel" i.V.m. den „Schwierigkeiten bei der Ermittlung des gewöhnlichen Aufenthalts". Siehe auch Oppermann, Karl Felix. (2016, Seite 39), der alternativ zur Hilfsanknüpfung des Art. 21 Abs. 2 EU-ErbVO eine „Reduktion des gewöhnlichen Aufenthalts auf den bloßen Aufenthalt zum Zeitpunkt des Todes" anspricht, wenngleich er diese als weniger ratsam einstuft. Zur Ausweichklausel im Allgemeinen siehe Hirse, Thomas. (2006, Die Ausweichklausel im Internationalen Privatrecht).

306 Siehe hierzu beispielsweise Claudia Rudolf, Brigitta Zöchling-Jud und Gabriel Kogler in Rechberger, Walter H. Zöchling-Jud, Brigitta. (2015, Seite 127).

307 Siehe die sieben Thesen zum gewöhnlichen Aufenthalt nach der EuErbVO von Kränzle, Michael. (2014, Seite 286–287). Siehe insbesondere These 2, die ablehnt, dass ein gewöhnlicher Aufenthalt allein durch den Bleibewillen oder „animus manendi"

Mindestaufenthaltsfrist für die Begründung des gewöhnlichen Aufenthalts, sodass die Auslegung im Zweifelsfall dem Europäischen Gerichtshof überlassen wird.[308]

Aus den Erwägungsgründen 23 und 24 der Verordnung scheint hervorzugehen, dass der Ort gemeint ist, an dem der Verstorbene seinen *Daseinsmittelpunkt* hatte.[309] Dafür bedarf es einer Gesamtbeurteilung der Lebensumstände des Erblassers im Zeitpunkt seines Todes. Auch wenn der gewöhnliche Aufenthalt vermutlich „in der überwiegenden Mehrzahl der Fälle mit dem hauptsächlichen Wohnort"[310] des Erblassers übereinstimmen wird, kann sich die Ermittlung insbesondere bei Personen mit mehreren Aufenthaltsorten als komplex erweisen. Es können unterschiedliche Fallgruppen differenziert werden. Einerseits gibt es Grenzpendler, die täglich oder wöchentlich ins Ausland pendeln und dadurch eventuell auch zwei Wohnsitze haben. Des Weiteren sind Wanderarbeiter sowie Studierende, Diplomaten und Soldaten zu nennen, die ihren Aufenthalt aus beruflichen oder akademischen Gründen für eine bestimmte Dauer ins Ausland verlegen. Eine andere bedeutende Gruppe bilden die privaten Langzeitpendler oder

---

mit der Ankunft im Zuzugsstaat erworben werden kann. Zum Bleibewillen siehe auch Kroll-Ludwigs, Kathrin. (2013, Seite 384).

308 Zur fehlenden Legaldefinition siehe Baetge, Dietmar. (2009, Seite 759), Geimer, Reinhold. (2011, Seite 17), Mankowski, Peter. (2015, Seite 42) insbesondere auch Kränzle, Michael. (2014, Seite 221–222, der auf Seite 222 schreibt, dass viele der Ansicht sind, eine Legaldefinition des gewöhnlichen Aufenthalts würde genauso viele Probleme schaffen wie lösen), Carrascosa González, Javier. (2014, Seite 80–82), Oppermann, Karl Felix. (2016, Seite 26–37, mit einem guten Definitionsvorschlag des gewöhnlichen Aufenthalts für die europäische Erbrechtsverordnung auf Seite 37) sowie Rentsch, Bettina. (2017, Jahrbuch, Seite 277 ff. und Seite 284–295 zur EuGH-Rechtsprechung zum gewöhnlichen Aufenthalt des Kindes, Kozlowski (C-66/08) vom 17.07.2008 und Perusturvalautakunta (C-523/07) vom 02.04.2009). Strittig ist aber, ob diese EuGH-Rechtsprechung auch auf die Erbrechtsverordnung übertragbar ist.

309 Siehe die präzise Analyse zum Begriff „gewöhnlicher Aufenthalt" in der Erbrechtsverordnung von Claudia Rudolf, Brigitta Zöchling-Jud und Gabriel Kogler in Rechberger, Walter H. Zöchling-Jud, Brigitta. (2015, Seite 122–126). Zu den Erwägungsgründen 23 und 24 auf Seite 123 und mit dem Ergebnis auf Seite 125: „Übereinstimmung besteht, dass der gewöhnliche Aufenthalt des Erblassers in jenem Staat zu lokalisieren ist, in dem sich sein **Daseinsmittelpunkt** als Schwerpunkt seiner familiären, sozialen und beruflichen Beziehungen befunden hat." (Hervorhebungen hinzugefügt). Siehe auch zu den Erwägungsgründen 23 und 24 der EU-ErbVO Rentsch, Bettina. (2017, Der gewöhnliche Aufenthalt im System des Europäischen Kollisionsrechts, Seite 204–209).

310 Siehe Mankowski, Peter. (2015, Seite 42–43).

Zugvögel[311]. Zu ihnen gehört eindeutig der *Mallorca-Rentner*, der die Hälfte des Jahres seinen Ruhestand auf der wohl beliebtesten Baleareninsel der Deutschen verbringt und die andere Hälfte in seinem Heimatland. Zuletzt können auch noch (z.B. durch Demenzerkrankung) geschäftsunfähige Erblasser aufgeführt werden, die entweder von ihren Verwandten in ein Pflegeheim ins Ausland abgeschoben werden oder von diesen nach Eintritt der Geschäftsunfähigkeit in ihr Heimatland zurückgeholt werden.[312]

Im Sinne der EU-ErbVO darf eine Person keinesfalls „keinen" oder einen „doppelten" bzw. „mehrfachen" gewöhnlichen Aufenthalt haben, da auf einen Erbfall immer nur ein Erbstatut anzuwenden ist.[313] Daher sollte bei solchen Konstellationen laut den Erwägungsgründen 23 und 24 der familiäre und soziale Lebensmittelpunkt, sowie die Staatsangehörigkeit des Erblassers und die Belegenheit von Vermögensgegenständen berücksichtigt werden, um einen einzigen gewöhnlichen Aufenthalt festzulegen.[314]

Bei den ersten beiden Gruppen (Grenzpendler und Wanderarbeiter & Co.) sollte i.d.R. kein Zweifel darüber bestehen, dass sich der Daseinsmittelpunkt weiterhin in ihrem Herkunftsstaat befindet. Insbesondere bei täglichen Grenzpendlern kann davon ausgegangen werden, dass der gewöhnliche Aufenthalt dort ist, wo sie zur Ruhe kommen und schlafen. Aber auch bei wöchentlichen Grenzpendlern, die ein paar Tage in der Woche in ihrer Zweitwohnung im Ausland bleiben, haben auf dem Gebiet des Erbrechts die familiären Beziehungen vor den

---

311 Dieser Ausdruck wird beispielsweise von Kränzle, Michael. (2014, Seite 225) verwendet.

312 Siehe zu den einzelnen Fallgruppen Wall, Fabian. (2016, Seite 578. 89–94, Rn. 72–86) und Kränzle, Michael. (2014, Seite 224–225). Siehe außerdem auch Claudia Rudolf, Brigitta Zöchling-Jud und Gabriel Kogler in Rechberger, Walter H. Zöchling-Jud, Brigitta. (2015, Seite 128–132) und Carrascosa González, Javier. (2014, Seite 82 ff.). Gute Beispielfälle, in denen es schwierig ist den gewöhnlichen Aufenthalt festzulegen, sind bei Carrascosa auf Seite 91–94 zu finden *(47. Desarrollo. Casos difíciles de precisión de la residencia habitual).*

313 Siehe hierzu Dutta, Anatol. (2018, MüKoBGB, Art. 4 EuErbVO, 4. Erblasser ohne letzten gewöhnlichen Aufenthalt oder mit mehrfachem gewöhnlichem Aufenthalt?, Rn. 7) und Frank Bauer in Dutta, Anatol. Weber, Johannes. (2016, Seite 165, Rn. 5): „Dabei gilt, dass der Erblasser immer **einen und nur einen** gewöhnlichen Aufenthalt hat: Es gibt weder aufenthaltslose Erblasser noch solche, die gleichzeitig mehrere gewöhnliche Aufenthalte haben." (Hervorhebungen hinzugefügt).

314 Zur Auslegungshilfe der Erwägungsgründe 23 und 24 der EU-ErbVO siehe Kränzle, Michael. (2014, Seite 222–227).

beruflichen Vorrang.[315] Bei der zweiten Gruppe der Wanderarbeiter, Studierenden, Diplomaten, etc. ist ebenfalls davon auszugehen, dass sich der familiäre und soziale Lebensmittelpunkt in ihrem Herkunftsstaat lokalisiert. Allerdings kann diese Vermutung des Rückkehrwillens durch objektive Umstände, die das Gegenteil schließen lassen, widerlegt werden. Ein Beispiel hierfür bildet die Ehe mit einer dauerhaft in diesem „eigentlich für den Erblasser nur vorübergehenden" Ausland lebenden Person oder der dortige Erwerb eines Familienheims.

Doch wo zum Beispiel der Lebensmittelpunkt eines *Mallorca-Rentners* liegt, kann nicht umfassend und verallgemeinernd beantwortet werden. Fest steht jedenfalls, dass es oft nicht leicht sein wird den gewöhnlichen Aufenthalt eines Langzeitpendlers anhand des familiären und sozialen Lebensmittelpunktes auszumachen. Insbesondere wenn der *Mallorca-Rentner* sechs Monate im Ausland und die restlichen sechs Monate in seinem Heimatland verbringt. Bei deutscher Staatsangehörigkeit und einer Finca auf Mallorca helfen die Erwägungsgründe 23 und 24 auf Anhieb nicht wirklich weiter. Es würde immer noch 1:1 stehen. Und dennoch müsste diese nur schwer aufzulösende Pattsituation irgendwie bewältigt werden. Viele Autoren vertreten die Ansicht, dass damit das Auslandrecht in solchen Fällen greift, eine Integration seitens des Erblassers notwendig erscheint. So schreibt Fabian Wall:

> *„Der Vorschlag einer Ausweichklausel, die in den Fällen der berühmt-berüchtigten „Mallorca-Rentner" für die Anwendung des deutschen Heimatrechts streitet, wurde zwar in die ErbVO nicht mit aufgenommen. Gleichwohl wird man den* ***gewöhnlichen Aufenthalt*** *nach den vorgenannten Grundsätzen* ***häufig*** *im Herkunftsstaat* ***Deutschland*** *zu verorten haben: Für den gewöhnlichen Aufenthalt in Spanien fehlt es an einer hinreichenden Integration in die spanische (Rechts-) Kultur, wenn ein Ruheständler in einer deutschsprachigen Enklave lebt, dort ausschließlich in der deutschen Community verkehrt, sich jeden Tag auf die neueste Ausgabe der heimischen „Bild" freut und sich seine Spanischkenntnisse auf eine Basiskommunikation („Buenos días"/„Adiós" und „Por favor"/"Gracias") beschränken."*[316]

---

315 Als ein nicht typischer Grenzpendler-Fall kann der eines deutschen Rentners, der sich ca. 5 Jahre vor seinem Tod eine billigere Wohnung in Polen mietete und von dort aus seiner Tätigkeit im Baugewerbe im Raum Berlin-Brandenburg nachging, aufgeführt werden. Obwohl der Rentner keine Wohnung mehr in Deutschland hatte, stellte das Kammergericht in seinem Beschluss vom 26.04.2016 fest, dass sich sein familiäres sowie soziales Umfeld - und somit auch sein gewöhnlicher Aufenthalt - weiterhin in Deutschland befand. Siehe hierzu auch Wagner, Rolf. (2017, Seite 3757).

316 Siehe Wall, Fabian. (2016, Seite 578. 92, Rn. 81, Hervorhebungen hinzugefügt), m.w.N. in Fußnote 202.

Für Erblasser mit mehreren Wohnsitzschwerpunkten bietet sich eine Rechtswahl jedenfalls ganz besonders an, um Klarheit zu verschaffen.[317]

Zur Ermittlung des gewöhnlichen Aufenthalts eines geschäftsunfähigen Menschen (wie z.B. im Fall eines altersdementen Erblassers, der in einem ausländischen Pflegeheim Betreuung erhält), wird in der Literatur Verschiedenes vertreten.[318] Während einige auf den natürlichen Aufenthaltswillen dieser geschäftsunfähigen pflegebedürftigen Person abstellen (i.e. auf seinen ursprünglich begründeten gewöhnlichen Aufenthalt und nicht auf den neu erzwungenen im Ausland), sind andere der Ansicht, dass der gewöhnliche Aufenthalt wohl eher anhand des Staates zu ermitteln sei, in dem sich seine Bezugspersonen befinden. Gemeint sind damit die Personen, die tatsächlich für den Erblasser sorgen, solange diese noch als Bezugspersonen vom Erblasser akzeptiert werden. Nach dieser zweiten Auffassung wäre zur Ermittlung des gewöhnlichen Aufenthalts eines geschäftsunfähigen Erblassers also die objektiv vorliegende Betreuungstätigkeit maßgeblich.[319]

Ferner fehlt eine Definition in Bezug auf wann von einer *offensichtlich engeren Verbindung* zu einem anderen Staat im Sinne des Art. 21 Abs. 2 EU-ErbVO gesprochen werden kann. Als Beispiel ist in Erwägungsgrund 25 von einem Erblasser die Rede, der erst kurz vor seinem Tod seinen gewöhnlichen Aufenthalt verlegt und eine deutlich engere Verbindung zu dem vorherigen Aufenthaltsstaat aufweist. In demselben Erwägungsgrund wird zudem erläutert, dass die *offensichtlich engere Verbindung* nicht als subsidiäre Anknüpfung oder Ausweichklausel genutzt werden sollte, wenn die Festlegung des gewöhnlichen Aufenthalts des Verstorbenen kompliziert ist.[320]

Wie bereits erwähnt, haben die meisten Mitgliedstaaten, darunter Deutschland, vor Inkrafttreten der europäischen Erbrechtsverordnung zur Ermittlung des objektiv anwendbaren Erbstatuts an die Staatsangehörigkeit des Erblassers angeknüpft und somit die Auffassung vertreten, dass die engste Verbindung, die kulturelle sei. Das ist diejenige, die der Erblasser zu seinem Heimatland hat.[321]

317 Siehe auch in diesem Sinne Lehmann, Daniel. (2012, Seite 2086).

318 Für eine gute Untersuchung zu dieser Problematik siehe Claudia Rudolf, Brigitta Zöchling-Jud und Gabriel Kogler in Rechberger, Walter H. Zöchling-Jud, Brigitta. (2015, Seite 131–132).

319 Siehe zur zweiten Theorie ausführlicher Wall, Fabian. (2016, Seite 578. 92–94, Rn. 82–86).

320 Zum Erwägungsgrund 25 siehe z.B. Kränzle, Michael. (2014, Seite 227–228).

321 Zur Anknüpfung an die Staatsangehörigkeit siehe das ausführliche Werk von Mansel, Heinz-Peter. (1988, Personalstatut, Staatsangehörigkeit und Effektivität) sowie (2003, Seite 119–154). Jayme, Erik. (1986, Seite 361) beschreibt das

Hinsichtlich der angestrebten Integrationsinteressen der EU, stellt der europäische Gesetzgeber diese im Rahmen des erwachenden Nationalgefühls des XIX Jahrhunderts entstandene Auslegung[322] infrage und ist der Ansicht, dass die soziale Verbindung des Erblassers zu seinem Aufenthaltsstaat grundsätzlich enger sei als die kulturelle zu seinem Heimatstaat. Anschließend sollen die Vor- und Nachteile des gewöhnlichen Aufenthalts im Vergleich zur Anknüpfung an die Staatsangehörigkeit analysiert werden, um danach zu prüfen, ob es überhaupt möglich ist objektiv festzulegen, zu welchem Recht der Erblasser die engste Verbindung aufweist.

Als Vorteile, die der gewöhnliche Aufenthalt als Anknüpfungspunkt im europäischen Erbrecht mit sich bringt, können mehrere genannt werden. Zum einen fördert der gewöhnliche Aufenthalt *die Integration* des Erblassers in dem Mitgliedstaat wo er lebt, was zugleich eine wichtige Zielsetzung der Europäischen Union widerspiegelt und die wachsende Mobilität der EU-Bürger in einer offenen Gesellschaft berücksichtigt.[323] Bei der Anknüpfung an die Staatsangehörigkeit interpretieren einige Autoren, dass es in diesem Zusammenhang zu einer Diskriminierung von Personen kommt, die in einem Staat wohnen ohne dessen Staatsangehörigkeit zu besitzen, i.e. zu einer *nicht* „Gleichbehandlung der inländischen Wohnbevölkerung".[324]

Des Weiteren kann vertreten werden, dass der gewöhnliche Aufenthalt zumeist mit dem *Mittelpunkt der Lebensinteressen* des Erblassers übereinstimmen und *vermutlich* der Ort sein wird, an dem sich sein meistes Vermögen sowie die größte Anzahl an Gläubigern und an zukünftigen Erben befindet. Der *Grundsatz der Sachnähe* spricht folglich für die Anknüpfung an den letzten gewöhnlichen Aufenthalt des Erblassers zur Ermittlung des anwendbaren

---

Staatsangehörigkeitsprinzip als „ein psychologisches Band zwischen dem einzelnen und seiner durch seinen Heimatstaat geprägten Kultur, das rechtliche Bedeutung erhält."

322 Siehe erneut Fußnote 288 der Dissertation.

323 Siehe Kindler, Peter. (2010, Seite 254), Davì, Angelo. (2004, Seite 388) und zum *Integrationsinteresse* und der *Mobilität der Unionsbürger* insbesondere Kroll-Ludwigs, Kathrin. (2013, Seite 334–336 und Seite 336–338).

324 Diesen Ausdruck benutzt Mansel, Heinz-Peter. (2003, Seite 119–154 auf Seite 149) in seinem Aufsatz: *Das Staatsangehörigkeitsprinzip im deutschen und gemeinschaftlichen Internationalen Privatrecht: Schutz der kulturellen Identität oder Diskriminierung der Person?* Zu dieser Frage siehe beispielsweise erneut Kindler, Peter. (2010, Seite 254), Kroll-Ludwigs, Kathrin. (2013, Seite 139 und Seite 339–357) sowie Schurig, Klaus. (2010, Seite 345), der sich sehr kritisch zum Diskriminierungsargument äußert.

Erbrechts.[325] Dank dieser Anknüpfung würde auch die Erbfolge gemischter Ehepaare oder Lebenspartner mit verschiedenen Nationalitäten, aber gemeinsamen gewöhnlichem Aufenthalt nach demselben Erbstatut beurteilt werden.

Überdies hinaus ist die Anknüpfung an den letzten gewöhnlichen Aufenthalt des Erblassers im Rahmen der europäischen Harmonisierungstendenz im IPR und IZVR einzuordnen.[326] Ferner kann auch die Tatsache, dass der nationale Richter – durch den im Normalfall zustande kommenden Gleichlauf von *forum* und *ius* – meist sein eigenes Recht anwenden wird und es dadurch zu einem schnelleren Urteil und zu einer Entlastung der wissenschaftlichen Institute von der Gutachtenpraxis kommt, als vorteilhaft eingestuft werden. Dies ist bei der Anknüpfung an die Staatsangehörigkeit genau umgekehrt, dort muss der Richter fremdes Erbrecht anwenden und es kann zu Ermittlungsproblemen in der Praxis kommen. Ebenfalls positiv anzumerken ist, dass die bei der Staatsangehörigkeitsanknüpfung entstehenden Feststellungsprobleme im Fall von Doppel- oder Mehrstaater sowie von Staatenlosen bei der Anknüpfung an den gewöhnlichen Aufenthalt entfallen.

Dafür ist der letzte gewöhnliche Aufenthalt *in Grenzfällen* nicht so leicht zu bestimmen wie die Staatsangehörigkeit, denn bis auf die eben angesprochenen Problemgruppen ist die Anknüpfung an das Heimatrecht einfach zu ermitteln. Die Staatsangehörigkeit ist ein sehr stabiler Anknüpfungspunkt; es kommt nur in seltenen Fällen zu einem Nationalitätswechsel. Der gewöhnliche Aufenthalt kann sich indessen leicht mehrfach im Laufe des Lebens ändern. Diese Flexibilität macht den gewöhnlichen Aufenthalt zugleich aber auch zu einem wesentlich instabileren Anknüpfungspunkt. Oft hat der Erblasser kein *rechtliches Bewusstsein* darüber, dass sein neuer gewöhnlicher Aufenthalt das auf seinen Erbfall anwendbare Erbstatut beeinflusst. Es kann aber auch gut sein, dass der Erblasser oder seine zukünftigen Erben sehr wohl über ein solches Bewusstsein verfügen und die Verlegung des Aufenthalts in ein fremdes Land ausnutzen.

Die Missbrauchs- und Manipulationsgefahr ist bei der Anknüpfung an den gewöhnlichen Aufenthalt demzufolge deutlich höher als bei der Staatsangehörigkeit. So könnte ein Erblasser seinen gewöhnlichen Aufenthalt absichtlich in ein pflichtteilfreundlicheres Land verlegen oder von seinen Kindern (z.B. bei Demenzerkrankung) in einen Staat abgeschoben werden dessen Erbrecht wesentlich vorteilhaftere Regelungen für letztere enthält. Die Staatsangehörigkeit ist hingegen aufgrund ihrer faktischen Nichtwandelbarkeit nur in einem sehr

325 Siehe Kindler, Peter. (2010, Seite 254).

326 Siehe hierzu Dutta, Anatol. (2009, RabelsZ 73, Seite 564).

geringfügigen Maße anfällig für Manipulation und bringt dadurch eine höhere Rechtssicherheit mit sich. Allerdings werden die Fälle, in denen eine Änderung des gewöhnlichen Aufenthalts einzig und allein aus den obengenannten Gründen stattfindet, wohl eher die Ausnahme bleiben.[327] Als Nachteil ist letztlich noch anzuführen, dass bei der Anknüpfung an den letzten gewöhnlichen Aufenthalt des Erblassers das Demokratieargument, i.e. die indirekte Mitgestaltung des Erbrechts durch den Erblasser als Wahlberechtigter, keine Rechnung trägt.[328]

Auf jeden Fall kann festgehalten werden, dass der neue objektive Anknüpfungspunkt an den gewöhnlichen Aufenthalt des Erblassers in Art. 21 Abs. 1 EU-ErbVO genau wie das zuvor in Europa dominierende Staatsangehörigkeitsprinzip *Pros* und *Contras* offenbart. Eine Abwägung hinsichtlich dessen, welche Anknüpfung nun die bessere ist, kann *a priori* nicht stattfinden. Denn zu welcher Rechtsordnung der Erblasser die engste Verbindung aufweist und welches Recht für seinen konkreten Fall am angemessensten ist, kann letzten Endes nur der Erblasser selbst richtig beantworten.[329] Objektiv können lediglich Vermutungen aufgestellt werden, die zwar unter Umständen richtig sein *können*, es aber keinesfalls *müssen*. Vermutungen bleiben Vermutungen, keine Gewissheiten. So kommt Anatol Dutta zu dem richtigen Ergebnis, dass es *objektiv* unmöglich ist festzulegen, ob der Erblasser eine engere Verbindung zu seinem Aufenthaltsstaat, zu seinem Heimatstaat oder zu einem Drittstaat hatte, da es sich hierbei um eine *subjektive* Frage handelt.[330]

---

327 Siehe hierzu Staudinger, Ansgar. Friesen, Siegfried. (2012, Seite 644), Mankowski, Peter. (2015, Seite 42), Schurig, Klaus. (2010, Seite 346 und 353) und Geimer, Reinhold. (2011, Seite 17). Zur Missbrauchs- und Manipulationsgefahr siehe insbesondere Seite 24–25 der Stellungnahme zum Vorschlag für eine Europäische Erbrechtsverordnung. Version 2009/157 (COD) vom 16.1.2012 von Burkhard Hess, Erik Jayme und Thomas Pfeiffer, abrufbar unter: http://www.europarl.europa.eu/RegData/etudes/note/join/2012/462430/IPOL-JURI_NT(2012)462430_DE.pdf (zuletzt geprüft am 29.12.2018).

328 Siehe Mansel, Heinz-Peter. (2003, Seite 135–138, „b) Demokratische Teilhabe an der Rechtsordnung als tragender Grund der Staatsangehörigkeitsanknüpfung") und Kindler, Peter. (2010, Seite 253).

329 Siehe in diesem Zusammenhang Kroll-Ludwigs, Kathrin. (2013, Seite 414): „So fehlt es für die Bestimmung der engsten Verbindung eines familien- und erbrechtlichen Sachverhalts an rationalen Kriterien für den Vorrang des einen oder anderen Anknüpfungsmoments. Weder Staatsangehörigkeits- noch Aufenthaltsanknüpfung können der Lebenswirklichkeit in typisierender Weise gerecht werden. Die Parteiautonomie dient hier also der Überwindung der Anknüpfungsverlegenheit."

330 Siehe Dutta, Anatol. (2009, RabelsZ 73, Seite 564–565). Siehe außerdem Vassilakakis, Evangelos. (2005, Seite 816): „Il faudrait aussi tenir compte de ce que la manière de

C Die Einführung einer begrenzten Rechtswahlmöglichkeit in Art. 22 EU-ErbVO

Im ersten Kapitel dieser Dissertation ist bereits deutlich zum Vorschein gekommen, dass das Instrument der *professio iuris* auch schon vor Inkrafttreten der europäischen Erbrechtsverordnung, und insbesondere seit Anfang des 21. Jahrhunderts, in einigen Mitgliedstaaten als wesentlicher Bestandteil des Erbkollisionsrechts eingeordnet werden konnte. So hatte sich die erbrechtliche Rechtswahl beispielsweise im finnischen, niederländischen, rumänischen oder polnischen IPR fest verankert. Immer mehr europäische Rechtsordnungen folgten bei der Neukodifizierung ihres Kollisionsrechts dieser Tendenz. Als jüngstes Beispiel ist die Tschechische Republik im Jahr 2012 zu nennen. In diesem Kontext der Verbreitung der *professio iuris* als *„unaufhaltsames Ereignis“*[331] im europäischen Erbrecht ist die Einführung einer Rechtswahl in Art. 22 EU-ErbVO sehr zu begrüßen.

Die Zulassung der Parteiautonomie in der Erbrechtsverordnung fand sogar von Beginn der Vorbereitungsphase an große Zustimmung.[332] Sodass die zu debattierende Frage nicht so sehr das „ob“ sondern vielmehr „ihre Schranken“ waren, i.e. wie weit die dem Erblasser erteilte Rechtswahlmöglichkeit gehen sollte. Die vorläufige Rechtswahlklausel in Art. 17 Abs. 1 des Verordnungsvorschlags lautete unter der Überschrift „Freie Rechtswahl“ noch wie folgt:

> *„Eine Person kann die Rechtsnachfolge in ihren gesamten Nachlass dem Recht des Staates unterwerfen, dessen Staatsangehörigkeit sie besitzt.“*[333]

---

régler sa succession constitue pour le de cujus une *question extrêmement personnelle.*“ Zu der nicht objektiv korrekt durchführbaren Abwägung von Kontinuitäts- versus Anpassungsinteressen im Einzelfall siehe auch Mansel, Heinz-Peter. (1988, Seite 73–74 und 77), Davì, Angelo. (2004, Seite 388) und Jayme, Erik. (1986, Seite 361), der als Beispiel die Deutschen hervorhebt, die im Mittelmeerraum in kleinen Kolonien leben und bei denen kein Integrationswille vorhanden ist.

331 Siehe bereits Seite 107–108 im ersten Kapitel der Dissertation.

332 Siehe hierzu Nick, Christian. (2008, Seite 283–284).

333 Siehe Art. 17 Abs. 1 des Vorschlags für eine Verordnung des Europäischen Parlaments und des Rates über die Zuständigkeit, das anzuwendende Recht, die Anerkennung und die Vollstreckung von Entscheidungen und öffentlichen Urkunden in Erbsachen sowie zur Einführung eines Europäischen Nachlasszeugnisses. KOM(2009) 154 endgültig, Brüssel, 14.10.2009. Abrufbar unter: http://ec.europa.eu/civiljustice/news/docs/succession_proposal_for_regulation_de.pdf (zuletzt geprüft am 29.12.2018). Zur Rechtswahlmöglichkeit im Verordnungsentwurf siehe z.B. Lange, Knut Werner. (2011, Seite 432–433).

In der definitiven Version wurde richtigerweise die falsch übernommene und zur Verwirrung führende Überschrift „Freie Rechtswahl“ auf den schlichten Titel „Rechtswahl“ geändert. Denn der Erblasser hat lediglich die Möglichkeit eine gebundene *professio iuris* auszuüben. Des Weiteren wurde hinzugefügt, dass die Rechtswahl auch dann wirksam ist, wenn der Erblasser die gewählte Staatsangehörigkeit noch nicht im Zeitpunkt der Rechtswahl besitzt, sie aber vor seinem Tode erwirbt. Zuletzt wurde überdies aufgeklärt, dass Mehrstaater die freie Wahl zwischen ihren Staatsangehörigkeiten haben, ohne dass es dabei auf die effektive unter ihnen ankäme. Dadurch verfügen Personen mit mehreren Staatsangehörigkeiten also über eine *leicht* erweiterte Rechtswahlfreiheit. Nach diesen Ergänzungen lautet die jetzige Rechtswahlklausel in Art. 22 Abs. 1 EU-ErbVO:

> *„Eine Person kann für die Rechtsnachfolge von Todes wegen das Recht des Staates wählen, dem sie im Zeitpunkt der Rechtswahl oder im Zeitpunkt ihres Todes angehört.*
> *Eine Person, die mehrere Staatsangehörigkeiten besitzt, kann das Recht eines der Staaten wählen, denen sie im Zeitpunkt der Rechtswahl oder im Zeitpunkt ihres Todes angehört.“*

Das Ergebnis – die Zulassung einer auf das Heimatrecht des Erblassers begrenzte Rechtswahl – kann als wahrhaftiger *Kompromiss* verstanden werden, um auch den Ländern, die zuvor dem Staatsangehörigkeitsprinzip im Erbkollisionsrecht folgten, eine annehmbare Lösung zu bieten.[334] Wie schon am Anfang des vorherigen Abschnitts *B.* erwähnt, haben die meisten EU-Mitgliedstaaten vor dem

334 Siehe auch in diesem Sinne Basedow, Jürgen. (2015, Seite 270, Unterpunkt 428: „apparently, the admission of party autonomy is exclusively driven by the European Commission's intention **to soothe** Member States which have so far adhered to the nationality principle“), Palao Moreno in Iglesias Buigues, José Luis. Palao Moreno, Guillermo. (2015, Seite 156: „la opción por la ley nacional implica que el legislador europeo **se alinea** con aquellos ordenamientos estatales que – como el español – se basaban en el principio de nacionalidad – aunque, en este caso, como solución alternativa“), Davì, Angelo. (2004, Seite 388–389 : „toutefois l'attachement de plusieurs Etats membres au principe de la nationalité suggère que l'octroi au de cujus de la faculté d'opter, le cas échéant, pour son droit national pourrait **rendre plus acceptable** pour ces Etats une innovation qui pour eux représente un véritable bouleversement de leur tradition juridique“), Andrea Bonomi in Anderson, Miriam. Arroyo i Amayuelas, Esther. (2011, Seite 33: „the choice of law has been conceived as **a means of reconciling** national systems based on domicile and nationality“) und Oppermann, Karl Felix. (2016, Seite 41: „Folglich entschied man sich, ein Instrument **zur Abmilderung** und **Ermöglichung zur Rückkehr zum gewohnten System** zu schaffen, um möglichst die Bedürfnisse aller Beteiligten **zufriedenzustellen**“). (Hervorhebungen hinzugefügt).

17.08.2015 zur Ermittlung des anwendbaren Erbstatuts an die Staatsangehörigkeit des Erblassers im Zeitpunkt seines Todes angeknüpft.[335]

Zudem darf nicht vergessen werden, dass wenn auch eine bedeutende Zahl an Mitgliedstaaten eine Rechtswahl im Erbrecht erlaubte, die meisten von ihnen dies nur in einem sehr beschränkten Maße taten (Belgien, Italien, Bulgarien, Deutschland, etc.) und das für viele andere die Parteiautonomie im Bereich des internationalen Erbrechts eine ganz fremde Institution war (Spanien, Portugal, Schweden, Griechenland, Österreich, etc.)[336]. Dementsprechend ist festzuhalten, dass die *professio iuris* in Art. 22 EU-ErbVO für diese beiden Ländergruppen einen Zugewinn an Rechtswahlfreiheit darstellt, vor allem für letztere.[337] Allerdings ist auch noch eine dritte Ländergruppe zu differenzieren, für welche die neue Rechtswahlklausel einen Verlust an Rechtswahlfreiheit bedeutet. Dazu gehören die Niederlanden und Polen (Rechtswahl zugunsten des Heimat- oder Wohnsitzrechts des Erblassers im Zeitpunkt der Rechtswahl oder im Zeitpunkt seines Todes), sowie insbesondere Finnland (zusätzliche Wahl eines früheren gewöhnlichen Aufenthalts und des Ehegüterstatuts).

Zusammenfassend lässt sich sagen, dass der Erblasser dank der in Art. 22 EU-ErbVO eingeführten *professio iuris*, als Korrektiv zur objektiven Anknüpfung an seinen letzten gewöhnlichen Aufenthalt,[338] eine **direkte (oder unmittelbare) Rechtswahl** zugunsten des Rechts seiner Staatsangehörigkeit im Zeitpunkt der Rechtswahl oder im Zeitpunkt seines Todes treffen kann. Diese allgemeine Rechtswahl gilt für das gesamte *Erbstatut* und streckt sich außerdem gem. Art. 24 Abs. 1 und Art. 25 Abs. 1 und 2 EU-ErbVO auch automatisch auf das *Errichtungsstatut* von Testamenten und Erbverträgen aus. Bei der Rechtswahl des Art. 22 EU-ErbVO handelt es sich also folglich um eine *umfassende* Rechtswahl. Wobei schon hier zu erwähnen ist, dass der Erblasser auch eine gesonderte Rechtswahl nur für das Errichtungsstatut treffen könnte.[339]

---

335 Siehe Seite 117 unter Abschnitt *B.* im zweiten Kapitel der Dissertation und die Europakarte im Anhang Nr. 3.1.

336 Siehe die nicht farblich markierten Mitgliedstaaten auf der von der Verfasserin erstellten Europakarte im Anhang Nr. 1.

337 Zu dem Zugewinn an Rechtswahlfreiheit siehe Kroll-Ludwigs, Kathrin. (2013, Seite 146).

338 Siehe in diesem Zusammenhang das passende und sehr bildhafte Zitat von Marc-Philipppe Weller in Leible, Stefan. Unberath, Hannes. (2013, Seite 295): „War der gewöhnliche Aufenthalt früher „der kleine Bruder" der Staatsangehörigkeit, so ist er nun der „kleine Bruder" der Parteiautonomie."

339 Siehe hierzu noch Seite 144–145 der Dissertation unter *C.III. Beschränkung auf den gesamten Nachlass.* Siehe auch Dutta, Anatol. (2015, IPRax, Seite 37) und Heinig, Jens.

Zugleich ist an dieser Stelle auf die in Art. 5 EU-ErbVO vorgesehene Gerichtsstandsvereinbarung hinzuweisen, die den betroffenen Parteien im Falle einer Rechtswahl ermöglicht den Einklang zwischen *forum* und *ius* wiederherzustellen und auf die später in Abschnitt *D.* dieses zweiten Kapitels der Dissertation ausführlicher zurückzukommen sein wird. Dort wird auch die in Art. 6 lit. a EU-ErbVO enthaltene *forum non conveniens*-Klausel kommentiert, die dieselbe Absicht verfolgt.

Nicht außer Acht gelassen werden darf, dass der Erblasser ebenfalls über eine „freie" **indirekte (oder mittelbare) Rechtswahlmöglichkeit** verfügt, indem er bewusst seinen gewöhnlichen Aufenthalt in ein anderes beliebiges Land verlegen kann.[340] So ist die objektive Anknüpfung an den letzten gewöhnlichen Aufenthalt des Erblassers in Art. 21 EU-ErbVO durch Faktengestaltung wesentlich leichter zu ändern als die nur sehr schwer wandelbare Staatsangehörigkeitsanknüpfung. Wie Andrea Bonomi sehr bildlich zum Ausdruck bringt: „Strictly speaking, this is not party autonomy, but it is a *de facto* freedom which entails important legal consequences: as it is sometimes said, people can "choose with their feet"."[341] Dennoch werden die Erblasser, die von so einer indirekten Rechtswahl Gebrauch machen, wohl eher die Ausnahme bleiben. Schließlich stellt sich das dafür zu bringende Opfer – das soziale Umfeld zu wechseln – normalerweise als sehr groß und abschreckend dar.

In diesem Zusammenhang soll auch kurz das Problem angesprochen werden, dass der Erblasser, um eine Rechtswahl treffen zu können, natürlich als Erstes einmal von dieser ihm zur Verfügung stehenden Optionsmöglichkeit *wissen* und später dann an sie *denken* muss. In der Praxis wird es aber oft gerade daran scheitern. Denn nur die wenigsten Erblasser werden über ausreichende Information

---

(2014, Heft 5, Seite 208–210). Ob der Erblasser auch eine isolierte Rechtswahl für das Erbstatut treffen kann, ist hingegen umstritten, siehe Kroll-Ludwigs, Kathrin. (2016, Seite 76–77).

340 Zur indirekten Rechtswahl durch Änderung des gewöhnlichen Aufenthaltsorts siehe Mankowski, Peter. (2015, Seite 42), Wilke, Felix M. (2012, RIW, Seite 606), Bonomi, Andrea. (2011, Recueil des Cours, Seite 219), Dutta, Anatol. (2009, RabelsZ 73, Seite 574), Kroll-Ludwigs, Kathrin. (2013, Seite 503) und Davì, Angelo. (2004, Seite 390). Siehe auch die Rechtsvergleichende Studie der erbrechtlichen Regelungen des Internationalen Verfahrensrechtes und Internationalen Privatrechts der Mitgliedstaaten der Europäischen Union des Deutschen Notarinstituts in Zusammenarbeit mit Prof. Dr. Heinrich Dörner und Prof. Dr. Paul Lagarde von 2002 (Seite 269, Unterpunkt (9)), abrufbar unter der in Fußnote 18 zitierten Webseite.

341 Siehe Bonomi, Andrea. (2010, NIPR, Seite 607).

hinsichtlich der Statutenbestimmung und über ein *Rechtswahlbewusstsein* verfügen. Dieses Problem des Unwissens des Erblassers könnte, wie bereits in den 1990er Jahren von Jürgen Basedow und Barbara Diehl-Leistner vorgeschlagen, durch die nicht gesetzlich vorgeschriebene Verteilung von Merkblättern an Ausländer seitens der Behörden – oder heutzutage auch mithilfe von elektronischen Ressourcen – reduziert werden.[342]

I Formerfordernisse und Wirksamkeitsvoraussetzungen

Artikel 22 Abs. 2 EU-ErbVO legt fest, dass die Rechtswahl ausdrücklich in einer Erklärung in Form einer Verfügung von Todes wegen erfolgen oder sich aus den Bestimmungen einer solchen Verfügung ergeben muss. Obwohl aus dem Gesetzestext eindeutig hervorgeht, dass sich die Rechtswahl *aus den Bestimmungen* einer Verfügung von Todes wegen zu ergeben hat und *nicht* aus den äußerlichen Umständen einer solchen (anders Art. 3 Abs. 1 Satz 2 Rom I und Art. 14 Abs. 1 Satz 2 Rom II), kann durchaus vertreten werden, dass die äußerlichen Umstände in Betracht gezogen werden dürfen, um die sich aus den Bestimmungen ergebende Rechtswahl zu interpretieren oder zu bekräftigen.[343]

Als Erstes ist auszuführen, dass anders als Art. 17 Abs. 2 des Kommissionsvorschlags, in dem nur eine ausdrückliche Rechtswahlerklärung gestattet wurde, jetzt gem. Art. 22 Abs. 2 EU-ErbVO neben der **ausdrücklichen** auch eine **konkludente** oder **stillschweigende Rechtswahl** erlaubt ist.[344] Durch die Zulassung einer konkludenten *professio iuris* würde nun ebenfalls eine gültige Rechtswahl

342 Siehe Schurig, Klaus. (2010, Seite 347) und zum Vorschlag der Übergabe eines Merkblattes an Ausländer siehe Basedow, Jürgen. Diehl-Leistner, Barbara. (1990, Seite 41–42, mit einem Beispiel wie ein solcher Hinweis formuliert werden könnte in Fußnote 91).

343 Siehe in diesem Sinne Bonomi in Bonomi, Andrea. Wautelet, Patrick. (2016, Seite 349).

344 Zur ausdrücklichen und konkludenten Rechtswahl in Art. 22 Abs. 2 EU-ErbVO siehe z.B. Heinig, Jens. (2014, Heft 5, Seite 204), Schmitz, Melanie. (2017, Seite 145–149), Rodríguez-Uría Suárez, Isabel. (2013, Seite 12–13), Palao Moreno in Iglesias Buigues, José Luis. Palao Moreno, Guillermo. (2015, Seite 158–159), Müller-Lukoschek, Jutta. (2015, Seite 101–102), Oppermann, Karl Felix. (2016, Seite 43, Fußnote 276) und insbesondere Bonomi in Bonomi, Andrea. Wautelet, Patrick. (2016, Seite 346–350). Siehe auch die Stellungnahme zum Vorschlag für eine Europäische Erbrechtsverordnung von der Generaldirektion Interne Politikbereiche. (2012, Seite 25–26, abrufbar unter folgender Webseite: http://www.europarl.europa.eu/RegData/etudes/note/join/2012/462430/IPOL-JURI_NT(2012)462430_DE.pdf, zuletzt geprüft am 29.12.2018).

vorliegen, wenn der Erblasser in seiner Verfügung allein Bezug auf Rechtsinstitute oder Vorschriften aus der Zivilgesetzgebung seines Heimatrechts nimmt oder letzteres Recht anderweitig erwähnt. Dies wird auch aus dem Erwägungsgrund 39 der Verordnung ersichtlich.[345]

Wenn beispielsweise ein Österreicher mit gewöhnlichem Aufenthalt in Deutschland in seinem Testament von „Einantwortung“[346] und von „Verlassenschaft“ anstatt von Nachlass spricht, kann davon ausgegangen werden, dass er seine Rechtsnachfolge dem österreichischen Recht unterwerfen möchte.[347] In so einem Fall würde eine konkludente Rechtswahl vorliegen und österreichisches Erbrecht wäre anstelle des objektiv anwendbaren deutschen Rechts maßgeblich. Ein Rechtswahlbewusstsein ist hierfür nicht erforderlich, was zählt ist der wahre Wille des Erblassers.[348] Ebenso könnte von einer konkludenten Rechtswahl ausgegangen werden, wenn ein in Frankreich wohnender galizischer Erblasser ein „pacto sucesorio de labrar y poseer“ trifft,[349] ein testamentarischer Trust von

345 Durch die Zulassung einer konkludenten Rechtswahl werden zugleich die zur Kategorie „Handeln unter fremden Recht“ gehörenden Fälle gelöst. Siehe hierzu Döbereiner, Christoph. (2013, Teil I, Seite 363).

346 Als Einantwortung wird die gerichtliche Übergabe des Nachlasses eines Verstorbenen in den rechtlichen Besitz des Erben verstanden. Diese Definition stammt aus dem Begriffslexikon der Plattform HELP.gv.at, das unter folgender Webseite abrufbar ist: https://www.help.gv.at/Portal.Node/hlpd/public/content/99/Seite.990030.html (zuletzt geprüft am 29.12.2018).

347 Dieses Beispiel erscheint in Basedow, Jürgen. Dutta, Anatol. (2010, RabelsZ 74, Seite 613–614), Dutta, Anatol. (2011, Europäisches Erb-und Erbverfahrensrecht, Seite 75) und Wilke, Felix M. (2012, RIW, Seite 606).

348 Siehe auch in diesem Sinne Bonomi in Bonomi, Andrea. Wautelet, Patrick. (2016, Seite 350, mit Verweisung auf weitere schweizer Autoren in Fußnote 70): „La conscience de choisir entre plusieurs lois ne doit pas être exigée ; la volonté réelle et prouvée du disposant de soumettre sa succession à son droit national devrait suffire pour admettre l'existence d'un choix, même si elle n'est pas accompagnée de la conscience de l'existence d'un conflit de lois.“ Sowie Davì, Angelo. Zanobetti, Alessandra. (2014, Seite 70–72).

349 Siehe hierzu Rodríguez-Uría Suárez, Isabel. (2013, Seite 12–13) und Art. 219 ff. des galizischen Zivilrechtgesetzes, in denen diese konkrete Institution „Erbvertrag des Bearbeitens und des Besitzens“ vorgesehen ist und die dem Erblasser zum Beispiel ermöglicht sein Familienunternehmen ungeteilt an nur einen Nachkommen zu hinterlassen, der gegebenenfalls den anderen ihren Pflichtteil (in Höhe von ¼ des Nachlasses) auszuzahlen hat. Die Problematik, ob ein Erblasser direkt eine Rechtswahl zugunsten einer Teilrechtsordnung treffen kann, wird ausführlich unter *F.III. Rechtswahl im Verhältnis zu Mehrrechtsstaaten* untersucht.

einem im Ausland lebenden Engländer errichtet wird oder nach Ansicht einiger Autoren sogar wenn ein Erblasser seinen letzten Willen in einem gemeinschaftlichen Testament oder in einem Erbvertrag äußert und eine solche Verfügung von Todes wegen nach dem objektiv anwendbaren Recht nicht erlaubt ist.[350]

Allerdings hat die konkludente Rechtswahl den Nachteil in einigen Fällen zu Unsicherheiten des anwendbaren Rechts und zu Streitigkeiten zwischen den Erben zu führen; wobei eine Rechtswahl ja eigentlich gerade Rechtssicherheit hinsichtlich des anwendbaren Erbstatuts schaffen sollte. Wenn nicht klar ist, ob eine wirksame konkludente Rechtswahl vorliegt, könnten auch Probleme in Bezug auf die in Art. 5 EU-ErbVO vorgesehene Gerichtsstandsvereinbarung auftreten. In so einem Fall wären Zweifel seitens der Erben, ob zuerst die Gerichte im Heimatstaat oder die am gewöhnlichen Aufenthaltsort des Erblassers anzurufen sind, um über das Vorliegen einer wirksamen Rechtswahl und der sich daraus ergebenden Zulässigkeit einer Gerichtsstandsvereinbarung zu entscheiden, durchaus berechtigt.[351]

Dennoch überzeugt die Anerkennung einer stillschweigenden Rechtswahl, denn dadurch kommt der *wirkliche Wille* des Erblassers zum Vorschein und wird nicht aus formalistischen Gründen in den Schatten gestellt. Die Zulassung einer solchen Rechtswahl kann des Weiteren als Gebot des *favor testamenti*-Grundsatzes angesehen werden und sorgt ferner für eine gewisse Kohärenz im europäischen Kollisionsrecht.[352] Auch wenn die ausdrückliche Rechtswahl eine höhere

---

350 Diese und weitere Beispiele können in Bonomi, Andrea. Wautelet, Patrick. (2016, Seite 348–349), Davì, Angelo. Zanobetti, Alessandra. (2014, Seite 69), Carrascosa González, Javier. (2014, CDT, Seite 24–25) und in Heinig, Jens. (2014, Heft 5, Seite 204) gefunden werden. Siehe in diesem Zusammenhang bereits den in Fußnote 139 erwähnten Beschluss des OLG Schleswig vom 25.04.2016 bezüglich der anerkannten konkludenten Rechtswahl seitens eines polnischen Erblassers zugunsten deutschen Rechts durch die Mitunterzeichnung eines gemeinschaftlichen Testaments, das nach polnischem Recht verboten ist. Die Sprache, in der der Erblasser seine Verfügung von Todes wegen abfasst, kann hingegen nur als Indiz für eine konkludente Rechtswahl gelten, siehe Müller-Lukoschek, Jutta. (2015, Seite 102, Rn. 163) und auch Carrascosa González, Javier. (2014, CDT, Seite 24).

351 Zu den Nachteilen der konkludenten Rechtswahl siehe Palao Moreno in Iglesias Buigues, José Luis. Palao Moreno, Guillermo. (2015, Seite 159), Bonomi in Bonomi, Andrea. Wautelet, Patrick. (2016, Seite 347–348) und Seite 26 der Stellungnahme zum Vorschlag für eine Europäische Erbrechtsverordnung von der Generaldirektion Interne Politikbereiche (2012), abrufbar unter der in Fußnote 344 zitierten Webseite.

352 Artikel 3 Abs. 1 Satz 2 Rom I und Art. 14 Abs. 1 Satz 2 Rom II erlauben auch eine stillschweigende Rechtswahl, siehe Kroll-Ludwigs, Kathrin. (2013, Seite 49 und 92).

Rechtssicherheit und Vorhersehbarkeit des anwendbaren Rechts bietet als die konkludente, und sie deshalb als angemessenste und sicherste Form der Willensäußerung erscheint,[353] ist es richtig die konkludente Rechtswahl nicht aus diesen Gründen auszuschließen. Außerdem kann es manchmal recht schwierig sein, die exakte Grenze zwischen ausdrücklicher und konkludenter Rechtswahl festzulegen.[354] Folglich ist die Anerkennung einer konkludenten *professio iuris*, für die der europäische Gesetzgeber sich letzten Endes in Art. 22 Abs. 2 EU-ErbVO entschieden hat und die dem Schutz der Erblasserinteressen dient, zu befürworten.

An zweiter Stelle ist hervorzuheben, dass die Rechtswahl richtigerweise dem **Formzwang für Verfügungen von Todes wegen** unterliegt.[355] Unter einer solchen Verfügung ist gem. Art. 3 Abs. 1 d) EU-ErbVO ein Testament, ein gemeinschaftliches Testament oder ein Erbvertrag zu verstehen. Artikel 22 Abs. 2 EU-ErbVO erörtert demzufolge nicht selbst welche die Formerfordernisse einer Rechtswahl sind (z.B. ob sie der notariellen Form bedarf oder auch eine handschriftliche Rechtswahl ausreichend wäre, ob bei der letzteren Schreibmaterialerfordernisse zu beachten sind, ob die Präsenz von Zeugen bei einem blinden Erblasser notwendig ist, etc.), sondern verweist stattdessen – wie auch Art. 5 Abs. 2 Satz 1 HÜErb – auf das auf die Verfügung von Todes wegen anwendbare Formstatut.[356]

Im Gegensatz zum Verordnungsentwurf, enthält der definitive Text in Art. 27 EU-ErbVO eine Vorschrift zur formellen Wirksamkeit einer schriftlichen Verfügung von Todes wegen.[357] Allerdings ist diese Bestimmung gem. Art. 75 EU-ErbVO hinsichtlich der Formgültigkeit von Testamenten und

---

Umstritten ist diese aber z.B. in der Rom III-VO, siehe hierzu die Analyse von Raupach, Claudia. (2014, Seite 180–182).

353 Diese Meinung vertreten mehrere Autoren, zum Beispiel Blanco-Morales Limones, siehe Palao Moreno in Iglesias Buigues, José Luis. Palao Moreno, Guillermo. (2015, Seite 158).

354 Siehe hierzu Dutta, Anatol. (2011, Europäisches Erb-und Erbverfahrensrecht, Seite 75), der der Meinung ist, auch ausdrückliche Erklärungen seien streng genommen konkludente Willenserklärungen.

355 Siehe Wilke, Felix M. (2012, RIW, Seite 606), der darauf hinweist, dass die Bedeutung einer Rechtswahl mindestens der einer testamentarischen Anordnung entspricht und folglich nicht einer niedrigeren Formschwelle unterliegen sollte.

356 Siehe Bonomi in Bonomi, Andrea. Wautelet, Patrick. (2016, Seite 346) und Döbereiner, Christoph. (2013, Teil I, Seite 363), der darauf aufmerksam macht, dass einer isolierten Rechtswahl dadurch aber nichts im Wege steht.

357 Zur Bestimmung des Formstatuts zu Zeiten des Entwurfes (Anwendung des *Haager Testamentsformabkommens von 1961* soweit der Forumstaat dieses Abkommen ratifiziert hat, im Übrigen nationales Kollisionsrecht) siehe Dutta, Anatol. (2011,

gemeinschaftlichen Testamenten nicht für die Mitgliedstaaten, die Vertragspartner des Haager Abkommens vom 5. Oktober 1961 über das auf die Form letztwilliger Verfügungen anzuwendende Recht sind, maßgeblich. Für letztere gilt weiterhin das Übereinkommen und Art. 27 EU-ErbVO ist nur bei Erbverträgen für sie anwendbar. Für nicht Vertragspartner des Abkommens gilt Art. 27 EU-ErbVO indessen für alle Arten von Verfügungen von Todes wegen.[358] Dabei ist hervorzuheben, dass dieser Artikel eine weitgehend dem Haager Übereinkommen von 1961 entsprechende Regelung an alternativen Anknüpfungen beinhaltet, damit es im Sinne des *favor negotii*-Grundsatzes[359] möglichst nicht an der Form scheitert.[360]

Schließlich ist an dieser Stelle noch einen Blick auf Art. 22 Abs. 3 EU-ErbVO zu werfen. Laut diesem Artikel unterliegt die **materielle Wirksamkeit** der Rechtshandlung, durch die die **Rechtswahl** vorgenommen wird, wie üblich, dem gewählten Recht.[361] In Erwägungsgrund 40 Satz 2 wird erörtert, dass es bei der

---

Europäisches Erb-und Erbverfahrensrecht, Seite 76). Rodríguez-Uría Suárez, Isabel. (2013, Seite 38) weist darauf hin, dass der Verordnungsentwurf aufgrund des großen Anwendungsbereiches des HÜErb noch keine Vorschrift bezüglich der Formgültigkeit von Verfügungen von Todes wegen vorsah.

358 Artikel 1 Abs. 2 lit. f) EU-ErbVO schließt allerdings die Formgültigkeit mündlicher Verfügungen von Todes wegen aus dem Anwendungsbereich der Verordnung aus. Siehe hierzu Jan Peter Schmidt in Dutta, Anatol. Weber, Johannes. (2016, Seite 76).

359 Siehe hierzu auch Dutta, Anatol. (2011, Europäisches Erb-und Erbverfahrensrecht, Seite 77).

360 Siehe das Beispiel der immer noch strikten testamentarischen Formerfordernisse hinsichtlich handschriftlicher Testamente in den Niederlanden und die Praxis von der *lex loci celebrationis* Gebrauch zu machen, um diese Erfordernisse zu umgehen in Basedow, Jürgen. (2015, Seite 308, Unterpunkt 478, und Seite 310–311, Unterpunkt 481). Vor 1982 waren holographische Testamente gem. Art. 992 des niederländischen ZGBs verboten und jetzt sind sie nur bei vorliegender notariellen Verwahrung gültig. Um eine solche kostenpflichtige Verwahrung zu vermeiden, begeben sich viele niederländische Erblasser in Nachbarländer, wo diese Formerfordernisse nicht gelten, und fügen ihrem dort verfassten Testament als Beweismittel eine Postkarte hinzu. Siehe auch Sebastiaan Roes in Schmoeckel, Mathias. Otte, Gerhard. (2011, Die Testamentsformen in den Niederlanden: Entstehung, Entwicklung und geltende Rechtslage, Seite 211 ff.). In Fußnote 546 der Dissertation sind zudem eine ganze Reihe Länder aufgeführt, die gar kein eigenhändiges Testament gestatten.

361 Nicht nur in Art. 5 Abs. 2 Satz 2 HÜErb, auch in vielen anderen Vorschriften des europäischen Kollisionsrechts richtet sich die materielle Gültigkeit nach dem gewählten Recht. Siehe Dutta, Anatol. (2011, Europäisches Erb-und Erbverfahrensrecht, Seite 77, mit einer Aufzählung in Fußnote 100). Zur materiellen Wirksamkeit der Rechtswahl in Art. 22 Abs. 3 EU-ErbVO siehe Bonomi in Bonomi, Andrea. Wautelet,

materiellen Wirksamkeit im Kern darum geht, ob der Erblasser sich über die Bedeutung der getroffenen Rechtswahl im Klaren ist und dieser zustimmt.[362] So gehören beispielsweise die Testierfähigkeit, die Stellvertretungszulässigkeit bei Errichtung einer Verfügung und die Willensmängel (Täuschung, Nötigung, Irrtum, etc.) zur materiellen Wirksamkeit.[363] Mangels spezifischer Vorschriften für eine Rechtswahl nach der Erbrechtsverordnung im gewählten Recht, richtet sich die materielle Wirksamkeit nach den Regelungen des gewählten Rechts über **letztwillige Verfügungen**, die analog auf die Rechtswahl anzuwenden sind.[364] Denkbar ist auch, dass die Verfügung von Todes wegen, in der die Rechtswahl enthalten ist, als unwirksam erklärt wird, die Rechtswahl aufgrund ihrer Unabhängigkeit aber wirksam bleibt.[365]

II Beschränkung auf die Wahl des Heimatrechts des Erblassers

Wie bereits schon mehrmals in diesem zweiten Kapitel der Dissertation dargelegt, wird dem Erblasser in Art. 22 Abs. 1 EU-ErbVO lediglich gestattet für seine gesamte Rechtsnachfolge von Todes wegen das Recht des Staates zu wählen, dem er *im Zeitpunkt der Rechtswahl* oder *im Zeitpunkt seines Todes* angehört hat. Dabei spielt überhaupt keine Rolle, ob das gewählte Recht das Recht eines Mitgliedstaates oder das eines Drittstaates ist.

Während Art. 17 Abs. 1 des Verordnungsentwurfes noch keine Äußerung zum maßgeblichen Zeitpunkt der Rechtswahl enthielt, gestattet Art. 22 Abs. 1 der endgültigen Fassung nun (dem Modell des Art. 5.1 HÜErb folgend) ausdrücklich sowohl eine *professio iuris* zugunsten des Heimatrechts des Erblassers *im*

Patrick. (2016, Seite 350–352), Heinig, Jens. (2014, Heft 5, Seite 205–206), Döbereiner, Christoph. (2013, Teil I, Seite 363), Rodríguez-Uría Suárez, Isabel. (2013, Seite 13) und Schmitz, Melanie. (2017, Seite 126–128), die die Lösung des Art. 22 Abs. 3 EU-ErbVO aufgrund ihrer praktischen Vorteile, trotz des Problems des „logischen Zirkelschlusses" (die Prüfung der Wirksamkeit der Rechtswahl müsste eigentlich vor der kollisionsrechtlichen Verweisung stattfinden), für überzeugend hält.

362 Der soeben genannte Erwägungsgrund legt auch dar, dass eine nach der Erbrechtsverordnung getroffene Rechtswahl auch dann wirksam ist, wenn das gewählte Recht keine erbrechtliche *professio iuris* gestattet.

363 Artikel 26 Abs. 1 EU-ErbVO beinhaltet eine Auflistung der Bereiche, die zur materiellen Wirksamkeit einer *Verfügung von Todes wegen* gehören.

364 Siehe Bonomi in Bonomi, Andrea. Wautelet, Patrick. (2016, Seite 351–352, Rn. 67) und Döbereiner, Christoph. (2013, Teil I, Seite 363).

365 Siehe hierzu Rodríguez-Uría Suárez, Isabel. (2013, Seite 13).

Zeitpunkt der Rechtswahl als auch *zum Todeszeitpunkt*.[366] Von letzterer ist in der Praxis wohl hauptsächlich im Fall einer bevorstehenden Staatsangehörigkeitsänderung Gebrauch zu machen und wäre nur dann gültig, wenn der Erblasser noch vor seinem Tod diese neue Nationalität erwirbt. Anderenfalls würde die getroffene Rechtswahl ins Leere laufen und das in Art. 21 EU-ErbVO objektiv bestimmte Erbrecht wäre anwendbar.

Nicht erlaubt ist nach herrschender Meinung allerdings eine *abstrakte* oder *dynamische Rechtswahl*, ohne eine konkrete Rechtsordnung zu nennen. Zum Beispiel: „Auf meine Rechtsnachfolge soll das Recht der Staatsangehörigkeit, die ich im Zeitpunkt meines Todes besitze, welche auch immer diese sein mag, anwendbar sein".[367] Dem ist meiner Ansicht nach zuzustimmen. Es ergibt keinen Sinn, dass dem Erblasser die Möglichkeit eingeräumt wird, abstrakt eine Rechtswahl zugunsten eines zukünftigen Heimatrechts zu treffen, von dem er im Zeitpunkt der Rechtswahl noch keinen blassen Schimmer hat.[368]

Unproblematischer gestaltet sich hingegen die *professio iuris* des Heimatrechts im Zeitpunkt der Rechtswahl. Selbst wenn der Erblasser zu einem späteren Zeitpunkt seine gewählte Staatsangehörigkeit verlieren sollte, wäre die getroffene *professio iuris* zugunsten des Rechts dieser Staatsangehörigkeit (im Gegensatz zu den Vorschriften einiger nationaler Erbkollisionsnormen, wie § 25 Abs. 2 estnisches

---

366 Zu den Zeitpunkten der Rechtswahl siehe Kroll-Ludwigs, Kathrin. (2013, Seite 141–142), Döbereiner, Christoph. (2013, Teil I, Seite 363), Staudinger, Ansgar. Friesen, Siegfried. (2014, Seite 644), sowie Heinig, Jens. (2014, Heft 5, Seite 204, mit weiteren Verweisungen in Fußnote 101).

367 Für eine Auflistung der Autoren, die sich gegen eine abstrakte oder ungewisse Rechtswahl aussprechen, siehe Frank Bauer in Dutta, Anatol. Weber, Johannes. (2016, Seite 170, Rn. 17). Siehe auch Müller-Lukoschek, Jutta. (2015, Seite 100, Rn. 155), Keim, Christopher. (2013, Seite 71, Fußnote 20) und Capaul, Gian Andri. (2018, Seite 55).

368 Eine andere Meinung vertreten beispielsweise Oppermann, Karl Felix. (2016, Seite 46–49), Nordmeier, Carl Friedrich. (2013, GPR, Seite 151, a) Bezeichnung des gewählten Rechts, mit Verweisung auf weitere Autoren in Fußnote 54), Dutta, Anatol. (2018, MüKoBGB, Art. 22 EuErbVO, Rn. 11) oder Hannes Rösler in Dutta, Anatol. Heinze, Christian. (2018, Seite 297–298). Laut Dutta spricht die Zulässigkeit einer konkludenten Rechtswahl auch für die Zulässigkeit einer abstrakten Rechtswahlerklärung. Ebenso Nordmeier, Carl Friedrich. (2013, GPR, Seite 151): „Die Zulässigkeit einer abstrakten Rechtswahl folgt aus der Möglichkeit, eine konkludente Rechtswahl zu treffen. Wenn die Verordnung eine Rechtswahl gestattet, ohne dass das gewählte Recht überhaupt ausdrücklich bezeichnet wird, genügt auch dessen ausdrückliche, aber abstrakte Benennung."

IPRG, Art. 90 Abs. 2 schweizerisches IPRG und Art. 70 Satz 2 ukrainisches IPRG)[369] weiterhin gültig.[370]

Darüber hinaus klärt Art. 22 Abs. 1 Satz 2 EU-ErbVO auf, dass Doppel- oder Mehrstaater nach Belieben eine ihrer Staatsangehörigkeiten wählen dürfen.[371] Dabei ist unwichtig, ob die gewählte Nationalität auch zugleich die effektive unter ihnen ist; sofern eine effektive Staatsangehörigkeit überhaupt festgestellt werden kann.[372] Fortan ergibt sich aus dem Verordnungstext, dass Staatenlose keine Rechtswahlmöglichkeit haben. Schließlich besitzen sie keine Staatsangehörigkeit, die sie wählen könnten. Gemäß Art. 75 Abs. 1 EU-ErbVO ist zur Ermittlung des Personalstatuts eines Staatenlosen für die meisten EU-Mitgliedstaaten[373] weiterhin Art. 12 des New Yorker Übereinkommens über die Rechtsstellung der Staatenlosen vom 28. September 1954 anwendbar, i.e. deren Wohnsitz- oder Aufenthaltsrecht.[374]

---

369 Siehe hierzu den ersten rechtsvergleichenden Teil der Dissertation auf Seite 80 (Estland), Seite 82 (Schweiz), Seite 89 (Ukraine).

370 Argumente für und gegen eine *professio iuris* bei einer *perdita della cittadinanza dopo la scelta* können in Bonomi, Andrea. (2010, Rivista di Diritto Internazionale Privato e Processuale, Seite 895) gefunden werden.

371 Zur Entstehung mehrfacher Staatsangehörigkeit sowie zu einer kritischen Analyse der Lösung des Mehrstaaterkonfliktes mittels Rechtswahl siehe Mansel, Heinz-Peter. (1988, Seite 85 ff. und Seite 162–177). Siehe auch Oppermann, Karl Felix. (2016, Seite 49), der hervorhebt, dass das Plus an Auswahlmöglichkeiten von Mehrstaatern diese zwar im Vergleich zu Personen mit nur einer Staatsangehörigkeit bevorteilt, dies jedoch in Anbetracht der der Parteiautonomie zukommenden Bedeutung zu vernachlässigen sei und Nordmeier, Carl Friedrich. (2013, GPR, Seite 149), der darauf hinweist, dass die nicht auf die effektive Staatsangehörigkeit beschränkte Rechtswahl mit der Garcia Avello-Entscheidung des EuGH (C-148/02) vom 02.10.2003 harmoniert.

372 Siehe den Beitrag von Palao Moreno „La professio iuris y los supuestos de múltiple nacionalidad“ in Iglesias Buigues, José Luis. Palao Moreno, Guillermo. (2015, Seite 157–158). Zum Problembereich der Nichtfeststellbarkeit der effektiven Staatsangehörigkeit siehe Mansel, Heinz-Peter. (1988, Seite 333 ff.).

373 Belgien (1960), Bulgarien (2012), Bundesrepublik Deutschland (1977), Dänemark (1960), Finnland (1969), Frankreich (1960), Griechenland (1976), Irland (1963), Italien (1963), Kroatien (1991), Lettland (1999), Litauen (2000), Luxemburg (1960), Niederlande (1962), Österreich (2008), Portugal (2012), Rumänien (2006), Schweden (1965), Slowakei (2000), Slowenien (1991), Spanien (1997), Tschechische Republik (2004), Ungarn (2002), Vereinigtes Königreich Großbritannien und Nordirland (1960).

374 Siehe Döbereiner, Christoph. (2013, Teil I, Seite 362–363), Staudinger, Ansgar. Friesen, Siegfried. (2014, Seite 645) und zur Problematik des Versagens der

Wählt der Erblasser indessen ein anderes Recht als das seiner Staatsangehörigkeit, so ist die Rechtswahl als unwirksam zu betrachten. Da die subjektive Anknüpfung fehlgeschlagen hat, würde die Erbfolge erneut der objektiven Anknüpfung unterliegen. Gemäß Art. 21 Abs. 1 EU-ErbVO wäre das Recht des letzten gewöhnlichen Aufenthalts des Erblassers maßgeblich. Höchstens mittelbar könnte diese nicht erlaubte Rechtswahl noch unter Umständen, zum Beispiel dank der Ausweichklausel des Art. 21 Abs. 2 EU-ErbVO,[375] zum Tragen kommen. Dies wird auch von Claudia Rudolf, Brigitta Zöchling-Jud und Gabriel Kogler hervorgehoben:

> *„Das vom Erblasser unwirksam gewählte Recht könnte nun im Zuge der Ausweichklausel Beachtung finden, womit der an sich unwirksamen Rechtswahl zugunsten eines anderen Rechtes mittelbare Wirkung zukäme. Voraussetzung ist allerdings, dass zwischen dem Erblasser und dem (unwirksam) gewählten Recht objektiv eine engere Verbindung besteht, als zum Recht des letzten gewöhnlichen Aufenthaltes, wobei allerdings die vom Erblasser getroffene (unwirksame) Rechtswahl als Indiz für eine solche Verbindung gewertet werden kann.“*[376]

Doch kommen wir nun zu der wesentlichen hier auszuarbeitenden Frage: *Warum* ist die in Art. 22 Abs. 1 EU-ErbVO erlaubte erbrechtliche Rechtswahl auf das Heimatrecht des Erblassers beschränkt? Erwägungsgrund 38 Satz 2 der Verordnung nennt gleich zwei Gründe dafür. Der erste ist, um sicherzustellen dass eine Verbindung zwischen dem Erblasser und dem gewählten Recht besteht. Der zweite, um zu vermeiden dass ein Recht mit der Absicht gewählt wird, die berechtigten Pflichtteilsansprüche naher Angehöriger zu umgehen. Das erste Argument ist ziemlich schwach, denn solange die erlaubten wählbaren Rechte eine objektive Verbindung zu dem Erblasser aufweisen (wie z.B. im Fall des Rechts eines

---

Staatsangehörigkeitsanknüpfung bei Staatenlosen und das New Yorker Übereinkommen von 1954 siehe De Winter, Louis I. (1970, Seite 381–382), Nordmeier, Carl Friedrich. (2013, GPR, Seite 149–150) und Wennersbusch, Jasmin. (2018, Seite 208–209). Letztere analysiert auf Seite 209–210 zudem den Fall eines aus seinem Heimatland geflohenen Erblassers.

375 Zur Ausweichklausel des Art. 21 Abs. 2 EU-ErbVO siehe bereits das auf Seite 121 der Dissertation geschriebene.

376 Siehe Claudia Rudolf, Brigitta Zöchling-Jud und Gabriel Kogler in Rechberger, Walter H. Zöchling-Jud, Brigitta. (2015, Seite 136–137). Eine weitere Möglichkeit, auf die sie zur mittelbaren Beachtung einer nach der Erbrechtsverordnung unwirksamen Rechtswahl aufmerksam machen, ist über die Anerkennung eines drittstaatlichen *Renvoi*. Voraussetzung dafür wäre, dass das vom dritststaatlichen Kollisionsrecht berufene Erbstatut, die vom Erblasser getroffene Rechtswahl zuließe.

früheren gewöhnlichen Aufenthalts oder des Ehegüterstatuts), würde dieser Argumentation zur Folge nichts gegen eine Erweiterung des Kreises der wählbaren Rechte sprechen. Anders wäre es freilich bei der Zulassung einer absolut uneingeschränkten oder freien Rechtswahl.

Bei der zweiten Begründung hört es sich so an, als ob die jetzige auf das Heimatrecht des Erblassers beschränkte *professio iuris* garantieren könnte, dass die „berechtigten Erwartungen" der Pflichtteilsberechtigten sichergestellt sind; dieser Schutz bei Erweiterung des Kreises der wählbaren Rechte aber nicht mehr vorhanden wäre. Diese Argumentationslinie darf stark bezweifelt werden. Denn auch schon jetzt könnte der Erblasser – durch die Zulassung einer Rechtswahl zugunsten seines Heimatrechts im Zeitpunkt der Rechtswahl oder im Zeitpunkt seines Todes – ein liberaleres Erbrecht als das objektiv festgelegte zur Anwendung bringen.[377] So gesehen wäre die „Manipulationsgefahr" bei Mehrstaatern sogar noch größer, da sie zwischen ihren Heimatrechten frei wählen dürfen. Außerdem sollte vor Augen gehalten werden, dass selbst wenn keine direkte Rechtswahlmöglichkeit gestattet wäre, Pflichtteilsansprüche durch eine indirekte Rechtswahl, sprich durch die Verlagerung des gewöhnlichen Aufenthalts seitens des Erblassers in ein Land, das ihm eine größere Testierfreiheit einräumt, beeinträchtigt oder sogar ganz umgangen werden könnten. Die Beschränkung der erbrechtlichen Rechtswahl auf das Heimatrecht des Erblassers versichert dementsprechend keinesfalls, dass die obengenannten Interessen der Pflichtteilsberechtigten eingehalten werden.[378] Dennoch scheint das Argument, dass durch eine starke Begrenzung der Wahlmöglichkeiten in Art. 22 EU-ErbVO den Pflichtteilsberechtigten ein ausreichender Schutz gewährt wird, überzeugt zu haben.

Ferner darf nicht außer Acht gelassen werden, dass die objektive Anknüpfung an den letzten gewöhnlichen Aufenthalt des Erblassers in Zusammenhang mit der Zulassung einer *professio iuris* zugunsten seines Heimatrechtes als wahrer *Kompromiss* für die zuvor an die Staatsangehörigkeit des Erblassers anknüpfenden

---

377 Diese Möglichkeit wird auch in der Rechtsvergleichenden Studie des Deutschen Notarinstituts in Zusammenarbeit mit Prof. Dr. Heinrich Dörner und Prof. Dr. Paul Lagarde von 2002 (Seite 269, Unterpunkt (9)) erwähnt, abrufbar unter der in Fußnote 18 zitierten Webseite.

378 Siehe auch in diesem Sinne Kroll-Ludwigs, Kathrin. (2013, Seite 141, 146 und 504), Basedow, Jürgen. Dutta, Anatol. (2010, RabelsZ 74, Seite 609) und Bonomi, Andrea. (2011, Recueil des Cours, Seite 220–221), der in diesem Zusammenhang auf Seite 221 schreibt: „La *professio juris* ne changerait donc pas de manière substantielle **la position fragile** des proches du *de cujus*." (Hervorhebungen hinzugefügt).

Staaten fungiert.[379] Daher liegt die Vermutung nahe, dass der Hauptgrund der Zulassung einer auf das Heimatrecht des Erblassers begrenzte Rechtswahl in der europäischen Erbrechtsverordnung nicht so sehr aus Überzeugung des Instruments der *professio iuris* als solches erfolgt ist oder um den Bedürfnissen eines in einer offenen Gesellschaft mit vielen grenzüberschreitenden Bezügen zu anderen Rechtsordnungen lebenden Erblassers nachzukommen, sondern vielmehr um den Ländern, die zuvor dem Staatsangehörigkeitsprinzip im internationalen Erbrecht folgten,[380] eine akzeptable Lösung gewähren zu können und dadurch ihre Annahme der Verordnung sicherzustellen.

Doch welche Gründe auch immer den europäischen Gesetzgeber letztendlich dazu gebracht haben eine erbrechtliche Rechtswahl zugunsten des Heimatrechts des Erblassers zu erlauben, was wirklich wichtig ist, ist dass diese ihren Zugang in die Verordnung gefunden hat. Somit behält also der Anknüpfungspunkt an die Staatsangehörigkeit, den die meisten autonomen europäischen Erbkollisionsnormen zuvor als Regelanknüpfung benutzt haben, weiterhin seine Bedeutung. Auch wenn die Zulassung einer weitergehenden *professio iuris* durchaus wünschenswert gewesen wäre, ist die jetzige Rechtswahl des Art. 22 EU-ErbVO nichtsdestotrotz sehr zu begrüßen, schließlich kann der Erblasser dadurch entscheiden, ob die kulturelle Bindung zu seinem Heimatstaat stärker als die soziale zu seinem Aufenthaltsstaat ist.

III Beschränkung auf den gesamten Nachlass

Aus Art. 22 in Verbindung mit Art. 23 Abs. 1 EU-ErbVO geht hervor, dass die Erbrechtsverordnung keine Teilrechtswahl oder *dépeçage* für das Erbstatut erlaubt.[381] Infolgedessen leidet die Rechtswahlfreiheit unter einer zusätzlichen Schranke: Der Erblasser darf die *professio iuris* nur für seine *gesamte* Rechtsnachfolge von Todes wegen treffen und nicht zugunsten einzelner Nachlassgegenstände.[382] Eine Teilrechtswahl zugunsten der *lex rei sitae*, wie sie beispielsweise

---

379 Siehe hierzu bereits Seite 130–131, insbesondere Fußnote 334, unter diesem Abschnitt *C.* der Dissertation.

380 Siehe Seite 117 unter Abschnitt *B.* im zweiten Kapitel der Dissertation und die Europakarte mit Angabe der objektiven Anknüpfung vor Anwendung der Erbrechtsverordnung im Anhang Nr. 3.1.

381 Siehe zum Verbot seit dem Grünbuch bis zum endgültigen Verordnungstext Aubart, Andrea. (2013, Seite 213–214).

382 Eine isolierte z.B. allein auf die gesetzliche Erbfolge bezogene Rechtswahl ist ebenfalls ausgeschlossen. Siehe Kroll-Ludwigs, Kathrin. (2013, Seite 142 und Fußnote 991). Aubart, Andrea. (2013, Seite 220) begrüßt ausdrücklich die Entscheidung keine

beschränkt im deutschen Erbkollisionsrecht in Art. 25 Abs. 2 EGBGB vorzufinden war, ist jetzt nicht mehr möglich.[383]

Dass eine Rechtswahl zur Bestimmung des lediglich auf einen Teil des Nachlasses anwendbaren Erbstatuts nicht gestattet ist, ergibt sich übrigens wesentlich deutlicher aus anderen Sprachfassungen des Art. 22 EU-ErbVO als beispielsweise aus dem deutschen, spanischen oder griechischen Wortlaut der Vorschrift.[384] Dank der Aufklärung des Art. 23 Abs. 1 EU-ErbVO[385] besteht aber auch in den obengenannten Sprachfassungen keinerlei Zweifel darüber, dass die Ausübung einer Teilrechtswahl unzulässig ist.[386] Des Weiteren stellt Erwägungsgrund 37 Satz 4 der Verordnung in Zusammenhang mit der allgemeinen Kollisionsnorm des Art. 21 EU-ErbVO fest, dass „aus Gründen der Rechtssicherheit und um eine Nachlassspaltung zu vermeiden" die gesamte Rechtsnachfolge von Todes wegen nur dem Recht eines Staates unterliegen sollte. Wäre eine Teilrechtswahl erlaubt, könnte die Nachlasseinheit gebrochen werden und dies würde „anscheinend" der Zielsetzung der Verordnung widersprechen. Dabei gibt es schon jetzt Konstellationen, in denen es zu einer Spaltung des Nachlasses durch die Verordnung kommen kann.

An dieser Stelle ist ebenfalls hervorzuheben, dass der Erblasser die Möglichkeit hat, eine auf das Errichtungsstatut beschränkte Teilrechtswahl zu treffen.[387]

---

inhaltliche Teilrechtswahl, die eine Abspaltung von Teilfragen wie die Pflichtteilsrechte oder die Erbenhaftung herbeiführen würde, in der Erbrechtsverordnung zu erlauben.

383 Siehe hierzu ausführlicher Seite 95–97 unter *C.II.4.a) Deutschland* im ersten Kapitel der Dissertation.

384 Englisch: „his succession *as a whole*", Französisch: „*l'ensemble* de sa succession", Italienisch: „la sua *intera* successione", Portugiesisch: „*toda* a sua sucessão", Schwedisch: „sitt arv i dess *helhet*", Dänisch: „af *hele* arven", Niederländisch: „erfopvolging in het *geheel*", Rumänisch: „succesiunii sale *în ansamblu*", Slowenisch: „*celotno* dedovanje", Kroatisch: „u *cijelost* njezino nasljeđivanje", Polnisch: „*ogół spraw* dotyczących jego spadku", Tschechisch: „její dědictví *jako celek*". Selbst die deutsche Version des Art. 17 Abs. 1 des Verordnungsvorschlags war in dieser Hinsicht klarer: „Eine Person kann die Rechtsnachfolge in ihren *gesamten* Nachlass dem Recht des Staates unterwerfen, dessen Staatsangehörigkeit sie besitzt". (Hervorhebungen hinzugefügt).

385 Artikel 23 Abs. 1 EU-ErbVO erörtert, dass dem nach Art. 21 oder Art. 22 bezeichnetem Recht die *gesamte* Rechtsnachfolge von Todes wegen unterliegt.

386 Siehe hierzu auch Heinig, Jens. (2014, Heft 5, Seite 206), Dutta, Anatol. (2018, MüKoBGB, Art. 22 EuErbVO, Rn. 8, *2. Zulässigkeit einer Teilrechtswahl?*) und Schmitz, Melanie. (2017, Seite 246–247).

387 Zum Errichtungsstatut siehe Seite 177–178 der Dissertation unter *F.I.1. Errichtungs- und Formstatut*.

Die in Art. 22 EU-ErbVO vorgesehene allgemeine *professio iuris* umfasst sowohl das Erbstatut als auch das Errichtungsstatut. Möchte der Erblasser aber nur eine Rechtswahl für das Errichtungsstatut ausüben, kann er dies gem. Art. 24 Abs. 2 oder für Erbverträge gem. Art. 25 Abs. 3 EU-ErbVO tun. Da in so einem Fall keine allgemeine Rechtswahl im Sinne des Art. 22 EU-ErbVO vorliegt, würde sich das Erbstatut nach der objektiven Anknüpfung in Art. 21 EU-ErbVO, i.e. nach dem Recht des Staates des letzten gewöhnlichen Aufenthalts des Erblassers, bestimmen. Auf das Errichtungsstatut wäre indes das gewählte Heimatrecht des Erblassers im Zeitpunkt der Rechtswahl oder im Zeitpunkt seines Todes anwendbar.[388]

Doch kehren wir nun wieder auf die Teilrechtswahl zur Bestimmung des Erbstatuts zurück. Durch eine solche Teilrechtswahl kommt es zu einer kollisionsrechtlichen Nachlassspaltung. Das bedeutet, jedes durch die Spaltung entstandene Teil wird als selbstständiger Nachlass angesehen und unterliegt einem anderen Erbrecht.[389] Das Prinzip der Nachlasseinheit wird infolgedessen durchbrochen und es kann zu vielen praktischen Problemen bei der Nachlassabwicklung kommen. Anschließend werden die Vor- und Nachteile der Nachlasseinheit und der Nachlassspaltung etwas genauer analysiert, um danach die entscheidende Frage beantworten zu können: ist es richtig dem Erblasser eine Teilrechtswahl zu

388 Zu den Rechtswahlmöglichkeiten im Testament (a) Wahl des Errichtungs- und des Erbstatuts, b) Isolierte Wahl des Errichtungsstatuts und c) Isolierte Wahl des Erbstatuts) siehe insbesondere Döbereiner, Christoph. (2013, Teil I, Seite 365–366) und Heinig, Jens. (2014, Heft 5, 2. Wahl des Errichtungsstatuts bei Testamenten, Seite 207–213). Siehe auch Kroll-Ludwigs, Kathrin. (2016, b) Auf das Errichtungsstatut beschränkte Rechtswahl, Seite 77) sowie Dutta, Anatol. (2015, IPRax, Seite 37). Brosch, Marlene (2019, Seite 125 ff.) untersucht und differenziert die „große Rechtswahl" des Art. 22 EU-ErbVO (Seite 125) von der „kleinen Rechtswahl" der Art. 24 Abs. 2 und Art.25 Abs. 3 EU-ErbVO (Seite 127) nach der Begriffsunterscheidung von Lurger, Brigitta. Melcher, Martina. (2017, Seite 194-195, Rn. 3/84). Ein gutes Beispiel des Auseinanderfallens von Erb- und Errichtungsstatut ist in Oppermann, Karl Felix. (2016, Seite 51) abgedruckt.

389 Siehe hierzu bereits Seite 97, Fußnote 232, im Rahmen der Teilrechtswahl des Art. 25 Abs. 2 EGBGB. Eine sehr gute Definition der kollisionsrechtlichen Nachlassspaltung ist in Tiedemann, Andrea. (1993, Seite 19) sowie in Liederer, Fabienne. (2015, Seite 10–11) zu finden. Für eine klare Differenzierung zwischen der *vertikalen oder kollisionsrechtlichen Nachlassspaltung* und der *horizontalen oder inhaltlichen Nachlassspaltung*, bei der einzelne eigentlich dem Erbstatut unterliegende Rechtsfragen (z.B. die Haftung der Nachlassschulden, früherer § 28 Abs. 2 österr. IPRG) unterschiedlich angeknüpft werden, siehe Käferböck, Thomas. (2008, Seite 289–291).

verbieten oder sollte er die Chance bekommen selbst zu beurteilen, ob sich diese Gestaltungsmöglichkeit für seinen Erbfall als vorteilhaft erweist?

Als Erstes ist festzustellen, dass der Grundsatz den Nachlass *als Einheit zu behandeln* vermeidet, dass dieser in mehrere Teile gespalten wird.[390] Dadurch werden folglich die mittels einer Nachlassspaltung in der Praxis entstehenden Probleme verhindert. Der große Vorteil bei der Nachlasseinheit ist somit, dass die Nachlassabwicklung bei einem grenzüberschreitenden Erbfall in der Regel, dank der Anwendung einer einzigen Rechtsordnung auf die gesamte Erbmasse, erleichtert wird. Bei einer monistischen Auffassung entfällt auch die oft problematische Qualifikation der Vermögenswerte als bewegliche oder unbewegliche Sachen. Außerdem ist die Aufteilung des Nachlasses durch die einheitliche Feststellung der Erbquoten, Pflichtteile und Nachlassschulden besser vorhersehbar, was wiederum für eine höhere Rechtssicherheit sorgt.[391]

Zu den durch die Nachlasseinheit entstehenden Nachteilen muss gesagt werden, dass es zu Abstimmungsproblemen zwischen dem Erbstatut und der *lex rei sitae* einerseits und/oder zwischen dem anwendbaren Erbrecht und dem Verfahrensrecht der *lex fori* andererseits kommen kann. Beispielsweise wenn das am Ort des angerufenen Gerichts geltende Recht die Anordnung eines Nachlassverwalters vorsieht, das Erbstatut hingegen nicht. Diese Friktionen können jedoch durch eine klare Abgrenzung des Anwendungsbereichs der Kollisionsnormen oder durch die Einführung einer speziellen Kollisionsregel vermieden werden. Ferner ist hervorzuheben, dass selbst eine monistische Auffassung nicht immer eine Nachlassspaltung verhindern kann, worauf später zurückzukommen sein wird.[392]

Der Vorteil bei einer Nachlassspaltung liegt indessen darin, dass es gerade nicht zu den obengenannten Abstimmungsproblemen zwischen Erb- und Belegenheitsstatut kommt. Bei einer Nachlassspaltung würde nämlich das auf den unbeweglichen Teil des Nachlasses anwendbare materielle Erbrecht mit dem

---

390 Das materiellrechtliche Gegenstück zur kollisionsrechtlichen Nachlasseinheit ist die Gesamtrechtsnachfolge oder Universalsukzession, siehe Weber, Susanne. (2012, Seite 159).

391 Argumente für die Nachlasseinheit können beispielsweise in Kroll-Ludwigs, Kathrin. (2013, Seite 139–140), Jan Peter Schmidt in Dutta, Anatol. Weber, Johannes. (2016, Seite 175–176, Rn. 5), Vékás, Lajos. (2011, Seite 42–45) und Liederer, Fabienne. (2015, Seite 9–10) gefunden werden.

392 Siehe hierzu Dutta, Anatol. (2009, RabelsZ 73, Seite 556–557), Jan Peter Schmidt in Dutta, Anatol. Weber, Johannes. (2016, Seite 175, Rn5), Vékás, Lajos. (2011, Seite 44) und Bonomi in Bonomi, Andrea. Wautelet, Patrick. (2016, Seite 369–370).

materiellen Sachenrecht übereinstimmen. So eine Statutensynchronisierung vereinfacht durchaus die Nachlassverwaltung. Insbesondere erleichtert sie die Abwicklung des Rechtsübergangs von Immobilien, auch aus einer wirtschaftlichen und registerrechtlichen Perspektive. Daher ist die Statutensynchronisierung als bedeutendster Vorteil bei einer Nachlassspaltung zu nennen. Außerdem wird sich die *lex rei sitae* im Zweifel immer als das sachnähere Recht für die Belegenheiten des Erblassers herausstellen.[393]

Die vielzähligen durch die Spaltung des Nachlasses verursachten Nachteile dürfen dabei aber nicht außer Acht gelassen werden. Aufgrund einer Nachlassspaltung kommt es zu einer Durchbrechung des Prinzips der Nachlasseinheit. Somit sind unterschiedliche Erbrechte auf die verschiedenen durch die Spaltung entstandenen Nachlassteile anwendbar. Dies ist nicht nur mit höheren Verwaltungs- und Nachlassplanungskosten verbunden sondern auch mit einem größeren Zeitaufwand und zusätzlichen Transaktionskosten zur Ermittlung und Anpassung der anwendbaren Erbstatute.

Die Anwendung diverser Rechte auf letztendlich eine einzige Erbmasse führt oft praktische Koordinationsschwierigkeiten herbei. Denn, auch wenn die durch die Spaltung entstandenen Nachlassteile als selbstständige und separate Nachlässe zu betrachten sind, kann über die Existenz weiterer Spaltnachlässe nicht immer hinweggesehen werden. Des Weiteren ist zu berücksichtigen, dass die meisten Rechtsordnungen dem Grundsatz der Nachlasseinheit folgen und ihre Normen so konzipiert haben, dass sie lediglich auf eine und nicht auf mehrere Erbmassen anwendbar sind. Durch die Anwendung dieser eigentlich für den gesamten Nachlass entworfenen Vorschriften auf nur einen isolierten Teil des Vermögens kann es beispielsweise zu Problemen bei der Nachlassverteilung oder bei den Pflichtteilsansprüchen kommen.[394]

---

393 Siehe Dutta, Anatol. (2009, RabelsZ 73, Seite 556 und 578), Dörner, Heinrich. Hertel, Christian. Lagarde, Paul. Riering, Wolfgang. (2005, Seite 4), Vékás, Lajos. (2011, Seite 44), Aubart, Andrea. (2013, Seite 220), Davì, Angelo. Zanobetti, Alessandra. (2014, Seite 57) und Bonomi in Bonomi, Andrea. Wautelet, Patrick. (2016, Seite 365–366, Rn. 4).

394 Ein gutes Beispiel hierfür, welches durch die isolierte Betrachtungsweise der Nachlassteile bei einem Erblasser entsteht, der zwei gleichwertige Immobilien in unterschiedlichen Ländern besitzt und jedem seiner beiden Kindern jeweils eine vererbt, ist in Dutta, Anatol. (2009, RabelsZ 73, Seite 556) abgedruckt. Die in diesem Beispiel erörterten Pflichtteilsprobleme würden durch eine Gesamtbetrachtung des Nachlasses entfallen. Siehe ein weiteres Beispiel in Hayton, David. (2002, Seite 10).

Im Vergleich zur Nachlasseinheit und angesichts der nicht einfach vorhersehbaren Aufteilung des Nachlasses – aufgrund der heterogenen Feststellung der Erbquoten und der Pflichtteile – ist die Rechtssicherheit bei einer Nachlassspaltung geringer. Durch Anpassungsmechanismen oder Ausgleichsregeln auf materiellrechtlicher Ebene können Korrekturen im Ergebnis vorgenommen werden.[395] Problematisch kann zudem die Qualifikation der Vermögensgegenstände als bewegliches oder unbewegliches Vermögen sein, wenn die *lex fori* und die *lex rei sitae* verschiedenen Kriterien folgen.[396]

Das Fazit lautet also, dass sich die Nachlassabwicklung bei einer Nachlassspaltung im Allgemeinen schwieriger gestaltet, die durch eine solche Spaltung verursachten Probleme aber rechtlich zu bewältigen sind. Der beste Beweis dafür sind die Rechtsordnungen, die einer dualistischen Auffassung im Erbkollisionsrecht folgen oder so einer Auffassung lange Zeit gefolgt sind (Anknüpfung an das Wohnsitzrecht oder *domicile* des Erblassers für den beweglichen Nachlass und Verweisung auf das Belegenheitsrecht für den unbeweglichen Nachlass).[397]

Wie bereits mehrmals erwähnt, kann es auch mit der europäischen Erbrechtsverordnung weiterhin zu einer Nachlassspaltung auf kollisionsrechtlicher Ebene

395 Zum bis August 2011 anwendbaren und danach verfassungswidrig erklärten *droit de prélèvement* (Vorwegnahmerecht) des französischen Rechts siehe Merkle, Rüdiger. (2008, Seite 499–508) und Dutta, Anatol. (2009, RabelsZ 73, Seite 560), der auch auf ähnliche Bestimmungen im englischen, niederländischen und schwedischen Recht aufmerksam macht. Für die Schweiz siehe Liederer, Fabienne. (2015, Seite 11). Bonomi, Andrea und Wautelet, Patrick. (2016, Seite 367, Rn. 7) weisen in Anbetracht der EU-ErbVO darauf hin, dass „la réponse à la question de savoir si les États membres pourront continuer à appliquer les correctifs matériels à la scission prévus dans leur droit interne n'est pas claire". Zuversichtlicher, dass man wohl auch in der Zukunft die durch die Anwendung mehrerer Erbstatute entstehenden Friktionen mit den bisherigen Mitteln lösen wird, gibt sich Jan Peter Schmidt in Dutta, Anatol. Weber, Johannes. (2016, Seite 176, Rn. 7).

396 Zu den Nachteilen einer Nachlassspaltung siehe Kroll-Ludwigs, Kathrin. (2013, Seite 139–140), Mansel, Heinz-Peter. (2006, Seite 205–206), Jan Peter Schmidt in Dutta, Anatol. Weber, Johannes. (2016, Seite 176, Rn. 7), Bachler, Frauke. (2007, Seite 77, 114), Bonomi in Bonomi, Andrea. Wautelet, Patrick. (2016, Seite 366, Rn. 4) und insbesondere Dutta, Anatol. (2009, RabelsZ 73, Seite 555–556). Bereits Story, Joseph. (1834, Seite 406–408) sprach zu einer frühen Zeit von „some very embarrassing difficulties", die aus einer Nachlassspaltung hervorgehen können.

397 Der dualistischen Auffassung folgen zum Beispiel die Common-Law-Länder, die Volksrepublik China oder Russland, früher in Europa auch Frankreich, Belgien oder Rumänien. Siehe hierzu Bachler, Frauke. (2007, Seite 22) und die Europakarte im Anhang Nr. 3.1.

kommen. Auch wenn sich die allgemeine Kollisionsnorm in Art. 21 EU-ErbVO auf den gesamten Nachlass bezieht und eine Teilrechtswahl in Art. 22 EU-ErbVO nicht zugelassen ist, gibt es Situationen, die durchaus zu einer Spaltung des Nachlasses führen können. Diese Szenarien werden anschließend näher beleuchtet.

Als Erstes ist denkbar, dass eine Nachlassspaltung gem. Art. 34 Abs. 1 EU-ErbVO durch einen Teilrenvoi eines Drittstaates, der einer dualistischen Auffassung im Erbkollisionsrecht folgt, verursacht wird. Zum Beispiel wenn ein deutscher Erblasser mit letztem gewöhnlichen Aufenthalt in den Vereinigten Staaten und Immobilien in Deutschland, ohne eine Rechtswahl getroffen zu haben, verstirbt. In so einem Fall, und vorausgesetzt der Erblasser hätte die deutsche Staatsangehörigkeit im Zeitpunkt seines Todes oder seinen vorhergehenden - nicht länger als fünf Jahre zurückliegenden - gewöhnlichen Aufenthalt in Deutschland gehabt, hätten die deutschen Gerichte gem. Art. 10 Abs. 1 a) bzw. b) EU-ErbVO die subsidiäre Allzuständigkeit für sich beansprucht. Nach der objektiven monistischen Anknüpfung des Art. 21 Abs. 1 EU-ErbVO wäre das auf den gesamten Erbfall anwendbare Recht, das Recht des gewöhnlichen Aufenthalts des Erblassers im Zeitpunkt seines Todes gewesen, i.e. amerikanisches Recht. Anders als bei der Verweisung auf das Recht eines Mitgliedstaates, wo die Verweisung des Art. 21 Abs. 1 EU-ErbVO als *Sachnormverweisung* zu verstehen ist, muss die Verweisung auf das Recht eines Drittstaates gem. Art. 34 Abs. 1 EU-ErbVO allerdings als *Gesamtverweisung* betrachtet werden. Demzufolge wäre das dem dualistischen Prinzip folgende Erbkollisionsrecht der Vereinigten Staaten (Common Law) maßgeblich und es würde zu einem *partiellen Renvoi* zugunsten des deutschen Rechts für das unbewegliche in Deutschland belegene Vermögen kommen. Diese Teilrückverweisung würde von Deutschland gem. Art. 34 Abs. 1 a) EU-ErbVO angenommen werden.[398]

Eine Nachlassspaltung kann im Verhältnis zu Drittstaaten auch dann entstehen, wenn es zur tatsächlichen Durchsetzung der *lex rei sitae* seitens eines solchen der dualistischen Auffassung folgenden Drittstaates kommt. Beispielsweise könnte so ein Fall bei einem deutschen Erblasser mit letztem gewöhnlichen Aufenthalt in Italien und Immobilien in England eintreten. Obwohl nach Art. 21

398 Zum Teilrenvoi seitens eines dualistischen Drittstaates siehe Dutta, Anatol. (2009, RabelsZ 73, Seite 558–559), Weiss, Kinga M. Bigler, Manuel. (2014, Seite 166, 169, 178), Jan Peter Schmidt in Dutta, Anatol. Weber, Johannes. (2016, Seite 175, Rn. 3), Döbereiner, Christoph. (2013, Teil I, Seite 364), Bonomi in Bonomi, Andrea. Wautelet, Patrick. (2016, Seite 366, Rn. 6) und Thoms, Cordula. (1996, Seite 78–79). Siehe auch das Beispiel einer Nachlassspaltung durch Teilrenvoi bei einem deutsch-englischen Erbfall in Odersky, Felix. (2015, Seite 589).

Abs. 1 EU-ErbVO zwar ausschließlich italienisches Recht auf den gesamten Nachlass (einschließlich des sich in England befindenden unbeweglichen Vermögens) anwendbar wäre, könnte das englische IPR das Belegenheitsrecht *de facto* geltend machen.[399]

Ferner kann es mittels Sonderanknüpfungen sogar im Verhältnis zu anderen Mitgliedstaaten zu einer Spaltung des Nachlasses kommen. Zum Beispiel durch die Anerkennung einer materiellrechtlichen Sondererbfolge nach der *lex situs* in Art. 30 EU-ErbVO, siehe Erwägungsgrund 54 der Verordnung.[400] So eine Sonderrechtsnachfolge kann auch in einigen Teilen Deutschlands, dort wo die Höfeordnung anwendbar ist, gefunden werden. Der dahinter steckende Gedanke ist, dass ein landwirtschaftlicher Familienbetrieb nur einem Erben in seiner Gesamtheit zufällt und es zu keiner Zersplitterung des Hofes kommt.[401] Eine Nachlassspaltung kann auch aufgrund eines erbenlosen sich in mehreren Staaten befindlichen Nachlasses erfolgen. Im Sinne des Art. 33 EU-ErbVO kann sich in so einem Fall jeder Mitgliedstaat das in seinem Hoheitsgebiet belegene Nachlassvermögen aneignen. Die dadurch entstehende Nachlassspaltung sollte aber eigentlich nicht so problematisch ausfallen, da es außer dem Staat keine weiteren Erben gibt.[402] Nur am Rande sei hier erwähnt, dass aufgrund der Bereichsausnahmen des Art. 1 Abs. 2 EU-ErbVO auch eine horizontale oder inhaltliche Nachlassspaltung des Erbstatuts eintreten kann. Darauf wird unter *F.I. Die Reichweite des Erbstatuts und seine Abgrenzung zu anderen Statuten* detaillierter einzugehen sein.

Die aus dieser Analyse zu ziehende Schlussfolgerung ist, dass auch wenn bei einer Teilrechtswahl nach herrschender Meinung – aufgrund der dadurch entstehenden Nachlassspaltung – eindeutig die Nachteile überwiegen, es im Einzelfall auch gute für eine *dépeçage* sprechende Gründe im Erbkollisionsrecht geben

---

399 Siehe hierzu Dutta, Anatol. (2009, RabelsZ 73, Seite 559) und Hayton, David. (2002, Seite 9–10): „The principle of unity ... has to face up to the harsh jurisdictional reality that it has to allow immovables in a foreign State to be governed by the law of that State if that State applies the principle of scission (a "schismatic" State)."

400 Zur Nachlassspaltung in der EU-ErbVO durch die Beachtung von Sonderanknüpfungen siehe Jan Peter Schmidt in Dutta, Anatol. Weber, Johannes. (2016, Seite 176, Rn. 6), Vékás, Lajos. (2011, Seite 48–50) und Dutta, Anatol. (2009, RabelsZ 73, Seite 557–558).

401 Zur Sondererbfolge der Höfeordnung in Deutschland siehe Bachler, Frauke. (2007, Seite 21) sowie bereits Fußnote 228 der Dissertation. Siehe auch Basedow, Jürgen. Dutta, Anatol. (2010, RabelsZ 74, Seite 644) und Lammerding, Barbara Maria. (2013, Seite 55).

402 Siehe Vékás, Lajos. (2011, Seite 50) und Dutta, Anatol. (2009, RabelsZ 73, Seite 595–598).

kann. Wenn sich der Erblasser also dessen bewusst ist und sich nach Durchführung einer Interessenabwägung dennoch für eine Teilrechtswahl entscheidet, sollte dies meiner Ansicht nach nicht verboten sein. In so einem Fall muss der Erblasser nicht gegen seinen Willen vom Gesetzgeber geschützt werden sondern sollte frei in seiner Entscheidung sein. Die dadurch entstehende Nachlassspaltung wäre in der Verordnung als eine Ausnahme mehr zum Grundsatz der Nachlasseinheit einzuordnen. Wenn der Erblasser nicht ausdrücklich das Gegenteil festlegt, sollte die erbrechtliche Rechtswahl aber freilich immer für den gesamten Nachlass gelten.[403]

IV Andere Einschränkungen

In den vorherigen Unterpunkten wurden einerseits *die formellen Schranken*, i.e. die Formerfordernisse und Wirksamkeitsvoraussetzungen, denen die Rechtswahl des Art. 22 EU-ErbVO unterliegt, erörtert und andererseits wurden *die sachlichen Schranken* analysiert. Darunter ist erstens inhaltlich die Beschränkung der *professio iuris* auf die Wahl des *Heimatrechts des Erblassers* im Zeitpunkt der Rechtswahl oder im Zeitpunkt seines Todes und alsdann die Begrenzung dieser Rechtswahlmöglichkeit auf den *gesamten* Nachlass zu verstehen. Abschließend sind hier noch andere – vielleicht nicht ganz so offensichtliche – Einschränkungen, denen die Rechtswahl ausgeliefert ist, erwähnenswert.

Als Erstes ist erneut auf **Art. 30 EU-ErbVO** aufmerksam zu machen.[404] Durch die Anerkennung einer materiellrechtlichen Sondererbfolge nach dem Belegenheitsstaat – vorausgesetzt eine solche Sondererbfolge ist nach der *lex situs* unabhängig von dem auf die Rechtsnachfolge von Todes wegen anzuwendenden Recht anwendbar – kann nicht nur das objektiv in Art. 21 EU-ErbVO bestimmte Erbstatut eine Einschränkung erleiden, sondern auch die vom Erblasser getroffene Rechtswahl. So ist vorstellbar, dass ein portugiesischer Erblasser mit letztem gewöhnlichen Aufenthalt in Deutschland und Immobilien in Deutschland und in Portugal gem. Art. 22 EU-ErbVO eine Rechtswahl zugunsten seines Heimatrechts ausübt, letztendlich aber nicht auf den gesamten Nachlass portugiesisches Recht anwendbar wäre, weil sich unter seinen deutschen Immobilien ein Hof

403 Siehe auch in diesem Sinne die Stellungnahme des Max-Planck-Instituts für ausländisches und internationales Privatrecht: Basedow, Jürgen. Dutta, Anatol. (2010, RabelsZ 74, Seite 609–610), Dutta, Anatol. (2009, RabelsZ 73, Seite 577–578) und Vékás, Lajos. (2011, Seite 45).

404 Siehe hierzu bereits die vorherige Seite 150 der Dissertation.

befindet, auf den die Höfeordnung anzuwenden ist und nicht das gewählte portugiesische Erbrecht.[405]

Eine andere Einschränkung kann die Rechtswahl durch die allgemeine ***ordre public*-Vorbehaltsklausel** des Art. 35 EU-ErbVO erfahren. Zum Beispiel wenn nationales Pflichtteilsrecht als Teil der öffentlichen Ordnung anerkannt und die Anwendung eines ausländischen Pflichtteilsrechts als „offensichtlich unvereinbar" mit dem *ordre public* des Forumstaates eingestuft wird. Die noch in Art. 27 Abs. 2 des Verordnungsvorschlages enthaltene Formulierung, dass eine abweichende Regelung des Pflichtteilsrechts keinen *ordre public*-Verstoß darstelle, wurde in der Endfassung gestrichen. Dies bedeutet aber keinesfalls, dass nun jede vom objektiven Erbstatut abweichende Pflichtteilsregelung (das klassische Beispiel wäre die Einräumung einer geringeren Pflichtteilsquote) gegen den inländischen *ordre public* verstößt. Wenn dem so wäre, würde die Rechtswahlfreiheit in Art. 22 EU-ErbVO keinen Sinn ergeben.[406] Doch auch aus Erwägungsgrund 58 der Verordnung geht hervor, dass die Anwendung der öffentlichen Ordnung weiterhin restriktiv auszulegen ist und nur in Ausnahmefällen greifen sollte. Insbesondere innerhalb der Mitgliedstaaten, die fast alle in irgendeiner Form Pflichtteils- oder Noterbrechte vorsehen, wird von der *ordre public*-Vorbehaltsklausel in Art. 35 EU-ErbVO wohl nicht allzu oft Gebrauch gemacht werden. Möglich ist aber, dass diese greift, wenn durch die vom Erblasser getroffene *professio iuris* ein Recht zur Anwendung gelangt, das überhaupt kein Pflichtteilsrecht kennt oder dessen Pflichtteilsrecht *de facto* einen rein formellen Charakter hat, wie beispielsweise das Erbrecht von Navarra.[407] Der *ordre public*-Vorbehalt wird im dritten Kapitel der Dissertation im Rahmen des Gliederungspunktes *C .I . Entgegenstehende Interessen der Familienmitglieder und des Ehegatten* ausgiebiger behandelt werden.

405 Die Einschränkung, die die Rechtswahl durch Art. 30 EU-ErbVO erfährt, wird auch von Heinig, Jens. (2014, Heft 5, Seite 206) und Basedow, Jürgen. (2015, Seite 271, Unterpunkt 428) hervorgehoben.

406 Siehe Bonomi in Bonomi, Andrea. Wautelet, Patrick. (2016, Seite 357): „(la clause de l'ordre public) ne saurait servir à protéger systématiquement les héritiers réservataires. Pareil usage contredirait en effet l'objectif de prévisibilité et l'esprit libéral qui animent le Règlement, en compromettant l'effet utile de l'article 22."

407 Siehe in diesem Sinne Döbereiner, Christoph. (2013, Teil I, Seite 364), Dutta, Anatol. (2009, RabelsZ 73, Seite 582), Heinig, Jens. (2014, Heft 5, Seite 206–207) oder Müller-Lukoschek, Jutta. (2015, Seite 118, Rn. 215). Zum Erbrecht von Navarra siehe auf Deutsch Martín Casals, Miquel. Solé Feliu, Josep. (2001, Seite 314–315).

Schließlich sind auch noch kurz **die Mechanismen gegen die Gesetzesumgehung und den Rechtsmissbrauch** als potentielle Schranken der Rechtswahl in Art. 22 EU-ErbVO anzusprechen. So könnte eine *professio iuris* eventuell als missbräuchlich gelten, wenn der Erblasser eine neue Staatsangehörigkeit ausschließlich mit dem Zweck erwirbt, seine Rechtsnachfolge dem Recht dieses Staates zu unterwerfen. Dies zu beweisen wird aber immer recht problematisch, wenn nicht sogar in den meisten Fällen unmöglich sein. Obwohl die obengenannten Mechanismen nicht direkt in der Verordnung geregelt sind, wird in Erwägungsgrund 26 auf den *fraude à la loi* Bezug genommen; überdies hinaus kann der Rechtsmissbrauch als aufkommender allgemeiner Rechtsgrundsatz des Unionsrechts betrachtet werden.[408]

Das **Verbot der parteiautonomen Gesamtverweisung** könnte zum Schluss ebenfalls noch als mögliche Schranke der Rechtswahl aufgeführt werden. Denn der Erblasser kann seine *professio iuris* nicht unter Einschluss des fremden Kollisionsrechts treffen, auch nicht im Verhältnis zu Drittstaaten.[409] Wäre dies erlaubt, würde sich der Kreis der wählbaren Rechte indirekt erweitern. Die Rechtswahl des Erblassers ist aber immer als Sachnormverweisung gem. Art. 34 Abs. 2 EU-ErbVO zu verstehen, dies wird auch von Erwägungsgrund 57 erörtert.

Letztlich bleibt positiv anzumerken, dass die in der Erbrechtsverordnung erlaubte Rechtswahl nicht noch unter anderen denkbaren Schranken leidet. So enthält die *professio iuris* in Art. 22 EU-ErbVO zum Beispiel **keinen Pflichtteilsvorbehalt**. Folglich bezieht sich die Rechtswahl nicht nur auf den „freien" Teil der Erbschaft wie früher die belgischen, italienischen oder bulgarischen Kollisionsnormen anordneten, sondern gewährt dem Erblasser in dieser Hinsicht eine „wahre" erbrechtliche Rechtswahl.[410] Des Weiteren kann hervorgehoben werden, dass es auch **keinen Vorbehalt in Bezug auf die zwingenden Vorschriften** des

---

408 Siehe hierzu ausführlich Vogenauer, Stefan. (2011, Seite 571), der zu dem Ergebnis kommt, das Verbot des Rechtsmissbrauches sei als ein „emerging general principle of EU Law" einzuordnen. Zum *fraude à la loi et l'abus de droit* als *limites aux choix* im Allgemeinen siehe Bonomi in Bonomi, Andrea. Wautelet, Patrick. (2016, Seite 357–359).

409 Siehe Schmitz, Melanie. (2017, Seite 247 und Seite 253–254), die auf Seite 254 schreibt: „Im Verhältnis zu Drittstaaten macht die EuErbVO zwar in Art. 34 Abs. 1 EuErbVO eine Ausnahme von dem Gebot der Sachnormverweisung, sodass überlegt werden könnte, ob die Möglichkeit einer parteiautonomen Gesamtverweisung vielleicht zumindest in diesen Fällen mit dem Sinn und Zweck der EuErbVO vereinbar sein könnte."

410 Siehe hierzu bereits ausführlich Seite 55–57 (Belgien, Art. 79 Abs. 1 Satz 3 belg. IPRG), Seite 72–73 (Italien, Art. 46 Abs. 2 Satz 3 ital. IPRG), Seite 85–86 (Bulgarien, Art. 89 Abs. 5 bulg. IPRG), und Seite 109 einschließlich Fußnote 261 der Dissertation. Siehe auch Bonomi in Bonomi, Andrea. Wautelet, Patrick. (2016, Seite 356,

objektiv durch Art. 21 EU-ErbVO bezeichneten Erbstatuts gibt.[411] Einen solchen Vorbehalt kennt im internationalen Erbrecht beispielsweise immer noch das moldauische, früher auch das rumänische Recht.[412]

Ferner leidet die in Art. 22 EU-ErbVO eingeführte Rechtswahl auch **nicht** unter einer **doppelten zeitlichen Anknüpfung**, wie in Italien oder Estland der Fall war, bzw. immer noch in der Schweiz und in der Ukraine der Fall ist.[413] Demzufolge wird die Wahl des Heimatrechts des Erblassers nicht unwirksam, wenn er die gewählte Staatsangehörigkeit nicht mehr im Zeitpunkt seines Todes besitzt. Der Erblasser muss also im Todeszeitpunkt nicht demselben Staat angehören wie im Zeitpunkt der Rechtswahl. Ebenso ist darauf aufmerksam zu machen, dass die Rechtswahl in der Verordnung **nicht auf nur einen Teil des Nachlasses**, sei es der bewegliche oder der unbewegliche, **beschränkt** ist. Zuvor erlaubte Art. 25 Abs. 2 EGBGB nur eine *professio iuris* zugunsten des deutschen Rechts für im Inland belegenes unbewegliches Vermögen und gem. Art. 70 Satz 1 Halbsatz 2 ukrainisches IPRG kann eine erbrechtliche Rechtswahl nur für den beweglichen Nachlass ausgeübt werden.[414] All diese wären sehr gravierende Einschränkungen gewesen und es ist sehr zu begrüßen, dass die in Art. 22 EU-ErbVO erlaubte Rechtswahl von ihnen verschont geblieben ist.

Entgegen dem Vorschlag des Max-Planck-Instituts für ausländisches und internationales Privatrecht, wurden letztendlich auch **keine erbrechtlichen Eingriffsnormen** in die Verordnung eingeführt.[415] Solche Eingriffsnormen hätten

---

L'absence de clause de protection des héritiers réservataires), sowie ebenfalls Bonomi, Andrea. (2010, Liber Amicorum Kurt Siehr, Seite 167) und (2011, Recueil des Cours, Seite 210): „Compte tenu de son caractère novateur, il est néanmoins remarquable que la professio juris ne soit soumise … à aucune restriction concernant la protection des réservataires.“

411 Diese Bemerkung trifft auch Basedow, Jürgen. (2015, Seite 271, Unterpunkt 428): „A specific reservation in favour of the mandatory provisions of law applicable in the absence of the decedent's choice has not been suggested.“

412 Siehe für Moldawien Seite 99–100 (Art. 1623 Abs. 1 mold. ZGB). Für Rumänien siehe Seite 77 (Art. 68 Abs. 1 altes rumän. IPRG) und Seite 109 der Dissertation.

413 Siehe für Italien Seite 72 (Art. 46 Abs. 2 ital. IPRG), für Estland Seite 80 (§ 25 Abs. 2 estn. IPRG), für die Schweiz Seite 82 (Art. 90 Abs. 2 schweiz. IPRG), für die Ukraine Seite 89 (Art. 70 Satz 2 ukr. IPRG) sowie Seite 109–110 der Dissertation.

414 Siehe für Deutschland Seite 95–97 und für die Ukraine Seite 89 und Seite 110 der Dissertation.

415 Siehe Basedow, Jürgen. Dutta, Anatol. (2010, RabelsZ 74, Seite 643–649) - Comments on a general provision on overriding mandatory provisions. Zu diesem Vorschlag des Max-Planck-Institutes siehe außerdem Kroll-Ludwigs, Kathrin. (2013, Seite 562–563).

beispielsweise den nationalen Beschränkungen der testamentarischen Einsetzbarkeit bestimmter Personen (z.B. Heimträger oder Heimpersonal in Deutschland, Priester oder Notare in Spanien)[416] Rechnung getragen. Der Vorbehalt des *ordre public* in Art. 35 EU-ErbVO wurde vom Gesetzgeber zu Recht als ausreichendes Instrument zur Durchsetzung überindividueller Gemeinwohlinteressen angesehen.[417]

D Die in Art. 5 EU-ErbVO erlaubte Gerichtsstandsvereinbarung

Wie schon im Rahmen des Abschnitts *B.* dieses Kapitels auf Seite 119 ff. dargelegt, befindet sich die Grundregel, um die Zuständigkeit festzustellen, in Art. 4 und 10 EU-ErbVO. Demgemäß richtet sich die **allgemeine Zuständigkeit** nach den Gerichten desjenigen Mitgliedstaates, in dem der Erblasser im Zeitpunkt seines Todes seinen gewöhnlichen Aufenthalt hatte (Art. 4 EU-ErbVO). Da die Hauptanknüpfung zur Bestimmung des anwendbaren Rechts in Art. 21 Abs. 1 EU-ErbVO ebenfalls auf den letzten gewöhnlichen Aufenthalt des Erblassers abstellt, wird die *lex fori* normalerweise mit der *lex causae* übereinstimmen.[418]

Für den Fall, dass der Erblasser seinen letzten gewöhnlichen Aufenthalt in einem Drittstaat hatte, ist subsidiär Art. 10 EU-ErbVO maßgeblich. So sind die Gerichte eines Mitgliedstaates, trotz Aufenthalt des Erblassers in einem Drittstaat, für den *gesamten Nachlass* zuständig, wenn dieser die Staatsangehörigkeit dieses Mitgliedstaates im Todeszeitpunkt besaß oder seinen vorhergehenden nicht länger als fünf Jahre zurückliegenden gewöhnlichen Aufenthalt dort hatte. Ist dies nicht der Fall, sind die Gerichte des Mitgliedstaats, in dem sich Nachlassvermögen befindet, zumindest für letzteres zuständig.

---

416 Siehe hierzu auch noch Fußnote 676 der Dissertation.

417 Für eine ausführliche Untersuchung hierzu, die eine Nichteinführung von Eingriffsnormen im Erbrecht befürwortet, siehe Kroll-Ludwigs, Kathrin. (2013, Seite 560–567). Siehe auch in Bezug auf Eingriffsnormen i.Z.m. nationalen Pflichtteilsbestimmungen Basedow, Jürgen. (2015, Seite 273, Unterpunkt 432): „It is unclear whether and to what extent observance of national provisions on forced heirship has to be compelled where, in an international setting, foreign law applies to succession. (…) To protect a legal institution of vanishing legitimacy and significance with overriding mandatory rules is anachronistic and should be abandoned."

418 Siehe hierzu bereits Seite 121 der Dissertation unter Abschnitt *B. Die allgemeine Zuständigkeit in Artikel 4 und die objektive Anknüpfung an den letzten gewöhnlichen Aufenthalt des Erblassers in Art. 21 EU-ErbVO.*

Um den in der Regel durch Art. 4 EU-ErbVO entstehenden Einklang zwischen *forum* und *ius* auch im Fall einer Rechtswahl zu fördern, ist den betroffenen Parteien gem. Art. 5 EU-ErbVO eine beschränkte **Gerichtsstandsvereinbarung** zugunsten des Gerichts oder der Gerichte eines Mitgliedstaates, dessen Recht der Erblasser nach den Vorschriften des Art. 22 EU-ErbVO wirksam gewählt hat, gestattet.[419] Bevor eine etwas detailliertere Analyse über die in Art. 5 EU-ErbVO erlaubte Gerichtsstandsvereinbarung erfolgt, ist an dieser Stelle hervorzuheben, dass sich das angerufene Gericht gem. Art. 6 lit. a EU-ErbVO auch auf Antrag einer der Parteien mittels einer ***forum non conveniens*-Klausel** wegen mangelnder Sachnähe für unzuständig erklären kann, wenn seiner Ansicht nach die Gerichte des Mitgliedstaates des gewählten Rechts in der Erbsache besser entscheiden können.[420] Des Weiteren hat ein Gericht laut Art. 8 EU-ErbVO das gem. Art. 4 oder 10 EU-ErbVO **von Amts wegen eigeleitete Verfahren** zu beenden, wenn die Parteien vereinbaren, die Erbsache **außergerichtlich** im Mitgliedstaat des vom Erblasser gewählten Rechts einvernehmlich zu regeln.[421]

Doch kommen wir nun auf die Gerichtsstandsvereinbarung des Art. 5 EU-ErbVO zurück. Als Erstes ist zu untersuchen, *wer* eine solche Gerichtsstandsvereinbarung überhaupt treffen kann. Die obengenannte Bestimmung beschränkt den Kreis der prorogationsbefugten Personen auf die **„betroffenen Parteien“**. Die Verordnung liefert aber keine Definition dafür und auch Erwägungsgrund 28 EU-ErbVO wirft kein wirkliches Licht auf die Frage, wer alles betroffene Parteien sein könnten. Aus dem Erwägungsgrund kann einzig und allein abgeleitet werden, dass zu ihnen diejenigen Personen gehören, deren Rechte am Nachlass

419 Für eine Auflistung der Mitgliedstaaten, die schon zuvor Gerichtsstandsvereinbarungen im internationalen Erbrecht zuließen, siehe Basedow, Jürgen. Dutta, Anatol. (2010, RabelsZ 74, Seite 589, Fußnote 140), so beispielsweise Italien und Österreich. In Müller-Lukoschek, Jutta. (2015, Seite 138–139) ist eine Graphik zur Übersicht der Zuständigkeit bei Rechtswahl nach der EU-ErbVO zu finden.

420 Zu dieser Ermessensvorschrift des Art. 6 lit. a EU-ErbVO siehe zum Beispiel Deixler-Hübner, Astrid. (2015, Seite 107–112), Weiss, Kinga M. Bigler, Manuel. (2014, Seite 171–172, *c) Unzuständigerklärung der Gerichte*) oder Lehmann, Daniel. (2012, Seite 2088).

421 Siehe Müller-Lukoschek, Jutta. (2015, Seite 133–134), die darauf aufmerksam macht, dass die Vorschrift des Art. 8 EU-ErbVO in Deutschland eher selten zur Anwendung gelangen wird, da streitige Verfahren nie von Amts wegen eingeleitet werden und auch Verfahren der freiwilligen Gerichtsbarkeit i.d.R. (mit Ausnahme des Verfahrens zur Nachlasssicherung) nur auf Antrag erfolgen.

durch eine Entscheidung des Gerichts berührt werden.[422] Darunter sind auf jeden Fall die Erben oder besser gesagt die *Erbprätendenten* zu verstehen. Ob auch Vermächtnisnehmer, Auflagebegünstigte oder eventuell sogar Nachlassgläubiger unter diesen Terminus fallen, ist hingegen fragwürdig.[423]

Wenn zu einem späteren Zeitpunkt neue Verfahrensparteien hinzukommen, sind diese nicht von der Gerichtsstandsvereinbarung gebunden. Letztere würde nur ihre Wirkung bewahren, wenn die dazugekommenen Parteien der Vereinbarung beitreten, bzw. sich rügelos auf das Verfahren einlassen (Art. 9 Abs. 1 EU-ErbVO). Tun sie dies nicht, verliert das gewählte Gericht gem. Art. 9 Abs. 2 EU-ErbVO seine Zuständigkeit und die allgemeinen Zuständigkeitsnormen des Art. 4 oder ggf. des Art. 10 EU-ErbVO sind heranzuziehen.[424]

Dabei ist darzulegen, dass *eine einzige Verfahrenspartei* – beispielsweise ein Alleinerbe – keine Gerichtsstandsvereinbarung treffen könnte. Der dahinter stehende Gedanke ist, dass eine einzelne Partei sich nicht gegenüber sich selbst in Bezug auf den Gerichtsstand binden kann. Um dennoch die Zuständigkeit im Mitgliedstaat des gewählten Rechts zu begründen, könnte diese aber die Zuständigkeit des angerufenen Gerichts gem. Art. 7 lit. c EU-ErbVO ausdrücklich anerkennen.[425]

Insbesondere muss unterstrichen werden, dass *der Erblasser* nach dem jetzigen Stand der Dinge keine Gerichtsstandswahl ausüben kann. Jedenfalls ist eine einseitige Zuständigkeitsbestimmung durch den Erblasser nicht in der Verordnung vorgesehen.[426] Nicht auszuschließen ist jedoch, dass eine

---

422 Siehe in diesem Sinne Dutta, Anatol. (2018, MüKoBGB, Art. 5 EuErbVO, Rn. 6) und Kroll-Ludwigs, Kathrin. (2016, Seite 83).

423 Siehe Müller-Lukoschek, Jutta. (2015, Seite 132), Deixler-Hübner, Astrid. (2015, Seite 103–104), Lehmann, Daniel. (2012, Seite 2088) und Weiss, Kinga M. Bigler, Manuel. (2014, Seite 171 und Fußnote 55). Nachlassgläubiger werden von letzteren z.B. ausdrücklich nicht in die Gruppe der „betroffenen Parteien" miteinbezogen, Vermächtnisnehmer indessen schon. Eine gute Begründung dafür wird von Eva Lein in Dutta, Anatol. Weber, Johannes. (2016, Seite 116, Rn. 15) geliefert. Auch Kroll-Ludwigs, Kathrin. (2016, Seite 84) nennt das Beispiel eines Vermächtnisnehmers, der eine Gerichtsstandsvereinbarung mit den Erben trifft, ohne dass dabei die Zustimmung anderer Vermächtnisnehmer notwendig wäre.

424 Siehe Dutta, Anatol. (2018, MüKoBGB, Art. 5 EuErbVO, Rn. 8), Müller-Lukoschek, Jutta. (2015, Seite 132) und Weiss, Kinga M. Bigler, Manuel. (2014, Seite 171).

425 Siehe hierzu Dutta, Anatol. (2018, MüKoBGB, Art. 5 EuErbVO, Rn. 10).

426 Unter *C.II.3. Entgegenstehende Ordnungsinteressen i.Z.m. der Zulassung einer Gerichtsstandsbestimmung durch den Erblasser* (auf Seite 281 ff. im dritten Kapitel der Dissertation) wird das Anliegen, ob dem Erblasser neben einer Rechtswahl auch eine Gerichtsstandswahl zur Verfügung stehen sollte, ausführlicher behandelt.

Gerichtsstandsvereinbarung zwischen dem Erblasser und den künftigen Verfahrensparteien im Rahmen eines Erbvertrages zustande kommt. Das Risiko, dass eine solche Gerichtsstandsvereinbarung später durch die betroffenen Parteien aufgehoben wird, kann dem Erblasser aber niemand nehmen.[427] Eine andere umstrittene Möglichkeit, die dem Erblasser zur Bestimmung der Zuständigkeit bleibt, ist seinen Erben als Auflage anzuordnen eine Gerichtsstandsvereinbarung abzuschließen oder diesen Abschluss in seiner Verfügung zur aufschiebenden Bedingung zu machen.[428]

Beim Verfassen der Vorschrift des Art. 5 EU-ErbVO hatte der Verordnungsgesetzgeber wohl hauptsächlich die im Heimatland lebenden Angehörigen eines *Mallorca-Rentners* vor Augen, der gem. Art. 22 EU-ErbVO eine Rechtswahl zugunsten seines Heimatrechts getroffen hat. Dank der Gerichtsstandsvereinbarung sollen seine Erben die Option haben, die Zuständigkeit der ausländischen Gerichte zugunsten der inländischen abzuwählen, um kein Verfahren im Ausland führen zu müssen. Diese Rechnung wird in der Praxis aber vermutlich nur dann aufgehen, wenn wirklich alle oder fast alle betroffenen Parteien im Heimatstaat des Erblassers leben.[429]

Hinsichtlich des Zeitpunktes muss festgestellt werden, dass sich die Verordnung nicht konkret zu der Frage äußert, *wann* eine Gerichtsstandsvereinbarung getroffen werden kann. Im Regelfall wird sie wahrscheinlich erst *nach dem Erbfall* erfolgen, aber eigentlich würde auch nichts dagegen sprechen, wenn sie *bereits zu Lebzeiten* des Erblassers stattfindet. Wie soeben erwähnt, könnte es zum Beispiel in einem Erbvertrag zu einer Gerichtsstandsvereinbarung zwischen dem Erblasser und den Erben kommen. Vorstellbar ist aber natürlich auch, dass die betroffenen Personen zu Lebzeiten des Erblassers, ohne seine Beteiligung, eine Vereinbarung in Bezug auf die Zuständigkeit seiner Heimatgerichte treffen. So eine Gerichtsstandsvereinbarung wäre aber nur dann gültig, wenn der Erblasser

427 Siehe hierzu Dutta, Anatol. (2018, MüKoBGB, Art. 5 EuErbVO, Rn. 9) und Kroll-Ludwigs, Kathrin. (2016, Seite 83). Zum Abschluss einer Gerichtsstandsvereinbarung vor dem Tod des Erblassers, z.B. im Rahmen eines Erbvertrags, siehe auch Bary, Christiane von. (2018, Seite 103–105).

428 Siehe Kroll-Ludwigs, Kathrin. (2016, Seite 83), Lehmann, Daniel. (2015, Seite 313–314) oder Heinig, Jens. (2014, Heft 5, Seite 227).

429 Zu der Frage, ob es überhaupt ein praktisches Bedürfnis für eine Gerichtsstandsvereinbarung durch die Erben im internationalen Erbrecht gibt, siehe Magnus, Robert. (2013, Seite 396) und Seite 18 der Stellungnahme zum Vorschlag für eine Europäische Erbrechtsverordnung von der Generaldirektion Interne Politikbereiche (2012), abrufbar unter der in Fußnote 344 zitierten Webseite.

vor seinem Tod eine wirksame Rechtswahl gem. Art. 22 EU-ErbVO ausübt und diese nicht widerruft.[430]

Eine weitere Frage, die sich im Zusammenhang mit der Gerichtsstandsvereinbarung stellt, ist, *welches Gericht* oder *welche Gerichte* gewählt werden können. Aus dem Wortlaut des Art. 5 EU-ErbVO geht ganz klar hervor, dass ausschließlich ein Gericht oder die Gerichte eines Mitgliedstaates,[431] dessen Recht vom Erblasser gem. Art. 22 EU-ErbVO mittels Rechtswahl als Erbstatut bestimmt worden ist, gewählt werden können. Normzweck ist, wie schon erwähnt, die Wiederherstellung eines Gleichlaufes von *forum* und *ius*. Dementsprechend ist die erste Voraussetzung, um eine Gerichtsstandsvereinbarung zu treffen, dass seitens des Erblassers eine wirksame und tatsächliche *professio iuris* zugunsten des Rechts eines Mitgliedstaates vorliegt.[432] Eine isolierte Wahl des Errichtungsstatuts nach Art. 24 Abs. 2 oder Art. 25 Abs. 3 EU-ErbVO wäre hingegen nicht ausreichend, es muss sich um die umfassende Rechtswahl im Sinne des Art. 22 EU-ErbVO handeln.[433] Ist das vom Erblasser gewählte Heimatrecht das Recht eines Drittstaates,

---

430 Zum Zeitpunkt der Gerichtsstandsvereinbarung siehe Dutta, Anatol. (2018, MüKoBGB, Art. 5 EuErbVO, Rn. 19), Bonomi in Bonomi, Andrea. Wautelet, Patrick. (2016, Seite 207–208, Rn. 15–18, „*D. Le moment de l'élection de for*"), Heinig, Jens. (2014, Heft 5, Seite 226–227), Eva Lein in Dutta, Anatol. Weber, Johannes. (2016, Seite 118, Rn. 31) oder Brosch, Marlene. (2019, Seite 136–137).

431 Gemäß Art. 2 EU-ErbVO wird die örtliche Zuständigkeit weiterhin durch das nationale Prozessrecht bestimmt. Wenn die Parteien die Zuständigkeit eines konkreten Gerichts vereinbaren, hängt es vom autonomen Zuständigkeitsrecht ab, diese „örtliche" Gerichtsstandsvereinbarung anzuerkennen oder nicht. Siehe hierzu Dutta, Anatol. (2018, MüKoBGB, Art. 5 EuErbVO, Rn. 11).

432 Siehe kritisch Magnus, Robert. (2013, Seite 395), Eva Lein in Dutta, Anatol. Weber, Johannes. (2016, Seite 115, Rn. 9) und Seite 19 der Stellungnahme zum Vorschlag für eine Europäische Erbrechtsverordnung von der Generaldirektion Interne Politikbereiche (2012), abrufbar unter der in Fußnote 344 zitierten Webseite, die über das Bedürfnis für eine Gerichtsstandsvereinbarung auch bei fehlender Rechtswahl schreiben. Siehe ebenfalls Basedow, Jürgen. Dutta, Anatol. (2010, RabelsZ 74, Seite 590), die auf den Grundsatz hinweisen, dass die Parteien eines Zivilverfahrens in ihrer Gerichtsstandswahl frei sein sollten.

433 Siehe Heinig, Jens. (2014, Heft 5, Seite 226), Kroll-Ludwigs, Kathrin. (2016, Seite 84), Dutta, Anatol. (2018, MüKoBGB, Art. 5 EuErbVO, Rn. 2–3 und Rn. 11) und (2015, IPrax, Seite 35–36), sowie Eva Lein in Dutta, Anatol. Weber, Johannes. (2016, Seite 115). Einige Autoren sind aber der Ansicht, dass es fraglich sei, ob die Gerichtsstandsvereinbarung des Art. 5 EU-ErbVO - neben der Rechtswahl nach Art. 22 EU-ErbVO - nicht auch noch analog in anderen Konstellationen, in denen Zuständigkeit und anwendbares Recht auseinanderfallen, greifen könnte (z.B. bei einer Teilrechtswahl

so steht den betroffenen Parteien keine Gerichtsstandsvereinbarung zur Verfügung. Der europäische Gesetzgeber ist nämlich nicht befugt, bindend über die Zuständigkeit drittstaatlicher Gerichte zu entscheiden. Kommt es dennoch zu einer Gerichtsstandsvereinbarung zugunsten der Gerichte eines Drittstaates, müsste vom nationalen Zuständigkeitsrecht beurteilt werden, ob die getroffene Vereinbarung wirksam ist oder nicht.[434]

Was den *sachlichen Umfang* der Gerichtsstandsvereinbarung des Art. 5 EU-ErbVO betrifft, so ist klarzustellen, dass letztere nicht immer nur für *sämtliche Erbsachen* gelten muss, sondern auch lediglich für eine *konkrete Erbsache* zwischen den jeweiligen Verfahrensparteien gelten kann. Zum Beispiel ein Vermächtnisanspruch seitens eines der mehreren Vermächtnisnehmer gegenüber den Erben. Dies ist insbesondere aus Erwägungsgrund 28 Satz 2 („eine spezifische Frage“) i.Z.m. der nicht Beschränkung des sachlichen Umfangs in Art. 5 Abs. 1 EU-ErbVO („für Entscheidungen in Erbsachen“) und dem Wortlaut des Art. 9 Abs. 1 EU-ErbVO („alle Parteien *dieses* Verfahrens“) zu entnehmen. In so einem Fall ist folglich von einer *Teilgerichtsstandswahl* zu sprechen. Denn die nicht von der Gerichtsstandsvereinbarung erfassten Erbsachen würden sich weiterhin nach den allgemeinen Zuständigkeitsgrundregeln des Art. 4 und 10 EU-ErbVO richten. Im vorherigen Beispiel würden dazu auf jeden Fall die Vermächtnisansprüche der restlichen Vermächtnisnehmer, die keine Vereinbarung mit den Erben getroffen haben, zählen.[435]

Anschließend ist darauf aufmerksam zu machen, dass die Verordnung bezüglich des auf die Gerichtsstandsvereinbarung *anwendbaren Rechts* schweigt. Im Grunde ergibt aber nur Sinn, dass das auf ihr Zustandekommen, ihre materielle Wirksamkeit, ihre Aufhebung und ihre Auslegung anzuwendende Recht, das vom Erblasser gem. Art. 22 EU-ErbVO gewählte Erbstatut ist.[436]

---

bezüglich des Errichtungsstatuts (Art. 24 Abs. 2 oder Art. 25 Abs. 3 EU-ErbVO) oder bei der Ausweichklausel des Art. 21 Abs. 2 EU-ErbVO. Siehe hierzu Dutta, Anatol. (2015, IPrax, Seite 35–36).

434 Zur Gerichtsstandsvereinbarung zugunsten drittstaatlicher Gerichte siehe Magnus, Robert. (2013, Seite 394–395), Kroll-Ludwigs, Kathrin. (2016, Seite 84–85), Dutta, Anatol. (2018, MüKoBGB, Art. 5 EuErbVO, Rn. 12) und Eva Lein in Dutta, Anatol. Weber, Johannes. (2016, Seite 115–116, Rn. 10).

435 Zum sachlichen Umfang der Gerichtsstandsvereinbarung in Art. 5 EU-ErbVO siehe Dutta, Anatol. (2018, MüKoBGB, Art. 5 EuErbVO, Rn. 13–15) und Heinig, Jens. (2014, Heft 5, Seite 225–226).

436 Diese Ansicht vertreten beispielsweise auch Müller-Lukoschek, Jutta. (2015, Seite 133), Eva Lein in Dutta, Anatol. Weber, Johannes. (2016, Seite 119, Rn. 33), Dutta, Anatol.

Artikel 5 Abs. 2 EU-ErbVO enthält zudem die Formerfordernisse, die bei Ausübung einer Gerichtsstandsvereinbarung berücksichtigt werden müssen. Als Erstes wird in Art. 5 Abs. 2 Satz 1 EU-ErbVO festgestellt, dass die besagte Vereinbarung der Schriftform bedarf. Ferner muss sie datiert und von den betroffenen Parteien unterschrieben werden. Die Einhaltung der Formvorschriften einer Verfügung von Todes wegen, wie sie die Rechtswahl des Art. 22 EU-ErbVO verlangt, ist hier also nicht notwendig. In Art. 5 Abs. 2 Satz 2 EU-ErbVO wird letztlich noch darauf hingewiesen, dass elektronische Übermittlungen, die eine dauerhafte Aufzeichnung der Vereinbarung ermöglichen, der Schriftform gleichgestellt sind. Auch eine elektronische Gerichtsstandsvereinbarung müsste ein Datum und eine elektronische Signatur beinhalten.[437]

Zum Schluss muss hervorgehoben werden, dass die erlaubte Gerichtsstandsvereinbarung in Art. 5 EU-ErbVO sowohl für *streitige* als auch für *nichtstreitige Erbverfahren* vorgesehen ist. Eine Differenzierung zwischen den verschiedenen Verfahrensarten findet nicht statt. Dabei stellt sich eine Gerichtsstandsvereinbarung eigentlich nur bei kontradiktorischen Verfahren als sinnvoll heraus. Bei Verfahren der freiwilligen Gerichtsbarkeit, die von einem Amtsermittlungsgrundsatz ausgehen, werden die potentiellen Beteiligten zu Beginn des Verfahrens häufig noch gar nicht feststehen.[438] Auf die Gerichtsstandsvereinbarung wird im dritten Kapitel unter *C.II.3.* zurückzukommen sein, um für die Zulassung einer Gerichtsstandswahl durch den Erblasser zu plädieren.

E Alternative Vorschläge in unterschiedlichen Stellungnahmen

Von einem bedeutenden Teil der Lehre ist die lediglich zugunsten des Rechts der Staatsangehörigkeit des Erblassers erlaubte Rechtswahl in Art. 22 EU-ErbVO

(2018, MüKoBGB, Art. 5 EuErbVO, Rn. 18) und Weiss, Kinga M. Bigler, Manuel. (2014, Seite 171).

437 Zu den Formerfordernissen einer Gerichtsstandsvereinbarung siehe Eva Lein in Dutta, Anatol. Weber, Johannes. (2016, Seite 118, Rn. 26–28), Bonomi in Bonomi, Andrea. Wautelet, Patrick. (2016, Seite 206–207, Rn. 12–14, „*C. Les conditions de forme*"), Dutta, Anatol. (2018, MüKoBGB, Art. 5 EuErbVO, Rn. 17) und Brosch, Marlene. (2019, Seite 144).

438 Siehe hierzu ausführlicher Magnus, Robert. (2013, Seite 395–396), Dutta, Anatol. (2018, MüKoBGB, Art. 5 EuErbVO, Rn. 7–8) oder Heinig, Jens. (2014, Heft 5, Seite 226). Auch in der Stellungnahme des Max-Planck-Instituts für ausländisches und internationales Privatrecht wird vorgeschlagen, Gerichtsstandsvereinbarungen auf streitige Verfahren zu begrenzen, siehe Basedow, Jürgen. Dutta, Anatol. (2010, RabelsZ 74, Seite 590).

als zu restriktiv eingestuft worden.[439] In diesem Abschnitt sollen die Vorschläge einige der Stellungnahmen, die sich für eine durchaus weitergehende *professio iuris* im europäischen Erbrecht ausgesprochen haben, kommentiert werden. Andererseits gibt es natürlich auch diverse weitere Stellungnahmen in Bezug auf die Erbrechtsverordnung, die entweder nicht auf dieses Thema eingehen oder die sogar ausdrücklich begrüßen, dass keine weiteren Rechtswahlmöglichkeiten in Art. 22 EU-ErbVO vorgesehen sind.[440]

Die wohl mit Abstand liberalste Stellungnahme hinsichtlich der Einführung einer größeren Rechtswahlfreiheit für den Erblasser ist die des Hamburger Max-Planck-Instituts für ausländisches und internationales Privatrecht (2010).[441] Aber auch andere Stellungnahmen sollen hier berücksichtigt werden: die des Deutschen Notarinstituts in Zusammenarbeit mit Prof. Dr. Heinrich Dörner und Prof.

---

439 Siehe Rodríguez-Uría Suárez, Isabel. (2013, Seite 12).

440 So beispielsweise die Stellungnahme der Bundesrechtsanwaltskammer Nr. 05/2010 zum Kommissionsvorschlag für eine Erbrechts-Verordnung (Februar 2010): http://www.brak.de/zur-rechtspolitik/stellungnahmen-pdf/stellungnahmen-deutschland/2010/februar/stellungnahme-der-brak-2010-05.pdf, (zuletzt geprüft am 29.12.2018), auf Seite 6: „Weitere Wahlmöglichkeiten sind nicht vorgesehen. Die Bundesrechtsanwaltskammer begrüßt diese Lösung, die insbesondere im Hinblick auf die Gefahr, dass der Erblasser zwingenden rechtlichen Vorschriften im Hinblick auf Pflichtteil und Mindesterbrecht ausweicht, sachgerecht erscheint" oder die des Bundesrates vom 12.02.2010 (Drucksache 780/09): http://www.bundesrat.de/SharedDocs/drucksachen/2009/0701-0800/780-09.pdf?__blob = publicationFile&v = 1 (zuletzt geprüft am 29.12.2018), auf Seite 6, Artikel 17, Ausschluss anderer Rechtswahlmöglichkeiten. Auch gegen eine Ausweitung der Rechtswahlmöglichkeiten: Jud, Brigitta. (2005, Seite 136, 139) oder Frantzen, Torstein. (2004, Seite 195). Siehe außerdem die von Weber, Susanne. (2012, Seite 129, Fußnote 474) zitierten Autoren, die gegen eine erbrechtliche Rechtswahl sind. Für eine Auflistung der Hauptargumente gegen die Einführung der Parteiautonomie im Erbrecht im Allgemeinen siehe Scheuermann, Thomas. (1969, Seite 135–137).

441 Comments on the European Commission's Proposal for a Regulation of the European Parliament and of the Council on jurisdiction, applicable law, recognition and enforcement of decisions and authentic instruments in matters of succession and the creation of a European Certificate of Succession. (2010, RabelsZ 74, Seite 522–720). Die Arbeitsgruppe des Max-Planck-Instituts stand unter der Federführung von Jürgen Basedow und Anatol Dutta, für eine Auflistung der restlichen Mitglieder siehe Seite 522. Siehe auch den ein Jahr zuvor veröffentlichten Vorschlag von Dutta, Anatol. (2009, RabelsZ 73, Seite 569–580, V. Freedom of Choice of Law?), die neue Formulierung der Rechtswahlklausel auf Seite 579 stimmt quasi mit der auf Seite 606 der Stellungnahme des Max-Planck-Instituts überein.

Dr. Paul Lagarde (2002),[442] die des Deutschen Notarvereins (2010),[443] die des Instituts für ausländisches und internationales Privat- und Wirtschaftsrecht der Ruprecht-Karls-Universität Heidelberg (2012),[444] sowie die Stellungnahme der Arbeitsgruppe von Prof. Dr. Heinrich Dörner (Münster), Christian Hertel, LL.M. (Würzburg), Prof. Dr. Paul Lagarde (Paris) und Dr. Wolfgang Riering, LL.M. (Würzburg) (2005),[445] die im Wesentlichen mit der des Deutschen Notarinstituts übereinstimmt. Anschließend werden die Vorschläge der soeben genannten Stellungnahmen sowie die einiger anderer Autoren gruppiert und zusammengefasst.

I Erweiterung des Kreises der wählbaren Rechte

1 Das Recht einer früheren Staatsangehörigkeit

Zum einen sieht die Stellungnahme des Max-Planck-Instituts zur Verbesserung der im Verordnungsvorschlag enthaltenen *professio iuris* vor,[446] dass dem Erblasser nicht nur sein gegenwärtiges Heimatrecht zur Wahl stehen soll, sondern auch das Recht einer *früheren* Staatsangehörigkeit. Damit ist sowohl die Nationalität oder (im Falle eines Mehrstaaters) die Nationalitäten, die er *im Zeitpunkt der Rechtswahl* besitzt, gemeint, als auch diejenige oder diejenigen, die er *vor diesem*

---

442 Rechtsvergleichende Studie der erbrechtlichen Regelungen des Internationalen Verfahrensrechtes und Internationalen Privatrechts der Mitgliedstaaten der Europäischen Union 2002, abrufbar unter der in Fußnote 18 zitierten Webseite.

443 Stellungnahme des Deutschen Notarvereins zum Kommissionsvorschlag für eine Erbrechts-Verordnung. Berlin, 19. Januar 2010. (Seite 18–20): http://www.dnotv.de/_files/Dokumente/Stellungnahmen/2010-01-19_Stellungnahme_ErbVO.pdf (zuletzt geprüft am 29.12.2018).

444 Stellungnahme zum Vorschlag für eine Europäische Erbrechtsverordnung. Version 2009/157 (COD) vom 16.1.2012 der Generaldirektion Interne Politikbereiche von den Verfassern Burkhard Hess, Erik Jayme und Thomas Pfeiffer unter Mitwirkung von Stefan Huber, Björn Laukemann, Robert Magnus und Stefanie Spancken. Abrufbar unter der in Fußnote 344 zitierten Webseite.

445 Siehe Dörner, Heinrich. Hertel, Christian. Lagarde, Paul. Riering, Wolfgang. (2005, Seite 5–6).

446 Wortlaut des Art. 17 Abs. 1 des Vorschlags der Kommission: „Eine Person kann die Rechtsnachfolge in ihren gesamten Nachlass dem Recht des Staates unterwerfen, dessen Staatsangehörigkeit sie besitzt." Definitiver Wortlaut des Art. 22 Abs. 1 EU-ErbVO: „Eine Person kann für die Rechtsnachfolge von Todes wegen das Recht des Staates wählen, dem sie im Zeitpunkt der Rechtswahl oder im Zeitpunkt ihres Todes angehört. Eine Person, die mehrere Staatsangehörigkeiten besitzt, kann das Recht eines der Staaten wählen, denen sie im Zeitpunkt der Rechtswahl oder im Zeitpunkt ihres Todes angehört."

Zeitpunkt schon einmal besäßen hat. In der Stellungnahme wird darauf aufmerksam gemacht, dass der Erblasser auch ohne Einführung einer solchen Regelung in der Praxis die Möglichkeit hätte, eine frühere Staatsangehörigkeit zu wählen. Das einzige was er dafür tun müsste, ist seine Rechtswahl rückdatieren, i.e. ein früheres Datum in seiner Verfügung von Todes wegen angeben.[447]

Da zum Zeitpunkt der Errichtung der Stellungnahme noch nicht die endgültige Version der Verordnung vorlag,[448] wurde von der Arbeitsgruppe des Max-Planck-Instituts außerdem vorgeschlagen, dass die Wahl zugunsten des Rechts der Staatsangehörigkeit des Erblassers auf jeden Fall auch dann als gültig zu betrachten sei, wenn er diese nicht mehr im Zeitpunkt seines Todes besitzen würde, und dass Mehrstaater die freie Wahl zwischen ihren Staatsangehörigkeiten haben sollten. Beides ist in der definitiven Fassung aufgenommen worden, sodass im Hinblick auf das Heimatrecht nur noch für die Aufnahme des Rechts einer früheren Staatsangehörigkeit zu plädieren bleibt.

2 Das Aufenthaltsrecht

Die in Art. 21 Abs. 1 EU-ErbVO (vorher Art. 16 des Kommissionsvorschlags) vorgesehene allgemeine Kollisionsnorm bestimmt als Regelanknüpfung das Recht des letzten gewöhnlichen Aufenthalts des Erblassers *im Zeitpunkt seines Todes*. Bei der Rechtswahl spielt der Anknüpfungspunkt an das Aufenthaltsrecht indessen überhaupt keine Rolle. Die Arbeitsgruppe des Max-Planck-Instituts schlägt vor, dies zu ändern. Das Recht eines früheren gewöhnlichen Aufenthalts, unabhängig ob *im Zeitpunkt der Errichtung einer Verfügung von Todes wegen* oder sogar schon *davor*, sollte zum Kreis der wählbaren Rechte hinzugefügt werden. Es sei denn, es wird bewiesen, dass der frühere Aufenthaltsort unbedeutend war.[449]

447 Siehe Basedow, Jürgen. Dutta, Anatol. (2010, RabelsZ 74, Seite 610). Auch andere Autoren stimmen für die Zulassung der Wahl einer früheren Staatsangehörigkeit des Erblassers, so Wilke, Felix M. (2012, RIW, Seite 606), Lein, Eva. (2009, Seite 132) oder Dutta, Anatol. (2009, RabelsZ 73, Seite 576, zugunsten des Rechts einer früheren, jetzigen oder zukünftigen Staatsangehörigkeit des Erblassers).

448 Für den Wortlaut des Art. 17 Abs. 1 des Vorschlags der Kommission siehe Fußnote 446.

449 Siehe Basedow, Jürgen. Dutta, Anatol. (2010, RabelsZ 74, Seite 610–612). Siehe auch Dutta, Anatol. (2009, RabelsZ 73, Seite 576, zugunsten des Rechts eines früheren, jetzigen oder zukünftigen gewöhnlichen Aufenthalts des Erblassers) und zugunsten eines früheren Aufenthaltsortes Wilke, Felix M. (2012, RIW, Seite 606) sowie Lange, Knut

Ähnlicher Ansicht ist die Stellungnahme des Deutschen Notarinstituts in Zusammenarbeit mit Prof. Dr. Heinrich Dörner und Prof. Dr. Paul Lagarde, sowie die Arbeitsgruppe von Prof. Dr. Heinrich Dörner, Christian Hertel, LL.M., Prof. Dr. Paul Lagarde und Dr. Wolfgang Riering, LL.M. Der Erblasser sollte die Möglichkeit haben, das Recht des Staates zu wählen, in dem er *im Zeitpunkt der Rechtswahl* oder *im Zeitpunkt seines Todes* seinen gewöhnlichen Aufenthalt hat. Das Recht eines früheren Aufenthaltsortes sollte ihm hingegen nicht zur Wahl stehen, da nach ihrem Erachten keine hinreichende sachliche Verbindung mehr zu der verlassenen Rechtsordnung besteht.[450]

Die Stellungnahme des Deutschen Notarvereins erscheint im Vergleich zu den ersteren hier besprochenen Stellungnahmen etwas zurückhaltender, indem sie sich nur für eine *professio iuris* zugunsten des Aufenthaltsrechts des Erblassers *zum Zeitpunkt der Rechtswahl* einsetzt, nicht aber bereits *davor* oder *zum Zeitpunkt des Todes des Erblassers*. Auch wenn diese letzte Option mit der objektiven Anknüpfung in Art. 21 Abs. 1 EU-ErbVO übereinstimmt, könnte sie dennoch beispielsweise angesichts eines bevorstehenden Aufenthaltswechsels, um die Anwendung der Ausweichklausel in Art. 21 Abs. 2 EU-ErbVO zu verhindern[451] und insbesondere im Verhältnis zu Drittstaaten[452] hilfreich sein. Die Wahl eines

---

Werner. (2012, Seite 93). Gegen die Einführung einer „Wahlmöglichkeit zugunsten der Rechte von Staaten, in denen der Erblasser im Laufe seines Lebens irgendwann einmal seinen gewöhnlichen Aufenthaltsort gehabt hat" oder zugunsten des Rechts, in dem er seinen gewöhnlichen Aufenthalt im Zeitpunkt der Rechtswahl begründet, siehe z.B. Schmitz, Melanie. (2017, Seite 214–216).

450 Siehe die Stellungnahme des Deutschen Notarinstituts in Zusammenarbeit mit Prof. Dr. Heinrich Dörner und Prof. Dr. Paul Lagarde von 2002 (Seite 267–268, Unterpunkt 2 und 4), abrufbar unter der in Fußnote 18 zitierten Webseite, sowie Seite 24 der Zusammenfassung der Vorschläge: http://www.successions.org/03_zusammenfassung.pdf (zuletzt geprüft am 29.12.2018) und Dörner, Heinrich. Hertel, Christian. Lagarde, Paul. Riering, Wolfgang. (2005, Seite 5). Andere Autoren, die dieser - auch in Art. 5.1 HÜErb vorgesehenen - Regelung zustimmen, sind: Brosch, Marlene. (2019, Seite 231-233), Bonomi in Bonomi, Andrea. Wautelet, Patrick. (2016, Seite 335–337), erneut Bonomi, Andrea. (2010, Rivista di Diritto Internazionale Privato e Processuale, Seite 896–897) und in Anderson, Miriam. Arroyo i Amayuelas, Esther. (2011, Seite 33), Kindler, Peter. (2010, Seite 257/2010, IPRax, Seite 50), Käferböck, Thomas. (2008, Seite 467–468), Obergfell, Eva Inés. (2011, Seite 413–414), Sonnentag, Michael. (2012, Seite 466–467) und Fernández-Tresguerres García, Ana. (2016, Seite 213).

451 Siehe Bonomi in Bonomi, Andrea. Wautelet, Patrick. (2016, Seite 335) oder Brosch, Marlene. (2019, Seite 231).

452 Die Verweisung auf das Recht eines Drittstaates durch Art. 21 EU-ErbVO ist gem. Art. 34 Abs. 1 EU-ErbVO als *Gesamtverweisung* zu betrachten, sodass es durchaus

früheren Aufenthaltsrechts wird vom Deutschen Notarverein ebenfalls nicht empfohlen.[453]

Auch die Stellungnahme des Deutschen Anwaltvereins (2010)[454] spricht sich für eine Rechtswahl zugunsten des Rechts des Staates, in dem der Erblasser seinen gewöhnlichen Aufenthalt genommen hat, aus. Allerdings vertritt der Deutsche Anwaltverein, dass bei der objektiven Anknüpfung an die Staatsangehörigkeit des Erblassers festgehalten werden sollte und die Anknüpfungspunkte in der Verordnung sozusagen nur auszutauschen sind. Von einer Erweiterung der Rechtswahlfreiheit kann also bei dieser Stellungnahme kaum gesprochen werden. Dasselbe kann hinsichtlich der Stellungnahme des Deutschen Richterbundes Nr. 1/10 (Januar 2010) gesagt werden.[455]

---

zu einem *Renvoi* kommen könnte. Bei einer Rechtswahl durch Art. 22 EU-ErbVO würde indessen nie eine Rück- oder Weiterverweisung gem. Art. 34 Abs. 2 EU-ErbVO erfolgen, da diese auch im Verhältnis zu Drittstaaten als *Sachnormverweisung* verstanden wird. Siehe hierzu auch Dutta, Anatol. (2009, RabelsZ 73, Seite 576), die Stellungnahme des Deutschen Notarinstituts in Zusammenarbeit mit Prof. Dr. Heinrich Dörner und Prof. Dr. Paul Lagarde von 2002, (Seite 268, Unterpunkt 4), abrufbar unter der in Fußnote 18 zitierten Webseite, oder Schmitz, Melanie. (2017, Seite 216–217 und Seite 253–254 zur Rück- und Weiterverweisung in der EuErbVO), die eine Erweiterung des Kreises der wählbaren Rechte auf das Recht des Ortes des gewöhnlichen Aufenthalts des Erblassers im Zeitpunkt seines Todes unterstützt.

453 Siehe Seite 19 der Stellungnahme des Deutschen Notarvereins zum Kommissionsvorschlag für eine Erbrechts-Verordnung (2010), abrufbar unter der in Fußnote 443 zitierten Webseite. Für eine Rechtswahl zugunsten des Aufenthaltsortes im Zeitpunkt der *professio iuris* plädieren auch: Müller-Lukoschek, Jutta. (2015, Seite 101, Rn. 158), Davì, Angelo. Zanobetti, Alessandra. (2014, Seite 63 und 65), Lein, Eva. (2009, Seite 132) und Wennersbusch, Jasmin. (2018, Seite 257–259), die in dem Fehlen dieser Option sogar eine unzulässige Einschränkung der von Art. 21 Abs. 1 AEUV gewährten Personenfreizügigkeit anmerkt.

454 Siehe die Stellungnahme Nr.: 3/2010 des Deutschen Anwaltvereins durch den Erbrechtsausschuss zum Kommissionsvorschlag für eine Erbrechts-Verordnung vom 14.10.2009, Seite 7: https://anwaltverein.de/de/newsroom/id-2010-03?file = files/anwaltverein.de/downloads/newsroom/stellungnahmen/2010/SN310.pdf. (zuletzt geprüft am 29.12.2018). Mitglieder des Erbrechtsausschusses: Dr. Andreas Frieser, Dr. Stephanie Herzog, Richard Lindner, Dr. Christian von Oertzen, Dr. Hubertus Rohlfing und Dr. Stephan Scherer.

455 Siehe die Stellungnahme des Deutschen Richterbundes Nr. 1/10 (Januar 2010): http://www.drb.de/stellungnahmen/2010/europ-nachlasszeugnis.html (zuletzt geprüft am 25.10.2017).

3 *Das Güterstatut des Erblassers*

In vielen Stellungnahmen wird zudem vorgeschlagen, dass einem verheirateten Erblasser auch das Recht, das seine güterrechtlichen Beziehungen beherrscht, zur Wahl stehen sollte.[456] Die dafür zu erfüllende Bedingung wäre, dass der Güterstand im Zeitpunkt seines Todes weiterhin besteht, sprich die Ehe beispielsweise nicht durch Scheidung aufgelöst worden ist. Siehe in diesem Sinne die Stellungnahme des Deutschen Notarinstituts in Zusammenarbeit mit Prof. Dr. Heinrich Dörner und Prof. Dr. Paul Lagarde (2002),[457] sowie die der Arbeitsgruppe von Prof. Dr. Heinrich Dörner (Münster), Christian Hertel, LL.M. (Würzburg), Prof. Dr. Paul Lagarde (Paris) und Dr. Wolfgang Riering, LL.M. (Würzburg) (2005),[458] die Stellungnahme des Max-Planck-Instituts für ausländisches und internationales Privatrecht (2010)[459] oder die Stellungnahme einiger Mitarbeiter des Instituts für ausländisches und internationales Privat- und Wirtschaftsrecht der Ruprecht-Karls-Universität Heidelberg (2012).[460]

Ziel der Aufnahme des Güterstatuts als wählbares Recht ist die Vereinfachung der Vermögensverwaltung, die durch den Gleichlauf zwischen Güter- und Erbstatut entsteht, bzw. die Vermeidung von Verteilungs- und Anpassungsproblemen, zu denen es anderenfalls leicht durch eine unkoordinierte Anknüpfung[461]

456 Die einzige Rechtsordnung, in der dem Erblasser eine solche Rechtswahl im Erbrecht vor Inkrafttreten der Verordnung zur Verfügung stand, war Finnland. Siehe hierzu Seite 59–60 der Dissertation.

457 Siehe die Rechtsvergleichende Studie der erbrechtlichen Regelungen des Internationalen Verfahrensrechtes und Internationalen Privatrechts der Mitgliedstaaten der Europäischen Union des Deutschen Notarinstituts in Zusammenarbeit mit Prof. Dr. Heinrich Dörner und Prof. Dr. Paul Lagarde von 2002 (Seite 269 und Seite 271–272), abrufbar unter der in Fußnote 18 zitierten Webseite.

458 Siehe Dörner, Heinrich. Hertel, Christian. Lagarde, Paul. Riering, Wolfgang. (2005, Seite 5–6).

459 Siehe Basedow, Jürgen. Dutta, Anatol. (2010, RabelsZ 74, Seite 612–613).

460 Siehe die Stellungnahme zum Vorschlag für eine Europäische Erbrechtsverordnung. Version 2009/157 (COD) vom 16.1.2012 der Generaldirektion Interne Politikbereiche von den Verfassern Burkhard Hess, Erik Jayme und Thomas Pfeiffer. (Seite 30–32). Abrufbar unter der in Fußnote 344 zitierten Webseite.

461 Siehe hierzu z.B. die Rechtsvergleichende Studie der erbrechtlichen Regelungen des Internationalen Verfahrensrechtes und Internationalen Privatrechts der Mitgliedstaaten der Europäischen Union des Deutschen Notarinstituts in Zusammenarbeit mit Prof. Dr. Heinrich Dörner und Prof. Dr. Paul Lagarde von 2002 (Seite 249), abrufbar unter der in Fußnote 18 zitierten Webseite, oder Brandi, Tim. (1996, Seite 269–270).

zwischen beiden Statuten kommen kann.[462] Da es mittlerweile harmonisierte europäische Kollisionsnormen im Bereich des Güterrechts gibt, würde sich die Wahl des Güterstatuts – wenn sie denn erlaubt wäre – wesentlich leichter gestalten als vor 2016, als zur Bestimmung des für die güterrechtlichen Beziehungen maßgebenden Rechts noch die Kollisionsnormen der *lex fori* herangezogen werden mussten. Denn das bedeutete, dass je nach angerufenem Gericht, das anwendbare Güterstatut unterschiedlich ausfallen konnte. Vorstellbar war also, dass der Erblasser eine erbrechtliche Rechtswahl zugunsten seines Güterstatuts traf, ohne zu wissen welche Rechtsordnung eines Tages auf seine Rechtsnachfolge von Todes wegen und auf seine güterrechtlichen Beziehungen anwendbar sein würde.[463] Durch die Vereinheitlichung des Kollisionsrechts im Bereich des Güterrechts hat sich dieses Risiko nun vermindert. Relevant wäre die *professio iuris* zugunsten des Güterstatuts insbesondere dann, wenn sich dieses Recht als ein Recht herausstellt, das noch nicht anderweitig im Katalog der wählbaren Rechte vorzufinden ist.[464]

Siehe auch bereits das deutsch-finnische Beispiel auf Seite 59–60 und in Fußnote 120 der Dissertation.

462 Andere Autoren, die auch für die Zulassung der Wahl des Ehegüterstatuts stimmen, sind Brosch, Marlene. (2019, Seite 232–233), Bonomi in Bonomi, Andrea. Wautelet, Patrick. (2016, Seite 338–340), Dutta, Anatol. (2009, RabelsZ 73, Seite 576–577), Wilke, Felix M. (2012, RIW, Seite 606), Lein, Eva. (2009, Seite 132), Palao Moreno in Iglesias Buigues, José Luis. Palao Moreno, Guillermo. (2015, Seite 155), unter gewissen Vorbehalten Fontanellas Morell, Josep M. (2010, Seite 304, Unterpunkt 187) oder schon zu früher Zeit Brandi, Tim. (1996, Seite 269–270). Dagegen z.B. Käferböck, Thomas. (2008, Seite 467) oder Schmitz, Melanie. (2017, Seite 214).

463 Siehe hierzu Dutta, Anatol. (2009, RabelsZ 73, Seite 577: „as long as the choice-of-law rules for matrimonial property are still in statu nascendi, incorporating the freedom to choose that law entails some challenges") und Bonomi in Bonomi, Andrea. Wautelet, Patrick. (2016, Seite 339 : „En effet, tant que la loi applicable au régime peut changer selon le tribunal saisi, sa désignation est faite « en blanc » ..."). Siehe auch die Stellungnahme von Mansel, Heinz-Peter. (2006, Seite 199), der sich erst für die Wahl des Güterstatuts ausspricht, sobald es zu der geplanten ehegüterrechtlichen IPR-Vergemeinschaftung kommt. Diese ist seit 24. Juni 2016 in Kraft getreten, siehe bereits Fußnote 271 der Dissertation.

464 Siehe in diesem Sinne Basedow, Jürgen. Dutta, Anatol. (2010, RabelsZ 74, Seite 613), die Rechtsvergleichende Studie der erbrechtlichen Regelungen des Internationalen Verfahrensrechtes und Internationalen Privatrechts der Mitgliedstaaten der Europäischen Union des Deutschen Notarinstituts in Zusammenarbeit mit Prof. Dr. Heinrich Dörner und Prof. Dr. Paul Lagarde von 2002 (Seite 271–272), abrufbar unter der in

4 *Das Recht am Ort der Belegenheit des Grundstücks*

Des Weiteren empfiehlt das Max-Planck-Institut für ausländisches und internationales Privatrecht, dass dem Erblasser die *lex rei sitae* für seine Immobilien zur Wahl stehen sollte. Durch die Synchronisierung des Erb- und Belegenheitsstatuts käme es hier – wie auch bei der Wahl des Güterstatuts – zu einer Vereinfachung der Nachlassabwicklung und der Vermögensverwaltung. Auch wenn eine Nachlassspaltung grundsätzlich zu vermeiden ist, kommt die Forschungsgruppe des Hamburger Max-Planck-Instituts zu dem Ergebnis, dass die freiwillige Wahl des Erblassers in so einem Fall respektiert werden sollte.[465]

Ausdrücklich gegen eine solche Wahlmöglichkeit zugunsten des Belegenheitsrechts (aufgrund der durch die Nachlassspaltung verursachten Nachteile) äußert sich die Stellungnahme des Deutschen Notarinstituts in Zusammenarbeit mit Prof. Dr. Heinrich Dörner und Prof. Dr. Paul Lagarde, sowie die der Arbeitsgruppe von Prof. Dr. Heinrich Dörner (Münster), Christian Hertel, LL.M. (Würzburg), Prof. Dr. Paul Lagarde (Paris) und Dr. Wolfgang Riering, LL.M. (Würzburg).[466] Auch die Stellungnahme des Deutschen Richterbundes zum Grünbuch der Kommission der Europäischen Gemeinschaften zum Erb- und Testamentsrecht (2005) hat bei der Anknüpfung an das Recht des Ortes, an dem

---

Fußnote 18 zitierten Webseite, sowie Dörner, Heinrich. Hertel, Christian. Lagarde, Paul. Riering, Wolfgang. (2005, Seite 6).

465 Siehe Basedow, Jürgen. Dutta, Anatol. (2010, RabelsZ 74, Seite 613). Andere Autoren, die auch die Wahl der *lex rei sitae* befürworten, sind Dutta, Anatol. (2009, RabelsZ 73, Seite 577–578), Palao Moreno in Iglesias Buigues, José Luis. Palao Moreno, Guillermo. (2015, Seite 155), Lein, Eva. (2009, Seite 132) oder Brandi, Tim. (1996, Seite 268–269). Siehe auch Fontanellas Morell, Josep M. (2010, Seite 304, Unterpunkt 187, zumindest bei Anwendung des Rechts eines Drittstaates) und Bonomi in Bonomi, Andrea. Wautelet, Patrick. (2016, Seite 337–338), der es im Hinblick auf die von der Verordnung vertretene monistische Auffassung verständlich findet, dass die *lex rei sitae* nicht in Art. 22 EU-ErbVO als Rechtswahlmöglichkeit aufgenommen wurde, es in einigen Fällen aber als sehr nützlich betrachtet hätte.

466 Siehe die Stellungnahme des Deutschen Notarinstituts in Zusammenarbeit mit Prof. Dr. Heinrich Dörner und Prof. Dr. Paul Lagarde von 2002 (Seite 268, Unterpunkt 6), abrufbar unter der in Fußnote 18 zitierten Webseite, und die Stellungnahme der Arbeitsgruppe von Prof. Dr. Heinrich Dörner. Siehe Dörner, Heinrich. Hertel, Christian. Lagarde, Paul. Riering, Wolfgang. (2005, Seite 5–6). Auch explizit dagegen Schmitz, Melanie. (2017, Seite 217) und Käferböck, Thomas. (2008, Seite 467), der die Ansicht vertritt, der Erblasser könnte durch eine solche Rechtswahlmöglichkeit auf die Idee kommen, unbedeutende Immobilien im „pflichtteilsfeindlichen Ausland" zu erwerben, um danach mit der Wahl der *lex rei sitae* Pflichtteilsrechte zu umgehen.

sich unbewegliches Vermögen des Erblassers befindet, bedenken. Grund hierfür ist laut der Stellungnahme die nicht sicherzustellende Nähe der *lex rei sitae* zum Erblasser und seine Erben.[467]

5 Für gemeinschaftliche Testamente und Erbverträge: das Heimat- oder Aufenthaltsrecht von nur einem Erblasser im Zeitpunkt der Rechtswahl

Die Stellungnahme des Deutschen Notarinstituts in Zusammenarbeit mit Prof. Dr. Heinrich Dörner und Prof. Dr. Paul Lagarde schlägt andererseits vor, eine spezielle Vorschrift für gemeinschaftliche Testamente und Erbverträge aufzunehmen, die den Erblassern die Wahl des Rechts ermöglichen würde, das zum Zeitpunkt der Errichtung für *nur einen* von ihnen als Heimat- oder Aufenthaltsrecht Anwendung findet. Ob das Heimat- oder Aufenthaltsrecht *des anderen* eine entsprechende Regelung zulässt, würde nach diesem Vorschlag nicht berücksichtigt werden. Durch die Einführung so einer Rechtswahl könnte der Stellungnahme zufolge die Behandlung von gemeinschaftlichen Testamenten und Erbverträgen in der Praxis etwas entschärft werden.[468]

6 Andere Rechte

Anatol Dutta ist ferner der Ansicht, dass wenn der Heimatstaat des Erblassers ein Mehrrechtsstaat ist (wie z.B. Spanien oder das Vereinigte Königreich), der Verfügende auch eine erbrechtliche Rechtswahl nur zugunsten einer dieser Teilrechtsordnungen treffen können sollte.[469] Thomas Wachter stellt ebenfalls fest, dass

---

467 Siehe die Stellungnahme des Deutschen Richterbundes zum Grünbuch der Kommission der Europäischen Gemeinschaften zum Erb- und Testamentsrecht KOM(2005) 65 endg.; Ratsdok. 7027/05 (Juni 2005): http://www.drb.de/stellungnahmen/2005/stellungnahme-des-deutschen-richterbundes-zum-gruenbuch-der-kommission-der-europaeischen-gemeinschaften-zum-erb-und-testamentsrecht-kom200565-end-g-ratsdok-702705.html (zuletzt geprüft am 29.12.2018).

468 Siehe die Stellungnahme des Deutschen Notarinstituts in Zusammenarbeit mit Prof. Dr. Heinrich Dörner und Prof. Dr. Paul Lagarde von 2002 (Seite 267–268, Unterpunkt 3), sowie Seite 24 der Zusammenfassung der Vorschläge, abrufbar unter den bereits zitierten Webseiten in Fußnote 18 und 450 der Dissertation. Dagegen erneut Käferböck, Thomas. (2008, Seite 467–468), der Bedenken gegen diesen Vorschlag hinsichtlich der Staaten äußert, in denen gemeinschaftliche Testamente zwischen „jedermann" gestattet sind. Der Testator könnte laut diesem Autor eine Person im „pflichtteilsfeindlichen Ausland" finden, die sich auf eine gemeinschaftliche Testierung einlässt, und auf diese Weise eine Pflichtteilsminderung erreichen.

469 Siehe Dutta, Anatol. (2009, RabelsZ 73, Seite 576): „If the state of the deceased's nationality has more than one legal system with regard to successions, as it is the case,

zurzeit weder das Recht einer Teilrechtsordnung bei Mehrrechtsstaaten[470] noch das Recht des Staates, das für die Beteiligungen an zum Nachlass gehörenden Gesellschaften maßgeblich ist, auf der Palette an wählbaren Rechten erscheint.[471]

Auch Jürgen Basedow äußert das Bedürfnis nach der Wahl eines nicht im Katalog aufgeführten Rechts; wie das Recht des Staates, in dem der Erblasser eine Gesellschaft oder ein Recht an geistigem Eigentum besitzt, oder beispielsweise das Recht des Staates, in dem sich die Erben und Vermächtnisnehmer des Erblassers gewöhnlich aufhalten.[472] Javier Carrascosa González weist auf weitere Rechte hin, die der Erblasser nicht wählen darf: das Recht des Staates, in dem der Erblasser seinen steuerlichen Wohnsitz hat, das Recht des Staates, in dem der Erblasser

---

for example, in the United Kingdom, the deceased should be able to choose either of them."

470 Darauf machen auch Bonomi, Andrea. (2013, Seite 309) und Carrascosa González, Javier. (2014, Seite 142 (h)) aufmerksam.

471 Siehe Wachter, Thomas. (2014, Seite 5–6). Auch Dutta, Anatol. (2009, RabelsZ 73, Seite 733–734) spricht eine Rechtswahlmöglichkeit zugunsten des Gesellschaftsstatuts *de lege ferenda* an. Die nicht Harmonisierung des internationalen Gesellschaftsrechts stellt zurzeit laut Dutta aber noch ein großes Hindernis für eine solche Rechtswahl dar. Am Rande sei erwähnt, dass bereits die Stellungnahme des Max-Planck-Instituts für ausländisches und internationales Privatrecht zum Entwurf eines Gesetzes zur Neuregelung des Internationalen Privatrechts von 1983 als Erweiterung des Kreises der wählbaren Rechte in Art. 25 EGBGB „für Betriebsvermögen eines Unternehmens das Recht des Unternehmenssitzes oder der jeweiligen Niederlassung" vorschlug. Siehe Max-Planck-Institut für ausländisches und internationales Privatrecht (1983, RabelsZ 47, Seite 657–658).

472 Siehe Basedow, Jürgen. (2015, Seite 272, Unterpunkt 430): „where a testator who is a national and resident of country A owns a company or an intellectual property right in State B which forms the major part of his estate, there might be good reasons for electing the law of B as governing the whole estate. In a similar vein, the law of State B might be more appropriate for governing succession where the heirs and legatees are habitually resident in B and potential disputes will likely be conducted in the courts of State B." Dass das Heimatrecht oder das Recht des gewöhnlichen Aufenthalts der Familienangehörigen des Erblassers nicht gewählt werden kann, wird auch von Carrascosa González, Javier. (2014, Seite 142 (e)) hervorgehoben. So auch Lange, Knut Werner. (2012, Seite 93), der die Ansicht vertritt, gewählt werden können sollte auch das Recht zu dem der Erblasser engste Verbindungen hat, z.B. weil dort seine Familie lebt. Das Aufenthaltsrecht des oder der Erben wird ebenfalls von Kroll-Ludwigs, Kathrin. (2013, Seite 443) als Beispiel eines aus Sicht des Erblassers möglicherweise „neutralen" Rechts genannt.

seinen schlichten Aufenthalt begründet oder das Recht des Staates, in dem sich das „domicile“[473] des Erblassers (im angelsächsischen Sinne) befindet.[474]

7 Freie Rechtswahl?

Einige Autoren, wie Eva Lein, schlagen vor, dass dem Erblasser im Prinzip jedes Recht eines Mitgliedstaates, zu dem er eine ausreichende Verbindung aufweist, zur Wahl stehen sollte.[475] Auch Jürgen Basedow sieht einen Bedarf für die Zulassung einer *professio iuris*, die nicht an einen Katalog an wählbaren Erbrechten gebunden ist.[476] Karin Dreher und Kathrin Kroll-Ludwigs gehen sogar noch einen Schritt weiter und werfen den – für die meisten wohl sehr gewagten – Vorschlag einer absolut freien erbrechtlichen Rechtswahl in den Raum. Demnach könnte der Erblasser jede beliebige Rechtsordnung der Welt wählen, unabhängig davon ob eine objektive Verbindung zu diesem Recht bestünde oder nicht. Auch die Wahl eines neutralen Rechts käme infrage.[477] Dieses Anliegen wird ausführlich im dritten und letzten Teil der Dissertation behandelt.

II Zulassung einer Teilrechtswahl

Die ersten vier oben aufgeführten Rechte,[478] die vom Max-Planck-Institut für ausländisches und internationales Privatrecht zur Erweiterung des in der Verordnung alleinigen vorgesehenen Rechtswahlanknüpfungspunktes an die Staatsangehörigkeit des Erblassers dienen, sollen von letzterem auch auf nur einen

---

473 Siehe hierzu beispielsweise Kreitlow, Maike. (2003, Das *domicile*-Prinzip im englischen Internationalen Privatrecht und seine europäische Perspektive).

474 Siehe Carrascosa González, Javier. (2014, Seite 141–142, *2.°) Exclusión de otras Leyes potencialmente elegibles* und Seite 142–143, *3.°) Rechazo del punto de conexión "domicile" en sentido anglosajón*).

475 Siehe Lein, Eva. (2009, Seite 132): „It should in principle be possible to choose any EU Member State's law with which the *de cujus* has some reasonable connection."

476 Siehe Basedow, Jürgen. (2015, Seite 272, Unterpunkt 430): „A practical demand for the designation of a law not included in the list may very well be conceived."

477 Siehe Dreher, Karin. (1999, Seite 130) und Kroll-Ludwigs, Kathrin. (2013, Seite 571, Seite 594–595). Anatol Dutta scheint diese Ansicht ebenfalls zu befürworten, siehe Dutta, Anatol. (RablesZ 73, 2009, Seite 576). Siehe hierzu ausführlicher *E.III. Durch die Zulassung einer freien Rechtswahl*, auf Seite 302 ff. im dritten Kapitel der Dissertation.

478 Das Recht einer früheren Staatsangehörigkeit, das Recht eines früheren gewöhnlichen Aufenthalts (unabhängig ob *im Zeitpunkt der Rechtswahl* oder *davor*), das Güterstatut des Erblassers und die *lex rei sitae*.

Teil seines Nachlasses anwendbar sein, wenn er dies wünscht. Die Max-Planck Arbeitsgruppe befürwortet folglich eine *Dépeçage*, auch wenn es dadurch zu einer Nachlassspaltung kommt. Die Begründung dafür lautet, wenn sich der Erblasser selbst für eine Teilrechtswahl entscheidet, müsse er nicht gegen seinen Willen vom Gesetzgeber geschützt werden.[479] Gegen diesen Vorschlag äußert sich z.B. die Stellungnahme des Deutschen Notarinstituts in Zusammenarbeit mit Prof. Dr. Heinrich Dörner und Prof. Dr. Paul Lagarde.[480]

III Fazit

Zusammenfassend lässt sich sagen, dass doch so manche Stellungnahmen vorschlagen, den Kreis der wählbaren Rechte auszudehnen und somit *dem Erblasser* eine größere Parteiautonomie oder Rechtswahlfreiheit als die jetzige in Art. 22 EU-ErbVO zusprechen. Die Zulassung einer Rechtswahl durch die Erben oder Erbberechtigten (wie sie beispielsweise im italienischen oder dänischen Recht vorgesehen ist, um die Nachlassabwicklung einem anderen Statut zu unterstellen) wird in den oben besprochenen Stellungnahmen nicht empfohlen. Die Stellungnahme des Deutschen Notarinstituts in Zusammenarbeit mit Prof. Dr. Heinrich Dörner und Prof. Dr. Paul Lagarde spricht sich sogar ausdrücklich dagegen aus.[481]

Die meisten Autoren der hier analysierten Stellungnahmen und auch viele einzelne Autoren sind der Ansicht, dass die zukünftige erbrechtliche Rechtswahl zumindest auf das Aufenthaltsrechts des Erblassers im Zeitpunkt der Rechtswahl oder im Zeitpunkt seines Todes für seinen gesamten Nachlass erweitert werden sollte. Auf diese Art und Weise würde die Erbrechtsverordnung dieselbe Rechtswahlfreiheit beinhalten wie Art. 5 Abs. 1 des Haager Abkommens

479 Siehe Basedow, Jürgen. Dutta, Anatol. (2010, RabelsZ 74, Seite 609–610), sowie Dutta, Anatol. (2009, RabelsZ 73, Seite 577–579), Vékás, Lajos. (2011, Seite 45) und Aubart, Andrea. (2013, Seite 220). Siehe außerdem in diesem Zusammenhang bereits Seite 151 der Dissertation unter *C.III. Beschränkung auf den gesamten Nachlass*.

480 Siehe die Stellungnahme des Deutschen Notarinstituts in Zusammenarbeit mit Prof. Dr. Heinrich Dörner und Prof. Dr. Paul Lagarde von 2002, (Seite 270, Unterpunkt 10), abrufbar unter der in Fußnote 18 zitierten Webseite. Laut dieser Stellungnahme sollte sich die Rechtswahl nur auf den gesamten Nachlass beziehen können. Allerdings wird in der Stellungnahme neben einer Rechtswahl in einer Verfügung von Todes wegen auch für eine isolierte Rechtswahl, die sich allein auf die gesetzliche Erbfolge bezieht, plädiert.

481 *Ebenda*. (Seite 269, Unterpunkt 8). Siehe auch zu diesem Thema Weber, Susanne. (2012, Seite 138–140) auf Seite 140: „Folglich sind die Interessen der Erben insgesamt wenig ausschlaggebend für die Entscheidung über eine Wahl des Erbstatuts.“

über das auf die Rechtsnachfolge von Todes wegen anzuwendende Recht von 1989. Der Erblasser hätte demnach i.d.R. insgesamt vier Rechtswahlmöglichkeiten: sein Heimat- oder Aufenthaltsrecht, jeweils im Zeitpunkt der Rechtswahl oder im Zeitpunkt seines Todes. Bei einem Doppel- oder Mehrstaater könnten es durchaus noch mehr sein.

Auch überraschend viele sprechen sich für eine Rechtswahl zugunsten des Güterstatuts des Erblassers aus, um letzterem die Chance zu geben, einen Gleichlauf zwischen Erb- und Güterstatut zu erzielen. Einer *professio iuris* zugunsten des Rechts am Ort der Belegenheit des Grundstücks stehen die meisten allerdings kritischer gegenüber. Auch wenn dadurch ebenfalls eine Synchronisierung des Erb- und Sachenrechts erfolgt, führt die Anwendung der *lex rei sitae* zu einer Nachlassspaltung, die von der herrschenden Meinung als großer Nachteil eingestuft wird, und die es zu vermeiden gilt. Aus demselben Grund gibt es nur wenige Befürworter einer Teilrechtswahl.

Des Weiteren ist festzuhalten, dass sowohl beim Recht einer *früheren* Staatsangehörigkeit als auch beim Recht eines *früheren* gewöhnlichen Aufenthalts überwiegend Manipulationsbedenken geäußert werden. Dabei kann der Erblasser in der Praxis schon heute leicht ein früheres Heimatrecht wählen, indem er seine (handschriftliche) Rechtswahl rückdatiert. Bei der Wahl eines früheren Aufenthaltsorts des Erblassers würde die Manipulationsgefahr auf jeden Fall verringert werden, wenn – wie von der Arbeitsgruppe des Max-Planck-Instituts vorgeschlagen – unbedeutende Aufenthaltsorte von der Wahl ausgeschlossen wären. Wobei die Grenze zwischen einem bedeutenden und einem unbedeutenden Aufenthaltsort in der Praxis wohl vermutlich auch nicht so leicht zu ziehen wäre.

Zum Schluss bleibt nur noch zu sagen, dass vereinzelnd für weitere Rechtswahlmöglichkeiten plädiert wird. Zum Beispiel für das Heimat- oder Aufenthaltsrecht von nur einem Erblasser im Zeitpunkt der Rechtswahl bei gemeinschaftlichen Testamenten und Erbverträgen, das Recht einer Teilrechtsordnung bei Mehrrechtsstaaten, das Recht des Staates in dem der Erblasser eine Gesellschaft oder ein Recht an geistigem Eigentum besitzt oder in dem die Erben und Vermächtnisnehmer des Erblassers ihren gewöhnlichen Aufenthalt haben. Einige Autoren befürworten sogar eine freie Rechtswahl im internationalen Erbrecht, worauf im dritten Kapitel der Dissertation näher einzugehen ist. Eines sollte aber bereits hier an dieser Stelle klar zum Vorschein gekommen sein und das ist, dass sich ein nicht unerheblicher Teil der Lehre für mehr Rechtswahlfreiheit im Bereich des Erbkollisionsrechts einsetzt.

F Anwendungsfragen der europäischen Erbrechtsverordnung

I Die Reichweite des Erbstatuts und seine Abgrenzung zu anderen Statuten

Trifft ein Erblasser eine *professio iuris* zugunsten seines Heimatrechts, stellt sich die Frage, welches die Reichweite des gewählten Erbstatuts ist und wo die Grenze zwischen diesem und anderen Statuten verläuft.[482] In der Verordnung wird zum einen der Anwendungsbereich in Art. 1 und zum anderen die Reichweite des anzuwendenden Rechts in Art. 23 EU-ErbVO behandelt.

Gemäß Art. 23 Abs. 1 EU-ErbVO unterliegt dem nach Art. 21 oder 22 EU-ErbVO bezeichneten Recht die *gesamte* Rechtsnachfolge von Todes wegen. Artikel 23 Abs. 2 a-j EU-ErbVO enthält zur Klarstellung außerdem eine Liste mit den Bereichen, die diesem Recht insbesondere unterstehen, wie zum Beispiel das Pflichtteilsrecht. Wie schon erwähnt, leidet die erbrechtliche Rechtswahl des Art. 22 EU-ErbVO daher nicht unter einem Pflichtteilsvorbehalt, wie früher die belgische, italienische oder bulgarische *professio iuris* es tat.[483] Die Erbfähigkeit, die Enterbung, die Erbunwürdigkeit, der Übergang des Vermögens vom Erblasser auf die Erben und Vermächtnisnehmer,[484] die Haftung für die Nachlassverbindlichkeiten und die Teilung des Nachlasses sind einige weitere Beispiele, die in Art. 23 Abs. 2 EU-ErbVO aufgelistet werden und auf die sich das Erbstatut auf jeden Fall erstreckt.[485]

Der sachliche Anwendungsbereich der europäischen Erbrechtsverordnung erfasst nach Art. 1 Abs. 1 Satz 1 EU-ErbVO die Rechtsnachfolge von Todes wegen im Sinne der Bestimmung des Art. 3 Abs. 1 a) EU-ErbVO.[486] Einzelne Sachfragen

---

482 Siehe Keim, Christopher. (2013, 4. Reichweite der Rechtswahl nach Art. 22 EuErbVO, Seite 72) und Dutta, Anatol. (2015, MüKoBGB, Art. 25 EGBGB, D. Konkurrenz zwischen Erbstatut und anderen Statuten, Rn. 149): „Das Erbrecht steht in engem Zusammenhang zu einer Reihe anderer Rechtsmaterien. Daraus ergeben sich nicht nur materiellrechtliche, sondern auch kollisionsrechtliche Berührungs- und Überschneidungsmöglichkeiten."

483 Siehe hierzu bereits Seite 153 unter *C.IV. Andere Einschränkungen* im zweiten Kapitel der Dissertation.

484 Siehe Jayme, Erik. (2011, III. Erbgang, Seite 32).

485 Zum Art. 23 EU-ErbVO siehe Carmen Azcárraga Monzonís in Iglesias Buigues, José Luis. Palao Moreno, Guillermo. (2015, Seite 163–174) und Dirk Looschelders in Hüßtege, Rainer. Mansel, Heinz-Peter. (2015, Seite 921–928).

486 Wortlaut des Art. 3 Abs. 1 a) EU-ErbVO: „(1) Für die Zwecke dieser Verordnung bezeichnet der Ausdruck a) „Rechtsnachfolge von Todes wegen" jede Form des Übergangs von Vermögenswerten, Rechten und Pflichten von Todes wegen, sei es im Wege

werden aber vom Anwendungsbereich ausgenommen.[487] Auf Steuer- und Zollsachen sowie verwaltungsrechtliche Angelegenheiten ist die Verordnung ausdrücklich gem. Art. 1 Abs. 1 Satz 2 EU-ErbVO nicht anwendbar. Zudem beinhaltet Art. 1 Abs. 2 a-l EU-ErbVO zur Abgrenzung des Erbstatuts einen sehr umfangreichen Negativkatalog mit den ausgenommenen Anwendungsbereichen, wie z.B. den Personenstand, die Rechts-, Geschäfts- und Handlungsfähigkeit von natürlichen Personen, Fragen des ehelichen Güterrechts oder des Gesellschaftsrechts, etc.[488] Nichtsdestotrotz ist eine klare Abgrenzung des Erbstatuts zu anderen Statuten nicht immer möglich. Dieser Unterpunkt soll sich mit der Problematik der nebeneinander bestehenden oder in sich übergehenden Statuten auseinandersetzen. Jan Peter Schmidt hat dieses Thema bereits sehr zutreffend auf den Punkt gebracht:

> *„Dass trotz der detaillierten Regelungen zum sachlichen Anwendungsbereich der EuErbVO zahlreiche Zweifelsfragen bleiben, liegt in der Natur des Erbrechts und ist bis zu einem gewissen Grad unvermeidbar. Denn indem das Erbrecht die Aufgabe hat, das Schicksal der Rechtsbeziehungen einer verstorbenen Person zu regeln, und sich dazu vielfältiger Instrumente bedient, überschneidet es sich zwangsläufig mit anderen Materien, die ebenfalls die Zuordnung von Vermögenswerten zum Gegenstand haben. (…) Eine wichtige Voraussetzung zur sachgerechten Bestimmung des Anwendungsbereichs der EuErbVO besteht deshalb darin, sich von der durch die Systematik vieler Gesetz- und Lehrbücher geprägten Vorstellung zu lösen, dass das Erbrecht ein in allen Einzelheiten klar abgrenzbares Rechtsgebiet sei.“*[489]

Angesichts dieser Tatsache, dass das Erbrecht von Natur aus kein klar abgrenzbares Rechtsgebiet ist, sollen anschließend all diejenigen Statute untersucht werden, mit denen sich das vom Erblasser gewählte Erbstatut potentiell überschneidet oder mit denen zumindest diverse Reibungen entstehen können. Insbesondere ist dies beim Güterrechts-, Gesellschafts- und Sachenrechtsstatut der Fall. Auch

---

der gewillkürten Erbfolge durch eine Verfügung von Todes wegen oder im Wege der gesetzlichen Erbfolge.“

487 Dass das Erbstatut einen unterschiedlich weiten sachlichen Anwendungsbereich je nach Rechtsordnung hat ist üblich. Siehe beispielsweise zu den traditionell vom Anwendungsbereich des Erbstatuts ausgenommenen Bereichen im spanischen IPR Carmen Azcárraga Monzonís in Iglesias Buigues, José Luis. Palao Moreno, Guillermo. (2015, Seite 163).

488 Zu Art. 1 EU-ErbVO siehe Dirk Looschelders in Hüßtege, Rainer. Mansel, Heinz-Peter. (2015, Seite 820–835) und Guillermo Palao Moreno und Gabriel Alonso Landeta in Iglesias Buigues, José Luis. Palao Moreno, Guillermo. (2015, Seite 33 (dimensión positiva) und Seite 34–48 (dimensión negativa)).

489 Siehe Jan Peter Schmidt in Dutta, Anatol. Weber, Johannes. (2016, Seite 65, Rn. 2).

wenn die Vermeidung einer *„Zersplitterung des Erbstatuts in Hinblick auf andere Statute"* wünschenswert erscheint,[490] muss im Hinterkopf behalten werden, dass dies nicht immer möglich sein wird und es leicht zu einer horizontalen oder inhaltlichen Nachlassspaltung des Erbstatuts kommen kann.

Als Erstes ist darauf aufmerksam zu machen, dass Vorfragen nicht vom Erbstatut erfasst werden. Klassische Vorfragen bei einem verheirateten oder in einer nicht ehelichen Lebensgemeinschaft lebenden Erblasser mit Kindern wären, ob eine gültige Ehe bzw. Lebenspartnerschaft bestanden hat und ob die erbberechtigten Kinder von ihm abstammen. Fraglich bleibt aber, ob solche Vorfragen selbstständig nach dem IPR der *lex fori* oder unselbstständig nach dem IPR der *lex causae* anzuknüpfen sind. Die Erbrechtsverordnung schweigt zu diesem Thema. Die herrschende Meinung vertritt hier allerdings eine selbstständige Anknüpfung von Vorfragen, i.e. die Anwendbarkeit des autonomen Kollisionsrechts für die Beantwortung der Vorfragen bei grenzüberschreitenden Erbfällen.[491]

1 Errichtungs- und Formstatut

Die Abgrenzung zwischen Erbstatut und Errichtungs- und Formstatut verursacht im Prinzip keine großen Probleme, denn die Erbrechtsverordnung enthält diesbezüglich klare Regeln.

Unter **Errichtungsstatut** ist das auf die Zulässigkeit, *materielle* Wirksamkeit und Bindungswirkungen einer Verfügung von Todes wegen anwendbare Recht zu verstehen.[492] Artikel 24 EU-ErbVO unterstellt das Errichtungsstatut für

490 Siehe hierzu Jayme, Erik. (2011, Seite 29).

491 Siehe Jayme, Erik. (2011, Seite 38–39) und insbesondere Dutta, Anatol. (2015, IPRax, Seite 36 und Fußnoten 36 und 37). Siehe auch Susanne Frodl und Friedrich Kieweler in Rechberger, Walter H. Zöchling-Jud, Brigitta. (2015, Seite 32–33). Auf Seite 33: „Sowohl in Österreich als auch in Deutschland ist die selbständige Anknüpfung vorherrschend. Die Vorfrage ist daher nach dem Recht zu beurteilen, welches das IPR des Gerichtsstaats benennt. Der Vorteil dieser Auffassung liegt im internen Entscheidungseinklang. [...] Die EuErbVO scheint von einer selbständigen Anknüpfung auszugehen. Dafür lässt sich einerseits ErwGr 11 ins Treffen führen, nach dem die Verordnung keine Anwendung auf jene Gebiete des Zivilrechts findet, die nicht die Rechtsnachfolge von Todes wegen betreffen. Darüber hinaus ordnet Art 1 Abs 2 lit a ausdrücklich an, dass der Bereich des Personenstands sowie jener der Familienverhältnisse aus dem Anwendungsbereich der Verordnung ausgenommen ist."

492 Siehe hierzu Döbereiner, Christoph. (2013, Teil I, Seite 364–365), der bei der Zulässigkeit darauf hinweist, dass es nicht um die inhaltliche Zulässigkeit geht, sondern

Verfügungen von Todes wegen außer Erbverträgen dem hypothetischen Erbstatut zum Zeitpunkt der Testamentserrichtung. Grundsätzlich also dem Recht am gewöhnlichen Aufenthalt des Testierenden im Zeitpunkt der Errichtung des Testamentes nach der objektiven Anknüpfung des Art. 21 Abs. 1 EU-ErbVO und bei Rechtswahl dem Heimatrecht des Testierenden im Zeitpunkt der Testamentserrichtung gem. Art. 22 EU-ErbVO.[493] Artikel 25 EU-ErbVO enthält eine analoge Vorschrift für Erbverträge.[494] In Art. 26 EU-ErbVO ist außerdem noch eine abschließende Auflistung der Aspekte, die zur materiellen Wirksamkeit im Sinne der Art. 24 und 25 EU-ErbVO gehören, vorzufinden (z.B. die Testierfähigkeit, die Zulässigkeit der Stellvertretung oder die Willensmängel).

Unter **Formstatut** ist indessen das auf die *formelle* Wirksamkeit einer Verfügung von Todes wegen anwendbare Recht zu verstehen. Ob ein Testament formell wirksam ist, hängt von mehreren Faktoren ab. Einerseits von der Abfassung in einer der vom Formstatut erlaubten Testamentsformen[495] und andererseits von der Einhaltung der entsprechenden Formerfordernisse (Datierung, Position der Unterschrift, benutztes Schreibmaterial, etc.).[496] Für Vertragspartner des Haager

---

darum, ob die Verfügung „generell statthaft ist und als Gestaltungsmittel für die Rechtsnachfolge von Todes wegen zur Verfügung steht."

493 Zur Rechtswahl des Art. 22 EU-ErbVO, die sich auch automatisch auf das Errichtungsstatut ausstreckt, sowie zur gesonderten Teilrechtswahl nur für das Errichtungsstatut siehe bereits Seite 131 unter *C. Die Einführung einer begrenzten Rechtswahlmöglichkeit in Art. 22 EU-ErbVO* und Seite 144–145 unter *C.III. Beschränkung auf den gesamten Nachlass*.

494 Zur materiellen Wirksamkeit und Bindungswirkung von Erbverträgen siehe zum Beispiel Keim, Christopher. (2013, Seite 78).

495 Wie in Fußnote 360 bereits erwähnt, waren z.B. handschriftliche Testamente in den Niederlanden vor 1982 verboten. In Fußnote 546 werden Rechtsordnungen aufgeführt, die auch heute kein eigenhändiges Testament erlauben. Anekdotisch kann zum holographischen Testament hier außerdem noch aufgeführt werden, dass das bis jetzt kürzeste gültige Testament von Karl Tausch, einem deutsch-tschechischen Erblasser, handschriftlich am 19. Januar 1967 in Hessen verfasst wurde und nur zwei Wörter beinhaltete: „Vse zene" (auf Tschechisch: „Alles für die Frau"), siehe Brown, Gordon. Myers, Scott. (2013, Seite 4). Siehe auch den rechtsvergleichenden Beitrag „Das eigenhändige Testament in Europa und Lateinamerika: eine riskante oder sichere Testamentsform?" von Karl August Prinz von Sachsen Gessaphe in Schmoeckel, Mathias. (2015, Seite 88–155).

496 Nach deutschem Recht können auch Testamente, die auf einer Serviette oder auf einem Bierdeckel verfasst wurden, gültig sein. Siehe Graf, Hans Lothar. (2014, Rn. 1.105) und insbesondere Reinhard Zimmermann in Reid, Kenneth G. C. Waal, Marius J de und Zimmermann, Reinhard. (2011, Seite 203 und Fußnoten 225–229). Dieses Werk der

Abkommens vom 5. Oktober 1961 über das auf die Form letztwilliger Verfügungen anzuwendende Recht gilt dieses Abkommen gem. Art. 75 EU-ErbVO auch weiterhin zur Bestimmung des anwendbaren Formstatuts für einseitige und gemeinschaftliche Testamente. Nur bei Erbverträgen müssen die Vertragspartner auf die Vorschrift des Art. 27 EU-ErbVO zur formellen Wirksamkeit einer schriftlichen Verfügung von Todes wegen zurückgreifen. Für nicht Vertragspartner gilt dieser Artikel für alle Arten von Verfügungen von Todes wegen. Da aber beide Regelungen (Art. 1 des Haager Testamentsformabkommens und Art. 27 EU-ErbVO) einen relativ weiten Katalog an alternativen Anknüpfungen vorsehen, wird der Grundsatz des *favor testamenti* eingehalten und dadurch bleiben soweit möglich die Wirksamkeit einer Verfügung und damit auch der Wille des Erblassers erhalten.[497]

Komplizierter als die Abgrenzung des Erbstatuts zum Errichtungs- und Formstatut gestaltet sich hingegen besonders die Trennung zum Güterrechts-, Gesellschafts- und Sachenrechtsstatut.

2 Güterrechtsstatut

Artikel 1 Abs. 2 d) EU-ErbVO legt fest, dass Fragen des ehelichen sowie des lebenspartnerschaftlichen Güterrechts vom Anwendungsbereich der Verordnung ausgenommen sind. Regelungen zur Abgrenzung zwischen Erb- und Güterstatut tauchen weder in der Erbrechtsverordnung noch in den neuen Güterrechtsverordnungen auf.[498] Dabei ist die Trennung zwischen Erb- und

---

„Testamentary Formalities" bietet einen sehr guten Überblick der testamentarischen Formerfordernisse in den verschiedenen Ländern. Siehe auch Zimmermann, Reinhard. (2012, Testamentsformen: „Willkür" oder Ausdruck einer Rechtskultur?). Ein mit der Schreibmaschine oder Computer erstelltes Testament, das lediglich vom Erblasser unterschrieben wird, ist nach deutschem Recht zum Beispiel ungültig.

497 Siehe hierzu Keim, Christopher. (2013, 5. Formstatut, Seite 80–82) und auch schon das auf Seite 136–137 unter *C.I. Formerfordernisse und Wirksamkeitsvoraussetzungen* geschriebene. Wilke, Felix M. (2012, RIW, Seite 607) weist am Rande darauf hin, dass die neue Regelung im Verhältnis zum deutschen IPR einen kleinen Rückschritt darstellt, da es im Katalog keinen entsprechenden Art. 26 Abs. 1 Nr. 5 EGBGB („das Recht, das auf die Rechtsnachfolge von Todes wegen anzuwenden ist oder im Zeitpunkt der Verfügung anzuwenden wäre") gibt.

498 In der Ehegüterrechtsverordnung wird als Pendant in Art. 1 Abs. 2 d) die Rechtsnachfolge nach dem Tod eines Ehegatten vom Anwendungsbereich ausgenommen. Dasselbe gilt für die Rechtsnachfolge nach dem Tod eines Partners in Art. 1 Abs. 2 d) der Verordnung zum Güterrecht eingetragener Partnerschaften.

Ehegüterrecht womöglich gerade eine der schwierigsten Abgrenzungen überhaupt. Denn oftmals stehen beide Statute innerhalb einer Rechtsordnung in einem sehr engen Verhältnis zueinander und haben viele gemeinsame Berührungspunkte.[499]

Zur Abgrenzung zwischen Erb- und Güterstatut hat sich unter anderen Christoph Döbereiner sehr präzise ausgedrückt:

> *„Allgemein kann auch künftig wohl als Richtschnur gelten, dass Regelungen, die den Ehegatten in eine Reihe mit den erbberechtigten Verwandten stellen und ihm eine Teilhabe am Vermögen des Verstorbenen ausschließlich aufgrund der Nähebeziehung zum Erblasser und im Hinblick darauf, dass nach dem hypothetischen Willen des Verstorbenen eine erbrechtliche Verteilung an nahe Angehörige erfolgen soll, gewähren, erbrechtlich zu qualifizieren sind. Erbrechtliche Begünstigungen sind ferner in der Regel unabhängig von einem bestimmten Güterstand. Güterrechtlich ist zu qualifizieren, wenn die Begünstigung ein Ausgleich für die während der Ehe erbrachten Leistungen des Überlebenden oder Konsequenz des Umstands, dass Gatten während der Ehe ihre beiderseitigen Vermögen verschmolzen haben und somit aus einem Topf gewirtschaftet haben, sein soll. Güterrechtliche Begünstigungen sind ferner in der Regel vom Bestehen eines bestimmten Güterstandes abhängig.“*[500]

Die Abgrenzung zwischen Erb- und Güterstatut gestaltet sich im deutschen Recht beispielsweise besonders schwierig. Aufgrund der Bestimmung des Zugewinnausgleichsanspruchs in § 1371 Abs. 1 BGB, wonach sich der gesetzliche Erbteil des überlebenden Ehegatten um einen Viertel erhöht (vorausgesetzt die Ehegatten haben zuvor im gesetzlichen Güterstand der Zugewinngemeinschaft gelebt), sind Ehegüter- und Erbrecht in Deutschland tief ineinander verflochten. Nach überwiegender Auffassung der deutschen Literatur sollte § 1371 Abs. 1 BGB auch weiterhin unter Anwendung der Erbrechtsverordnung güterrechtlich einzuordnen sein. Demnach würde die pauschalierte Erhöhung des Erbteils bei Zusammentreffen von deutschem Erbrecht mit ausländischem Güterrecht

---

499 Zur engen Verbindung zwischen Erb- und Ehegüterrecht und zur Feststellung der Beteiligung des überlebenden Ehegatten an dem Vermögen des verstorbenen Ehegatten nur durch Zusammenschau von beiden Statuten siehe Mansel, Heinz-Peter. (2006, Seite 197–198).

500 Siehe Döbereiner, Christoph. (2013, Teil I, Seite 359, Hervorhebungen hinzugefügt). Siehe auch in diesem Sinne Mankowski, Peter. (2014, Seite 127). Zur güterrechtlichen Qualifikation im Allgemeinen siehe Dutta, Anatol. (2015, MüKoBGB, Art. 25 EGBGB, Rn. 154–155) und zum von der Rechtsprechung des Europäischen Gerichtshofs weit ausgelegten Begriff des ehelichen Güterstands, der „alle vermögensrechtlichen Beziehungen, die sich unmittelbar aus der Ehe oder ihrer Auflösung ergeben“ umfasst, siehe Jan Peter Schmidt in Dutta, Anatol. Weber, Johannes. (2016, Seite 71, Rn. 39).

nicht stattfinden. Die durch das Auseinanderfallen von Güter- und Erbstatut entstehenden Divergenzen könnten durch den Mechanismus der Anpassung gelöst werden.[501] Doch nach dem EuGH-Urteil in der Rechtssache Mahnkopf (C-558/16) vom 1. März 2018 fällt § 1371 Abs. 1 BGB in den Anwendungsbereich der Erbrechtsverordnung und ist folglich erbrechtlich und nicht güterrechtlich, wie die deutsche herrschende Meinung bislang annahm, zu qualifizieren.[502] Ob die pauschalierte Erhöhung des Erbteils bei Zusammentreffen von deutschem Erbrecht mit ausländischem Güterrecht nun gegebenenfalls tatsächlich stattfinden kann, wird wohl davon abhängig sein, ob der ausländische Güterstand als äquivalent zur deutschen Zugewinngemeinschaft anerkannt wird.[503]

In anderen Rechtsordnungen kann es ebenfalls leicht zu Problemen kommen, wenn Ehegüter- und Erbstatut nicht demselben Recht unterliegen. Häufig ist die Stellung des Ehegatten im Erbrecht mit der im Ehegüterrecht abgestimmt. Zerbricht dieses Gleichgewicht, kann sich die Beteiligung des überlebenden Ehegatten am Vermögen des Erblassers radikal verbessern oder verschlechtern. Im spanischen Recht wird die schwache erbrechtliche Stellung des überlebenden Ehegatten etwa durch seine güterrechtlich stärker ausgeprägte Position kompensiert.[504] Daher erschien es dem spanischen Gesetzgeber besonders wichtig

---

501 Zur problematischen Qualifikation des Zugewinnausgleichs nach § 1371 Abs. 1 BGB siehe Keim, Christopher. (2013, Seite 73–74), Müller-Lukoschek, Jutta. (2015, Seite 77–82), Dutta, Anatol. (2015, MüKoBGB, Art. 25 EGBGB, Rn. 156–161 und IPRax, Seite 33), Jayme, Erik. (2011, Seite 33–34), Jan Peter Schmidt in Dutta, Anatol. Weber, Johannes. (2016, Seite 71, Rn. 38), Süß, Rembert. (2015, Seite 108–110, Rn. 85–90) und Vékás, Lajos. (1985, Seite 24). Siehe außerdem den Aufsatz von Kowalczyk, Barbara. (2012, GPR, Seite 213–218): „Spannungsverhältnis zwischen Güterrechtsstatut und Erbstatut nach den Kommissionsvorschlägen für das Internationale Ehegüter- und Erbrecht (Teil 1)“, sowie „Das erbrechtliche Viertel nach § 1371 Abs. 1 BGB im deutschen und europäischen Internationalen Privatrecht“ von Mankowski, Peter. (2014, Seite 121–129), der auf Seite 127 hinweist, die französische Lehre würde für eine erbrechtliche Qualifikation des § 1371 Abs. 1 BGB plädieren.

502 In Rn. 40 des zitierten EuGH-Urteils wird hervorgehoben, dass der Hauptzweck der Bestimmung des § 1371 Abs. 1 BGB „nicht in der Aufteilung des Vermögens oder in der Beendigung des ehelichen Güterstands, sondern vielmehr in der Bestimmung des dem überlebenden Ehegatten im Verhältnis zu den übrigen Erben zufallenden Erbteils zu liegen [scheint]. Eine solche Vorschrift betrifft daher in erster Linie die Rechtsnachfolge nach dem Tod eines Ehegatten und nicht das eheliche Güterrecht.“

503 Mit diesem Thema setzen sich z.B. die Aufsätze von Sakka, Samy. (2018, Seite 4 ff.) und von Weber, Johannes. (2018, NJW Heft 19, Seite 1356 ff.) auseinander.

504 Ca. 90% aller spanischen Eheleute leben mangels Vereinbarung eines Ehevertrages im gesetzlichen Güterstand. Nach gemeinspanischem Recht ist der gesetzliche Güterstand

eine kollisionsrechtliche Anpassungsvorschrift in Art. 9.8.3 CC hinzuzufügen, damit das gesetzliche Erbrecht des Verwitweten mit dem Ehegüterstatut übereinstimmt.[505]

Durch die neue objektive Anknüpfung an den letzten gewöhnlichen Aufenthalt des Erblassers in Art. 21 Abs. 1 EU-ErbVO wird ein Gleichlauf zwischen Güter- und Erbrecht in der Zukunft wohl häufiger eintreten als bisher. Auch Art. 26 Abs. 1 a) der Ehegüterrechtsverordnung knüpft objektiv an erster Stelle an den ersten gemeinsamen gewöhnlichen Aufenthalt der Ehegatten nach der Eheschließung an.[506] An letzter Stelle bleibt nur noch darauf aufmerksam zu machen, dass die Zulassung einer erbrechtlichen Rechtswahl zugunsten des Güterrechtsstatuts bei Auseinanderfallen von Güter- und Erbrecht ebenfalls einen solchen Gleichlauf bewirken könnte.

3 *Gesellschaftsstatut*

Ein weiteres Rechtsgebiet, das sich teilweise nur schwer vom Erbstatut abgrenzen lässt, ist das Gesellschaftsstatut. Die vom Erblasser gehaltenen Gesellschaftsanteile bilden oft einen wichtigen Teil des Nachlasses. Fraglich bleibt in diesem Zusammenhang, wie solche Anteile zu qualifizieren sind. Überschneidungen zwischen Erb- und Gesellschaftsrecht treten insbesondere bei der Rechtsnachfolge in die gesellschaftsrechtliche Position eines verstorbenen Gesellschafters einer Personengesellschaft auf.[507]

Artikel 1 Abs. 2 h) EU-ErbVO beinhaltet eine Abgrenzungsregelung zwischen Erb- und Gesellschaftsstatut, indem Fragen des bislang noch autonom zu

---

die Errungenschaftsgemeinschaft (sociedad de gananciales), dessen Auflösung vor der erbrechtlichen Nachlassteilung stattfindet und wodurch der überlebende Ehegatte die Hälfte des *zusammen errungene* erlangt. Siehe hierzu Beier, Robert. (2009, Seite 79).

505 Siehe Jayme, Erik. (2011, Seite 34). Das spanische IPR unterscheidet nicht zwischen Ehewirkungs- und Güterstatut. Auch wenn in Art. 9.8.3 CC von den Wirkungen der Ehe die Rede ist, bezieht sich der Artikel auf das Güterstatut. Siehe erneut Beier, Robert. (2009, Seite 190 ff.).

506 Artikel 26 Abs. 1 der Verordnung zum Güterrecht eingetragener Partnerschaften knüpft indes an das Recht des Staates, in dem die Partnerschaft begründet wurde, an.

507 Siehe Kroll-Ludwigs, Kathrin. (2013, Seite 442) und Dutta, Anatol. (2015, MüKoBGB, Art. 25 EGBGB, Rn. 179–180). Beim Erbfall eines Gesellschafters einer Kapitalgesellschaft kommt es hingegen lediglich zu einer Auswechslung der Person des Aktionärs. Der Gesellschaftsanteil wird i.d.R. nicht essentiell berührt, sodass das Erbstatut über diesen Vorgang entscheidet.

ermittelnden Gesellschaftsrechts,[508] die das Schicksal der Anteile verstorbener Gesellschafter regeln, vom Anwendungsbereich der Verordnung ausgenommen werden. Ob ein Gesellschaftsanteil also vererblich ist und in den Nachlass fällt, wird demzufolge vom Gesellschaftsstatut bestimmt. Das Erbstatut regelt indessen, wem in welcher Höhe der Nachlass – inklusive der vom Gesellschaftsstatut in den Nachlass eingeordneten vererblichen Gesellschaftsanteile – zusteht. Es sei denn, das Gesellschaftsstatut verfügt über besondere Nachfolgeregelungen, wie etwa im deutschen Recht hinsichtlich der Vererbung von Personengesellschaftsanteilen, dann haben letztere Vorrang vor den allgemeinen Nachfolgeregeln des Erbstatuts.[509] Diese Vorrangregel kann sowohl gesellschaftsrechtlich als auch erbrechtlich qualifiziert werden (Doppelqualifikation). Wenngleich bei Konflikten zwischen Erb- und Gesellschaftsstatut letzterem Statut den Vorrang einzuräumen ist und es zu einer sachrechtlichen Anpassung des Erbstatuts zugunsten des Gesellschaftsstatuts kommt.[510] Gemäß Art. 1 Abs. 2 i) EU-ErbVO sind auch die Auflösung, das Erlöschen und die Verschmelzung von Gesellschaften nicht vom Erbstatut erfasst. Die Erbrechtsverordnung beschäftigt sich demnach nicht mit dem Versterben juristischer Personen, sondern nur mit dem Tod natürlicher Personen.[511]

Unproblematisch können dem Gesellschaftsstatut die Auswirkungen, die der Tod des Gesellschafters auf die Gesellschaft hat, sowie das Schicksal eines Gesellschaftsanteils (i.e. ob es vererblich ist oder den anderen Gesellschaftern anwächst), zugeordnet werden. Weitere Fragen, die beispielsweise auch dem Gesellschaftsstatut zufallen, sind: Ob und gegebenenfalls zu welchem Anteil den Erben des verstorbenen Gesellschafters eine Abfindung zusteht (z.B. wenn sie nicht in seine Gesellschafterstellung nachrücken) oder ob Nutzungsrechte

---

508 Es müssen die Staaten, die der Sitztheorie folgen (z.B. Frankreich oder Deutschland), von denen, die der Gründungstheorie folgen (z.B. die Schweiz oder die Niederlanden) differenziert werden. Für einen guten Überblick zur „incorporation theory and real seat theory" siehe Basedow, Jürgen. (2015, Seite 334 ff.).

509 Siehe Jan Peter Schmidt in Dutta, Anatol. Weber, Johannes. (2016, Seite 82, Rn. 97), Dutta, Anatol. (2015, MüKoBGB, Art. 25 EGBGB, Rn. 182–183), Döbereiner, Christoph. (2013, Teil I, Seite 360), Müller-Lukoschek, Jutta. (2015, Seite 85, Rn. 104) und Süß, Rembert. (2015, Seite 120, Rn. 121).

510 Siehe hierzu ausführlich Dutta, Anatol. (2015, MüKoBGB, Art. 25 EGBGB, Rn. 186) und (2009, Seite 742–743, zur verbleibenden Rolle des Erbstatuts zur Beantwortung von Vorfragen und als subsidiäres Statut Seite 744–747).

511 Siehe erneut Jan Peter Schmidt in Dutta, Anatol. Weber, Johannes. (2016, Seite 83, Rn. 104).

am Gesellschaftsanteil zulässig sind.[512] Dennoch kann es in der Praxis durch die enge Verzahnung von Erb- und Gesellschaftsrecht zu diversen Abgrenzungsproblemen bei Auseinanderfallen der beiden Statuten kommen.[513] Zu einem Gleichlauf wird es dank der erbrechtlichen Regelanknüpfung an das Recht des letzten gewöhnlichen Aufenthalts des Erblassers in Art. 21 Abs. 1 EU-ErbVO wohl häufiger kommen als vor Anwendung der Erbrechtsverordnung.[514] Die Rechtswahl zugunsten des Heimatrechts des Erblassers in Art. 22 EU-ErbVO könnte in einigen Situationen aber auch einen Gleichlauf zwischen Erb- und Gesellschaftsstatut herbeiführen. Zum Beispiel, wenn sich der gewöhnliche Aufenthalt des Gesellschafters im Ausland befindet und der Sitz der Gesellschaft mit dem Recht seiner Staatsangehörigkeit übereinstimmt.

Zuletzt kann hervorgehoben werden, dass die europäische Erbrechtsverordnung aus deutscher Sicht im Grundsatz weder Neuerungen für die Abgrenzung zwischen Erb- und Gesellschaftsstatut noch Probleme, die nicht auch schon vorher bestanden, aufwirft.[515]

4 *Sachenrechtsstatut*

Neben der Abgrenzung des Erbstatuts zum Güterrechts- und zum Gesellschaftsstatut gestaltet sich auch die Abgrenzung zum Sachenrechts- oder Vermögensrechtsstatut als besonders komplex. Bereits während der Entstehungsphase der Verordnung war die Frage hinsichtlich der Trennung von erb- und sachenrechtlichen Vermögensübergängen sehr kontrovers. In der definitiven Fassung ist diese

512 Für eine detaillierte Auflistung der Fragen, die vom Gesellschaftsstatut beantwortet werden, siehe Leitzen, Mario. (2012, 2. Die Abgrenzung im Einzelnen, Seite 520–521), Süß, Rembert. (2015, Seite 121, Rn. 122) und Schotten, Günther. Schmellenkamp, Cornelia. (2007, b) Abgrenzung des Gesellschaftsstatuts vom Erbstatut, Rn. 335). Siehe auch Dutta, Anatol. (2009, RabelsZ 73, Seite 734 ff.).

513 Mehrere Problembeispiele betreffend der Erbenstellung, der Testamentsvollstreckung und Nachlassverwaltung, der Mehrheit von Erben und den Nachlassverbindlichkeiten sind im Beitrag von Leitzen, Mario. (2012, 5. Praxisfragen an der Schnittstelle von Erb- und Gesellschaftsrecht, Seite 522–524) abgedruckt.

514 Siehe auch in diesem Sinne Leitzen, Mario. (2012, Seite 520 und auf Seite 524): „Da die weit überwiegende Anzahl der Mitglieder deutscher Gesellschaften ihren Lebensmittelpunkt auch in Deutschland haben dürften, wird die Anknüpfung an den letzten gewöhnlichen Aufenthalt auch im Gesellschaftsrecht den Überlebenden häufig das Leben erleichtern."

515 Siehe Müller-Lukoschek, Jutta. (2015, Seite 86, Rn. 104–105), Jan Peter Schmidt in Dutta, Anatol. Weber, Johannes. (2016, Seite 82, Rn. 95) und Leitzen, Mario. (2012, Seite 520 und 524).

Frage immer noch nicht befriedigend gelöst worden, sondern spiegelt viel mehr das Resultat eines politischen Kompromisses wider.[516]

Spannungen zwischen Erb- und Sachenrechtsstatut lassen sich dadurch erklären, dass zum Erbrecht auch die Übertragung (sowie gegebenenfalls die Schaffung) von dinglichen Rechten gehört. Sieht das Erbstatut nun ein Rechtsinstitut vor, welches das Sachenrechtsstatut entweder gar nicht oder zumindest nicht in derselben Form kennt, entsteht ein Konflikt zwischen beiden Statuten. Insbesondere dann, wenn die *lex rei sitae* dem Grundsatz des *numerus clausus* der Sachenrechte befolgt.[517] Unter Anwendung der Konstellation „fremdes Erbstatut – deutsches Sachenrecht" sind die obengenannten Spannungen speziell bei ausländischen Vindikationslegaten, durch die eine unmittelbare Einzelrechtsnachfolge *ipso iure* mit Eintritt des Erbfalls stattfindet,[518] aber auch bei Teilungsanordnungen mit dinglicher Wirkung,[519] Nießbrauchrechte über den gesamten Nachlass seitens des überlebenden Ehegatten,[520] Trusts[521] oder bei einer Joint Tenancy[522] spürbar.

---

516 Siehe hierzu Döbereiner, Christoph. (2013, Teil I, Seite 360) oder (2014, GPR, Seite 42).

517 Für eine Übersicht der unterschiedlichen Bedeutung und Inhalt dieses Grundsatzes in Europa siehe das Werk von Akkermans, Bram. (2008, The principle of numerus clausus in European property law).

518 Sehr ausgiebig befasst sich mit dieser Problematik der Aufsatz „Die kollisionsrechtliche Behandlung dinglich wirkender Vermächtnisse" von Schmidt, Jan Peter. (2013, Seite 1–30). Siehe auch den Artikel „Ausländische Vindikationslegate nach der EU-Erbrechtsverordnung" von Margonski, Martin. (2013, Seite 106–111, insbesondere Seite 108), sowie Dutta, Anatol. (2015, IPRax, Seite 33–34) und Lechner, Teresa. (2017, Seite 26–27).

519 Bei einer dinglich wirkenden Teilungsanordnung geht das Eigentum allein aufgrund der Zuordnung durch den Erblasser auf den Benannten über. Siehe hierzu beispielsweise Süß, Rembert. (2015, Seite 116, Rn. 107) oder Lechner, Teresa. (2017, Seite 27).

520 Siehe Carrascosa González, Javier. (2014, Seite 214), Süß, Rembert. (2015, IV. Anerkennung des Ehegattennießbrauchs, Seite 118–119, Rn. 114–116) und Lechner, Teresa. (2017, Seite 27–28).

521 Siehe Süß, Rembert. (2015, III. Kein Trust an in Deutschland belegenen Sachen, Seite 117–118, Rn. 110–113).

522 Zur Joint Tenancy als besondere Miteigentumsform nach amerikanischem Recht siehe Jülicher, Marc. (2001, Seite 469–474, die Einschränkungen aus dem Sachenrecht werden auf Seite 470–471 behandelt) und Jan Peter Schmidt in Dutta, Anatol. Weber, Johannes. (2016, Seite 276–277, Rn. 39), der darauf hinweist, dass es trotz der Ausschließung dieser Figur in Art. 1 Abs. 2 g) EU-ErbVO zu einem Konflikt kommen kann, wenn der Erblasser eine Joint Tenancy in seiner letztwilligen Verfügung begründet.

Die Abgrenzung zwischen Erb- und Sachenrechtsstatut wird in der Verordnung unübersichtlich in mehreren Vorschriften normiert, die außerdem auf den ersten Blick nicht ganz stimmig miteinander zu sein scheinen. Zum einen nimmt Art. 1 Abs. 2 k) EU-ErbVO die Art der dinglichen Rechte (i.e. ihren Typus) aus dem Anwendungsbereich der Verordnung aus, um den *numerus clausus* der mitgliedstaatlichen Sachenrechte zu bewahren. Artikel 23 Abs. 2 e) EU-ErbVO hebt hervor, dass auch der Rechtsübergang auf den Vermächtnisnehmer dem Erbstatut unterliegt (die Art und Weise des Erwerbs dinglicher Rechte wird nicht von Art. 1 Abs. 2 k) EU-ErbVO erfasst). Artikel 31 EU-ErbVO enthält schließlich eine Anpassungsregel dinglicher Rechte, indem angeordnet wird, dass wenn das Belegenheitsrecht nicht das betreffende dingliche Recht des Erbstatuts kennt, dieses Recht an das am ehesten vergleichbare Recht der *lex rei sitae* anzupassen ist. Vor dem EuGH-Urteil in der Rechtssache Kubicka (C-218/16) vom 12. Oktober 2017 war die herrschende Meinung in Deutschland der Ansicht, dass nicht nur die unbekannte Art des dinglichen Rechts eine Anpassung nach Art. 31 EU-ErbVO eröffne, sondern auch die dem Sachenrecht unbekannte Art und Weise der Entstehung dieser Rechte. Folglich wurde beispielsweise dem ausländischen Vindikationslegat an einem deutschen Grundstück die Anerkennung versagt, um es anschließend in ein Damnationslegat umzuwandeln.[523]

Das Zusammenspiel der erwähnten Vorschriften der Erbrechtsverordnung wurde unterschiedlich interpretiert. Die strikteste Interpretation war der Ansicht, Art. 1 Abs. 2 k) EU-ErbVO sei eng auszulegen, sodass die Begründung dinglicher Rechte an einzelnen Nachlassgegenständen unmittelbar sachenrechtlich qualifiziert werden müsse. Das Erbstatut sollte demnach also von Anfang an nicht beachtet werden. Diese Auffassung stimmte mit der bisherigen herrschenden Meinung des autonomen deutschen Rechts überein.[524]

---

523 Zur herrschenden Meinung in Deutschland vor der Kubicka-Entscheidung siehe Schmidt, Jan Peter. (2013, Seite 6), Gärtner, Franz. (2014, Seite 41 ff.) und Süß, Rembert. (2015, Seite 163), der neben der Anpassung eines dinglich wirkenden Vermächtnisses in ein Damnationslegat auch weitere Beispiele aufführt, wie die Umwandlung eines „testamentary trust" in eine Dauertestamentsvollstreckung. Siehe zudem den Beitrag „Damnationslegate unter Geltung der EuErbVO am Beispiel des deutsch-französischen Rechtsverkehrs" von Döbereiner, Christoph. (2015, ZEV, Seite 559–563), der das Problem aus umgekehrter Perspektive untersucht, i.e., wie ein deutsches Damnationslegat in einem Land, das nur das Vindikationslegat kennt, zu vollziehen ist.

524 Siehe in diesem Sinne beispielsweise Keim, Christopher. (2013, Seite 74–76) oder Lechner, Teresa. (2017, Seite 307–308). Zur Grundsatzentscheidung des BGH vom 28.09.1994, nach der das Vindikationslegat nicht anzuerkennen und in ein Damnationslegat umzudeuten war, siehe Weber, Johannes. (2018, DNotZ Heft 1, Seite 17)

Die etwas weitere Interpretation besagte bereits indessen, dass das Erbstatut auf der ersten Stufe in allen Fragen des Vermögensübergangs berücksichtigt werden sollte, da diesem als Gesamtstatut prinzipiell der Vorrang zukomme. Ausreichend sei es, erst auf der zweiten Stufe zu prüfen, ob das ausländische Erbrecht grundlegende Belange der *lex rei sitae* berührt oder nicht. Der Vorrang der erbrechtlichen Qualifikation kann implizit aus Art. 31 EU-ErbVO entnommen werden.[525] Denn würde von vornherein sachenrechtlich qualifiziert werden, wäre diese Vorschrift nutzlos. Auch aus Erwägungsgrund 15 kommt deutlich zum Vorschein, dass eine zweistufige Prüfung unausweichlich ist. Die Tatsache, dass ein Mitgliedstaat die Anerkennung eines nach ausländischem Erbstatut begründeten dinglichen Rechts verweigern kann, bedeutet, dass man das Erbstatut auf der ersten Stufe beachtet und erst auf der zweiten Stufe seine Kompatibilität mit dem eigenen Recht prüft. Erwägungsgrund 15 mildert in diesem Sinne den „in seiner Redaktion verunglückten" Art. 1 Abs. 2 k) EU-ErbVO.[526]

Seit der Kubicka-Entscheidung des EuGH, die bereits zwei Jahre nach Beginn der Anwendung der Erbrechtsverordnung getroffen wurde, steht nun fest, dass das Erbstatut vor dem Sachenrechtsstatut Vorrang hat und dass einem Vindikationslegat nicht die dingliche Anerkennung versagt werden darf. Das Gleiche wird wohl auch für andere nach dem anwendbaren Erbrecht dinglich wirkende letztwillige Zuweisungen, wie z.B. bei Teilungsanordnungen oder beim Legalnießbrauch des Ehegatten, gelten.[527]

---

und Schmidt, Jan Peter. (2018, EPLJ, Seite 11). Siehe auch Dorth, Katharina. (2018, Seite 11), die hervorhebt, dass nach ständiger deutschen Rechtsprechung Konflikte zwischen Erb- und Sachenrechtsstatut bisher zugunsten des Sachenrechtsstatuts entschieden wurden.

525 Siehe Jan Peter Schmidt in Dutta, Anatol. Weber, Johannes. (2016, Seite 176, Rn. 6), der zutreffend beschreibt, dass Art. 31 EU-ErbVO dem Belegenheitsrecht eine Art „Vetorecht" einräumt. Siehe auch die Ergebnisse von Lechner, Teresa. (2017, Seite 305 ff.) in ihrer Dissertation „Die Reichweite des Erbstatuts in Abgrenzung zum Sachenrechtsstatut anhand der Europäischen Erbrechtsverordnung 650/2012".

526 Siehe Schmidt, Jan Peter. (2013, d) Die Abgrenzung von Erbstatut und Sachstatut unter der Erbrechts-VO, Seite 15–17 und Seite 29–30). Auf Seite 17 stellt er fest, „dass die Vorschrift des Art. 1 II lit. k in ihrer Redaktion verunglückt ist", sowie auch in Dutta, Anatol. Weber, Johannes. (2016, Seite 87, Rn. 125): „Lit. k regelt in reichlich verunglückter Weise die Abgrenzung zwischen Erbstatut und Sachrechtsstatut."

527 Zur Kubicka-Entscheidung des EuGH siehe insbesondere die ausführliche Analyse „Challenged Legacies – First Decision of the European Court of Justice on the EU Succession Regulation" von Schmidt, Jan Peter. (2018, EPLJ, Seite 4–31). Siehe auch die Aufsätze von Leitzen, Mario. (2018, Seite 311–317), Weber, Johannes. (2018, DNotZ

5 *Andere Statute*

Das Erbrecht kann sich des Weiteren noch mit vielen anderen Statuten überkreuzen: Beispielsweise mit dem Schuldstatut, mit dem Insolvenzstatut, mit dem Unterhaltsstatut, mit dem Registerstatut, mit dem Schenkungsstatut oder mit dem Adoptionsstatut.[528] Anschließend werden die Probleme, die sich durch das Aufeinanderstoßen des Erbstatuts mit den obengenannten Statuten ergeben, kurz angesprochen.

Ob ein Rechtsverhältnis dem **Schuldstatut** oder dem Erbrecht unterliegt, gestaltet sich insbesondere dann als eine komplexe Frage, wenn das Rechtsverhältnis in Bezug auf den Tod des Erblassers vorgenommen ist. Ein Beispiel hierfür zeigt sich bei einer Lebensversicherung, die auf den Todesfall geschlossen wird, oder bei einem bereits zu Lebzeiten errichteten Trust, dessen Wirkungen erst nach dem Tod des *Settlors* eintreten.[529] Ein klares Ausschließlichkeitsverhältnis, so wie es zwischen Sachen- und Schuldrecht existiert, gibt es zwischen Erb- und Schuldstatut nicht. Im deutschen Erbrecht sind außerdem mehrere Normen vorzufinden, die funktional zwar Normen des Erbrechts, strukturell aber Normen des Schuldrechts sind: Zum Beispiel § 2174 BGB (Vermächtnisanspruch) oder § 2303 BGB (Pflichtteilsanspruch).[530] Die Erbrechtsverordnung äußert sich nicht zur Abgrenzung zwischen Erb- und Schuldstatut.

Bei einem überschuldeten Nachlass sehen einige Rechtsordnungen (wie die deutsche) vor, dass es zu einem Nachlassinsolvenzverfahren kommt. Ist dies der Fall, stellt sich die Frage, wie die Nachlassinsolvenz zu qualifizieren ist. Unterliegt sie dem Erbstatut oder dem **Insolvenzstatut**? Die Erbrechtsverordnung räumt der Insolvenzverordnung[531] Vorrang ein. Dies ergibt sich aus Art. 76

Heft 1, Seite 16–32), Bandel, Stefan. (2018, Seite 99–107), Dorth, Katharina. (2018, Seite 11–14) und Wagner, Rolf. (2017, Seite 3757–3758).

528 Für weitere vereinzelte Beispiele siehe Jan Peter Schmidt in Dutta, Anatol. Weber, Johannes. (2016, Seite 91–92), so zum Abstammungsstatut in Rn. 145 oder zum Immaterialgüterrechtsstatut in Rn. 146. Zur Abgrenzung zwischen Erbstatut und Eröffnungsstatut in der Schweiz siehe Liederer, Fabienne. (2015, Seite 5–6).

529 Mit den Qualifikationsschwierigkeiten hinsichtlich des Trusts setzt sich ausgiebig Dörner, Heinrich. (2007, 2. Abgrenzung von Schuldvertrags- und Erbstatut, Seite 219–221) auseinander. Für weitere Beispiele wie der Erbschaftskauf siehe Dutta, Anatol. (2015, MüKoBGB, Art. 25 EGBGB, III. Erbstatut – Schuldstatut, Rn. 177–178).

530 Siehe Schmidt, Jan-Peter. (2013, Seite 8 und Fußnote 33) und Döbereiner, Christoph. (2015, ZEV, Seite 561).

531 Verordnung (EG) Nr. 1346/2000 des Rates vom 29. Mai 2000 über Insolvenzverfahren.

EU-ErbVO,[532] der die Insolvenzverordnung ausdrücklich unberührt lässt, in Zusammenhang mit Art. 1 der europäischen Insolvenzverordnung, der keine Bereichsausnahme für das Erbrecht vorsieht.[533]

Ein weiteres Statut, das sich oftmals nur schwer vom Erbstatut trennen lässt, ist das **Unterhaltsstatut**. Problematisch ist die Qualifikation der Unterhaltsansprüche, die die überlebenden Angehörigen gegen den Nachlass geltend machen. Artikel 1 Abs. 2 e) EU-ErbVO nimmt die Unterhaltspflichten außer derjenigen, die mit dem Tod des Erblassers entstehen, aus dem Anwendungsbereich der Verordnung aus. Differenziert wird demnach zwischen den Unterhaltspflichten, die bereits zu Lebzeiten existieren und dem Unterhaltsstatut unterliegen, und den Unterhaltspflichten, die erst mit dem Tode erscheinen und dem Erbstatut zugeordnet werden (wie z.B. der „Dreißigster" gem. § 1969 BGB oder der englischen *family provision*, wenn sie denn als Unterhaltsanspruch qualifiziert wird[534]). Eine weitere Frage, die sich in diesem Zusammenhang ergibt, ist, ob die schon zu Lebzeiten bestehenden Unterhaltsverpflichtungen des Erblassers immer automatisch mit seinem Tod erlöschen oder, ob sie vererblich sind. Über die Vererblichkeit eines Unterhaltsanspruches entscheidet das Unterhaltsstatut. In den meisten Rechtsordnungen, unter ihnen die deutsche, erlischt dieser aber mit dem Tod des Erblassers.[535]

---

532 Im Vorschlag fehlte indessen noch eine Abgrenzungsregel zwischen den beiden Verordnungen. Dafür plädierte bereits die Stellungnahme zum Vorschlag für eine Europäische Erbrechtsverordnung. Version 2009/157 (COD) vom 16.1.2012 der Generaldirektion Interne Politikbereiche von den Verfassern Burkhard Hess, Erik Jayme und Thomas Pfeiffer (Seite 56–57), abrufbar unter der in Fußnote 344 zitierten Webseite.

533 Näheres hierzu kann in Dutta, Anatol. (2018, MüKoBGB, Art. 76 EuErbVO, Rn. 1–7) gefunden werden. In Rn. 2: „Soweit die europäische Insolvenzverordnung ein Verfahren zur Abwicklung überschuldeter Nachlässe sachlich erfasst, muss die Erbrechtsverordnung zurücktreten."

534 Ob die *family provision* als laufende Rente oder als einmalige Abfindung gewährt wird, hängt vom Ermessen des Richters ab. Ob sie überhaupt entsteht, kommt wiederum auf die Bedürftigkeit der Empfänger (Kinder, Verwandte, etc.) an. Siehe näheres hierzu in Süß, Rembert. (2015, Seite 113, Rn. 99). Zur *family provision* siehe auch Wolff, Lorenz. (2011, Seite 151 ff.) und Trulsen, Marion. (2004, Seite 91 ff.).

535 Siehe ausführlich zur Abgrenzung zwischen Erb- und Unterhaltsstatut Jan Peter Schmidt in Dutta, Anatol. Weber, Johannes. (2016, Seite 74–76) und Süß, Rembert. (2015, Seite 112–114, Rn. 95–102). Siehe auch Müller-Lukoschek, Jutta. (2015, Seite 82).

Artikel 1 Abs. 2 l) EU-ErbVO enthält außerdem eine im Verordnungsentwurf noch nicht vorgesehene Bereichsausnahme hinsichtlich des **Registerstatuts**, welches i.d.R. bei eingetragenen Sachen mit der *lex rei sitae* übereinstimmen wird. Dieser Vorbehalt zum Schutz öffentlicher Register ist i.Z.m. den Erwägungsgründen Nr. 18 und 19 zu verstehen. So ist jede Eintragung von Rechten an beweglichen oder unbeweglichen Vermögensgegenständen in einem Register, einschließlich der gesetzlichen Eintragungsvoraussetzungen, sowie die Wirkungen der Eintragung oder der fehlenden Eintragung solcher Rechte in einem Register vom Anwendungsbereich der Verordnung ausgenommen. Umstritten ist allerdings, ob es sich bei der Bereichsausnahme des Art. 1 Abs. 2 l) EU-ErbVO um einen rein *formellen* oder um einen umfassenden *materiellrechtlichen* Vorbehalt des Registerstatuts handelt. Nach überwiegender Ansicht kann es sich jedoch nicht lediglich um einen registerverfahrensrechtlichen Vorbehalt handeln. Dies würde auch nicht in Einklang mit Erwägungsgrund 19 stehen, der dem Registerstatut die Frage zuweist, ob die Eintragung eine deklaratorische oder eine konstitutive Wirkung für den Rechtsübergang hat.[536] Demgegenüber steht allerdings die Kubicka-Entscheidung des EuGH vom 12.10.2017, die die Ausnahmeregelung allein auf das *formelle* Registerrecht beschränkt und somit die Reichweite des Registervorbehalts in Art. 1 Abs. 2 l) EU-ErbVO verkennt.[537] Der Übergang der Nachlassgegenstände *per se* vollzieht sich auch weiterhin nach dem Erbstatut.[538] Das Registerstatut kann allenfalls zusätzliche Erfordernisse aufstellen.[539]

---

536 Umstritten ist in Deutschland, ob die Auflassung und Eintragung konstitutive Erwerbsvoraussetzungen für den Vindikationslegatar sind. Jan Peter Schmidt in Dutta, Anatol. Weber, Johannes. (2016, Seite 89–90), vertritt die Auffassung, das deutsche Recht sieht für einen unmittelbaren Erwerb von Todes wegen keine zusätzlichen Voraussetzungen vor. Die Auflassung und Eintragung gelten nur beim Erwerb unter Lebenden.

537 Siehe Weber, Johannes. (2018, DNotZ Heft 1, Seite 20–23) und Dorth, Katharina. (2018, Seite 12).

538 Siehe z.B. Dutta, Anatol. (2015, IPRax, Seite 34), der ausdrücklich darauf hinweist, dass der registerrechtliche Vorbehalt keinesfalls die materiellrechtlichen Anforderungen des Rechtsübergangs erfasst und insbesondere Jan Peter Schmidt in Dutta, Anatol. Weber, Johannes. (2016, Seite 89, Rn. 136).

539 Zur Koordination des Erb-, Sach- und Registerstatuts in der europäischen Erbrechtsverordnung siehe Kunz, Lena. (2013, Seite 293–295). Ein problematisches Beispiel eines spanischen Erblassers mit letztem gewöhnlichen Aufenthalt in Spanien und einem Grundstück in Deutschland, das im deutschen Grundbuch von einem Willensvollstrecker (contador-partidor) auf nur eines seiner drei Kinder überschrieben werden soll, ist auf Seite 294 vorzufinden.

Artikel 1 Abs. 2 g) EU-ErbVO nimmt die unentgeltlichen Zuwendungen vom Anwendungsbereich der Verordnung aus. Darüber das *Schenkungen unter Lebenden* zu dieser Bereichsausnahme gehören, besteht kein Zweifel. Problematisch gestaltet sich hingegen die Qualifikation der *Schenkungen auf den Todesfall*. Da diese sich in einem Graubereich zwischen lebzeitigen Geschäften und Verfügungen von Todes wegen befinden, ist es bei ihnen fraglich, ob sie von der Bereichsausnahme erfasst werden und dem **Schenkungsstatut** unterliegen oder ob sie erbrechtlich zu qualifizieren sind. Die bislang herrschende Meinung im autonomen deutschen IPR, die wohl auch unter der Erbrechtsverordnung weiter gelten wird, vertritt die Ansicht, dass darauf abzustellen sei, ob die Schenkung auf den Todesfall bereits zu Lebzeiten des Erblassers vollzogen wurde oder nicht. Ist ersteres der Fall, würden sie dem Schenkungsstatut unterliegen. Ist es hingegen nicht zum dinglichen Vollzug gekommen, wäre das Erbstatut maßgeblich.[540]

Zuletzt bleibt noch einen Blick auf die Abgrenzung zwischen Erb- und **Adoptionsstatut** zu werfen. Strittig ist, welches Recht über das Entstehen und Erlöschen eines gesetzlichen Erbrechts durch eine Adoption bestimmt. Nach überwiegender Ansicht entscheidet das Adoptionsstatut lediglich über die Wirksamkeit der Adoption, i.e. zu welchen Verwandten der Adoptivfamilie der Angenommene familienrechtlich gleichgestellt ist und zu welchen leiblichen Verwandten keine familienrechtlichen Beziehungen mehr existieren. Das Erbstatut entscheidet indessen, ob die adoptierte Person erbberechtigt ist und welche erbrechtliche Stellung oder Position sie einnimmt. Die obige Frage wird dementsprechend durch eine kombinierte Anwendung beider Statuten beantwortet. Probleme können etwa dort auftauchen, wo nach dem Adoptionsstatut eine wirksame Adoption vorliegt, das Erbstatut aber keine Adoption kennt und nur ein gesetzliches Erbrecht für leibliche Abkömmlinge vorsieht (so z.B. das islamische Recht).[541]

540 Siehe insbesondere Jan Peter Schmidt in Dutta, Anatol. Weber, Johannes. (2016, Seite 77–80). Die entgegengesetzte Auffassung will die Schenkungen auf den Todesfall indessen von vornherein immer erbrechtlich qualifizieren, dafür spricht ihre funktionale Nähe zu einer echten Verfügung von Todes wegen, siehe Seite 78. Siehe auch Döbereiner, Christoph. (2013, Teil II, Seite 438–439).

541 Siehe Süß, Rembert. (2015, Seite 97–98). Aber auch Schotten, Günther. Schmellenkamp, Cornelia. (2007, Seite 243, Rn. 337) und Haas, Ulrich. Sieghörtner, Robert. (2013, d) Abgrenzung zum Adoptionsstatut, Rn. 71 und 2017, Rn. 67).

II Wirkung der Rechtswahl

Das zweite Anliegen, das nach der Reichweite des Erbstatuts und seine Abgrenzung zu anderen Statuten in diesem Abschnitt *F. Anwendungsfragen der europäischen Erbrechtsverordnung* untersucht werden soll, ist die Wirkung, die die erbrechtliche Rechtswahl in den unterschiedlichen Verfügungen und Rechtsgeschäften, in denen sie denkbarerweise auftauchen kann, entfaltet.[542]

Aus Art. 22 Abs. 2 EU-ErbVO ist zu entnehmen, dass die Rechtswahl eigentlich nur wirksam ist, wenn sie ausdrücklich in einer Erklärung in Form einer Verfügung von Todes wegen erfolgt oder sich aus den Bestimmungen einer solchen Verfügung ergibt.[543] Gemäß Art. 3 Abs. 1 d) EU-ErbVO fällt unter den Begriff „Verfügung von Todes wegen" ein (einseitiges) Testament, ein gemeinschaftliches Testament sowie ein Erbvertrag. Doch wie ist eine Rechtswahl zu bewerten, die außerhalb einer solchen Verfügung von Todes wegen errichtet wird? Müsste beispielsweise die vom Erblasser getroffene Rechtswahl in einer Schenkung auf den Todesfall oder in einem Vertrag zugunsten Dritter auf den Todesfall als unwirksam betrachtet werden? Anschließend wird als Erstes die unterschiedliche Wirkung der Rechtswahl je nach Verfügung von Todes wegen, in der sie erscheint, behandelt.[544] Danach ist ein Blick auf die Wirkung bzw. Nicht-Wirkung der Rechtswahl in anderen Rechtsgeschäften zu werfen.

1 In einseitigen Testamenten

Zweifellos kommt die in Art. 22 EU-ErbVO vorgesehene Rechtswahl in einem Testament, das als „eine stets frei und uneingeschränkt einseitig widerrufliche letztwillige Verfügung"[545] definiert werden kann, am sichersten zum Ziel. Über

---

542 Zur Wirksamkeit einer früheren Rechtswahl, die vor dem 17.08.2015 getroffen wurde, wenn sie denn zum Zeitpunkt der Rechtswahl die Voraussetzungen des Art. 22 EU-ErbVO erfüllt oder nach dem bisherigen Kollisionsrecht am gewöhnlichen Aufenthalt oder einer Staatsangehörigkeit des Erblassers zulässig ist, siehe die Übergangsbestimmungen in Art. 83 Abs. 2 EU-ErbVO und insbesondere Keim, Christopher. (2013, V. Bisherige Rechtswahlen und Rechtswahlen vor dem 17.08.2015, Seite 82–83).

543 Siehe bereits auf Seite 133 ff. den Gliederungspunkt *C.I. Formerfordernisse und Wirksamkeitsvoraussetzungen*, zur Differenzierung der ausdrücklichen von der konkludenten Rechtswahl und zum Formzwang für Verfügungen von Todes wegen, dem die Rechtswahl unterliegt.

544 Oppermann, Karl Felix. (2016, Seite 56) stellt in diesem Zusammenhang fest: „Die Wahlmöglichkeiten anwendbarer Erbstatute hingegen werden bloß durch das Verwenden unterschiedlicher Testamentsformen nicht erweitert."

545 Siehe Döbereiner, Christoph. (2013, Teil I, Seite 364).

die Formerfordernisse eines Testamentes entscheidet das Formstatut; neben dem notariellen erlauben die meisten europäischen Rechtsordnungen auch das eigenhändige oder holographische Testament.[546] Nach deutschem Recht wäre sogar eine Rechtswahl auf einer Serviette oder auf einem Bierdeckel gültig.[547]

Dabei muss berücksichtigt werden, dass sich in einem einseitigen Testament nicht nur eine umfassende Rechtswahl des Erbstatuts mit Auswirkungen auf das Errichtungsstatut gem. Art. 22 i.V.m. Art. 24 Abs. 1 EU-ErbVO, sondern auch lediglich eine auf das Errichtungsstatut beschränkte Teilrechtswahl gem. Art. 24 Abs. 2 EU-ErbVO befinden kann.[548] Ob auch eine isolierte Wahl des Erbstatuts zulässig ist, bleibt dagegen umstritten.[549]

---

546 Allerdings gibt es auch eine Reihe von Ländern, die keine eigenhändigen Testamente gestatten. Die skandinavischen Rechtsordnungen beispielsweise, die das „zwei Zeugentestament" vorsehen, für Dänemark siehe Ring, Gerhard und Olsen-Ring, Line (2015, Dänemark, Seite 357–358), sowie Stefan Reinel in Report Conflits Danemark (Seite 210), abrufbar unter der in Fußnote 17 zitierten Webseite, für Finnland Knorre, Karl-Friedrich. Mincke, Wolfgang. (2015, Finnland, Seite 479), für Island siehe Paintner, Beate. (2015, Island, Seite 690), für Norwegen Sedlmayr, Ralf. (2015, Seite 942) und für Schweden Johansson, Ernst. (2015, Schweden, Seite 1118); als Besonderheit ist hervorzuheben, dass Schweden zudem auch kein öffentliches Testament kennt. Als einzige romanische Rechtsordnung, die kein holographes Testament zulässt, ist Portugal zu nennen, siehe Huzel, Erhard. (2015, Portugal, Seite 1033). In Estland wird das „häusliche Testament" sechs Monate nach seiner Errichtung unwirksam, darunter befindet sich das vollständig eigenhändig geschriebene Testament (Kaminsimstestament), siehe Bergmann, Aet. Saaber, Anne. (2015, Estland, Seite 455). Auch in England, Irland oder Malta sind keine handschriftlichen Testamente vorgesehen, siehe Odersky, Felix. (2015, Großbritannien: England und Wales, Seite 602), Worthmann, Elke. (2015, Irland, Seite 656) und Süß, Rembert. (2015, Malta, Seite 887). In den Niederlanden waren handschriftliche Testamente vor 1982 verboten und heutzutage unterliegen sie immer noch strikten Formerfordernissen (Gültigkeit nur bei kostenpflichtiger notarieller Verwahrung), siehe hierzu schon Fußnote 360.

547 Siehe hierzu bereits Fußnote 496 der Dissertation unter *F.I.1. Errichtungs- und Formstatut.*

548 Zur isolierten Rechtswahl des Errichtungsstatuts siehe bereits Seite 144–145 unter *C.III. Beschränkung auf den gesamten Nachlass.*

549 Döbereiner, Christoph. (2013, Teil I, Seite 365–366) führt die isolierte Rechtswahl des Erbstatuts als dritte Rechtswahlmöglichkeit im Testament auf. Heinig, Jens. (2014, Heft 5, Seite 209) ist hingegen der Ansicht, dass der Testator keine isolierte Rechtswahl des Erbstatuts anordnen kann. Wenngleich er darauf aufmerksam macht, dass der Erblasser die Rechtswahl nach Art. 22 EU-ErbVO aufschiebend befristet treffen kann, sodass diese erst nach der Errichtung des Testaments wirksam wird. Dadurch würde dasselbe Ergebnis wie bei einer isolierten Rechtswahl des Erbstatuts erzielt.

2 In gemeinschaftlichen Testamenten

Artikel 3 Abs. 1 c) EU-ErbVO definiert ein gemeinschaftliches Testament als „ein von zwei oder mehr Personen in einer einzigen Urkunde errichtetes Testament". Festzustellen ist, dass auch in so einer gemeinschaftlichen Verfügung von Todes wegen eine umfassende *professio iuris* gem. Art. 22 Abs. 1 EU-ErbVO getroffen werden kann, vorausgesetzt das Errichtungsstatut lässt gemeinschaftliche Testamente zu.[550] Allerdings muss die Rechtswahl zugunsten der gemeinsamen Staatsangehörigkeit der Testierenden im Zeitpunkt ihres Todes getroffen werden. Fallen die Staatsangehörigkeiten der Testierenden auseinander, kann keine gemeinsame Rechtswahl zugunsten des Heimatrechts von nur einem Testierenden ausgeübt werden. Es sei denn, die gewählte Staatsangehörigkeit des einen stimmt mit dem letzten gewöhnlichen Aufenthalt des anderen oder der anderen überein.

Hinsichtlich der isolierten Wahl des Errichtungsstatuts muss darauf hingewiesen werden, dass die Reichweite dieser Rechtswahlfreiheit aus deutscher Sicht auf die umstrittene Frage ankommen wird, ob gemeinschaftliche Testamente mit gegenseitigen wechselbezüglichen Verfügungen nach deutschem Recht unter Art. 24 Abs. 2 EU-ErbVO (Verfügungen von Todes wegen außer Erbverträgen) oder unter Art. 25 Abs. 3 EU-ErbVO (Erbverträge) einzuordnen sind.[551] Die

550 Für einen Überblick der Rechtsordnungen, in denen gemeinschaftliche Testamente verboten/erlaubt sind, siehe die Stellungnahme zum Vorschlag für eine Europäische Erbrechtsverordnung. Version 2009/157 (COD) vom 16.1.2012 der Generaldirektion Interne Politikbereiche von den Verfassern Burkhard Hess, Erik Jayme und Thomas Pfeiffer (Seite 26–27 und Fußnote 48 und 49), abrufbar unter der in Fußnote 344 zitierten Webseite. In einigen Foralrechten Spaniens, z.B. in Aragonien und in Navarra, sind sogar gemeinschaftliche Testamente zwischen Geschwistern oder Personen, die nicht miteinander verwandt sind, erlaubt. Siehe Oppermann, Karl Felix. (2016, Seite 84–85 und 100). Nach gemeinspanischem Recht sind gemeinschaftliche Testamente allerdings ausdrücklich verboten (Art. 669 CC).

551 Siehe insbesondere Kroll-Ludwigs, Kathrin. (2016, Seite 79 ff., mit einer Auflistung von Autoren, die sich für eine solche Ansicht aussprechen in Fußnote 59 und dagegen in Fußnote 60). Auch dafür: Oppermann, Karl Felix. (2016, Seite 53), Lechner, Kurt. (2013, Seite 26), Döbereiner, Christoph. (2013, Teil II, Seite 438), Keim, Christopher. (2013, Seite 78–79) oder Dutta, Anatol. (2015, IPRax, Seite 35): „Ein solches gemeinschaftliches Testament im Sinne des deutschen Rechts kann hinsichtlich seines Errichtungsstatuts als Erbvertrag im Sinne der Erbrechtsverordnung Art. 25 EuErbVO unterliegen, allerdings hinsichtlich seines Formstatuts – jedenfalls aus Sicht eines Vertragsstaats des Haager Testamentsformübereinkommens – als gemeinschaftliches Testament im Sinne der Erbrechtsverordnung (…)" Auch Kroll-Ludwigs kommt auf Seite 80–81 zu dem Ergebnis: „Die besseren Argumente sprechen mithin dafür, das

gemeinsame Wahl des Errichtungsstatuts zugunsten des Heimatrechts nur eines der Testierenden wird allein dann erlaubt sein, wenn das deutsche mit Bindungswirkung ausgestattete gemeinschaftliche Testament (bezüglich seines Errichtungsstatuts) als Erbvertrag angesehen wird. Anders als beim Erbstatut, könnte dann für das Errichtungsstatut gem. Art. 25 Abs. 3 EU-ErbVO auch das Heimatrecht nur einer der Personen, deren Nachlass betroffen ist, gewählt werden. Wird das gemeinschaftliche Testament mit Bindungswirkung nicht als Erbvertrag angesehen, kann gem. Art. 24 EU-ErbVO indessen keine gemeinsame Wahl des Errichtungsstatuts erfolgen, wenn die Staatsangehörigkeiten der Testierenden auseinanderfallen. Dasselbe gilt natürlich erst recht für gemeinschaftliche Testamente ohne wechselbezügliche Verfügungen.[552]

3 *In Erbverträgen*

Die dritte Art an Verfügung von Todes wegen, in der eine erbrechtliche Rechtswahl enthalten sein kann, ist der Erbvertrag.[553] Nach der Definition des Art. 3 Abs. 1 b) EU-ErbVO handelt es sich bei einem Erbvertrag um „eine Vereinbarung, einschließlich einer Vereinbarung aufgrund gegenseitiger Testamente, die mit oder ohne Gegenleistung Rechte am künftigen Nachlass oder künftigen Nachlässen einer oder mehrerer an dieser Vereinbarung beteiligter Personen begründet, ändert oder entzieht." Dies ist eine sehr weitgehende Begriffsbestimmung. Aus deutscher Perspektive kann darunter nicht nur der klassische Erbvertrag sondern, wie soeben bereits erörtert, auch das gemeinschaftliche Testament mit gegenseitigen wechselbezüglichen Verfügungen verstanden werden.[554] Genau

---

gemeinschaftliche Testament (in Form des Berliner Testaments) verordnungsautonom als „Erbvertrag" im Sinne des Art. 3 Abs. 1 lit.b EuErbVO anzusehen. Demgegenüber liegt ein gemeinschaftliches Testament i.S.v. Art. 3 Abs. 1 lit.c EuErbVO vor, wenn zwei Einzeltestamente lediglich in einer Urkunde äußerlich zusammengefasst werden."

552 Gute Beispiele können in Oppermann, Karl Felix. (2016, Seite 55) gefunden werden.

553 In vielen Rechtsordnungen sind neben gemeinschaftliche Testamente auch Erbverträge verboten. Döbereiner, Christoph. (2013, Teil II, Seite 437) macht darauf aufmerksam, dass durch die ausdrückliche Anerkennung eines Erbvertrags seitens der Verordnung, von nun an ein Erbvertrag keinen odre public-Verstoß eines der Mitgliedstaaten mehr darstellen kann.

554 Unter der Verordnungsdefinition eines Erbvertrages fallen laut einigen Autoren auch **Testierverträge** (Verträge, in denen Vereinbarungen geschlossen werden, in eine bestimmte Weise zu testieren oder ein bestimmtes Testament nicht zu widerrufen) und **Verzichtsverträge** (Verträge, die Rechte am künftigen Nachlass einer Person entziehen, z.B. der Erbverzicht, der Pflichtteilsverzicht oder der Zuwendungsverzicht). Zu den Testierverträgen, die im anglo-amerikanischen Recht erlaubt sind,

wie beim gemeinschaftlichen Testament, können die Vertragsparteien das Erbstatut gem. Art. 22 EU-ErbVO nur dann einheitlich wählen, wenn sie die gleiche Staatsangehörigkeit besitzen. Die einzige Ausnahme hierzu ist, wenn die Rechtswahl eines Vertragspartners mit dem gewöhnlichen Aufenthalt des anderen übereinstimmt.[555]

Unterschieden wird zwischen dem einseitigen (Art. 25 Abs. 1) und dem mehrseitigen Erbvertrag (Art. 25 Abs. 2 EU-ErbVO).[556] Der Erste betrifft den Nachlass einer einzigen Person, der Zweite den mehrerer Personen.[557] Bei der Wahl des Errichtungsstatuts eines zwei- oder mehrseitigen Erbvertrags kann gem. Art. 25 Abs. 3 EU-ErbVO auch das Recht nur eines Beteiligten gewählt werden. Die einheitliche Wahl eines der Heimatrechte ist demzufolge (anders als beim Erbstatut) für die auf die Zulässigkeit, die materielle Wirksamkeit sowie die Bindungswirkung des Erbvertrages beschränkte Teilrechtswahl gestattet.[558] Ob eine isolierte

---

siehe Döbereiner, Christoph. (2013, Teil II, Seite 439) und Dutta, Anatol. (2015, MüKoBGB, Art. 26 EGBGB, III. Testierverträge, Rn. 149–151). Zu den Besonderheiten bei Verzichtsverträgen siehe Döbereiner, Christoph. (2013, Teil II, Seite 442–443), Kroll-Ludwigs, Kathrin. (2016, 5. Erb- und Pflichtteilsverzichtsverträge, Seite 81–82), Nordmeier, Carl Friedrich. (2013, ZEV, 6. Erb- und Pflichtteilsverzicht, Seite 120–121) und Dutta, Anatol. (2015, MüKoBGB, Art. 26 EGBGB, I. Erb- und Pflichtteilsverzicht, Rn. 143–146). Dutta, Anatol. (2013, FamRZ, Seite 10), Nordmeier, Carl Friedrich. (2013, ZEV, Seite 121) und Keim, Christopher. (2013, Seite 79) schließen sogar **die zu Lebzeiten nicht vollzogene Schenkung auf den Todesfall** in die Legaldefinition des Erbvertrages mit ein.

555 Einleuchtende Beispiele hierzu sind in Oppermann, Karl Felix. (2016, Seite 52–53) zu finden. Siehe auch Heinig, Jens. (2014, Heft 5, Seite 203) und Kroll-Ludwigs, Kathrin. (2016, a) Umfassende Wahl des Erbstatuts mit Auswirkungen auf das Errichtungsstatut, Seite 77–78).

556 Zur kumulativen Prüfung der Zulässigkeit eines Erbvertrages nach den jeweils anwendbaren Rechten bei Auseinanderfallen des gewöhnlichen Aufenthalts der Vertragsparteien gem. Art. 25 Abs. 2 EU-ErbVO (wenn keine Rechtswahl vorliegt) siehe Keim, Christopher. (2013, Seite 78) und Oppermann, Karl Felix. (2016, Seite 37), der daraus schließt, dass in so einem Fall wohl durchaus zwei Rechtssysteme parallel anwendbar sind.

557 Zu den wählbaren Rechten in einseitigen und mehrseitigen Erbverträgen siehe Nordmeier, Carl Friedrich. (2013, ZErb, Seite 116–117).

558 Siehe Heinig, Jens. (2014, Heft 5, 3. Wahl des Errichtungsstatuts bei Erbverträgen, Seite 210–212), Kroll-Ludwigs, Kathrin. (2016, b) Beschränkte Teilrechtswahl des Errichtungsstatuts (Art. 25 Abs. 3 EuErbVO), Seite 78–79), sowie (2013, Seite 145), Dutta, Anatol. (2018, MüKoBGB, Art. 25 EuErbVO, Rn. 11), Schmitz, Melanie. (2017, Seite 207–208), Keim, Christopher. (2013, Seite 79) und Döbereiner, Christoph. (2013, Teil II, Seite 444).

Wahl des Erbstatuts gem. Art. 22 EU-ErbVO bei Erbverträgen gestattet ist, bleibt genau wie beim einseitigen und beim gemeinschaftlichen Testament fragwürdig.[559]

4 In Rechtsgeschäften unter Lebenden auf den Todesfall?

Nachdem die diversen Rechtswahlmöglichkeiten hinsichtlich des Erb- und Errichtungsstatuts in den unterschiedlichen Verfügungen von Todes wegen (einseitiges Testament, gemeinschaftliches Testament und Erbvertrag) analysiert worden sind, ist nun an der Reihe sich mit der Frage auseinanderzusetzen, wie eine *professio iuris*, die in einem Rechtsgeschäft *inter vivos* auf den Todesfall auftaucht, zu bewerten ist. Ist sie immer unwirksam, weil eine Rechtswahl nicht einer niedrigeren Formschwelle als einer Verfügung von Todes wegen unterliegen darf? Anschließend wird hauptsächlich auf die Schenkung auf den Todesfall und auf den Vertrag zugunsten Dritter, der auch mit Hinblick auf den Tod vorgenommen wird, eingegangen. Zum Schluss werden außerdem noch andere Rechtsgeschäfte angesprochen, in denen möglicherweise ebenfalls eine erbrechtliche Rechtswahl enthalten sein könnte.

a) In Schenkungen auf den Todesfall

Wie bereits zur Abgrenzung des Erbstatuts zum Schenkungsstatut geschrieben, sind erst einmal die *Schenkungen unter Lebenden* von denen *auf den Todesfall* zu differenzieren. Bei *Schenkungen auf den Todesfall* handelt es sich um Zuwendungsverträge, die auf eine Verteilung des Vermögens *nach dem Tod* ausgerichtet sind.[560] Bei letzteren muss überdies unterschieden werden, ob sie schon zu Lebzeiten des Erblassers dinglich vollzogen wurden oder nicht. Wenn ja, würden sie nach deutscher herrschender Meinung dem Schenkungsstatut unterliegen. Wenn nein, müsste das Erbstatut des Versprechenden und späteren Erblassers herangezogen werden.[561]

---

559 Siehe insbesondere Kroll-Ludwigs, Kathrin. (2016, c) Isolierte Rechtswahl gem. Art. 22 EuErbVO? Seite 79): „Sinn macht eine derartige Rechtswahloption in Fällen, in denen Staatsangehörige eines erbvertragsfeindlichen Staates in Deutschland einen Erbvertrag beurkunden lassen wollen. In diesem Fall könnten sie eine auf das Erbstatut beschränkte Rechtswahl gem. Art. 22 Abs. 1 EuErbVO zugunsten ihres Heimatrechts treffen und es im Übrigen bei der Geltung des über Art. 21 Abs. 1 EuErbVO zu ermittelnden Errichtungsstatuts belassen."

560 Siehe Döbereiner, Christoph. (2013, Teil II, b) Schenkungen auf den Todesfall, Seite 438).

561 Siehe Seite 191 der Dissertation unter *F.I.5. Andere Statute*. Sowohl Schenkungen unter Lebenden als auch die bereits zu Lebzeiten vollzogenen Schenkungen auf den

Könnte also unter Umständen eine Rechtswahl, die sich in einer noch nicht zu Lebzeiten des Erblassers vollzogene Schenkung auf den Todesfall befindet, wirksam sein? Die dafür sprechenden Argumente sind, dass eine solche Schenkung erbrechtlich zu qualifizieren ist und eine hohe funktionale Nähe zu einer „echten" Verfügung von Todes wegen aufweist. Einige Autoren sind sogar der Ansicht, die zu Lebzeiten nicht vollzogene Schenkung auf den Todesfall sei als „Erbvertrag" einzustufen.[562] Stimmt man dem zu, würde einer erbrechtlichen Rechtswahl in einer solchen Schenkung von Todes wegen nichts im Wege stehen. Genauso gut kann aber auch die strikte Auffassung vertreten werden, eine *Schenkung auf den Todesfall* (unabhängig davon, ob sie zu Lebzeiten vollzogen wurde oder nicht) sei nicht mit einer Verfügung von Todes wegen gleichzustellen, da die durch sie *ausgelöste Vermögensbewegung* aus einem *lebzeitigen Rechtsgeschäft* erfolge.[563] Nach dieser zweiten Auslegung wäre jede erbrechtliche Rechtswahl, die sich in einer Schenkung auf den Todesfall befindet, als unwirksam einzuordnen.

b) In Verträgen zugunsten Dritter auf den Todesfall

Ein Vertrag zugunsten Dritter auf den Todesfall ist ein Vertrag, in dem die eine Partei (der Versprechende, z.B. die Bank oder der Versicherer) der anderen Partei (dem Versprechungsempfänger, dem zukünftigen Erblasser) verspricht, eine Leistung an einen Dritten (Begünstigter) zu erbringen. Bei Lebens- und Unfallversicherungen oder bei Konten- und Depotverträgen zugunsten Dritter auf den Todesfall handelt es sich beispielsweise um solche in § 331 BGB vorgesehenen Verträge. Im Grunde kann ein Vertrag zugunsten Dritter mit einer vor dem Tod vollzogenen Schenkung verglichen werden. Der größte Vorteil dabei ist, dass die dem Vertrag unterliegenden Vermögenswerte nach dem Todesfall nicht zur Erbmasse gehören und den Erben damit der Zugriff zu ihnen entzogen wird. Mit dem Tod des Erblassers erwirbt der Dritte folglich einen schuldrechtlichen Anspruch gegen den Versprechenden und nicht gegen den oder die Erben.

Auch wenn es bei einem solchen Vertrag – wie bei einer Verfügung von Todes wegen – um die Verteilung des Vermögens für die Zeit nach dem Ableben geht und dieser in engem Zusammenhang mit einer Schenkung auf den Todesfall

---

Todesfall fallen in die Bereichsausnahme des Art. 1 Abs. 2 g) EU-ErbVO (unentgeltliche Zuwendungen).

562 Siehe erneut (wie in Fußnote 554 bereits zitiert) Dutta, Anatol. (2013, FamRZ, Seite 10), Nordmeier, Carl Friedrich. (2013, ZEV, Seite 121) und Keim, Christopher. (2013, Seite 79).

563 Diese Ausdrücke werden von Gottschalk, Paul Richard in Troll, Max. Gebel, Dieter. Jülicher, Marc. (2016, ErbStG § 3 Erwerb von Todes wegen, Rn. 243) verwendet.

steht, ist sowohl das *Deckungsverhältnis* (zwischen dem Versprechenden und dem zukünftigen Erblasser) als auch das *Valutaverhältnis* (zwischen dem Erblasser und dem Dritten) nach herrschender Meinung schuldrechtlich zu qualifizieren.[564] Artikel 1 Abs. 2 g) EU-ErbVO nimmt Versicherungsverträge und ähnliche Vereinbarungen konsequenterweise aus dem Anwendungsbereich der Verordnung aus. Eine Rechtswahl in einem Vertrag zugunsten Dritter auf den Todesfall müsste folglich als unwirksam betrachtet werden.[565]

c) In weiteren Rechtsgeschäften

Zuletzt sind noch andere Rechtsgeschäfte anzuführen, in denen denkbar wäre, eine erbrechtliche *professio iuris* zugunsten des Heimatrechts des Erblassers vorzufinden. Wie bereits unter *F.II.3. In Erbverträgen* erwähnt, könnte eine Rechtswahl möglicherweise in *Testier- oder in Verzichtsverträgen* angeordnet werden.[566] Werden solche Verträge als Erbverträge angesehen, wäre die in ihnen enthaltene Rechtswahl wirksam. Wird für die gegenteilige Meinung plädiert, i.e. Testier- und Verzichtsverträge seien keine Erbverträge und somit keine Verfügungen von Todes wegen, so ließe sich ihre Wirksamkeit nur schwer vertreten.[567]

Auch in einem *Erbschaftskaufvertrag* könnte eventuell eine Rechtswahl seitens des Verkäufers bzw. zukünftigen Erblassers auftauchen, da dieser Vertrag in einigen Rechtsordnungen Rechtsfolgen auf dem Gebiet des Erbrechts auslöst. So haftet der Käufer nach deutschem Recht wie der Erbe für die Nachlassverbindlichkeiten. Dennoch wird der Erbschaftskauf aus diesem Grund nicht insgesamt dem Erbstatut unterstellt werden, sondern allgemein dem Schuldvertrags- und

---

564 So auch der BGH, siehe Koch, Jens. (2016, MüKoBGB, BGB § 516 Begriff der Schenkung, Rn. 88).

565 Siehe hierzu Dutta, Anatol. (2015, MüKoBGB, Art. 26 EGBGB, V. Vertrag zugunsten Dritter auf den Todesfall, Rn. 155–159), Döbereiner, Christoph. (2013, Teil II, c) Verträge zugunsten Dritter auf den Todesfall, Seite 439), Nordmeier, Carl Friedrich. (2013, ZEV, 8. Verträge zugunsten Dritter auf den Todesfall, Seite 122–123) und Tersteegen, Jens. (2015, 3. Vertrag zugunsten Dritter auf den Todesfall, Seite 422).

566 Siehe hierzu ausführlicher Fußnote 554 unter *F.II.3. In Erbverträgen*, mit Zitierung der Autoren, die diese Verträge unter der Verordnungsdefinition eines Erbvertrages klassifizieren.

567 Siehe in diesem Sinne beispielsweise Nordmeier, Carl Friedrich. (2013, ZEV, 9. Testiervertrag („contract to make or not to make a will"), Seite 123): „Als Erbvertrag i. S. der Verordnung lässt sich der Testiervertrag nicht fassen. Denn er begründet, ändert oder entzieht keine Rechte am künftigen Nachlass, sondern verpflichtet nur den Erblasser, eine bestimmte letztwillige Verfügung zu errichten oder deren Errichtung zu unterlassen, d. h. eine Rechtsbegründung, -änderung oder -entziehung vorzunehmen."

Sachenrechtsstatut. Lediglich die erbrechtlichen Wirkungen wären dem Erbstatut zu entnehmen. Daher hätte auch die in einem Erbschaftskaufvertrag erscheinende Rechtswahl keine Wirkung.[568]

Es sei am Rande noch erwähnt, dass auch die *Vereinbarungen über den vorzeitigen Erbausgleich des nicht ehelichen Kindes* bis zum Inkrafttreten des Erbrechtsgleichstellungsgesetzes im Jahr 1998 als Rechtsgeschäfte unter Lebenden auf den Todesfall galten. Der *Vertrag über den Nachlass eines noch lebenden Dritten* kann ebenfalls als Rechtsgeschäft unter Lebenden auf den Todesfall genannt werden. Da aber auch dieser, zumindest in Deutschland, nichtig ist und außerdem vom Schuldvertragsstatut beherrscht wird, würde eine erbrechtliche Rechtswahl auch dort keine Wirkung entfalten.[569]

III Rechtswahl im Verhältnis zu Mehrrechtsstaaten

Eine weitere Anwendungsfrage betrifft Staaten mit mehr als nur einem Rechtssystem: Wie verhält sich die europäische Erbrechtsverordnung zu der Wahl des Heimatrechts bei Rechtsspaltung im Heimatland des Erblassers? Dürfte zum Beispiel ein in Deutschland lebender Spanier direkt katalanisches Foralrecht wählen? Als Erstes ist einführend auf die Frage einzugehen, was überhaupt unter dem Terminus „Mehrrechtsstaat" zu verstehen ist. Eine gute Definition dafür liefert Vincent Schröder:

> *„Der Begriff des „Mehrrechtsstaates" wird in der einschlägigen Literatur selten ausdrücklich definiert, sondern zumeist allenfalls dem Kontext nach bestimmt bzw. sogar inhaltlich vorausgesetzt. In der Regel wird darunter jedoch ein souveräner Staat verstanden, dessen Privatrecht nicht einheitlich gestaltet ist, sondern in dem mehrere, voneinander grundsätzlich unabhängige Teilrechtsordnungen nichtsouveräner Teilgesetzgeber nebeneinander gelten."*[570]

---

568 Siehe Dutta, Anatol. (2015, MüKoBGB, Art. 26 EGBGB, VI. Erbschaftskauf, Rn. 160) und Walter Gierl in Burandt, Wolfgang. Rojahn, Dieter. (2014, BGB § 2371 Form, 5. Rechtswirkungen des Erbschaftskaufs, Rn. 20).

569 Siehe Dutta, Anatol. (2015, MüKoBGB, Art. 26 EGBGB, II. Vereinbarung über den vorzeitigen Erbausgleich, Rn. 147 und 148, sowie VII. Vertrag über den Nachlass eines noch lebenden Dritten, Rn. 161).

570 Siehe Schröder, Vincent. (2007, Seite 1), in seinem ausführlichen Werk „Die Verweisung auf Mehrrechtsstaaten im deutschen Internationalen Privatrecht". Eine weitere gute Definition ist in Beier, Robert. (2009, Seite 5, Fußnote 30) und Nietner, Sarah. (2016, Seite 141) zu finden.

Überdies gilt, Mehrrechtsstaaten mit einer ***räumlichen*** oder ***territorialen Rechtsspaltung*** (unterschiedliches Recht für verschiedene Gebietseinheiten) von denen mit einer ***personalen Rechtsspaltung*** (unterschiedliches Recht für verschiedene Personengruppen, z.B. je nach Stammes- oder Religionszugehörigkeit) zu unterscheiden. Einige Autoren differenzieren neben der *räumlichen* und *personalen Rechtsspaltung* sogar noch eine dritte Art von Rechtsspaltung: die *zeitliche* oder *intertemporale*.[571] Es kann auch vorkommen, dass eine Rechtsordnung gleich mehrfach auf verschiedene Spaltungsarten gespalten ist. Das interlokale Recht ähnelt dem internationalen Privatrecht auf jeden Fall am meisten, denn beide verfolgen das Ziel einen räumlichen Konflikt mehrerer Rechtsordnungen zu lösen.[572]

Auch die Erbrechtsverordnung beinhaltet einerseits *interlokale* (Art. 36 EU-ErbVO) und andererseits *interpersonale Kollisionsvorschriften* (Art. 37 EU-ErbVO). Unter einem Mehrrechtsstaat kann folglich also ein Staat verstanden werden, in dem für verschiedene Gebietseinheiten oder Personengruppen unterschiedliches Recht anwendbar ist. In Europa sind Spanien und das Vereinigte Königreich von Großbritannien und Nordirland als ***territoriale*** **Mehrrechtsstaaten** zu betrachten. Außerhalb Europas können die Vereinigten Staaten von Amerika, Kanada, Australien oder die Vereinigten Mexikanischen Staaten genannt werden.[573] Als ***personale*** **Mehrrechtsstaaten** im Erbrecht sind Indien,[574] einige

571 Zu den Ursachen dieser verschiedenen Spaltungen siehe erneut Schröder, Vincent. (2007, Seite 2–3). Zum *interlokalen Kollisionsrecht* siehe Seite 25–35, zum *interpersonalen Kollisionsrecht* Seite 35–59, sowie Neuhaus, Paul Heinrich. (1976, Seite 315 ff.), und zum *intertemporalen Kollisionsrecht*, bei dem es „um die Überbrückung zweier zeitlich aufeinander folgender Sachrechte" geht, Seite 59 ff. In der Erbrechtsverordnung befinden sich Übergangsbestimmungen in Art. 83 EU-ErbVO. Andere Autoren, wie Borrás, Alegría. (1996, Recueil des Cours, Seite 209–210) schließen die intertemporalen Konflikte von der Klassifizierung aus, da bei letzteren nicht wirklich zwei Rechtsordnungen nebeneinander koexistieren und es nur darum geht, die zeitliche Wirksamkeit der Regelungen abzugrenzen. Zur räumlichen, personalen und zeitlichen Spaltung siehe außerdem Nietner, Sarah. (2016, Seite 141–143).

572 Siehe Schröder, Vincent. (2007, Seite 2–3).

573 *Ebenda*. (2007, Seite 176 ff., die Verweisung auf die USA wird besonders ausgiebig auf Seite 195 ff. behandelt). Siehe außerdem den Aufsatz „Die Ermittlung des anwendbaren Erbrechts im deutsch/US-amerikanischen Erbfall nach der EuErbVO" von Frank, Jan-Hendrik. Leithold, Steffen. (2014, 2.1.5 Bestimmung des Rechts des Teilrechtsgebiets der USA, Seite 467).

574 Siehe Otto, Dirk. (1997, Rechtsspaltung im indischen Erbrecht, insbesondere Seite 87 ff.)

islamische Staaten wie Pakistan,[575] der Libanon, Iran[576] oder Syrien[577] und viele afrikanische Länder (z.B. Ghana, Liberia, Malawi, Benin[578], etc.) aufzuführen.[579] In Europa wird in Griechenland den muslimischen Griechen von Thrazien sowie den Mönchen des heiligen Berges Athos und in Frankreich den Moslems des Übersee-Départements Mayotte ihr interpersonales Recht gewährt.[580]

Nach dieser kleinen Übersicht sollen anschließend die Vorschriften der Erbrechtsverordnung, die sich mit Staaten mit mehr als einem Rechtssystem befassen – Art. 36, 37 und 38 EU-ErbVO – anhand einiger Beispiele analysiert werden.

575 Siehe Mehdi, Rubya. (1994, Seite 48 ff.) und Nicholas, Robinson George. (2011, Christian law of inheritance and succession (applicable in Pakistan, India and Bangladesh)).

576 Siehe zur Ermittlung des anwendbaren Erbrechts im Iran das Gutachten Nr. 1 vom 16.8.1999 (Seite 189–205, zur interpersonalen Spaltung im iranischen Erbrecht insbesondere Seite 190–192) und das Gutachten Nr. 5 vom 26.3.1993 zum zoroastrischen Erbrecht (Seite 249–261) in Elwan, Omaia. (2005, Seite 183 ff.). Auf Seite 187: „Für die moslemische Bevölkerung gelten die Vorschriften der Scharia, die übrigen religiösen Minderheiten (namentlich Zoroastrier, Christen und Juden) folgen den gewohnheitsrechtlich überlieferten Regeln ihrer Religionsgemeinschaft."

577 Zur Ermittlung des anwendbaren Erbrechts in Syrien als religiös gespaltener Mehrrechtsstaat siehe das Gutachten Nr. 2 vom 2.2.1990 in Elwan, Omaia. (2005, Seite 465–477). Da der Erblasser der Religionsgemeischaft der Drusen angehörte, sind die Besonderheiten des drusischen Erbrechts auf Seite 467 des Gutachtens aufgeführt. Im Bereich des Familienrechts kommt im Falle Syriens neben der personalen Rechtsspaltung seit Beginn des Bürgerkrieges im Jahr 2011 zudem eine „faktische" territoriale Rechtsspaltung hinzu, siehe hierzu Möller, Lena-Maria. (2017, Seite 298–303). Inwieweit inzwischen auch ein territorial unterschiedliches Erbrecht in Syrien Anwendung findet, geht aus dem Artikel jedoch nicht hervor.

578 Siehe für Benin bereits Fußnote 149 der Dissertation.

579 Siehe weitere Beispiele von interreligiös und interethnisch gespaltenen Staaten in Rauscher, Thomas. (2017, Seite 5–6), wobei nicht alle von ihnen auch im Erbrecht gespalten sind. So wird die Arabische Republik Ägypten als Beispiel eines personal gespaltenen Mehrrechtsstaates in Schröder, Vincent. (2007, Seite 191–195) behandelt, allerdings wird wohl das Erbrecht – anders als das Familienrecht – nach überwiegender Ansicht in Ägypten inzwischen einheitlich ausgestaltet (Seite 192). Zur personalen Rechtsspaltung siehe insbesondere Ralf Michaels in Dutta, Anatol. Heinze, Christian. (2018, Seite 254–256), Frank Bauer in Dutta, Anatol. Weber, Johannes. (2016, Seite 294), Dirk Looschelders in Hüßtege, Rainer. Mansel, Heinz-Peter. (2015, Seite 985) und Dörner, Heinrich. (2007, Seite 314–315).

580 Siehe die Stellungnahme des Deutschen Notarinstituts in Zusammenarbeit mit Prof. Dr. Heinrich Dörner und Prof. Dr. Paul Lagarde von 2002 (Seite 255–256), abrufbar unter der in Fußnote 18 zitierten Webseite.

Artikel 36 EU-ErbVO ist in Bezug auf **territoriale Mehrrechtsstaaten** heranzuziehen, i.e. Staaten wie Spanien oder das Vereinigte Königreich. In Art. 36 Abs. 1 EU-ErbVO wird als Erstes festgelegt, dass wenn ein Mehrrechtsstaat über interne Kollisionsvorschriften verfügt, diese die Gebietseinheit bestimmen, dessen Recht anzuwenden ist **(indirekte Verweisung)**. Nur in Ermangelung solcher interlokalen Kollisionsvorschriften muss subsidiär auf die Hilfsanknüpfung in Art. 36 Abs. 2 EU-ErbVO abgestellt werden **(direkte Verweisung)**. Dieses Modell kann als Subsidiärsystem bezeichnet werden.[581] Bei Bestimmungen, die sich auf den letzten gewöhnlichen Aufenthalt des Erblassers beziehen, – wie die objektive Anknüpfung in Art. 21 Abs. 1 EU-ErbVO – verweist Art. 36 Abs. 2 a) EU-ErbVO auf die Teilrechtsordnung, in der der Erblasser seinen gewöhnlichen Aufenthalt im Zeitpunkt seines Todes hatte. Bei Bestimmungen, die sich auf die Staatsangehörigkeit des Erblassers beziehen, – wie im Fall der in Art. 22 EU-ErbVO vorgesehenen *professio iuris* – beruft Art. 36 Abs. 2 b) EU-ErbVO das Recht der Gebietseinheit mit der der Erblasser am engsten verbunden war. Und bei sonstigen Bestimmungen, die sich auf andere Anknüpfungspunkte beziehen, – wie die Ausweichklausel des Art. 21 Abs. 2 EU-ErbVO zugunsten des Rechts des Staates zu dem der Erblasser im Zeitpunkt seines Todes eine offensichtlich engere Verbindung als zu dem seines letzten gewöhnlichen Aufenthalts hatte – verweist Art. 36 Abs. 2 c) EU-ErbVO auf das Recht der Gebietseinheit, in der sich der einschlägige Anknüpfungspunkt befindet, i.e. auf die Teilrechtsordnung zu der diese offensichtlich engere Verbindung besteht. Für die Bestimmung des anzuwendenden Rechts nach Art. 27 EU-ErbVO (Formgültigkeit einer schriftlichen Verfügung von Todes wegen) enthält Art. 36 Abs. 3 EU-ErbVO in Ermangelung interner Kollisionsvorschriften außerdem eine gesonderte Vorschrift, die auf das Recht der Gebietseinheit abstellt, zu der der Erblasser oder die Personen, deren Rechtsnachfolge von Todes wegen durch den Erbvertrag betroffen ist, die engste Verbindung hatte.[582]

Über ein eigenes einheitliches interlokales Privatrecht verfügt par excellence **Spanien**, sodass im Kontext einer Rechtswahl zugunsten spanischen Rechts

581 Oppermann, Karl Felix. (2016, Seite 106) bezeichnet das Subsidiärsystem als eine „Erweiterung des indirekten Modells".

582 Siehe hierzu beispielsweise Christandl, Gregor. (2013, Seite 234, 3. A Separate Model for Questions of Formal Validity). Zum Art. 36 EU-ErbVO im Allgemeinen siehe Dirk Looschelders in Hüßtege, Rainer. Mansel, Heinz-Peter. (2015, Seite 981–984), Frank Bauer in Dutta, Anatol. Weber, Johannes. (2016, Seite 290–294) oder Dutta, Anatol. (2018, MüKoBGB, Art. 36 EuErbVO, Rn. 1–14).

grundsätzlich **Art. 36 Abs. 1 EU-ErbVO** anzuwenden wäre.[583] Anknüpfungspunkt des innerspanischen Kollisionsrechts ist die zivile Rechtsgebietszugehörigkeit, die *vecindad civil*. Diese tritt im interregionalen Recht Spaniens zur Bestimmung des Personalstatuts an die Stelle der Staatsangehörigkeit.[584] Ob das gemeinspanische Recht oder eines der Foralrechte[585] anwendbar ist, entscheidet demnach also die *vecindad civil* (Art. 14 Abs. 1 CC).

In den Art. 13 bis 16 CC finden sich die Vorschriften über das interlokale Privatrecht und über den Erwerb der Rechtsgebietszugehörigkeit. Diese wird primär durch die Geburt oder Adoption vermittelt und beruht auf dem Abstammungsprinzip. Für den Fall, dass die Eltern verschiedene Gebietszugehörigkeiten haben, sieht Art. 14. Abs. 3 CC vor, auf die Gebietszugehörigkeit desjenigen Elternteils zurückzugreifen, zu dem die Abstammung früher festgestellt wurde. Hilfsweise wird die Gebietszugehörigkeit des Geburtsortes herangezogen und als Letztes die *vecindad civil común*, die dem gemeinspanischem Recht entspricht.[586]

Die Gebietszugehörigkeit kann jedoch auch durch den fortgesetzten Aufenthalt in einer der spanischen Teilrechtsordnungen erfolgen. Sie wird automatisch durch zehnjährigen dauernden Aufenthalt erworben oder nach dem Verlauf von zwei Jahren, wenn eine ausdrückliche Willenserklärung beim Zivilregisteramt

---

583 Zum interlokalen Privatrecht Spaniens siehe Hierneis, Otto. (1966, insbesondere Seite 43 ff.), Jayme, Erik. (1989, Seite 287–288) und (1991, Seite 303–311), Schröder, Vincent. (2007, Seite 3, Seite 11–13 und Seite 177–180), González Campos, Julio D. Borrás, Alegría. (2002, Seite 458–461), Oppermann, Karl Felix. (2016, Seite 57–62), Stadler, Peter. (2008, Das interregionale Recht in Spanien), Álvarez González, Santiago. (2007, Estudios de derecho interregional) und Font i Segura, Albert. (2007, Actualización y desarrollo del sistema de derecho interregional).

584 Oppermann, Karl Felix. (2016, Seite 113, Fußnote 657) macht darauf aufmerksam, dass Otto Hierneis die *vecindad civil* als „Personalstatut zweiten Grades" bezeichnet.

585 Siehe im Anhang Nr. 4 die von der Verfasserin erstellten Karte mit Kennzeichnung der spanischen Foralrechte, die eigene Erbrechtsvorschriften beinhalten. Die Foralrechte können ihrerseits auch gespalten sein, so z.B. die Balearen oder das Baskenland. Siehe hierzu Jayme, Erik. (1991, Seite 306, Unterpunkt 2. Rechtsspaltung innerhalb der Foralrechte) und insbesondere Oppermann, Karl Felix. (2016, Seite 85–88 (2. Balearische Inseln) und Seite 88–93 (3. Baskenland). In letzterem Werk von Oppermann kann allgemein eine gute Zusammenfassung der sachrechtlichen Besonderheiten aller Foralrechte ab Seite 82 gefunden werden.

586 Hierneis, Otto. (1966, Seite 46) macht darauf aufmerksam, dass „selbst wenn daher ein foralrechtlicher Spanier sein ganzes Leben im Ausland verbringt oder sogar dort von foralrechtlichen Eltern geboren wurde, bleibt er bis zu seinem Tode dem entsprechenden Foralrecht unterworfen, auch wenn er nie spanischen Boden betritt."

abgegeben wird (Art. 14 Abs. 5 CC). Artikel 14 CC sieht auch noch andere *Optionsrechte* vor, z.B. kann jeder Ehegatte die Gebietszugehörigkeit des anderen annehmen (Art. 14 Abs. 4 CC). Dabei ist zu beachten, dass nur ein spanischer Staatsangehöriger die *vecindad civil* (i.d.R. über seine Eltern oder durch den fortgesetzten Aufenthalt in einer Foralregion) erlangen kann.

Bei in Spanien lebenden Ausländern versagt hingegen die Anknüpfung an die *vecindad civil* (z.B. bei einem deutschen Erblasser mit letztem gewöhnlichen Aufenthalt in einer Foralregion).[587] Deshalb ist bei der objektiven Anknüpfung des Art. 21 EU-ErbVO im Fall von Spanien streitig, ob die indirekte Verweisung des Art. 36 Abs. 1 (bei vorhandenem interlokalem Kollisionsrecht) oder die direkte Verweisung des Art. 36 Abs. 2 a) EU-ErbVO (Bestimmung ohne interlokales Kollisionsrecht) anzuwenden ist. Da die im *Código Civil* vorgesehenen internen Kollisionsvorschriften keine Lösung bezüglich des maßgeblichen Erbstatuts für die Rechtsnachfolge ausländischer Erblasser beinhalten und es in diesem Sinne keine interlokalen Kollisionsvorschriften gibt, kann m.E. durchaus die subsidiäre Anwendung des Art. 36 Abs. 2 a) EU-ErbVO für die Fälle der Nichtspanier vertreten werden.[588]

Verlegt ein Spanier seinen Wohnsitz ins Ausland, bleibt ihm die letzte Gebietszugehörigkeit allerdings erhalten.[589] Möchte so ein im Ausland lebender Spanier (z.B. mit katalanischer *vecindad civil*) eine Rechtswahl zugunsten seines Heimatrechts treffen, stellt sich die Frage, ob es ihm erlaubt ist direkt das Recht einer

587 Siehe hierzu beispielsweise Seeger, Sebastian. (2018, Seite 144), Steinmetz, Alexander. Huzel, Erhard. García Alcázar, Rocío. (2015, Seite 1298–1299, Rn. 70–72), Zabalo Escudero, Mª Elena. (2009, Seite 143) oder Beier, Robert. (2009, Seite 135), der feststellt, dass die Verweigerung gegenüber Nichtspaniern eine Rechtsgebietszugehörigkeit zu erwerben eine Benachteiligung unter Binnenmarktaspekten darstellen könnte.

588 Siehe auch in diesem Sinne Quinzá Redondo, Pablo. Christandl, Gregor. (2013, Seite 18–20), sowie erneut Christandl, Gregor. (2013, Seite 232), Oppermann, Karl Felix. (2016, Seite 115) und Seeger, Sebastian. (2018, Seite 146). Frank Bauer in Dutta, Anatol. Weber, Johannes. (2016, Seite 293, Rn. 9) erörtert: „Abs. 2 regelt die Fälle, in denen kein gesamtstaatliches interlokales Kollisionsrecht besteht, nicht ermittelbar ist oder für diesen Fall keine Lösung bereitstellt." Andere Autoren, wie z.B. Carrascosa González, Javier. (2014, Seite 268–269), stimmen für die analoge Anwendung des Art. 9.10 CC. Diese Vorschrift ist eigentlich für Staatenlose vorgesehen und besagt, dass bei einer Person ohne Staatsangehörigkeit oder deren Staatsangehörigkeit nicht festgestellt werden kann, das Recht des Ortes ihres gewöhnlichen Aufenthalts maßgeblich sein soll.

589 Siehe Steinmetz, Alexander. Huzel, Erhard. García Alcázar, Rocío. (2015, Seite 1298, Rn. 68).

bestimmten (evtl. sogar einer beliebigen) Foralregion zu wählen oder ob seine *professio iuris* ausschließlich auf spanisches Recht insgesamt zu erfolgen hat. Da kein Zweifel darüber besteht, dass bei einer Rechtswahl zugunsten spanischen Rechts seitens eines Auslandsspaniers die indirekte Verweisung des Art. 36 Abs. 1 EU-ErbVO anzuwenden ist,[590] könnte der Erblasser im Prinzip nicht direkt das katalanische Recht (und schon gar nicht das Recht einer anderen Foralregion dessen *vecindad* er nicht besitzt) berufen. Denn nach dieser Vorschrift bleibt es den **internen Kollisionsvorschriften** Spaniens überlassen, welches der in Betracht kommenden Erbstatute anwendbar ist. Eine Rechtswahl zugunsten einer bestimmten Gebietseinheit wäre demzufolge nicht möglich.[591]

Nur wenn das spanische interlokale Recht selbst eine Rechtswahl zugunsten eines beliebigen Foralrechts zulassen würde, könnte auch der Auslandsspanier die auf seine Rechtsnachfolge maßgebliche Teilrechtsordnung bestimmen. Dies ist aber nicht der Fall.[592] Der Spanier mit gewöhnlichem Aufenthalt in Deutschland, dessen letzte *vecindad civil* die katalanische war, könnte also **nur spanisches Recht insgesamt wählen**. Ob sein Erbfall letztendlich nach katalanischem Erbstatut oder nach gemeinspanischem abzuwickeln ist, wird durch die Vorschriften des interlokalen Privatrechts beantwortet.[593] Empfehlenswert wäre aber, dass der katalanische Erblasser in seiner Verfügung von Todes wegen neben seiner spanischen Staatsangehörigkeit auch seine katalanische Gebietszugehörigkeit angibt.

Da den im Ausland wohnenden Spaniern ihre letzte *vecindad civil* erhalten bleibt, wäre auf die subjektiv bestimmbare Rechtsnachfolge des im Ausland lebenden Katalanen – vorausgesetzt er würde im Zeitpunkt seines Todes noch die spanische Staatsbürgerschaft besitzen – katalanisches Erbrecht anwendbar. Andererfalls (i.e. bei Verlust der spanischen Staatsangehörigkeit) wäre die Rechtswahl

590 Bei Auslandsspaniern versagt die Anknüpfung an die letzte Gebietszugehörigkeit nicht, daher sind die interlokalen Vorschriften Spaniens anzuwenden.

591 Siehe Steinmetz, Alexander. Huzel, Erhard. García Alcázar, Rocío. (2015, Seite 1298, Rn. 68: „Mit Rücksicht auf Art. 36 Abs. 1 EU-ErbVO erlaubt Art. 22 EU-ErbVO dem spanischen Erblasser sonach ausschließlich eine Rechtswahl des Rechts seiner Staatsangehörigkeit, nicht aber die Wahl einer bestimmten Teilrechtsordnung"), sowie Steinmetz, Alexander. Löber, Jan. García Alcázar, Rocío. (2013, ZEV Heft 10, Seite 537), Leitzen, Mario. (2013, ZEV, Seite 128) und Carrascosa González, Javier. (2014, Seite 125).

592 Siehe hierzu Heinig, Jens. (2014, Heft 5, Seite 204).

593 Anderer Ansicht sind Dirk Looschelders in Hüßtege, Rainer. Mansel, Heinz-Peter. (2015, Seite 919, Rn. 22 und Seite 983, Rn. 8), Rodríguez-Uría Suárez, Isabel. (2013, Seite 13 und Fußnote 45) und Dutta, Anatol. (2009, RabelsZ 73, Seite 576).

zwar weiterhin wirksam, da der Erblasser aber durch die Abgabe der spanischen Staatsangehörigkeit auch seine katalanische Gebietszugehörigkeit verloren hätte, würde nicht mehr das katalanische, sondern das gemeinspanische Recht maßgeblich sein. Entscheidend für die Anwendung des *Código Civil* oder des katalanischen Erbstatuts ist also die Staatsangehörigkeit des Erblassers im Zeitpunkt seines Todes. Besitzt er weiterhin die spanische und somit auch die katalanische Gebietszugehörigkeit, wäre der *Codi Civil de Catalunya* heranzuziehen. Hat er mittlerweile die Staatsangehörigkeit seines gewöhnlichen Aufenthaltsortes erworben und dafür seine spanische abgegeben, wäre gemeinspanisches Erbrecht auf seinen Erbfall anwendbar.[594]

Einige Autoren ziehen in einem Fall wie diesem auch in Erwägung, von der direkten Verweisung des Art. 36 Abs. 2 b) EU-ErbVO Gebrauch zu machen, damit das anwendbare Recht mit der letzten *vecindad civil* des Erblassers übereinstimmt.[595] Nach der Auslegung der direkten Verweisung des Art. 36 Abs. 2 b) EU-ErbVO gilt jede Gebietseinheit als Staat. Folglich wäre die Rechtswahl zugunsten einer konkreten Teilrechtsordnung möglich. Allerdings könnte der Erblasser nur das Recht der Gebietseinheit berufen, mit der er am engsten verbunden war. Der Katalane könnte in dieser Hinsicht nur eine *professio iuris* zugunsten katalanischen Rechts ausüben, nicht aber zugunsten einer Teilrechtsordnung zu der er keine Beziehung hatte, wie beispielsweise die baskische.

Als weiteres Beispiel eines territorialen Mehrrechtsstaates in Europa kann **das Vereinigte Königreich von Großbritannien und Nordirland** genannt werden. Allerdings ist im Vereinigten Königreich[596] – anders als in Spanien – weder das internationale noch das innerstaatliche Privatrecht einheitlich geregelt.[597] Auch wenn die drei Teilrechtsordnungen (England und Wales, Schottland und

---

594 Siehe Steinmetz, Alexander. Löber, Jan. García Alcázar, Rocío. (2013, ZEV Heft 10, Seite 537): „Die Anwendung katalanischen Erbrechts käme dagegen nach Art. 36 Abs. 1 EuErbVO nicht in Betracht, weil der Erblasser die spanische Staatsangehörigkeit zu dem nach Art. 16, 9.10, 9.8 CC maßgeblichen Zeitpunkt des Erbfalls nicht mehr besaß, was auch zum Wegfall der Vecindad Civil führte (AP Baleares, Urt. v. 16. 3. 2000, Nr. 187/2000)."

595 Siehe Steinmetz, Alexander. Huzel, Erhard. García Alcázar, Rocío. (2015, Seite 1298, Rn. 69, *bb) Sonderfall: Rechtswahl und spätere Aufgabe der spanischen Staatsangehörigkeit*).

596 Dasselbe gilt für die restlichen common law Mehrrechtsstaaten, die bereits auf Seite 201 der Dissertation erwähnt wurden.

597 Siehe Schröder, Vincent. (2007, Seite 21–24 und Seite 185–188), Odersky, Felix. (2015, Seite 586, Rn. 2), Christandl, Gregor. (2013, Seite 222) und Frank Bauer in Dutta, Anatol. Weber, Johannes. (2016, Seite 291, Rn. 3).

Nordirland) jedenfalls für die beweglichen Güter[598] an das „domicile“ des Erblassers anknüpfen, folgen die Gerichte dieser einzelnen Gebietseinheiten zur Feststellung des „domicile“ unterschiedlichen Kriterien.[599] Da das innerstaatliche Kollisionsrecht also gespalten ist, sind die internen Kollisionsvorschriften im Vereinigten Königreich als nicht vorhanden zu betrachten. Deshalb greift im Verhältnis zu diesem Mehrrechtsstaat die subsidiäre Anwendung des **Art. 36 Abs. 2 EU-ErbVO**.

Wie soeben erörtert, wird bei der direkten Verweisung jede Gebietseinheit als Staat angesehen. Demzufolge könnte ein im Ausland lebender Brite nicht nur eine *professio iuris* zugunsten seines Heimatrechts im Allgemeinen treffen sondern auch direkt das Recht einer der drei Teilrechtsordnungen des Vereinigten Königreichs berufen. Entscheidet er sich für letztere Option, dürfte er aber nicht frei zwischen den Teilrechtsordnungen wählen. Nur die Rechtswahl zugunsten des Rechts der Gebietseinheit, zu der er am engsten verbunden war, würde gem. Art. 36 Abs. 2 b) EU-ErbVO als wirksam anerkannt werden. So wäre die Wahl schottischen Rechts seitens eines in Deutschland lebenden Engländers, der niemals eine Verbindung zum schottischen Recht gehabt hat als unwirksam zu bewerten. Fraglich bleibt, ob die Rechtswahl in so einem Fall überhaupt keine Wirkung entfalten würde, sprich die objektive Anknüpfung an das *deutsche Recht* als Recht des letzten gewöhnlichen Aufenthalts des Erblassers gem. Art. 21 Abs. 1 EU-ErbVO greift, oder ob die *professio iuris* zumindest als Rechtswahl zugunsten des *britischen Rechts* im Allgemeinen[600] verstanden wird und konkret zugunsten des *englischen Rechts* nach Feststellung der engsten Verbindung des Erblassers zu dieser Gebietseinheit des Vereinigten Königreichs.[601]

---

598 Siehe Seite 255 der Stellungnahme des Deutschen Notarinstituts in Zusammenarbeit mit Prof. Dr. Heinrich Dörner und Prof. Dr. Paul Lagarde von 2002, abrufbar unter der in Fußnote 18 zitierten Webseite.

599 Siehe hierzu Christandl, Gregor. (2013, Seite 233 und Fußnoten 75 und 76). Zum Domizilprinzip siehe Kreitlow, Maike. (2003, Das *domicile*-Prinzip im englischen Internationalen Privatrecht und seine europäische Perspektive).

600 Zur Wahl des nichtexistenten „britischen Rechts“ als abstrakte Bezeichnung der gewählten Rechtsordnung siehe Dutta, Anatol. (2018, MüKoBGB, Art. 22 EuErbVO, Rn. 11).

601 Siehe insbesondere Christandl, Gregor. (2013, Seite 233) mit einem Beispiel eines britischen Erblassers der seinen gewöhnlichen Aufenthalt von Schottland nach Spanien verlegt und direkt schottisches Recht wählt. Die Wahl englischen Rechts wäre hingegen laut dem Beispiel von Christandl ungültig. Ein weiteres gutes Beispiel eines amerikanischen Erblassers, der in Spanien verstirbt, ist in Carrascosa González, Javier.

Auch im Verhältnis zum Mehrrechtsstaat Spanien bleibt dieser Zweifel. So bringt Andrea Bonomi das Beispiel eines spanischen Ehepaars mit letztem gewöhnlichen Aufenthalt in Belgien, dessen *vecindad civil* die des gemeinspanischen Rechts ist (zuvor waren sie in Sevilla ansässig) und die in einem Erbvertrag eine Rechtswahl zugunsten des *katalanischen Rechts* treffen. Ob hier die Rechtswahl gem. Art. 36 Abs. 1 EU-ErbVO zugunsten des *spanischen Rechts* (Código Civil) zu verstehen ist, wonach der Erbvertrag nichtig wäre, oder ob die Rechtswahl überhaupt keine Wirkung erzeugt und gem. Art. 21 Abs. 1 EU-ErbVO das *belgische Recht*, als Recht des letzten gewöhnlichen Aufenthalts der Erblasser anwendbar wäre, ist Interpretationssache.[602] Meines Erachtens wäre es aber korrekter, die ausgeübte Rechtswahl in so einem Fall für unwirksam zu erklären und die objektive Anknüpfung des Art. 21 EU-ErbVO heranzuziehen. Denn es sollte vermieden werden, ein Recht anzuwenden (in dem obigen Beispiel das gemeinspanische), welches weder objektiv anwendbar ist noch vom Erblasser gewählt wurde. Anders wäre der Fall zu bewerten, wenn das Ehepaar tatsächlich die katalanische *vecindad civil* besäßen hätte. Dann wäre bei Anwendung des spanischen Rechts nach den interlokalen Vorschriften des Código Civil auf das katalanische Recht verwiesen worden.[603]

Nach dieser ausgiebigen Analyse des Art. 36 EU-ErbVO für territoriale Mehrrechtsstaaten, ist anschließend **Art. 37 EU-ErbVO für personale Mehrrechtsstaaten** zu untersuchen. Vorab muss festgestellt werden, dass dieser Artikel

---

(2014, Seite 268) abgedruckt. Auch in Steinmetz, Alexander. Löber, Jan. García Alcázar, Rocío. (2013, ZEV Heft 10, Seite 537) wird hervorgehoben, dass man gem. Art. 22 i.V.m. Art. 36 Abs. 2 EU-ErbVO die direkte Wählbarkeit der betreffenden Teilrechtsordnung bejahen kann. Heinig, Jens. (2014, Heft 5, Seite 204) ist indessen der Ansicht, dass der Wahl einer Teilrechtsordnung seitens eines Erblassers, dessen Heimatrecht ein Mehrrechtsstaat ohne interlokales Privatrecht ist, „allenfalls Indizwirkung für die engste Verbindung" zukommen kann.

602 Siehe Bonomi in Bonomi, Andrea. Wautelet, Patrick. (2016, Seite 610–611).

603 Siehe in diesem Zusammenhang Oppermann, Karl Felix. (2016, Seite 133–138, III. Umgang mit in ihrer Zulässigkeit umstrittenen (sog. „falschen") Rechtswahlen), der für eine wohlwollende Auslegung – durch eine Abtrennung des unteranknüpfenden Elements der Rechtswahl – plädiert. Dadurch würde nur die vom Erblasser unzulässigerweise vorgenommene Unteranknüpfung auf das Teilrechtsgebiet abgetrennt und es würde eine wirksame Rechtswahl zugunsten des spanischen Rechts vorliegen. Diese Abtrennung müsste seiner Meinung nach allerdings als widerlegbare Auslegungsvermutung angesehen werden, sodass gegebenenfalls (wenn das Ergebnis offensichtlich gegen den Willen des Erblassers spricht) die umfassende Unzulässigkeit der Rechtswahl eintreten könnte. Siehe auch seine guten Beispiele auf Seite 136 und 137.

dieselbe – wenn auch etwas vereinfachte – Struktur des Art. 36 EU-ErbVO befolgt. So enthält Art. 37 Satz 1 EU-ErbVO als Erstes auch eine indirekte Verweisung auf das interpersonale Recht des betreffenden Staates. Nur in Ermangelung solcher interpersonalen Kollisionsvorschriften verweist Art. 37 Satz 2 EU-ErbVO hilfsweise auf das Rechtssystem oder auf das Regelwerk, zu dem der Erblasser die engste Verbindung hatte (direkte Verweisung). Anders als Art. 36 Abs. 2 EU-ErbVO differenziert Art. 37 Satz 2 EU-ErbVO dabei aber nicht nach den Anknüpfungspunkten.[604]

In Europa kann **Griechenland** als Staat mit mehr als einem Rechtssystem für verschiedene Personengruppen hervorgehoben werden. Einerseits bilden die griechischen Muslime aus Thrazien (ca. 130.000 Personen)[605] eine Gruppe, andererseits die Mönche des heiligen Berges Athos (ca. 2.300 Mönche)[606] und daneben die restliche griechische Bevölkerung, die nicht zu einer der obengenannten Personengruppen gehört (ca. 11.000.000 Einwohner). Früher bildeten

---

604 Siehe hierzu insbesondere Dirk Looschelders in Hüßtege, Rainer. Mansel, Heinz-Peter. (2015, Seite 984–987) und Frank Bauer in Dutta, Anatol. Weber, Johannes. (2016, Seite 294–295).

605 Zum islamischen Personalrecht der griechischen Muslime aus West-Thrazien (hauptsächlich türkischer Herkunft) und der Gerichtsbarkeit der Muftis, die auf den Athener Vertrag von 1913 beruht (und vom Vertrag von Sèvres von 1920 und vom Lausanner Vertrag von 1923 bestätigt wurde), siehe Jayme, Erik. Nordmeier, Carl Friedrich. (2008, Seite 369–370), Siehr, Kurt. (2006, Seite 930–931 und Seite 935), Demetriou, Demetrios. Gottwald, Peter. (1995, Seite 193), Bendermacher-Geroussis, Emilios. (1978, Seite 65–74), Stamatiadis, Dimitrios. (1994, Seite 190–191), Kastrissios, Eleftherios J. (2016, Seite 28–30), sowie die Stellungnahme des Deutschen Notarinstituts in Zusammenarbeit mit Prof. Dr. Heinrich Dörner und Prof. Dr. Paul Lagarde von 2002 (Seite 255–256), abrufbar unter der in Fußnote 18 zitierten Webseite, und das Gutachten des Deutschen Notarinstituts Nr. 14251 „Griechenland: Erbstatut und gesetzliche Erbfolge nach griechischem Moslem (Thrakien)": http://www.dnoti.de/gutachten/index.html/griechenland-erbstatut-und-gesetzliche-erbfolge-na/c20ab233-5e5a-421b-84ab-7b15f047a634?mode = detail (zuletzt geprüft am 29.12.2018).

606 Für die obengenannten Mönche ergeben sich aus der Charta des Berges Athos besondere Vorschriften in Erbsachen; siehe die bereits in der vorherigen Fußnote zitierten Stellungnahme des Deutschen Notarinstituts von 2002 (Seite 256), Art. 105 der griechischen Verfassung von 1975: http://www.verfassungen.eu/griech/verf75.htm und Punkt 5 „Gemeinsame Erklärung zum Berg Athos" der Schlussakte des Beitritts der Republik Griechenland zu den europäischen Gemeinschaften (1979), die die Sonderregelung für den Berg Athos berücksichtigt: http://eur-lex.europa.eu/legal-content/DE/ALL/?uri = CELEX%3A42000A0922(06) (beide Quellen zuletzt am 29.12.2018 geprüft). Siehe auch Müller, Andreas. (2005, Seite 70).

für familienrechtliche Angelegenheiten auch noch die griechischen Israeliten eine weitere Gruppe, auf die bis zum 23.02.1946 israelitisches Recht anwendbar war.[607]

Da der griechische Staat das personale Recht der muslimischen Griechen in Thrazien aufgrund des Athener Vertrages von 1913 als *territorial begrenztes religiöses Sonderrecht*[608] anerkennt und dieses nicht durch das ZGB (anders als für die israelitischen Griechen in Art. 6 des Einführungsgesetztes zum ZGB) aufgehoben hat,[609] ist islamisches Erbrecht auf griechische Staatsangehörige, die in Thrazien leben und dessen Glaubenszugehörigkeit der Islam ist, anzuwenden.[610] Nach der Charta des heiligen Berges Athos von 1924 gelten für die dort lebenden Mönche einige besondere Erbrechtsvorschriften. Auf die Rechtsnachfolge von Griechen, die nicht zu einer dieser Personengruppen gehören, ist indes griechisches Erbrecht anwendbar. Folglich kann die Existenz eines interpersonalen Kollisionsrechts in Griechenland bejaht werden. Bei einer Verweisung auf Griechenland wäre dementsprechend Art. 37 Satz 1 EU-ErbVO maßgeblich (indirekte Verweisung).

An letzter Stelle ist noch kurz ein Blick auf **Art. 38 EU-ErbVO** zu werfen. Dieser Artikel besagt, dass ein Mitgliedstaat mit mehreren Gebietseinheiten (wie Spanien) *nicht verpflichtet* ist, die europäische Erbrechtsverordnung auf rein **innerstaatliche Konflikte** anzuwenden (zum Beispiel auf den Erbfall eines katalanischen Erblassers mit letztem gewöhnlichen Aufenthalt in Madrid). Aus Art. 38 EU-ErbVO geht jedoch hervor, dass so ein Mehrrechtsstaat die Kollisionsvorschriften der Verordnung entweder direkt oder als Modell für sein eigenes

---

607 Zum religiösen Personalrecht jüdischer Griechen siehe Bendermacher-Geroussis, Emilios. (1978, Seite 62–65).

608 Diesen Ausdruck verwendet Mansel, Heinz-Peter. (2008, Seite 187).

609 Siehe Schröder, Vincent. (2007, Seite 37–38): „Der Staat als vor allem räumlich definierter Hoheitsträger hat vielmehr nur insoweit Einflussmöglichkeiten, als er personale Rechte anerkennen oder dies unterlassen kann. Denn diese kommen als staatliches Recht aus rechtsetatistischer Perspektive nur zur Anwendung, wenn er auf sie (…) verweist."

610 Kastrissios, Eleftherios J. (2016, Seite 30) erklärt, dass das islamische religiöse Recht in Griechenland als inländisches Recht angewendet wird und daher die Vorbehaltsklausel des griechischen *ordre public* nicht greift. Zum *ordre public* in diesem Zusammenhang siehe auch Demetriou, Demetrios. Gottwald, Peter. (1995, Seite 193). In dem Aufsatz „Griechische Muslime in Thrazien: Internationales Familien- und Erbrecht in europäischer Perspektive" von Jayme, Erik. Nordmeier, Carl Friedrich. (2008, Seite 369), wird dargelegt, dass Professoren wie Konstantinos Kalavros oder Yannis Ktistakis den jetzigen Rechtzustand der Anwendbarkeit islamischen Rechts auf in Thrazien lebende griechische Muslime kritisieren.

interlokales Kollisionsrecht nutzen *könnte*, wenn er dies wünscht.[611] Würde Spanien beispielsweise anordnen, dass die Erbrechtsverordnung auch für seine interregionalen Erbfälle maßgeblich sein soll, dann hätte der Katalane mit letztem gewöhnlichen Aufenthalt in Madrid die Option eine Rechtswahl zugunsten des katalanischen Rechts auszuüben. (Die ursprüngliche *vecindad civil* würde anstelle der Staatsangehörigkeit treten). Anderenfalls wäre das auf seinen Erbfall anwendbare Recht, das seines letzten gewöhnlichen Aufenthalts, i.e. gemeinspanisches Recht.

In der spanischen Literatur wird schon seit einigen Jahren über eine Reform des interlokalen Rechts Spaniens diskutiert.[612] Denn es erscheint fraglich, ob es kohärent und zeitgemäß ist, dass die *vecindad civil* weiterhin die Hauptrolle bei der Festlegung des anwendbaren innerstaatlichen Rechts spielt. Der europäische Gesetzgeber hat in den letzten Jahren zweifellos eine klare Tendenz gesetzt, den objektiven Anknüpfungspunkt an die Staatsangehörigkeit zugunsten des letzten gewöhnlichen Aufenthalts zu ändern. In Anbetracht dieser Tatsache wäre es also denkbar, dass Spanien die neue Erbrechtsverordnung zum Anlass nimmt, um seine interregionalen Kollisionsvorschriften zu modernisieren und die derzeitigen damit verbundenen Probleme zu lösen, insbesondere hinsichtlich des scheiternden Anknüpfungspunktes der Gebietszugehörigkeit bei Nichtspaniern.

Als Fazit kann festgehalten werden, dass der europäische Gesetzgeber sich in den Art. 36 und 37 EU-ErbVO für ein relativ **komplexes subsidiäres Verweisungsmodell** (Subsidiärsystem) entschieden hat. Ursprünglich war in Art. 28 Abs. 1 des Verordnungsentwurfs von 2009 eine direkte Verweisung für Staaten

---

611 Siehe in diesem Sinne Bauer in Dutta, Anatol. Weber, Johannes. (2016, Seite 295) oder Bonomi in Bonomi, Andrea. Wautelet, Patrick. (2016, Seite 616, IV. Les conflits de lois internes). Auch andere europäische Verordnungen enthalten eine Vorschrift wie Art. 38 EU-ErbVO (z.B. Art. 22 Abs. 2 Rom I-VO und Art. 25 Abs. 2 Rom II-VO). Oppermann, Karl Felix. (2016, Seite 115 ff., 2. Interne Lösung aufgrund von Art. 38 EuErbVO) geht noch einen Schritt weiter und wirft die Frage in den Raum, ob Art. 36 Abs. 2 EU-ErbVO möglicherweise der Anwendungsfreiwilligkeit des Art. 38 EU-ErbVO unterliegt.

612 Siehe beispielsweise Oppermann, Karl Felix. (2016, Seite 124 mit Verweisungen in Fußnote 694). Eine Reform könnte durch die Abschaffung der Gebietszugehörigkeit als Anknüpfungspunkt oder durch die Öffnung der *vecindad civil* auch für Ausländer erfolgen. Denkbar wäre auch die Einführung einer Rechtswahl innerhalb des spanischen interlokalen Rechts, siehe Seite 131.

ohne einheitliche Rechtsordnung geplant (direktes Modell).[613] Hätte sich ein solches direktes Verweisungsmodell durchgesetzt, wären die einzelnen Gebietseinheiten den Staaten durch eine *legale Fiktion* gleichgesetzt gewesen. Die Verordnung hätte dann selbst direkt das maßgebliche Recht der betreffenden Gebietseinheit primär berufen und dadurch wären die internen Kollisionsvorschriften ausgeschaltet worden.[614] Die letztendlich anwendbare subsidiäre Verweisung der Art. 36 und 37 EU-ErbVO (Subsidiärsystem) zeichnet sich dadurch aus, dass die interlokalen Kollisionsvorschriften eines Mehrrechtsstaates Vorrang haben. Sind allerdings keine internen Kollisionsvorschriften vorhanden, findet hilfsweise eine direkte Verweisung statt, die sich insbesondere in Art. 36 Abs. 2 EU-ErbVO aufgrund der Differenzierung nach Anknüpfungspunkten als recht kompliziert erweist.[615]

---

613 Zum geplanten „Direct-Reference Model" siehe Christandl, Gregor. (2013, Seite 229–232), Quinzá Redondo, Pablo. Christandl, Gregor. (2013, 3.1. El texto de la Propuesta, Seite 11 ff.), Oppermann, Karl Felix. (2016, Seite 107) und Steinmetz, Alexander. Huzel, Erhard. García Alcázar, Rocío. (2015, Seite 1293–1294).

614 Die COSAC, die Konferenz der Ausschüsse für Gemeinschafts- und Europaangelegenheiten, forderte die nationalen Parlamente durch die Anwendung eines frühzeitigen Warnsystems auf, die Einhaltung des Subsidiaritätsprinzips bei dieser Initiative zu kontrollieren. Beispielsweise äußerte das katalanische Parlament in seiner Resolution 558/VIII Kritik hinsichtlich der geplanten Vorschriften der EU-ErbVO für Mehrrechtsstaaten. Auf Seite 2 der Antwort Spaniens zum Grünbuch wurde ebenfalls für ein subsidiäres Verweisungsmodell plädiert: http://ec.europa.eu/justice/news/consulting_public/successions/contributions/contribution_spain_es.pdf (zuletzt geprüft am 29.08.2016). Siehe auch die „Comments from Spanish and United Kingdom delegations", 5811/10 ADD 16: http://data.consilium.europa.eu/doc/document/ST-5811-2010-ADD-16/en/pdf (zuletzt geprüft am 29.12.2018). Siehe in diesem Zusammenhang Oppermann, Karl Felix. (2016, Seite 107–112) mit einer Analyse zur Vereinbarkeit des Kommissionsentwurfes mit der spanischen Verfassung. Zudem war auch ein Großteil der spanischen Lehre gegen ein direktes Verweisungsmodell. Ein anderer Teil empfand dieses Modell jedoch als eine positive und kongruente Lösung in Anbetracht der Nachteile des Anknüpfungspunktes an die *vecindad civil* für Ausländer in Spanien. Siehe Álvarez Torné, María. (2013, Seite 102–104), Quinzá Redondo, Pablo. Christandl, Gregor. (2013, Seite 12) sowie erneut Christandl, Gregor. (2013, Seite 230–231).

615 Siehe kritisch Carrascosa González, Javier. (2014, Seite 267), Quinzá Redondo, Pablo. Christandl, Gregor. (2013, 3.2. El texto final: comentarios y crítica, Seite 15 ff.) sowie Christandl, Gregor. (2013, Seite 232–234, The Subsidiary-Reference Model). Siehe auch Oppermann, Karl Felix. (2016, Seite 112 ff., II. Anwendung des Subsidiärsystems in der endgültigen Fassung). Als Befürworterin kann indessen z.B. Nietner, Sarah.

IV Änderung und Widerruf der Rechtswahl

Als letzte Anwendungsfrage der europäischen Erbrechtsverordnung soll anschließend die Änderung und der Widerruf der *professio iuris* untersucht werden. Im Mittelpunkt steht die Überlegung: Kann der Erblasser seine Rechtswahl jederzeit rückgängig machen? Oder gibt es Konstellationen, in denen diese wie in Stein gemeißelt zu sein scheint, in denen es kein Vor und kein Zurück mehr gibt?

Zunächst folgt die Definition. Unter **Änderung** ist die Ersetzung der getroffenen durch eine *neue* Rechtswahl zu verstehen. Vor allem ergibt eine solche Änderung nach einem Staatsangehörigkeitswechsel oder nach dem Erwerb einer zusätzlichen Nationalität Sinn. Auch bei Mehrstaatern ist eine Rechtswahländerung zugunsten einer ihrer anderen Staatsangehörigkeiten denkbar.[616] Mit dem **Widerruf** ist hingegen die *ersatzlose* Aufhebung der getroffenen Rechtswahl gemeint. Bei dieser zweiten Situation, tritt die vor der widerrufenen Rechtswahl bestehende Lage wieder ein. Hatte der Erblasser zuvor keine andere Rechtswahl ausgeübt, so würde die objektive Anknüpfung an das Recht des letzten gewöhnlichen Aufenthalts des Erblassers gem. Art. 21 Abs. 1 EU-ErbVO greifen. Hatte er zuvor allerdings eine wirksame Rechtswahl getroffen, lebt diese frühere *professio iuris* erneut auf, wenn dies in der auf den Widerruf anzuwendenden Rechtsordnung so vorgesehen ist (z.B. im deutschen Recht gem. § 2258 Abs. 2 BGB). Anderenfalls wäre auch hier die objektive Anknüpfung an den letzten gewöhnlichen Aufenthalt des Erblassers maßgeblich.[617]

Die Frage der **Zulässigkeit**, ob eine einmal wirksam getroffene Rechtswahl modifiziert werden darf, wird allerdings nicht ausdrücklich in der europäischen Erbrechtsverordnung geregelt. Umstritten ist, ob sich eine generelle Abänderbarkeit oder Widerruflichkeit *aus der Verordnung selbst* (Art. 22 Abs. 4 EU-ErbVO)

(2016, Seite 181–182) genannt werden, die die definitive Lösung im Hinblick auf den dadurch entstehenden internationalen Entscheidungseinklang begrüßt.

616 Siehe Döbereiner, Christoph. (2013, Teil I, Seite 363/2014, DNotZ, Seite 325): „Eine Änderung einer bestehenden Rechtswahl kann (im Gegensatz zum reinen Widerruf) begriffsnotwendig nur darin liegen, dass insbesondere nach einem Staatsangehörigkeitswechsel eine neue Rechtswahl getroffen wird." Heinig, Jens. (2014, Heft 5, Seite 206), macht darauf aufmerksam, dass es alternativ auch genügen würde, wenn der Erblasser die neu gewählte Staatsangehörigkeit bis zum Todeszeitpunkt erwirbt und beibehält.

617 Siehe zur Begriffsbestimmung und zur Rechtsfolge der Änderung und des Widerrufs der Rechtswahl Frank Bauer in Dutta, Anatol. Weber, Johannes. (2016, Seite 171, Rn. 27 und Seite 172, Rn. 35).

ableiten lässt[618] oder, ob diese Frage vom *ursprünglichen Rechtswahlstatut* beantwortet werden muss.[619] Artikel 22 Abs. 4 EU-ErbVO äußert sich wortwörtlich nur zur **formellen Wirksamkeit**: „Die Änderung oder der Widerruf der Rechtswahl muss den Formvorschriften für die Änderung oder den Widerruf einer Verfügung von Todes wegen entsprechen". In Zusammenhang mit Art. 22 Abs. 2 EU-ErbVO bedeutet dies, dass die Änderung oder der Widerruf der *professio iuris* ausdrücklich oder konkludent[620] in einer Verfügung von Todes wegen zu erfolgen hat und die vom Formstatut[621] für die Änderung oder den Widerruf einer Verfügung von Todes wegen vorgesehenen Formvorschriften respektieren muss.[622]

---

618 Siehe in diesem Sinne Nordmeier, Carl Friedrich. (2013, GPR, Seite 154) und (2013, ZErb, Seite 117): „Obgleich nur hinsichtlich der Form geregelt, setzt Art. 22 Abs. 4 ErbRVO die Möglichkeit, eine Rechtswahl zu ändern oder zu widerrufen, voraus." Oder Schmidt, Jan Peter. (2018, BeckOGK, EuErbVO Artikel 22 Rechtswahl, Rn. 38): „Wie sich aus Art. 22 Abs. 4 ergibt, kann die Rechtswahl **auch grundsätzlich jederzeit geändert oder widerrufen** werden". Siehe außerdem Davì, Angelo. Zanobetti, Alessandra. (2013, CDT, Seite 53, Rn. 70): „Il regolamento omette invece di risolvere esplicitamente il problema dell'ammissibilità della modifica e della revoca della *professio*. Appare però ragionevole pensare che lo stesso art. 22, par. 4, disciplinando le condizioni di validità formale sia dell'una che dell'altra, presupponga la loro ammissibilità implicitamente." Derselben Ansicht ist Carrascosa González, Javier. (2014, Seite 144) und Esperanza Castellanos Ruiz in Calvo Caravaca, Alfonso-Luis. Davì, Angelo. Mansel, Heinz-Peter. (2016, Seite 339).

619 Siehe hierzu ausführlicher Frank Bauer in Dutta, Anatol. Weber, Johannes. (2016, Seite 171, Rn. 28 und 29).

620 Zum konkludenten Widerruf der Rechtswahl siehe z.B. Heinig, Jens. (2014, Heft 5, Seite 206) oder Nordmeier, Carl Friedrich. (2013, GPR, Seite 154), der als Beispiel das Zerreißen einer Testamentsurkunde nennt. Anders Esperanza Castellanos Ruiz in Calvo Caravaca, Alfonso-Luis. Davì, Angelo. Mansel, Heinz-Peter. (2016, Seite 340), [basierend auf Davì, Angelo. Zanobetti, Alessandra. (2013, CDT, Seite 54, Rn. 72)]: „Unlike article 22.2 ESR, which allows for the *professio juris* both in an express and a tacit form, article 22.4 clearly excludes the possibility of a tacit modification or revocation which might result from the terms of a disposition of property upon death, as it calls for the requirements as to form necessary for the modification or revocation of such dispositions."

621 Zum Formstatut, das durch das Haager Testamentsformabkommen von 1961 oder gegebenenfalls nach Art. 27 EU-ErbVO bestimmt wird, siehe bereits das auf Seite 136–137 unter *C.I. Formerfordernisse und Wirksamkeitsvoraussetzungen* und das auf Seite 179 unter *F.I.1. Errichtungs- und Formstatut* geschriebene.

622 Siehe zur formellen Wirksamkeit der Änderung und des Widerrufs der Rechtswahl Frank Bauer in Dutta, Anatol. Weber, Johannes. (2016, Seite 172, Rn. 34). Siehe auch

Wird gegen eine generelle Ableitung der Abänderbarkeit oder Widerruflichkeit der Rechtswahl aus Art. 22 Abs. 4 EU-ErbVO plädiert, wäre im Sinne des Art. 22 Abs. 3 EU-ErbVO auf das ursprünglich gewählte Recht, also auf das Kollisionsrecht des Errichtungsstatuts[623] der widerrufenen oder zu ändernden Rechtswahl, abzustellen. Meist werden aber auch dort keine ausdrücklichen Regelungen enthalten sein, sodass auf das materielle Erbrecht des Errichtungsstatuts zurückzugreifen sein wird. Die Änderung oder der Widerruf der Rechtswahl würde dann als zulässig angesehen werden, wenn das betreffende materielle Erbrecht die Änderung oder den Widerruf der letztwilligen Verfügung, in der die Rechtswahl ausgeübt wurde, erlaubt.[624]

Des Weiteren regelt die Verordnung auch nicht explizit die Frage, nach welchem Recht sich die **materielle Wirksamkeit der Änderung oder des Widerrufs der Rechtswahl** beurteilt.[625] Am plausibelsten erscheint meines Erachtens, dass sich diese nach dem Recht, das *vor* Abänderung oder Widerruf Erbstatut war, i.e. nach dem zuvor gewählten Recht, richtet. Dies würde auch in Einklang mit

---

Wilke, Felix M. (2012, RIW, Seite 606): „Art. 22 Abs. 2 und Abs. 4 EuErbVO bestimmen, dass eine Rechtswahl sowie Änderung oder Widerruf einer solchen den Formerfordernissen einer Verfügung von Todes wegen entsprechen müssen. Dies leuchtet ein, denn die Bedeutung einer Rechtswahl ist der einer testamentarischen Anordnung vergleichbar, kann sogar darüber hinausgehen. Es kann daher kaum eine niedrigere Formschwelle bestehen."

623 Zur Feststellung des Errichtungsstatuts (hypothetisches Erbstatut zum Zeitpunkt der Testamentserrichtung oder ggf. zum Zeitpunkt der Schließung des Erbvertrages) siehe bereits Seite 178 der Dissertation unter *F.I.1. Errichtungs- und Formstatut.*

624 Siehe erneut Frank Bauer in Dutta, Anatol. Weber, Johannes. (2016, Seite 171, Rn. 28 und 29 mit Verweisung auf mehrere Autoren wie Hohloch, Dutta oder Solomon). Für diese Variante setzt sich auch Bonomi in Bonomi, Andrea. Wautelet, Patrick. (2016, Seite 353, Rn. 70) ein: „L'article 22, paragraphe 4, ne se réfère qu'à la forme de l'acte de modification ou de révocation du choix, mais il n'indique nullement si et dans quels cas une telle modification ou révocation est possible. À notre avis, cette question doit être régie, comme l'existence et la validité du consentement, par la loi choisie par le *de cujus* (cf. article 22, paragraphe 3). (…) Cela étant, il est possible que la loi choisie ne connaisse pas la *professio juris* ou ne contienne pas de dispositions spécifiques quant à sa modification ou sa révocation: dans ce cas, il faudra appliquer les règles que cette loi consacre aux dispositions à cause de mort, comme c'est le cas pour les autres questions relatives à la validité au fond du choix de loi."

625 Zur materiellen Wirksamkeit der Rechtswahl siehe das bereits geschriebene auf Seite 137–138 der Dissertation unter *C.I. Formerfordernisse und Wirksamkeitsvoraussetzungen.*

Erwägungsgrund 40 Satz 3 stehen.[626] Andererseits wird die Variante vertreten, dass immer das Recht, welches *nach* Abänderung oder Widerruf Erbstatut ist, maßgeblich sein soll. Bei einer Änderung der Rechtswahl also das neu gewählte Heimatrecht und bei einem Widerruf, das nach objektiver Anknüpfung des Art. 21 Abs. 1 EU-ErbVO nun wieder anwendbare Recht des letztes gewöhnlichen Aufenthalts des Erblassers.[627] Einige Autoren differenzieren außerdem zwischen Widerruf und Änderung und unterstellen nur den Widerruf dem ursprünglichen Recht, das abgewählt werden soll. Die materielle Wirksamkeit der Änderung der Rechtswahl unterlegen sie indessen bereits dem neu gewählten Recht.[628] Wiederum andere unterscheiden zwischen der Abwahl und der Neuwahl und unterstellen die derogierende Komponente dem derogierten Recht und die rogierende Komponente dem neu geltenden Recht.[629]

Zum Schluss ist noch darauf aufmerksam zu machen, dass wieder einmal zwischen der *allgemeinen Rechtswahl* nach Art. 22 EU-ErbVO, die das Erb- und das Errichtungsstatut umfasst, und der *auf das Errichtungsstatut beschränkten Teilrechtswahl* nach Art. 24 Abs. 2, bzw. für Erbverträge nach Art. 25 Abs. 3 EU-ErbVO, zu differenzieren ist.[630] Die Frage der Bindungswirkung einer Rechtswahl

---

626 Siehe auch in diesem Sinne Nordmeier, Carl Friedrich. (2013, GPR, Seite 154), Schmidt, Jan Peter. (2018, BeckOGK, EuErbVO Artikel 22 Rechtswahl, Rn. 40), Esperanza Castellanos Ruiz in Calvo Caravaca, Alfonso-Luis. Davì, Angelo. Mansel, Heinz-Peter. (2016, Seite 339–340), Carrascosa González, Javier. (2014, Seite 144) oder Davì, Angelo. Zanobetti, Alessandra. (2013, CDT, Seite 53, Rn. 71), die in Bezug auf Erwägungsgrund 40 schreiben: „L'indicazione, sebbene non chiarissima, sembra da interpretare nel senso che la validità sostanziale dell'atto che modifica una precedente scelta di legge sostituendola con la designazione di una legge diversa deve intendersi sottoposta alla legge che era stata designata inizialmente e non alla nuova legge scelta."

627 So beispielsweise Dutta, Anatol. (2015, IPrax, Seite 37) oder Müller-Lukoschek, Jutta. (2015, Seite 103, Rn. 166).

628 Siehe Heinig, Jens. (2014, Heft 5, Seite 206) oder Döbereiner, Christoph. (2013, Teil I, Seite 363/2014, DNotZ, Seite 325).

629 Siehe insbesondere Leitzen, Mario. (2013, ZEV, 4.3. Materielle Wirksamkeit, Seite 129). Für einen guten Überblick der verschiedenen Ansichten siehe Frank Bauer in Dutta, Anatol. Weber, Johannes. (2016, Seite 172, Rn. 31–33).

630 Siehe Dutta, Anatol. (2015, IPrax, Seite 37): „Umstritten ist, ob die auf das Errichtungsstatut beschränkte Teilrechtswahl nach Art. 24 Abs. 2 oder Art. 25 Abs. 3 EuErbVO widerrufen werden kann. Grundsätzlich wird man eine Bindungswirkung einer solchen Rechtswahl ablehnen müssen. Art. 24 Abs. 2 sowie Art. 25 Abs. 3 verweisen auf Art. 22, so dass das zur allgemeinen Rechtswahl gesagte auch bei der Teilrechtswahl gilt."

wird aber hauptsächlich die Wahl des Erbstatuts betreffen.[631] Ebenfalls muss im Blickwinkel behalten werden, ob es sich um eine *einseitige* oder um eine *bindend gewollte* Rechtswahl handelt. So wäre beispielsweise der einseitige Widerruf oder die einseitige Änderung einer *bindend gewollten Rechtswahl* in einem Erbvertrag oder in einem gemeinschaftlichen Testament mit gegenseitigen wechselbezüglichen Verfügungen nach deutschem Recht nicht möglich. Auch die *auf das Errichtungsstatut beschränkte Teilrechtswahl* in einem Erbvertrag dürfte nur von sämtlichen Parteien aufgehoben oder geändert werden.[632] Eine *einseitige Rechtswahl* könnte indes nicht allein in einem einseitigen Testament, sondern auch in einem gemeinschaftlichen Testament oder in einem Erbvertrag enthalten sein und wäre jederzeit frei widerruflich.[633]

G Fazit. Die Aufnahme einer (sehr) beschränkten *professio iuris* in der europäischen Erbrechtsverordnung

Ziel dieses zweiten Teils der Arbeit ist es gewesen, die in Art. 22 EU-ErbVO eingeführte erbrechtliche Rechtswahl umfassend zu analysieren. Dabei sind insbesondere die Schranken, unter der sie *de lege lata* leidet, ausführlich zum Vorschein gekommen.

Einführend ist erst einmal die Erbrechtsverordnung im Rahmen der Vereinheitlichung des Kollisionsrechts in Europa dargestellt worden. Eine Tendenz zu mehr Parteiautonomie kann im Kontext der Harmonisierung des europäischen Privat- und Zivilverfahrensrechts nicht geleugnet werden. Es handelt sich um ein unübersehbares und unaufhaltbares Phänomen. Die Erbrechtsverordnung beinhaltet sowohl Regeln hinsichtlich der Zuständigkeit als auch zum anwendbaren Recht. Als umfangreiche „Paket-Verordnung" trägt sie dazu bei, die bisherige

---

631 So auch Kroll-Ludwigs, Kathrin. (2016, Seite 82).

632 Zur einvernehmlichen Änderung oder Widerruf der Rechtswahl in einem Erbvertrag siehe Nordmeier, Carl Friedrich. (2013, ZErb, Seite 117–118): „Da die Rechtswahl durch alle am Erbvertrag Beteiligten getroffen wird, bedarf auch ihre Änderung oder ihr Widerruf der Beteiligung all dieser Personen, nicht nur des oder der Erblasser." Siehe auch Kroll-Ludwigs, Kathrin. (2016, Seite 82) zur Bindungswirkung einer in einem gemeinschaftlichen Testament oder Erbvertrag getroffenen Rechtswahl, die sich nach dem gewählten Recht beurteilt.

633 Siehe Frank Bauer in Dutta, Anatol. Weber, Johannes. (2016, Seite 171, Rn. 28 und Seite 172, Rn. 29), Bonomi in Bonomi, Andrea. Wautelet, Patrick. (2016, Seite 355, Rn. 75) und Esperanza Castellanos Ruiz in Calvo Caravaca, Alfonso-Luis. Davì, Angelo. Mansel, Heinz-Peter. (2016, Seite 341).

Zersplitterung im autonomen Erbverfahrens- und Erbkollisionsrecht zu verringern.

Bevor es zu einer detaillierten Untersuchung der *professio iuris* in Art. 22 EU-ErbVO kam, wurden erst einmal die Normen zur allgemeinen Zuständigkeit (Art. 4 EU-ErbVO) und zur objektiven Anknüpfung (Art. 21 EU-ErbVO) behandelt. Hier wurde aufgeführt, welche Gerichte nach der neuen europäischen Erbrechtsverordnung in einem grenzüberschreitenden Erbfall zuständig sind und welches Recht anwendbar ist, wenn der Erblasser keine Rechtswahl getroffen hat. Dabei kommt es in der Regel zu einem Gleichlauf von *forum* und *ius*, denn zuständig sind die Gerichte am letzten gewöhnlichen Aufenthalt des Erblassers (Art. 4 EU-ErbVO) und anwendbar ist ebenfalls das Recht am letzten gewöhnlichen Aufenthalt des Erblassers (Art. 21 Abs. 1 EU-ErbVO).

Ausnahmen ergeben sich, wenn der Verstorbene seinen gewöhnlichen Aufenthalt im Zeitpunkt seines Todes in einem Drittstaat hatte (Art. 10 EU-ErbVO regelt die subsidiäre Zuständigkeit und Art. 11 EU-ErbVO die Notzuständigkeit). Artikel 21 Abs. 2 EU-ErbVO enthält zudem eine Ausweichklausel zur Grundsatzanknüpfung in Art. 21 Abs. 1 EU-ErbVO, für den Fall, dass der Erblasser im Zeitpunkt seines Todes eine offensichtlich engere Verbindung zu einem anderen Staat hatte. Festzustellen ist, dass der Anknüpfungspunkt an den letzten gewöhnlichen Aufenthalt des Erblassers für die meisten EU-Mitgliedstaaten eine Neuerung darstellt.

Vor Inkrafttreten der Verordnung wurde zur Ermittlung des anwendbaren Erbstatuts überwiegend an die Staatsangehörigkeit des Erblassers im Zeitpunkt seines Todes angeknüpft. Hinsichtlich der zuständigen Gerichte sahen die meisten Staaten verschiedene alternative Gerichtsstände vor. Dadurch erklärten sich häufig gleich mehrere Gerichte für denselben Erbfall zuständig. In Anbetracht dieser Tatsachen, stellt die einheitliche objektive Anknüpfung an den letzten gewöhnlichen Aufenthalt des Erblassers, der als Daseinsmittelpunkt einer Person verstanden wird, einen Fortschritt im europäischen Erbverfahrens- und Erbkollisionsrecht dar.

Auch wurden die Vor- und Nachteile des gewöhnlichen Aufenthalts im Vergleich zur Anknüpfung an die Staatsangehörigkeit analysiert. Als Vorteile können insbesondere die Förderung der Integration des Erblassers in seinem Aufenthaltsstaat und die Sachnähe zum Erbfall genannt werden. Als Nachteile, dass der gewöhnliche Aufenthalt in Grenzfällen nicht so leicht zu ermitteln ist, es sich um einen instabileren Anknüpfungspunkt als die Staatsangehörigkeit handelt und dieser eine höhere Missbrauchs- und Manipulationsgefahr in sich birgt. Als Fazit konnte an dieser Stelle bereits festgehalten werden, dass der gewöhnliche Aufenthalt – genau wie die Staatsangehörigkeit – deutliche Vor- und Nachteile hat und es im Voraus nicht möglich ist *objektiv* zu bestimmen, zu welchem Recht der Erblasser die engste Verbindung aufweist, bzw. welches das „bessere“ oder „geeignetste“ Recht in einem konkreten Erbfall ist.[634] Denn dies ist eine *subjektive* Frage, die nur der Erblasser selbst richtig beantworten kann.

Anschließend wurde die in Art. 22 EU-ErbVO zugelassene Rechtswahl zugunsten des Heimatrechts des Erblassers im Zeitpunkt der Rechtswahl oder im Zeitpunkt seines Todes behandelt. Einerseits wurde hervorgehoben, dass die Zulassung einer *professio iuris* im europäischen Erbkollisionsrecht als Kompromiss zu verstehen ist, um auch die Länder, die zuvor objektiv an die Staatsangehörigkeit des Erblassers im Zeitpunkt seines Todes angeknüpft haben, zufriedenzustellen. Andererseits ging es darum, die ganzen Schranken, denen die direkte und umfassende Rechtswahl des Art. 22 EU-ErbVO ausgeliefert ist, etwas näher zu beleuchten.

Als Erstes wurde auf die Formerfordernisse und Wirksamkeitsvoraussetzungen Bezug genommen. Die Rechtswahl muss ausdrücklich in einer Erklärung in Form einer Verfügung von Todes wegen erfolgen oder sich aus den Bestimmungen einer solchen Verfügung ergeben. Folglich unterliegt sie dem Formzwang für Verfügungen von Todes wegen. Über ihre Formerfordernisse entscheidet das Formstatut. Neben einer ausdrücklichen ist auch eine konkludente Rechtswahl erlaubt. Trotz der höheren Rechtssicherheit und Vorhersehbarkeit des anwendbaren Rechts bei einer ausdrücklichen *professio iuris*, überzeugt die Anerkennung einer stillschweigenden Rechtswahl. Anderenfalls könnte es sein, dass nicht immer der wahre Wille des Erblassers zum Vorschein kommt. Hinsichtlich der Wirksamkeitsvoraussetzungen muss zwischen der formellen und der materiellen Wirksamkeit unterschieden werden. An der Form wird es jedoch meistens nicht scheitern, denn sowohl das Haager Abkommen vom 5. Oktober 1961 über das auf die Form letztwilliger Verfügungen anzuwendende Recht als auch Art. 27 EU-ErbVO sehen einen großzügigen Katalog an alternativen Anknüpfungen vor, um dem Grundsatz des *favor negotii* gerecht zu werden. Die materielle Wirksamkeit, zu der beispielsweise die Testierfähigkeit und die Willensmängel gehören, unterliegt wie üblich dem gewählten Recht.

634 Siehe das zutreffende Zitat von Davì, Angelo. (2004, Seite 387) : „Tout d’abord, il est nécessaire de ne pas oublier *la grande difficulté* qui existe dans le domaine des successions, comme d'ailleurs dans bien d’autres secteurs, *de déterminer dans l’abstrait*, à l’aide d’un critère de rattachement unique et de caractère rigide, *la localisation la plus appropriée* de chaque situation à réglementer.“ (Hervorhebungen hinzugefügt).

Als Zweites wurde die Beschränkung auf die Wahl des Heimatrechts des Erblassers im Zeitpunkt der Rechtswahl oder im Zeitpunkt seines Todes untersucht. Während es im Verordnungsentwurf noch keine Äußerung zum maßgeblichen Zeitpunkt der *professio iuris* gab, werden in der definitiven Version ausdrücklich beide Zeitpunkte zugelassen. Die Zulassung der Wahl des Heimatrechts zum Todeszeitpunkt wird wohl überwiegend für den Fall einer bevorstehenden Staatsangehörigkeitsänderung genutzt werden. Meiner Ansicht nach sollte eine abstrakte oder dynamische Rechtswahl ohne Angabe eines konkret gewählten Rechts aber nicht erlaubt sein. Doppel- oder Mehrstaater haben die freie Wahl zwischen ihren Staatsangehörigkeiten, dabei kommt es nicht auf die effektive unter ihnen an.

Dass lediglich das Heimatrecht und nicht z.B. auch das Ehegüterstatut, die *lex rei sitae* oder ein früherer Aufenthalt des Erblassers gewählt werden darf, ist meiner Meinung nach die stärkste Beschränkung, unter der die Rechtswahl in der europäischen Erbrechtsverordnung leidet. Eine (ziemlich schwache) Begründung, *weshalb* die erbrechtliche Rechtswahl auf das Heimatrecht des Erblassers beschränkt wird, findet sich in Erwägungsgrund 38 Satz 2. Einerseits, um zu gewährleisten, dass eine Verbindung zwischen dem Erblasser und dem gewählten Recht besteht. Und andererseits, um die Pflichtteilsansprüche naher Angehöriger zu schützen. Doch beide Argumente überzeugen nicht. Auch bei einer Erweiterung der wählbaren Rechte könnte sichergestellt werden, dass diese eine objektive Verbindung zum Erblasser aufweisen. Betreffend die Erwartungen der Pflichtteilsberechtigten ist darauf aufmerksam zu machen, dass auch die aktuelle Lösung nicht gewährleisten kann, dass diese mindestens denselben Schutz erhalten wie nach dem objektiv anwendbaren Recht. Denn auch das Heimatrecht kann in dieser Hinsicht viel liberaler als das des gewöhnlichen Aufenthalts sein. Ob sich das Risiko einer Pflichtteilsumgehung also so sehr bei einer Erweiterung der wählbaren Rechte erhöhen würde, darf bezweifelt werden.

Als Drittes wurde die Beschränkung auf den gesamten Nachlass festgestellt. Eine Teilrechtswahl oder *Dépeçage* zugunsten einzelner Nachlassgegenstände – wie sie zuvor beschränkt in Art. 25 Abs. 2 EGBGB für die deutsche *lex rei sitae* vorgesehen war – ist nicht mehr erlaubt. Der Hauptgrund: die Vermeidung einer Nachlassspaltung und die durch sie verursachten Probleme bei der Nachlassabwicklung. Nach einer Analyse der Vor- und Nachtteile der Nachlasseinheit und der Nachlassspaltung wurde das Fazit gezogen, dass auch wenn sich die Nachlassabwicklung bei einer Nachlassspaltung im Allgemeinen schwieriger gestaltet, die durch eine solche Spaltung verursachten Probleme rechtlich auf jeden Fall zu bewältigen sind. Außerdem kann es im Einzelfall auch gute Gründe geben, die für eine *Dépeçage* im Erbkollisionsrecht sprechen, so wie die

Statutensynchronisierung zwischen Erb- und Belegenheitsstatut. Der Erblasser sollte demzufolge selbst beurteilen dürfen, ob sich diese Gestaltungsmöglichkeit für seinen Erbfall als vorteilhaft erweist und nicht gegen seinen Willen vom Gesetzgeber geschützt werden. Des Weiteren wurden Konstellationen vorgestellt, in denen es bereits jetzt durch die Erbrechtsverordnung zu einer Spaltung des Nachlasses kommen kann (z.B. durch die Anerkennung einer materiellrechtlichen Sondererbfolge nach der *lex situs* in Art. 30 EU-ErbVO oder gem. Art. 34 Abs. 1 EU-ErbVO durch einen Teilrenvoi eines Drittstaates, der einer dualistischen Auffassung im Erbkollisionsrecht folgt). Wäre eine Teilrechtswahl erlaubt, würde die dadurch entstehende Nachlassspaltung als eine Ausnahme mehr zum Grundsatz der Nachlasseinheit in der Verordnung einzuordnen sein.

Als Letztes wurden noch andere – eventuell nicht ganz so offensichtliche – Einschränkungen kurz beschrieben (Art. 30 EU-ErbVO, die allgemeine *ordre public*-Vorbehaltsklausel des Art. 35 EU-ErbVO und die Mechanismen gegen die Gesetzesumgehung und den Rechtsmissbrauch). Ebenfalls wurde darauf aufmerksam gemacht, welchen Schranken, die Rechtswahl noch hätte unterliegen können, es aber nicht tut (keinen Pflichtteilsvorbehalt, keinen Vorbehalt hinsichtlich zwingender Vorschriften, keine doppelte zeitliche Anknüpfung, keine Rechtswahlbeschränkung auf nur einen Teil des Nachlasses und keine erbrechtlichen Eingriffsnormen).

Danach wurde in einem weiteren Gliederungspunkt die in Art. 5 EU-ErbVO erlaubte Gerichtsstandsvereinbarung untersucht, die den betroffenen Parteien im Falle einer Rechtswahl ermöglicht den Einklang zwischen *forum* und *ius* wiederherzustellen, indem sie ein Gericht oder die Gerichte eines Mitgliedstaates wählen, dessen Recht vom Erblasser mittels *professio iuris* als Erbstatut angeordnet worden ist. Betroffene Parteien sind auf jeden Fall die Erbprätendenten. Umstritten ist aber, ob z.B. auch Vermächtnisnehmer oder Auflagebegünstigte darunter zu verstehen sind. Bemängelt wurde, dass *der Erblasser* nach der jetzigen Rechtslage keine Gerichtsstandswahl treffen darf. Darauf wird im dritten und letzten Teil der Arbeit ausführlicher zurückzukommen sein.

Ein anderer Punkt, der ebenfalls im Rahmen dieses zweiten Kapitels ausgiebig behandelt worden ist, sind die alternativen Vorschläge hinsichtlich der Erweiterung der Parteiautonomie des Erblassers, die in unterschiedlichen Stellungnahmen (oder auch von einzelnen Autoren) zur europäischen Erbrechtsverordnung veröffentlicht wurden. Die liberalste unter den hier analysierten Stellungnahmen ist mit Abstand die des Hamburger Max-Planck-Instituts für ausländisches und internationales Privatrecht (2010). Die verschiedenen Vorschläge wurden gruppiert und miteinander verglichen. Der weitgehendste Katalog an wählbaren

Rechten würde, neben der bereits zugelassenen Wahl des Heimatrechts des Erblassers im Zeitpunkt der Rechtswahl oder im Zeitpunkt seines Todes, wie folgt aussehen:

- das Recht einer früheren Staatsangehörigkeit des Erblassers,
- das Recht des gewöhnlichen Aufenthalts des Erblassers im Zeitpunkt der Errichtung einer Verfügung von Todes wegen oder sogar schon davor,
- das Güterstatut des Erblassers,
- das Recht am Ort der Belegenheit des Grundstücks,
- das Heimat- oder Aufenthaltsrecht von nur einem Erblasser im Zeitpunkt der Rechtswahl bei gemeinschaftlichen Testamenten und Erbverträgen,
- das Recht einer beliebigen Teilrechtsordnung bei einem Mehrrechtsstaat,
- das Recht des Staates, das für die Beteiligungen an zum Nachlass gehörenden Gesellschaften maßgeblich ist,
- das Recht des Staates, in dem der Erblasser eine Gesellschaft oder ein Recht an geistigem Eigentum besitzt,
- das Recht des Staates, in dem sich die Erben und Vermächtnisnehmer des Erblassers gewöhnlich aufhalten.

Nach der Stellungnahme des Max-Planck-Instituts, soll der Erblasser auch die Möglichkeit haben, lediglich eine Teilrechtswahl zugunsten der ersten vier soeben aufgeführten Rechte zu treffen. Zusammenfassend konnte festgestellt werden, dass die meisten von den begutachteten Stellungnahmen und auch viele einzelne Autoren der Ansicht sind, dass die zukünftige erbrechtliche Rechtswahl zumindest auf das Aufenthaltsrechts des Erblassers im Zeitpunkt der Rechtswahl oder im Zeitpunkt seines Todes für seinen gesamten Nachlass erweitert werden sollte. Relativ viele sprechen sich zudem für eine Rechtswahl zugunsten des Güterstatuts des Erblassers aus, um einen Gleichlauf zwischen Erb- und Güterstatut zu erzielen. Den anderen Rechtswahlvorschlägen stehen die meisten allerdings kritischer gegenüber und es finden sich nur vereinzelt Befürworter.

Zum Schluss ist noch ein ganzes Kapitel einigen Anwendungsfragen, die die europäische Erbrechtsverordnung aufwirft, gewidmet worden. Angefangen wurde mit der Reichweite des Erbstatuts und seiner Abgrenzung zu anderen Statuten. Das Erbstatut erstreckt sich auf die gesamte Rechtsnachfolge von Todes wegen, inklusive dem Pflichtteilsrecht. Artikel 23 Abs. 2 a-j EU-ErbVO enthält eine Liste mit den Bereichen, die dem Erbstatut auf jeden Fall unterstehen. Auch wurde der sachliche Anwendungsbereich der europäischen Erbrechtsverordnung (Art. 1 EU-ErbVO) kurz angesprochen. Der Schwerpunkt lag aber darin, das Erbrecht als ein von Natur aus nicht klar abgrenzbares Rechtsgebiet einzustufen und die verschiedenen Statute aufzuführen, mit denen es theoretisch gesehen zu Überschneidungen kommen kann. Friktionen entstehen insbesondere beim Zusammenstoß des Erbstatuts mit dem Güterrechts-, Gesellschafts- und/oder Sachenrechtsstatut. Es wurde auch noch ein Blick auf andere Statute geworfen: Errichtungs- und Formstatut, Schuldstatut, Insolvenzstatut, Unterhaltsstatut, Registerstatut, Schenkungsstatut und Adoptionsstatut.

Danach wurde die Wirkung der Rechtswahl in den unterschiedlichen Verfügungen von Todes wegen, in denen sie enthalten sein kann (einseitige Testamente, gemeinschaftliche Testamente und Erbverträge), untersucht. Ob eine Rechtswahl in einem gemeinschaftlichen Testament oder Erbvertrag wirksam ist, hängt in erster Linie davon ab, ob solche Verfügungen vom Errichtungsstatut zugelassen werden. Eine weitere Voraussetzung ist, dass die Testierenden oder Vertragsparteien die Rechtswahl zugunsten einer gemeinsamen Staatsangehörigkeit ausüben. Geprüft wurde außerdem, ob die *professio iuris* auch in anderen Rechtsgeschäften Wirksamkeit entfalten könnte. Es ist jedoch umstritten, ob eine erbrechtliche Rechtswahl in einigen Rechtsgeschäften unter Lebenden auf den Todesfall wirksam ist. In einer Schenkung auf den Todesfall oder in Testier- oder Verzichtsverträgen könnte sie eventuell, und insbesondere wenn letztere als Erbverträge eingeordnet werden, durchgehen. Keinesfalls wäre sie jedoch in Verträgen zugunsten Dritter auf den Todesfall, in einem Erbschaftskaufvertrag oder in einem Vertrag über den Nachlass eines noch lebenden Dritten wirksam.

Die dritte im Fokus stehende Anwendungsfrage war die Rechtswahl im Verhältnis zu Mehrrechtsstaaten. Dabei wurde zuerst zwischen territorialen und personalen Mehrrechtsstaaten differenziert. Die Analyse des Art. 36 EU-ErbVO erfolgte für territoriale Mehrrechtsstaaten am Beispiel Spaniens und des Vereinigten Königreichs. Bei der Untersuchung des Art. 37 EU-ErbVO wurde Griechenland als personaler Mehrrechtsstaat in Europa herangezogen. Festgestellt wurde, dass beide Normen einem relativ komplizierten subsidiären Verweisungsmodell folgen. Verfügt der betreffende Mehrrechtsstaat über interlokale bzw. interpersonale Kollisionsvorschriften, entscheiden diese an erster Stelle welche Teilrechtsordnung anwendbar ist (indirekte Verweisung). Nur in Ermangelung solcher internen Kollisionsvorschriften greifen subsidiär die in den obengenannten Artikeln vorgesehenen Hilfsanknüpfungen (direkte Verweisung). Insbesondere die Hilfsanknüpfungen in Art. 36 Abs. 2 EU-ErbVO für territoriale Mehrrechtsstaaten erweisen sich aufgrund der Differenzierung nach Anknüpfungspunkten als recht komplex.

Zuallerletzt wurden noch die Änderung und der Widerruf der Rechtswahl etwas näher beleuchtet. Die Zulässigkeit der Abänderbarkeit oder gegebenenfalls der Widerruflichkeit scheint sich aus der Verordnung selbst (Art. 22 Abs. 4 EU-ErbVO) ableiten zu lassen. Wer dem nicht zustimmt, müsste versuchen die

Zulässigkeit im ursprünglich gewählten Recht (erst im Kollisionsrecht des Errichtungsstatuts und hilfsweise in dessen materiellen Recht) zu finden. Was die formelle Wirksamkeit der Änderung und des Widerrufs der Rechtswahl betrifft, so stellt Art. 22 Abs. 4 EU-ErbVO fest, dass dabei die Formvorschriften für die Änderung oder den Widerruf einer Verfügung von Todes wegen einzuhalten sind. Untersucht wurde ebenfalls nach welchem Recht sich die materielle Wirksamkeit der Änderung und des Widerrufs der *professio iuris* richten. Nach meiner Auffassung hat sich die materielle Wirksamkeit nach dem zuvor gewählten Recht (das Recht, das vor Abänderung oder Widerruf Erbstatut war) zu bestimmen.

Abschließend kann festgehalten werden, dass die Aufnahme einer erbrechtlichen Rechtswahl zugunsten des Heimatrechts des Erblassers in Art. 22 der europäischen Erbrechtsverordnung sehr zu begrüßen ist. Auch wenn sich diese noch sehr limitiert gestaltet, insbesondere was den Kreis an wählbaren Rechten betrifft. Und selbst wenn die Zulassung im Grunde auf eine Kompromisslösung für diejenigen Mitgliedstaaten, die zuvor objektiv an die Staatsangehörigkeit des Erblassers angeknüpft haben, zurückzuführen ist. Schließlich kann mittels der objektiven Anknüpfung an das Recht des letzten gewöhnlichen Aufenthalts des Erblassers nur vermutet werden, dass dieses in jedem Fall das geeignetste sein wird. Richtig beantworten kann die Frage jedoch allein der Erblasser. Dank der zugelassenen *professio iuris* hat dieser nun zumindest die Chance, das Ergebnis zugunsten seines Heimatrechts im Zeitpunkt der Rechtswahl oder im Zeitpunkt seines Todes zu korrigieren.

Dieses zweite Kapitel der Dissertation bietet eine vorzügliche Basis für den nächsten und zugleich letzten Teil der Arbeit, in dem untersucht werden wird, ob *de lege ferenda* für eine umfassendere Rechtswahlfreiheit im europäischen Erbkollisionsrecht zu plädieren ist. Denn, wie bereits mehrmals festgestellt, hat *de lege lata* nur eine sehr beschränkte *professio iuris* ihren Weg in die Erbrechtsverordnung gefunden.

Drittes Kapitel: Analyse einer umfassenderen Rechtswahlfreiheit im Erbkollisionsrecht *de lege ferenda*

Abstract: After coming to the conclusion that the advantages of a wider *professio iuris* outweigh the disadvantages, three different extension options of party autonomy in european succession law are being analyzed in the third and last chapter. From low to high these options are: the expansion of a closed catalogue of eligible laws, the introduction of a choice of law in favour of any legal system to which an objective connection can be proven and the admission of a free choice of law. The proposed solution turns out to be a mix of the first two options: an open catalogue of eligible laws (also in favour of individual assets).

A Das Bedürfnis nach mehr Parteiautonomie im europäischen Erbrecht

Tag um Tag ereignen sich in unserer offenen und globalisierten Gesellschaft mehr komplizierte, zum Teil sogar unübersichtliche, internationale Erbfälle. Diese weisen Berührungspunkte zu diversen Rechtsordnungen auf, nicht nur zum Heimat- oder Aufenthaltsrecht des Erblassers. Daher sind Erbfälle, in denen der international mobile Erblasser mehrere gewöhnliche Aufenthalte und Staatsangehörigkeiten im Laufe seines Lebens gehabt hat und wo sich das Nachlassvermögen, die Erben und/oder die Nachlassgläubiger in verschiedenen Staaten befinden, längst nicht mehr eine Ausnahme. Denn wir leben in einer globalisierten und dynamischen Welt. Die Zeiten, in denen die meisten Menschen ihr ganzes Leben im selben Land blieben und keine Grenzen überschritten, sind vorüber. Allein in Europa ereignen sich jährlich über 450.000 Erbfälle mit Auslandsberührung, Tendenz steigend.[635] Der internationale Erbfall ist heute keine Rarität, sondern steht vielmehr auf der Tagesordnung.

Dabei gilt zu berücksichtigen, dass umso komplexer und internationaler die Erbfälle werden, desto schwieriger es sich im Vorfeld gestaltet, mittels einer objektiven Anknüpfung festzulegen, welches Recht voraussichtlich das angemessenste

635 Siehe hierzu bereits Fußnote 2 in der Einleitung der Dissertation.

sein wird.[636] Wie schon mehrmals im Laufe der Dissertation hervorgehoben worden ist, handelt es sich hierbei ohnehin – unabhängig von der Komplexität des internationalen Erbfalls – um eine subjektive Frage, die einzig und allein vom Erblasser korrekt beantwortet werden kann. Die Erweiterung der Parteiautonomie würde also sowohl dem Bedürfnis einer zunehmend mobilen Gesellschaft nach Voraussehbarkeit des anwendbaren Rechts Rechnung tragen als auch dazu beisteuern die Selbstbestimmung des Individuums zurückzuerlangen.[637] Daher ist die Einführung der Parteiautonomie auf jeden Fall ein Schritt in die richtige Richtung. Doch die bloße Zulassung einer *professio iuris* zugunsten des Heimatrechts des Erblassers im Zeitpunkt der Rechtswahl oder im Zeitpunkt seines Todes, wie sie nun in Art. 22 EU-ErbVO vorgesehen ist, erscheint nicht ausreichend, um dieser beschriebenen Ausgangslage gerecht zu werden.[638] Daher ist es meiner Ansicht nach durchaus angebracht sich *de lege ferenda* für eine weitere Rechtswahlfreiheit, als die, die der Erblasser *de lege lata* genießt, einzusetzen.

Dass es im Bereich des internationalen Erbrechts ein Bedürfnis nach mehr Parteiautonomie gibt, steht meines Erachtens außer Frage. Wenngleich man darüber streiten kann, für „wie viel" mehr Parteiautonomie konkret im zukünftigen europäischen Erbkollisionsrecht zu plädieren ist. Vermutlich wird die aktuelle am 16.08.2012 in Kraft getretene und seit dem 17.08.2015 anwendbare Erbrechtsverordnung in einigen Jahren novelliert oder durch eine ganz neue Verordnung ersetzt werden.[639] Spätestens dann wird auch die Erweiterung der Parteiautonomie wieder erneut zur Debatte stehen.

---

636 Siehe Dreher, Karin. (1999, Seite 67): „Schwierigkeiten eine angemessene Anknüpfung zu finden, sind im internationalen Erbrecht bei einer Gesamtbetrachtung größer als bisher angenommen. Weder eine objektive Anknüpfung noch eine beschränkte Rechtswahl werden dem gerecht."

637 Siehe hierzu Nick, Christian. (2008, Seite 288–289).

638 Siehe Leible, Stefan. (2004, Seite 501, f. Internationales Erbrecht): „Die Diskussion ist also nicht beendet und wird durch **die fortschreitende Globalisierung** neue Nahrung erhalten. Denn die Globalisierung als gesamtgesellschaftliches Phänomen **stellt starre Anknüpfungen** an das Aufenthalts- oder Heimatrecht zunehmend **in Frage**." (Hervorhebungen hinzugefügt).

639 Siehe die in Art. 82 EU-ErbVO enthaltene **zehnjährige Revisionsklausel**: „Die Kommission legt dem Europäischen Parlament, dem Rat und dem Europäischen Wirtschafts- und Sozialausschuss **bis 18. August 2025** einen Bericht über die Anwendung dieser Verordnung vor, der auch eine Evaluierung der etwaigen praktischen Probleme enthält, die in Bezug auf die parallele außergerichtliche Beilegung von Erbstreitigkeiten in verschiedenen Mitgliedstaaten oder eine außergerichtliche Beilegung in einem

Dieser dritte und letzte Teil der Dissertation soll – in Anbetracht einer zukünftigen Novellierung der Erbrechtsverordnung – eine Antwort auf die Frage liefern, für „wie viel" mehr Parteiautonomie zu so einem Zeitpunkt dann im europäischen Erbkollisionsrecht plädiert werden sollte. Dafür sind in der ersten Hälfte dieses Kapitels erst einmal die Vor- und Nachteile einer weiteren erbrechtlichen Rechtswahl zu untersuchen (Abschnitte *B.* und *C.*), um alsdann eine Abwägung zugunsten der höherrangigen Interessen durchführen zu können und zu einer Befürwortung einer umfassenderen Willensfreiheit zu gelangen (Abschnitt *D.*).

Abschließend werden in der zweiten Hälfte dieses letzten Kapitels der Dissertation drei verschiedene graduale Erweiterungsmöglichkeiten der Parteiautonomie im Erbrecht *de lege ferenda* vorgestellt (Abschnitt *E.*). Von weniger zu mehr sollen folgende Möglichkeiten untersucht werden: die Erweiterung eines geschlossenen Katalogs an wählbaren Rechten (Gliederungspunkt *E.I.*), die Einführung einer Rechtswahl zugunsten jeder Rechtsordnung, zu der eine objektive Beziehung besteht (Gliederungspunkt *E.II.*) und zuletzt die Zulassung einer freien Rechtswahl (Gliederungspunkt *E.III.*). Alle drei Möglichkeiten könnten außerdem, wie in Gliederungspunkt *E. IV.* näher zu beleuchten ist, auch nur zugunsten einzelner Vermögenswerte greifen. Ganz zum Schluss wird als Krönung der Dissertation ein neu konzipierter Lösungsvorschlag präsentiert, der sich als eine Mischung aus den ersten beiden Erweiterungsmöglichkeiten entpuppt: ein offener Katalog an wählbaren Rechten.

B Vorteile einer weitläufigeren *professio iuris*

Als Erstes sollen die Vorteile, die eine geräumigere Rechtswahlfreiheit im Erbkollisionsrecht erbringen würde, aufgeführt werden. Zutreffend vergleicht Esperanza Castellanos Ruiz die erbrechtliche Rechtswahl mit einem zweischneidigen Schwert:

> *„Professio juris can be considered* ***a double-edged sword****, depending upon how its use is viewed, whether from the point of view of the person whose succession is concerned or from that of the beneficiaries to the inheritance. From the point of view of the person whose succession is concerned, professio juris provides significant advantages."*[640]

Mitgliedstaat parallel zu einem gerichtlichen Vergleich in einem anderen Mitgliedstaat aufgetreten sind. Dem Bericht werden gegebenenfalls **Änderungsvorschläge** beigefügt." (Hervorhebungen hinzugefügt).

640 Siehe Esperanza Castellanos Ruiz in Calvo Caravaca, Alfonso-Luis. Davì, Angelo. Mansel, Heinz-Peter. (2016, Seite 326). (Hervorhebungen hinzugefügt).

Diese Vorteile, die durch eine größere Rechtswahlfreiheit des Erblassers gestärkt hervorgehen würden, sollen anschließend untersucht werden. Im nächsten Abschnitt *C.* werden alsdann die Nachteile einer ausgedehnteren erbrechtlichen Rechtswahl analysiert, um danach eine Abwägung zugunsten der höherrangigen Interessen unter Abschnitt *D.* durchführen zu können.

Zum einen ist die **Rechts- und Planungssicherheit** als Vorteil der erbrechtlichen *professio iuris* zu nennen.[641] Denn die Rechtswahlfreiheit erhöht die Vorhersehbarkeit hinsichtlich des anzuwendenden Rechts.[642] Und das nicht nur für den Erblasser, sondern auch für die Erben. Dadurch herrscht bereits zu Lebzeiten Gewissheit über das auf den Erbfall anwendbare Recht.[643] Insbesondere im Erbrecht ist dies von Bedeutung, denn anders als beispielsweise im Schuldrecht, ist eine Korrektur des Parteiwillens nach dem Tod ausgeschlossen.[644] Die Rechtswahl vermeidet auch Rechtsmissbrauchsprobleme, die anderenfalls womöglich

---

641 Dieses Argument wird auch als erstes von acht für die Parteiautonomie sprechende Argumente (im Vertragsrecht) von Fresnedo de Aguirre, Cecilia. (1991, A.- Certeza y previsibilidad, Seite 115–119) ausführlich dargelegt. Siehe auch im Kontext des Erbrechts Bonomi, Andrea. (2011, Recueil des Cours, Seite 210–211): „Le premier grand avantage de la *professio juris* est d'assurer la prévisibilité et la stabilité de la loi applicable et de promouvoir, par ce biais, la sécurité du droit."

642 Zum Beispiel könnte sich ein Erblasser, der keine Rechtswahl ausübt, bei Anwendung der europäischen Erbrechtsverordnung nicht ganz sicher sein, ob womöglich die Ausweichklausel des Art. 21 Abs. 2 EU-ErbVO in seinem Fall greifen wird, siehe zur Ausweichklausel bereits Seite 121 unter Abschnitt *B.* im zweiten Kapitel der Dissertation. Siehe in diesem Zusammenhang auch Dölle, Hans. (1966, Seite 229), der betont, auch im früheren deutschen Erbkollisionsrecht gab es zahlreiche Fälle, in denen das Heimatrecht des Erblassers einer anderen Rechtsordnung den Platz zu räumen hatte.

643 Siehe hierzu Popescu, Dan Andrei. (2007, Seite 305), Kroll-Ludwigs, Kathrin. (2013, Seite 147), Dörner, Heinrich. Hertel, Christian. Lagarde, Paul. Riering, Wolfgang. (2005, Seite 5), Brandi, Tim. (1996, Seite 266 und Seite 295), Bonomi, Andrea. (2010, Liber Amicorum Kurt Siehr, Seite 166), Weber, Susanne. (2012, Seite 129), Esperanza Castellanos Ruiz in Calvo Caravaca, Alfonso-Luis. Davì, Angelo. Mansel, Heinz-Peter. (2016, Seite 328), Palao Moreno in Iglesias Buigues, José Luis. Palao Moreno, Guillermo. (2015, Seite 152), Dölle, Hans. (1966, Seite 231), Dopffel, Peter. Siehr, Kurt. (1980, Seite 347) und die Rechtsvergleichende Studie der erbrechtlichen Regelungen des Internationalen Verfahrensrechtes und Internationalen Privatrechts der Mitgliedstaaten der Europäischen Union des Deutschen Notarinstituts in Zusammenarbeit mit Prof. Dr. Heinrich Dörner und Prof. Dr. Paul Lagarde von 2002 (Seite 265), abrufbar unter der in Fußnote 18 zitierten Webseite.

644 Siehe in diesem Sinne bereits Dölle, Hans. (1966, Seite 230), Scheuermann, Thomas. (1969, Seite 135) und Brandi, Tim. (1996, Seite 267).

durch einen „artificial change“ des gewöhnlichen Aufenthalts des Erblassers entstehen könnten.[645] Mit anderen Worten, wird eine weitgehende direkte Rechtswahl zugelassen, wird wohl kein Erblasser mehr die Notwendigkeit sehen, von einer umständlichen indirekten Rechtswahl Gebrauch zu machen.[646]

Zum anderen werden durch eine weite Rechtswahl die **Freiheits- und Gestaltungsinteressen**[647] des Erblassers stärker berücksichtigt. Diese Interessen sind i.Z.m. der Rechtswahlfreiheit als Ausdruck der Liberalisierungstendenz im europäischen Kollisionsrecht einzuordnen. In der Regel weiß der Erblasser selbst am besten, welches Recht am geeignetsten für seinen Erbfall ist.[648] Auch wenn die Frage des anwendbaren Rechts schon jetzt mit der europäischen Erbrechtsverordnung aufgrund der eingeführten *professio iuris* in Art. 22 EU-ErbVO an erster Stelle als *subjektive* Frage[649] betrachtet wird, würde der Erblasser durch die Zulassung einer größeren Rechtswahlfreiheit von einem deutlichen Zugewinn an Flexibilität profitieren.[650] Dies würde auch der **Einzelfallgerechtigkeit**[651] dienen.

Weitere Vorteile sind die **Verfahrensvereinfachung** sowie die **Vereinfachung der Rechtsanwendung**, die durch die Vorhersehbarkeit der Rechtswahl entsteht. Dank dieser soeben genannten Vereinfachungen werden auch

645 Siehe Esperanza Castellanos Ruiz in Calvo Caravaca, Alfonso-Luis. Davì, Angelo. Mansel, Heinz-Peter. (2016, Seite 328).

646 Zur indirekten Rechtswahl siehe bereits Seite 132 unter Abschnitt C. im zweiten Kapitel der Dissertation.

647 Siehe Hohloch, Gerhard. (2007, Seite 264).

648 Siehe im Allgemeinen Neuhaus, Paul Heinrich. (1976, Seite 255 ff.). Siehe auch erneut und konkreter aufs Erbrecht bezogen Kroll-Ludwigs, Kathrin. (2013, Seite 414), bereits in Fußnote 329 unter Abschnitt *B.* im zweiten Kapitel der Dissertation zitiert, sowie Scheuermann, Thomas. (1969, Seite 135) und Weber, Susanne. (2012, Seite 129): „Zudem ist es auch im internationalen Erbrecht so, dass die Beteiligten in der Regel wohl selbst am besten beurteilen können, welche Rechtsordnung ihren Bedürfnissen am ehesten entspricht.“

649 Siehe Dutta, Anatol. (2009, RabelsZ 73, Seite 564–565) und Kroll-Ludwigs, Kathrin. (2013, Seite 147).

650 Zum Flexibilitätsvorteil siehe Bonomi, Andrea. (2011, Recueil des Cours, Seite 214): „L'autonomie de la volonté présente également l'avantage de rendre plus flexible la détermination de la loi applicable en permettant de l'adapter aux circonstances de chaque cas concret.“ Siehe auch Palao Moreno in Iglesias Buigues, José Luis. Palao Moreno, Guillermo. (2015, Seite 152) und Davì, Angelo. (2004, Seite 387–388).

651 Siehe Dopffel, Peter. Siehr, Kurt. (1980, Seite 347).

die **Verkehrsinteressen** gefördert.[652] Die Nachlassabwicklung erfolgt bei einer Rechtswahl i.d.R. für alle Beteiligten (Gerichte, Behörden, Notare, Erben, Nachlassgläubiger, etc.) „leichter, schneller und billiger".[653] Außerdem entfällt bei Vornahme einer Rechtswahl die Feststellung der für die objektive Anknüpfung maßgebenden Umstände. Bei Doppel- oder Mehrstaatern entfällt auch die Frage, welches ihrer Heimatrechte anwendbar ist, und bei einer Teilrechtswahl zugunsten der *lex rei sitae*, gehen die Verkehrsinteressen gestärkt hervor.[654]

Die Förderung von **marktwirtschaftlichen Interessen** stellt ebenfalls einen signifikanten Vorteil der Rechtswahl dar. Da letztere den Marktteilnehmern ermöglicht, sich von familienrechtlichen Schranken zu befreien, rechtfertigt sie sich auch aus wirtschaftlicher Sicht. Dies wird sehr rational von Sabine Corneloup erklärt:

> *„Der Ausgangspunkt der Überlegungen sind die neoliberalen Theorien, die fordern, dass der Staat* ***nicht aufgrund*** *des Marktes Gesetze erlassen, sondern* ***für den Markt*** *den rechtlichen Rahmen schaffen soll. Mit anderen Worten soll der Gesetzgeber optimale Bedingungen für das optimale Funktionieren des Marktes schaffen. Dazu wird nicht nur das Wettbewerbsrecht gebraucht, sondern der Gesetzgeber soll sich auch auf das soziale Umfeld des Marktes konzentrieren, um ideale Verhältnisse für das Funktionieren des Marktes zu schaffen. Und das umfasst auch die familiären Verhältnisse der Marktteilnehmer. Verhältnisse müssen geschaffen werden, die den Marktteilnehmern insbesondere die Freizügigkeit innerhalb des europäischen Binnenmarkts erleichtern, denn die wirtschaftlichen Freiheiten (Niederlassungsfreiheit, Dienstleistungsfreiheit, Arbeitnehmerfreizügigkeit) sowie die allgemeine Personenfreizügigkeit tragen dazu bei, das wirtschaftliche Wachstum und die Produktivität [sic] fördern. Und dem dürfen auch* ***keine familiären Schranken*** *entgegenstehen. Dies kann man ausdrücklich zum Beispiel in der Präambel der Erbrechts-Verordnung lesen. Die Rechtswahl ermöglicht den Marktteilnehmern, in einem gewissen Maße, sich von familienrechtlichen Schranken zu befreien. Und somit rechtfertigt sie sich ebenfalls aus wirtschaftlicher Sicht."*[655]

---

652 Siehe Nick, Christian. (2008, 2. Rechtfertigung der Parteiautonomie, Seite 290), Corneloup, Sabine. (2013, Seite 20 ff.) und Weber, Susanne. (2012, Seite 152).

653 Siehe Dörner, Heinrich. Hertel, Christian. Lagarde, Paul. Riering, Wolfgang. (2005, Seite 5). Siehe auch Nick, Christian. (2008, Seite 290), Brandi, Tim. (1996, Seite 270), Weber, Susanne. (2012, Seite 152), sowie Oppermann, Karl Felix. (2016, Seite 40).

654 Siehe Corneloup, Sabine. (2013, Seite 20 ff.) und Weber, Susanne. (2012, Seite 150–151).

655 Siehe Corneloup, Sabine. (2013, Seite 21–22). (Hervorhebungen hinzugefügt). Siehe auch Carrascosa González, Javier. (2014, Seite 121): „El **libre mercado** y la **eficiencia económica** exige, indica A. Fusaro, un sistema sucesorio en el que cada uno disponga sin ataduras familiares ni estatales sobre sus bienes." (Hervorhebungen hinzugefügt).

Außerdem kommt hinzu, dass die Rechtswahl einen Wettbewerb[656] zwischen den verschiedenen nationalen Rechten schafft:

> *„Ein „Familienrechtsmarkt“ entsteht, auf dem die nationalen Rechte als „Produkte“ den Parteien zur Verfügung stehen. Dies war nicht unbedingt die Absicht der Verfasser der neuen EU-Verordnungen. Es ist jedoch auf jeden Fall die Folge dieser Entwicklung. Und es scheint nicht unwahrscheinlich, dass diese Situation des Wettbewerbs zwischen den nationalen Familienrechten in manchen Bereichen, wie zum Beispiel im Scheidungsrecht, dazu führen wird, dass* ***die liberalsten Rechte*** *sich europaweit wohl mit der Zeit durchsetzen werden.“*[657]

In dieser Hinsicht ist es durchaus denkbar, dass sich langfristig gesehen die pflichtteilsfreundlicheren Rechtsordnungen im Erbrecht durchsetzen werden. Je weiter die zugelassene Rechtswahlfreiheit des Erblassers ist, desto mehr wird also auch den marktwirtschaftlichen Interessen Rechnung getragen.

Die Zulassung einer weit gefassten *professio iuris* würde darüber hinaus keinen Rück- sondern einen **Fortschritt für die Mitgliedstaaten bedeuten, die bereits eine weitergehende Rechtswahl als die in Art. 22 EU-ErbVO erlaubten**, wie beispielsweise Finnland (Kap. 26 § 6 Abs. 2 des finnischen Erbrechtsbuchs, Perintökaari), Polen (Art. 64 Abs. 1 poln. IPRG, PrPrywM) oder die Niederlanden (Art. 5 HÜErb i.Z.m. Art. 1 des niederländischen Erbkollisionsgesetzes, WCErf).[658] Denn zurzeit stellt die in der Erbrechtsverordnung eingeführte und auf das Heimatrecht des Erblassers begrenzte Rechtswahl einen „empfindlichen Rückschritt“ für diese Länder dar.[659]

---

656 Siehe Oppermann, Karl Felix. (2016, Seite 40), der „die Befürwortung und Förderung eines **Regulierungswettbewerbs**, d.h. die befruchtende Konkurrenz der verschiedenen Rechtssysteme“ als Einführungsgrund der erbrechtlichen Parteiautonomie nennt und Leible, Stefan. (2012, Seite 393): „Bereits mehrfach ist angeklungen, dass es zu einem **Regulierungswettbewerb** – wenn überhaupt – nur bei größtmöglicher Rechtswahlfreiheit kommt. Rechtsordnungen können lediglich dann miteinander konkurrieren, wenn die Nachfrager nach dem Produkt Recht die Möglichkeit haben, von einer zu einer anderen zu wechseln, und nicht von vornherein an ein bestimmtes Recht gebunden sind.“ (Hervorhebungen hinzugefügt).

657 Siehe Corneloup, Sabine. (2013, Seite 22). (Hervorhebungen hinzugefügt).

658 Zur erbrechtlichen Rechtswahl in Finnland, in Polen und in den Niederlanden vor Inkrafttreten der europäischen Erbrechtsverordnung siehe bereits Seite 52–53 (Niederlanden), Seite 59–60 (Finnland) und Seite 64–65 (Polen) im ersten Kapitel der Dissertation.

659 Siehe Dutta, Anatol. Europäisches Erb-und Erbverfahrensrecht. (2011, Seite 78). Siehe auch Bonomi, Andrea. (2010, NIPR, Seite 608).

Ein weiterer und sehr bedeutender Vorteil, wenn nicht sogar der bedeutendste von allen, wäre bei Zulassung einer weiten Rechtswahl die **Verwirklichung oder zumindest die erhebliche Stärkung des Grundsatzes der Parteiautonomie im Privatrecht**[660] (konkret der Testierfreiheit im Erbrecht) und die damit verbundene **Anerkennung der Rechtswahlfreiheit als Prinzip des Kollisionsrechts**. Oft wird die kollisionsrechtliche Parteiautonomie von der materiellrechtlichen Privatautonomie abgeleitet. So sehen viele die *professio iuris* im Erbrecht als „ein kollisionsrechtliches Pendant" zum materiellrechtlichen Grundsatz der Testierfreiheit an.[661] Momentan wird der Grundsatz der Parteiautonomie im Erbkollisionsrecht aufgrund der in der Erbrechtsverordnung sehr limitierten Rechtswahl nur beschränkt umgesetzt. Wie aus dem ersten Kapitel der Arbeit hervorgegangen ist, konnte auch vor Inkrafttreten der Verordnung nicht von einer „Parallelität von Privat- und Parteiautonomie"[662] im Erbrecht gesprochen werden. Bei Zulassung einer weitgehenden Rechtswahl d*e lege ferenda* würde sich dies indessen ändern. Ein Gleichlauf zwischen materiellrechtlicher **Testier- und** kollisionsrechtlicher **Rechtswahlfreiheit** würde erzielt werden.

---

660 Siehe Díez-Picazo, Luis. Gullón, Antonio. (2016, Seite 309): „Desde un punto de vista institucional, la autonomía privada reviste el carácter de principio general del Derecho, porque es una de las ideas fundamentales que inspira toda la organización de nuestro Derecho privado."

661 Siehe in diesem Sinne Scheuermann, Thomas. (1969, Seite 134, „die konsequente Fortsetzung des im Erbrecht geltenden Grundsatzes der Testierfreiheit"), Tiedemann, Andrea. (1993, Seite 22, „kollisionsrechtliches Gegenstück zur Testierfreiheit"), Kruis, Ferdinand. (2005, Seite 41, „kollisionsrechtliches Pendant zur materiellen Testierfreiheit"), Wilke, Felix M. (2012, RIW, Seite 605, „Verlängerung der materiellrechtlichen Testierfreiheit"), Kränzle, Michael. (2014, Seite 207, „Ausfluss der sachrechtlichen Testierfreiheit"), Andrea Bonomi in Anderson, Miriam. Arroyo i Amayuelas, Esther. (2011, Seite 32, „an enlargement of testamentary freedom") oder Kindler, Peter. (2010, Seite 256, „freedom in matters of choice of law finds its justification in the freedom of testation as a core principle of substantive succession law"). Siehe auch Nick, Christian. (2008, Seite 301–302), Dörner, Heinrich. Hertel, Christian. Lagarde, Paul. Riering, Wolfgang. (2005, Seite 5), Kroll-Ludwigs, Kathrin. (2013, Seite 184): „Die materiellrechtliche Testierfreiheit des Erblassers wird in der Literatur vielfach als wichtigste Legitimationsgrundlage für die Bestimmung des Erbstatuts mittels Rechtswahl angesehen" oder mit weiteren Nachweisen auch Nordmeier, Carl Friedrich. (2013, GPR, Seite 148): „Die Legitimation der Rechtswahl im Internationalen Erbrecht kann man in der Erstreckung der sachrechtlichen Testierfreiheit erblicken oder sie gar als Konsequenz der Bedeutung des menschlichen Willens in Rechtsordnungen, die einem freiheitlichen Menschenbild verschrieben sind, auffassen."

662 Siehe Kroll-Ludwigs, Kathrin. (2013, Seite 184).

C Nachteile einer ausgedehnteren erbrechtlichen Rechtswahl

Nachdem im letzten Gliederungspunkt die Vorteile, die eine weitläufigere *professio iuris* im Erbkollisionsrecht erbringen würde, untersucht worden sind, sollen anschließend in diesem Abschnitt der Dissertation ausführlich die Nachteile, die eine geräumigere Rechtswahl auf dem Gebiet des internationalen Erbrechts möglicherweise hervorrufen könnte, untersucht werden. Danach ist in Abschnitt *D.* eine Abwägung zugunsten der höherrangigen Interessen durchzuführen.

Vorab sei schon mal erwähnt, dass die Missbrauchsgefahr durch den Erblasser bei Ausübung einer Rechtswahl zulasten seiner Pflichtteilsberechtigten und Nachlassgläubiger wohl den größten Nachteil der erbrechtlichen Parteiautonomie darstellt.[663] Dieser Logik folgend, könnte man meinen: Je breiter die erlaubte Rechtswahlfreiheit im Erbkollisionsrecht, desto größer ist auch die Missbrauchsgefahr.

Folglich soll akkurat geprüft werden, inwiefern die entgegenstehenden Interessen der nahen Angehörigen des Erblassers sowie andere anscheinend entgegenstehenden Interessen (Interessen Dritter, staatliche Interessen und Ordnungsinteressen) einer Erweiterung der erbrechtlichen *professio iuris* tatsächlich im Weg stehen. Zuletzt soll auch noch der eventuell problematische Eintritt der Nachlassspaltung bei Zulassung einer Teilrechtswahl und der fehlende Bezug zum anwendbaren Erbrecht bei Erweiterung der aktuellen Rechtswahl in eine freie Rechtswahl angesprochen werden.

I Entgegenstehende Interessen der Familienmitglieder und des Ehegatten

Die wohl mit Sicherheit heikelsten entgegenstehenden Interessen zugunsten einer umfassenderen oder evtl. sogar freien Rechtswahl im Erbrecht sind die der nahen Angehörigen des Erblassers. Auch wenn das Kollisionsrecht eigentlich nur die Frage nach dem anwendbaren Recht beantwortet, spielt das damit erzielte sachrechtliche Ergebnis eine wichtige Rolle.[664] An dieser Stelle ist erneut

663 Siehe Weber, Susanne. (2012, Seite 136): „Die Kritiker einer Rechtswahl sehen als eines der Hauptargumente die Missbrauchsgefahr.“ Siehe auch Dörner, Heinrich. (2007, Seite 10) und Bonomi, Andrea. (2011, Recueil des Cours, Seite 221).

664 Siehe auch in diesem Sinne Kroll-Ludwigs, Kathrin. (2013, Seite 104–105), Fontanellas Morell, Josep M. (2010, Seite 210), Vassilakakis, Evangelos. (2005, Seite 812–813) oder Álvarez González, Santiago. (2013, Seite 55, auch online abrufbar unter: http://www.usc.es/revistas/index.php/dereito/article/viewFile/1218/1553 (zuletzt geprüft am 29.12.2018)).

hervorzuheben, dass einer der in Erwägungsgrund 38 Satz 2 der Erbrechtsverordnung explizit aufgeführten Beschränkungsgründe der Parteiautonomie des Erblassers die Vermeidung der Wahl eines Rechtes, welches die „berechtigten Erwartungen" der Pflichtteilsberechtigten vereitelt, ist.[665] Denn, wie bereits erwähnt, umfasst die *professio iuris* in Art. 22 EU-ErbVO auch das Pflichtteilsrecht (Art. 23 Abs. 2 lit. h EU-ErbVO).[666] Die Umgehungsgefahr von Pflichtteilsrechten naher Angehöriger war allerdings auch schon vor Inkrafttreten der Verordnung der häufigste vorgebrachte Einwand gegen die erbrechtliche Rechtswahl.[667] Und auch heute gilt die „Gefahr", der Erblasser könnte die *professio iuris* nutzen, um die Pflichtteilsquoten zu schmälern oder gar ganz zu umgehen, noch als stärkstes Argument gegen die Parteiautonomie im Erbrecht.[668]

1 Die Rechtswahl als Umgehungsmechanismus – Pflichtteilsshopping?

Der Erblasser wird bei seiner Wahl oft von den sehr unterschiedlichen Pflichtteilsbestimmungen der Rechtsordnungen weltweit beeinflusst. Ob das Erbstatut Pflichtteils- oder Noterbrechte vorsieht und wenn ja, wie sehr diese den Erblasser in seiner Testierfreiheit einschränken, ist gewissermaßen der *Knackpunkt* und in vielen Fällen der Auslöser für die Wahl des einen oder des anderen Erbrechts.[669] In diesem Zusammenhang wird auch manchmal der Ausdruck des *Pflichtteilsshoppings* benutzt.[670] Ebenfalls können natürlich auch andere Faktoren, wie beispielsweise die Frage, ob der fehlende Kontakt bzw. die zerrüttete Beziehung zum

665 Siehe hierzu bereits das auf Seite 141–142 unter Abschnitt *C.II.* im zweiten Kapitel der Dissertation geschriebene.

666 Und dies ist gut so, denn wie auch Weber, Susanne. (2012, Seite 140) feststellt, „macht eine Zulassung der erbrechtlichen Parteiautonomie nur dann Sinn, wenn sich diese Rechtswahl auch auf die zwingenden Vorschriften des Pflichtteilsrechts" erstreckt.

667 Siehe beispielsweise Brandi, Tim. (1996, Seite 271, d) Erbeninteressen), Dopffel, Peter. (1980, Seite 50), Jud, Brigitta. (2005, Seite 137, 4. Gesetzesumgehung und a) Umgehungsproblematik am Beispiel des Pflichtteilsrechts) oder Käferböck, Thomas. (2008, Seite 295, Fußnote 71).

668 Siehe explizit gegen die Beschränkung der wählbaren Rechtsordnungen als probates Mittel, um den Schutz zwingender Angehörigenerbrechte sicherzustellen, Kroll-Ludwigs, Kathrin. (2013, Seite 590–591).

669 Aber nicht nur die Pflichtteilsquoten, auch der Kreis der Pflichtteilsberechtigten und die Art der Nachlassmindestbeteiligung können den Erblasser in seiner Wahl beeinflussen. Siehe hierzu Mansel, Heinz-Peter. (2006, Seite 216).

670 Siehe z.B. Keim, Christopher. (2013, Seite 87) oder Oppermann, Karl Felix. (2016, Seite 42), der das Pflichtteilsshopping als „ein ungern gesehenes Phänomen im IPR" definiert.

Erblasser als Enterbungsgrund vom Erbstatut anerkannt wird, ob das Erbrecht Damnations- oder Vindikationslegate vorsieht und dem Erblasser die Möglichkeit der Wahl zwischen bloß schuldrechtlich wirkenden und dinglich wirkenden Vermächtnissen einräumt oder ob das Erbstatut ein gesetzliches Erbrecht für gleichgeschlechtliche Partner enthält,[671] eine wichtige Rolle bei der Entscheidung spielen.

Auch wenn die Pflichtteilsentziehung als „raison d'être" oder Daseinszweck der erbrechtlichen Rechtswahl zu widerlegen ist, muss erneut hervorgehoben werden, dass zurzeit die Umgehungsgefahr des objektiv anwendbaren Pflichtteilsrechts das Hauptargument gegen die *professio iuris* im Erbkollisionsrecht darstellt.[672] Da die geringe Bedeutung, die die Parteiautonomie bisher im europäischen Erbkollisionsrecht gehabt hat, also sehr eng mit dem Konflikt zwischen der Testierfreiheit des Erblassers und den Pflichtteilsrechten seiner nahen Angehörigen verbunden ist, soll diese Kontroverse ausführlich aus einer materiellrechtlichen Perspektive in diesem Abschnitt der Dissertation behandelt werden.

Dafür soll als Erstes der Konflikt zwischen der Testierfreiheit und dem Pflichtteilsrecht im Allgemeinen untersucht werden und danach soll etwas konkreter ein rechtsvergleichender Blick aus deutscher Sicht auf die spanische *legítima* im Gegensatz zur *Freedom of Testation* im anglo-amerikanischen Rechtskreis geworfen werden. Anhand des *Código Civil*, der dem Erblasser (aufgrund der vorgesehenen Noterbrechte seiner Abkömmlinge) nur gestattet über einen Drittel seines Nachlasses komplett frei zu verfügen,[673] und der sehr freizügigen Testierfreiheit im Common Law, z.B. in den USA, in denen mit Ausnahme vom Bundesstaat Louisiana kein *forced heirship* existiert, soll verdeutlicht werden, welche gravierende Unterschiede es im Bereich des materiellen Erbrechts (vor allem im Pflichtteilsrecht) zwischen den Rechtsordnungen weltweit gibt und wie relevant die Wahl des Erbstatuts sein kann.[674]

---

671 Siehe Mankowski, Peter. (2015, Seite 42).

672 Siehe in diesem Sinne Fontanellas Morell, Josep M. (2010, Seite 279–281).

673 Dies ist in den Foralrechten Spaniens teilweise anders. In Navarra und in Ayala (Teil des Baskenlandes) verfügt der Erblasser faktisch sogar über eine absolute Testierfreiheit. Und in den meisten anderen Foralrechten ist die Pflichtteilsquote zumindest geringer als nach gemeinspanischem Recht, in Katalonien beträgt sie z.B. ein Viertel des Nachlasses. Siehe für Navarra bereits die zitierten Quellen in Fußnote 407 der Dissertation, sowie Oppermann, Karl Felix. (2016, Seite 88–89 für Ayala, Seite 95–97 für Katalonien und Seite 98–100 für Navarra).

674 Siehe Lutz, Ina. (2011, Seite 51–53) und Scalise Jr., Ronald J. (2012, Seite 144 ff.). Einen guten Überblick hinsichtlich des Angehörigenschutzes im materiellen Erbrecht

a) Der Konflikt zwischen der Testierfreiheit und dem Pflichtteilsrecht

Zunächst einmal muss analysiert werden, was genau unter den Termini „Testierfreiheit" und „Pflichtteilsrecht" zu verstehen ist. Erstere kann schlicht und ergreifend als „der Ausdruck der Privatautonomie im Erbrecht"[675] definiert werden. Nach dem Grundsatz der Testierfreiheit hat jeder Mensch das Recht zu entscheiden, welche Person oder Personen er als Erben einsetzt und wie sein Vermögen nach seinem Tod verwaltet und verteilt werden soll. Dabei kann der Erblasser i.d.R. jede beliebige Person ohne Angabe von Gründen als Erben einsetzen.[676] Dank der im Grundsatz in allen Rechtsordnungen anerkannten Testierfreiheit des Erblassers kann dieser also auch einen von der gesetzlichen Erbfolge abweichenden Vermögensübergang anordnen.

Am stärksten wird die Testierfreiheit durch das (gegebenenfalls vorhandene) Pflichtteils- oder Noterbrecht eingeschränkt. Denn in vielen Rechtsordnungen wird das Prinzip der Familienerbfolge bei der gewillkürten Erbfolge durch das Pflichtteilsrecht eingehalten, indem die nächsten Angehörigen dazu berechtigt sind, eine Mindestbeteiligung am Nachlass (und teilweise auch am verschenkten Vermögen des Verstorbenen) zu verlangen. Thomas Käferböck stellt präzise fest: „In der Höhe des gesetzlich vorgesehenen Pflichtteils wird die Testierfreiheit des Erblassers beschränkt."[677] Der Erblasser kann auch nicht durch Enterbung verhindern, dass die Pflichtteilsberechtigten ihren Mindestanteil erhalten, es sei denn, es liegen Pflichtteilsentziehungsgründe vor.

Die Mindestbeteiligung kann entweder als schuldrechtlicher Anspruch oder als „unentziehbarer Anspruch auf Beteiligung am Nachlass in Natur",[678] i.e. als

---

in Europa bietet Kroll-Ludwigs, Kathrin. (2013, Abschnitt 5: Wahrung von Rechten Dritter, Seite 498–502).

675 Siehe für diese Definition Muscheler, Karlheinz. (2010, Seite 191). Siehe eine weitere Definition von Vaquer Aloy, Antoni. (2009, Seite 557): „Freedom of testation means that every *competent* person has the right to nominate his/her heirs at his/her death. Freedom of testation is acknowledged in all European national laws, although its extent may differ slightly in relation to the legal rights of inheritance of certain persons."

676 Manche Rechtsordnungen sehen allerdings ein Verbot der Einsetzbarkeit bestimmter Personen vor, so z.B. Notare oder Priester in Spanien (Art. 752–754 CC) und Heimträger oder Heimpersonal in Deutschland (für Hamburg befindet sich das Verbot seit 2009 in § 5a HmbWBG, davor war es auf Bundesebene in § 14 HeimG festgelegt).

677 Siehe Käferböck, Thomas. (2008, Seite 284).

678 Diese Beschreibung ist in der Stellungnahme des Max-Planck-Instituts für ausländisches und internationales Privatrecht zum Entwurf eines Gesetzes zur Neuregelung des Internationalen Privatrechts von 1983 in RabelsZ 47 (1983, Seite 660) zu finden.

echter Erbteil, erfolgen. Differenziert wird also zwischen einer *wertbezogenen* und einer *gegenstandsbezogenen* Teilhabe am Nachlass.[679] In Deutschland tritt beispielsweise der erste Fall ein. Das bedeutet, die Pflichtteilsberechtigten haben nur einen finanziellen Anspruch, sie werden selbst nicht zu Erben, sondern können nur die Zahlung einer bestimmten Geldsumme von diesen verlangen (§ 2303 Abs. 1 Satz 2 BGB). In Spanien werden die Pflichtteilsberechtigten indessen direkt zu Eigentümern des ihnen zustehenden Anteils an der Erbschaft (Art. 806 CC).[680]

In Deutschland sind sowohl die in § 1937 BGB verankerte **Testierfreiheit** als auch – nach einhelliger Meinung – die **Familienerbfolge** (darunter das Pflichtteilsrecht des überlebenden Ehegatten und der Kinder, §§ 2303 ff. BGB) als Elemente der Erbrechtsgarantie des Art. 14 Abs. 1 Satz 1 i.V.m. Art. 6 Abs. 1 GG verfassungsrechtlich geschützt.[681] In vielen anderen Mitgliedstaaten genießt

---

Walter Pintens bezieht sich auf ein „materielles Noterbrecht in natura", siehe Pintens, Walter. (2001, Seite 31) oder (2003, Seite 423).

679 Siehe hierzu Vaquer Aloy, Antoni. (2007, 2.4. ¿Pars bonorum o pars valoris?, Seite 7) und Dutta, Anatol. (2011, FamRZ, Seite 1831), der rechtsvergleichend „eine leichte Tendenz in Richtung einer wertbezogenen Teilhabe" in Europa erkennt. Für eine (nicht erschöpfende) Klassifikation siehe zudem Fernández-Hierro, María. Fernández-Hierro, Marta. (2010, Seite 25–26). Siehe auch erneut die Stellungnahme des Max-Planck-Instituts für ausländisches und internationales Privatrecht zum Entwurf eines Gesetzes zur Neuregelung des Internationalen Privatrechts von 1983 in RabelsZ 47 (1983, Seite 660), in der festgestellt wird, dass die Entscheidung einer Rechtsordnung, dem einen oder dem anderen Modell zu folgen, weitreichende Konsequenzen hat, insbesondere für die Verwaltung des Nachlasses und für die Schuldenhaftung.

680 Siehe hierzu auch noch Seite 249 der Dissertation unter Abschnitt *C.I.1.b) aa) Das Noterbrecht des Código Civil.*

681 Siehe Blomberg, Eva Maria. (2011, Seite 79): „Die Erbrechtsgarantie des Art. 14 Abs. 1 S. 1 GG gewährleistet das Erbrecht als Rechtsinstitut und als Individualrecht. Unter den von der Institutsgarantie geschützten überkommenen Elementen der Erbrechtsgarantie versteht man im Wesentlichen die Grundsätze der Testierfreiheit und der Familienerbfolge." Siehe auch Dauner-Lieb, Barbara. (2002, Seite 117): „Nach ganz herrschender Auffassung sowohl der Zivilrechtler als auch der Verfassungsrechtler genießt das Pflichtteilsrecht in seinen Grundzügen den Schutz der Verfassung" und Lammerding, Barbara Maria. (2013, Seite 66): „Zwar werden regelmäßig Stimmen laut, die den verfassungsrechtlichen Status des Pflichtteilsrechts verneinen, nach der herrschenden Meinung ist das Konstitut des Pflichtteilsrechts jedoch verfassungsrechtlich geschützt." Siehe des Weiteren Dutta, Anatol. (2013, Seite 50), sowie Hemme, Susanne. (2006, V. Die Erbrechtsgarantie auf nationaler Ebene, Seite 252 ff.), Schauer, Martin. (2001, Seite 72), Nick, Christian. (2008, Seite 303) und Weber, Susanne.

die Testierfreiheit des Erblassers ebenfalls über einen verfassungsrechtlichen Schutz.[682] Anders sieht es allerdings mit dem Pflichtteilsrecht aus.[683]

Feststeht, dass durchaus ein Spannungsverhältnis zwischen Testierfreiheit und Familienerbrecht, i.e. zwischen den Interessen des Erblassers und den der Pflichtteilsberechtigten, existiert. Wie Martin Schauer gut auf den Punkt bringt:

> *„Das Erbrecht ist seit jeher durch den Widerstreit zweier Prinzipien geprägt: der Testierfreiheit und der Familienerbfolge. Wer der Testierfreiheit den Vorrang einräumt, anerkennt das Recht einer Person, über ihr Vermögen mit Wirkung nach ihrem Tod zu verfügen. Wenn man den Grundsatz der Familienerbfolge höher bewertet, so geht das Vermögen in gesetzlich gesteuerten Bahnen auf bestimmte Angehörige des Erblassers über. Vor diesem Hintergrund stellt sich der Pflichtteil als Ausgleich zwischen den beiden Prinzipien dar: Er weist einen bestimmten Teil des Vermögens den Familienangehörigen zu und belässt dem Erblasser seine Verfügungsfreiheit bezüglich des Rests.“*[684]

Doch schon seit einiger Zeit ist auf dem europäischen Kontinent die Diskussion darüber entflammt, ob das Pflichtteilsrecht überhaupt noch zeitgemäß ist und ob eventuell nicht sogar für die gänzliche Abschaffung dieses Instituts gestimmt werden sollte.[685] Anschließend sind erst einmal die Argumente, die für die

---

(2012, Seite 160, m.w.N. zum verfassungsrechtlichen Schutz der Testierfreiheit in Fußnote 585).

682 Siehe im Allgemeinen Kroll-Ludwigs, Kathrin. (2013, Seite 183–184). Für Spanien siehe zum Beispiel Vaquer Aloy, Antoni. (2015, Seite 4), Art. 33 Abs. 1 CE und Art. 17 Abs. 1 Satz 1 Charta der Grundrechte der Europäischen Union.

683 Siehe Vaquer Aloy, Antoni. (2007, 5.1. Premisa: la legítima no es una institución con garantía constitucional, Seite 12): „Hasta donde mis conocimientos alcanzan, **el único país en que directamente se ha planteado la dimensión constitucional de las legítimas es en Alemania**. La doctrina alemana mayoritaria ha aceptado que la legítima de los hijos y del cónyuge es una institución que goza de protección constitucional, por la conjunción del derecho a la herencia y la protección del matrimonio y la familia; (…)“ und auf Seite 14: „En España, (…), la doctrina parece decantarse por el **carácter no constitucional de las legítimas**. A esa conclusión coadyuva el hecho de que en los territorios donde rige el Fuero de Ayala la libertad de testar sea ilimitada, o que en Navarra la legítima tenga un carácter meramente formal. Igual como se ha dicho de otras jurisdicciones, la regulación de la legítima actualmente vigente en España es adecuada a la constitución, pero **también lo sería otra de distinta** en que no hubiera legítimas, siempre que se satisficieran las exigencias que se derivan de la Constitución española.“ (Hervorhebungen hinzugefügt).

684 Siehe Schauer, Martin. (2001, Seite 70 und Seite 81).

685 Siehe z.B. Pintens, Walter. (2003, Seite 422): „Auch in den Rechtssystemen, in denen das Noterbrecht fest in den Rechtstraditionen und in der Rechtskultur verankert ist, wird heute die Frage diskutiert, ob dies noch eine gerechtfertigte Beschränkung der

Beibehaltung des Pflichtteilsrechts sprechen, aufzuführen. Danach sind die Argumente, die für die Abschaffung oder zumindest für die Reduzierung der Pflichtteilsquoten sprechen, darzulegen.[686]

Unter den stärksten Argumenten, die für den Erhalt des Pflichtteilsrechts vorgelegt werden können, befindet sich die durch dieses Institut gewährleistete Versorgungs- und Alimentationsfunktion naher Angehöriger.[687] Die Unterhaltsfunktion des Pflichtteils soll sich aus der familiären Solidarität zwischen den Generationen rechtfertigen und zum Schutz der Familie beitragen. Die Befürworter des Pflichtteilsrechts sehen die Familie als Verantwortungsgemeinschaft an. Durch das Pflichtteilsrecht sollen zudem die Sozialkassen entlastet werden, deren Leistungen eh eingeschränkt sind.[688] Hinzu kommt das emotionale Argument der Gleichberechtigung aller Kinder, welches im Erbrecht auf eine verankerte Tradition eines natürlichen Vorrechts der Familie am Vermögen des Erblassers basiert.[689]

Ein weiteres Argument, das vorgebracht werden kann, ist, dass das Pflichtteilsrecht für einen gewissen Lebensstandard und für die Vermögensbildung sorgt.[690] Außerdem könnte das Problem der Sittenwidrigkeit letztwilliger Verfügungen

---

Testierfreiheit ist. Es war eine der großen Fragen bei der Diskussion über die Einführung des neuen Erbrechts in den Niederlanden. Viele maßgebende Autoren haben - allerdings vergeblich - für die Abschaffung der *legitieme portie* plädiert."

686 Über eine Erhöhung der Pflichtteilsquoten wird indessen nicht diskutiert. Diese scharfblickende Bemerkung wird von Weber, Susanne. (2012, Seite 161) getroffen. Daraus kann ihrem Erachten nach bereits gefolgert werden, dass die Testierfreiheit heutzutage einen höheren Stellenwert als das Pflichtteilsrecht einnimmt.

687 Dauner-Lieb, Barbara. (2002, Seite 118) stellt fest, dass der Versorgungscharakter des Pflichtteilsrechts in den nordischen Ländern stärker zur Geltung kommt.

688 Siehe zu diesem Argument der Unterhaltsversorgung des Pflichtteils i.Z.m. der Entlastung des Sozialstaats Schauer, Martin. (2001, Seite 75), Pintens, Walter. (2001, Seite 30), Beckert, Jens. (2004, 2.2 Deutschland: Testierfreiheit versus Familie und soziale Gerechtigkeit, Seite 86), Arroyo i Amayuelas, Esther. (2010, Seite 6), Dauner-Lieb, Barbara. (2002, Seite 114) und Kroll-Ludwigs, Kathrin. (2013, Seite 184).

689 Siehe Pintens, Walter. (2001, Seite 31) oder (2003, Seite 423): „Auch heute wird der Verbleib der Güter in der Familie noch als Argument benutzt, aber noch stärker wird mit der Gleichberechtigung aller Kinder argumentiert. Ethische, naturrechtliche und philosophische Begründungen werden herangezogen…" sowie Dauner-Lieb, Barbara. (2002, Seite 115–116) zum Rechtsbewusstsein der Bevölkerung und Lledó Yagüe, Francisco. Monje Balmaseda, Oscar. (2014, Seite 684): „… a favor de las legítimas se argumentan razones de ética familiar, la necesaria igualdad entre los hijos, y evitar la discriminación entre ellos." Siehe auch Schauer, Martin. (2001, Seite 80).

690 Siehe Pintens, Walter. (2001, Seite 30) oder (2003, Seite 422).

bei Abschaffung des Pflichtteilsrechts wieder auftauchen.[691] Früher wurde des Weiteren das Argument der Familienbindung des Vermögens oder des Verbleibs der Güter in der Familie hervorgehoben, da die Familienangehörigen i.d.R. zur Entstehung des Vermögens beigetragen haben. Heutzutage gilt dieses Argument infolge des Strukturwandels der Gesellschaft wohl hauptsächlich nur noch vereinzelt in einigen Bereichen, wie z.B. in der Landwirtschaft. Freilich kann der Gedanke des Beitrags zur Vermögensbildung des Erblassers seitens naher Angehöriger aber auch noch heute greifen (Arbeitsleistungen eines Ehegatten im gemeinsamen Haus oder die Unterhaltsleistungen der Eltern).[692] Zuletzt ist an dieser Stelle das Argument der Vermögensverteilung zu nennen, wodurch das Pflichtteilsrecht eine freiheitssichernde Funktion erfüllt, indem es dazu beiträgt, die durch Vermögensansammlungen geschaffenen Machtkonzentrationen zu verhindern.[693]

Doch auch für die Abschaffung oder Minderung der Pflichtteilsquoten können viele Argumente angeführt werden.[694] Zum einen wird das Pflichtteilsrecht kritisiert, weil es zu *starr* und zu *grob* sei. Zu *starr*, weil es nicht der Pluralisierung von Familienmodellen im 21. Jahrhundert gerecht wird, dafür müsste es an die

---

691 Siehe Schauer, Martin. (2001, Seite 76).

692 *Ebenda.* (2001, Seite 73–74 und Seite 80, der die Familie heute als „Erziehungs-, Konsum- und Freizeitgemeinschaft" definiert und nicht mehr als „Produktionsgemeinschaft"). In diese Richtung gehen auch die Argumente von Magariños Blanco, zitiert in Lledó Yagüe, Francisco. Monje Balmaseda, Oscar. (2014, Seite 692–693), der einen Untergang der traditionellen Familieneigenschaften, die den Vergütungsaspekt des Pflichtteils rechtfertigten, wahrnimmt. Siehe das Gutachten von Martiny, Dieter. (2002, Seite A 65, A 67 und Seite A 118), auf Seite A 65: „In der heutigen Pflichtteilsregelung leben überkommene Konzeptionen fort. Nach germanischen Rechtsvorstellungen war das Vermögen familiengebunden („das Gut rinnt wie das Blut")." Siehe ebenfalls die Stellungnahme des Max-Planck-Instituts für ausländisches und internationales Privatrecht zum Entwurf eines Gesetzes zur Neuregelung des Internationalen Privatrechts von 1983 in RabelsZ 47 (1983, Seite 659), in der als historischer Hauptzweck des Pflichtteilsrechts ebenfalls „die Erhaltung von Familienvermögen für die Blutsverwandten des Erblassers" genannt wird, auch wenn dieser Grund weitgehend als diskreditiert eingestuft wird.

693 Siehe hierzu ausführlich Schauer, Martin. (2001, Seite 76), sowie Dauner-Lieb, Barbara. (2002, Seite 113) und Martiny, Dieter. (2002, Seite A 67, „Verteilungsfunktion des Pflichtteilsrechts").

694 Allgemein stellt Schauer, Martin. (2001, Seite 74) fest: „Wer sich dem Erbrecht vom Standpunkt des Liberalismus aus nähert, tut sich mit der Begründung des Pflichtteils naturgemäß schwer."

sich verändernden Familienstrukturen angepasst werden.[695] Und zu *grob*, weil es nicht den unterschiedlichen Fallgestaltungen zugeschnitten ist. Der Pflichtteil ist als pauschale Abfindung von Beiträgen zum Vermögenserwerb der Familienangehörigen untauglich.[696] So muss das Pflichtteilsrecht zurzeit in vielen Rechtsordnungen z.B. auch dann gewährleistet werden, wenn die Beziehung zwischen dem Erblasser und den Pflichtteilsberechtigten komplett zerrüttet war.[697]

Ein darauf aufbauendes Argument gegen die Institution des Pflichtteilsrechts ist die Krise der Familie, die sich durch den Wandel an familiärer Solidarität und im Familienverständnis,[698] durch die Individualisierung der Gesellschaft (insbesondre mit der Nachkriegsgeneration) und durch die wachsende wirtschaftliche Unabhängigkeit des Individuums (in der Kern- und nicht mehr in der Großfamilie) präsent macht.[699] Doch das vermutlich bedeutendste Argument für die Abschaffung oder zumindest für die erhebliche Reduzierung des Pflichtteils ist, dass das Pflichtteilsrecht heutzutage im Normalfall aufgrund der soziologischen Entwicklungen keine Unterhaltsfunktion mehr hat. Dies wird sehr gut von Walter Pintens verdeutlicht:

> *„Die Zunahme der Lebenserwartung hat diese Begründung hinfällig gemacht. Kinder erben heute im späteren Lebensalter, in einem Zeitpunkt, in dem sie durch eigene Arbeit schon einen Lebensstandard erreicht haben und oft schon ein Vermögen aufgebaut haben. Das Erbrecht verschafft heute keinen Lebensstandard mehr, es verbessert höchstens diesen Lebensstandard noch zu einem Zeitpunkt, in dem dies nicht mehr wirklich notwendig ist.* ***Das Erbrecht hat daher keine Unterhaltsfunktion mehr*** *und kann deshalb nicht mehr als ein Ausläufer der elterlichen Unterhaltspflicht gesehen werden. Eltern leisten ihre Unterhaltsverpflichtungen durch die Finanzierung des Lebensunterhalts und insbesondere des Studiums ihrer Kinder. Der Reichtum dieser Kinder liegt dann auch in ihren erworbenen Diplomen und nicht mehr in künftigen Erbschaften.“*[700]

---

695 Siehe Beckert, Jens. (2004, 2.2 Deutschland: Testierfreiheit versus Familie und soziale Gerechtigkeit, Seite 86), der bei Stief- und Patchworkfamilien über eine Verschiebung der Solidaritätsbeziehungen schreibt.

696 Siehe Schauer, Martin. (2001, Seite 74 und 80).

697 Siehe hierzu insbesondere Dauner-Lieb, Barbara. (2002, Seite 112–113) und Dutta, Anatol. (2014, Seite 427 ff.) mit dem Stichwort „rotten kids".

698 Siehe hierzu Dauner-Lieb, Barbara. (2002, Seite 119), die schreibt, dass der Wandel im Familienverständnis „das Gewicht deutlich von der bloßen biologischen Verbundenheit auf die soziale und emotionale Verbundenheit, die tatsächlich gelebte Gemeinschaft verlagert."

699 Siehe Schauer, Martin. (2001, Seite 71–72 und Seite 80–81) sowie Beckert, Jens. (2004, 2.2 Deutschland: Testierfreiheit versus Familie und soziale Gerechtigkeit, Seite 86).

700 Siehe Pintens, Walter. (2001, Seite 30) oder (2003, Seite 422), (Hervorhebungen hinzugefügt). Siehe auch hierzu Dauner-Lieb, Barbara. (2002, Seite 114 und 119, auf

Auch hat das Argument der Familienbindung des Vermögens an Stärke verloren, wie bereits bei den für den Erhalt des Pflichtteilsrechts sprechenden Argumenten, erwähnt. Denn heutzutage wird das Vermögen hauptsächlich durch das selbst erwirtschaftete Einkommen gebildet. Jürgen Basedow schreibt:

> *„The doubts are partly due to the questionable legitimacy of forced heirship, itself a relic of primitive forms of the organization of economic production in family networks; accordingly, the estate of a person was considered as belonging to the family. In our times, wealth is rather produced by the individual and through contractual ties; consequently, inherited wealth does not respond to the recipients' just desserts.“*[701]

Ein weiteres Argument, das gegen die Beibehaltung des Pflichtteils spricht, ist, dass die Sicherung der Daseinsvorsorge – aufgrund der Entwicklung des

---

Seite 114): „Der **Anstieg der Lebenserwartung** hat dazu geführt, dass die Abkömmlinge im Zeitpunkt des Erbfalls im Regelfall **längst erwachsen** sind und eine **eigene wirtschaftliche Existenz** gegründet haben", sowie auf Seite 115: „Das Erbe wird nicht mehr zur Existenzgründung benötigt, sondern verbessert lediglich den Lebensstandard" und Schauer, Martin. (2001, Seite 75 und Seite 81, auf Seite 75): „Aus heutiger Sicht haben sich die Prämissen einer solchen Erklärung jedoch verschoben, weil die **Lebenserwartung der Menschen stark gestiegen** ist; sie beträgt derzeit zwischen 75 und 80 Jahren. Dies hat zur Folge, dass auch die Erben und Pflichtteilsberechtigten in der Regel erst im **5. Lebensjahrzehnt** an den Nachlass kommen. Sie befinden sich damit in einem Alter, in dem sie wirtschaftlich längst auf eigenen Beinen stehen und einer Versorgung nicht mehr bedürfen." (Hervorhebungen hinzugefügt). Siehe des Weiteren Henrich, Dieter. (2000, Seite 13). Siehe außerdem die Tabelle mit der Veränderung der Lebenserwartung in Deutschland von Otte, Gerhard. (2002, Seite 338) und der scharfsinnigen Bemerkung „das Pflichtteilsrecht des BGB wurde für Kinder gemacht, die in der großen Mehrheit schon wirtschaftlich selbständig sein würden, wenn ihnen ein Pflichtteilsanspruch erwachsen sollte", Lammerding, Barbara Maria. (2013, Seite 35 ff. mit Tabellen vom Statistischen Bundesamt auf Seite 45–46) sowie die erstellte Statistik für Spanien, mit Daten aus dem Jahr 2001, von Vaquer Aloy, Antoni. (2007, Seite 10), in der deutlich wird, dass das Erbe oder der Pflichtteil heutzutage zu dem Zeitpunkt erhalten wird, an dem die Erben oder Pflichtteilsberechtigten i.d.R. das höchste Einkommen verdienen; neben der auf Seite 10–11 anerkannten Tendenz, dass die Übertragung des Vermögens bei der mittleren Klasse bereits zu Lebzeiten durch die Investition in die Bildung der Kinder erfolgt.

701 Siehe Basedow, Jürgen. (2015, Seite 273, Unterpunkt 432). In Fußnote 881 hebt Basedow zudem hinsichtlich des Titels „Inherited Wealth"/„Unverdientes Vermögen" von Jens Beckert hervor: „the title of the German original of this book (…) gives much better expression to the dual character of inheritance: It is often neither earned nor deserved."

Sozialrechts – nicht mehr allein in den Händen der Familien liegt.[702] Auch kann dargetan werden, dass die Streuungsfunktion des Pflichtteilsrechts nicht zu einem Schutz der Allgemeinheit vor Oligarchien beiträgt und große Vermögenskonzentrationen verhindert, wie es sich die Befürworter der Institution des Pflichtteilsrechts wünschen.[703] Zum Schluss ist noch das Argument, die Gefahr eines Missbrauchs der Testierfreiheit könne keine hinreichende Rechtfertigung für den Erhalt des Pflichtteilsrechts darstellen, aufzuführen.[704]

Zusammenfassend kann aus dem aktuellen Stand der europäischen Diskussion über die Notwendigkeit des Pflichtteilsrechts im 21. Jahrhundert festgehalten werden, dass der Standpunkt der Beibehaltung des Pflichtteilsrechts zwar dominiert, es aber definitiv eine leichte Tendenz zu mehr Testierfreiheit gibt.[705] Eine Abschaffung des Pflichtteils liegt allerdings noch in weiter Ferne. Erneut ist ein Zitat von Walter Pintens in diesem Zusammenhang sehr aussagekräftig:

> *„Alles weist darauf hin, dass* ***der Pflichtteil noch lange Bestandteil des kontinentalen Erbrechts sein wird****, aber dass die Reformbestrebungen einerseits auf eine* ***Umwandlung des Noterbrechts in natura*** *in einen Pflichtteil* ***in Geld*** *abzielen werden und andererseits auf eine* ***Erweiterung der Gründe, die eine Entziehung des Pflichtteils ermöglichen****. Beide Reformen werden in erster Instanz genügen, um das Spannungsverhältnis zwischen Testierfreiheit und Familienerbrecht zu entspannen. Ob sie langfristig Bestand haben werden, erscheint zweifelhaft. Wenn man Pflichtteil und Noterbrecht als Bestandteil des Erbrechts beibehalten möchte, wird sich die Frage nach der Verhältnismäßigkeit zwischen Pflichtteil*

---

702 Siehe zur Daseinsvorsorge als Aufgabe des Sozialstaats Schauer, Martin. (2001, Seite 75) und Lein, Eva. (2009, Seite 132–133): „Is there still a need for compulsory protectionism in light of governmental **social security systems**, or should the liberty of the deceased and certainty for him not prevail?" (Hervorhebungen hinzugefügt).

703 Siehe beispielsweise Lammerding, Barbara Maria. (2013, Seite 54–56).

704 Siehe stellvertretend für viele Schauer, Martin. (2001, Seite 81) und Dauner-Lieb, Barbara. (2002, Seite 115).

705 Siehe Castelein, Christoph, Foqué René. Verbeke, Alain. (2009, in dem Werk „Imperative Inheritance Law in a Late-Modern Society", auf Seite 219): „We are converging towards a more open system of imperative inheritance law." Siehe für Spanien Martín Casals, Miquel. Solé Feliu, Josep. (2001, Seite 306–307): „Als Allgemeinregel kann man festhalten, daß die Reformbestrebungen der letzten zwei Jahrzehnte das Pflichtteilsrecht als Begrenzung der Testierfreiheit beibehalten haben, und daß sich eine gewisse Tendenz zeigt, diese Testierfreiheit auszudehnen" sowie Lledó Yagüe, Francisco. Monje Balmaseda, Oscar. (2014, Seite 692): „En la doctrina muy pocos son partidarios de la "supresión", más bien la mayoría se inclina a favor de la reducción de la cuota legitimaria, en beneficio de una extensión de la cuota de libre disposición." Oder Fernández-Hierro, María. Fernández-Hierro, Marta. (2010, Seite 78). Siehe auch Beckert, Jens. (2004, Seite 86).

und Erbschaft sowie nach größeren Differenzierungsmöglichkeiten für den Erblasser mit immer mehr Nachdruck stellen."[706]

Die Tendenz zu mehr Testierfreiheit spiegelt sich also in verschiedenen Aspekten wider. Neben der Erweiterung oder Stärkung der Pflichtteilsentziehungsgründe (vor allem die Aufnahme des fehlenden Familienkontakts)[707] und der Umwandlung des materiellen Noterbrechts in natura in einen schuldrechtlichen Anspruch,[708] können auch insbesondere die Minderung der Pflichtteilsquoten[709] und die Abschaffung des Pflichtteilsrechts der Vorfahren[710] genannt werden. Die

706 Siehe Pintens, Walter. (2003, Seite 424). (Hervorhebungen hinzugefügt).

707 Die zerrüttete Familienbeziehung ist beispielsweise weder in Deutschland noch in Spanien als Pflichtteilsentziehungsgrund anerkannt (§ 2333 BGB, Art. 848 ff. CC). In Katalonien wurde die mangelnde Familienbeziehung aber im Jahr 2008 als Entziehungsgrund des Pflichtteils eingeführt (Art. 451–17. 2 e) CCCat). Siehe hierzu ausführlicher Seite 254 der Dissertation unter *C.I.1.b) aa) Das Noterbrecht des Código Civil.*

708 Siehe Pintens, Walter. (2003, Seite 423): „Unverkennbar ist der Trend von einem materiellen Noterbrecht, das als pars hereditatis aus Erbgütern in natura besteht, zu einem Pflichtteil in Geld. Diese Entwicklung ist zu befürworten, da sie einer sozialen Realität gerecht wird." Siehe auch Vaquer Aloy, Antoni. (2007, Seite 7) und José María Miquel González, der in seinem Artikel „Legítima material y legítima formal" hervorhebt, dass in den Niederlanden von einem Anspruch in natura (wie traditionell in Frankreich) zu einem schuldrechtlichen Anspruch des Pflichtteils (wie in Deutschland) gewechselt wurde und dies eine signifikante Minderung der Rechte der Pflichtteilsberechtigten darstellt. Dieser Artikel von Miquel González ist unter folgender Webseite abrufbar: http://www.elnotario.es/index.php/academia-matritense-del-notariado/1544-legitima-material-y-legitima-formal-0-9796865787167909 (zuletzt geprüft am 29.12.2018).

709 Siehe Weber, Susanne. (2012, Seite 161): „... wenn man über Reformen des geltenden Pflichtteilsrechts diskutiert, über eine Absenkung der Pflichtteilsquoten nachzudenken. Und dies wird in der Tat von einem Teil der Rechtslehre seit langem in Betracht gezogen", sowie Vaquer Aloy, Antoni. (2015, Seite 8), Fernández-Hierro, María. Fernández-Hierro, Marta. (2010, Seite 78) oder Lledó Yagüe, Francisco. Monje Balmaseda, Oscar. (2014, Seite 692, bereits in Fußnote 705 wörtlich zitiert, und Seite 697). Siehe auch den in der vorherigen Fußnote zitierten Artikel von José María Miquel González, der vorschlägt die Pflichtteilsquote des spanischen Código Civil von 2/3 auf ¼ zu reduzieren und die „mejora" (Vorzugszuwendung) abzuschaffen.

710 Siehe erneut den in Fußnote 708 zitierten Artikel von José María Miquel González, der einerseits darauf aufmerksam macht, dass in Frankreich im Jahr 2006 das Pflichtteilsrecht der Vorfahren abgeschafft wurde und andererseits für das gemeinspanische Recht ebenfalls vorschlägt, das Pflichtteilsrecht der Vorfahren zu streichen, wenn ein Ehegatte vorhanden ist. Siehe auch Vaquer Aloy, Antoni. (2015, Seite 7): „salvo el

Beschränkung des Pflichtteils auf unterhaltsbedürftige Pflichtteilsberechtigte würde ebenfalls eine Stärkung der Testierfreiheit des Erblassers darstellen. (Früher wurde der Pflichtteil bereits in der DDR und im sozialistischen Osteuropa auf die unterhaltsbedürftigen Hinterbliebenen beschränkt. Heute gilt dies noch in Estland, Litauen und Slowenien. Im englischen Rechtskreis verfolgt die *family provision* dieselbe Absicht).[711] Letztlich ist noch darauf hinzuweisen, dass das Pflichtteilsrecht auch durch die Regel, die eine Schenkung nach Ablauf einer gewissen Zeit für unantastbar erklärt, gemildert wird.[712]

Zum Schluss erscheint es interessant, die Aussage von Andrea Bonomi hervorzuheben, in Bezug darauf, dass die europäische Erbrechtsverordnung nicht neutral hinsichtlich des Gleichgewichts zwischen Testierfreiheit und Pflichtteilsrecht ist. Nicht nur die Einführung einer Rechtswahlmöglichkeit, sondern auch die Änderung des objektiven Anknüpfungspunktes von der Staatsangehörigkeit an den letzten gewöhnlichen Aufenthalt des Erblassers stellt einen wichtigen Flexibilitätsfaktor dar, der die Testierfreiheit stärkt und die Wirksamkeit der Pflichtteilsrechte reduziert oder verringert.[713]

In Anbetracht der Tatsache, dass eine Tendenz zu mehr materiellrechtlicher Testierfreiheit auf dem europäischen Kontinent unverkennbar ist, sollte parallel auch die Tendenz zu mehr kollisionsrechtlichter Parteiautonomie im Erbrecht gefördert werden.[714] Solange der Erblasser aber auf materiellrechtlicher Ebene in

---

Código Civil, prácticamente todos los ordenamientos jurídicos europeos han tendido a reducir el número de familiares con derecho a la legítima" und (2009, Seite 566, insbesondere Fußnote 45). Siehe auch das Gutachten von Martiny, Dieter. (2002, Seite A100–102, 5. Pflichtteilsrecht der Eltern, c) Mögliche Abschaffung oder Senkung, mit einer Auflistung von Autoren, die für die Streichung des elterlichen Pflichtteilsrechts sind, in Fußnote 577). Für einen Überblick der Pflichtteilsrechte der Eltern in ausländischen Rechtsordnungen siehe Seite A99–100 des Gutachtens. Siehe auch Fernández-Hierro, María. Fernández-Hierro, Marta. (2010, Seite 78).

711 Siehe die Stellungnahme des Max-Planck-Instituts für ausländisches und internationales Privatrecht zum Entwurf eines Gesetzes zur Neuregelung des Internationalen Privatrechts von 1983 in RabelsZ 47 (1983, Seite 659–660), Dutta, Anatol. (2011, FamRZ, Seite 1832) und Weber, Susanne. (2012, Seite 167).

712 Siehe Pintens, Walter. (2003, Seite 423 und Fußnote 182); diese Regel findet sich bereits in vielen germanischen Rechtsordnungen, so zum Beispiel in Deutschland (10 Jahre), Niederlanden und Schweiz (5 Jahre) und in Österreich (nur 2 Jahre).

713 Siehe Bonomi, Andrea. (2010, NIPR, Seite 606–607).

714 Siehe auch in diesem Sinne Jayme, Erik. (2009, Seite 2): „In succession law, the freedom of the testator to make a will according to his personal wishes is a value of **increasing** importance, whereas the dominance of rules protecting the family of the deceased is **decreasing**. This development is also paving the way to affording the

beinahe allen europäischen Rechtsordnungen noch beachtliche Einschränkungen in seiner Testierfreiheit erfährt, um die Interessen seiner engsten Familienangehörigen zu schützen, erscheint die Einführung einer freien erbrechtlichen Rechtswahl auf kollisionsrechtlicher Ebene momentan kompliziert, wenn nicht gar unverhältnismäßig. Dies könnte sich natürlich in der Zukunft durch die Akzeptanz einer absolut uneingeschränkten Testierfreiheit und der Abschaffung des Pflichtteilsrechts in Europa ändern. Dabei gilt aber zu berücksichtigen, dass sich das Erbrecht nur sehr langsam entwickelt. Urve Liin schreibt diesbezüglich:

> *„Generally, succession law does not develop by rapid and radical changes, as for example, does contract law. Usually succession law evolves* ***in long gentle waves, by baby steps****, so that profound change may only be appreciated, in retrospect, after long periods have elapsed.“*[715]

b) *Ein Blick auf die spanische legítima im Gegensatz zur Freedom of Testation im Common Law*

Nachdem der Konflikt zwischen der Testierfreiheit und dem Pflichtteilsrecht im vorherigen Punkt aus einer allgemeinen Perspektive untersucht worden ist, sollen nun einige konkrete Rechtsordnungen herangezogen werden, um zu verdeutlichen, wie unterschiedlich dieser Konflikt materiellrechtlich in der Praxis gehandhabt wird. Hierfür bietet sich der sehr kontrastreiche Vergleich zwischen dem restriktiven spanischen Noterbrecht und der sehr weit gefassten Testierfreiheit im anglo-amerikanischen Rechtskreis an.

Vorab kann schon einmal festgehalten werden, dass es in Europa keine einzige Rechtsordnung gibt, die für den Erblasser eine absolute Testierfreiheit vorsieht.[716] Selbst im englischen Recht kann aufgrund des Instituts der *family provision* nicht von einer absoluten Testierfreiheit des Erblassers gesprochen werden. Darauf wird später ausführlicher zurückzukommen sein. Eine Ausnahme kann allerdings genannt werden. In einem kleinen Teil eines spanischen Foralrechtsgebiets im Baskenland, im Fuero de Ayala, existiert tatsächlich eine absolute Testierfreiheit

---

testator autonomy to choose the applicable law in international cases.“ (Hervorhebungen hinzugefügt).

715 Siehe Liin, Urve. (2001, Seite 114, Hervorhebungen hinzugefügt, auch online abrufbar unter: http://www.juridicainternational.eu/public/pdf/ji_2001_1_114.pdf, zuletzt geprüft am 29.12.2018).

716 Siehe Fernández-Hierro, María. Fernández-Hierro, Marta. (2010, Seite 24): „en Europa no existe un solo ordenamiento jurídico que permita de forma absoluta la libertad de testar.“

für den Erblasser. Auch in Navarra kann von einer faktisch absoluten Testierfreiheit gesprochen werden.[717] Auf den ersten Blick erscheint es sehr eigenartig, dass ausgerechnet einige Teilrechtsgebiete Spaniens über eine so weitgehende Testierfreiheit verfügen. Wo doch das gemeinspanische Recht, wie im Anschluss verdeutlicht werden wird, sehr hohe Pflichtteilsquoten vorsieht. Die Foralrechte beinhalten aber allgemein sehr unterschiedliche Bestimmungen, nicht nur zum *Código Civil*, sondern auch untereinander.[718]

aa) Das Noterbrecht des Código Civil

Das spanische Erbrecht folgt dem Prinzip der Familienerbfolge und gewährleistet, dass bestimmte Personen immer eine Mindestbeteiligung am Nachlass und am verschenkten Vermögen des Verstorbenen erhalten. Diese Personen werden *legitimarios* (Pflichtteilsberechtigte) genannt. Es handelt sich hierbei um die nächsten Verwandten und um den Ehegatten des Erblassers.[719] Als Erstes sind die Kinder (oder ggf. die entfernteren Abkömmlinge des Erblassers) zum Pflichtteil berechtigt. Nur wenn der Verstorbene keine Abkömmlinge hatte, erben seine Eltern. Nach dem *Código Civil* wären auch die Großeltern (oder ggf. die entfernteren Vorfahren) pflichtteilsberechtigt, wenn die Eltern des Erblassers nicht mehr leben. Viele Foralrechte enthalten diesbezüglich abweichende Regelungen.

Wie bereits erwähnt, haben die Pflichtteilsberechtigten in Spanien anders als in Deutschland, nicht nur einen schuldrechtlichen oder finanziellen Anspruch gegenüber den Erben, sondern sie werden direkt zu Eigentümern des ihnen zustehenden Anteils an der Erbschaft. Dadurch haben sie die Stellung eines gesetzlichen Erben. Und genau aus diesem Grund werden sie auch als Not- oder Zwangserben (*herederos forzosos*) bezeichnet.[720] Bei der Pflichtteilsberechnung werden in Spanien auch die zu Lebzeiten erfolgten Schenkungen (*donatum*),

---

717 Siehe Vaquer Aloy, Antoni. (2009, Seite 565): „Today, within Europe, an absolute freedom of testation exists only in some Spanish regions."

718 Siehe für eine Begründung der Vielfältigkeit der Foralrechte Oppermann, Karl Felix. (2016, Seite 75 ff. und auf Seite 82): „Wie dargestellt, sind die verschiedenen Foralrechte Spaniens in erster Linie aufgrund der jahrhunderteübergreifenden Phase der *Reconquista* sehr unterschiedlich gewachsten. Dementsprechend uneinheitlich sind sie."

719 Zum spanischen Pflichtteilsrecht siehe zum Beispiel Lledó Yagüe, Francisco. (2012, Seite 115 ff.), De la Cámara Álvarez, Manuel. (2011, Seite 247 ff.), Martínez Espín, Pascual. (2014, Seite 175 ff.) oder Vaquer Aloy, Antoni. (2012, Seite 105 ff.).

720 Siehe hierzu Steinmetz, Alexander. Huzel, Erhard. García Alcázar, Rocío. (2015, Seite 1312), Lutz, Ina. (2011, Seite 79) und Oppermann, Karl Felix. (2016, Seite 71–72).

berücksichtigt. Anders als in Deutschland, wo gem. § 2325 BGB nur die in den letzten zehn Jahren vor dem Tod des Erblassers erfolgten Schenkungen einbezogen werden, setzt das spanische Erbrecht in den Art. 819 ff. CC keine Frist fest.[721] Auch gibt es im gemeinspanischen Recht keine Pro-Rata-Lösung wie im deutschen Recht, die die länger zurückliegenden Schenkungen jedes Jahr um ein Zehntel mindert.[722]

Im gemeinspanischen Erbrecht ist die *legítima* (der Pflichtteil oder das Noterbrecht) in den Art. 806 ff. CC geregelt und beträgt je nach Personenkonstellation verschiedene Anteile.[723] Die Kinder oder entferntere Abkömmlinge erhalten zwei Drittel des Nachlasses.[724] Von diesen zwei Dritteln muss der Erblasser ein Drittel gleichmäßig zwischen seinen Kindern verteilen (*legítima estricta* oder *reserva*). Das andere Drittel, den sogenannten *tercio de mejora* (Aufbesserung oder Vorzugszuwendung), kann er zwischen seinen Kindern und Enkelkindern nach Belieben aufteilen. So könnte der Erblasser dieses zweite Drittel des Nachlasses auch nur einem seiner Kinder oder Enkelkinder zuwenden. Zwei Szenarien sind bei einem Erblasser mit zwei Abkömmlingen denkbar. Zur bildlicheren Vorstellung siehe die Abbildung 4 auf Seite 251.

Am Rande sei hier erwähnt, dass das Pflichtteilsrecht der Abkömmlinge in Norwegen ebenfalls noch zwei Drittel des Nachlasses beträgt. Allerdings wird dort die Höhe des Pflichtteils auf eine Million norwegische Kronen (etwa 112.000 Euro)[725] pro Kind begrenzt. Der im Jahr 2014 vorgelegte Vorschlag für ein neues

---

721 Anders ist es beispielsweise im katalanischen Recht, in dem auch eine Zehnjahresfrist gem. Art. 451-5 b) CCCat vorgesehen ist. Es sei denn, die Schenkung erfolgt als vorzeitige Pflichtteilszahlung.

722 Zur deutschen im Jahr 2010 eingeführten Pro-Rata-Lösung siehe stellvertretend für alle Haas, Ingeborg. (2009, Seite 28 ff.).

723 Siehe Lutz, Ina. (2011, Seite 51–53), Martínez Espín, Pascual. (2014, Seite 176–181) sowie Ochoa Marco, Raúl. Sebastián Chena, Marta Soledad. (2017, Seite 55 ff.). Siehe auch Lledó Yagüe, Francisco. Monje Balmaseda, Oscar. (2014, 2.3.1. Legítima de los descendientes, Seite 675–678) und Martín Casals, Miquel. Solé Feliu, Josep. (2001, Seite 308).

724 Zuvor betrug die spanische *legítima* für Abkömmlinge sogar vier Fünftel. Siehe den in Fußnote 708 zitierten Artikel von José María Miquel González. Nach dem biskayischen Foralrecht beträgt die Pflichtteilsquote auch heute noch vier Fünftel für die Abkömmlinge des Erblassers, siehe Martín Casals, Miquel. Solé Feliu, Josep. (2001, Seite 314), Oppermann, Karl Felix. (2016, Seite 91) und Lledó Yagüe, Francisco. Monje Balmaseda, Oscar. (2014, 4.2. Algunas notas de interés en el Derecho Civil Foral del País Vasco, Seite 702–703).

725 Siehe folgenden für die Umrechnung konsultierten Währungsrechner: http://www.finanzen.net/waehrungsrechner/norweg-krone_euro (zuletzt geprüft am 29.12.2018).

Ohne Aufteilung der Vorzugszuwendung — *Vorzugszuwendung zugunsten eines Abkömmlings*

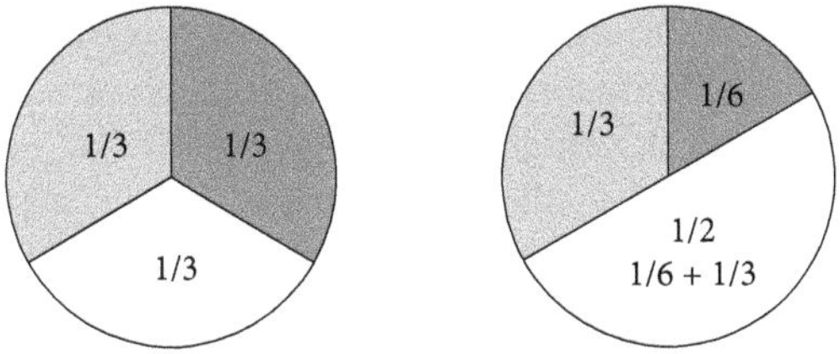

Jedes Kind erhält 1/3 des Nachlasses. Die freie Quote des Erblassers beträgt ebenfalls 1/3.

Das bevorzugte Kind erhält die 1/2 des Nachlasses. Für das andere Kind bleibt 1/6 über (die 1/2 von dem 1/3 der reserva).

Abb. 4: Aufteilung der legítima bei einem Erblasser mit zwei Abkömmlingen im gemeinspanischen Erbrecht.

Erbgesetz in Norwegen sieht aber vor, den Pflichtteil der Abkömmlinge auf die Hälfte (ohne konkurrierenden Ehegatten) oder auf ein Viertel (bei vorhandenem Ehegatten) des Erbes zu reduzieren.[726]

Die Eltern oder Vorfahren erhalten in Spanien neben dem Ehegatten, wenn keine Abkömmlinge des Erblassers vorhanden sind, ein Drittel des Nachlassvermögens. Sollte der Erblasser weder Abkömmlinge noch Ehegatten haben, erhalten die Eltern (bzw. die Vorfahren) die Hälfte der Erbschaft.[727] Dem hinterbliebenen Ehegatten steht hingegen immer nur ein Nießbrauchsrecht an einem Bruchteil des Nachlasses zu. Die Höhe dieses Bruchteils hängt von den überlebenden Verwandten des Erblassers ab. Wenn gemeinsame Abkömmlinge vorhanden sind, erhält der überlebende Ehegatte den Nießbrauch an einem Drittel der Erbschaft,

726 Siehe hierzu Sedlmayr, Ralf. (2015, Seite 944–946, III. Pflichtteil), Frantzen, Torstein. (2004, Seite 192), Pintens, Walter. (2003, Seite 424) sowie Vaquer Aloy, Antoni. (2007, Seite 5) und (2009, Seite 568–569). Der norwegische Gesetzesvorschlag von 2014 (Prop. 107 L (2017–2018) - Lov om arv og dødsboskifte (arveloven)) kann unter folgendem Link abgerufen werden: https://www.regjeringen.no/no/dokumenter/prop.-107-l-20172018/id2604951/sec1 (zuletzt geprüft am 29.12.2018).

727 Siehe Lledó Yagüe, Francisco. Monje Balmaseda, Oscar. (2014, 2.3.2. Legítima de los ascendientes, Seite 678–682) und Martín Casals, Miquel. Solé Feliu, Josep. (2001, Seite 309).

neben Vorfahren erhöht sich der Bruchteil auf die Hälfte und neben entfernteren Verwandten auf zwei Drittel.[728]

In den meisten Foralrechten gestaltet sich die Aufteilung des Pflichtteils allerdings anders als im gemeinspanischen Erbrecht. In Katalonien zum Beispiel haben die Pflichtteilsberechtigten gem. Art. 451–1 ff. CCCat – wie in Deutschland – lediglich einen schuldrechtlichen Anspruch, werden selbst aber nicht zu Erben.[729] Den Kindern oder entfernteren Abkömmlingen steht dieser Anspruch in Höhe eines Viertel des Nachlassvermögens zu. Die Eltern erhalten indessen nur ein Viertel, wenn keine Abkömmlinge vorhanden sind. Im Gegensatz zum spanischen Erbrecht sind hier nur die Eltern und nicht auch die Großeltern oder Urgroßeltern mit eingeschlossen.

Der Ehegatte oder Lebenspartner hat in Katalonien im engeren Sinne kein Pflichtteilsrecht. Nur wenn er selbst bedürftig ist, i.e. über keine finanziellen Mittel verfügt, um sein Unterhalt zu zahlen, kann er gem. 452–1 CCCat von den Erben verlangen bis zu ein Viertel des Nachlasses in Geld oder in Güter ausgezahlt zu bekommen. Dieses Recht wird auf Katalanisch *quarta vidual* (Witwenviertel) genannt. Unabhängig davon sieht Art. 231–31 CCCat auch das *any de plor* (Trauerjahr) für den überlebenden Ehegatten vor, damit er das gemeinsame eheliche Heim nach dem Tod des Erblassers noch ein Jahr nutzen kann und von dessen Vermögen versorgt wird.[730]

Wie bereits erwähnt, ist es sehr bemerkenswert, dass der Erblasser in Navarra über eine „fast" absolute Testierfreiheit verfügt. Das Pflichtteilsrecht hat nach dem navarrischen Foralrecht einen rein formellen Charakter und besteht aus Geldstücken einer nicht mehr existierenden Währung und an einem Anteil an kommunalen Wäldern (Ley 267 CDCFN). Allerdings ist die Testierfreiheit des Erblassers in Navarra trotz des faktisch nicht existierenden Pflichtteilsrechts aufgrund des dem Ehegatten zustehenden Nießbrauches am gesamten Nachlass (*usufructo de fidelidad*, Ley 253 ff. CDCFN) und der Regelung der Ley 272 CDCFN, die die

728 Siehe Lledó Yagüe, Francisco. (2012, Seite 118) und Martín Casals, Miquel. Solé Feliu, Josep. (2001, Seite 309–310).

729 Siehe Vaquer Aloy, Antoni. (2012, Seite 110): „According to art. 451-1 CCCat, the compulsory share is the right of certain relatives to obtain a "patrimonial value" in a given succession." Bei der Reform des katalanischen Erbrechts wurde sogar über eine vollständige Abschaffung des Pflichtteils nachgedacht, siehe Oppermann, Karl Felix. (2016, Seite 97, Fußnote 576).

730 Zur *quarta vidual* siehe Ebrat Picart, Alejandro. (2012, Seite 112–115) und Gómez Taboada, Jesús. (2012, Seite 423–426). Zum *any de plor* (año de viudedad) siehe bei Gómez Taboada Seite 419–420.

Kinder aus der ersten Ehe schützt, indem diese nicht weniger erhalten dürfen als die aus der zweiten Ehe, immer noch etwas beschränkt.[731] Im Fuero de Ayala (Teil des Baskenlands in Álava) kann sich der Erblasser indessen an einer tatsächlich uneingeschränkten Testierfreiheit erfreuen (Art. 134 LDCFPV). Selbst der Ehegatte kann hier enterbt werden, ohne dabei pflichtteilsberechtigt zu sein. Meistens wird der Ehegatte durch die Auflösung der foralen Gütergemeinschaft jedoch nicht leer ausgehen.[732]

Auch sind die Pflichtteilsentziehungsgründe, die im spanischen Recht in den Art. 848 ff. CC geregelt sind, zu erwähnen. Anders als in Deutschland stimmen die Pflichtteilsentziehungsgründe in Spanien praktisch mit den Erbunwürdigkeitsgründen des Art. 756 CC überein.[733] Damit der Pflichtteilsberechtigte sein Recht verliert, muss eine schwerwiegende Verfehlung seinerseits gegenüber dem Erblasser vorliegen, wie z.B. eine schwere *körperliche* Misshandlung.[734]

Meistens ist der Hauptgrund, der den Erblasser zum Pflichtteilsentzug führt, jedoch ein anderer: der fehlende Familienkontakt. Beispielsweise bei Kindern, die nichts von ihren Eltern wissen wollen und sich schon jahrelang nicht mehr um sie kümmern. Dieser Grund wird aber weder im deutschen noch im gemeinspanischen Recht explizit als Pflichtteilsentziehungsgrund anerkannt (§ 2333 BGB, Art. 848 ff. CC). Bedeutungsvoll ist allerdings, dass der spanische Tribunal Supremo in seinem Urteil vom 3. Juni 2014, den seit sieben Jahren abgebrochenen

---

731 Siehe zur fast absoluten Testierfreiheit in Navarra insbesondere Fernández-Hierro, María. Fernández-Hierro, Marta. (2010, Seite 55–56). Siehe auch Lledó Yagüe, Francisco. Monje Balmaseda, Oscar. (2014, Seite 667 und 711), Martín Casals, Miquel. Solé Feliu, Josep. (2001, Seite 314–315), Oppermann, Karl Felix. (2016, Seite 98–100, 6. Navarra) und Vaquer Aloy, Antoni. (2009, Seite 565, Fußnote 39) und (2012, Seite 116).

732 Zur absoluten Testierfreiheit im Fuero de Ayala siehe Martín Casals, Miquel. Solé Feliu, Josep. (2001, Seite 314), Oppermann, Karl Felix. (2016, Seite 88–89, 3. Baskenland, a) Alava: Absolute Testierfreiheit in Ayala), Vaquer Aloy, Antoni. (2012, Seite 118) und Lledó Yagüe, Francisco. Monje Balmaseda, Oscar. (2014, Seite 699, sowie 4.2. Algunas notas de interés en el Derecho Civil Foral del País Vasco, Seite 703), der explizit hervorhebt, dass die absolute Testierfreiheit im Fuero de Ayala „una excepción única en el territorio español" ist. Für einen guten Überblick zu den abweichenden Pflichtteilsregelungen der restlichen hier noch nicht angesprochenen Foralrechte (Aragonien, die Balearen, das Baskenland und Galizien) siehe Oppermann, Karl Felix. (2016, Seite 82–101, III. Sachrechtliche Besonderheiten der heutigen Foralrechte) oder Fernández-Hierro, María. Fernández-Hierro, Marta. (2010, Seite 55–78).

733 Siehe Lledó Yagüe, Francisco. (2012, Seite 148).

734 Siehe hierzu beispielsweise Lutz, Ina. (2011, Seite 55–58).

Kontakt der Kinder zum Vater während seiner schweren Krankheit als *psychologische* Misshandlung und somit als Enterbungsgrund anerkannt hat.[735]

Auch muss erneut unterstrichen werden, dass im Jahr 2008 die eindeutig mangelnde Familienbeziehung zwischen dem Erblasser und dem Pflichtteilsberechtigten als Entziehungsgrund des Pflichtteils in das katalanische Erbrecht aufgenommen wurde (Art. 451–17. 2 e) CCCat). Dieser Fall tritt aber nur ein, wenn die Ursache des fehlenden fortdauernden Kontakts ausschließlich beim Pflichtteilsberechtigten liegt. Auch wenn es durchaus zu Beweisschwierigkeiten kommen kann, ist in Katalonien die Testierfreiheit des Erblassers durch die Aufnahme dieses neuen Pflichtteilsentziehungsgrunds etwas erweitert worden.[736]

Ein Erbverzicht (und somit auch ein Pflichtteilsverzicht) ist nach spanischem Erbrecht, anders als in Deutschland,[737] ausdrücklich gem. Art. 816 CC verboten. Sollte so ein Verzicht dennoch stattfinden, würde er als nichtig angesehen werden. Anders ist wiederum die Rechtslage in Katalonien, Art. 451–26 CCCat erlaubt den Pflichtteilsverzicht unter gewissen Umständen.

Zusammenfassend kann auf jeden Fall festgehalten werden, dass die Pflichtteilsquote des gemeinspanischen Rechts für Abkömmlinge in Höhe von zwei Dritteln heutzutage absolut übermäßig erscheint, selbst wenn ein Drittel als Vorzugszuwendung (*tercio de mejora*) zur Flexibilisierung gedacht ist.[738] Der

---

735 Siehe das Urteil STS 2484/2014: http://www.poderjudicial.es/search/contenidos.action?action =contentpdf&databasematch = TS&reference = 7116238&links =&optimize =20140704&publicinterface=true (zuletzt geprüft am 29.12.2018) und die Kommentierung von Chocomeli, Carmen. Idelmann, Bernhard. (2014, Seite 178–179), die die Entscheidung als „eine längst überfällige Kehrtwende" ansehen.

736 Siehe hierzu den Beitrag „Freedom of Testation, Compulsory Share and Disinheritance Based on Lack of Family Relationship" von Antoni Vaquer Aloy in Anderson, Miriam. Arroyo i Amayuelas, Esther. (2011, Seite 95 ff.) und den Artikel von José Manuel Sánchez Tapia „Sucesiones. La ausencia de relación familiar, justa causa de desheredación en el Derecho Catalán", abrufbar unter: http://hayderecho.com/2010/12/20/la-ausencia-de-relacion-familiar-justa-causa-de-desheredacion-en-el-derecho-catalan/ (zuletzt geprüft am: 29.12.2018).

737 Gemäß § 2346 Abs. 1 BGB können sowohl die Verwandten als auch der Ehegatte des Erblassers schon im Vorfeld des Eintritts des Erbfalls auf das Erbe (inklusiver Pflichtteil) vertraglich verzichten. Der Verzicht kann aber auch nur auf den Pflichtteil beschränkt werden (§ 2346 Abs. 2 BGB). Siehe hierzu Tersteegen, Jens. (2015, Seite 407) und Zimmermann, Walter. (2019, Seite 195 ff.).

738 Siehe die Argumente, die zur Abschaffung oder Minderung der Pflichtteilsquoten bereits auf Seite 242 ff. unter Abschnitt *C.I.1.a)* in diesem dritten Kapitel der Dissertation aufgeführt wurden.

Erblasser kann nicht einmal über die Hälfte seines Vermögens frei verfügen. Diese Ansicht, dass der Pflichtteil für die Kinder des Erblassers im *Código Civil* zu hoch ist, wird auch vielfach in der spanischen Literatur vertreten. Dem ist meines Erachtens zuzustimmen. Im Schrifttum wird sowohl für eine komplette Abschaffung der Institution des Pflichtteilsrechts, als auch (überwiegend) für eine starke Reduzierung des spanischen Pflichtteilsrechts plädiert.[739]

bb) Die (absolute) Testierfreiheit im anglo-amerikanischen Rechtskreis

Im Gegensatz zu den kontinentaleuropäischen Rechtsordnungen sehen die meisten Common Law Rechtsordnungen kein Pflichtteilsrecht für die nahen Angehörigen des Erblassers vor. Die gewährte Testierfreiheit gestaltet sich in letzteren Rechtsordnungen folglich weiter als auf dem europäischen Kontinent.[740] Dennoch kann auch im anglo-amerikanischen Rechtskreis nicht von einer absoluten Testierfreiheit gesprochen werden, wie anschließend darzulegen ist.

(1) Das englische Recht

Bis 1938 herrschte in England und Wales eine tatsächlich uneingeschränkte Testierfreiheit für den Erblasser. Im Ausgangspunkt geht das englische Recht auch heute noch von einer absoluten Testierfreiheit aus.[741] Seit dem Erlass des *Family Protection Act 1938* gibt es aber eine bedeutende Begrenzung. Es wurde das Institut der *family provision*, welches als englisches Gegenstück zum klassischen kontinentaleuropäischen Pflichtteilsrecht beschrieben werden kann, eingeführt.[742]

---

739 Siehe stellvertretend für alle Lledó Yagüe, Francisco. Monje Balmaseda, Oscar. (2014, Seite 693) und José María Miquel González: http://www.elnotario.es/index.php/academia-matritense-del-notariado/1544-legitima-material-y-legitima-formal-0-9796865787167909 (zuletzt geprüft am 29.12.2018), der vorschlägt, den Pflichtteil der Abkömmlinge auf ein Viertel zu reduzieren und die Vorzugszuwendung zu streichen. Siehe insbesondere auch den Artikel „Hacia un nuevo enfoque de las legítimas" von Cobas Cobiellas, María Elena. (2006, Seite 59 ff. in Fußnote 43): „La doctrina en la materia se agrupa fundamentalmente en dos tesis: unos que piensan que las legítimas deberían desaparecer y otro grupo quizás menos radical entiende que deben modificarse las cuantías de las legítimas disminuyendo las que actualmente corresponden a los descendientes propugnando una mayor libertad de testar."

740 Auch in anderen Rechtsordnungen, wie z.B. in Thailand, ist kein Pflichtteilsrecht vorgesehen. Siehe hierzu Oppermann, Karl Felix. (2016, Seite 70, Fußnote 425) und König-Tumpiya, Christian. (2019, Band VIII, Thailand Grdz., V. Pflichtteilsrecht, Seite 22).

741 Siehe Dauner-Lieb, Barbara. (2002, Seite 118).

742 Siehe Trulsen, Marion. (2004, Seite 21): „Mit dem Family Protection Act 1938 erhielt auch das englische Recht eine Begrenzung der Testierfreiheit, um die in den

Dieses Institut gewährleistet gewissen Personen im Einzelfall eine bedarfsabhängige[743] Unterhaltssicherung zulasten der Erbschaft, wenn sie entweder gar nicht oder nicht ausreichend bedacht worden sind.[744] Anspruchsberechtigt sind nach dem heute geltenden *Inheritance (Provision for Family and Dependants) Act 1975*:[745] der Ehegatte, der Partner einer nicht ehelichen Lebensgemeinschaft,[746]

Parlamenten über 10 Jahre hinweg gerungen worden war" und auf Seite 22: „Der Anstoß zu dem Gesetz ging darauf zurück, daß einzelnen Mitgliedern des Parlamentes Fälle bekannt geworden waren, bei denen der Erblasser seine Familie aus nicht nachvollziehbaren und daher ungerechtfertigten Gründen enterbt hatte." Siehe auch Fernández-Hierro, María. Fernández-Hierro, Marta. (2010, Seite 26): „No obstante hay que precisar que actualmente en los países de Derecho anglosajón tampoco la libertad de testar es absoluta (como lo era, por ejemplo en Inglaterra y Gales hasta 1938)." Zur Entstehung und Geschichte des Family Provision Act siehe Wolff, Lorenz. (2011, Seite 151 ff.).

743 In Zusammenhang mit der Bedürftigkeit der *family provision* kann aufgeführt werden, dass einige europäische Rechtsordnungen ebenfalls „bedarfsabhängige" Pflichtteilsrechte vorsehen. So Estland, Litauen, Slowenien, Polen oder Russland. Siehe hierzu Vaquer Aloy, Antoni. (2007, Seite 6–7) und Fernández-Hierro, María. Fernández-Hierro, Marta. (2010, Seite 27).

744 Siehe Fernández-Hierro, María. Fernández-Hierro, Marta. (2010, Seite 26: „el reconocimiento a determinados parientes y al cónyuge del derecho a obtener alimentos cualquiera que sea la disposición del testador" und Seite 28: „solicitar al Tribunal una "provision" en el supuesto de que el testador en el testamento (o bien las normas de sucesión intestada) no realice una atribución económica razonable a su favor."), sowie Mansel, Heinz-Peter. (2006, Seite 216 ff.). Siehe auch Pintens, Walter. (2003, Seite 422) und Kroll-Ludwigs, Kathrin. (2013, Seite 500).

745 Siehe Wolff, Lorenz. (2011, Seite 156–157): „Die letzten Änderungen dieses Acts kamen durch den Law Reform (Succession) Act 1995 und den Civil Partnership Act 2004 hinzu." Und Pfundstein, Tobias. (2010, Seite 21): „Nach Sec. 1(1) dieses Gesetzes ist Grundvoraussetzung, dass der Erblasser sein letztes *domicile* in England oder in Wales hatte."

746 Siehe Meston, Michael. (2001, III. Der unverheiratete Partner, Seite 85): „Seit 1995 darf sich in England der unverheiratete Partner an das Gericht wenden, um eine angemessene Zuwendung zu erhalten. Vorher durfte der Partner nur dann einen Anspruch stellen, wenn es möglich war zu beweisen, dass er vom Verstorbenen finanziell abhängig war. Ein solcher Beweis der Abhängigkeit wird nun nicht mehr verlangt. Allerdings ist die Höhe der Zuwendung in solchen Fällen niedriger als im Falle eines verheirateten Ehegatten."

die Abkömmlinge, die Eltern und die Personen, die bisher vom Erblasser Unterhalt bezogen haben.[747]

Dabei nimmt der überlebende Ehegatte einer noch bestehenden Ehe eine besondere Stellung ein. Als einziger der Anspruchsberechtigten einer *family provision* kommt es bei ihm nicht auf seinen Unterhaltsbedarf an. Er erhält immer eine Versorgung und es wird darauf geachtet, dass diese in Anbetracht aller Umstände angemessen ist. Zur Berechnung wird hauptsächlich berücksichtigt, was der Ehegatte bei Auflösung der Ehe durch Scheidung erhalten hätte.[748] Es wird der bisherige aber auch der zukünftige zu erwartende eheliche Lebensstandard beachtet (z.B. bei einem frühzeitig verstorbenen Ehegatten, der gute berufliche Aussichten gehabt *hätte*). Andere Umstände, die ebenfalls eine Rolle spielen, sind das Alter, die Dauer der Ehe und der Einsatz für die Familie des Erblassers. Diese Besserstellung des überlebenden Ehegatten hängt damit zusammen, dass das englische Recht nur die Gütertrennung vorsieht. Der geschiedene Ehegatte erhält indessen – wie alle anderen Berechtigten – nur das, was für seinen Unterhalt notwendig ist. Auch der Partner einer nicht ehelichen Lebensgemeinschaft steht schlechter als der Ehegatte einer noch bestehenden Ehe dar.[749]

Bei Kindern stehen die Chancen auf den Erhalt einer *family provision* höher, wenn sie minderjährig sind und/oder sich in einer Ausbildung befinden. Erwachsene Kinder, die bereits selbst ihren Lebensunterhalt verdienen, werden nur selten Erfolg haben. Anders sieht es aus, wenn letztere schwer krank und arbeitsunfähig sind.[750]

---

747 Zu den möglichen Anspruchsberechtigten der englischen *family provision* siehe ausführlich Trulsen, Marion. (2004, Seite 91–105). Siehe auch Meston, Michael. (2001, Seite 82–83).

748 Siehe Kroll-Ludwigs, Kathrin. (2013, Seite 501), die darauf hinweist, dass „auf diese Weise die Rechtsunsicherheit, die mit einer Ermessensentscheidung bzgl. der Bemessung einer „reasonable" *family provision* zwangsläufig verbunden ist, [beim Ehegatten] auf ein erträgliches Maß reduziert" wird.

749 Zur Berechnung der *family provision* beim Ehegatten siehe insbesondere Trulsen, Marion. (2004, Seite 127–130 (bei noch bestehender Ehe) und Seite 130–131 (bei geschiedener Ehe). Auf Seite 131 zur Berechnung bei dem Partner einer nicht ehelichen Lebensgemeinschaft). Siehe auch Wolff, Lorenz. (2011, Seite 173), der hervorhebt, dass „besonders in Fällen kleiner Nachlässe das Gericht oft keine andere Wahl (hat), als dem überlebenden Ehegatten nur den notwendigen Unterhalt zukommen zu lassen."

750 Siehe hierzu Trulsen, Marion. (2004, Seite 131–132 (das leibliche Kind) und Seite 132–133 (das Kind, das als eigenes behandelt wurde).

Die Eltern haben grundsätzlich keinen Anspruch auf eine *family provision*. Es sei denn, sie können in die Gruppe der Personen, die bisher vom Erblasser Unterhalt bezogen haben, eingeordnet werden. In diese Gruppe der Unterhaltsempfänger können heutzutage auch die Partner einer gleichgeschlechtlichen Lebenspartnerschaft fallen. Bei der Berechnung einer möglichen Zuwendung kommt es primär auf die vom Erblasser für den Antragsteller übernommene Verantwortung an.[751]

Auf jeden Fall muss hervorgehoben werden, dass der Richter über eine große Ermessensfreiheit verfügt, um zu entscheiden, ob und gegebenenfalls in welcher Höhe und auf welche Art (periodische oder einmalige Geldzahlungen, lebenslanges Nießbrauchsrecht an der Ehewohnung, Übertragung einzelner Gegenstände, Bildung eines Trusts z.B. bei Minderjährigen)[752] eine *family provision* im Einzelfall erteilt wird.[753] Mit Ausnahme des überlebenden Ehegatten, geht das Gericht bei der Berechnung der Zuwendung bei den anderen Anspruchsberechtigten immer vom *maintenance standard* aus.[754] Für die Berechnung der *family provision* wird das *net estate* herangezogen, i.e. der gesamte Nachlasswert des Erblassers

---

751 Siehe Trulsen, Marion. (2004, Seite 100–104 (Personen, die bisher vom Erblasser Unterhalt bezogen) und Seite 104–105 (die Eltern), sowie zur Berechnung Seite 133).

752 Zur Zahlungsweise siehe insbesondere Trulsen, Marion. (2004, Seite 137–140), Wolff, Lorenz. (2011, Seite 173), Fernández-Hierro, María. Fernández-Hierro, Marta. (2010, Seite 29) und Pintens, Walter. (2003, Seite 422).

753 Siehe Fernández-Hierro, María. Fernández-Hierro, Marta. (2010, Seite 28–29, auf Seite 28): „El juez inglés tiene amplias libertades para valorar las circunstancias del caso, y determinar si procede o no la concesión de esta "provision", y cómo articularla en relación con la herencia del causante". Siehe auch Vaquer Aloy, Antoni. (2007, Seite 5): „El tribunal goza de una amplia discreción tanto para decidir si concede la *family provision* como su cuantía" sowie Trulsen, Marion. (2004, Seite 108, a) Weites Ermessen) und Pintens, Walter. (2003, Seite 422).

754 Zum *maintenance standard* siehe Wolff, Lorenz. (2011, Seite 173–175, auf Seite 174–175): „Maintenance geht aber über die bloße Sicherung des Existenzminimums hinaus. Sie soll dem Berechtigten die Führung eines ihm standesgemäßen Lebens gewährleisten." Und Vaquer Aloy, Antoni. (2007, Seite 5): „el llamado estándar de mantenimiento, que no equivale simplemente al sufragio de necesidades elementales para la vida ni a los deseos de bienestar". Zu den vom Gericht für alle Personengruppen zu befolgenden Guidelines (die finanziellen Bedürfnisse und Ressourcen des Antragstellers und die Verpflichtungen des Erblassers ihm gegenüber, die Höhe des Nachlasses, das Verhalten aller Beteiligten) siehe z.B. Trulsen, Marion. (2004, Seite 112 ff.), Fernández-Hierro, María. Fernández-Hierro, Marta. (2010, Seite 28–29) oder Vaquer Aloy, Antoni. (2007, Seite 5).

im Zeitpunkt seines Todes abzüglich der Schulden und der Beerdigungskosten.[755] Die Flexibilität seitens der englischen Gerichte auf die verschiedenen Umstände jedes Einzelfalles eingehen zu können, kann als Vorteil betrachtet werden. Der dafür zu zahlende Preis ist die im Vorfeld entstehende Rechtsunsicherheit und die Komplexität, die finanzielle Situation zwischen dem Erblasser und den Anspruchsberechtigten einer *family provision* nachzuweisen.[756]

Als Fazit zur *family provision* kann gesagt werden, dass seit ihrer Einführung im Jahr 1938 keine absolute Testierfreiheit mehr im englischen Recht herrscht. Je nach Konstellation und Bedürftigkeit der Hinterbliebenen, schränkt dieses Instrument die Testierfreiheit des Erblassers mal mehr, mal weniger ein. Insbesondere wenn der Ehegatte einer noch bestehenden Ehe nicht bedacht wurde, ist fest damit zu rechnen, dass ein bedeutender Teil des Nachlasses ihm als *family provision* (gegen den Willen des Erblassers) zugesprochen wird. Umso höher der Lebensstandard, desto höher wird auch die *family provision* ausfallen. Von einer uneingeschränkten Testierfreiheit kann im Falle eines überlebenden Ehegatten also kaum die Rede sein.[757]

Ganz anders sieht es zum Beispiel aus, wenn der Erblasser nur erwachsene nicht bedarfsabhängige Abkömmlinge hinterlässt. In so einem Fall kann durchaus von einer sehr weitgehenden, im Grunde absoluten, Testierfreiheit im englischen Recht gesprochen werden. Allgemein ist daher schwierig festzustellen, ob die *family provision* ein schwächeres Schutzinstrument als das kontinentaleuropäische Pflichtteilsrecht darstellt.[758] Es kommt wahrhaftig auf das Zusammentreffen,

---

755 Zum *net estate* siehe Wolff, Lorenz. (2011, Seite 182). Für gute Rechenbeispiele, die auf Rechtsprechungsfälle basieren, siehe Trulsen, Marion. (2004, Seite 133–136).

756 Siehe Vaquer Aloy, Antoni. (2007, Seite 6, „…desde el punto de vista del jurista continental la regulación se muestra imprecisa en exceso“ und Fußnote 16: „Por otra parte, se obliga al juez – y a las partes – a realizar un ímprobo esfuerzo para detallar el estado financiero y las relaciones entre los contendientes y el causante antes, durante y después del otorgamiento del testamento, incluso tras su muerte. Sólo hace falta leer alguna sentencia inglesa para comprender la dificultad – a la par que el grado de discreción de que disfruta – a la que debe enfrentarse el juez.“) Siehe auch Wolff, Lorenz. (2011, Seite 151).

757 Auch Dutta, Anatol. (2011, Europäisches Erb-und Erbverfahrensrecht, Seite 69), hebt hervor, dass die englische *family provision* zum Teil über das kontinentale Pflichtteilsrecht hinausgehen kann, insbesondere i.Z.m. dem Schutz des überlebenden Ehegatten.

758 Einerseits wird bei vielen Autoren die „limited protection“, die die *family provision* darstellt, hervorgehoben, so Bonomi, Andrea. (2010, NIPR, Seite 606). Auch in diesem Sinne Vaquer Aloy, Antoni. (2007, Seite 5), indem er schreibt, dass das englische Recht „lediglich“ (únicamente) die Befugnis eine *family provision* vor Gericht zu beantragen, anerkennt, und Kroll-Ludwigs, Kathrin. (2013, Seite 501): „Der Gedanke

die Bedarfsabhängigkeit der Anspruchsberechtigten und das Ermessen des Gerichts im Einzelfall an.

Auch viele andere Rechtsordnungen folgen dem englischen Modell: Neuseeland,[759] Australien,[760] die Isle of Man,[761] Südafrika,[762] die Common Law Provinzen Kanadas[763] oder in Lateinamerika (Mexiko, Guatemala, Honduras, El Salvador, Nicaragua, Costa Rica und Panama).[764] Anders ist die Lage in Schottland und in Irland. In Schottland haben sowohl der überlebende Ehegatte als auch die Kinder *legal rights*.[765] Irland folgt indessen einem gemischten System, nur der überlebende Ehegatte hat *legal rights*, die Kinder können wie in England eine Unterhaltssicherung anfordern.[766]

---

erbrechtlicher Mindestbeteiligung wird auf diese Weise *allein* unterhaltsrechtlich verwirklicht." (Hervorhebungen hinzugefügt). Andererseits wird von vielen anerkannt, dass die *family provision* dennoch eine wichtige Einschränkung der Testierfreiheit ist, siehe Vaquer Aloy, Antoni. (2007, Seite 6): „Sin embargo, al mismo tiempo, la *family provision* supone también una limitación a la libertad de testar, en la medida en que una parte (del valor) de la herencia del causante será atribuida a alguien a quien el causante no quiso beneficiar" und Pintens, Walter. (2003, Seite 422), der unterstreicht, dass der englische Richter in der Lage ist „den Inhalt des enterbenden Testaments zu ändern". Siehe außerdem die Stellungnahme des Max-Planck-Instituts für ausländisches und internationales Privatrecht zum Entwurf eines Gesetzes zur Neuregelung des Internationalen Privatrechts von 1983 in RabelsZ 47 (1983, Seite 660), in der präzise festgestellt wird, dass im englischen Recht „der Richter bestimmen kann, dass bedürftige nahe Angehörige des Erblassers *auch gegen dessen Willen* aus dem Nachlass versorgt werden sollen". (Hervorhebungen hinzugefügt).

759 Siehe Wolff, Lorenz. (2011, Seite 153) und Vaquer Aloy, Antoni. (2007, Seite 5, Fußnote 11).

760 Siehe den Artikel von Michael Kobras: http://www.schweizerkobras.de/artikel/Gibt_es_einen_Pflichtteil_nach_australischem_Recht_(SK00167845).pdf (zuletzt geprüft am 20.02.2017).

761 Siehe Vaquer Aloy, Antoni. (2007, Seite 5, Fußnote 11).

762 *Ebenda.*

763 Siehe von Bar, Christian. (2011, Seite 334) und Fernández-Hierro, María. Fernández-Hierro, Marta. (2010, Seite 32–33).

764 Siehe hierzu Fernández-Hierro, María. Fernández-Hierro, Marta. (2010, Seite 26, ausführlicher Mexiko auf Seite 34–35) und Lledó Yagüe, Francisco. Monje Balmaseda, Oscar. (2014, Seite 698, Costa Rica).

765 Siehe Fernández-Hierro, María. Fernández-Hierro, Marta. (2010, Seite 30–31 (Schottland, Succession (Scotland) Act 1964). Siehe auch Meston, Michael. (2001, Seite 83) zum *fixed-share System* in Schottland.

766 Siehe Fernández-Hierro, María. Fernández-Hierro, Marta. (2010, Seite 31–32 (Irland, Succession Act 1965)).

(2) Das amerikanische Recht

In den Vereinigten Staaten ist das Erbrecht einzelstaatlich geregelt. Mit Ausnahme des Bundesstaates Louisiana – welches dem französischen Code Napoleon folgt und für Kinder, die 23 Jahre oder jünger sind, und für Kinder, die geistig oder körperlich behindert sind (unabhängig ihres Alters), ein Pflichtteilsrecht vorsieht –, existiert in Amerika kein *forced heirship*.[767] Doch erneut bedeutet dies auch hier nicht, dass der Erblasser in den restlichen 49 Bundesstaaten über eine absolut uneingeschränkte Testierfreiheit verfügt. Bevor anschließend die *restrictions on testamentary freedom* in den Vereinigten Staaten näher beleuchtet werden, ist einführend folgendes Zitat von Ronald J. Scalise Jr. sehr aussagekräftig:

> *„Freedom of testation in the United States (…) is, to a large extent, unparalleled in its degree and scope anywhere else in the Western World. „The underlying principle of [early] Roman law," it has been said, "is that the testator may do as he likes with his own". The same could be said of modern American law. This is not to suggest, however, that there are no limitations on what a testator can do. But, comparatively speaking, the limitations on an American testator are minimal. The above is, at least, the conventional wisdom. This article acknowledges the strength of free testation in America, but suggests that the emphasis on free testation often distorts the true picture, which is more complex than it at first appears. Although American freedom of testation is unparalleled, it is not absolute.*"[768]

Als Erstes ist darauf hinzuweisen, dass der überlebende Ehegatte in den meisten amerikanischen Bundesstaaten das Recht auf einen sogenannten *elective* oder *forced share* hat. Damit ist das Recht gemeint, sich für eine quotale Beteiligung am Nachlass des Erblassers zu entscheiden, anstatt sich mit dem gegebenenfalls im

---

767 Siehe Scalise Jr., Ronald J. (2012, Seite 144): „…, with the exception of Louisiana, conceptions of forced heirship simply do not exist in American law." Siehe auch Weber, Susanne. (2012, Seite 142): „Vor allem in den US-amerikanischen Bundesstaaten mit Ausnahme Louisianas existiert zugunsten der Kinder des Erblassers kein Pflichtteilsrecht." Zum Pflichtteilsrecht in Louisiana siehe insbesondere Wolff, Lorenz. (2011, Seite 109 ff., zu den Pflichtteilsberechtigten und ihre Pflichtteilsquoten Seite 118 ff., der überlebende Ehegatte gehört nicht zum Kreis der Pflichtteilsberechtigten Seite 121 ff.) und McKnight, Joseph W. (1996, Seite 102 ff.). Für weitere Quellen siehe Scalise Jr., Ronald J. (2012, Seite 147, Fußnote 18). Artikel 1493 A. des Louisiana Civil Code lautet: „Forced heirs are descendants of the first degree who, at the time of the death of the decedent, are twenty-three years of age or younger or descendants of the first degree of any age who, because of mental incapacity or physical infirmity, are permanently incapable of taking care of their persons or administering their estates at the time of the death of the decedent", abrufbar unter folgender Webseite: http://lcco.law.lsu.edu/?uid = 53&ver = en#53 (zuletzt geprüft am 29.12.2018).

768 Siehe Scalise Jr., Ronald J. (2012, Seite 143–144).

Testament vorgesehene zufriedenzugeben.[769] Beinahe alle Bundesstaaten folgen der Gütertrennung und sehen den *elective share* als Kompensation zur Erfüllung der *marital-sharing or partnership theory of marriage* an.[770] Lediglich Georgia kann als Ausnahme der *separate property states* genannt werden, da in diesem Bundesstaat trotz geltender Gütertrennung kein *elective share* für den überlebenden Ehegatten zur Verfügung steht.[771] In acht Bundestaaten gilt indessen der gesetzliche Güterstand der Gütergemeinschaft, dort ist ebenfalls kein *elective share* vorgesehen.[772]

Berechnet wird dieser bedarfsunabhängige „Wahlteil" von Staat zu Staat sehr unterschiedlich. Während einige Staaten wie beispielsweise New York „one-third of the net estate" als *elective share* für den überlebenden Ehegatten vorsehen, wenn der Erblasser Abkömmlinge hinterlässt, und in allen anderen Fällen „one-half of such net estate",[773] folgen viele andere Staaten der Lösung des Uniform Probate Code (Section 2–202. Elective Share),[774] die einen gewissen Prozentsatz des Nachlasses, gestaffelt nach der Anzahl der Ehejahre, beträgt. Nach einem

---

769 Siehe Wolff, Lorenz. (2011, Seite 135): „Der UPC sieht kein Pflichtteilsrecht vor, welches mit jenem der kontinentaleuropäischen Staaten oder Louisianas vergleichbar wäre. Dem überlebenden Ehegatten werden jedoch gewisse ähnliche Rechte eingeräumt. So kann er letztwillige Zuwendungen des Erblassers zugunsten des *elective share* ausschlagen."

770 Siehe hierzu Scalise Jr., Ronald J. (2012, Seite 159) und http://www.uniformlaws.org/shared/docs/probate%20code/upc%20complete_apr06.pdf, Seite 57 ff. (zuletzt geprüft am 24.02.2017).

771 *Ebenda.* (2012, Seite 159, Fußnote 103).

772 Dementsprechend wird zwischen Community Property-Staaten und Elective Share-Staaten unterschieden. Siehe Scalise Jr., Ronald J. (2012, Seite 159, Fußnote 103): „In eight states, the elective share right is unnecessary because a civil-law system of community property exists for married individuals." Siehe konkret zur Gütergemeinschaft in Louisiana und der *marital portion* im Falle, dass die Hälfte der *community property* für den überlebenden Ehegatten so gering ausfällt, dass er bedürftig wird Wolff, Lorenz. (2011, Seite 122–123).

773 Siehe New York Estates, Powers and Trusts Law § 5–1.1 Right of election by surviving spouse. Abrufbar unter folgender Webseite: http://codes.findlaw.com/ny/estates-powers-and-trusts-law/ept-sect-5-1-1.html#sthash.7FrIBznF.dpuf (zuletzt geprüft am 29.12.2018).

774 Für eine Auflistung der Staaten, in denen der Uniform Probate Code in Gänze in Kraft getreten ist siehe: https://www.law.cornell.edu/uniform/probate (zuletzt geprüft am 29.12.2018). Ein „Enactment Status Map" des UPC ist außerdem unter folgender Seite abrufbar: http://www.uniformlaws.org/Act.aspx?title = Probate%20Code (zuletzt geprüft am 24.02.2017).

Jahr zum Beispiel 3%, nach 10 Jahren 30% oder nach 15 oder mehr Jahren 50%, immer jeweils „of the augmented estate".[775] Je länger die Ehe, desto höher der Prozentsatz.[776] Außerdem ist in § 2-202 (b) UPC ein „supplemental Elective-Share Amount" vorgesehen, für den Fall, dass der überlebende Ehegatte insgesamt weniger als 50.000 Dollar erhält.[777]

Unabhängig davon, wie nun der *elective share* für den überlebenden Ehegatten genau berechnet wird, besteht kein Zweifel hinsichtlich seines Zwecks. Der überlebende Ehegatte soll vor der Enterbung geschützt werden. Hauptsächlich aus demselben Grund, auf dem auch die Gütergemeinschaft basiert, und dieser lautet: Es sind *beide* Ehegatten, die zu der Vermögensschaffung nach der Ehe beigetragen haben.[778] Der *elective share* ist aber keine Garantie dafür, dass der überlebende Ehegatte niemals enterbt wird. Dies kann relativ leicht passieren, indem der Erblasser das Vermögen bereits zu Lebzeiten aufteilt.[779]

---

775 Zum *augmented estate* (§ 2-203 UPC) siehe Scalise Jr., Ronald J. (2012, Seite 160), dieser beträgt: „the decedent's property, his non-probate assets, and property titled in the name of either spouse."

776 Die alte Version des § 2-202 UPC, die bis 1990 galt, sah noch „one-third share of the augmented estate" als *elective share* für den überlebenden Ehegatten vor. Zum „redesigned elective share" siehe: http://www.uniformlaws.org/shared/docs/probate%20code/upc%20complete_apr06.pdf, Seite 60 ff. und zur „Pre-1990 Provision" siehe Seite 69 (zuletzt geprüft am 24.02.2017), sowie Bridge, Michael G. (1989, Seite 511, Fußnote 1).

777 Siehe § 2-202 (b) UPC: „If the sum of the amounts described in Sections 2-207, 2-209(a)(1), and that part of the elective-share amount payable from the decedent's probate estate and nonprobate transfers to others under Section 2-209(b) and (c) is less than [$50,000], the surviving spouse is entitled to a supplemental elective-share amount equal to [$50,000], minus the sum of the amounts described in those sections."

778 Siehe Bridge, Michael G. (1989, Seite 518): „The policy underlying forced share statutes is similar to that underlying community property laws: the spouse's protection flows from the nature of the marital property. This reflects the notion that both spouses contribute to the financial assets after marriage. It naturally follows that the surviving spouse receives a forced share of the decedent's probate estate in fee simple regardless of the surviving spouse's actual need." Und Scalise Jr., Ronald J. (2012, Seite 160): „In a real sense, then, the American elective share mirrors the purpose and effect of community property law, which although not primarily designed to restrict a testator's freedom, produces that ancillary effect."

779 Siehe hierzu erneut Bridge, Michael G. (1989, Seite 518): „Forced share statutes, however, do not prevent a decedent from disinheriting a surviving spouse because the probate estate does not include assets which the decedent transfers inter vivos.

Neben dem *elective share* enthalten die meisten amerikanischen Bundesstaaten auch bestimmte Versorgungsinstrumente (family protective devices) zum Schutz der bedürftigen nahen Angehörigen des Erblassers.[780] So ist im Uniform Probate Code zum Beispiel das Recht eine *homestead allowance* (§ 2–402 UPC), eine *exempt property* (§ 2–403 UPC) und/oder eine *family allowance* (§ 2–404 UPC) zu beanspruchen, vorgesehen. Unter einer *homestead allowance* für den überlebenden Ehegatten und die minderjährigen Kinder ist das Recht zu verstehen, weiterhin die Familienwohnung zu nutzen.[781] Das Recht zur *exempt property* gewährleistet den eben genannten Personen außerdem über bestimmtes im Gesetz aufgeführtes bewegliches Privatvermögen des Erblassers zu verfügen.[782] Letztlich haben sowohl der überlebende Ehegatte als auch die minderjährigen Kinder und die vom Erblasser abhängigen Kinder Anspruch auf eine

A person who wishes to disinherit his spouse need [sic] only transfer his property before death. Two of the most common lifetime transfers used to disinherit spouses are revocable inter vivos trusts and joint bank accounts."

780 Everts, Arne. (2013, Seite 124–125) sieht diese unterhaltsrechtlichen Regelungen als Kompensation für das nichtexistierende Pflichtteilsrecht in den USA an.

781 Siehe Scalise Jr., Ronald J. (2012, Seite 146): „some states grant the surviving spouse and a decedent's minor children a right to the family home (or at least a small monetary right to it)." Und Bridge, Michael G. (1989, Seite 516): „Homestead laws generally give a surviving spouse a right to occupy the family home for his or her lifetime free of creditor claims. This right supplements any other rights the surviving spouse has in the decedent's estate. However, the amount of the exemption from debt varies dramatically among the states. Some states exempt the entire home regardless of value, while others provide little protection for the surviving spouse." Für einen Kommentar zu § 2–402 UPC (vorgesehene homestead allowance in Höhe von 15.000 Dollar), siehe: http://www.uniformlaws.org/shared/docs/probate%20code/upc%20complete_apr06.pdf (Seite 108–109, zuletzt geprüft am 24.02.2017).

782 Siehe Bridge, Michael G. (1989, Seite 516): „Under personal property set-aside laws, the surviving spouse has the right to have certain statutorily enumerated tangible personal property of the decedent set aside for her. Like homestead, personal property items are exempt from creditors" und Scalise Jr., Ronald J. (2012, Seite 146), der dieses Recht als: „a dollar allocation of tangible personal property" definiert. Siehe § 2–403 UPC: „In addition to the homestead allowance, the decedent's surviving spouse is entitled from the estate to a value, not exceeding $10,000 in excess of any security interests therein, in household furniture, automobiles, furnishings, appliances, and personal effects. If there is no surviving spouse, the decedent's children are entitled jointly to the same value." Dieser § 2–403 UPC ist unter: http://www.uniformlaws.org/shared/docs/probate%20code/upc%20complete_apr06.pdf abrufbar (Seite 109–110, zuletzt geprüft am 24.02.2017).

family allowance.[783] Dieser Unterhaltsanspruch beträgt i.d.R. ein Jahr und kann als „less significant" im Vergleich zur englischen *family provision* eingestuft werden.[784] All diese Ansprüche *(homestead allowance, exempt property* und *family allowance)* sind von den Forderungen der Gläubiger geschützt. Bei konkurrierenden Ansprüchen, hat die *homestead allowance* über alle anderen Ansprüche Priorität, gefolgt von der *family allowance.*[785]

Zum Schluss sind noch die einzelstaatlich vorgesehenen „omitted or pretermitted spouse and heir statutes" an dieser Stelle zu erwähnen. Teilweise wird davon ausgegangen, dass der Ehegatte oder die Kinder des Erblassers von letzterem in seinem Testament „unabsichtlich" vergessen, bzw. enterbt wurden. Dies ist zum Beispiel der Fall, wenn der Erblasser nach der Eheschließung sein voreheliches Testament nicht geändert hat oder nach der Geburt oder Adoption eines Kindes kein neues Testament errichtet hat. In solchen Fällen, steht ihnen nach § 2–301 (a) UPC (Entitlement of Spouse; Premarital Will) und § 2–302 (a) (1) UPC (Omitted Children), unter Erfüllung gewisser Voraussetzungen, der gesetzliche Erbteil zu.[786]

Zusammenfassend muss festgestellt werden, dass auch wenn die Testierfreiheit in Amerika einen sehr hohen Stellenwert genießt,[787] bei genauerem

783 Siehe Scalise Jr., Ronald J. (2012, Seite 146): „Probate courts in all states are similarly authorized to "award a family allowance for maintenance and support" for a limited period of time (usually one year)." Siehe auch Bridge, Michael G. (1989, Seite 516–517), Pfundstein, Tobias. (2010, Seite 24) und Fernández-Hierro, María. Fernández-Hierro, Marta. (2010, Seite 33). Siehe zu § 2–404 UPC: http://www.uniformlaws.org/shared/docs/probate%20code/upc%20complete_apr06.pdf (Seite 110–111, zuletzt geprüft am 24.02.2017).

784 In Amerika gab es bislang noch kein „substantial movement to adopt a family maintenance approach" wie die *family provision* in England. Siehe hierzu Scalise Jr., Ronald J. (2012, Seite 146, mit Zitierung der Befürworter einer Einführung der *family provision* in Amerika in Fußnote 11 und ihre Gegner in Fußnote 12).

785 Siehe § 2–404 a) UPC: „…The family allowance is exempt from and has priority over all claims except the homestead allowance."

786 Siehe insbesondere Scalise Jr., Ronald J. (2012, Seite 160–162), Wolff, Lorenz. (2011, Seite 135), McKnight, Joseph W. (1996, Seite 91), Pfundstein, Tobias. (2010, Seite 24), sowie https://www.wf-frank.com/detail/article/pflichtteil-in-den-usa-1629.html (zuletzt geprüft am 29.12.2018). Zu § 2–301 und 2–302 UPC siehe: http://www.uniformlaws.org/shared/docs/probate%20code/upc%20complete_apr06.pdf (Jeweils mit Kommentaren auf Seite 102–104 und Seite 104–107, zuletzt geprüft am 24.02.2017).

787 Siehe den Gliederungspunkt „2.3 Vereinigten Staaten: Chancengleichheit versus individuelle Verfügungsfreiheit" im Werk von Beckert, Jens. (2004, Seite 86–98, insbesondere Seite 94 zur Erklärung der weitgehend konfliktlosen Akzeptanz der Testierfreiheit

Hinsehen klar wird, dass diese keinesfalls uneingeschränkt ist. Wie auch in England, erhält der überlebende Ehegatte einen großen Schutz, insbesondere durch den bedarfsunabhängigen *elective share*, der sich in vielen Bundesstaaten nach der Anzahl der Ehejahre erhöht, und bei Bedürftigkeit auch durch die diversen hier angeführten Versorgungsinstrumente. Letzteres gilt auch für seine bedarfsabhängigen Kinder.[788] Inwieweit die Testierfreiheit des Erblassers beeinträchtigt wird, kommt erneut auf die Konstellation der Hinterbliebenen an. Hinterlässt der Erblasser zum Beispiel keinen Ehegatten, sondern „nur" erwachsene bedarfsunabhängige (und nicht im Testament unabsichtlich vergessene) Abkömmlinge, kann auch in Amerika von einer sehr weiten Testierfreiheit gesprochen werden.

Auf jeden Fall muss die „absolute" Testierfreiheit im anglo-amerikanischen Rechtskreis immer in Klammern gesetzt werden. Sie ist nur in gewissen Konstellationen beinahe uneingeschränkt. In den meisten Fällen, in denen es einen überlebenden Ehegatten gibt, wird die Testierfreiheit des Erblassers mindestens auf genau so bedeutende Weise begrenzt, wie durch die Institution des Pflichtteilsrechts im kontinentaleuropäischen Erbrecht.

2 *Der ordre public-Vorbehalt i.V.m. der vom Bundesverfassungsgericht geforderten Mindestteilhabe der Abkömmlinge am Nachlass bei Anwendung eines ausländischen Rechts, das kein Pflichtteilsrecht kennt*

In Zusammenhang mit den in den letzten Unterpunkten deutlich zum Vorschein gekommenen Interessen naher Angehöriger des Erblassers, soll anschließend überprüft werden, ob der jetzige in der Verordnung vorgesehene *ordre public*-Vorbehalt diese Interessen unter bestimmten Voraussetzungen schützen kann. Kathrin Kroll-Ludwigs schreibt hinsichtlich des allgemeinen *ordre public*-Vorbehalts im Erbrecht:

> *„Auf der letzten Stufe kollisionsrechtlicher Mechanismen zum Schutz berechtigter Drittinteressen steht der allgemeine ordre public-Vorbehalt. Er ermöglicht die Korrektur eines*

---

in den USA). Siehe auch Scalise Jr., Ronald J. (2012, I. Scope of the Freedom of Testation, Seite 144 ff.).

788 Siehe Beckert, Jens. (2004, Seite 89), der diese Versorgungsinstrumente als „indirekte Begrenzungen der Testierfreiheit" betrachtet. Siehe auch die Schlussfolgerung von Scalise Jr., Ronald J. (2012, III. Conclusion, Seite 169–170, auf Seite 170): „In the end, then, it is perhaps all modern systems, not just those in Europe, that struggle "to balance the moral precept of family solidarity with the principle of freedom of testation"."

unerwünschten Rechtsanwendungsergebnisses am Maßstab inländischer Wertvorstellungen im Einzelfall. Im Vergleich zur generellen Versagung oder Beschränkung von Rechtswahlfreiheit mittels zwingender objektiver Anknüpfungen stellt er das mildeste Mittel dar."[789]

Fraglich ist nun, ob das Pflichtteilsrecht zur öffentlichen Ordnung gehört. Artikel 27 Abs. 2 des Verordnungsentwurfes der europäischen Erbrechtsverordnung bestimmte noch ausdrücklich, dass eine abweichende Regelung des Pflichtteilsrechts keinen Verstoß gegen die öffentliche Ordnung darstelle.[790] Nach dem Entwurf konnte also keinesfalls ein *ordre public*-Verstoß begründet werden, nur weil das mittels Rechtswahl zur Anwendung gebrachte Erbstatut z.B. einen geringeren Schutz für die Pflichtteilsberechtigten im Vergleich zur *lex fori* vorsah.[791] Offen blieb nach dem Wortlaut des Entwurfes allerdings, ob nicht unter Umständen die öffentliche Ordnung bei Anwendung eines Erbstatuts, das gar keinen Pflichtteil kannte, hätte greifen können.[792]

Diese Klarstellung hinsichtlich einer abweichenden Pflichtteilsregelung ist in Art. 35 der Endfassung entfallen.[793] Der Gesetzestext lautet nunmehr: „Die Anwendung einer Vorschrift des nach dieser Verordnung bezeichneten Rechts eines Staates darf nur versagt werden, wenn ihre Anwendung mit der öffentlichen

---

789 Siehe Kroll-Ludwigs, Kathrin. (2013, Seite 510). Damit sind insbesondere verfassungsrechtlich geschützte Drittinteressen gemeint, siehe Seite 591.

790 Artikel 27 Abs. 2: „Die Anwendung einer Vorschrift des nach dieser Verordnung bezeichneten Rechts kann **nicht allein** deshalb als mit der öffentlichen Ordnung des Staates des angerufenen Gerichts unvereinbar angesehen werden, weil sie den Pflichtteilsanspruch **anders regelt** als das Recht am Ort des angerufenen Gerichts." (Hervorhebungen hinzugefügt).

791 Siehe Andrae, Marianne. (2011, Seite 21–22): „Art. 27 Abs. 2 EU-ErbVO bringt zum Ausdruck, dass die rechtlich andersartige Konstruktion einer zwingenden Nachlassbeteiligung kein Grund ist, den ordre public zur Anwendung zu bringen. Auch die unterschiedliche Höhe der Reserve, ihrer Berechnung, Anrechnungen von Vorausempfängen und Voraussetzungen der Geltungmachung rechtfertigen nicht seine Heranziehung."

792 Zur Befürwortung siehe Dutta, Anatol. (2009, RabelsZ 73, Seite 582): „If the applicable succession law does not protect family members at all, the public-policy exception could be invoked." Und Andrae, Marianne. (2011, Seite 21): „Die Bestimmung [Art. 27 Abs. 2 des Verordnungsentwurfes] macht zunächst deutlich, dass ein fehlendes Pflichtteilsrecht nach dem berufenen Erbstatut durchaus die Anwendung der Vorbehaltsklausel rechtfertigen kann."

793 Siehe Keim, Christopher. (2013, Seite 89): „**Bemerkenswert** ist allerdings, was die Verordnung **nicht mehr enthält**: Der Kommissionsvorschlag hatte noch die Klarstellung enthalten, dass Abweichungen beim Pflichtteil als solche nicht für einen *ordre public*-Verstoß ausreichen." (Hervorhebungen hinzugefügt).

Ordnung (*ordre public*) des Staates des angerufenen Gerichts offensichtlich unvereinbar ist." Das bedeutet aber natürlich nicht, dass jetzt alle Regelungen, die z.B. einen kleineren Pflichtteil enthalten als den der *lex fori*, automatisch als *ordre public*-widrig eingestuft werden.[794] Wäre dies der Fall, würde eine erbrechtliche Rechtswahl keinen Sinn ergeben.[795] Der Vorbehalt scheint also immer noch sehr restriktiv anwendbar zu sein, dies ergibt sich auch aus Erwägungsgrund 58 und ist meiner Ansicht nach sehr zu befürworten.[796]

Wie schon mehrmals im Laufe der Arbeit betont worden ist, sehen eigentlich alle Mitgliedstaaten Pflichtteils- oder Noterbrechte vor (mit Ausnahme einiger spanischen Foralrechtsregionen). Daher ist schwer vorstellbar, dass die inländische *ordre public*-Vorbehaltsklausel des Art. 35 EU-ErbVO in

794 Siehe Döbereiner, Christoph. (2013, Teil I, Seite 364): „Aus der Streichung dieser Bestimmung kann jedoch nicht geschlossen werden, dass nunmehr jede ausländische, abweichende Pflichtteilsregelung potentiell gegen den inländischen ordre public verstoßen würde", sowie Heinig, Jens. (2014, Heft 5, Seite 206) und Weiss, Kinga M. Bigler, Manuel. (2014, Seite 179).

795 Siehe hierzu das bereits auf Seite 152 unter *C.IV. Andere Einschränkungen* im zweiten Kapitel der Dissertation geschriebene, einschließlich Fußnote 406 mit dem Zitat von Bonomi in Bonomi, Andrea. Wautelet, Patrick. (2016, Seite 357). Siehe auch Esperanza Castellanos Ruiz in Calvo Caravaca, Alfonso-Luis. Davì, Angelo. Mansel, Heinz-Peter. (2016, Seite 330–331): „This [the invalidity of a professio juris, when the law chosen does not recognise reserved shares, or assigns only very small portions to reserved heirs] would contradict the principle of the predictability of the applicable law and the liberal spirit of the ESR, endangering the *effet utile* of article 22 ESR." Dieses teleologische Argument wurde auch bereits vom schweizer Bundesgericht in seiner Entscheidung Hirsch gegen Cohen vom 17.08.1976 aufgeführt, siehe Pfundstein, Tobias. (2010, Seite 99): „Sollte die durch das schweizerische IPR ausdrücklich eröffnete Rechtswahl „überhaupt einen Sinn haben, so darf die Anwendung des maßgebenden ausländischen Rechts nicht durch Berufung auf den inländischen ordre public weitgehend wirkungslos gemacht werden"."

796 Zum „carattere eccezionale dell'ordine pubblico" in Art. 35 EU-ErbVO siehe Bonomi, Andrea. (2013, Seite 310) und Heinig, Jens. (2014, Heft 5, Seite 206): „Dafür spricht bereits, dass Art. 35 EuErbVO – anders als noch der Kommissionsvorschlag – eine offensichtliche Unvereinbarkeit voraussetzt, und die Anwendung des ordre public-Vorbehaltes auf Ausnahmefälle begrenzt ist (Erwägungsgrund 58 Satz 1). Überdies lässt sich Erwägungsgrund 54 Satz 4 anführen, nach dem Regelungen, die einen größeren Pflichtteil als nach dem anwendbaren Erbstatut vorsehen, nicht mittels Art. 30 EuErbVO durchgesetzt werden können."

Zusammenhang mit lediglich abweichenden Pflichtteilsbestimmungen zur Anwendung kommt.[797] Anders könnte es aussehen, wenn ein ausländisches Erbrecht anwendbar ist,[798] das gar keinen Pflichtteilsschutz vorsieht, wie z.B. das islamische Recht,[799] nur einige Familienmitglieder schützt oder die Erteilung des Pflichtteils von der Bedürftigkeit der Anspruchsberechtigten abhängig macht. In diesem Sinne äußerte sich (noch zum Verordnungsentwurf) Andrea Bonomi:

> *„The most difficult question is whether public policy can play a role when the foreign law does not provide for protection at all, or protects certain family members but not others (e.g., the surviving spouse but not the children, or vice versa), or makes the protection depend on the existence of a (maintenance) need. In our understanding Article 27(2) does not exclude the use of public policy in these cases: therefore, the answer will depend on the courts of each Member State.“*[800]

---

797 Siehe Mansel, Heinz-Peter. (2006, a) Zwangsteilhabe am Nachlass als europäischer Regelstandard, Seite 216): „Die Sicherung der unentziehbaren und bedarfsunabhängigen Nachlassbeteiligung (im Folgenden: Nachlassmindestbeteiligung) von Ehegatten und Abkömmlingen oder anderen nahestehenden Personen gegen den Erblasserwillen erfolgt im Kern gemeinschaftsweit.“ Siehe auch Keim, Christopher. (2013, Seite 89): „Da alle europäischen Länder, in denen die Verordnung unmittelbar gilt, Pflichtteilsansprüche und Noterbrechte naher Angehöriger kennen, wird man zumindest innerhalb dieser Länder keinen Grund sehen, das jeweilige nationale Recht durch diesen Vorbehalt aufrecht zu erhalten“, sowie Basedow, Jürgen. (2015, Seite 273, Unterpunkt 432), Odersky, Felix. (2013, Seite 6), Döbereiner, Christoph. (2013, Teil I, Seite 364) und Dutta, Anatol. (2011, Europäisches Erb-und Erbverfahrensrecht, Seite 69).

798 Siehe Keim, Christopher. (2013, Seite 90): „Ausländisches Recht kommt nur dann noch zur Anwendung, wenn der Erblasser entweder eine Rechtswahl zugunsten seines Heimatrechts getroffen hat (Art. 22 Abs. 1 EuErbVO); ein anderes Recht aufgrund der Ausweichklausel angewendet wird (Art. 21 Abs. 2 EuErbVO) oder das aufgrund der Ausnahmevorschriften der Art. 10 oder 11 EuErbVO zuständige Gericht Aufenthaltsrecht anwendet.“ Siehe auch zur Anwendung ausländischen Rechts (noch zum Entwurf der EuErbVO) Bonomi, Andrea. (2010, NIPR, Seite 609).

799 Siehe Kroll-Ludwigs, Kathrin. (2013, Seite 514) und Pfundstein, Tobias. (2010, Seite 19–20).

800 Siehe Bonomi, Andrea. (2010, NIPR, Seite 610).

Ob ein abweichendes Pflichtteilsrecht,[801] bzw. eher die Nichtexistenz einer solchen Institution, gegebenenfalls einen *ordre public*-Verstoß begründen kann, hängt von der Rechtslage in den einzelnen Mitgliedstaaten ab.[802] In Deutschland galt der Pflichtteil laut Rechtsprechung lange Zeit nicht zur öffentlichen Ordnung.[803] Zumindest, nach überwiegender Ansicht der Lehre, solange es sich um keine Extremfälle handelte. Solche Extremfälle wären nach h.M. beispielsweise gegeben, wenn ein ausländisches Recht zur Anwendung gekommen wäre, dass gar keine Pflichtteilsrechte gekannt hätte und die nahen bedürftigen Angehörigen infolgedessen der deutschen Sozialhilfe zur Last gefallen wären.[804]

801 Siehe Mansel, Heinz-Peter. (2006, Seite 217): „Ein Recht auf eine bestimmte Teilhabeform dürfte in keinem Mietgliedstaat zum ordre public gehören."

802 Siehe auch Kroll-Ludwigs, Kathrin. (2013, Seite 513 und auf Seite 591): „Ob also das Pflichtteilsrecht zur öffentlichen Ordnung zählt, lässt sich nicht verallgemeinernd sagen. Dies hängt vielmehr entscheidend von der Rechtslage im Forumstaat ab" und Mansel, Heinz-Peter. (2006, Seite 217): „Dabei wird regelmäßig auf den nationalen ordre public abzustellen sein, da sich ein gemeinschaftsrechtlicher ordre public hinsichtlich der Nachlassmindestbeteiligung (noch) nicht herausgebildet hat." Zur Abgrenzung auf nationaler Ebene des internen (bei Anwendung inländischen Rechts) vom internationalen ordre public (bei Anwendung ausländischen Rechts) siehe Basedow, Jürgen. (2011, Seite 44).

803 Zur vorherigen Rechtsprechung in Deutschland siehe Nick, Christian. (2008, Seite 303): „Die Rechtsprechung vertrat bislang [vor der Entscheidung des Bundesverfassungsgerichts vom 19.04.2005] den Standpunkt, dass die Versagung eines Pflichtteils im ausländischen Recht keinen Verstoß gegen den deutschen ordre public enthalte." Zum Urteil des Reichsgerichts vom 23.10.1911, das für beinahe ein Jahrhundert die maßgebliche Leitentscheidung in Deutschland gewesen ist und die einen *ordre public*-Verstoß ablehnte, auch wenn das ausländische Erbrecht (im konkreten Fall das Erbrecht von New York) kein Pflichtteilsrecht kannte, siehe ausführlich Pfundstein, Tobias. (2010, Seite 95–96). Siehe außerdem auch Andrae, Marianne. (2011, Seite 12): „Bisher wurde das fehlende Pflichtteilsrecht für die nächsten Angehörigen im ausländischen Recht überwiegend nicht als möglich ordre-public-widrig angesehen, zumindest dann nicht, wenn unterhaltsberechtigte Angehörige auf andere Weise rechtlich abgesichert werden."

804 Siehe Haas, Ulrich. (2000, Seite 252), Looschelders, Dirk. (2009, Seite 248), Weber, Susanne. (2012, Seite 141) und Oppermann, Karl Felix. Fernández Sánchez, Francisco. (2014, Seite 82).

Seit der Entscheidung des Bundesverfassungsgerichts vom 19. April 2005 (BVerfGE 112, 332 ff.)[805], ist es mittlerweile aber durchaus denkbar, dass die Interessen der Familienmitglieder i.V.m. der vom Verfassungsgericht geforderten *bedarfsunabhängigen* Mindestteilhabe der Kinder des Erblassers am Nachlass auch bei nicht-Extremfällen über den *ordre public*-Vorbehalt geschützt werden.[806] Dabei ist erneut hervorzuheben, dass eine lediglich abweichende Regelung des Pflichtteilsrechts weder in Deutschland noch in einem anderen Mitgliedstaat einen *ordre public*-Verstoß darstellt. So sieht das deutsche Bundesverfassungsgericht nur eine prinzipielle Beteiligung am Nachlass als grundrechtlich geschützt an.[807]

Auch in Portugal wird das Pflichtteilsrecht seit dem Urteil vom 27.09.1994 des Obersten Gerichtshofes (Supremo Tribunal de Justiça) als Bestandteil des portugiesischen *ordre public* angesehen.[808] In den meisten Ländern gehört das nationale

805 Zur Entscheidung und Argumentation des BVerfGE vom 19.04.2005, die bestätigt, dass das Pflichtteilsrecht der Kinder von der Erbrechtsgarantie der Art. 14 Abs. 1 Satz 1 GG i.V.m. Art. 6 Abs. 1 GG umfasst ist, siehe Lammerding, Barbara Maria. (2013, Seite 70–75) und Wennersbusch, Jasmin. (2018, Seite 240 ff.). Siehe zur herrschenden Meinung hinsichtlich dieses Anliegens bereits Seite 239–240 der Dissertation, einschließlich Fußnote 681.

806 Siehe Mansel, Heinz-Peter. (2006, Seite 217–218): „In vielen Mitgliedstaaten gehört die Sicherung dieser unentziehbaren und bedarfsunabhängigen Teilhabe am Nachlass zum ordre public. Teilweise ist sie verfassungsrechtlich geschützt, so in Deutschland über die Erbrechtsgarantie des Art. 14 Abs. 1 GG." Siehe auch Geimer, Reinhold. (2011, Seite 20–21) und Pfundstein, Tobias. (2010, Seite 97 und Seite 115 ff., auf Seite 97): „In Reaktion auf den Pflichtteilsbeschluss des Bundesverfassungsgerichts vom 19.4.2005 entschied nun erstmals das Kammergericht [KG Berlin, 26.02.2008], dass der Ausschluss von Pflichtteils- und Noterbrechten für Erblasserkinder grundsätzlich gegen den ordre public verstößt." Siehe hierzu auch Looschelders, Dirk. (2009, Seite 248).

807 Siehe Wilke, Felix M. (2012, RIW, Seite 607).

808 Siehe Pfundstein, Tobias. (2010, Seite 103). Allerdings muss der Fall einen hinreichenden Inlandsbezug haben, bei der Entscheidung von 1994 wurde dieser verneint, obwohl der Erblasser seinen letzten gewöhnlichen Aufenthalt in Portugal hatte.

Pflichtteilsrecht hingegen nicht zur öffentlichen Ordnung: so Spanien,[809] Italien,[810] die Schweiz,[811] Frankreich[812] oder Liechtenstein.[813]

Als Fazit ist festzuhalten, dass die Interessen der engsten Familienmitglieder und des Ehegatten des Erblassers schon durch den jetzigen in Art. 35 EU-ErbVO vorgesehenen *ordre public*-Vorbehalt nicht ganz unter den Tisch gekehrt werden. Insbesondere in Extremfällen, i.e. bei Bedürftigkeit i.Z.m. der Anwendung eines ausländischen Erbstatuts, das gar kein Pflichtteilsrecht kennt, wird den nahen Angehörigen des Erblassers ein minimaler Schutz geboten.[814] Eine gesonderte Anknüpfung für das

809 Siehe für Spanien seit 1996 (davor gehörte der Pflichtteil laut Urteil des TS von 1992 zum *ordre public*) Carmen Azcárraga Monzonís in Iglesias Buigues, José Luis. Palao Moreno, Guillermo. (2015, Seite 170), Rodríguez Pineau, Elena. (1998, Seite 136): „We cannot but welcome this correction as in Spain there co-exist several succession systems (…) each of them awarding different succession rights to descendants", Oppermann, Karl Felix. Fernández Sánchez, Francisco. (2014, Seite 81–82) und Davì, Angelo. Zanobetti, Alessandra. (2014, Seite 67, Fußnote 63). Siehe auch Virgós Soriano, Miguel. Rodríguez Pineau, Elena. (2004, Seite 978–979) zur Lowenthal (15.11.1996) und Denney (21.05.1999) Rechtsprechung.

810 Siehe Bonomi, Andrea. (2013, Seite 310 und Fußnote 52): „In Italia, la giurisprudenza è nel senso di escludere che l'ordine pubblico possa essere invocato nel caso di lesione della legittima." Siehe außerdem Pfundstein, Tobias. (2010, Seite 101–103) und Davì, Angelo. Zanobetti, Alessandra. (2014, Seite 67, Fußnote 63) zur Colombo Rechtsprechung vom 24.06.1996. Bemerkenswert ist jedoch, dass wie bereits auf Seite 72 im ersten Kapitel der Dissertation dargelegt, Art. 46 Abs. 2 Satz 3 ital. IPRG die Noterbberechtigten des Erblassers schützte, wenn dieser durch Rechtswahl ein Erbstatut bestimmte, das ihnen einen geringeren Schutz gewährleistete als den im italienischen Erbrecht vorgesehenen.

811 Siehe für die Schweiz Pfundstein, Tobias. (2010, Seite 98–100) und Davì, Angelo. Zanobetti, Alessandra. (2014, Seite 67–68, Fußnote 63) zur Entscheidung Hirsch gegen Cohen vom 17.08.1976.

812 Siehe für Frankreich Pfundstein, Tobias. (2010, Seite 100–101, auf Seite 101): „Im Anschluss an die ergangenen Entscheidungen vertreten die meisten Stimmen in der französischen Literatur, dass das Noterbrecht nicht zum französischen ordre public zählt."

813 Siehe für Liechtenstein Marxer, Florian. (2002, Seite 83). Weitere Länder sind Belgien, Dänemark, Luxemburg und die Niederlanden, siehe Pfundstein, Tobias. (2010, Seite 103–104). Siehe außerdem Bonomi, Andrea. (2011, Recueil des Cours, Seite 220, Fußnote 517) hinsichtlich der Zurückhaltung oder Abneigung der meisten Mitgliedstaaten das Instrument des *ordre public* zum Schutz der Pflichtteilsrechte zu nutzen: „L'examen de la jurisprudence de plusieurs pays révèle cependant une certaine réticence à utiliser cet instrument pour défendre les règles relatives à la réserve."

814 Siehe Dutta, Anatol. (2011, Europäisches Erb-und Erbverfahrensrecht, Seite 68): „Die Interessen der Familienmitglieder werden in Extremfällen über den ordre-public-Vorbehalt geschützt."

Pflichtteilsrecht (Pflichtteilsvorbehalt) scheint nicht notwendig, um die Durchsetzung der Familieninteressen des Erblassers zu gewährleisten. Außerdem würde die erbrechtliche Rechtswahl dadurch großteils ihren Sinn verlieren.

Wie gut oder effektiv der *ordre public*-Vorbehalt die „berechtigten" Interessen der Pflichtteilsberechtigten schützt, hängt von diversen Faktoren ab. Erst einmal kommt es darauf an, ob das Pflichtteilsrecht überhaupt zum nationalen *ordre public* gehört. In Deutschland ist dies in Anbetracht der Entscheidung des Bundesverfassungsgerichts vom 19. April 2005 zu bejahen. Des Weiteren gilt zu unterscheiden, ob das ausländische Recht nur eine abweichende (geringere) Pflichtteilsquote oder gar keinen Pflichtteil enthält. Bei einem lediglich abweichenden Pflichtteilsanspruch wird es i.d.R. zu keinem *ordre public*-Verstoß kommen. Sieht das ausländische Recht hingegen gar kein Pflichtteilsrecht vor, sind die Chancen, dass der *ordre public*-Vorbehalt greift, wesentlich höher. Dabei wird in vielen Ländern unterschieden, ob die Pflichtteilsberechtigten bedürftig oder nicht bedürftig sind. Handelt es sich um bedürftige Pflichtteilsberechtigte, die z.B. infolgedessen, dass der Erblasser mittels Rechtswahl ein Erbstatut zur Anwendung gebracht hat, das gar kein Pflichtteilsrecht kennt, Sozialhilfe benötigen, könnte ein *ordre public*-Vorbehalt sogar in den Ländern greifen, wo das Pflichtteilsrecht i.d.R. nicht zum nationalen *ordre public* gehört.[815]

In Deutschland könnte der *ordre public*-Vorbehalt mittlerweile sogar eingreifen, wenn die Pflichtteilsberechtigten nicht bedürftig sind. Und erst recht natürlich, wenn Bedürftigkeit besteht. Denn wie bereits erwähnt, räumt die Entscheidung vom Bundesverfassungsgericht aus dem Jahr 2005 den Kindern ein Recht auf eine *bedarfsunabhängige* Mindestteilhabe am Nachlass ein. Zur Verdeutlichung kann das Beispiel eines baskischen Erblassers aus dem Fuero de Ayala mit letztem gewöhnlichen Aufenthalt in Deutschland aufgeführt werden. Wenn dieser eine Rechtswahl zugunsten seines Heimatrechts trifft, wäre – dadurch, dass er seine *vecindad civil* auch bei Wegzug beibehält – das Recht des Fuero de Ayala anwendbar.[816] Bei nicht vorhandener Gerichtsstandsvereinbarung, wären gem. Art. 4 EU-ErbVO die deutschen Gerichte, als Gerichte am

---

815 Dies vertrat beispielsweise die h.M. in Deutschland vor der Entscheidung im Jahr 2005, als das Pflichtteilsrecht noch nicht zum *ordre public* gehörte, siehe hierzu Fußnote 804. Siehe für Italien, wo das Pflichtteilsrecht weiterhin nicht zum *ordre public* gehört, Bonomi, Andrea. (2013, Seite 310): „Riteniamo pertanto che la possibilità di utilizzare tale meccanismo per la protezione dei legittimari debba essere limitata a casi molto particolari, nei quali familiari particolarmente vicini al defunto e deboli sul piano economico siano privati di ogni partecipazione alla successione."

816 Siehe näheres hierzu bereits unter *F.III. Rechtswahl im Verhältnis zu Mehrrechtsstaaten* im zweiten Kapitel der Dissertation, insbesondere ab Seite 205.

letzten gewöhnlichen Aufenthalt des Erblassers, zuständig. Diese müssten also ein Foralrecht anwenden, das kein Pflichtteilsrecht vorsieht. Die Kinder des Erblassers könnten bei Enterbung folglich darauf bestehen, dass in ihrem Fall der *ordre public*-Vorbehalt i.Z.m. der vom Bundesverfassungsgericht geforderten bedarfsunabhängigen Mindestteilhabe der Abkömmlinge am Nachlass bei Anwendung eines ausländischen Rechts, das kein Pflichtteilsrecht kennt, greift.

3 Fazit zu den entgegenstehenden Interessen naher Angehöriger

Ob und inwiefern die Interessen an einer Mindestbeteiligung am Nachlass seitens der nahen Familienmitglieder und des Ehegatten des Erblassers, einer umfassenderen erbrechtlichen Rechtswahlfreiheit *de lege ferenda* im Weg stehen, hängt von der Einschätzung diverser Faktoren ab. Vor allem kommt es darauf an, wie *hoch* die Testierfreiheit des Erblassers im Verhältnis zum Pflichtteilsrecht enger Verwandter bewertet wird.[817] Es handelt sich hierbei also, um eine Abwägungsfrage. Meiner Meinung nach, kann durchaus vertreten werden, dass die entgegenstehenden Interessen naher Angehöriger i.V.m. der Willensfreiheit des Erblassers nicht überbewertet werden sollten. Jedenfalls kann die Wahrung dieser Interessen nicht der Grund sein, weshalb eine Erweiterung der wählbaren Rechte im Erbkollisionsrecht verhindert wird. Für diese Position sprechen mehrere Argumente.

Als Erstes kann die Minderung des Stellenwertes der Institution des Pflichtteilsrechts festgestellt werden. Aus Gliederungspunkt *C.I.1.a) Der Konflikt zwischen der Testierfreiheit und dem Pflichtteilsrecht* ist hervorgegangen, dass es auf dem europäischen Kontinent eine steigende Tendenz zu mehr Testierfreiheit gibt. Die Waage neigt zurzeit also eher zur Stärkung der Testierfreiheit des Erblassers als zur Stärkung des Pflichtteilsrechts seiner nahen Angehörigen. Dies hängt vor allem mit der Veränderung der sozialen Verhältnisse unserer Gesellschaft in den letzten 100 Jahren zusammen.[818] Die Stärkung der Testierfreiheit

817 Siehe Frantzen, Torstein. (2004, Seite 190–191): „Parteiautonomie im Erbrecht kann also zugleich als eine Wahl zwischen Testierfreiheit und Pflichtteilsrecht gesehen werden. Je mehr Parteiautonomie, desto mehr wird die Testierfreiheit bevorzugt.“ Siehe so in etwa auch Weber, Susanne. (2012, Seite 140): „Die Entscheidung für oder gegen Parteiautonomie im internationalen Erbrecht hängt (…) doch wesentlich von der Frage ab, welchen Stellenwert das Pflichtteilsrecht hat.“

818 Siehe Lein, Eva. (2009, Seite 133): „Compulsory shares find their legitimacy in a philosophy that dates back to a time when the future of descendants had to be secured by their ancestors. Today, arguments to maintain this logic are missing (…)“. Siehe außerdem die bereits auf den Seiten 242–245 unter *C.I.1.a) Der Konflikt zwischen der Testierfreiheit und dem Pflichtteilsrecht* aufgeführten Argumente für die Abschaffung oder starke Reduzierung des Pflichtteils, die von einem bedeutenden Teil der Lehre vertreten werden.

des Erblassers auf materiellrechtlicher Ebene sollte sich auch auf kollisionsrechtlicher Ebene durch die Erweiterung der Parteiautonomie widerspiegeln.

Ein weiteres Argument wird präzise von Jürgen Basedow formuliert:

> *„It is a common feature of the instruments presented above that they confine the testator's right to choose the applicable law to a limited number of eligible laws: [...] The origin of this limitation is the wish to overcome the traditional split between jurisdictions connecting succession to domicile and those applying the law of citizenship, and also the desire to reconcile the "situs taboo" – which for its part engenders a scission of the estate – with a system offering a uniform and comprehensive connection of the whole estate to a single law. While these reasons are quite understandable,* ***no arguments have been forwarded for the exclusion of the choice of other laws. The simple possibility that the testator might deprive close family of their forced heirship*** *exists also with regard to the laws acknowledged as eligible and therefore* ***is not a sufficient reason for excluding the choice of other laws.***"[819]

Denn bereits durch die erlaubte Wahl des Heimatrechts des Erblassers in Art. 22 EU-ErbVO könnte es passieren, dass Familienangehörige des Erblassers entweder gar keinen oder einen geringeren Pflichtteil erhalten als den, der ihnen nach dem objektiv anwendbaren Erbstatut zugestanden hätte. Das Risiko einer Pflichtteilsumgehung oder -minderung ist also schon jetzt vorhanden und würde sich durch die Erweiterung des Katalogs an wählbaren Rechten lediglich etwas erhöhen. Diese Tatsache ist aber nicht Grund genug, um die Ausdehnung der Parteiautonomie im Erbkollisionsrecht zu vermeiden. So wie sie auch nicht Grund genug war, um die Einführung der Rechtswahl in die Erbrechtsverordnung zu verhindern.

In diesem Zusammenhang ist anzumerken, dass das obengenannte Risiko auch durch die Vornahme einer indirekten Rechtswahl präsent ist. Nichts kann den Erblasser davon abhalten seinen gewöhnlichen Aufenthalt in ein pflichtteilsfreundlicheres Land zu verlegen.[820] Doch *„die praktische Dimension dieses Risikos*

---

819 Siehe Basedow, Jürgen. (2015, Seite 272, Unterpunkt 430, Hervorhebungen hinzugefügt).

820 Zur indirekten Rechtswahl siehe bereits Seite 132 unter Abschnitt C. im zweiten Kapitel der Dissertation.

(ist) geringer, als es auf den ersten Blick scheinen mag".[821] Es kommt nur selten vor, dass der Erblasser nicht-Familienmitglieder als Erben einsetzt.[822]

Ein drittes Argument basiert auf die eher geringfügigere Rolle, die die Interessen der Familienmitglieder bislang zur Feststellung der *objektiven Anknüpfung* genossen haben. Dies bringt Anatol Dutta sehr schön zum Ausdruck:

> *„Aber auch diese Interessen der Familienmitglieder an erbrechtlichem Schutz widersprechen einer Rechtswahlfreiheit des Erblassers nicht, jedenfalls nicht in dem Maße, wie man dies auf den ersten Blick vermuten möchte. Die Interessen der Familienmitglieder werden bereits bei der objektiven Anknüpfung nur sehr mittelbar wahrgenommen: Das Kollisionsrecht knüpft hier bereits an ein persönliches Merkmal des Erblassers an – seinen gewöhnlichen Aufenthalt oder seine Staatsangehörigkeit –, und nicht etwa an ein solcher der jeweiligen Familienmitglieder, auch wenn diese oftmals – wenn auch nicht zwingend – das persönliche Anknüpfungsmerkmal des Erblassers teilen."*[823]

Angesichts dieser Realität stellt sich die Frage, warum die Interessen der Familienmitglieder des Erblassers nun also bei der *subjektiven Anknüpfung* so stark berücksichtigt werden sollten und eine derart zentrale Rolle einnehmen sollten, als dass sie jegliche Erweiterung der Palette an wählbaren Rechten boykottieren. Darauf scheint es meines Erachtens keine offensichtlich schlüssige Antwort zu geben.

Als letztes Argument ist der bereits existierende Schutz, der durch den *ordre public*-Vorbehalt zugunsten naher Angehöriger in Extremfällen gewährleistet

---

821 Siehe die Stellungnahme des Deutschen Notarinstituts in Zusammenarbeit mit Prof. Dr. Heinrich Dörner und Prof. Dr. Paul Lagarde von 2002 (Seite 269, Unterpunkt 9), abrufbar unter der in Fußnote 18 zitierten Webseite. Siehe auch in diesem Sinne Kroll-Ludwigs, Kathrin. (2013, Seite 443): „Demgegenüber dürfte es sich bei der umgekehrten Situation, in welcher der Erblasser seine testamentarische Verfügung und Rechtswahl allein zum Nachteil einzelner Erben ausgestaltet, um einen **Ausnahmefall** handeln." Und Bonomi, Andrea. (2011, Recueil des Cours, Seite 220): „Selon certains commentateurs, ce souci est exagéré, les cas d'exercise abusif du pouvoir de choisir la loi successorale étant **plutôt rares** en pratique." (Hervorhebungen hinzugefügt).

822 Siehe Vaquer Aloy, Antoni. (2007, Seite 10), der sich in Fußnote 32 unter anderem auf eine englische Statistik vor dem Jahr 1938 bezieht, die ergab, dass bei absoluter Testierfreiheit nur 6,5% der Erblasser ein Testament zugunsten nicht zur Familie gehörenden Personen errichteten.

823 Siehe Dutta, Anatol. (2011, Europäisches Erb-und Erbverfahrensrecht, Seite 68). Siehe auch Weber, Susanne. (2012, Seite 144): „Denn schon nach geltender Rechtslage hat die Person des Pflichtteilsberechtigten selbst überhaupt keinen Einfluss auf das anwendbare Recht."

wird, darzulegen. Dies wurde im vorherigen Gliederungspunkt ausgiebig behandelt und erneut von Anatol Dutta auf den Punkt gebracht:

> *„Thirdly and finally,* ***a minimum but sufficient protection*** *is awarded to the family members by other means of the conflict of laws. If the applicable succession law does not protect family members at all,* ***the public-policy exception*** *could be invoked.“*[824]

Zusammenfassend kann also schon einmal an dieser Stelle festgehalten werden, dass es zweifellos entgegenstehende Interessen der Familienangehörigen des Erblassers gibt, die zwar nicht gänzlich ignoriert werden können, aber die auch nicht überzubewerten sind. Vor allem sollten sie nicht der Grund sein, weshalb dem Erblasser kein größeres Spektrum an wählbaren Rechten geboten wird; wenngleich sie einer ganz freien erbrechtlichen Rechtswahl letztendlich im Weg stehen könnten. Dies soll im Rahmen der Erweiterungsmöglichkeiten der erbrechtlichen Rechtswahl *de lege ferenda* unter *E.III.* in diesem letzten Kapitel der Dissertation näher untersucht werden.

II Andere entgegenstehende Interessen

Abgesehen von den Interessen der Familienmitglieder und des Ehegatten können möglicherweise auch andere Interessen einer barrierefreieren Parteiautonomie im Erbkollisionsrecht im Weg stehen. Diese sollen hier analysiert und später abgewogen werden. Insbesondere sind Interessen von Dritten, staatliche Interessen und Ordnungsinteressen heranzuziehen. In Zusammenhang mit diesen letzten soll geprüft werden, ob die Zulassung einer Zuständigkeitswahl durch den Erblasser empfehlenswert ist, um z.B. noch häufiger einen Gleichlauf zwischen *forum* und *ius* zu erreichen.

1 Entgegenstehende Interessen Dritter

Auf den ersten Blick ist vorstellbar, dass auch die Interessen der Nachlassgläubiger des Erblassers, i.e. der Personen, die gegen ihn noch ausstehende Forderungen haben,[825] gegen die Zulassung einer weitläufigeren Rechtswahl im Erbrecht

824 Siehe Dutta, Anatol. (2009, RabelsZ 73, Seite 582, Hervorhebungen hinzugefügt). Siehe auch Dutta, Anatol. (2011, Europäisches Erb-und Erbverfahrensrecht, Seite 68). Basedow, Jürgen. (2015, Seite 272, Unterpunkt 430) scheint ebenfalls darauf abzuzielen: „Where considered necessary, the protection of close family members has to be implemented not by a limitation of the eligible laws, but by specific and countervailing provisions.“

825 Siehe für diese Definition Weber, Susanne. (2012, Seite 146).

sprechen könnten. Bei näherer Betrachtung der Realität scheint dies jedoch nicht der Fall zu sein. Denn in der Regel gilt in allen zivilisierten Rechtsordnungen dieser Welt, dass zunächst die Nachlassverbindlichkeiten aus dem Nachlass beglichen werden müssen. Erst dann können sich die Erben die Erbschaft aufteilen. Unterschiedlich geregelt ist in den verschiedenen Rechtsordnungen meistens nur die Frage hinsichtlich darüber, ob die Erben grundsätzlich nicht persönlich für die Schulden des Erblassers haften oder ob sie dafür bestimmte Schritte tun müssen. Solange also das soeben genannte Prinzip vom anwendbaren Recht beachtet wird und die Nachlassgläubiger folglich ihre Ansprüche aus der Erbmasse befriedigen können, ist ihrerseits kein allzu starkes Interesse in Bezug auf welches konkrete Erbstatut letztendlich zur Anwendung gelangen sollte, ersichtlich.[826]

Denkbar ist höchstens noch, dass bei Zulassung einer Teilrechtswahl die dadurch entstehende Nachlassspaltung für die Nachlassgläubiger problematisch sein könnte. Hans Dölle schreibt diesbezüglich besänftigend:

> *„Hier ist von dem Grundsatz auszugehen, daß jeder persönliche Gläubiger das gesamte Vermögen des schuldenden Erblassers – wo es sich auch befinden mag – als Haftungsobjekt für seine Forderung in Anspruch nehmen darf. Das ist ein Prinzip, das in allen modernen Rechten der zivilisierten Staaten Anerkennung gefunden hat, und es besteht kein Anlaß, es dann aufzugeben, wenn die Haftungsmasse über die Gebiete mehrerer Rechtsgeltungssysteme zerstreut ist.“*[827]

Auch wenn zunächst jede Rechtsordnung nur das ihr unterworfene Vermögen berücksichtigt, wird später wieder von der Einheit des Nachlasses ausgegangen. Sofern es ausreichende Nachlassaktiva gibt, um den Gläubigeransprüchen gerecht

826 Zu den Nachlassgläubigerinteressen siehe Brandi, Tim. (1996, Seite 271), der ebenfalls zu dem Ergebnis kommt: „Die Furcht vor einer negativen Beeinträchtigung der Nachlassgläubigerinteressen durch eine Rechtswahl des Erblassers erscheint jedoch übertrieben.“ Siehe auch Wennersbusch, Jasmin. (2018, Seite 227–228) und die Stellungnahme des Max-Planck-Instituts für ausländisches und internationales Privatrecht zum IPR-Regierungsentwurf (1983, VI. Erbrecht, Seite 659): „*Allgemein* erweist sich die Sorge, daß die erbrechtliche Parteiautonomie zur Benachteiligung von Nachlaßgläubigern mißbraucht werden könnte, bei näherem Zusehen als unbegründet. Gilt doch weltweit, daß sich die Gläubiger des Erblassers zur Befriedigung ihrer Ansprüche an den gesamten Nachlaß halten können. Ländermäßig verschieden ist nur die sekundäre Frage geregelt, ob die Erben überhaupt nicht für Nachlaßverbindlichkeiten haften (wie namentlich im anglo-amerikanischen Rechtskreis) oder ob sie zum Ausschluss der persönlichen Haftung bestimmte Schritte unternehmen müssen (wie bei uns nach § 1975 BGB).“ Für einen Überblick zur Regelung der Nachlasshaftung in den Mitgliedstaaten der Europäischen Union siehe Ebenroth, Carsten Thomas (1992, Seite 796–801).

827 Siehe Dölle, Hans. (1966, Seite 227–228).

zu werden, wird die Tilgung dieser Schulden nicht daran scheitern, dass der Erblasser eine Teilrechtswahl getroffen hat und es infolgedessen zu einer Nachlassspaltung gekommen ist.

Als Letztes ist noch kurz zu erwähnen, dass die Regelung des Art. 18 Abs. 4 des Entwurfs der Erbrechtsverordnung zum Schutz berechtigter Drittinteressen in der definitiven Version entfallen ist.[828] Diese Vorschrift war aber ohnehin nur rein deklaratorisch und ihre Streichung bringt *de facto* keine Veränderung mit sich.[829]

2 Entgegenstehende staatliche Interessen

Unter Abschnitt *A. Definition des Instruments der Rechtswahl* ist im ersten Kapitel bereits dargelegt worden, dass es sich bei der erbrechtlichen *professio iuris* um eine dem Erblasser vom Staat eingeräumten Befugnis handelt.[830] Der Staat erteilt dem Erblasser Rechtskraft, um die Rechtslage hinsichtlich des auf seinen Erbfall anwendbaren Rechts ändern zu können. So ist der Erblasser nach der jetzigen Erbrechtsverordnung in der Lage, das objektiv anwendbare Recht seines letzten gewöhnlichen Aufenthalts abzuwählen, indem er sein Heimatrecht mittels Rechtswahl für anwendbar erklärt. Durch diese ihm erteilte Befugnis verliert der Staat zweifellos an Autorität, da sich der Erblasser von den sonst geltenden zwingenden Normen des objektiv vom Gesetzgeber bestimmten Rechts entziehen kann.[831] Jürgen Basedow verwendet in diesem Zusammenhang den Ausdruck die Rechtswahl als *Souveränitätsschmälerung* und schreibt:

---

828 Wortlaut des Art. 18 Abs. 4 des Entwurfes: Die Anwendung des in diesem Artikel vorgesehenen Rechts steht den Ansprüchen einer Person nicht entgegen, die nicht Partei des Erbvertrags ist und der nach dem gemäß Artikel 16 oder gemäß Artikel 17 bezeichneten Recht ein Pflichtteilsanspruch oder ein anderer Anspruch zusteht, der ihr von der Person, deren Nachlass betroffen ist, nicht aberkannt werden kann.

829 Siehe hierzu Kroll-Ludwigs, Kathrin. (2013, Seite 145–146), die die Streichung dieses Artikels begrüßt.

830 Niederer, Werner. (1961, Seite 193) beteuert, dass der Private bei einer Rechtswahl aber nicht zum Gesetzgeber wird. Dies sehen viele Gegner der Parteiautonomie anders. Niederer zitiert auf Seite 193, Fußnote 1: Niboyet, Beale, Lenczowski, Widmer, Tobler, etc.

831 Zum Autoritätsverlust des Staates durch Rechtswahl siehe Corneloup, Sabine. (2013, Seite 22): „Das Hauptargument gegen die Rechtswahl im Familien- und Erbrecht bezieht sich natürlich auf die Beachtlichkeit zwingender Bestimmungen. Wenn die betroffenen Personen das anzuwendende Recht wählen können, heißt das, dass sie sich den zwingenden Bestimmungen der objektiv anwendbaren Rechtsordnungen entziehen können. Diese Bestimmungen verlieren somit gewissermaßen ihren

> *„Die Abwahl eines kraft objektiver Anknüpfung maßgeblichen Rechts kann in dem Sinne verstanden werden, dass der private Wille imstande ist, den rechtspolitischen Gestaltungsanspruch der kraft objektiver Anknüpfung maßgeblichen lex causae einzuschränken. Dieser Gedanke liegt insbesondere dann nahe, wenn die objektive Anknüpfung des Vertrages durch das Kollisionsrecht des Forum-Staates auf die lex fori verweist. In diesem Falle schmälert die Wahl eines ausländischen Rechts im Ergebnis den Umfang der Anwendung des eigenen Rechts und – da das eigene Recht Ausdruck der souveränen Gesetzgebung des Forum-Staates ist – auch den Umfang von dessen Souveränität.“*[832]

Man könnte nun meinen, je weiter die erteilte *professio iuris* für den Erblasser geht, desto höher ist auch die *Souveränitätsschmälerung* für den Staat. Doch bei genauerer Betrachtung macht es bei einer einmal erlaubten Rechtswahl keinen Unterschied mehr für den Staat, wie weit die Palette an wählbaren Rechten reicht. Der Staat erleidet so oder so denselben Verlust, i.e. nicht mehr selbst das auf den Erbfall des Erblassers anwendbare Recht zu bestimmen und somit auch nicht seine grundlegenden Rechtsvorstellungen durchzusetzen. Sein Autoritätsverlust wäre bei Erweiterung der Parteiautonomie im Erbkollisionsrecht demnach also nicht größer, sondern würde gleich bleiben. Folglich stehen auch keine staatlichen Interessen einer weitgehenderen erbrechtlichen Rechtswahl im Weg.

Die Tatsache, dass durch eine Erweiterung der *professio iuris* wohl noch öfter fremdes Recht zur Anwendung gelangen würde und dies das Funktionieren des gesamten staatlichen Gerichtssystems gefährden könnte,[833] überzeugt ebenfalls nicht als Grund, um mehr Parteiautonomie im Erbrecht zu verbieten. Kathrin Kroll-Ludwigs schreibt bezüglich der beschränkten Kapazitäten des Gerichtswesens:

> *„Besteht somit ein praktisches Bedürfnis der Parteien an der Ausweitung der familien- oder erbrechtlichen Parteiautonomie, stellt sich im Weiteren die Frage, ob ein nationales Gerichtssystem überhaupt in der Lage wäre, entsprechende Rechtswahlklauseln durchzusetzen. […]*

---

zwingenden Charakter, und der Staat verliert die Autorität, seine grundlegenden Rechtsvorstellungen international durchsetzen zu können.“ Und Frantzen, Torstein. (2004, Seite 190): „Ein zentraler Einwand gegen die Parteiautonomie ist, dass sich die Parteien durch eine Rechtswahl den sonst geltenden zwingenden Normen eines nationalen Rechts entziehen könnten.“ Siehe auch in diesem Kontext zu den „intereses públicos o intereses del Estado“ Carrascosa González, Javier. (2014, Seite 119–120).

832 Siehe Basedow, Jürgen. (2011, Seite 41).

833 Siehe Basedow, Jürgen. (2001, Seite 411): „Weder die Anwaltschaft noch die Gerichte sind darauf vorbereitet, fremdes Recht ebenso zügig und sicher anzuwenden wie ihr nationales Recht; die massenhafte Anwendung fremden Rechts mag sogar das Funktionieren des gesamten Gerichtssystems gefährden.“ Siehe außerdem in diesem Zusammenhang den aus einer ökonomischen Perspektive geschriebenen Aufsatz „Die Kosten der Rechtswahlfreiheit“ von Rühl, Giesela. (2007, RabelsZ 71, Seite 559–596).

In diesem Zusammenhang ist bereits darauf hingewiesen worden, dass die Wahl eines ausländischen Rechts auf Seiten der Gerichte auch bei objektiver Anknüpfung einen Mehraufwand und damit höhere Kosten als die Anwendung des eigenen Rechts verursacht. Indes werden diese Kosten entweder durch Verteilung auf die Parteien oder durch Beauftragung eines Sachverständigen internalisiert, so dass die Mehrbelastung der Gerichte als externe Effekte regelmäßig nicht zu einem Marktversagen führt. Nichts anderes würde sich aber auch bei einer Ausweitung der Parteiautonomie und einer Zunahme familien- und erbrechtlicher Rechtswahlklauseln ergeben."[834]

3 Entgegenstehende Ordnungsinteressen i.Z.m. der Zulassung einer Gerichtsstandsbestimmung durch den Erblasser

Die Ausübung einer Rechtswahl verursacht üblicherweise ein Auseinanderfallen von *forum* und *ius*. Der fehlende Gleichlauf, der dadurch entsteht, läuft den Ordnungsinteressen zuwider. Wie bereits unter Abschnitt *D. Die in Art. 5 EU-ErbVO erlaubte Gerichtsstandsvereinbarung* im zweiten Kapitel der Dissertation deutlich zum Vorschein gekommen ist, dürfen bislang zur Wiederherstellung eines Gleichlaufes der *lex fori* mit der *lex causae* nur die betroffenen Parteien eines streitigen Erbverfahrens (nicht der Erblasser selbst) eine beschränkte Gerichtsstandsvereinbarung zugunsten des Rechts des Staates treffen, für das sich der Erblasser mittels Rechtswahl entschieden hat. Und das auch nur, wenn das gewählte Recht – entweder sein Heimatrecht im Zeitpunkt der Rechtswahl oder im Zeitpunkt seines Todes – das Recht eines Mitgliedstaates ist. Dennoch kann positiv angemerkt werden, dass dank der Zulassung dieser i.d.R. nachträglichen Gerichtsstandsbestimmung, auch bei Ausübung einer Rechtswahl zumindest die Möglichkeit besteht, den Gleichlauf von *forum* und *ius* wiederherzustellen.

Bei einer Ausdehnung der erbrechtlichen *professio iuris* könnten entgegenstehende Ordnungsinteressen möglicherweise noch verstärkter als bislang auftreten, wenn keine entsprechende Erweiterung der Gerichtsstandswahl erfolgt. Eine solche sollte sich daher einerseits auf alle neu wählbaren Rechte erstrecken und andererseits sollte sie auf jeden Fall dem Erblasser an erster Stelle zur Verfügung stehen.

Denn bei der jetzigen durch die Verordnung gestatteten Gerichtsstandsvereinbarung wird der Kreis der prorogationsbefugten Personen auf die „betroffenen Parteien" (i.e. Erben, Vermächtnisnehmer...) begrenzt.[835] *De lege lata* hätte der Erblasser also höchstens die Möglichkeit im Rahmen eines Erbvertrages eine Gerichtsstandsvereinbarung mit seinen zukünftigen Erben abzuschließen oder in

---

834 Siehe Kroll-Ludwigs, Kathrin. (2013, Seite 575).

835 Siehe Seite 156–157 unter Abschnitt *D. Die in Art. 5 EU-ErbVO erlaubte Gerichtsstandsvereinbarung* im zweiten Kapitel der Dissertation.

seiner Verfügung von Todes wegen eine Auflage oder eine aufschiebende Bedingung anzuordnen. Ob solche Maßnahmen letztlich Aussicht auf Erfolg haben, bleibt für ihn jedoch ungewiss.[836]

De lege ferenda stellt sich in diesem Zusammenhang die Frage, ob es nicht wünschenswert wäre, dem Erblasser neben einer *professio iuris* auch eine ***professio fori*** zu erlauben. So könnte er gegebenenfalls selbst den Gleichlauf zwischen *forum* und *ius* herbeiführen.[837] Bei Zuständigkeit der Gerichte am letzten gewöhnlichen Aufenthalt des Erblassers und Rechtswahl zugunsten eines anderen Erbstatuts, kann nämlich nicht immer von einer korrekten Anwendung des gewählten Rechts seitens der Aufenthaltsgerichte ausgegangen werden. Zudem ist es auch viel sinnvoller und praktischer, wenn der Erblasser selbst die zuständigen Gerichte und das anwendbare Recht *in Kombination*[838] bestimmen kann, als wenn eine einvernehmliche Gerichtsstandsbestimmung zu einem i.d.R. erst späteren Zeitpunkt durch die betroffenen Parteien zu erfolgen hat.

Die Gründe, die für die Zulassung einer Gerichtsstandswahl durch den Erblasser sprechen, sind eine bessere Zuständigkeitsvorhersehbarkeit, mehr Rechtssicherheit sowie eine vereinfachte und schnellere Nachlassabwicklung. Letztere wird insbesondere durch die Vermeidung der leicht entstehenden Einigungsprobleme bei einer Gerichtsstandsvereinbarung zwischen den betroffenen Parteien (einschließlich der später dazukommenden Personen) gefördert. Des Weiteren kann diese dem Erblasser erteilte Prorogationsbefugnis als *Ausdruck der auch im Prozessrecht geltenden Parteiautonomie*[839] und somit als verfahrensrechtliches Pendant zur materiellrechtlichen Testierfreiheit angesehen werden. Außerdem darf nicht vergessen werden, dass es beim Nachlassverfahren um das Vermögen *des Erblassers* geht. Folglich sollte dieser auch entscheiden können, vor welchem Gericht oder Gerichte sich das Verfahren abspielt.[840] Das stärkste Gegenargument

---

836 Siehe auch hierzu bereits Seite 157–158 der Dissertation.

837 Diese Möglichkeit ist z.B. in Art. 87 Abs. 2 Satz 1 schweiz. IPRG vorgesehen. Siehe Dutta, Anatol. (2011, III. Rechtswahlfreiheit = Gerichtsstandswahlfreiheit?, Seite 82) oder Bary, Christiane von. (2018, Seite 109). Letzere weist außerdem auf Seite 108 darauf hin, dass Art. 25 Abs. 3 Brüssel Ia-VO für Trusts einseitige Gerichtsstandsbestimmungen erlaubt und diese Konstruktion dem Unionsrecht folglich nicht fremd ist.

838 Siehe Illmer, Martin. (2009, Seite 689), der den Ausdruck „kombinierte Gerichtsstands- und Rechtswahlvereinbarung“ verwendet. Darauf wird auch in Basedow, Jürgen. Dutta, Anatol. (2010, RabelsZ 74, Seite 587, Fußnote 135) hingewiesen „choice of the forum *in combination with* the choice of the applicable law.“

839 Siehe Illmer, Martin. (2009, Seite 688).

840 Siehe hierzu Magnus, Robert. (2013, Seite 397–398), Burkhard Hess in Dutta, Anatol. Herrler, Sebastian. (2014, Seite 137, Rn. 17), Eva Lein in Dutta, Anatol. Weber, Johannes. (2016, Seite 117, Rn. 18–21) und Lurger, Brigitta. (2010, Seite 51).

ist indessen, dass der Erblasser dadurch dritten Personen einen Gerichtsstand aufzwingt. Allerdings ist diese einseitige Rechtsmacht des Erblassers meiner Ansicht nach gerechtfertigt, schließlich steht ja *seine* persönliche Rechtsnachfolge im Mittelpunkt.[841]

Für die Zulassung einer einseitigen Gerichtsstandsbestimmung durch den Erblasser sprechen sich mehrere Stellungnahmen und Autoren aus. Am weitgehendsten scheint bisher die Stellungnahme des Hamburger Max-Planck-Instituts für ausländisches und internationales Privatrecht zu sein, die dem Erblasser gestattet all diejenigen Gerichte eines Staates zu prorogieren, dessen Erbrecht er auch *nach dem Katalog des vom Institut neu gefassten Art. 17 des Verordnungsvorschlages* wählen kann. Das wären die Gerichte der Mitgliedstaaten, dessen Staatsangehörigkeit der Erblasser schon einmal besaß oder besitzt, die Gerichte an seinem letzten oder an einem früheren gewöhnlichen Aufenthaltsort, die für Streitigkeiten hinsichtlich des gemeinschaftlichen Ehevermögens zuständigen Gerichte sowie die Gerichte am Belegenheitsort des unbeweglichen Vermögens. Die Stellungnahme des Max-Planck-Instituts eröffnet dem Erblasser auch eine Teilgerichtsstandswahl.[842] Die meisten Autoren plädieren jedoch für eine begrenztere Wahlmöglichkeit der Zuständigkeit seitens des Erblassers. Demnach könnte dieser nur die Gerichte seines Heimatstaates[843] berufen oder zwischen letzteren und den Gerichten an seinem gewöhnlichen Aufenthaltsort[844] wählen.

Auch meines Erachtens ist die Anerkennung einer *professio fori* durch den Erblasser zu befürworten. Der Erblasser sollte die Möglichkeit haben sowohl für

841 Siehe auch in diesem Sinne Burkhard Hess in Dutta, Anatol. Herrler, Sebastian. (2014, Seite 137, Rn. 17), Eva Lein in Dutta, Anatol. Weber, Johannes. (2016, Seite 117, Rn. 19) und insbesondere Bary, Christiane von. (2018, *b) Einseitige Gerichtsstandsbestimmung durch den Erblasser*, Seite 106–110). Siehe ebenfalls den sehr gut ausgearbeiteten Vorschlag zur Novellierung des Art. 5 ErbVO von Brosch, Marlene. (2019, Seite 233–237). Besonders kritisch gegenüber der Gerichtsstandswahl - sei es zwischen den Erben und dem Erblasser, zwischen Verfahrensbeteiligten oder allein durch den Erblasser - äußert sich beispielsweise Mansel, Heinz-Peter. (2006, Seite 203).

842 Siehe Basedow, Jürgen. Dutta, Anatol. (2010, RabelsZ 74, Seite 585–591 und Seite 606 ff. zu der geänderten Fassung des Art. 17). Siehe auch Dutta, Anatol. (2011, III. Rechtswahlfreiheit = Gerichtsstandswahlfreiheit?, Seite 82).

843 So beispielsweise die Stellungnahme zum Vorschlag für eine Europäische Erbrechtsverordnung von der Generaldirektion Interne Politikbereiche (2012) auf Seite 55, abrufbar unter der in Fußnote 344 zitierten Webseite, oder Andrea Bonomi in Bonomi, Andrea. Schmid, Christina. (2010, Seite 49).

844 Siehe in diesem Sinne Magnus, Robert. (2013, Seite 396–398) oder Lurger, Brigitta. (2010, Seite 51–52).

streitige als auch für nichtstreitige Verfahren das Gericht oder die Gerichte eines Staates zu wählen, dessen Recht er mittels *professio iuris* bestimmen kann. Das bedeutet, dass das gewählte Gericht unter Umständen im Ergebnis vom anwendbaren Erbstatut abweichen könnte. Auch wenn der Gleichlauf zwischen *lex fori* und *lex causae* erwünscht ist, um die Ordnungsinteressen zu wahren, und der Erblasser vermutlich in den meisten Fällen einen solchen Gleichlauf herbeirufen würde, sollte die Gerichtsstandswahl nicht auf das vom Erblasser tatsächlich gewählte Recht beschränkt werden. Denn es gibt Situationen, in denen es durchaus Sinn machen kann, dass *ius* und *forum* auseinanderfallen. Deshalb sollte der Erblasser in dieser Hinsicht frei in seiner Entscheidung sein. So zum Beispiel ein *Mallorca-Rentner*, der für seinen Erbfall spanisches bzw. balearisches Recht bevorzugt, die deutschen Gerichte aber für zuständig erklären möchte, weil dort die meisten Erben ansässig sind.[845]

Für den Fall, dass der Erblasser nur eine Rechts- aber keine Gerichtsstandswahl ausübt, sollten die Verfahrensparteien – neben dem Mechanismus der rügelosen Einlassung – auch die Möglichkeit haben bei streitigen Verfahren das Gericht oder die Gerichte des Staates, dessen Recht der Erblasser gewählt hat, zu prorogieren. Bei nichtstreitigen Verfahren ist eine solche subsidiäre Gerichtsstandsvereinbarung, die erst dann greift wenn der Erblasser keine Gerichtsstandswahl getroffen hat, nicht ersichtlich.[846]

Zusammenfassend kann gesagt werden, dass auch keine Ordnungsinteressen gegen die Erweiterung der Parteiautonomie im Erbrecht sprechen, vorausgesetzt es findet eine simultane Erweiterung der Gerichtsstandsbestimmung statt. Diese sollte an erster Stelle vom Erblasser selbst festgelegt werden können und nur dann den betroffenen Parteien zustehen, wenn der Erblasser keinen Gebrauch von dieser Möglichkeit macht. Außerdem sollten als zuständige Gerichte all diejenigen Gerichte eines Staates zur Wahl infrage kommen, dessen Recht der Erblasser auch mittels *professio iuris* wählen kann. Dadurch wären die Chancen, dass ein Gleichlauf von *forum* und *ius* auch bei einer Rechtswahl stattfindet, erneut wieder viel höher. Doch selbst, wenn kein Einklang erreicht wird, ist dies kein Grund der gegen

845 Dies ist auch die Ansicht, die die Stellungnahme des Max-Planck-Instituts für ausländisches und internationales Privatrecht vertritt. Siehe Basedow, Jürgen. Dutta, Anatol. (2010, RabelsZ 74, Seite 588, Rn. 103): „The Institute is however opposed to a limitation of the choice of jurisdiction to the courts of the State whose law the testator *actually chooses*. There may be circumstances where the testator has a legitimate interest in choosing the courts in a State other than that of the law governing the succession."

846 Zur Überflüssigkeit einer Gerichtsstandsvereinbarung bei Verfahren der freiwilligen Gerichtsbarkeit siehe bereits Seite 161 unter Abschnitt *D.* im zweiten Kapitel der Dissertation. Siehe auch Lurger, Brigitta. (2010, Seite 52).

die Erweiterung einer erbrechtlichen Rechtswahl spricht. Auch in der jetzigen Erbrechtsverordnung wird nicht immer bei Ausübung einer *professio iuris* der Gleichlauf von *lex fori* und *lex causae* wiederhergestellt (so wenn die betroffenen Parteien keine Gerichtsstandsbestimmung treffen oder wenn das Heimatrecht des Erblassers, das eines Drittstaates ist); und dennoch ist die Rechtswahl erlaubt.

III Eintritt der Nachlassspaltung bei einer Teilrechtswahl

Wie schon im zweiten Kapitel unter *C.III. Beschränkung auf den gesamten Nachlass* in Art. 22 EU-ErbVO und *E.II. Zulassung einer Teilrechtswahl* erläutert, könnte es bei der Einführung einer sehr weit gefassten Rechtswahl, die dann auch zugunsten einzelner Nachlassgegenstände anwendbar wäre, des Öfteren zu Nachlassspaltungen kommen. Das ist ein an sich nicht erwünschtes Ergebnis und muss in Bezug auf die dadurch in der Praxis entstehenden Probleme als Nachteil der *dépeçage* aufgeführt werden. Konkret soll hier festgestellt werden, inwiefern der Eintritt einer Nachlassspaltung einer umfassenderen *professio iuris*, die auch eine Teilrechtswahl erlaubt, entgegensteht.

Da diese Problematik bereits ausführlich in Gliederungspunkt *C.III.* behandelt wurde, sollen anschließend nur noch einmal kurz die wichtigsten Erkenntnisse zusammengefasst werden. Die Tatsache, dass durch die Ausübung einer Teilrechtswahl eine Nachlassspaltung entsteht und diese mehrere Nachteile verursacht, ist nicht zu leugnen. So können als Nachteile die Durchbrechung des Prinzips der Nachlasseinheit, höhere Verwaltungs- und Nachlassplanungskosten, ein größerer Zeitaufwand und zusätzliche Transaktionskosten zur Ermittlung der anwendbaren Erbrechte, praktische Koordinationsschwierigkeiten durch die Anwendung verschiedener Rechte auf letztlich eine einzige Erbmasse und eine geringere Rechtssicherheit genannt werden.[847]

Der größte Vorteil, der im Gegenzug bei einer Teilrechtswahl zugunsten des Belegenheitsstatuts entsteht, ist die Statutensynchronisierung von *lex rei sitae* und Erbrecht und die dadurch resultierende Vereinfachung der Nachlassverwaltung, speziell die Abwicklung des Rechtsübergangs von Immobilien. In Anbetracht der Tatsache, dass die durch eine Nachlassspaltung verursachten Probleme rechtlich zu bewältigen sind[848] und es zudem gute für eine Teilrechtswahl sprechende

847 Siehe hierzu schon Seite 147–148 unter *C.III.* im zweiten Kapitel der Dissertation.

848 Ein gutes Beispiel sind die einer dualistischen Auffassung folgenden Rechtsordnungen (Anknüpfung an das Wohnsitzrecht für den beweglichen und an die *lex rei sitae* für den unbeweglichen Nachlass). Siehe Fontanellas Morell, Josep M. (2010, Seite 212), der außerdem darauf hinweist, dass es für die einer solchen dualistischen Auffassung folgenden Staaten von vornherein wohl leichter ist eine Teilrechtswahl anzunehmen.

Gründe gibt, sollte der Erblasser – nach Durchführung einer Interessenabwägung – selbst entscheiden, ob er eine *dépeçage* treffen möchte. Auf jeden Fall, sollte ihm diese Möglichkeit nicht einzig und allein aus dem Grund vorenthalten bleiben, dass die Nachteile bei einer Nachlassspaltung nach h.M. deutlich überwiegen und der Gesetzgeber den Erblasser davor zu schützen hat. Niemand sollte gegen seinen eigenen Willen geschützt werden. Außerdem muss berücksichtigt werden, dass es auch schon mit der jetzigen Erbrechtsverordnung zu Nachlassspaltungen kommen kann. Die durch eine Teilrechtswahl entstehende Nachlassspaltung wäre in der Verordnung also lediglich als eine weitere Ausnahme zum Grundsatz der Nachlasseinheit zu betrachten.[849]

Zu diesem Dilemma der Entstehung einer Nachlassspaltung bei Zulassung einer Teilrechtswahl äußerte sich auch bereits Hans Dölle im Jahr 1966 vortrefflich:

> *„Im übrigen sei darauf hingewiesen, daß unser Problem natürlich in allen Fällen der Nachlaßspaltung auftritt, also auch dort, wo die Spaltung des Nachlasses eine unmittelbare Folge der gesetzlichen Regeln ist. Dieser Hinweis wird freilich diejenigen nicht zufriedenstellen, welche die Nachlaßspaltung als ein (de lege lata zwar unvermeidliches, aber de lege ferenda zu vermeidendes) Übel betrachten. Sie werden jeder Auffassung als einer rechtspolitisch verfehlten entgegentreten, die geeignet ist, die Fälle der Nachlaßspaltung ohne gesetzlichen Zwang zu vermehren. M.E. steht man vor der Wahl zwischen zwei Übeln: dem kleineren ist naturgemäß der Vorzug zu geben. Und das kleinere scheint mir die Nachlaßspaltung als Folge einer partiellen Rechtswahl zu sein. Denn der Verzicht auf die Rechtswahl überhaupt würde den Verzicht auf ideelle und materielle Werte bedeuten, der erheblich schwerer wiegen würde als die Hinnahme gelegentlicher Nachlaßspaltungen, eines Phänomens, das auch sonst nicht selten in Kauf genommen werden muß.“*[850]

Meiner Meinung nach bringt Dölle die Problematik im zitierten Text auf den Punkt. Der Eintritt einer Nachlassspaltung ist als kleineres Übel zu betrachten und sollte einer weit gefassten *professio iuris*, die auch eine Teilrechtswahl zulässt, nicht im Weg stehen.

IV Der möglich fehlende Bezug zum anwendbaren Erbrecht bei Zulassung einer freien Rechtswahl

Im hypothetischen Fall der Einführung einer grenzenlosen Parteiautonomie im Erbrecht stellt sich die Frage, ob der möglich fehlende Bezug des Erbfalls zum anwendbaren Recht bei Wahl eines Erbstatuts, das gar keine objektive Verbindung

---

849 Siehe bereits detaillierter Seite 148–151 der Dissertation.

850 Siehe Dölle, Hans. (1966, Seite 228–229).

zu diesem aufweist, einen Grund darlegt, die freie Rechtswahl im Erbkollisionsrecht zu verbieten. Als Beispiel bietet sich die Wahl japanischen Erbrechts im Falle eines deutschen Erblassers an, der keinen Bezug zu Japan hat, dort nie gewesen ist, kein Japanisch spricht und dessen gesamter Nachlass, seine Erben sowie Gläubiger sich in Europa befinden.

Hauptsächlich könnte die Zulassung einer freien Rechtswahl wegen dem Prinzip der engsten Verbindung i.Z.m. der (minimalen) Wahrung von Rechten Dritter scheitern. Die Wahl einer neutralen Rechtsordnung als Kompromisslösung scheint im Erbrecht angesichts der Einseitigkeit letztwilliger Verfügungen nicht erforderlich zu sein. Andere Gründe für die Wahl eines Erbstatuts, zu dem weder der Erblasser noch sein Erbfall auf irgendeine Weise verbunden ist, sind *a priori* – ohne an missbräuchliche Absichten zur Minderung Rechte Dritter zu denken – nicht ersichtlich.

Darauf ist unter *E.III.2. Vergleich zur Rechtswahlfreiheit im (vertraglichen und außervertraglichen) Schuldrecht und Ablehnung einer freien Rechtswahl im Erbrecht* ausführlicher zurückzukommen. Als Zwischenfazit kann hier aber schon einmal festgehalten werden, dass der Eintritt einer freien erbrechtlichen Rechtswahl auf jeden Fall mit Vorsicht zu genießen ist. Dies wird wie soeben erörtert im Rahmen der Erweiterungsmöglichkeiten der *professio iuris* im europäischen Erbrecht *de lege ferenda* näher untersucht und soll daher hier lediglich als Nachteil einer unbeschränkten Rechtswahl aufgeführt werden.

D Abwägung zugunsten höherrangiger Interessen. Befürwortung einer umfassenderen Willensfreiheit

Nachdem in den letzten beiden Abschnitten *B.* und *C.* ausführlich auf die Vor- und Nachteile hinsichtlich der Zulassung einer weitläufigeren Rechtswahl im europäischen Erbrecht eingegangen wurde, findet hier schließlich eine Abwägung zugunsten der höherrangig bewerteten Interessen statt.[851]

Wie bereits unter *C.I.* deutlich zum Vorschein gekommen ist, sind die einzig wirklich bedeutenden entgegenstehenden Interessen bei einer Erweiterung der erbrechtlichen Rechtswahl, die der nahen Angehörigen des Erblassers. Andere möglicherweise entgegenstehende Interessen (Interessen Dritter, staatliche Interessen und Ordnungsinteressen) sind unter *C.II.* mit dem Ergebnis untersucht

851 Siehe Wennersbusch, Jasmin. (2018, Seite 247), die hervorhebt, dass die Erweiterung der Rechtswahlfreiheit maßgeblich von der Bedeutung der Parteiautonomie auf der einen Seite und dem Gewicht schutzwürdiger Interessen der durch die Rechtswahl berührter Dritter auf der anderen Seite abhängt.

worden, dass solche Interessen einer Ausdehnung der *professio iuris* im europäischen Kollisionsrecht wohl kaum im Wege stehen würden. Auch der Eintritt der Nachlassspaltung bei Zulassung einer Teilrechtswahl (Gliederungspunkt *C.III.*) sollte keinen ausreichenden Grund darstellen, eine solche zu verbieten.

Die entgegenstehenden Interessen naher Angehöriger sind daher besonders detailliert analysiert worden, um letztlich unter *C.I.3.* als Fazit hervorheben zu können, dass es viele gute Argumente gibt, die dafür sprechen, dass die Wahrung dieser Interessen nicht der Grund sein kann, weshalb eine Erweiterung der wählbaren Rechte im Erbkollisionsrecht verhindert wird. So die Minderung des Stellenwertes der Institution des Pflichtteilsrechts,[852] das bereits heute vorhandene Risiko einer Pflichtteilsumgehung oder -minderung (entweder durch die in Art. 22 EU-ErbVO zugelassene *professio iuris* oder durch Ausübung einer indirekten Rechtswahl), die Fragwürdigkeit, weshalb die Interessen der Familienmitglieder des Erblassers bei der *subjektiven Anknüpfung* so stark berücksichtigt werden sollten, wenn sie bei der *objektiven Anknüpfung* bislang eine sehr geringfügige Rolle gehabt haben und zuletzt der bereits existierende minimale aber ausreichende Schutz, der durch den *ordre public*-Vorbehalt zugunsten naher Angehöriger in Extremfällen gewährleistet wird.

Außerdem sind die Vorteile, die eine umfassendere Rechtswahlfreiheit im internationalen Erbrecht mit sich bringen würde, sehr vielzählig und so bedeutend, dass ihre Nachteile (hauptsächlich die nicht immer mögliche Wahrung der Interessen der Familienmitglieder und des Ehegatten an einer Mindestbeteiligung am Nachlass) hinzunehmen sind. In diesem Sinne schrieb auch bereits Hans Dölle:

> *„Bei dieser Sachlage kann nur die Antwort auf die Frage weiterführen, ob die mit der kollisionsrechtlichen Parteiautonomie des Testators verbundenen Vorteile so stark sind, daß dabei ihre Nachteile in Kauf genommen werden sollten. M.E. ist die Frage (…) zu bejahen.“*[853]

Sehr hilfreich kann hier die bildliche Vorstellung einer Balkenwaage sein, bei der die Waagschale mit den Vorteilen einer ausgedehnteren *professio iuris* eindeutig schwerer wiegt als die Waagschale mit den Nachteilen einer solchen. Die wichtigsten Vorteile einer geräumigeren erbrechtlichen Rechtswahl sind bereits in diesem

852 Eine Tendenz zu mehr materiellrechtlicher Testierfreiheit auf dem europäischen Kontinent ist aus der Analyse des Abschnitts *C.I.1.* in diesem dritten Kapitel der Dissertation hervorgegangen. Umso liberaler man außerdem der Frage einer Minderung oder sogar Abschaffung des Pflichtteilsrechts entgegensteht, desto leichter wird es sein, eine „weite“ kollisionsrechtliche Rechtswahl im Erbrecht zu vertreten.

853 Siehe Dölle, Hans. (1966, Seite 229).

dritten Kapitel unter Abschnitt *B.* aufgeführt worden. Daher sollen die Vorteile anschließend nur noch einmal kurz zusammenfassend genannt werden: mehr Rechts- und Planungssicherheit (nicht nur für den Erblasser sondern auch für die Erben und andere betroffenen Parteien), eine stärkere Rücksichtnahme der Freiheits- und Gestaltungsinteressen des Erblassers – dabei ist die Willensfreiheit des Erblassers insbesondere i.Z.m. der Freiheit des Individuums im Allgemeinen und den Menschen- und Grundrechten zu betrachten[854] – die Förderung von marktwirtschaftlichen Interessen, der Fort- anstatt Rückschritt für diejenigen Mitgliedstaaten (wie Finnland, die Niederlanden oder Polen), die bereits vor Inkrafttreten der Erbrechtsverordnung eine weitergehende Rechtswahl erlaubten, und insbesondere die Verwirklichung oder zumindest die erhebliche Stärkung des Grundsatzes der Parteiautonomie im Privatrecht (konkret der Testierfreiheit im Erbrecht) i.V.m. der Eigenverantwortlichkeit der Menschen[855] und die damit

---

854 Zum natürlichen Willen des Einzelnen als theoretische Begründung der Rechtswahl siehe Basedow, Jürgen. (2011, Seite 50 ff.). Siehe außerdem Kränzle, Michael. (2014, Seite 207): „Ein anderer Ansatz in der Literatur sieht die Menschen- und Grundrechte, welche die freie Persönlichkeitsentfaltung gewährleisten, als Basis für die Parteiautonomie", sowie Jan von Hein in Rauscher, Thomas. (2016, Seite 144, Rn. 55): „Darüber hinaus wird zunehmend aus den Grundfreiheiten, insbesondere aus Art 34 AEUV (ex-Art 28 EGV), auch das Gebot der kollisionsrechtlichen Rechtswahlfreiheit (Parteiautonomie) abgeleitet." Siehe ebenfalls Nick, Christian. (2008, Seite 307–308) und erneut Basedow, Jürgen. (2001, Seite 413) zu den „mit unveräußerlichen Menschenrechten ausgestatteten Individuen" als stabilerer Faktor der neuen Weltordnung, sowie darauf Bezug nehmend Kroll-Ludwigs, Kathrin. (2013, Seite 595): „Ein derartiges Verständnis würde anerkennen, dass die Individuen in einer zunehmend globalisierten Weltordnung die „stabilsten Faktoren" sind. Dem entspricht es, ihren freien Willen als Dreh- und Angelpunkt des kollisionsrechtlichen Systems zu begreifen. Die Parteiautonomie kann demnach rechtsgebietsübergreifend als Leitmaxime des kollisionsrechtlichen Denkens begriffen werden. Sie bedarf keiner anderen Rechtfertigung, als dass der Einzelne sie will." Des Weiteren siehe Fontanellas Morell, Josep M. (2010, Seite 194–195), der Kants Metaphysik als Grundlage der Willensfreiheit betrachtet: „Presupuesto de este afloramiento es la metafísica kantiana, que, al elaborar un entramado ético donde el principio fundamental de la libertad del individuo se justifica, en última instancia, por su identificación con la idea de moralidad, establece los cimientos de la teoría de la autonomía de la voluntad tal como hoy nos es familiar."

855 „Die Parteien sollten nach dem Prinzip der Handlungsfreiheit nicht nur materiellrechtlich ihre privatrechtlichen Angelegenheiten nach ihren Vorstellungen regeln dürfen, sondern auch kollisionsrechtlich ihre Rechtsverhältnisse nach ihrem Belieben gestalten. Auch wenn dieser Grundsatz bei höherrangigen kollidierenden Interessen zu durchbrechen ist", siehe Weber, Susanne. (2012, Seite 195).

verbundene Anerkennung der Rechtswahlfreiheit als Prinzip des Kollisionsrechts. Dadurch würde ein Gleichlauf zwischen materiellrechtlicher Testier- und kollisionsrechtlicher Rechtswahlfreiheit entstehen und die Gleichwertigkeit der Rechtsordnungen, auf die schon Friedrich Carl von Savigny deutete,[856] würde in großem Maße geachtet werden.[857]

Diese ganzen Vorzüge, die durch eine umfassendere *professio iuris* im Erbkollisionsrecht gegeben wären, würden also die möglichen Nachteile – insbesondere die nicht immer erzielbare Wahrung der Interessen der nahen Angehörigen des Erblassers – kompensieren. Dass die Interessen der Pflichtteilsberechtigten aufgrund der Erweiterung der erbrechtlichen Parteiautonomie eventuell noch stärker in den Hintergrund treten würden, scheint eine unvermeidbare Tatsache zu sein, die aber auch schon jetzt nicht nur auf kollisionsrechtlicher sondern auch auf materiellrechtlicher Ebene spürbar ist. Letztlich kann der Grundsatz „in dubio pro libertate" als innere Berechtigung für eine weitere Rechtswahl im internationalen Erbrecht angesehen werden.[858] Bei der hier vollzogenen Abwägung zugunsten höherrangiger Interessen sollte dieses Prinzip im Zweifel immer *für die Freiheit* stehen und die Waagschale mit den Vorteilen noch ein entscheidendes Stückchen weiter nach unten ziehen, sodass gar keine Unsicherheit mehr darüber besteht, dass die Vorteile einer ausgedehnteren erbrechtlichen Rechtswahl deutlich schwerer wiegen als ihre Nachteile.

E Erweiterungsmöglichkeiten der erbrechtlichen Rechtswahl *de lege ferenda*

Nachdem ich im letzten Unterpunkt eindeutig zu dem Schluss gekommen bin, eine umfassendere Rechtswahlfreiheit im Erbkollisionsrecht zu befürworten, sollen nun in diesem Abschnitt der Dissertation alle denkbaren Erweiterungsmöglichkeiten systematisch analysiert werden.

856 Passim Savigny, Friedrich Carl von. (1849, System des heutigen Römischen Rechts, Band VIII).

857 Siehe Rühl, Giesela. (2007, RabelsZ, Seite 574): „…dem System des deutschen Internationalen Privatrechts, das sich seit Friedrich Carl von Savigny für eine Gleichbehandlung deutschen und ausländischen Rechts im Interesse des internationalen Entscheidungseinklangs ausspricht" und Siehr, Kurt. (1989, Seite 510): „Die freie Rechtswahl ohne Beschränkungen auf bestimmte wählbare Rechte erfüllt eine Forderung, die schon seit langem als methodischer Ausgangspunkt aufgestellt worden ist: die Gleichwertigkeit aller Rechtsordnungen."

858 Siehe Leible, Stefan. (2004, Seite 487), Nick, Christian. (2008, Seite 290) und Oppermann, Karl Felix. (2016, Seite 41).

Einführend ist darauf aufmerksam zu machen, dass sich bislang nicht allzu viele Autoren für die Klassifizierung der kollisionsrechtlichen Parteiautonomie interessiert haben. Am vollständigsten scheint im Erbrecht auf jeden Fall die Klassifikation von Josep M. Fontanellas Morell (2010) zu sein,[859] die auf die von Werner Niederer (1961) basiert.[860] Demnach wird von Fontanellas Morell erst einmal die **begrenzte Parteiautonomie** (autonomía conflictualmente limitada) von der **unbegrenzten Parteiautonomie** (autonomía conflictualmente ilimitada o autonomía de localización absoluta) differenziert.[861] Die begrenzte Parteiautonomie teilt er alsdann in zwei weitere Gruppen auf: die auf einen Katalog an wählbaren Rechten beschränkte Parteiautonomie (autonomía conflictual de opción) und die auf Rechtsordnungen zu denen eine objektive Verbindung besteht beschränkte Parteiautonomie (autonomía conflictual de localización relativa).

An dieser präzisen Klassifizierung von Fontanellas Morell werde auch ich mich anschließend orientieren, um drei (von niedrig nach hoch) gestufte Erweiterungsmöglichkeiten der Parteiautonomie im Erbrecht *de lege ferenda* vorzustellen: I. Die Erweiterung eines geschlossenen Katalogs an wählbaren Rechten, II. Die Einführung einer Rechtswahl zugunsten jeder Rechtsordnung, zu der eine objektive Beziehung besteht und III. Die Zulassung einer freien Rechtswahl. Alle drei Optionen könnten außerdem, wie unter *E.IV.* ausführlicher zu untersuchen ist, auch nur zugunsten einzelner Vermögenswerte greifen.

I Durch einen erweiterten Katalog an wählbaren Rechten

Bislang stand dem Erblasser in beinahe allen Rechtsordnungen und internationalen Instrumenten, die eine *professio iuris* im Erbrecht zuließen oder dies immer noch tun (einschließlich der Erbrechtsverordnung von 2012), „nur" ein geschlossener Katalog an wählbaren Rechten zur Verfügung. Dieser kristallisierte sich zudem als sehr beschränkt heraus, indem i.d.R. lediglich ein paar wenige

---

859 Siehe Fontanellas Morell, Josep M. (2010, Seite 198–203).

860 Siehe die Klassifizierung von Niederer, Werner. (1961, Seite 194–195): 1. Theorie der völligen Wahlfreiheit; 2. Die Beschränkung der Wahl auf eine der Rechtsordnungen mit tatbeständlicher Beziehung zum Vertrage; 3. Die Beschränkung der Rechtswahl auf eine gesetzlich begrenzte Gruppe von Rechten; 4. Beschränkung der Rechtswahl auf die Fragen der Vertragswirkungen.

861 Dies ist die klassische „grobe" Klassifizierung, die beispielsweise auch Paul Lagarde und Paolo Picone treffen, siehe Fontanellas Morell, Josep M. (2010, Seite 198, Fußnote 37).

Erbstatute gewählt werden konnten. Die erbrechtliche Rechtswahl war und ist also heute weiterhin noch auf eine gesetzlich begrenzte Gruppe von Rechten eingeschränkt.

Als Ausnahme können Moldawien ab 2002 und Rumänien zwischen 1992 und 2011 genannt werden, die dem Erblasser eine „freie Rechtswahl" unter Vorbehalt der zwingenden Bestimmungen des objektiv anwendbaren Erbstatuts ermöglichten und somit keinen Katalog an wählbaren Rechten enthielten. Durch diesen Vorbehalt konnte in Moldawien und Rumänien von keiner wahrhaftig existierenden Rechtswahl gesprochen werden.[862] Dennoch ist der Aufbau der *professio iuris* in diesen beiden Ländern rein theoretisch von Interesse, denn sie ist die einzig jemals in Kraft getretene erbrechtliche Rechtswahlmöglichkeit, die keinen Katalog an wählbaren Rechten für den Erblasser vorsieht.

Wie schon erwähnt, war der bisher mit Abstand liberalste Katalog an Wahloptionen, der in Kapitel 26 § 6 Abs. 2 des finnischen Erbrechtsbuchs zugelassene, der nicht nur eine Rechtswahl zugunsten des Heimat- oder Wohnsitzrechts des Erblassers im Zeitpunkt der Rechtswahl oder im Zeitpunkt seines Todes vorsah, sondern der ihm auch eine *optio iuris* zugunsten des Rechts eines früheren Wohnsitzes oder zugunsten seines Ehegüterstatuts erlaubte.[863] Doch selbst dieser finnische Katalog war sehr weit davon entfernt dem Erblasser einen richtig breiten Fächer an wählbaren Rechten zu bieten.

Die erste und vermutlich einfachste Möglichkeit eine umfassendere Rechtswahlfreiheit im europäischen Erbkollisionsrecht zu gewährleisten würde also darin bestehen, den jetzigen „geschlossenen Katalog" an wählbaren Rechten in Art. 22 EU-ErbVO (zugunsten des Heimatrechts des Erblassers im Zeitpunkt der Rechtswahl oder im Zeitpunkt seines Todes) beizubehalten, dabei aber die Palette an wählbaren Erbstatuten erheblich zu erweitern.

Den bis jetzt aufgeschlossensten Vorschlag in diese Richtung hat das Max-Planck-Institut für ausländisches und internationales Privatrecht in den Comments on the Succession Proposal im Jahr 2010 unter Federführung von Jürgen Basedow und Anatol Dutta geliefert.[864] Demnach sollte dem Erblasser nicht nur **sein gegenwärtiges Heimatrecht** zur Wahl stehen, sondern auch **das Recht**

---

862 Siehe hierzu bereits Seite 77 (Rumänien) und Seite 99–100 (Moldawien) im ersten Kapitel der Dissertation.

863 Siehe zum finnischen Erbkollisionsrecht vor Inkrafttreten der Erbrechtsverordnung Seite 59–60 im ersten Kapitel der Dissertation.

864 Siehe schon ausführlich zu diesem Vorschlag des Max-Planck-Institutes den Gliederungspunkt *E.I. Erweiterung des Kreises der wählbaren Rechte* auf Seite 163 ff. im zweiten Kapitel der Dissertation.

einer ***früheren*** **Staatsangehörigkeit**, die der Erblasser vor Ausübung der Rechtswahl besäßen hat. Auch soll das **Aufenthaltsrecht** des Erblassers zum Kreis der wählbaren Rechte hinzugefügt werden. Und nicht nur der gewöhnliche Aufenthalt im Zeitpunkt seines Todes, wie bereits die objektive Anknüpfung in Art. 21 EU-ErbVO vorsieht, sondern auch das Recht eines **früheren gewöhnlichen Aufenthalts**, unabhängig ob *im Zeitpunkt der Errichtung einer Verfügung von Todes wegen* oder sogar schon *davor*. Es sei denn, es wird bewiesen, dass der frühere Aufenthaltsort unbedeutend war.

Des Weiteren schlägt die Arbeitsgruppe vor, dass einem verheirateten Erblasser (wie in Finnland) auch **das Recht, das seine güterrechtlichen Beziehungen im Zeitpunkt der Rechtswahl beherrscht,** zur Wahl stehen sollte. Die dafür zu erfüllende Bedingung wäre, dass der Güterstand im Zeitpunkt seines Todes weiterhin besteht, sprich die Ehe beispielsweise nicht durch Scheidung aufgelöst worden ist. Die letzte vorgeschlagene Erweiterung des Katalogs an wählbaren Rechten ist die **Wahl des Rechts am Ort der Belegenheit des Grundstücks** (die Wahl der *lex rei sitae*), um gegebenenfalls eine Synchronisierung des Erb- und Belegenheitsstatuts zu erreichen. Diese vier aufgeführten Rechte sollen vom Erblasser, wenn er dies wünscht, auch **auf nur einen Teil seines Nachlasses anwendbar** sein können. Die Max-Planck Arbeitsgruppe befürwortet folglich eine *Dépeçage*. Hierauf ist unter *E.IV. Durch den Eintritt einer gespaltenen Rechtswahl zugunsten einzelner Nachlassgegenstände* zurückzukommen. Als *overview* wurde in der Stellungnahme ausdrücklich erklärt:

> *„Most importantly, the Institute's proposal seeks to strike a balance between a greater freedom of choice on the one hand and the protection of legitimate expectations of third parties on the other. To achieve this purpose the Institute recommends using objective factors that provide a meaningful and stable connection to the law chosen, thus* ***limiting the range of available laws*** *the testator may choose from.“*[865]

Anschließend folgt noch einmal als Zusammenfassung der wortwörtliche Vorschlag des Max-Planck-Instituts für ausländisches und internationales Privatrecht aus dem Jahr 2010 zur Erweiterung der Parteiautonomie im europäischen Erbkollisionsrecht (zu dem Zeitpunkt war die Rechtswahl noch in Art. 17 des Verordnungsentwurfes enthalten):

> *„Article 17 – Freedom of choice*
> 1. *A person may choose that the succession in part or as a whole shall be governed by the law of a State*

865 Siehe Basedow, Jürgen. Dutta, Anatol. (2010, RabelsZ 74, Seite 608–609, Rn. 137, Hervorhebungen hinzugefügt).

a) *whose nationality that person possesses or possessed, or*
b) *in which that person is or was habitually resident unless that residence was immaterial, or*
c) *whose law governs that person's matrimonial property regime at the time of choice provided that this regime continues to exist at the time of death, or*
d) *where, as far as immovable are concerned, the property is located.*"[866]

Auch diverse andere Stellungnahmen und vereinzelte Autoren sprechen sich insbesondere für die Wahl des Rechts des gewöhnlichen Aufenthalts des Erblassers im Zeitpunkt der Rechtswahl oder im Zeitpunkt seines Todes[867] sowie für die Wahl des Ehegüterstatuts aus.[868] Wie bereits im zweiten Kapitel der Dissertation unter *E.I.5* beleuchtet, schlägt die Stellungnahme des Deutschen Notarinstituts in Zusammenarbeit mit Prof. Dr. Heinrich Dörner und Prof. Dr. Paul Lagarde außerdem noch vor, das **Heimat- oder Aufenthaltsrecht von nur einem Erblasser im Zeitpunkt der Rechtswahl für gemeinschaftliche Testamente und Erbverträge** in den Katalog an wählbaren Rechten aufzunehmen.

Vereinzelnd sprechen sich einige Autoren zudem für weitere Rechtswahlmöglichkeiten aus, wie unter *E.I.6. Andere Rechte* hervorgehoben wurde. Zum Beispiel die Wählbarkeit des Rechts einer konkreten Teilrechtsordnung bei Mehrrechtsstaaten (wie Spanien oder das Vereinigte Königreich), das Recht des Staates in dem der Erblasser eine Gesellschaft oder ein Recht an geistigem Eigentum besitzt oder in dem die Erben und Vermächtnisnehmer des Erblassers ihren gewöhnlichen Aufenthalt haben. Auch wird darauf aufmerksam gemacht, dass das Recht des Staates, in dem der Erblasser seinen schlichten Aufenthalt oder seinen steuerlichen Wohnsitz hat, momentan nicht gewählt werden darf.

---

866 Siehe Basedow, Jürgen. Dutta, Anatol. (2010, RabelsZ 74, Seite 610).

867 So die Stellungnahme des Deutschen Notarinstituts in Zusammenarbeit mit Prof. Dr. Heinrich Dörner und Prof. Dr. Paul Lagarde (2002), die Stellungnahme der Arbeitsgruppe von Prof. Dr. Heinrich Dörner (Münster), Christian Hertel, LL.M. (Würzburg), Prof. Dr. Paul Lagarde (Paris) und Dr. Wolfgang Riering, LL.M. (Würzburg) (2005) und die Stellungnahme des Deutschen Notarvereins (letztere allerdings nur zugunsten des Rechts des gewöhnlichen Aufenthalts des Erblassers zum Zeitpunkt der Rechtswahl und nicht zum Zeitpunkt seines Todes). Siehe bereits die zitierten Quellen auf Seite 162 ff. der Dissertation.

868 Zugunsten der Aufnahme der Wahl des Güterstatuts des Erblassers ebenfalls die beiden ersten in der vorherigen Fußnote erwähnten Stellungnahmen von 2002 und 2005, sowie die Stellungnahme des Instituts für ausländisches und internationales Privat- und Wirtschaftsrecht der Ruprecht-Karls-Universität Heidelberg von 2012. Siehe erneut Seite 162 ff. der Dissertation.

Die Stellungnahme des Max-Planck-Instituts für ausländisches und internationales Privatrecht zum IPR-Regierungsentwurf von 1983 kann ebenfalls hinsichtlich ihrer vorgeschlagenen Einführung an wählbaren Rechten für die Erbfolge des Erblassers in Art. 25 Abs. 2 Satz 1 EGBGB aufgeführt werden:[869]

„(2) *Der Erblasser kann für die Erbfolge wählen:*

1. *das Recht des Staates, dem er im Zeitpunkt der Rechtswahl angehört, ungeachtet des Artikels 5 Absatz 1;*
2. *das Recht des Staates, in dem er im Zeitpunkt der Rechtswahl seinen gewöhnlichen Aufenthalt hat;*
3. *das Recht, dem die güterrechtlichen Wirkungen seiner Ehe unterliegen, sofern er im Zeitpunkt der Rechtswahl verheiratet ist oder eine Eheschließung beabsichtigt, die später auch erfolgt;*
4. *das Recht eines Staates, dessen Staatsangehörigkeit er erwerben will und später auch erwirbt;*
5. *das Recht eines Staates, in dem er seinen gewöhnlichen Aufenthalt nehmen will und später auch nimmt;*
6. *für unbewegliches Vermögen das Recht des Lageortes;*
7. *für Betriebsvermögen eines Unternehmens das Recht des Unternehmenssitzes oder der jeweiligen Niederlassung.*“[870]

Auch wenn dieser Katalog auf den ersten Blick aufgrund der sieben einzeln aufgezählten Rechte weiter erscheint als der vom Max-Planck-Institut im Jahr 2010 zum Verordnungsentwurf vorgeschlagene, ist nur die letzte Nummer 7 als weitere Rechtswahloption darzutun. Denn die Nummern 1 und 4 stimmen mit der aktuell zugelassenen Rechtswahl in Art. 22 EU-ErbVO überein, i.e. das Heimatrecht des Erblassers im Zeitpunkt der Rechtswahl oder im Zeitpunkt seines Todes (eine frühere Staatsangehörigkeit wird indessen nicht vorgeschlagen). Die Nummern 2 und 5 entsprechen dem Recht des gewöhnlichen Aufenthalts des Erblassers im Zeitpunkt der Rechtswahl oder im Zeitpunkt seines Todes (ein früherer gewöhnlicher Aufenthalt wird ebenfalls nicht vorgeschlagen). Die Nummer 3, das Ehegüterrechtsstatut, kann als Parallele zum Buchstaben c) des Vorschlages aus dem Jahr 2010 angesehen werden und die Nummer 6, die *lex rei sitae*, zur litera d). Als Erläuterung zur Nummer 7 wurde in der Stellungnahme des Max-Planck-Instituts aus dem Jahr 1983 geschrieben:

869 Siehe die Stellungnahme des Max-Planck-Instituts für ausländisches und internationales Privatrecht zum IPR-Regierungsentwurf (1983, RabelsZ 47, VI. Erbrecht, Seite 655–665).

870 *Ebenda* (1983, das Zitat auf Seite 656–657 und die anschließenden Erläuterungen auf Seite 657–658).

> *„Außerdem hat die Kautelarpraxis des Instituts gezeigt, daß mitunter ein erhebliches Interesse daran bestehen kann, als Erbstatut für Betriebsvermögen eines Unternehmens* ***das Recht des Unternehmenssitzes*** *oder aber (ländermäßig getrennt)* ***das Recht jeder einzelnen Niederlassung*** *zu bestimmen.“*[871]

Bei einem geschlossenen Katalog an wählbaren Rechten, kann der Erblasser lediglich zwischen den vom Gesetzgeber *ex ante* ausgesuchten Rechten wählen. Diese im Voraus ausgewählten Rechte werden folglich diejenigen sein, zu denen der Gesetzgeber vermutet, dass entweder der Erblasser oder aber sein Nachlass einen objektiv engen Bezug aufweist.[872] Daher kann in Worten von Susanne Weber festgehalten werden, dass ein geschlossener Katalog an begrenzt wählbaren Rechten „gewährleistet, dass zwischen dem Sachverhalt und dem durch Parteiautonomie berufenen Recht stets eine enge, wesentliche Verbindung besteht.“[873] Und in so einem Fall, in dem der Kreis der wählbaren Rechte bereits auf Rechtsordnungen, zu denen der Erblasser oder sein Nachlass eine enge Verbindung aufweist, beschränkt wird, bedarf es laut Anatol Dutta auch „keiner weiteren spezifischen Beschränkungen der Rechtswahlfreiheit.“[874]

Zusammenfassend könnte mein Vorschlag also darin bestehen, einen sehr weiten Katalog an wählbaren Rechten für den Erblasser zusammenzustellen. Denn je breiter der Fächer an wählbaren Erbstatuten ist, desto mehr wird sich die Waage zugunsten der Interessen des Erblassers neigen.[875] Wählbar wären dann, neben den von der Arbeitsgruppe des Max-Planck-Instituts im Jahr 2010 bereits vorgeschlagenen Rechten, noch einige weitere in diesem sowie in Gliederungspunkt *E.I.6.* im zweiten Kapitel der Dissertation angesprochene Rechtswahlmöglichkeiten. Da der Gesetzgeber bereits vorab entscheidet, welche Rechte wählbar sind und welche nicht, hat der Erblasser durch einen geschlossenen Katalog zwar

---

871 *Ebenda* (1983, Seite 658, Hervorhebungen hinzugefügt).

872 Siehe Fontanellas Morell, Josep M. (2010, Seite 202). Auf Seite 203–204 hebt der Autor zudem präzise hervor, dass bei einem Katalog an wählbaren Rechten zwei Ebenen zu differenzieren sind. Eine *untere* Ebene, die sich aus den vom Gesetzgeber ausgesuchten potentiell wählbaren Rechten zusammensetzt, und eine *obere* Ebene, die aus dem Entscheidungswillen des Erblassers besteht, der festlegt, welches dieser vom Gesetzgeber ausgewählten Rechte letztendlich auf seinen Erbfall anwendbar sein soll.

873 Siehe Weber, Susanne. (2012, Seite 147–148).

874 Siehe Dutta, Anatol. (2011, Europäisches Erb-und Erbverfahrensrecht, Seite 77).

875 Siehe auch in diesem Sinne Fontanellas Morell, Josep M. (2010, Seite 290): „… de manera que cuanto mayor sea el abanico de legislaciones elegibles más se inclinará la balanza del lado de los del causante, y, a la inversa, a menos leyes opcionables más se auspiciarán los intereses de los familiares del disponente.“

weniger Flexibilität, dafür aber mehr Rechtssicherheit, dass das gewählte Recht auch wirklich zur Anwendung gelangen wird.[876]

II Durch die Einführung einer Rechtswahl zugunsten jeder Rechtsordnung, zu der eine objektive Beziehung besteht

Die zweite Möglichkeit zur Erweiterung der Rechtswahl in Art. 22 Abs. 1 EU-ErbVO könnte durch die Einführung einer Rechtswahl zugunsten jeder Rechtsordnung, zu der eine hinreichend objektive Verbindung besteht, erfolgen.[877] Dabei könnte sich eine solche Rechtswahl auch nur auf einen Teil des Vermögens erstrecken, wie unter *E.IV.* näher zu beleuchten ist. Dieses Modell wurde bereits vom Max-Planck-Institut für ausländisches und internationales Privatrecht in den Thesen zur (deutschen) Reform des internationalen Privat- und Verfahrensrechts im Jahr 1980 unter Leitung von Peter Dopffel und Kurt Siehr vorgeschlagen. Die These 16: Erbfolge, Absatz 2, lautet:

> *„Der Erblasser kann die Erbfolge jeder Rechtsordnung unterstellen, zu der eine objektive Beziehung besteht; das Erbstatut für Vermögenswerte, die in verschiedenen Staaten belegen sind, kann auch ländermäßig getrennt bestimmt werden. Die Rechtswahl muss in der Form einer letztwilligen Verfügung ausdrücklich getroffen werden oder sich eindeutig aus einer solchen Verfügung ergeben.“*[878]

---

876 Siehe Fontanellas Morell, Josep M. (2010, Seite 201): „por el contrario, cuando el sistema actúa apriorísticamente, mediante la disciplina legislativa, la **mayor seguridad** ofrecida comporta, empero, una **menor libertad de elección** a la vez que un mayor riesgo para la equidad espacial del resultado final.“ (Hervorhebungen hinzugefügt).

877 Fontanellas Morell, Josep M. (2010, Seite 201) schreibt zur *autonomía conflictual de localización relativa*: „Gracias a ella, las partes pueden emplazar su relación de derecho en el ámbito legislativo que elijan, **siempre que exista un nexo suficiente** entre éste y aquélla.“ (Hervorhebungen hinzugefügt).

878 Zu These 16: Erbfolge, siehe Dopffel, Peter. Siehr, Kurt. (1980, Seite 352), auch schon in Fußnote 226 der Dissertation zitiert. In Absatz 1 der These 16 wurde objektiv an das Heimatrecht des Erblassers im Zeitpunkt seines Todes angeknüpft. Siehe des Weiteren Sturm, Fritz. (1985, DNotZ, Seite 140): "Die Thesen des Max-Planck-Instituts sind meines Erachtens richtig. Im Güterrecht und im Erbrecht muß **jedes Recht** wählbar sein, **zu dem ein objektiver Bezug besteht**, auch landesmäßig verschieden." Siehe außerdem bereits in diesem Sinne Dölle, Hans. (1966, Seite 234): „Naturgemäß muß der Erblasser die Möglichkeit haben, solche Rechtsordnungen zu wählen, zu denen **eine die Wahl legitimierende Beziehung** besteht. […] Ausgeschlossen bleibt spielerische oder verwerfliche Willkür, d.h. Rechtswahl ohne ausreichenden Grund.“

Auch heute finden sich einige Befürworter dieser These, die ein Bedürfnis dafür sehen, dass der Erblasser bei seiner Wahl nicht an einen Katalog an wählbaren Erbrechten gebunden ist, sondern jedes Recht wählen kann, zu dem eine echte Verbindung, *a genuine link*, existiert.[879] So begründet das Max-Planck-Institut in den Thesen zur Reform des internationalen Privat- und Verfahrensrechts:

> *„Der Gesetzgeber kann aber unmöglich alle derartigen Konstellationen vorhersehen; wir sind daher gegen jede gesetzliche Enumeration wählbarer Rechte und möchten nur eine offensichtlich willkürliche Rechtswahl ausgeschlossen sehen.“*[880]

Das Attraktive an dieser Lösung ist also, dass der Erblasser sich bei seiner Wahl nicht mit einer beschränkten Rechtswahlpalette zufrieden geben muss, die – selbst wenn sie weit gefasst ist – nicht garantiert alle denkbaren Konstellationen zu berücksichtigen, sondern dass er die Wahl an seinen ganz konkreten Erbfall anpassen kann und dadurch mehr Freiheit genießt. Die einzige Begrenzung, an die der Erblasser bei dieser Option aufgrund des Prinzips der Nähe leiden würde, wäre die Wahl eines neutralen Rechts oder die Wahl eines Rechts, das keine objektiv ausreichende Beziehung zu ihm oder seinen Erbfall darlegt.[881]

(Hervorhebungen hinzugefügt), sowie Breslauer, Walter. (1937, Seite 129) und Pierre Lalive in Monaco, Riccardo. (1967, Seite 493).

879 Siehe zum Beispiel ganz klar in diese Richtung Lein, Eva. (2009, Seite 132): „It should in principle be possible to choose **any** EU Member State's law with which the *de cujus* has some reasonable connection“, wenn letztere auch die Wahl auf mitgliedstaatliches Recht begrenzt. So in etwa ebenfalls Dutta, Anatol. (2009, RabelsZ 73, Seite 576): „However – and unlike the limited freedom of choice proposed in Art. 3.2(1) of the Discussion Paper – **minimal links to the chosen law should suffice**“ oder Basedow, Jürgen. (2015, Seite 272, Unterpunkt 430): „And a practical demand for the designation of **a law not included in the list** may very well be conceived.“ (Hervorhebungen hinzugefügt).

880 Siehe Dopffel, Peter. Siehr, Kurt. (1980, Seite 358) zu These 8 hinsichtlich der Ehewirkungen, das auch für die Parteiautonomie und ihre Grenzen im internationalen Erbrecht entsprechend gilt, so auf Seite 363 ausführlich erörtert. Siehe hinsichtlich des früheren § 1-105 UCC in Amerika, die von Nordstrom, Robert J. Ramerman, Dale B. (1969, Seite 626) ähnlich gelieferte Begründung: “Nevertheless, the Code clearly limits their choice, perhaps to protect courts from having to apply a bizarre foreign law chosen by caprice.”

881 Siehe in diesem Sinne Kokkini-Iatridou, Dimitra. (1994, Seite 28): „On pourrait dire que c'est le principe de proximité qui limite dans ce cas l'autonomie de la volonté“ sowie Fontanellas Morell, Josep M. (2010, Seite 199–200) „… el principio de proximidad es el fundamento teórico capaz de condicionar, desde la óptica conflictual, el ejercicio de la autonomía de la voluntad.“ Zur nicht notwendigen Einführung einer

Im internationalen Erbrecht gab es bislang aber noch keine in Kraft getretene Rechtswahl zugunsten einer jeder Rechtsordnung, zu der eine objektive Beziehung besteht. Dadurch, dass es in der Praxis also noch nie so ein System in diesem Bereich gegeben hat, bleibt ungewiss, wie gut dieser Lösungsansatz tatsächlich funktionieren würde. Allerdings wurde diese Rechtswahlkonstruktion schon in anderen Gebieten benutzt. So galt eine solche zum Beispiel im Bereich der vertraglichen Schuldverhältnisse vor Inkrafttreten des Römischen Übereinkommens von 1980, dem Vorläufer der jetzigen Rom I-VO, in einigen autonomen IPR-Vorschriften: im früheren (bis 2011 anwendbaren) Art. 25 Abs. 1 polnisches IPRG (1965),[882] sowie immer noch im Verhältnis zu Drittstaaten in Art. 41 portugiesisches ZGB (1966)[883] und in Art. 10 Abs. 5 Satz 1 spanisches ZGB (1974).[884] In Amerika können § 187 (2) (a) Restatement

---

erbrechtlichen Rechtswahl zugunsten eines neutralen Rechts siehe noch Seite 323–325 unter *E.III.2.* in diesem dritten Kapitel der Dissertation.

882 „Art. 25. § 1. Strony mogą poddać swe stosunki w zakresie zobowiązań umownych wybranemu przez siebie prawu, **jeżeli pozostaje ono w związku z zobowiązaniem.**" (Hervorhebungen im Gesetzestext hinzugefügt). Auf Deutsch: „Art. 25. § 1. Die Parteien können ihre Rechtsbeziehungen im Bereich der vertraglichen Verpflichtungen einem von ihnen gewählten Recht unterstellen, **wenn dieses einen Bezug zu der Verpflichtung aufweist**." (Übersetzung vom Polnischen ins Deutsche von Lech Kopczyński).

883 „Artigo 41. (Obrigações provenientes de negócios jurídicos)
1. As obrigações provenientes de negócio jurídico, assim como a própria substância dele, são reguladas pela lei que os respetivos sujeitos tiverem designado ou houverem tido em vista.
2. A designação ou referência das partes só pode, todavia, recair sobre lei cuja aplicabilidade corresponda a um interesse sério dos declarantes ou esteja em **conexão com algum dos elementos do negócio jurídico** atendíveis no domínio do direito internacional privado." (Hervorhebungen hinzugefügt). Auf Deutsch: „Artikel 41. (Hervorgehende Verpflichtungen aus Rechtsgeschäften)
1. Die Verpflichtungen, die aus einem Rechtsgeschäft hervorgehen, sowie das Rechtsgeschäft selbst, werden durch das Recht geregelt, welches die Parteien gewählt haben oder berücksichtigen wollten.
2. Die Wahl oder der Verweis der Parteien darf nur auf ein Recht fallen, dessen Anwendung einem ernsthaften Interesse der Beteiligten entspricht oder auf ein Recht, **das eine Verbindung zu einem der Elemente des Rechtsgeschäfts aufweist**, die im Bereich des internationalen Privatrechts erheblich sind." (Übersetzung vom Portugiesischen ins Deutsche von der Verfasserin m.H.v. Jan Peter Schmidt).

884 „Artículo 10.5: Se aplicará a las obligaciones contractuales la ley a que las partes se hayan sometido expresamente, **siempre que tenga alguna conexión con el negocio de que se trate**; en su defecto, la ley nacional común a las partes; a falta de ella, la

Second[885] und der bis 2001 geltende § 1–105 UCC (Uniform Commercial Code)[886] als Beispiele genannt werden. Die amerikanischen Gerichte erkennen mittlerweile beinahe immer eine ausreichende Verbindung zu dem von den Parteien gewählten Recht an und kommen somit einer freien Rechtswahl im vertraglichen Schuldkollisionsrecht, wie sie in Art. 3 Rom I-VO vorgesehen ist, jedes Mal näher.[887]

Des Weiteren ist bei diesem Lösungsansatz nachteilig, dass nicht genau feststeht, welche Rechte eine hinreichende Verbindung zum Erblasser oder zu seinem Nachlass haben. Wäre zum Beispiel – neben den im vorherigen Gliederungspunkt

---

de la residencia habitual común, y, en último término, la ley del lugar de celebración del contrato." (Hervorhebungen hinzugefügt). Auf Deutsch: „Artikel 10.5. Auf vertragliche Verbindlichkeiten findet das Recht Anwendung, dem sich die Parteien ausdrücklich unterworfen haben, vorausgesetzt, dass es **irgendeine Beziehung zu dem Geschäft hat, um das es sich handelt**. In Ermangelung [einer solchen Beziehung] gilt das gemeinsame Heimatrecht der Parteien, in Ermangelung eines solchen das Recht des gemeinsamen gewöhnlichen Aufenthaltsortes, und an letzter Stelle das Recht am Ort des Vertragsschlusses." (Übersetzung von Sohst, Wolfgang. (2013, Seite 24)). Siehe zu diesem Artikel den Kommentar von De Angulo, Miguel. (1977, Seite 525–526 und 529) und von Hoffmann, Bernd. Ortiz-Arce, Antonio. (1975, Seite 674–675).

885 „§ 187 (2) The **law of the state chosen by the parties** to govern their contractual rights and duties will be applied, even if the particular issue is one which the parties could not have resolved by an explicit provision in their agreement directed to that issue, **unless** either (a) **the chosen state has no substantial relationship to the parties or the transaction and there is no other reasonable basis for the parties' choice** (...)" (Hervorhebungen hinzugefügt). Siehe zu diesem Artikel Kokkini-Iatridou, Dimitra. (1994, Seite 27–28).

886 „§ 1–105. Territorial Application of the Act; Parties' Power to Choose Applicable Law. (1) Except as provided hereafter in this section, when a transaction bears **a reasonable relation** to this state and also to another state or nation the parties may agree that the law either of this state or of such other state or nation shall govern their rights and duties. Failing such agreement this Act applies to transactions bearing an appropriate relation to this state." (Hervorhebungen hinzugefügt). Zum „reasonable relation" test of § 1–105 UCC siehe sehr ausführlich Nordstrom, Robert J. Ramerman, Dale B. (1969, Seite 625–629).

887 Siehe Rühl, Giesela. (2007, Seite 163): „... the general impression (is) that the substantial relationship requirement embodied in Restatement (Second) § 187 (2) (a) and UCC § 1–105 does not play a significant role in practice and that, as a result thereof, the United States is moving closer to Europe" und Basedow, Jürgen. (2011, Seite 38): „Die Gerichte haben diese Schwelle freilich in der Praxis immer weiter abgesenkt, sodass darin keine spürbare Einschränkung der Rechtswahlfreiheit mehr zu sehen ist."

erwähnten Rechten zur Erweiterung des Katalogs an wählbaren Rechten – auch eine *professio iuris* zugunsten einer bestimmten Teilrechtsordnung gültig? Könnte ein spanischer Erblasser unter Umständen sogar das Recht einer Teilrechtsordnung wählen, dessen Gebietszugehörigkeit er *vor seinem Tode* abgelegt hat, oder in der er sich *früher* gewöhnlich aufhielt? Momentan ist die Wahl einer bestimmten Teilrechtsordnung, wie bereits im zweiten Kapitel unter *F.III. Rechtswahl im Verhältnis zu Mehrrechtsstaaten* näher beleuchtet wurde, nicht möglich. Nach dem hier vorgestellten Lösungsmodell, könnte eine solche soeben beschriebene Rechtswahl aber durchaus wirksam sein. Auch ist vorstellbar, dass der Erblasser das Recht seines jahrelangen Urlaubsstaates wählt, dessen Sprache, Kultur und Menschen ihm sehr nahe liegen, und in dem er eventuell sogar insgesamt mehr Zeit verbracht hat als in dem Staat eines früheren gewöhnlichen Aufenthalts. Nicht ganz abwegig könnte des Weiteren die Wahl nichtstaatlichen Rechts sein, wie zum Beispiel das Recht der Religionszugehörigkeit des Erblassers. Bei einem sich zum Islam bekennenden Erblasser wäre also denkbar, dass seine Rechtswahl zugunsten des islamischen Rechts als wirksam betrachtet werden würde. Zur Anerkennung der Wahl nichtstaatlichen Rechts im Erbrecht soll ausführlicher im nächsten Gliederungspunkt im Rahmen der Zulassung einer freien Rechtswahl eingegangen werden, konkret unter *E.III.1.b)*.

Aus Flexibilitätsgründen muss bei dieser hier vorgestellten Lösung zur Ausdehnung der erbrechtlichen *professio iuris* zwangsläufig auf eine Definition, ab wann eine objektiv ausreichende Verbindung zu einem Recht besteht, verzichtet werden. Es bleibt *ex ante* also unklar, welche Rechte der Erblasser wählen kann. Daher ist auf jeden Fall mit einer ***ex post*-Kontrolle** durch den Richter zu rechnen. Denn es müsste notwendigerweise nachträglich geprüft werden, dass das gewählte Recht auch wirklich eine objektive Verbindung zum Erblasser oder zu seinem Nachlassvermögen aufweist. Dass es sich dabei um eine subjektive Prüfung seitens des Richters handeln würde, scheint wohl unvermeidbar zu sein. Der Erblässer hätte hier also vorab mehr Wahlfreiheit aber weniger Rechtssicherheit darüber, ob das gewählte Recht letztlich zur Anwendung gelangen würde.[888]

888 Siehe Fontanellas Morell, Josep M. (2010, Seite 201): „Si un sistema de DIPr decide limitar *ex post electione* la autonomía de las partes, a través del control judicial, la solución, más propicia para la justicia conflictual, procura a los sujetos de la relación jurídica controvertida **una mayor libertad de elección** que, con todo, se traduce, a la postre, en **una menor certidumbre** sobre la normativa definitivamente aplicada." (Hervorhebungen hinzugefügt). Siehe auch Fußnote 46 auf derselben Seite 201, in der von Fontanellas Morell weitere Autoren zitiert werden, die sich mit diesem Thema

Dieses Problem könnte allerdings gelöst werden, indem im Gesetzestext eine zusätzliche Klausel hinzugefügt wird, die dem Erblasser bereits zu Lebzeiten ermöglicht, verfahrensrechtlich – idealerweise relativ zügig – zu prüfen, ob das von ihm gewählte Recht nach seinem Tod als gültig wählbares Erbstatut anerkannt werden wird. Es würde also darum gehen, vor Ableben des Erblassers, gerichtlich festzustellen, ob die ausgeübte *professio iuris* wirksam ist, i.e. ob eine ausreichend objektive Verbindung zwischen dem gewählten Erbstatut und dem Erblasser oder seinem Nachlass besteht. Würde dies bejaht werden, hätte der Erblasser erneut genügend Rechtssicherheit hinsichtlich des auf seinen Erbfall anwendbaren Rechts. Würde die Frage hingegen verneint werden, hätte er möglicherweise zumindest noch Zeit eine neue Rechtswahl zu treffen.

Nach dieser richterlichen *ex post*-Kontrolle (unabhängig, ob schon vor oder doch erst nach dem Tod des Erblassers) würde folglich entschieden werden, ob die getroffene Rechtswahl greift oder ob die objektive Anknüpfung heranzuziehen ist. Es hängt bei diesem Lösungsvorschlag also letztlich vom Ermessen des Richters ab, ob das vom Erblasser gewählte Recht eine hinreichende Verbindung vorlegt oder nicht.[889]

III Durch die Zulassung einer freien Rechtswahl

Die dritte und weitgehendste Möglichkeit zur Ausdehnung der erbrechtlichen Rechtswahlfreiheit *de lege ferenda* wäre die Zulassung einer freien Rechtswahl. So wie sie in etwa im europäischen Schuldkollisionsrecht, in Art. 3 Rom I-VO und in Art. 14 Rom II-VO, vorgesehen ist.[890] Im Vergleich zur vorherigen Lösung, könnte der Erblasser bei einer freien Rechtswahl jedes beliebige Erbstatut wählen. Ohne dass es dabei darauf ankäme, ob eine objektive Verbindung zu dem Recht vorhanden ist oder nicht. Auch bestünde das Risiko einer *ex post*-Kontrolle, die die Rechtswahl im Nachhinein unter Umständen für unwirksam erklärt, nicht. Durch eine freie erbrechtliche Rechtswahl, ohne Begrenzung der wählbaren Rechte, würde zudem eine wahrhaftige Gleichwertigkeit aller Rechtsordnungen der Welt erreicht werden.[891]

---

der Flexibilität versus Vorhersehbarkeit befasst haben (so Cristina Campiglio, Frank Vischer und Peter Hay).

889 *Ebenda.* (2010, Seite 202): „… el juez, el cual, *a posteriori*, enjuiciará, para otorgar validez a la elección, si efectivamente se daba el vínculo jurídico, la proximidad suficiente, entre el derecho escogido y el negocio jurídico subyacente."

890 Siehe hierzu noch Seite 312 unter *E.III.2.* in diesem dritten Kapitel der Dissertation.

891 Siehe in diesem Zusammenhang bereits das Zitat von Kurt Siehr in Fußnote 857 unter Abschnitt *D.* dieses dritten Kapitels der Dissertation.

Doch selbst bei einer freien Rechtswahl gibt es Grenzen. So dürfte das gewählte Erbrecht zum Beispiel nicht gegen die inländischen Wertvorstellungen des Staates, in dem es zur Anwendung gelangen wird, verstoßen. Diese Schranke des eventuellen Eingreifens des allgemeinen *ordre public*-Vorbehalts greift natürlich bei allen vorherigen noch begrenzteren Rechtswahlmöglichkeiten ebenfalls.[892]

Wie bereits mehrmals erwähnt, wurde bislang nur in Moldawien (Art. 1623 Abs. 1 mold. ZGB) und früher in Rumänien (Art. 68 Abs. 1 altes rumän. IPRG) eine vom Aufbau her „freie" Rechtswahl im Erbrecht gestattet. Diese litt jedoch sehr stark unter dem Vorbehalt der zwingenden Bestimmungen des objektiv anwendbaren Erbstatuts, sodass lediglich die dispositiven Bestimmungen mittels *professio iuris* ersetzt werden durften. Es handelte sich dabei also eher um eine materiellrechtliche Gestaltungsmöglichkeit, die von einer wahren freien Rechtswahl - wie sie im europäischen Schuldkollisionsrecht vorzufinden ist - weit entfernt war. Zusammenfassend kann im Hinblick auf den ersten Teil der Dissertation also festgehalten werden, dass bisher nirgendswo eine gänzlich unbeschränkte Rechtswahl im Erbkollisionsrecht erlaubt wurde.

Es gibt zudem nur sehr wenige Autoren, die offen eine freie Rechtswahl im Erbrecht befürworten, so **Kathrin Kroll-Ludwigs**[893] und **Karin Dreher**[894]. Auch **Anatol Dutta** scheint diese Ansicht zu vertreten:

> *„The arguments in favour of a freedom of choice do, in principle, not justify* ***any limits*** *on the freedom of choice as to the eligible laws."*[895]

Mit dem Eintritt einer uneingeschränkten Parteiautonomie im Erbkollisionsrecht, hätte der Erblasser die Möglichkeit, ein Erbstatut zu wählen, zu dem weder er noch sein Nachlass jemals eine objektive Verbindung aufgewiesen haben. Dies kann auf den ersten Blick widersprüchlich klingen. Eventuell sollten in so einem Fall irgendwelche Schutzmaßnahmen eingreifen, wie z.B. zusätzliche Formerfordernisse. So könnte darüber nachgedacht werden, die Wahl eines Rechts,

892 Siehe zur „Autonomía conflictualmente ilimitada" im Erbrecht Fontanellas Morell, Josep M. (2010, Seite 199): „Las únicas limitaciones - existentes, por lo demás, en todos los casos de autonomía conflictual - aparecen en el orden sustantivo: las consecuencias y los resultados que implique la ley escogida tienen que ser compatibles con el derecho del país en el que han de surtir efecto, en otras palabras, no han de vulnerar sus principios de orden público ni contravenir sus normas de obligado cumplimiento."

893 Siehe Kroll-Ludwigs, Kathrin. (2013, Seite 571, Seite 594–595).

894 Siehe Dreher, Karin. (1999, Seite 130, 7.4 Ergebnis: freie Rechtswahl): „Eine freie Rechtswahl im internationalen Erbrecht ist interessen- und wertegerecht."

895 Siehe Dutta, Anatol. (RablesZ 73, 2009, Seite 576). (Hervorhebungen hinzugefügt).

zu dem jeglicher Bezug seitens des Erblassers oder seines Erbes fehlt, nur dann anzuerkennen, wenn die Rechtswahl notariell beurkundet wurde. Auf diese Weise würde sichergestellt werden, dass der Erblasser zumindest eine notarielle Beratung dazu erhält und sich über die Konsequenzen im Klaren ist. Diese Maßnahme eines zusätzlichen Formerfordernisses, i.e. einer höheren Formschwelle, würde folglich dem Schutz des Laien dienen.

Anschließend soll einerseits auf die Definition einer freien Rechtswahl näher eingegangen werden und andererseits soll ein ausführlicher Vergleich zur Rechtswahlfreiheit im europäischen Schuldkollisionsrecht erfolgen. Ein Gebiet, in dem man sich schon früh von der Vorstellung verabschiedet hat, dass das von den Parteien gewählte Recht eine objektiv enge Verbindung zum Sachverhalt haben muss. Alsdann soll abgewogen werden, ob auch im Erbrecht eine freie Rechtswahl zu befürworten ist.

1 Begriff einer unbegrenzten Rechtswahlfreiheit

Durch die Einführung einer grenzenlosen Parteiautonomie im Erbkollisionsrecht würde es dem Erblasser frei stehen, ein Erbstatut zu wählen, zu dem überhaupt keine objektive Verbindung besteht. Fortan ist zu analysieren, was genau unter einer freien Rechtswahl im Erbrecht zu verstehen wäre. Könnte der Erblasser dadurch tatsächlich jede Rechtsordnung dieser Welt für anwendbar erklären? Auch eine Teilrechtsordnung? Außerdem ist zu überlegen, ob im Erbrecht die Wahl nichtstaatlichen Rechts infrage käme.

a) Berufung des Rechts jedes beliebigen Staates der Welt

Würde eine freie Rechtswahl im zukünftigen europäischen Erbkollisionsrecht gestattet werden, so hätte der Erblasser tatsächlich die Auswahl zwischen sämtlichen staatlichen Rechtsordnungen der Welt. Unabhängig davon, ob eine objektive Verbindung zum gewählten Recht bestünde oder nicht. Gewählt werden könnte dementsprechend auch ein „unverbundenes Recht“[896].

Die einzige zu erfüllende Bedingung dabei wäre, dass es sich, um ***geltendes* Erbrecht** handelt. Das Verbot der Wahl eines „toten Rechts“ ist ein allgemein anerkanntes Prinzip und kann auch dem Wortlaut aller Verordnungen zum europäischen Kollisionsrecht entnommen werden. So könnte der Erblasser nach einer Erbrechtsreform, selbst bei Zulassung einer freien Rechtswahl, nicht ein früheres,

896 Dieser Ausdruck wird z.B. von Rühl, Giesela. (2008, II. Gegenstand der Rechtswahlfreiheit, 2. Verbundenes Recht, Seite 192) und von Schmitz, Melanie. (2017, Seite 218) verwendet.

i.e. ein im Zeitpunkt der Rechtswahl nicht mehr geltendes, staatliches Erbrecht wählen.[897] Beispielsweise wäre folgende Rechtswahlklausel nichtig: „Hiermit wähle ich für meine gesamte Rechtsnachfolge von Todes wegen das vor Inkrafttreten der Erbrechtsreform im Jahr 2014 anwendbare tschechische Erbrecht."[898]

Auch könnte der Erblasser kein „zukünftiges Erbrecht" bei einer möglicherweise geplanten Gesetzesänderung wählen: „Hiermit wähle ich das voraussichtlich in der Zukunft anwendbare norwegische Erbrecht nach dem im Jahr 2014 vorgelegten Vorschlag für ein neues Erbgesetz in Norwegen."[899] Der Erblasser dürfte also nur eine Rechtswahl zugunsten einer (beliebigen) staatlichen Rechtsordnung im Allgemeinen treffen. Anwendbar wäre immer das materielle Recht, welches im Zeitpunkt seines Todes in der gewählten Rechtsordnung gilt. Würde der Erblasser nach Inkrafttreten der geplanten norwegischen Erbrechtsreform versterben, so wäre automatisch dieses neue materielle Erbrecht auf seinen Erbfall anwendbar; ohne dass es dafür irgendeiner ausdrücklichen Erklärung seitens des Erblassers bedarf.

Insbesondere stellt sich in diesem Zusammenhang die Frage, ob bei Zulassung einer freien Rechtswahl auch direkt **das Recht einer beliebigen Teilrechtsordnung** vom Erblasser gewählt werden könnte. Wie bereits erwähnt, kann der Erblasser zurzeit nicht direkt das Recht einer Teilrechtsordnung für anwendbar erklären, da dies den internen Kollisionsvorschriften eines Mehrrechtsstaates gem. Art. 36 Abs. 1 EU-ErbVO überlassen bleibt.

Bei einer freien erbrechtlichen Rechtswahl sollte aber eigentlich nicht nur das Ergebnis erreicht werden, dass der Erblasser eine direkte *professio iuris* zugunsten einer konkreten Teilrechtsordnung *seines* Heimatstaates vornehmen darf, sondern auch zugunsten eines *fremden* interlokalen Rechts, zu dem möglicherweise weder er noch sein Nachlass irgendeine Beziehung aufweisen. So ist es in der Rom I und in der Rom II-VO vorgesehen. Dort können die Parteien problemlos eine Rechtswahl zugunsten des Rechts einer beliebigen Teilrechtsordnung ausüben. Denn gem. Art. 22 Abs. 1 Rom I und Art. 25 Abs. 1 Rom II-VO wird jede Gebietseinheit eines Mehrrechtsstaates für die Bestimmung des anwendbaren Rechts durch eine legale Fiktion als Staat angesehen (direktes Verweisungsmodell). Eine freie Rechtswahl (Art. 3 Rom I, Art. 14 Rom II-VO) kann folglich nicht nur zugunsten

---

897 Siehe hierzu Jan von Hein in Rauscher, Thomas. (2016, Seite 154, Rn. 68) und Rühl, Giesela. (2008, II. Gegenstand der Rechtswahlfreiheit, 3. Geltendes Recht, Seite 194).

898 Zur Neuregelung des tschechischen Erbrechts siehe Fußnote 145 im ersten Kapitel der Dissertation.

899 Siehe hierzu bereits Seite 250–251 unter *C.I.* im dritten Kapitel der Dissertation.

des Rechts eines Staates, sondern auch zugunsten einer Teilrechtsordnung erfolgen. Kompliziert wird es allerdings, wenn die Parteien bei einem Mehrrechtsstaat „pauschal" das Recht des Gesamtstaates wählen, ohne darauf einzugehen, ob sie das Recht einer konkreten Gebietseinheit berufen. In so einem Fall, ist als Erstes durch Auslegung zu ermitteln, ob die Parteien nicht vielleicht konkludent eine bestimmte Teilrechtsordnung wählen wollten. Lässt sich dadurch jedoch kein klares Ergebnis erzielen, scheitert die Rechtswahl und die objektive Anknüpfung hat vor der Anwendung fremden interlokalen Rechts Vorrang.[900]

Für die Wahl des Rechts einer konkreten (eventuell auch unverbundenen) Gebietseinheit im zukünftigen Erbkollisionsrecht, müsste in der Erbrechtsverordnung zuerst das aktuelle Subsidiärsystem in Art. 36 EU-ErbVO in ein direktes Verweisungsmodell umgewandelt werden. Ein solches war bereits in Art. 28 Abs. 1 des Verordnungsentwurfs von 2009 vorgesehen.[901] Dann wäre auch die Wahl einer beliebigen Teilrechtsordnung möglich und nicht nur zugunsten derjenigen, zu der der Erblasser eine objektive Verbindung aufweist; wie es das Foralgebiet, in dem er seinen letzten oder früheren gewöhnlichen Aufenthalt hatte, dessen *vecindad civil* er besaß oder wo sich eine Immobilie befand, sein könnte. Zum Beispiel wäre dann das pflichtteilsfeindliche Foralrecht von Navarra sowohl seitens eines spanischen Erblassers, der gar keinen Bezug zu dieser Foralrechtsordnung hat,[902] als auch von einem nicht-spanischen Erblasser, der nicht einmal einen Bezug zu Spanien, geschweige denn zu Navarra, hat, wählbar.[903]

Dasselbe müsste konsequenterweise für personale Mehrrechtsstaaten in Art. 37 EU-ErbVO gelten, sodass beispielsweise das interpersonale islamische Recht der griechischen Muslime aus West-Thrazien von jedem (griechischen)

---

900 Siehe Robert Freitag in Rauscher, Thomas. (2016, Art. 22 Rom I-VO, Seite 604–605, Rn7) und Dominique Jakob und Peter Picht in Rauscher, Thomas. (2016, Art. 25 Rom II-VO, Seite 1014, Rn7).

901 Siehe hierzu schon Seite 212–213 unter *F.III. Rechtswahl im Verhältnis zu Mehrrechtsstaaten* im zweiten Kapitel der Dissertation.

902 Siehe mit einem Beispiel zum Vereinigten Königreich Dutta, Anatol. (RablesZ 73, 2009, Seite 576): „If the state of the deceased's nationality has **more than one legal system** with regard to successions, as it is the case, for example, in the United Kingdom, the deceased should be able to choose **either of them**." (Hervorhebungen hinzugefügt).

903 Dagegen z.B. Stoll, Hans. (1989, Seite 526–527): „Auch bei Bestimmung der maßgeblichen Teilrechtsordnung vermag deshalb der Parteiwille nur die Rolle eines „Zügleins an der Waage" zu spielen, **nicht** aber die **Heranziehung** einer **beliebigen Teilrechtsordnung** zu rechtfertigen." (Hervorhebungen hinzugefügt).

Erblasser gewählt werden könnte (und nicht nur von der Personengruppe der in Thrazien lebenden muslimischen Griechen). Problematisch wäre eine solche Wahl allerdings seitens eines nicht-griechischen Erblassers. Denn nur in Griechenland greift der *ordre public*-Vorbehalt bei Anwendung islamisch religiösen Erbrechts nicht, weil letzteres dort als inländisches Recht angewendet wird.[904]

Als Fazit lässt sich jetzt an dieser Stelle schon einmal sagen, dass bei Eintritt einer freien erbrechtlichen Rechtswahl, der Erblasser jedes staatliche Recht dieser Welt wählen könnte, ohne dass dabei irgendeine Verbindung zum gewählten Recht bestehen müsste. Auch die direkte Wahl des Rechts einer Teilrechtsordnung bei territorialen Mehrrechtsstaaten wäre möglich. Sowohl seitens eines Erblassers, der aus diesem Mehrrechtsstaat kommt, als auch seitens eines Erblassers, der gar keinen Bezug zu diesem Staat hat. Bei personalen Mehrrechtsstaaten könnte die Wahl religiösen Rechts nur seitens eines Erblassers, der Staatsangehöriger dieses personal gespaltenen Mehrrechtsstaates ist, erfolgen. Nicht aber seitens eines ausländischen Erblassers, denn i.d.R. wird das religiöse Recht nur im gegebenen personalen Mehrrechtsstaat als inländisches und somit als staatlich wählbares Recht bei einer freien Rechtswahl anerkannt werden.

b) Anerkennung der Wahl nichtstaatlichen Rechts im Erbrecht?

Dass der Erblasser, bei Eintritt einer freien Rechtswahl, die Auswahl zwischen sämtlichen staatlichen Rechtsordnungen der Welt hätte, steht also außer Frage. Doch wie sieht es mit nichtstaatlichem Recht aus? Dürfte der Erblasser zum Beispiel direkt ein rein religiöses Recht oder außerstaatliche Regelwerke als Erbstatut zur Anwendung berufen? Dem ist kritisch gegenüberzustehen, denn momentan ist nicht einmal im europäischen Schuldrecht (Rom I, Rom II-VO) eine kollisionsrechtliche Wahl nichtstaatlichen Rechts erlaubt. Eine solche Wahl außerstaatlicher Regelwerke (wie das UN-Kaufrecht, die UNIDROIT-Principles oder die Principles of European Contract Law (PECL)) ist bislang nur im Rahmen einer materiellrechtlichen Verweisung möglich, unter Vorbehalt des zwingenden Rechts des objektiv anwendbaren Schuldstatuts.[905] Dies scheint im Erbrecht

904 Siehe Seite 210–211, einschließlich Fußnote 610, unter *F.III.* im zweiten Kapitel der Dissertation.

905 Siehe hierzu noch Seite 319–320, Fußnote 947, unter *E.III.2.* im dritten Kapitel der Dissertation, sowie Nick, Christian. (2008, Seite 321): „Solange die Wählbarkeit nichtstaatlichen Rechts im Kollisionsrecht nicht vorgesehen ist, liegt in der Bezugnahme der

ebenfalls so zu sein.[906] Allerdings gibt es seitens des Schrifttums im Bereich des Schuldkollisionsrechts schon seit längerer Zeit Kritik an der Nichtwählbarkeit nichtstaatlichen Rechts.[907]

Anschließend sollen einige nichtstaatliche Rechte aufgeführt werden, die für den Erblasser – aus einer rein theoretischen Perspektive – möglicherweise als wählbare Rechte von Interesse sein könnten. Als Erstes ist dabei an religiöses Recht zu denken. Danach sollen außerstaatliche Regeln in Betracht gezogen werden, wie zum Beispiel die noch zu entwickelnden *Principles of European Succession Law*.

Vor dem Hintergrund der Tatsache, dass einige Religionsangehörige – vor allem sich zum Islam bekennende Personen – eine stärkere Bindung zu ihrer religiösen Rechtsordnung als zu der weltlichen ihres Heimatstaates aufweisen, könnte eine Erweiterung der erbrechtlichen Rechtswahl auf *das Recht der Religionszugehörigkeit des Erblassers* plausibel erscheinen. So zum Beispiel die Wahl

---

Parteien auf Rechtssätze, die in keinem Land kraft ihrer staatlichen Autorität gelten, allenfalls eine materiellrechtliche Verweisung. Letztere mögliche Folge bedeutet, dass das in Bezug genommene Regelwerk zum Vertragsinhalt wird. Im Unterschied zur kollisionsrechtlichen Verweisung, welche zu der berufenen Rechtsordnung insgesamt führt und damit auch zur Verdrängung der zwingenden Bestimmungen des „eigentlich" anwendbaren Rechts, können die Parteien im Wege der materiellen Verweisung andere Regelungen an die Stelle des dispositiven Rechts im Vertragsstatut setzen."

906 Siehe Schmitz, Melanie. (2017, Seite 225): „Im europäischen Internationalen Erbrecht lässt der Wortlaut der Rechtswahlnormen der EuErbVO ebenfalls unmittelbar auf ein Verbot der Wahl nichtstaatlicher Regelwerke schließen." Und Dutta, Anatol. (2018, MüKoBGB, Art. 22 EuErbVO, Rn. 9 und Rn. 34), in Rn. 9 (Wählbarkeit allein staatlichen Rechts): „Nichtstaatliches Erbrecht kann der Erblasser **allein** in seine Verfügung von Todes wegen **materiellrechtlich inkorporieren**"; in Rn. 34 (Zulässigkeit einer materiellrechtlichen Verweisung): „Eine gewillkürte Inkorporation fremden Erbrechts ist freilich **nur in den Grenzen der jeweils zwingenden Vorschriften des Erbstatuts** möglich, von denen der Erblasser einseitig nicht abweichen kann." (Hervorhebungen hinzugefügt).

907 Siehe Kroll-Ludwigs, Kathrin. (2013, Seite 56, mit Zitierung diverser Autoren in Fußnote 356, die bereits zu Art. 3 I EVÜ die Wählbarkeit nichtstaatlichen Rechts forderten). Als größten Vorteil, der durch die Schaffung außerstaatlicher Regelwerke entsteht, gibt Schmitz, Melanie. (2017, Seite 227): „die Vereinfachung des internationalen Handels durch die Bereitstellung international einheitlicher Regelwerke" an. Kroll-Ludwigs, Kathrin. (2013, Seite 56) nennt des Weiteren „Gründe der Praktikabilität und der Förderung der Parteiinteressen, unionsrechtliche Erwägungen und die Möglichkeit der Einbindung eines künftigen fakultativen Instruments im Europäischen Vertragsrecht."

der Shari'a[908] seitens eines muslimischen Erblassers. Die Zulassung einer freien Rechtswahl zugunsten eines religiösen Rechts zu dem der Erblasser keine Verbindung hat, wie die Wahl jüdischen Rechts seitens eines katholischen Erblassers, sollte meines Erachtens allerdings von vornherein abgelehnt werden.[909]

Eine mittelbare Verweisung auf religiöses Recht ist zurzeit bereits durch die Anwendung des Rechts eines Staates, in dem religiöses Recht in Form transformierten staatlichen Rechts Anwendung findet, möglich. Zum Beispiel durch die Wahl ägyptischen Erbrechts seitens eines in Deutschland lebenden Ägypters, der eine *professio iuris* zugunsten seines Heimatrechts trifft. Zum Schutz agiert der *ordre public*-Vorbehalt.[910]

908 Zur Shari'a siehe: http://www.erbrecht-heute.de/Erbrecht/Scharia-im-Erbrecht.html (zuletzt geprüft am 29.12.2018): „So kann die Scharia im Allgemeinen als islamisches Rechtssystem bezeichnet werden, wobei dieses nicht mit den Rechtssystemen vergleichbar ist, die in der westlichen Welt Anwendung finden. Der wohl größte und gravierendste Unterschied ist die Tatsache, dass nach der Scharia keine Trennung von Staat und Religion stattfindet. Die Scharia steht für die Gesamtheit der Gesetze und differenziert hierbei nicht zwischen religiösen und juristischen Vorschriften." Für eine rechtsvergleichende Studie der Anwendung der Shari'a siehe Jan Michiel, Otto. (2010, Sharia and National Law, im Erbrecht z.B. für Ägypten auf Seite 77–78, Marokko auf Seite 120, Saudi Arabien auf Seite 165, Sudan auf Seite 210, Iran auf Seite 350–351, Pakistan auf Seite 417, Indonesien auf Seite 468–470 oder Malaysia auf Seite 518).

909 Zur Wahl religiösen Rechts im Familien- und Erbkollisionsrecht siehe Kroll-Ludwigs, Kathrin. (2013, Seite 583–584). Für eine liberalere Tendenz zur Eröffnung der Wahl religiöser Rechte insgesamt siehe Ralf Michaels in Dutta, Anatol. Heinze, Christian. (2018, Seite 275–276). Zu den religiösen Rechten, die zurzeit nicht vom Erblasser gewählt werden können, siehe Carrascosa González, Javier. (2014, Seite 125). Neben der Shari'a nennt er beispielsweise das kanonische Recht der katholischen Kirche oder das jüdische Recht. Siehe zur Anknüpfung an die Religionszugehörigkeit Schröder, Vincent. (2007, Seite 5).

910 Siehe die Analyse zur Anwendung ausländischen *staatlichen* religiösen Rechts von Ralf Michaels in Dutta, Anatol. Heinze, Christian. (2018, Seite 271–272). Für einen guten Überblick der Länder, in denen die Shari'a (auch im Erbrecht) in Form transformierten staatlichen Rechts zur Anwendung gelangt, siehe die in Gelb und Lila markierten Staaten auf folgender Karte: https://de.wikipedia.org/wiki/Scharia#/media/File: Use_of_Sharia_by_country.svg (zuletzt geprüft am 29.12.2018), auch als Anhang Nr. 5 abgedruckt. Siehe zudem Jan von Hein in Rauscher, Thomas. (2016, Seite 150, Rn. 60), der darauf hinweist, dass „im internationalen Familienrecht – in den Grenzen des ordre public – eine mittelbare Verweisung auf religiöses Recht insoweit akzeptiert wird, als dieses zugleich das in einem bestimmten Staat geltende Recht darstellt." Siehe zudem auch folgenden Artikel: http://www.spiegel.de/politik/deutschland/

Doch wie sieht es mit der Wahl außerstaatlicher Regelwerke aus? Vorstellbar wäre neben der Schaffung eines künftigen materiellen optionalen Erbrechts,[911] wie es die *Principles of European Succession Law* sein könnten, auch die Wahl bereits existierender Hausgesetze hochadliger Häuser oder anderes privat gesetzte Familienvermögensrecht.[912]

Zurzeit existieren zur Harmonisierung des Familien- und Erbrechts nur die von der Commission on European Family Law (CEFL) erstellten *Principles of European Family Law* zum Scheidungsrecht (2004 - Principles of European Family Law Regarding Divorce and Maintenance Between Former Spouses), zum Sorgerecht (2007 - Principles of European Family Law Regarding Parental Responsibilities) und zum Unterhaltsrecht (2013 – Principles of European Family Law Regarding Property Relations Between Spouses).[913] Allerdings muss

---

familien-und-erbrechtsfaelle-deutsche-gerichte-wenden-scharia-an-a-722220.html (zuletzt geprüft am 29.12.2018).

911 Zur Testierfreiheit als Prinzip eines optionalen Einheitsrechts siehe Inge Kroppenberg im Handwörterbuch des Europäischen Privatrechts (2009, Band II, Seite 1484–1485). Siehe auch Punkt 2.8.4. der Stellungnahme des Europäischen Wirtschafts- und Sozialausschusses zu dem „Grünbuch Erb- und Testamentsrecht" (KOM (2005) 65 endg.): „Die Möglichkeit materieller gemeinschaftlicher Bestimmungen könnte im Zusammenhang mit der Einführung der Rechtswahl als Alternative zu einem oder mehreren anwendbaren einzelstaatlichen Rechtssystemen erwogen werden." Abrufbar unter folgender Webseite: http://eur-lex.europa.eu/legal-content/DE/TXT/?uri =CELEX%3A52005AE1242 (zuletzt geprüft am 29.12.2018).

912 Siehe Dutta, Anatol. (2018, MüKoBGB, Art. 22 EuErbVO, Rn. 9), der darauf aufmerksam macht, dass sich „Angehörige ehemals hochadliger Familien bis heute in ihren Verfügungen von Todes wegen immer wieder auf ihre ehemaligen Hausgesetze" beziehen und versuchen diese nachzubilden. Für Näheres zu den Hausgesetzen hochadliger Häuser siehe ebenfalls Dutta, Anatol. (2014, Seite 63–66 und Seite 142). Stammessitten sind „sofern sie nicht im Rahmen einer staatlichen Rechtsordnung Anerkennung als Gewohnheitsrecht gefunden haben" auch nicht wählbar, siehe Jan von Hein in Rauscher, Thomas. (2016, Seite 150–151, Rn. 61).

913 Siehe den Aufsatz „The principles of European family law: its aims and prospects" von Boele-Woelki, Katharina. (2005, Seite 160–168) und im einzelnen Boele-Woelki, Katharina. Ferrand, Frédérique. González Beilfuss, Cristina. Jänterä-Jareborg, Maarit. Lowe, Nigel. Martiny, Dieter. Pintens, Walter. (2004, 2007, 2013). Siehe auch Kroll-Ludwigs, Kathrin. (2013, Seite 577): „Ziel der Principles ist die Schaffung von Modellregelungen auf Grundlage rechtsvergleichender Analyse zahlreicher europäischer Rechtsordnungen. Dabei steht die Ermittlung der Gemeinsamkeiten („common core") zwischen den untersuchten Rechtsordnungen im Vordergrund" und Martiny, Dieter. (2011, Seite 440).

hervorgehoben werden, dass diese *Principles* nicht als optional wählbares Instrument konzipiert worden sind, sondern eher dem Gesetzgeber als Anregung für eventuelle Reformen dienen sollen.[914]

Im Erbrecht existieren hingegen überhaupt keine „nichtstaatlichen Regelwerke" und es scheint auch nicht, dass es solche in der nahen Zukunft geben wird.[915] Eines der größten Probleme wäre bei Schaffung solcher Regelwerke ihr fragmentarischer Charakter. Denn es ist sehr schwierig, ein so umfangreiches nichtstaatliches Erbrecht zu entwerfen, welches mit dem einer staatlichen Rechtsordnung vergleichbar wäre. Meistens regelt das nichtstaatliche Recht lediglich einige Teilaspekte eines Rechtsgebiets, in anderen Bereichen entstehen hingegen Regelungslücken.[916]

Als Fazit kann dementsprechend festgehalten werden, dass bei Eintritt einer freien Rechtswahl auf dem Gebiet des Erbkollisionsrechts, der Erblasser das geltende Recht jedes beliebigen Staates der Welt für anwendbar erklären könnte.

---

914 Siehe Kroll-Ludwigs, Kathrin. (2013, Seite 577–578): „Vor diesem Hintergrund muss eine **Wählbarkeit der Principles** – auch im Rahmen der Schiedsgerichtsbarkeit – **ausscheiden**. Den familienrechtlichen Modellregelungen kommt insoweit etwa keine den UNIDROIT-Principles vergleichbare Qualität zu. Vielmehr sind sie nicht als Regelwerke zum dispositiven Rechts [sic] konzipiert, sondern umfassen im Wesentlichen Grundsätze des zwingenden Rechts. Auch fehlt es insofern an der nötigen Bestimmtheit. So statuieren die einzelnen Prinzipien vielfach **allgemeine Grundsätze des Familienrechts**, z.B. im Hinblick auf die mögliche Ausgestaltung der Scheidungsgründe oder die Voraussetzungen für die Gewährung nachehelichen Unterhalts, **und keine praktisch anwendbaren Regelungen**." (Hervorhebungen hinzugefügt).

915 Siehe Dethloff, Nina. (2007, Seite 1000): „Ein europäisches Zivilgesetzbuch, das Erb- und Familienrecht erfasst, liegt freilich **in weiter Ferne**." Und Kroll-Ludwigs, Kathrin. (2013, Seite 578): „Nichtstaatliche Regelwerke im Erbrecht existieren demgegenüber bis heute noch nicht. Mit solchen wird auch **in nächster Zukunft nicht zu rechnen sein**. Das materielle Erbrecht ist traditionell eng mit den kulturellen und historisch gewachsenen Strukturen der Mitgliedstaaten verbunden." (Hervorhebungen hinzugefügt). Zu den Schwierigkeiten einer Harmonisierung des materiellen Erbrechts siehe bereits Seite 112, Fußnote 267, im zweiten Kapitel der Dissertation.

916 Siehe zu den Nachteilen einer unmittelbaren Wahl nichtstaatlicher Regelwerke (im Schuldrecht, die aber auch in anderen Rechtsgebieten greifen) Schmitz, Melanie. (2017, Seite 227–236): (1) Fehlende Neutralität der Ersteller der Regelwerke, (2) Fehlende inhaltliche Fairness der Regelwerke, (3) Fragmentarischer Charakter der Regelwerke, (4) Praktische Schwierigkeiten und (5) Legitimationsdefizit. Als Vorteile führt Dethloff, Nina. (2007, Seite 1001) auf: „Vom Erblasser wählbares optionales Recht gewährleistete dagegen Vorhersehbarkeit und Rechtssicherheit und erleichterte die Rechtsanwendung."

Auch das Recht einer beliebigen Teilrechtsordnung sollte direkt von ihm gewählt werden können. Dafür müsste vom aktuellen Subsidiärsystem zum direkten Verweisungsmodell gewechselt werden.

Die unmittelbare Verweisung auf nichtstaatliches Recht würde dem Erblasser indessen selbst bei Zulassung einer freien erbrechtlichen Rechtswahl verwehrt bleiben. Er könnte – wie auch schon jetzt unter Anwendung der aktuellen Erbrechtsverordnung – nur mittelbar auf religiöses Recht verweisen, indem er ein Recht zur Anwendung beruft, in dem religiöses Recht in Form transformierten staatlichen Rechts anwendbar ist. Auf außerstaatliche Regelwerke könnte er – wenn solche im Erbrecht vorhanden wären – nur materiellrechtlich verweisen, also immer unter Vorbehalt des zwingenden Rechts des objektiv anwendbaren Erbstatuts.

2 Vergleich zur Rechtswahlfreiheit im (vertraglichen und außervertraglichen) Schuldrecht und Ablehnung einer freien Rechtswahl im Erbrecht

Der Grundsatz der freien Rechtswahl ist für vertragliche Schuldverhältnisse in Art. 3 der Rom I-VO und für außervertragliche Schuldverhältnisse in Art. 14 der Rom II-VO (sowohl nach als auch vor Eintritt des schadensbegründenden Ereignisses) verankert.[917] In Art. 3 Abs. 1 Satz 3 Rom I-VO wird ausdrücklich normiert, dass die Parteien die Rechtswahl auch nur auf einen Teil des Vertrages treffen können.[918] Ob eine solche Teilrechtswahl oder *dépeçage* ebenfalls im

---

917 Siehe zudem Erwägungsgrund 11 Rom I-VO, in dem die freie Rechtswahl als einer der Ecksteine des vertraglichen Schuldkollisionsrechts bezeichnet wird, und Erwägungsgrund 31 Rom II-VO. Zur Rechtswahl in der Rom I und in der Rom II-VO im Allgemeinen siehe stellvertretend für alle Jan von Hein und Peter Picht in Rauscher, Thomas. (2016, jeweils Seite 94–187 und Seite 932–959), sowie Martiny, Dieter. (2015, Seite 844–846, für die Rechtswahl in der Rom I-VO) und Bratvogel, Katharina. (2016, Seite 189 ff.). Zur weltweiten Anerkennung der Parteiautonomie im internationalen Vertragsrecht, unter Ausschluss in Latein Amerika und im Nahen Osten siehe Basedow, Jürgen. (2011, Seite 32–38).

918 Zur Teilrechtswahl in der Rom I-VO siehe beispielsweise Aubart, Andrea. (2013, Seite 58 ff., auf Seite 65–66 wird hervorgehoben, dass die erlaubte Teilrechtswahl unter dem ungeschriebenen Vorbehalt der Abspaltbarkeit eines Vertragsteils steht) oder Schmitz, Melanie. (2017, IV. Teilrechtswahl, Seite 237–243), die im Fall einer Reform der Rom I-VO auf Seite 243 vorschlägt, den Worlaut des Art. 3 hinsichtlich der gestatteten *dépeçage* klarer zu formulieren: „Die Parteien können eine Rechtswahl für einen Teil ihres Vertrages treffen, sofern sich dieser vom Rest des Vertrages funktional trennen lässt.“

internationalen außervertraglichen Schuldrecht zulässig ist, ist hingegen umstritten.[919]

In diesem Abschnitt soll eingehend untersucht werden, weshalb den Parteien im europäischen Schuldkollisionsrecht eine freie Auswahl zwischen allen Rechtsordnungen der Welt gestattet wird, selbst wenn sie keine objektive Beziehung zu dieser aufweisen; und im Gegensatz dazu die Parteiautonomie im Erbrecht zurzeit auf einen sehr engen Kreis wählbarer Rechte beschränkt wird. Besonders scharfsinnig stellt Kroll-Ludwigs diesbezüglich fest:

> *„Dennoch erweist sich das „Mehr" an Parteiautonomie, das durch die Einführung von Rechtswahltatbeständen auf EU-Ebene erreicht wird, angesichts der Beschränkung auf bestimmte wählbare Rechtsordnungen nur als begrenzter Zugewinn an Gestaltungsfreiheit. Denn im Vergleich zu Parteien einer vertraglichen bzw. außervertraglichen Rechtswahl sind die Eheleute bzw. der Erblasser gerade nicht frei darin, auf ihr Rechtsverhältnis jedes beliebige Recht zur Anwendung zu bringen."*[920]

Äußerst kritisch soll demnach hier bedacht werden, ob die gegenstehenden Interessen, die möglicherweise für so eine Zurückhaltung im Erbkollisionsrecht sprechen, wirklich erheblich sind. Und wenn nicht, ob gegebenenfalls *de lege ferenda* für eine freie Rechtswahl im europäischen Erbrecht zu plädieren ist.[921]

Die Wahl eines unverbundenen Rechts, zu dem keine „denklogische Verbindung"[922] besteht, ist bislang lediglich im Internationalen Schuldrecht zulässig. Doch auch in anderen Gebieten spielt die Parteiautonomie jedes Mal eine größere

919 Siehe hierzu Aubart, Andrea. (2013, Seite 149–153, mit einem Abschnitt zu den Argumenten, die gegen die Zulässigkeit der Teilrechtswahl in der Rom II-VO sprechen, auf Seite 150–151, und einem Abschnitt zu den Argumenten, die für eine solche Teilrechtswahl stehen, auf Seite 151–152). Aubart äußert sich in ihrer anschließenden Stellungnahme auf Seite 152–153 für die Zulässigkeit einer subjektiven *dépeçage* in der Rom II-VO, trotz ihrer Nichterwähnung im Verordnungstext. Zur umstrittenen Vornahme einer Teilrechtswahl im außervertraglichen Schuldrecht siehe auch Vogeler, Andreas. (2013, Seite 324 ff.), der auf Seite 329–330 die Mikro- von der Makroteilrechtswahl, die für einen größeren Teilbereich einer Rechtsordnung, der sinnvoll abspaltbar ist, differenziert und das Kriterium der Abspaltbarkeit der Teilfrage als Zulässigkeitsvoraussetzung für die Rechtswahl auf Seite 331 ff. näher analysiert.

920 Siehe Kroll-Ludwigs, Kathrin. (2013, Seite 147).

921 Laut Dutta gibt es auch im Erbrecht keinen Grund zurückhaltender zu sein als in anderen Bereichen, insbesondere weil *die Testierfreiheit des Erblassers in allen Rechtsordnungen im Grundsatz anerkannt ist*. Siehe Dutta, Anatol. (2011, Europäisches Erb- und Erbverfahrensrecht, Seite 66 ff.).

922 Siehe Kroll-Ludwigs, Kathrin. (2013, Seite 5).

Rolle.[923] Selbst in Bereichen, in denen diese vor einigen Jahren noch ganz fremd war, wie zum Beispiel im Sachenrecht. Einen sehr guten Überblick liefert hierzu Jürgen Basedow in Kapitel 3 (Teil II) seines Werkes „The Law of Open Socities" (New Domains for Party Autonomy)[924]:

> *„While scholars, until some 40 years ago, struggled even with the recognition of party autonomy for the law of contract, i.e. in an area of the law where the freedom of contract is generally acknowledged and ensured at the level of substantive law, our analysis has uncovered various additional fields where the private choice of the applicable law today unfolds more and more bearing: agency, assignment, torts, marriage, maintenance, succession and even property in tangibles and intangibles – no area of the law has remained unaffected. This does not mean that each of these areas is now, across the board, left to party autonomy; often only small sectors relating to a particular activity are liberalized in this sense. But the overall direction of this movement is undeniable. And it is also undeniable that this movement is not confined to single countries and their legislation; it is a broad movement emerging from a comparative investigation."*[925]

Dass es eine klare Tendenz zu mehr Parteiautonomie im Internationalen Privatrecht gibt, steht wohl außer Frage. Doch über den Punkt, „wie weit" diese in den unterschiedlichen Bereichen gehen sollte, lässt sich streiten. Anschließend soll hier erst einmal darauf eingegangen werden, wie „frei" die „freie Rechtswahl" wirklich im Schuldkollisionsrecht ist. Danach sollen die Gründe, die eine beschränkte Rechtswahl im Familien- und insbesondere im Erbrecht rechtfertigen oder eventuell auch nicht rechtfertigen, herangezogen werden.

Kommen wir zunächst zum Kollisionsrecht der vertraglichen und außervertraglichen Schuldverhältnisse zurück und gehen der Frage auf den Grund, weshalb im Schuldrecht (Art. 3 Rom I-VO, früher Art. 3 EVÜ/Art. 14 Rom II-VO[926])

---

923 Siehe auch in diesem Sinne Schmitz, Melanie. (2017, Seite 23): „[Die Parteiautonomie] ist nicht mehr länger in erster Linie ein Prinzip des Internationalen Vertragsrechts, sondern findet neuerdings auch im Recht der außervertraglichen Schuldverhältnisse, im Internationalen Scheidungs- und Erbrecht stärkere Berücksichtigung." Und Frantzen, Torstein. (2004, Seite 190): „Das traditionelle Kerngebiet der Parteiautonomie im internationalen Privatrecht liegt im Vertragsrecht. Eine Tendenz im internationalen Privatrecht geht dahin, dass die Parteiautonomie auch in anderen Rechtsgebieten wie dem Ehegüterrecht und dem Erbrecht an Bedeutung zunimmt."

924 Siehe die ausführliche Analyse von Basedow, Jürgen. (2015, Seite 153–282).

925 Siehe Basedow, Jürgen. (2015, Seite 280, Rn. 441).

926 Für außervertragliche Schuldverhältnisse war indes vor der Rom II-VO keine Rechtswahlmöglichkeit vorgesehen. Siehe Vogeler, Andreas. (2013, Seite 22): „Aufgrund der weitgehenden Rechtswahlmöglichkeit im Rahmen vertraglicher Schuldverhältnisse (Art. 3 EVÜ) und der vertragsakzessorischen Anknüpfung an das Deliktsstatut

eine freie (und jederzeit änderbare) Rechtswahl erlaubt ist. Ganz konkret geht es also darum, herauszufinden wieso das gewählte Schuldstatut überhaupt keinen Bezug zum Sachverhalt haben muss.[927] Jan von Hein hebt hinsichtlich der Rom I-VO hervor, dass die Parteien in ihrer Rechtswahl frei sind,

> *„sodass weder in räumlicher noch in sachlicher Hinsicht eine enge Verbindung zwischen dem gewählten Recht und dem Vertrag bestehen muss. (…) Diese Liberalität, die sich auch in Art. 14 Rom II-VO findet, ist gerechtfertigt, weil die Parteien durch ihre Rechtswahl gerade die Unwägbarkeiten ausschließen wollen, die mit der Anwendung objektiver, auf dem Prinzip der engsten Verbindung beruhender Kollisionsnormen einhergehen."*[928]

Bereits in den 1970er Jahren äußerte sich Gunther Kühne in seinem Werk „Die Parteiautonomie im internationalen Erbrecht" zur Rechtfertigung der Parteiautonomie im internationalen Schuldvertragsrecht:

> *„Als Fazit der vorstehenden Ausführungen kann somit festgehalten werden: Im internationalen Schuldvertragsrecht ist eine einheitliche objektive Anknüpfung für Schuldverträge im allgemeinen oder auch nur für einzelne materiellrechtliche Schuldvertragstypen unmöglich; jede der in Betracht kommenden Anknüpfungen deckt nur eine so geringe Zahl aller Sachverhalte sachgerecht ab, daß die Erhebung einer einzigen unter ihnen zur zwingenden Kollisionsregel den an eine solche Norm zu stellenden Gerechtigkeitsanforderungen nicht genügen kann. Diese **Anknüpfungsverlegenheit** ist – zusammen mit den Rechtswerten der **Rechtssicherheit** und der **Individualgerechtigkeit** – die einzige wirkliche und einleuchtende Rechtfertigung für die Parteiautonomie im internationalen Schuldvertragsrecht."*[929]

Auch die Stellungnahme des Max-Planck-Instituts für ausländisches und internationales Privatrecht von 1980 argumentiert in den Thesen zur Reform des internationalen Privat- und Verfahrensrechts in diese Richtung:

> *„Die Befugnis zur Rechtswahl hat sich im internationalen Vertragsrecht durchgesetzt, weil sie **der Einzelfallgerechtigkeit** und zugleich **der Rechtssicherheit** dient; deshalb wird sie auch im internationalen Delikts- und Sachenrecht immer mehr befürwortet. Wir sind überzeugt, dass sei aus den gleichen Gründen im internationalen Personen-, Ehe- und Erbrecht*

(Art. 10 Abs. 2 EWG-E) wurde der Parteiautonomie [im außervertraglichen Schuldrecht] allerdings zumindest mittelbar Rechnung getragen."

927 Anders ist dies beispielsweise in § 187 (2) des amerikanischen Restatement Second, der bereits in Fußnote 885 unter Abschnitt *E.II.* in diesem dritten Kapitel der Dissertation zitiert wurde. Zumindest theoretisch gesehen; denn in der Praxis rückt diese zugunsten eines jeden Rechts, zu dem eine objektive Beziehung besteht, erlaubte Rechtswahl immer näher zu einer freien Rechtswahl.

928 Siehe Jan von Hein in Rauscher, Thomas. (2016, Seite 138, Rn. 47).

929 Siehe Kühne, Gunther. (1973, Seite 30 und 33, zitiert von Seite 33, Hervorhebungen hinzugefügt).

> *ebenfalls am Platze ist und dass die Grenzen der Parteiautonomie auch in diesen Bereichen weit gezogen werden sollten."*[930]

Kurz und bündig nennt Kurt Siehr als einen der Hauptgründe, die eine freie Rechtswahl im internationalen Vertragsrecht rechtfertigen:

> *„Bisher ist die Feststellung nicht gelungen, wann eine Rechtsordnung mit einem Vertrag enge Beziehungen aufweist und wann nicht."*[931]

Hinsichtlich des internationalen Schuldvertragsrechts schreibt auch Kathrin Kroll-Ludwigs:

> *„Anders als z.B. der Ort der Belegenheit der Sache, gibt es einen eindeutigen Mittelpunkt bei Schuldverträgen nicht. Das „Ideal räumlich gerechter Zuordnungen" konnte angesichts der Vielfalt der Lebenswirklichkeit sowie der mannigfaltigen Interessen der beteiligten Personen durch starre objektive Anknüpfungen allein nicht verwirklicht werden. Vielmehr waren es gerade die als unüberwindbar empfundenen Schwächen der objektiven Anknüpfungsmomente, insbesondere des Abschluss- und Erfüllungsortes, die die weltweite Verbreitung der Parteiautonomie im Vertragsrecht begünstigten."*[932]

Und in Bezug auf die außervertraglichen Schuldverhältnisse beteuert sie:

> *„Auch die starke Rolle der Rechtswahlfreiheit im außervertraglichen Bereich ist auf die Schwächen der objektiven Anknüpfungen zurückzuführen: Ob etwa bei unerlaubter Handlung die Anwendung der lex loci delicti, der lex loci damni oder des Rechts am gewöhnlichen Aufenthalt des Geschädigten am besten geeignet ist, einen gerechten Ausgleich zwischen den Interessen der Person, deren Haftung geltend gemacht wird, und der Person, die geschädigt wurde, zu entsprechen, kann nur vermutet werden."*[933]

Die Entwicklung und Verbreitung der Parteiautonomie im vertraglichen und außervertraglichen Schuldrecht ist also hauptsächlich auf die Schwächen der „starren objektiven Anknüpfungen" zurückzuführen.[934] Zudem ergibt die Wahl einer neutralen Rechtsordnung im Schuldrecht Sinn. So wird beispielsweise schweizerisches Recht oft als neutrales Recht gewählt.[935] Kurt Siehr nennt die Wahl einer neutralen Rechtsordnung ebenfalls als Hauptgrund, der eine freie Rechtswahl im internationalen Vertragsrecht rechtfertigt:

930 Siehe Dopffel, Peter. Siehr, Kurt. (1980, Seite 347, Hervorhebungen hinzugefügt).
931 Siehe Siehr, Kurt. (1989, Seite 498).
932 Siehe Kroll-Ludwigs, Kathrin. (2013, Seite 403).
933 *Ebenda*. (2013, Seite 405).
934 Siehe hierzu viel ausführlicher Kroll-Ludwigs, Kathrin. (2013, Seite 403–406).
935 Siehe unter anderen Jan von Hein in Rauscher, Thomas. (2016, Seite 138, Rn. 47).

„Die Parteien sollen auch neutrale Rechtsordnungen wählen dürfen. Dies kommt nicht nur den Parteien entgegen, die sich häufig nicht unter das Recht der anderen Partei beugen mögen. Es erleichtert ebenfalls den prorogierten Gerichten eines neutralen Staates die Arbeit, wenn in diesen Fällen die lex fori des Gerichtsstaates gewählt werden darf und dies auch getan wird. Neutral ist ausserdem ein Recht, das – wie im Seeschifffahrtsrecht – besonders gut ausgebildet ist und sich deswegen den Parteien als Vertragsstatut anbietet, oder weil ein Gericht in diesem Staat vereinbart worden ist.“[936]

Ferner erörtert Siehr, dass ein weiterer Grund die sich veränderte Funktion der Parteiautonomie ist:

„Die Parteiautonomie hat mittlerweile eine andere Funktion als früher. Früher diente der Parteiwille vor allem dazu, einen Vertrag zu lokalisieren, ihm einen „Sitz“ im Sinne Savignys zuzuweisen.“[937]

Heutzutage hat die Parteiautonomie hingegen die Funktion den Parteien die Freiheit zu ermöglichen

„den Inhalt eines Vertrages nach ihrem Belieben zu gestalten.“[938]

Meines Erachtens kann auch im Erbrecht durchaus argumentiert werden, dass die objektiven Anknüpfungen in diesem Bereich Schwächen aufweisen und der Erblasser selbst am besten beurteilen kann, welches Recht am geeignetsten oder gerechtesten für seinen Einzelfall ist.[939] Fraglich ist aber, ob im Erbrecht die objektiven Anknüpfungen in Zusammenhang mit einer limitierten Rechtswahl zugunsten von Rechten, zu denen der Erblasser einen objektiven Bezug hat, nicht bereits ausreichend wären, um die Schwächen der „starren objektiven Anknüpfungen“ zu überwinden oder, ob dafür auch eine absolut freie (nicht an einen Katalog an wählbaren Rechten gebundene) Rechtswahl einzuführen wäre.[940] Bedenklich ist auch, ob die Wahl eines neutralen Rechts im Erbrecht zu befürworten ist.

---

936 Siehe Siehr, Kurt. (1989, Seite 497).

937 Siehe erneut Siehr, Kurt. (1989, Seite 498).

938 *Ebenda.*

939 Siehe auch schon in diesem Sinne das auf Seite 128 unter Abschnitt *B.* im zweiten Kapitel der Dissertation geschriebene.

940 Kroll-Ludwigs spricht sich für letztere Option aus (2013, Seite 568): „Auch [im Familien- und Erbrecht] hat eine Analyse der Interessenlage beim Abschluss einer Rechtswahl ergeben, dass die Parteien neben der Wahl einer vertrauten bzw. bekannten Rechtsordnung auch an der Anwendung eines „neutralen“ Rechts, zu dem keinerlei objektive Beziehung des Sachverhalts besteht, interessiert sein können.“

Im internationalen Schuldkollisionsrecht wird die Rechtswahlfreiheit außerdem oft aus der materiellen Vertragsfreiheit[941] abgeleitet. Befürworter der Parteiautonomie im Familien- und Erbrecht sehen diese ebenfalls als ein „Spiegelbild der Privatautonomie" an.[942] Der entscheidende Punkt im Erbrecht ist dabei, ob vertreten werden kann, dass das materielle Erbrecht hauptsächlich vom Grundsatz der Testierfreiheit[943] geprägt ist oder ob auf diesem Gebiet die zwingenden Bestimmungen dominieren.[944] Auch wenn die Testierfreiheit des Erblassers im Grundsatz in allen Rechtsordnungen anerkannt ist, wird diese je nach Rechtsordnung erheblich durch das Pflichtteilsrecht eingeschränkt. Dies sollte bereits unter *C.I.1.b) Ein Blick auf die spanische legítima im Gegensatz zur Freedom of Testation in den USA* klar zum Vorschein gekommen sein. So kann ein spanischer Erblasser nach dem Código Civil – wenn Noterben vorhanden sind – nur über einen Drittel seines Nachlasses komplett frei verfügen. Dennoch ist die Testierfreiheit überall das leitende Prinzip im Erbrecht. Ein bisschen ist es so wie mit der Frage „Was war zuerst da: Das Huhn oder das Ei?". Im Erbrecht sollte auf jeden Fall die Testierfreiheit zuerst dagewesen sein, die dann Einschränkungen durch das Pflichtteilsrecht erleidet oder besser gesagt erleiden *kann*. Denn Pflichtteilsberechtigte *können* (soweit es sie überhaupt in einem konkreten Erbfall gibt) ihre Ansprüche geltend machen, *müssen* es aber *nicht* tun. Der Grundsatz der Testierfreiheit sticht ganz klar hervor, wenn auch nicht „fleckenlos". Meiner Meinung nach kann daher auch im Erbrecht durchaus eine Parallele zwischen

941 Zur Vertragsfreiheit siehe Hannes Unberath im Handwörterbuch des Europäischen Privatrechts (2009, Band II, Seite 1692–1696). Zu den materiellrechtlichen Rechtfertigungsgründen der Parteiautonomie im internationalen Schuldvertragsrecht siehe Kühne, Gunther. (1973, Seite 23–26).

942 Zur Parteiautonomie als Spiegelbild der Privatautonomie im Familien- und Erbrecht siehe Kroll-Ludwigs, Kathrin. (2013, Seite 171–172, zum Erbrecht insbesondere Seite 183–185 und das Fazit auf Seite 188). Siehe hierzu auch schon Fußnote 661 der Dissertation.

943 Zur Testierfreiheit, dem Ausdruck der Privatautonomie im Erbrecht, siehe Inge Kroppenberg im Handwörterbuch des Europäischen Privatrechts (2009, Band II, Seite 1481–1485). Siehe auch De la Cámara Álvarez, Manuel. (2011, 189 ff.) und Muscheler, Karlheinz. (2010, Seite 191).

944 Siehe hierzu Kühne, Gunther. (1973, IV. Die materiellrechtliche Argumentation für und wider die internationalerbrechtliche Parteiautonomie, Seite 56–61), Brandi, Tim. (1996, a) Materiellrechtliche Privatautonomie, Seite 263) und Kindler, Peter. (2010, Seite 256), der zusammenfasst: „On a more theoretical level, freedom in matters of choice of law finds its justification in the freedom of testation as a core principle of substantive succession law."

kollisionsrechtlicher Parteiautonomie und materiellrechtlicher Privatautonomie gezogen werden. Erstere sollte als Fortsetzung der zweiten angesehen werden. Nur darf dabei nicht in Vergessenheit geraten, dass die Testierfreiheit auch auf materiellrechtlicher Ebene – wie soeben hervorgehoben – nicht „fleckenlos" gewährleistet wird und deshalb vermutlich auch auf kollisionsrechtlicher Ebene irgendeine Art Beschränkung gerechtfertigt ist. Sehr zutreffend äußert sich in diesem Zusammenhang Andrea Bonomi:

> „*Contrairement au droit des contrats, où les règles impératives constituent une exception somme toute limitée au principe de la liberté contractuelle, le droit des successions serait ainsi dominé par les règles impératives, les dernières volontés n'y ayant qu'un rôle restreint. Cet argument ne convainc pas. Il faut noter tour d'abord que l'autonomie de la volonté joue* ***un rôle central*** *en matière successorale même si elle y est soumise à des* ***limites plus contraignantes*** *que dans le domaine contractuel. Dans ces deux matières, qui concernent l'une et l'autre (il convient de le souligner) des intérêts patrimoniaux, on trouve une tension entre liberté et contrainte, entre règles dispositives et impératives ; la différence n'est donc pas de nature, mais* ***seulement de degré****. Si l'on transpose ce constat sur le plan des conflits de lois, il paraît légitime de ménager une place à l'autonomie, bien que* ***plus restreinte*** *qu'en matière contractuelle.*"[945]

Berücksichtigt werden muss auch, dass selbst, wenn den Parteien im Schuldkollisionsrecht alle staatlichen Rechte dieser Welt zur Wahl stehen, die Parteiautonomie in diesem Bereich dennoch nicht ganz so unbeschränkt ist, wie es auf den ersten Blick erscheinen mag.[946] Erstens dürfen *nur staatliche* Rechtsordnungen gewählt werden. Die Wahl nichtstaatlichen Rechts ist zumindest auf kollisionsrechtlicher Ebene ausgeschlossen und käme nur im Wege einer

945 Siehe Bonomi, Andrea. (2011, Recueil des Cours, Seite 216, Hervorhebungen hinzugefügt).

946 Siehe auch in diesem Sinne hinsichtlich der *professio iuris* im Kollisionsrecht der außervertraglichen Schuldverhältnisse Vogeler, Andreas. (2013, Seite 406): „Obschon der Grundsatz der Parteiautonomie die Freiheit der kollisionsrechtlichen Rechtswahl so umfassend wie möglich gewährleistet, unterliegt sie zahlreichen Beschränkungen." Siehe in Bezug auf die Rom I-VO Jan von Hein in Rauscher, Thomas. (2016, Seite 110, Rn. 3): „Die Anerkennung der Parteiautonomie als allgemeines Anknüpfungsprinzip bedeutet indes nicht, dass der Gesetzgeber diese schrankenlos gewährleisten müsste" und insbesondere die Analyse von Bratvogel, Katharina. (2016, Kapitel 2. A. Die Parteiautonomie und ihre Schranken im europäischen vereinheitlichten Kollisionsrecht der vertraglichen Schuldverhältnisse, Seite 189–235). Siehe zudem für einen deutschen geschichtlichen Überblick das Werk von Püls, Joachim. (1995, Parteiautonomie. Die Bedeutung des Parteiwillens und die Entwicklung seiner Schranken bei Schuldverträgen im deutschen Rechtsanwendungsrecht des 19. und 20. Jahrhunderts).

materiellrechtlichen Verweisung in Betracht (Art. 3 Abs. 3 und Art. 20 Rom I-VO bzw. Art. 14 Abs. 2 und Art. 24 Rom II-VO).[947]

An zweiter Stelle sind *Eingriffsnormen* – wodurch bestimmte inländische Vorschriften sich selbst dann durchzusetzen vermögen, wenn ausländisches Recht anwendbar ist – (lois de police, Art. 9 Rom I-VO und Art. 16 Rom II-VO)[948] und der *ordre public*-Vorbehalt – durch den ausnahmsweise das ausländische Recht nicht anzuwenden ist, wenn es wesentlichen Grundsätzen des inländischen Rechts widerspricht – (Art. 21 Rom I-VO und Art. 26 Rom II-VO)[949] als **technische Schranken** der Parteiautonomie zur Verwirklichung ordnungspolitischer Zielsetzung zu nennen.

Des Weiteren sind Normen zum *Schutz Rechte Dritter* (z.B. Zedenten, Pfändungsgläubiger oder Versicherungen, Art. 3 Abs. 2 Satz 2 Rom I-VO und Art. 14 Abs. 1 Satz 2 Rom II-VO)[950] und zum *Schutz der schwächeren Parteien*

---

947 Siehe Kroll-Ludwigs, Kathrin. (2013, II. Keine Wahl nichtstaatlichen Rechts, Seite 55 ff. und Seite 87), Rühl, Giesela. (2008, II. Gegenstand der Rechtswahlfreiheit, 1. Staatliches Recht, Seite 189–190), Schmitz, Melanie. (2017, III. Verbot der Wahl nichtstaatlichen Rechts, Seite 221–224 (Rom I-VO) und Seite 224 (Rom II-VO)), Martiny, Dieter. (2015, Seite 844): „Die Entscheidung der Rom I-VO, keine kollisionsrechtliche Verweisung auf nichtstaatliche Regeln (*rules of law*) zuzulassen, wird ganz überwiegend hingenommen" und Jan von Hein in Rauscher, Thomas. (2016, Seite 143–144, Rn. 54), der erörtert „dass die Wahl privater Regelwerke nur vorbehaltlich des einfach zwingenden Rechts des objektiven Vertragsstatuts Wirkung entfaltet." Siehe hierzu auch ausdrücklich Erwägungsgrund 13 Rom I-VO: „Diese Verordnung hindert die Parteien nicht daran, in ihrem Vertrag auf ein nichtstaatliches Regelwerk oder ein internationales Übereinkommen Bezug zu nehmen."

948 Zu den Eingriffsnormen in Art. 9 Rom I-VO siehe Karsten Thorn in Rauscher, Thomas. (2016, Seite 435–471), Kroll-Ludwigs, Kathrin. (2013, Seite 69–77), sowie Bratvogel, Katharina. (2016, Seite 230–233), und zu denen in Art. 16 Rom II-VO siehe Dominique Jakob und Peter Picht in Rauscher, Thomas. (2016, Seite 967–973) sowie Vogeler, Andreas. (2013, Seite 396–404). Siehe auch Rühl, Giesela. (2008, IV. Grenzen der Rechtswahl, 2. Technische Grenzen, a) Eingriffsnormen, Seite 205–207) und Schmitz, Melanie. (2017, I. Technische Grenzen der Rechtswahl, Seite 290–292).

949 Siehe zur öffentlichen Ordnung im Staat des angerufenen Gerichts in Art. 21 Rom I-VO Jan von Hein in Rauscher, Thomas. (2016, Seite 186, 5. ordre public, Rn. 137), Bratvogel, Katharina. (2016, Seite 233–235) und Karsten Thorn in Rauscher, Thomas. (2016, Seite 593–602). Zu Art. 26 Rom II-VO siehe Dominique Jakob und Peter Picht in Rauscher, Thomas. (2016, Seite 1014–1026). Siehe auch Rühl, Giesela. (2008, IV. Grenzen der Rechtswahl, 2. Technische Grenzen, b) Ordre Public, Seite 207–208) und Schmitz, Melanie. (2017, I. Technische Grenzen der Rechtswahl, Seite 293–295).

950 Zum Schutz Rechte Dritter in der Rom I-VO zur Verwirklichung des Grundsatzes, „dass die Autonomie der Parteien in den Rechten Dritter ihre Schranke finden muss"

(Verbraucher, Versicherungs- und Arbeitnehmer in Art. 6, Art. 7 und Art. 8 Rom I-VO)[951] vorgesehen. Zudem enthält die Rom II-VO Rechtswahlverbote für bestimmte Arten außervertraglicher Schuldverhältnisse zum *Schutz der Gesellschaft*. So im Bereich des Lauterkeits- und Kartellrechts (Art. 6 Abs. 4 Rom II-VO) oder bei der Verletzung geistigen Eigentums (Art. 8 Abs. 3 Rom II-VO). Stark eingeschränkt ist eine Rechtswahl ebenfalls bei Umweltschädigungen (Art. 7 Rom II-VO). All diese Grenzen können als **funktionale Grenzen** eingeordnet werden.[952]

---

siehe Jan von Hein in Rauscher, Thomas. (2016, Seite 170–172, Rn. 97–99). Es sei denn, der Dritte stimmt der nachträglichen Rechtswahl, durch die seine Rechtsstellung verschlechtert wird und die i.d.R. nur *inter partes* Wirkung entfaltet, zu. Siehe auch Bratvogel, Katharina. (2016, Seite 200–201). Zum Schutz Rechte Dritter in der Rom II-VO, damit sich deren Rechtspositionen nicht ohne ihr Zutun verschlechtern (durch den Günstigkeitsvergleich finden nur die begünstigenden Vorschriften auf den Dritten Anwendung), siehe ausführlich Vogeler, Andreas. (2013, I. Schutz Rechte Dritter, Art. 14 Abs. 1 S. 2 Rom II-VO, Seite 360–369), siehe ebenfalls Peter Picht in Rauscher, Thomas. (2016, Seite 953–954, Rn. 42–47), insbesondere werden Versicherungen (z.B. Haftpflichtversicherungen bei Verkehrsunfällen mit Auslandsbezug) davor geschützt, nach der gewählten Rechtsordnung schärfer zu haften, als nach der objektiv anwendbaren. Siehe auch Rühl, Giesela. (2008, IV. Grenzen der Rechtswahl, 1. Funktionale Grenzen, b) Schutz von Dritten, Seite 201–202) und Kroll-Ludwigs, Kathrin. (2013, 4. Drittschutz bei nachträglicher Rechtswahl, Seite 77–78).

951 Zum Schutz des Schwächeren in der Rom I-VO siehe Jan von Hein in Rauscher, Thomas. (2016, Seite 185–186, Rn. 135): „Bei Personenbeförderungsverträgen und Versicherungsverträgen über Massenrisiken wird ein Schutz dadurch gewährleistet, dass **nur Rechtsordnungen mit einer objektiv erheblichen Verknüpfung zum Sachverhalt gewählt werden dürfen** (Art. 5 Abs. 2, Art. 7 Abs. 3). Für Verbraucher (Art. 6) und Arbeitnehmer (Art. 8) wird das aus dem EVÜ bekannte Prinzip der **eingeschränkten Rechtswahlfreiheit in Verbindung mit dem Günstigkeitsprinzip** beibehalten." (Hervorhebungen hinzugefügt). Siehe auch sehr ausführlich Kroll-Ludwigs, Kathrin. (2013, IV. Begrenzung der Rechtswahlfreiheit zum Schutz des Schwächeren, Seite 78–88), Bratvogel, Katharina. (2016, Seite 220–228) und Rühl, Giesela. (2008, IV. Grenzen der Rechtswahl, 1. Funktionale Grenzen, a) Schutz einer Partei, Seite 201), Art. 5 bis 8 Rom I-VO (Schutz von Reisenden, Verbrauchern, Arbeitnehmern und Versicherungsnehmern) und Art. 14 Abs. 1 Rom II-VO (Schutz nicht-kommerziell tätiger Parteien). Rühl schreibt auf Seite 201, dass allgemein anerkannt ist, „dass die Vertragsfreiheit – und damit auch die Rechtswahlfreiheit – unter bestimmten Voraussetzungen zum Schutz einer als schwächer empfundenen Partei einzuschränken ist."

952 Siehe insbesondere Schmitz, Melanie. (2017, II. Funktionale Grenzen der Rechtswahl, Seite 270–281 und zu den *gesamtgesellschaftlichen Schutzerwägungen* der Rom II-VO

Als **situative Grenzen** der Rechtswahl sind indessen die Bindung an zwingende Bestimmungen bei reinen Inlandssachverhalten (Art. 3 Abs. 3 Rom I-VO und Art. 14 Abs. 2 Rom II-VO)[953] und bei Gemeinschaftssachverhalten (Art. 3 Abs. 4 Rom I-VO und Art. 14 Abs. 3 Rom II-VO)[954] zu beachten. Zuletzt ist noch darauf aufmerksam zu machen, dass die Vorschrift in Art. 17 Rom II-VO (Sicherheits- und Verhaltensregeln) ebenfalls eine Grenze der Rechtswahlfreiheit darstellt.[955]

Als Zwischenfazit kann an dieser Stelle schon einmal festgehalten werden, dass im europäischen Kollisionsrecht der vertraglichen und außervertraglichen Schuldverhältnisse wohl auch nicht von einer absolut „freien Rechtswahl" gesprochen werden kann, wenngleich die Parteien an keinen geschlossenen Katalog an wählbaren Rechten gebunden sind. Der sogenannte Mythos der Vertragsfreiheit verbirgt oftmals die Tatsache, dass es im Grunde nicht so sehr um das Prinzip der Parteiautonomie selbst, sondern um *die Grenzen* dieses Prinzips geht.[956]

---

neben Seite 281 auch Seite 199–200). Auf Seite 110 hebt Schmitz hervor, dass der Rechtswahl in der Rom II-VO engere Grenzen gesetzt sind als in der Rom I-VO.

953 Siehe zu den intern zwingenden Normen in Inlandssachverhalten ausführlich Jan von Hein in Rauscher, Thomas. (2016, Seite 172, Rn. 100, ff.). Siehe auch Kroll-Ludwigs, Kathrin. (2013, III. Schranken, 1. Inlandssachverhalt, Seite 63–64) und Rühl, Giesela. (2008, IV. Grenzen der Rechtswahl, 2. Situative Grenzen, a) Inlandssachverhalte, Seite 203): „Sowohl bei vertraglichen als auch bei außervertraglichen Schuldverhältnissen findet damit bei Inlandssachverhalten das gewählte Recht nur insoweit Anwendung, als es dem zwingenden Recht des Staates, zu dem die alleinige Verbindung besteht, nicht widerspricht." Siehe des Weiteren Bratvogel, Katharina. (2016, Seite 201–204) und Schmitz, Melanie. (2017, I. Situative Grenzen der Rechtswahl, Seite 258–270).

954 Die zwingenden Bestimmungen des Gemeinschaftsrechts werden nicht berührt, „wenn der Sachverhalt ausschließlich Bezüge zu einem oder mehreren Mitgliedstaaten aufweist." Siehe Rühl, Giesela. (2008, IV. Grenzen der Rechtswahl, 2. Situative Grenzen, b) Gemeinschaftssachverhalte, Seite 204–205), Kroll-Ludwigs, Kathrin. (2013, III. Schranken, 2. Binnenmarktklausel, Seite 64–69) und Bratvogel, Katharina. (2016, Seite 204–207).

955 Siehe Vogeler, Andreas. (2013, II. Weitere allgemeine kollisionsrechtliche Grenzen der Rechtswahl, Seite 404–405): „Trotz einer Rechtswahlvereinbarung zugunsten englischen Rechts kann der Richter also beispielsweise bei einem Verkehrsunfall in Deutschland das Rechtsfahrgebot berücksichtigen. Die Ausübung der Rechtswahl hat keine Auswirkungen auf die Berücksichtigung von Verhaltensnormen nach Art. 17 Rom II-VO. Es gelten die allgemeinen Regeln."

956 Siehe in etwa Hannes Unberath in Basedow, Jürgen. Hopt, Klaus J. Zimmermann, Reinhard. (2009, Band II, Seite 1677–1681 und Seite 1692–1696). Siehe auch

Im Familien- und Erbrecht sind diese *Grenzen* noch wesentlich ausgeprägter als im Schuldkollisionsrecht. Gewählt werden kann nur aus einem Katalog an Rechten, zu denen der Sachverhalt objektiv eine enge Verbindung aufweist. Anschließend sollen die Gründe, die eine beschränkte *professio iuris* im Familien- und Erbrecht angeblich rechtfertigen, aufgeführt werden. Kroll-Ludwigs hat sich im Rahmen ihrer Habilitationsschrift „Die Rolle der Parteiautonomie im europäischen Kollisionsrecht" ausgiebig mit dieser Thematik befasst und dabei vier Gründe, die als Rechtfertigung der beschränkten Rechtswahl im Familien- und Erbrecht angesehen werden können, herausgearbeitet, um sie danach großteils zu widerlegen.

Der erste Grund ist, dass im Familien- und Erbrecht **das Prinzip der engsten Verbindung** gilt.[957] Dementsprechend sind nur diejenigen Rechtsordnungen wählbar, zu denen der Sachverhalt eine objektiv bestimmbare enge Verbindung aufweist. Dadurch entsteht ein geschlossenes System von Anknüpfungspunkten. Flexibilität besteht, wenn überhaupt, nur innerhalb dieses Systems.[958] Vertretbar ist, dass im Erbrecht – in Anbetracht der einseitigen Vornahme der Rechtswahl durch den Erblasser – kein Bedürfnis nach der Wahl eines neutralen Rechts *im Sinne eines Kompromisses* besteht. *Aus Sicht des Erblassers* könnte sich allerdings z.B. das Aufenthaltsrecht des oder der Erben als ein neutrales Recht erweisen.[959] Doch selbst in diesem Fall könnte eine objektive Verbindung zwischen dem Erblasser und dem gewählten Recht hergestellt werden: der oder die Erben.

Im Familienrecht lässt sich indessen leichter ein Vergleich zwischen Ehepartnern und kommerziell handelnden Akteuren ziehen, auch wenn das zwischen

---

Fontanellas Morell, Josep M. (2010, Seite 199, Fußnote 40), der darauf hinweist, dass bereits Karl Heinz Neumayer im Jahr 1957 schrieb, der Wille der Parteien sei weder auf nationaler noch auf internationaler Ebene allmächtig.

957 Siehe Kroll-Ludwigs, Kathrin. (2013, Abschnitt 3: Rolle der Parteiautonomie im System der engsten Verbindung, Seite 403–448). Siehe auch Fontanellas Morell, Josep M. (2010, Seite 289): „... lo que se volvería contra los intereses internacionalprivatísticos de las partes y del comercio jurídico, respectivamente proclives a una **normativa en estrecho y objetivo contacto** con los **sujetos** o el **objeto** de la transmisión patrimonial por causa de muerte." (Hervorhebungen hinzugefügt).

958 „Angesichts dieser Binnenfunktion, kann die Parteiautonomie, anders als im Bereich des internationalen Schuldrechts, aber nicht als eigenständiges Rechtsprinzip, sondern, wie schon Kegel feststellte, als bloße „Verlegenheitslösung" bezeichnet werden" so Kroll-Ludwigs, Kathrin. (2013, Seite 414), sowie Dreher, Karin. (1999, Seite 67). Zur Verlegenheitslösung Kegels siehe auch Siehr, Kurt. (1989, Seite 498).

959 Zur Wahl eines neutralen Rechts im Erbrecht siehe Kroll-Ludwigs, Kathrin. (2013, Seite 443).

den Parteien bestehende Vertrauensverhältnis und der Zeitpunkt (vor Eingehung der Ehe, während des Bestehens einer intakten Ehe oder im Vorfeld einer Trennung) berücksichtigt werden muss. Gerade bei einer Nichteinigung zwischen den Eheleuten könnte sich die Wahl eines neutralen Rechts als vorteilhaft ergeben. Aber auch bei einer einvernehmlichen Scheidung dürfte die Rechtswahl einer neutralen scheidungsfreundlicheren Rechtsordnung, als die objektiv anwendbare, im Interesse der Noch-Ehegatten sein.[960] Kroll-Ludwigs kommt zu dem Schluss, dass die beschränkte Parteiautonomie im Familien- und Erbrecht nicht durch das Prinzip der engsten Verbindung gerechtfertigt ist:

> *„Als Ergebnis des dritten Abschnitts kann demnach festgehalten werden: Die in der lex lata vorfindliche beschränkte Funktion der familien- und erbrechtlichen Parteiautonomie ist nicht durch das Prinzip der engsten Verbindung gerechtfertigt. Eine Abbildung der vielfältigen Interessenlagen bei Abschluss einer Rechtswahl erfordert vielmehr die Ermöglichung der Wahl des für die Parteien besten bzw. kostengünstigsten Rechts. Dies kann auch eine Rechtsordnung sein, zu der keinerlei* ***objektive*** *Beziehung des konkreten Lebenssachverhalts besteht. Vor dem Hintergrund der hier untersuchten rechtstatsächlichen Ausgangslage beim Abschluss einer familien- und erbrechtlichen Rechtswahl sollte es vielmehr allein darauf ankommen, dass die Parteien die wählbare Rechtsordnung – und mithin die „enge Beziehung“ ihres Rechtsverhältnisses – privatautonom nach Maßgabe der* ***subjektiven*** *Geeignetheit sowie ökonomischer Erwägungen bestimmen.“*[961]

Meines Erachtens mag dies evtl. auf die familienrechtliche Rechtswahl zutreffen, nicht aber auf die erbrechtliche. Es ist schwer vorstellbar, aus welchen Gründen ein Erblasser, der keine missbräuchlichen Absichten verfolgt, eine Rechtsordnung wählen sollte, zu der er keinerlei objektive Verbindung hat. Versuchen wir uns in einen deutschen Erblasser hineinzuversetzen, dessen letzter gewöhnlicher Aufenthalt Portugal war, mit Immobilien in Italien und in Frankreich, Erben in Brasilien und in Australien. Aus welchem Grund sollte er eine Rechtsordnung wählen, (z.B. die chinesische oder die newyorkische) zu der weder er selbst, noch sein Nachlass, noch seine Erben irgendeine Verbindung haben? Der einzige plausible Grund, der in den Sinn kommt, ist um ein für ihn günstigeres Recht zur Anwendung zu bringen. Zum Beispiel, um Pflichtteilsrechte zu umgehen. Und dies sollte aufgrund des dahinter stehenden missbräuchlichen Gedankens vermieden werden.

---

960 Siehe hierzu Kroll-Ludwigs, Kathrin. (2013, Seite 438–439).

961 *Ebenda.* (2013, Seite 448). Siehe auch Seite 568: „Denn es erscheint nahezu unmöglich, auf abstrakte Art und Weise im Vornherein festzulegen, mit welchem [Familien- oder Erb]recht die Parteien typischerweise verbunden sein wollen. Vielmehr ist der Parteiwille so vielfältig wie die Lebenswirklichkeit selbst.“

Die Wahl eines neutralen Rechts ergibt als Kompromisslösung nur Sinn, wenn mindestens zwei Personen vorhanden sind, die unterschiedliche, bzw. entgegengesetzte Interessen, verfolgen. Der Abschluss einer erbrechtlichen Rechtswahl findet i.d.R. aber einseitig statt.[962] Eine Ausnahme stellen, dort wo sie erlaubt sind, gemeinschaftliche Testamente und Erbverträge dar. Und selbst in solchen Fällen wäre die Wahl eines neutralen Rechts nicht wirklich ersichtlich. Zum Beispiel sind auch Ehegatten, die gemeinschaftlich testieren, nicht auf der Suche nach einer neutralen Rechtsordnung, die überhaupt keine objektive Beziehung zu ihnen oder ihrem Erbfall aufweist. Selbst, wenn sie sich nicht darauf einigen können, zugunsten welchen Rechts sie eine *professio iuris* gemeinsam ausüben sollen – vorausgesetzt ihnen steht ein weiter Katalog an wählbaren Rechten zur Verfügung – wäre die Wahl eines neutralen Erbrechts vermutlich nicht die optimale Lösung und es würde sich eher anbieten, dass sie einzeln verfügen.

Der zweite Aspekt, den Kroll-Ludwigs untersucht, ist, ob die beschränkte Rechtswahl im Familien- und Erbrecht aus Gründen des **Schutzes der schwächeren Partei** gerechtfertigt ist.[963] Dabei geht sie eigentlich nur auf das Familienrecht ein. Denn im Erbrecht kann dieses Argument, im Hinblick auf die Einseitigkeit letztwilliger Verfügungen, wenn lediglich für Erbverträge gelten. Im Familienrecht finden sich insbesondere im Unterhaltsrecht Rechtswahlverbote zugunsten schutzbedürftiger Personengruppen, i.e. minderjähriger Kinder und betreuungsbedürftiger Erwachsener.[964] Weitere Beschränkungen der Parteiautonomie sind auf den Schutz des „unterlegenen Ehegatten" bei Rechtswahlvereinbarungen zurückzuführen. Kroll-Ludwigs gelangt zu dem Ergebnis, dass bei einer familienrechtlichen Rechtswahl keine der Vertragsparteien als von selbst unterlegen charakterisiert werden kann und von einer gleichen Ausgangsposition der Eheleute auszugehen ist:

> *„Die Frage, ob ein Verhandlungsungleichgewicht besteht, lässt sich nicht pauschal für eine der Vertragsparteien bejahen, sondern hängt entscheidend von den Umständen des Einzelfalls ab. Zu denken ist hier insbesondere an die sozio-ökonomische Situation der Eheleute. So liegt die Ursache für eine Störung in der Vertragsabschlusssituation regelmäßig in dem*

962 Siehe Fontanellas Morell, Josep M. (2010, Seite 206) zum „carácter unilateral" der *professio iuris*.

963 Siehe Kroll-Ludwigs, Kathrin. (2013, Abschnitt 4: Schutz der unterlegenen Vertragspartei, Seite 448–487).

964 Früher gehörten auch die Unterhaltsberechtigten zu dieser Gruppe, siehe neben Kroll-Ludwigs, Kathrin. (2013, Seite 469) auch Andrae, Marianne. (2016, Art. 8 HUntstProt, VI. Ausgeschlossene Unterhaltsverpflichtungen (Abs 3), Seite 715–716, Rn. 17b-19).

besonderen Nähe- und Vertrauensverhältnis zwischen den Ehepartnern. Es verbietet sich aber eine generalisierende Vermutung dahingehend, dass die emotionale Verbundenheit bei einer Seite, etwa der Frau, stets zu nachteiligen Entscheidungen führe. Eine Verbrauchern oder Versicherungsnehmern vergleichbare strukturelle Unterlegenheit eines der Ehepartner kann somit nicht behauptet werden."[965]

Daher wird gefolgert, dass der Schutz der schwächeren Partei beim Abschluss einer familienrechtlichen Rechtswahl nicht derart weitreichende Schutzmechanismen wie im Verbraucherrecht erfordert. Außerdem lässt sich ein Schutz des Schwächeren im Familien- und Erbrecht durch eine beschränkte Parteiautonomie (normalerweise kann nur das Heimat- und/oder das Aufenthaltsrecht gewählt werden) nicht erreichen. Kroll-Ludwigs schlägt indes vor, die „gestörten Vertragsparitäten" mittels einzelfallbezogener Schutzinstrumente einzudämmen.[966]

Der dritte Grund, der insbesondere im Erbrecht als Rechtfertigung der beschränkten Rechtswahl betrachtet werden kann, ist **die Wahrung von Rechten Dritter**.[967] Damit sind hauptsächlich die Rechte von Pflichtteils- und Noterbberechtigten gemeint, aber auch die der Nachlassgläubiger.[968] Das eigentliche Problem ist das Spannungsverhältnis, das zwischen der Rechtswahlfreiheit des Erblassers und den Pflichtteils- und Noterbrechten naher Angehöriger existiert. Solange letztere im Grunde noch immer[969] in beinahe allen Mitgliedstaaten auf

965 Siehe Kroll-Ludwigs, Kathrin. (2013, Seite 483).

966 Siehe ausführlicher Kroll-Ludwigs, Kathrin. (2013, Seite 487). Als Schutzinstrument wird eine Angemessenheits- oder Abschlusskontrolle (wie in Art. 8 V Halbsatz 1 und 2 HUP) vorgeschlagen. Zu der richterlichen materiell-rechtlichen Kontrolle des Art. 8 Abs. 5 HUP siehe auch Andrae, Marianne. (2016, Art. 8 HUntstProt, VIII. Materiellrechtlicher Vorbehalt (Abs 5), Seite 718–719, Rn. 24–27).

967 *Ebenda.* (2013, Abschnitt 5: Wahrung von Rechten Dritter, Seite 488–524).

968 Siehe abmildernd die Stellungnahme des Max-Planck-Instituts für ausländisches und internationales Privatrecht zum Entwurf eines Gesetzes zur Neuregelung des Internationalen Privatrechts von 1983 in RabelsZ 47 (1983, Seite 659): „*Allgemein* erweist sich die Sorge, dass die erbrechtliche Parteiautonomie zur Benachteiligung von Nachlassgläubigern missbraucht werden könnte, bei näherem Zusehen als unbegründet. Gilt doch weltweit, dass sich die Gläubiger des Erblassers zur Befriedigung ihrer Ansprüche an den gesamten Nachlass halten können."

969 Schon seit mehreren Jahren wird viel von einer Reform oder sogar von einer Abschaffung des Pflichtteilsrechts gesprochen. Siehe z.B. den Aufsatz „Das Pflichtteilsrecht – Ketzerische Fragen an ein altehrwürdiges Institut" von Dauner-Lieb, Barbara. (2002, Seite 110–119) oder Pintens, Walter. (2001, Seite 30–32/2003, Seite 421–424). Siehe auch das Symposiums-Band von Röthel, Anne. (2007, Reformfragen des Pflichtteilsrechts). Zur Reform im Sinne einer Erweiterung der Pflichtteilsentziehungsgründe

materiellrechtlicher Ebene gewährleistet werden,[970] scheint es kohärent zu sein, diese auch auf kollisionsrechtlicher Ebene auf irgendeiner Art und Weise zu schützen. Christian Nick kommt zu der Erkenntnis:

> *„So wird beispielsweise im deutschen Recht der Mangel an Parteiautonomie im Erbkollisionsrecht damit begründet, dass eine grenzenlose Rechtswahlmöglichkeit wegen der Existenz von Rechtsordnungen, die keine Pflichtteils- oder Noterbrechte kennen, zur Umgehung der deutschen Schranken der Testierfreiheit führen könnte.“*[971]

Allerdings darf dabei auch der andere Gegenpol nicht zu kurz kommen: die Parteiautonomie des Erblassers. Derzeit wird der Schutz von Drittinteressen im Erbrecht durch eine bedeutende Einschränkung der wählbaren Rechtsordnungen (gewählt werden darf nur das Heimatrecht des Erblassers im Zeitpunkt der Rechtswahl oder im Zeitpunkt seines Todes)[972] und das Eingreifen des

---

siehe beispielsweise Martiny, Dieter. (2002, Seite A 104 ff.). Siehe auch bereits in den 1980er Jahren die Stellungnahme des Max-Planck-Instituts für ausländisches und internationales Privatrecht zum Entwurf eines Gesetzes zur Neuregelung des Internationalen Privatrechts von 1983 in RabelsZ 47 (1983, Seite 659): „...Unser eigenes Pflichtteilsrecht [wird] längst nicht mehr als selbstverständlich betrachtet. Im Gegenteil ist dessen historischer Hauptzweck – die Erhaltung von Familienvermögen für die Blutsverwandten des Erblassers – weitgehend diskreditiert. Andere Zwecke wie die Erhaltung des Familienfriedens, die dem Pflichtteilsrecht öfters zugeschrieben werden, sind sehr problematisch. Allgemein anerkannt wird allein die Unterhaltsfunktion des Pflichtteils, die aber nur dann zum Tragen kommt, wenn die Begünstigten vom Erblasser wirtschaftlich abhängig waren.“ Siehe außerdem zu diesem Thema das auf Seite 242 ff. der Dissertation bereits geschriebene.

970 Zurzeit sind in fast allen mitgliedstaatlichen Rechtsordnungen Pflichtteils- oder Noterbreche vorgesehen. Für einen Überblick siehe Martiny, Dieter. (2002, b) Ausländische Rechtsordnungen, Seite A81-A84). Ausnahmen stellen die Teilrechtsordnungen von Navarra und Ayala (Teil des Baskenlandes) in Spanien dar, siehe Oppermann, Karl Felix. (2016, Seite 88–89 zur absoluten Testierfreiheit in Ayala und Seite 99 zur umfassenden Testierfreiheit in Navarra). Zum Erbrecht in Navarra siehe auch bereits Fußnote 407 im zweiten Kapitel der Dissertation. Das Vereinigte Königreich sieht auch kein Pflichtteilsrecht vor, kennt dafür aber das Institut der *family provision*. Zur *family provision* im englischen Recht siehe Kroll-Ludwigs, Kathrin. (2013, Seite 500–501), Dauner-Lieb, Barbara. (2002, Seite 118), sowie bereits die zitierten Quellen auf Seite 255 ff. unter Abschnitt *C.I.1.b)bb)* des dritten Kapitels der Dissertation.

971 Siehe Nick, Christian. (2008, Seite 289).

972 Siehe Mankowski, Peter. (2015, Seite 42): „...den Schutz der Pflichtteilsberechtigten sieht die EuErbVO bereits durch die Beschränkung der Möglichkeiten zur Rechtswahl gewahrt.“ Und Everts, Arne. (2013, Seite 126): „Auch ist aus Sicht des EU-Rechts dem Schutz der Pflichtteilsrechte bereits dadurch Rechnung getragen worden, dass die in

allgemeinen *ordre public*-Vorbehalts erlangt. Wie Kroll-Ludwigs richtig erkennt, schlägt das Pendel daher momentan noch in Richtung eines starken Schutzes der Erbeninteressen aus und dadurch kommt es zu einer weitgehenden Beschränkung der erbrechtlichen Parteiautonomie.[973]

In Anbetracht der Tatsache, dass die missbräuchliche Umgehung zwingender Pflichtteilsrechte nur in Ausnahmefällen stattfindet, erscheint es aber überhaupt nicht gerechtfertigt, die Wahrung von Rechten Dritter durch solch eine magere Rechtswahlfreiheit zu gewährleisten. Außerdem wird das Risiko einer Pflichtteilsumgehung durch die Beschränkung der wählbaren Rechtsordnungen lediglich „verringert", nicht aber abgeschafft.[974] Dafür müsste die Parteiautonomie gänzlich verboten werden. Es gibt aber auch andere Mechanismen, um den Schutz Rechte Dritter sicherzustellen, die nicht so drastisch sind wie die strikte Beschränkung der wählbaren Rechtsordnungen auf die des Heimatrechts des Erblassers oder gar die direkte Versagung von Rechtswahlfreiheit. Kroll-Ludwigs schlägt vor einen Günstigkeitsvergleich zwischen dem gewählten Recht und dem Aufenthaltsrecht des Dritten durchzuführen. Dieser würde einem Pflichtteilsvorbehalt, wie es ihn vor Inkrafttreten der Erbrechtsverordnung in Belgien oder in Italien gab, ähnlich sehen.[975] Doch ob so eine Rechtswahl ergänzende Anknüpfung zwingender Angehörigenrechte die geeignetste Lösung ist, lässt sich anzweifeln.[976] Möglicherweise wäre auch der allgemeine

---

den ursprünglichen Vorschlägen vorgesehenen *weitergehenden Rechtswahlmöglichkeiten* zurückgenommen wurden."

973 Siehe Kroll-Ludwigs, Kathrin. (2013, Seite 502).

974 *Ebenda.* (2013, Seite 524): „Im Übrigen kann die beschränkte Wahlfreiheit des Erblassers eine Missbrauchsgefahr zwar verringern, aber nicht gänzlich ausschließen. So stellt die Wahl des Heimatrechts gem. Art. 22 I ErbVO lediglich sicher, dass das gewählte Recht eine enge Verbindung zum Erblasser aufweist. Die Frage, ob dies für den Pflichtteils- oder Noterbberechtigten im Einzelfall günstig ist oder nicht, wird dagegen nicht beantwortet."

975 *Ebenda.* (2013, *b) Zwingende Ausgestaltung von Pflichtteilsrechten als Alternative?*, Seite 505–510 und Seite 569). Zum Pflichtteilsvorbehalt siehe bereits das im ersten Kapitel der Dissertation geschriebene auf Seite 55–57 (Belgien), Seite 72–73 (Italien) und Seite 85–86 (Bulgarien).

976 Auch dagegen Dutta, Anatol. (2009, RabelsZ 73, Seite 581–582): „Multilaterally formulated, one could think about a special conflict rule which subjects the issue of forced heirship or equivalent concepts to the law of the habitual residence (or nationality) of potential statutory heirs. Such a special rule for the protection of family members should, however, not be adopted. (…)" und Basedow, Jürgen. Dutta, Anatol. (2010, RabelsZ 74, Seite 609, Fn. 137): „In addition, we discussed the possibility of making certain mandatory provisions on family protection immune from the impact of the

ordre public-Vorbehalt[977] in Zusammenhang mit dem grundsätzlichen Verbot der Gesetzesumgehung für die Bekämpfung einer in Sonderfällen eintretende Pflichtteilsumgehung ausreichend.[978]

Der vierte und letzte Grund, den Kroll-Ludwigs als Rechtfertigung der beschränkten Rechtswahl im Familien- und Erbrecht nennt, sind **die entgegenstehenden staatlichen Interessen.**[979] Die Wahrung und Durchsetzung nationaler, völker- bzw. europäischer Ordnungs- und Wertvorstellungen wirkt auf private grenzüberschreitende Rechtsverhältnisse derart ein, dass es dadurch zu einer Abänderung eines bestimmten Rechtsanwendungsergebnisses kommen kann. Hauptsächlich werden diese staatlichen oder überindividuellen Ordnungsinteressen im Familien- und Erbrecht „durch *zwingende objektive Anknüpfungen* – und eine damit einhergehende Beschränkung der Rechtswahlfreiheit – sowie durch die *allgemeine Vorbehaltsklausel* zur Geltung verholfen.“[980] Nur in einigen Teilen des Familienrechts herrscht, wie traditionell im Sachenrecht, ein vollständiges *Rechtswahlverbot* aus staatlichem Interesse (Eheschließungsrecht, Ehewirkungsrecht, Namensrecht oder im Recht eingetragener Partnerschaften).[981]

Eingriffsnormen, wie sie im europäischen Schuldkollisionsrecht traditionell vorzufinden sind, greifen im Bereich des Familien- und Erbrechts hingegen nicht.[982] Im Schuldkollisionsrecht stehen Eingriffsnormen in engem Zusammenhang mit der Zulassung unbeschränkter Parteiautonomie. Doch selbst, wenn eine freie Rechtswahl im Familien- und Erbrecht erreicht werden würde, bestünde keine Notwendigkeit für ihre Einführung. Denn für die Durchsetzung

---

chosen law but rejected this idea as well – basically for the same reasons: if the granted freedom of choice is the result of having balanced the testator’s interests with those of third parties, the interests of the latter have been considered and should not be taken into account twice.“

977 Siehe hierzu Kroll-Ludwigs, Kathrin. (2013, Seite 510 ff.): „Im Vergleich zur generellen Versagung oder Beschränkung von Rechtswahlfreiheit mittels zwingender objektiver Anknüpfungen stellt er [der allgemeine *ordre public*-Vorbehalt] das **mildeste** Mittel dar.“ (Hervorhebung hinzugefügt). (Auch schon auf Seite 267, Fußnote 789, des dritten Kapitels der Dissertation zitiert).

978 Siehe auch in diesem Sinne die Stellungnahme des Max-Planck-Instituts für ausländisches und internationales Privatrecht zum Entwurf eines Gesetzes zur Neuregelung des Internationalen Privatrechts von 1983 in RabelsZ 47 (1983, Seite 659).

979 Siehe Kroll-Ludwigs, Kathrin. (2013, Abschnitt 6: Berücksichtigung staatlicher Interessen, Seite 524–567).

980 *Ebenda.* (2013, Seite 564, Hervorhebungen hinzugefügt).

981 *Ebenda.* (2013, Seite 527–531 und Seite 567).

982 Zu den Ausnahmen *de lege lata* siehe Kroll-Ludwigs, Kathrin. (2013, Seite 557).

inländischer Wertvorstellungen gegenüber der Anwendung ausländischen Rechts ist der (negative) *ordre public*-Vorbehalt im Familien- und Erbrecht vollkommen ausreichend.[983] Außerdem passen Eingriffsnormen gar nicht zu diesen Rechtsmaterien, die sich mit dem Ausgleich von „Privatinteressen" beschäftigen. Schließlich muss beachtet werden, dass das Vertragsrecht – neben seiner privatrechtlichen Natur – zusätzlich die Funktion hat als Mittel für die Entstehung eines Marktes zu dienen und somit ein „öffentliches Interesse" erfüllt.[984]

Des Weiteren ist zu beachten, dass die Verdrängung eines berufenen Erbstatuts in manchen Fällen, in denen die *lex rei sitae* für bestimmtes Vermögen (z.B. für Erbhöfe) Sonderregelungen vorsieht, gestattet wird (früher in Art. 3a II EGBGB i.V.m. Art. 25 EGBGB, jetzt in Art. 30 EU-ErbVO).[985] Kroll-Ludwigs gelangt zu dem Ergebnis, dass die Beschränkungen der Parteiautonomie zur Durchsetzung öffentlicher Interessen gerechtfertigt sein können. Dem ist zuzustimmen. Der *ordre public*-Vorbehalt scheint im Familien- und Erbrecht dafür ein geeignetes und ausreichendes Instrument zu sein.[986] Insbesondere besteht in diesen Bereichen kein Bedürfnis für die Einführung zusätzlicher Eingriffstatbestände.[987]

Kroll-Ludwigs kommt letztendlich zu dem Schluss, dass hinsichtlich der dogmatischen Legitimation der Parteiautonomie im Kollisionsrecht keine rechtsgebietsspezifischen Differenzen im Ausgangspunkt zwischen der Rechtswahlfreiheit im Vertragsrecht und der im Familien- und Erbrecht bestehen.[988] Ich vertrete hingegen, dass es schon **rechtsgebietsspezifische Unterschiede**, insbesondere

983 Siehe Basedow, Jürgen. (2015, Seite 273, Unterpunkt 432): „Where the differences are, however, a matter of degree and not of principle, an individual valuation and comparison of the substantive laws as ordered by the public policy reservation is much more appropriate than the drafting of rigorous overriding mandatory provisions."

984 Siehe Kroll-Ludwigs, Kathrin. (2013, Seite 551).

985 Zur Sondererbfolge gem. Art. 3a II EGBGB i.Z.m. Art. 25 EGBGB und gem. Art. 30 EU-ErbVO siehe Kroll-Ludwigs, Kathrin. (2013, Seite 554–557). Zur deutschen Höfeordnung siehe das bereits auf Seite 96, Fußnote 228, im ersten Kapitel und das auf Seite 150, Fußnote 401, im zweiten Kapitel der Dissertation geschriebene.

986 Siehe Kroll-Ludwigs, Kathrin. (2013, Seite 566–567).

987 Anders die Stellungnahme des Max-Planck-Instituts für ausländisches und internationales Privatrecht, siehe Basedow, Jürgen. Dutta, Anatol. (2010, RabelsZ 74, Seite 643–649), dadurch könnten beispielsweise nationale Beschränkungen der testamentarischen Einsetzbarkeit bestimmter Personen durchgesetzt werden. Zu diesem Vorschlag zur Einführung erbrechtlicher Eingriffsnormen siehe auch Kroll-Ludwigs, Kathrin. (2013, Seite 562 ff.) Siehe hierzu auch bereits das auf Seite 154–155 im zweiten Kapitel der Dissertation geschriebene.

988 Siehe Kroll-Ludwigs, Kathrin. (2013, Seite 5 und Seite 301).

zwischen Schuld- und Erbrecht, gibt, die berücksichtigt werden müssen. Zum Beispiel aufgrund der Anzahl der Beteiligten an einer Rechtswahl und wegen ihrer Wirkungsdauer. Während diese im Erbrecht meistens einseitig getroffen wird und langfristig angelegt ist, gestaltet sie sich im Schuldrecht eher kurzfristig und wird von mindestens zwei Parteien ausgeübt.[989]

Meiner Meinung nach scheint es gerechtfertigt zu sein, dass sich die wählbaren Rechte im Erbkollisionsrecht – aufgrund des Prinzips der engsten Verbindung und der Wahrung von Rechten Dritter[990] – entweder auf einen (möglichst weiten) Katalog an Rechten, die irgendeine objektive Verbindung zum Erblasser oder zu seinem Nachlass aufweisen, beschränken oder aber, dass eine Rechtswahl zugunsten jeder Rechtsordnung, zu der eine objektive Beziehung besteht, gestattet wird (ohne eine gesetzliche Aufzählung wählbarer Rechte). Der *ordre public*-Vorbehalt sollte sowohl für die Wahrung von Rechten Dritter als auch für die Durchsetzung entgegenstehender staatlicher Interessen dienen. Eine freie Rechtswahl zugunsten eines unverbundenen Rechts ist von meinem Standpunkt aus im Erbkollisionsrecht folglich abzulehnen. Nur ein verbundenes Recht sollte Gegenstand der Rechtswahl sein können.

---

989 Siehe Frantzen, Torstein. (2004, Seite 190): „Im Vertragsrecht und Ehegüterrecht sind **zwei (oder mehrere) Parteien** an der Rechtswahl beteiligt. Sie haben die Möglichkeit, die Vor- und Nachteile selbst zu berücksichtigen. Finden sie eine vorgeschlagene Rechtswahlbestimmung zu ungünstig, müssen sie auch keinen Vertrag schließen. Im Erbrecht dagegen sind die Für- und Gegenargumente etwas anders als im Vertragsrecht und Ehegüterrecht. Erbrechtliche Verfügungen sind meistens **einseitige** Verfügungen." Und Weber, Susanne. (2012, Seite 129–130): „Vielmehr ist für das internationale Erbrecht hervorzuheben, dass **die Ausgangssituation für die Beteiligten hier eine ganz andere ist**. Im internationalen Schuldrecht handelt es sich regelmäßig um **einmalige Vorgänge**, bei denen die Beteiligten nicht zwingend erwarten, dass diese durch ein ihnen besonders nahestehendes Recht geregelt werden. So sind Schuldverträge häufig, vielgestaltig, meist weniger bedeutend und **schnell vergänglich**. (…) Dagegen kann man im internationalen Erbrecht von einem **Dauerzustand** sprechen. Zwar ist der Tod an sich ein punktuelles Ereignis; dessen **Wirkungen** sind jedoch durch den folgenden Erbgang **langfristig** für die Überlegungen des Erblassers und der Erben von erheblicher Bedeutung." (Hervorhebungen hinzugefügt).

990 Siehe die vorherigen Seiten 323–325 (Prinzip der engsten Verbindung) und 326–329 (Wahrung von Rechten Dritter).

IV Durch den Eintritt einer gespaltenen Rechtswahl zugunsten einzelner Nachlassgegenstände (*dépeçage volontaire*)

Zum Schluss bleibt zu untersuchen, ob eine zukünftige erbrechtliche Rechtswahl auch in dem Sinne erweitert werden sollte, dass sie sich nicht nur auf den gesamten Nachlass des Erblassers erstreckt, sondern es auch lediglich zugunsten einzelner Vermögenswerte tun kann. Ebenfalls soll behandelt werden, ob eine doppelte oder sogar mehrfache Teilrechtswahl im Bereich des Erbrechts zu befürworten ist.

Unabhängig davon, für welche der drei hier vorgestellten Erweiterungsmöglichkeiten der Gesetzgeber sich in der Zukunft also letztendlich entscheiden mag, (sei es durch die Erweiterung des jetzigen geschlossenen Katalogs an wählbaren Rechten, sei es durch die Einführung einer Rechtswahl zugunsten jeder Rechtsordnung, zu der eine objektive Beziehung besteht, oder sei es durch die Zulassung einer freien Rechtswahl) stellt sich die Frage, ob dem Erblasser zusätzlich die Option eingeräumt werden sollte, eine subjektive Teilrechtswahl oder *dépeçage volontaire* treffen zu dürfen. Dadurch könnte er bewegliches und unbewegliches Vermögen gesondert anknüpfen und entscheiden, dass z.B. auf seine Immobilien das Belegenheitsrecht anwendbar sein soll. Für eine inhaltliche Teilrechtswahl, die Einzelfragen (wie das Pflichtteilsrecht oder die Erbenhaftung) einer anderen Rechtsordnung unterstellt, ist indessen nicht zu plädieren.[991]

Wie bereits eindeutig aus den Gliederungspunkten *C.III. Beschränkung auf den gesamten Nachlass* im zweiten Kapitel und *C.III. Eintritt der Nachlassspaltung bei einer Teilrechtswahl* in diesem dritten Kapitel der Dissertation hervorgegangen ist, vertrete ich die Ansicht, dass eine partielle *professio iuris* im internationalen Erbrecht zu begrüßen wäre. Hierauf soll im Einzelnen nicht erneut eingegangen werden. Es sind nur noch einmal kurz die wichtigsten Argumente, die – trotz Entstehung der Nachlassspaltung – für die Zulassung einer Teilrechtswahl im Erbkollisionsrecht sprechen, aufzuführen: die Statutensynchronisierung von Belegenheits- und Erbstatut und die dadurch erfolgende vereinfachte Abwicklung des Rechtsübergangs insbesondere bei Immobilien.

Entscheidet sich der Erblasser also nach Durchführung einer Interessenabwägung für eine nachlassspaltende Teilrechtswahl, sollte dem nichts entgegenstehen. Selbst wenn möglicherweise objektiv betrachtet die durch eine Nachlassspaltung entstehenden Nachteile, die Vorteile überwiegen, sollte der Erblasser frei

---

991 Siehe hierzu auch schon Seite 143–144, Fußnote 382, im zweiten Kapitel der Dissertation.

entscheiden dürfen, ob er eine subjektive *dépeçage* treffen möchte. In so einem Fall müsste er auch nicht gegen seinen Willen vom Gesetzgeber geschützt werden.[992]

Die Zulassung einer Rechtswahl mit partiellem Charakter, die sodann neben der umfassenden Rechtswahl für die gesamte Erbfolge bestehen würde, ist im Bereich des Erbkollisionsrechts bislang nur in einigen Stellungnahmen vorgeschlagen worden. So in den Comments on the Succession Proposal des Max-Planck-Instituts für ausländisches und internationales Privatrecht aus dem Jahr 2010: *„A person may choose that the succession* ***in part*** *or* ***as a whole*** *shall be governed by the law of a State […]"*.[993] Auch die These 16 des Max-Planck-Instituts zur Reform des internationalen Privat- und Verfahrensrechts im Jahr 1980 ging in etwa in diese Richtung: *„Der Erblasser kann die Erbfolge jeder Rechtsordnung unterstellen, zu der eine objektive Beziehung besteht; das* ***Erbstatut*** *für Vermögenswerte, die in verschiedenen Staaten belegen sind, kann auch ländermäßig* ***getrennt*** *bestimmt werden."*[994]

In einigen Rechtsordnungen war bzw. ist immer noch eine Teilrechtswahl erlaubt, die dann aber entweder auf bewegliches[995] oder unbewegliches Vermögen[996] eingeschränkt wird und nicht allgemein für beide Konstellationen gilt. Außerdem ist in solchen Rechtsordnungen keine einheitliche Rechtswahl für die gesamte Erbfolge vorgesehen, sondern lediglich die angesprochene Teilrechtswahl. Eine Ausnahme hierzu stellt Québec dar, wo der Erblasser zwischen einer – sich auf seinen gesamten Nachlass erstreckende – Rechtswahl zugunsten seines Heimat- oder Wohnsitzrechts und einer Teilrechtswahl zugunsten der *lex rei sitae* für sein unbewegliches Vermögen wählen darf.[997]

---

992 Siehe ausführlicher hierzu schon das auf Seite 151 im zweiten Kapitel der Dissertation geschriebene.

993 Siehe das vollständige Zitat auf Seite 293–294 im dritten Kapitel der Dissertation (Hervorhebungen hinzugefügt).

994 Siehe Seite 297, Fußnote 878, im dritten Kapitel der Dissertation, (Hervorhebungen hinzugefügt).

995 In der Ukraine (Art. 70 Satz 1 Halbsatz 2 ukr. IPRG) und in Weißrussland (Art. 1133 ZGB RB). Siehe hierzu ausführlicher Seite 88 ff. im ersten Kapitel der Dissertation.

996 In Deutschland vor Inkrafttreten der Erbrechtsverordnung sehr begrenzt in Art. 25 Abs. 2 EGBGB, so wie immer noch in Québec (Art. 3098 Abs. 2 CCQ) und in Südkorea (§ 49 Abs. 2 Satz 2 Guk Je Sa Beop). Siehe hierzu ausführlicher *C.II.4 Teilrechtswahl zugunsten der lex rei sitae* auf Seite 94 ff. im ersten Kapitel der Dissertation.

997 Artikel 3098 Abs. 2 CCQ: „However, a person may designate, in a will, the law applicable to his succession, provided it is the law of the State of his nationality or of his domicile at the time of the designation or of his death, or the law of the place where an immovable held by him is situated, but only with regard to that immovable."

Als Letztes ist darüber nachzudenken, ob dem Erblasser bei Zulassung einer *dépeçage volontaire* auch automatisch die Option eingeräumt werden sollte, mehrfache subjektive Teilrechtswahlen auszuüben. Mit anderen Worten: Könnte der Erblasser im zukünftigen Erbkollisionsrecht beschließen, dass auf seinen beweglichen Nachlass sein Heimatrecht und auf seinen unbeweglichen Nachlass die *lex rei sitae* anzuwenden ist? In diesem Fall würde es sich um eine doppelte Teilrechtswahl handeln.

Theoretisch gesehen könnte der Erblasser aber auch in der Lage sein, noch komplexere mehrfache Teilrechtswahlen anzuordnen, sodass nicht nur zwei sondern diverse Rechte zugleich auf die verschiedenen durch die Nachlassspaltung entstandenen Erbmassen anwendbar sind. Zum Beispiel, indem er beschließt, dass das Recht des Staates seiner Staatsangehörigkeit (deutsches Recht) nur auf einen Teil seines beweglichen Vermögens (wertvolle Kunstbilder) anwendbar sein soll und er für das restliche Vermögen, einschließlich seines PKWs und seiner Sparbücher, das Recht seines letzten gewöhnlichen Aufenthalts für maßgeblich erklärt (französisches Recht). Zudem könnte er seine in unterschiedlichen Ländern belegenen Immobilien (Belgien, Spanien und Portugal), den jeweiligen Belegenheitsstatuten unterwerfen. Auch hier würde jedes der fünf durch die Spaltung entstandenen Teile als selbstständiger Nachlass angesehen werden (die Kunstbilder, das restliche bewegliche Vermögen, die Wohnung in Belgien, die Finca in Spanien und die portugiesische Immobilie).

Eine kumulative Rechtswahl ist im Bereich des Erbrechts aber immer in dem Sinne zu vermeiden, dass der Erblasser bestimmt auf einen Teil seines Vermögens sollen zugleich zwei unterschiedliche Rechte anwendbar sein. Beispielsweise, indem er anordnet, auf die Kunstbilder solle sowohl sein Heimatrecht (deutsches Recht) als auch das Recht seines letzten gewöhnlichen Aufenthalts (französisches Recht) anwendbar sein. Eine solche Kumulationsmethode ist selbst im Schuldrecht sehr umstritten und sollte im Erbrecht ganz abgelehnt werden.[998]

---

998 Siehe zur umstrittenen kumulativen Rechtswahl gem. Art. 3 Rom I-VO Jan von Hein in Rauscher, Thomas. (2016, Seite 164–165, Rn. 82–83) in Rn. 82: „Ebenso wie die Teilrechtswahl aber unter dem ungeschriebenen Vorbehalt der Abspaltbarkeit steht, um sinnvolle Ergebnisse zu sichern, darf auch eine kumulative Rechtswahl allenfalls dann anerkannt werden, wenn hierdurch nicht unauflösbare Normenwidersprüche drohen. Insoweit ist größte Zurückhaltung geboten: Entsprechend zur Rechtslage bei objektiven Anknüpfungen darf eine Kumulation nur bei solchen Rechtsfragen gestattet werden, die eindeutig mit „Ja oder Nein“ bzw. „Mehr oder Weniger“ beantwortet werden können.“

Zusammenfassend kann somit festgehalten werden, dass eine Erweiterung der erbrechtlichen Rechtswahl zugunsten einzelner Nachlassgegenstände *de lege ferenda* zu begrüßen wäre. Eine solche würde neben der weiterhin bestehenden Option eine Rechtswahl zugunsten des gesamten Nachlasses zu treffen existieren. Auch doppelte oder mehrfache Teilrechtswahlen sollten möglich sein. Kumulative Teilrechtswahlen, bei denen zwei unterschiedliche Erbstatute auf nur einen Teil des Vermögens anwendbar wären, sind hingegen auszuschließen. Dasselbe gilt für inhaltliche oder isolierte Teilrechtswahlen, bei denen Einzelfragen wie die Pflichtteilsrechte einer anderen Rechtsordnung unterstellt werden würden.

Nachdem in diesem Abschnitt *E.* die unterschiedlichen Erweiterungsmöglichkeiten einer *professio iuris* untersucht worden sind – in *E.I. Durch einen erweiterten Katalog an wählbaren Rechten*, in *E.II. Durch die Einführung einer Rechtswahl zugunsten jeder Rechtsordnung, zu der eine objektive Beziehung besteht*, in *E.III. Durch die Zulassung einer freien Rechtswahl* und in diesem letzten Gliederungspunkt *E.IV. Durch den Eintritt einer gespaltenen Rechtswahl zugunsten einzelner Nachlassgegenstände (dépeçage volontaire)* – soll anschließend im allerletzten Abschnitt der Dissertation ein konkreter Lösungsvorschlag zur Erweiterung der Rechtswahlfreiheit des jetzigen Art. 22 EU-ErbVO im zukünftigen europäischen Erbkollisionsrecht vorgestellt werden.

F Lösungsvorschlag: die Zulassung eines „offenen" Katalogs an wählbaren Rechten (auch zugunsten einzelner Vermögenswerte)

In Anbetracht der im vorherigen Abschnitt *E.* ausführlich untersuchten Wahlmechanismen zur Ausdehnung der erbrechtlichen Rechtswahl *de lege ferenda*, komme ich letzten Endes zu dem Ergebnis, dass zurzeit eine Fusion der ersten beiden Lösungswege womöglich die beste Option zur Erweiterung der *professio iuris* im zukünftigen Erbkollisionsrecht wäre.

Beim ersten Lösungsansatz wurde ein weiter aber immer noch geschlossener Katalog an wählbaren Rechten, die irgendeine objektive Verbindung zum Erblasser oder zu seinem Nachlass aufweisen, vorgestellt. Beim zweiten wurde eine offene Rechtswahl zugunsten jeder Rechtsordnung, zu der eine objektive Beziehung besteht – also ohne eine gesetzliche Aufzählung wählbarer Rechte – präsentiert. Würde man nun beide Lösungsmöglichkeiten miteinander kombinieren, könnte dabei ein sehr weitgefasster Katalog mit einer letzten Litera herauskommen, die dem Erblasser ermöglichen würde auch jedes andere nicht im Katalog aufgeführte Recht zu wählen, solange zu diesem Recht eine objektive Verbindung besteht. *De facto* würde es sich um einen offenen (nicht abschließenden) Katalog handeln. Mit einer *ex post*-Kontrolle müsste hier nur noch dann gerechnet werden, wenn der Erblasser von dieser letzten Rechtswahlmöglichkeit Gebrauch macht.

Durch eine solche Fusion würden die Vorteile beider Lösungswege aufgenommen und ihre Nachteile minimiert werden. Diese Vorteile wären, dass der Erblasser nicht die Flexibilität verliert ein nicht im Katalog aufgeführtes Recht zu wählen, sich aber in den meisten Fällen wohl eine *ex post*-Kontrolle erspart. Wird der Katalog nämlich weit gefasst, ist die Wahrscheinlichkeit, dass er sich für ein bereits im Katalog enthaltenes Recht entscheidet, sehr hoch.

Wie bereits im vorherigen Gliederungspunkt deutlich zum Vorschein gekommen ist, sollte der Erblasser auch die Möglichkeit haben seine erbrechtliche Rechtswahl lediglich zugunsten einzelner Nachlassgegenstände auszuüben. Demnach ist neben einer umfassenden (sich auf den gesamten Nachlass erstreckende) Rechtswahl, ebenfalls eine Teilrechtswahl zu befürworten.

Ganz konkret soll mein Vorschlag lauten den Gesetzestext in Art. 22 Abs. 1 EU-ErbVO wie folgt umzuändern.

Verbesserungsvorschlag: neue Formulierung des Art. 22 Abs. 1 EU-ErbVO

(1) *Der Erblasser kann für die gesamte oder auch nur für einen oder mehrere Teile der Rechtsnachfolge von Todes wegen folgende Rechte wählen:*

a) *Das Recht des Staates, dem er im Zeitpunkt der Rechtswahl angehört oder davor angehört hat. Ein Erblasser, der mehrere Staatsangehörigkeiten besitzt oder im Laufe seines Lebens besäßen hat, kann entsprechend das Recht einer seiner Heimatstaaten wählen;*
b) *Das Recht des Staates, dessen Staatsangehörigkeit er erwerben will und spätestens im Zeitpunkt seines Todes auch erworben hat;*
c) *Das Recht des Staates, in dem er seinen gewöhnlichen Aufenthalt im Zeitpunkt der Rechtswahl hat oder davor hatte;*
d) *Das Recht des Staates, in dem er seinen gewöhnlichen Aufenthalt nehmen will und später auch nimmt;*
e) *Das Recht des Staates, das auf seine güterrechtlichen Beziehungen im Zeitpunkt der Rechtswahl anwendbar ist, sofern er verheiratet ist und der Güterstand im Zeitpunkt seines Todes weiterhin besteht;*
f) *Für unbewegliches Vermögen das Recht des Staates, in dem dieses belegen ist;*
g) *Das Recht des Staates, das auf seine Gesellschaft oder bzw. auf seine vererblichen Gesellschaftsanteile im Zeitpunkt der Rechtswahl anwendbar ist;*
h) *Jedes weitere Recht, zu dem er, sein Nachlass und/oder am Nachlass beteiligte Personen bereits im Zeitpunkt der Rechtswahl eine objektive Verbindung aufweisen. Es kann auch schon vor Ableben des Erblassers verfahrensrechtlich geklärt werden, ob zum gewählten Recht eine ausreichende Beziehung besteht und die Rechtswahl als wirksam anerkannt wird.*

Dieser soeben vorgestellte Katalog an wählbaren Rechten kann in drei Kategorien aufgeteilt werden. Die ersten vier Rechtswahlmöglichkeiten, *Art. 22 Abs. 1 a), b), c) und d) EU-ErbVO n.F.*, bilden sich aus den (vergangenen, gegenwertigen oder zukünftigen) traditionellen Anknüpfungspunkten im Erbrecht: die Staatsangehörigkeit des Erblassers und sein gewöhnlicher Aufenthalt. Die darauffolgenden drei Rechtswahloptionen, *Art. 22 Abs. 1 e), f) und g) EU-ErbVO n.F.*, ergeben sich aus dem Zusammenhang zu den engsten Nachbarstatuten des Erbrechts: dem Güterrechts-, Gesellschafts- und Sachenrechtsstatut.[999] Dank der letzten Litera, *Art. 22 Abs. 1 h) EU-ErbVO n.F.*, die den Katalog an wählbaren Rechten für den Erblasser offen lässt, werden zudem noch weitere denkbare objektive Anknüpfungen berücksichtigt. Zum Beispiel solche die durch entferntere Nachbarstatute[1000] oder durch andere am Erbfall involvierte Personen (Erben, Vermächtnisnehmer, Gläubiger, etc.) entstehen.[1001]

Anschließend folgen ein paar Erläuterungen zu den einzelnen Rechtswahlmöglichkeiten in dem von mir neu ausgearbeiteten Art. 22 Abs. 1 EU-ErbVO.

Zur Wahl des Heimatrechts: Art. 22 Abs. 1 a) und b) EU-ErbVO n.F.

Im Vergleich zur jetzigen *professio iuris* zugunsten des Heimatrechts des Erblassers im Zeitpunkt der Rechtswahl oder im Zeitpunkt seines Todes, werden zwei Änderungen vorgeschlagen. Einerseits die Einführung einer Rechtswahl zugunsten einer *früheren* Staatsangehörigkeit und andererseits eine bessere Formulierung hinsichtlich der erlaubten Rechtswahl zugunsten einer *zukünftigen* Staatsangehörigkeit. Mehrstaater sollen dabei weiterhin frei zwischen ihren Staatsangehörigkeiten wählen dürfen, ohne dass es auf die effektive unter ihnen ankäme.

Die jetzige in Art. 22 Abs. 1 EU-ErbVO vorgesehene Rechtswahl zugunsten des Heimatrechts des Erblassers im Zeitpunkt seines Todes, sollte nach h.M. nicht als abstrakte oder dynamische Rechtswahloption genutzt werden können.[1002] Zum Beispiel wäre folgende Rechtswahl als nichtig anzusehen: „Auf meine Erbfolge soll das Recht meiner Staatsangehörigkeit im Zeitpunkt meines Todes anwendbar sein, welche auch immer diese dann sein wird". Gedacht ist sie indessen für bevorstehende Staatsangehörigkeitswechsel. Beispielsweise: „Auf meine

---

999 Siehe die Gliederungspunkte 2. Güterrechtsstatut, 3. Gesellschaftsstatut und 4. Sachenrechtsstatut auf Seite 179 ff. unter Abschnitt *F.* im zweiten Kapitel der Dissertation.

1000 Siehe Abschnitt *F.I.5. Andere Statute* auf Seite 188 ff. im zweiten Kapitel der Dissertation.

1001 Zu dieser dreifachen Kategorienaufteilung siehe auch schon Dreher, Karin. (1999, Seite 54).

1002 Siehe hierzu bereits Seite 139 unter *C.II.* im zweiten Kapitel der Dissertation.

Rechtsnachfolge von Todes wegen soll das italienische Recht anwendbar sein, i.e. das Recht des Staates dessen Staatsangehörigkeit ich voraussichtlich im Zeitpunkt meines Todes erworben haben werde". Um Missverständnisse aus dem Weg zu räumen und abstrakte Rechtswahlklauseln von vornherein auszuschließen, ist es meiner Ansicht nach besser diese konkrete Möglichkeit ausdrücklicher zu formulieren: „Der Erblasser kann das Recht des Staates, dessen Staatsangehörigkeit er erwerben will und spätestens im Zeitpunkt seines Todes auch erworben hat, wählen." Und nicht: „Eine Person kann für die Rechtsnachfolge von Todes wegen das Recht des Staates wählen, dem sie im Zeitpunkt ihres Todes angehört."

Zur Wahl des gewöhnlichen Aufenthalts: Art. 22 Abs. 1 c) und d) EU-ErbVO n.F.
Die objektive Anknüpfung in Art. 21 Abs. 1 EU-ErbVO unterstellt die gesamte Rechtsnachfolge von Todes wegen dem Recht des Staates, in dem der Erblasser im Zeitpunkt seines Todes seinen gewöhnlichen Aufenthalt hatte. Zusätzlich sollte dem Erblasser aber auch die Möglichkeit eingeräumt werden, das Recht des Staates, in dem er seinen gewöhnlichen Aufenthalt im Zeitpunkt der Rechtswahl hat oder das Recht eines früheren gewöhnlichen Aufenthalts zu wählen.

Ebenfalls sollte dem Erblasser die Rechtswahloption zur Verfügung stehen, das Recht des Staates, in dem er seinen gewöhnlichen Aufenthalt nehmen will und später auch nimmt, zu wählen. Obwohl diese Wahl quasi mit der objektiven Anknüpfung in Art. 21 Abs. 1 EU-ErbVO übereinstimmt, könnte sie bei einem bevorstehenden Aufenthaltswechsel sehr nützlich sein. So könnte der Erblasser bereits im Voraus bestimmen, dass das Recht seines neuen gewöhnlichen Aufenthalts auf seine Rechtsnachfolge anwendbar sein soll und die Ausweichklausel in Art. 21 Abs. 2 EU-ErbVO nicht zum Tragen kommen wird. Insbesondere wenn sich der neue gewöhnliche Aufenthalt in einem Drittstaat befindet, würde sich eine solche Rechtswahl anbieten. Denn die Verweisung auf das Recht eines Drittstaates durch Art. 21 EU-ErbVO ist als *Gesamtverweisung* zu betrachten. Folglich könnte es bei Anwendung dieser Vorschrift durchaus zu einem *Renvoi* kommen. Eine durch Art. 22 EU-ErbVO getroffene Rechtswahl ist hingegen immer als *Sachnormverweisung* zu verstehen.[1003]

Zur Wahl des Ehegüterstatuts: Art. 22 Abs. 1 e) EU-ErbVO n.F.

Einem verheirateten Erblasser sollte im zukünftigen Erbkollisionsrecht auch das Recht des Staates, das im Zeitpunkt der Rechtswahl seine güterrechtlichen Beziehungen beherrscht, zur Wahl stehen. Die zusätzlich dafür zu erfüllende Bedingung

1003 Siehe hierzu bereits Fußnote 452 unter *E.I.2. Das Aufenthaltsrecht* im zweiten Kapitel der Dissertation.

wäre, dass der Güterstand im Zeitpunkt seines Todes weiterhin besteht und die Ehe bis dahin nicht schon, z.B. durch Scheidung, aufgelöst worden ist. Durch die Zulassung der Wahl des Ehegüterstatuts käme es zu einem Gleichlauf von Erb- und Güterrecht. Eine solche Statutensynchronisierung könnte eventuell anfallende Anpassungsprobleme vermeiden.[1004]

Zur Wahl der lex rei sitae: Art. 22 Abs. 1 f) EU-ErbVO n.F.

Des Weiteren soll der Erblasser für unbewegliches Vermögen das Recht des Staates, in dem dieses belegen ist, wählen dürfen. Demnach könnte beispielsweise ein deutscher Erblasser mit letztem gewöhnlichen Aufenthalt in Deutschland, der zwei Fincas in Spanien und eine Villa in Italien besitzt, mehrere Teilrechtswahlen treffen. Die spanischen Immobilien könnte er dem spanischen Recht unterstellen und die italienische Immobilie dem italienischen Recht. Er könnte aber nicht für sein gesamtes unbewegliches Vermögen spanisches Recht wählen. Was allerdings ginge, wäre eine Teilrechtswahl für nur eine seiner in Spanien belegenen Immobilien zu treffen. Die andere würde indessen dem nach der objektiven Anknüpfung zu beurteilendem anwendbaren Recht unterliegen, i.e. deutschem Recht als Recht des letzten gewöhnlichen Aufenthalts des Erblassers.[1005]

Zur Wahl des Gesellschaftsstatuts: Art. 22 Abs. 1 g) EU-ErbVO n.F.

Das letzte explizit im Katalog aufgeführte wählbare Recht ist das Recht des Staates, welches auf die Gesellschaft des Erblassers oder bzw. auf seine an der Gesellschaft vererblichen Anteile anwendbar ist. Zur Feststellung des Gesellschaftsstatuts folgen einige Staaten der Sitztheorie und andere der Gründungstheorie.[1006] Dank dieser neu eingeführten Wahlmöglichkeit könnte falls gewünscht immer ein Gleichlauf zwischen Erb- und Gesellschaftsstatut vom Erblasser herbeigeführt werden. Gerade wenn die vom Erblasser gehaltenen Anteile am Betriebsvermögen einen großen oder sogar den größten Teil des Nachlassvermögens ausmachen, könnte durch eine solche Statutensynchronisierung die Nachlassabwicklung vereinfacht werden.

1004 Siehe auch schon Seite 167–168 unter *E.I.3. Das Güterstatut des Erblassers* im zweiten Kapitel der Dissertation.

1005 Siehe in diesem Zusammenhang auch Seite 96, Fußnote 230, im ersten Kapitel der Dissertation zur herrschenden Meinung, dass der Erblasser gem. Art. 25 Abs. 2 EGBGB sowohl eine Rechtswahl für sein gesamtes inländisches unbewegliches Vermögen als auch nur für einzelne Grundstücke treffen konnte.

1006 Siehe hierzu bereits Fußnote 508 im zweiten Kapitel der Dissertation.

Zur Flexibilitätsklausel: Art. 22 Abs. 1 h) EU-ErbVO n.F.

Ganz zum Schluss ist noch eine Flexibilitätsklausel vorgesehen. Diese gestattet dem Erblasser auch jedes weitere, nicht ausdrücklich im Katalog aufgelistete, Recht zu wählen, zu dem er, sein Nachlass und/oder andere am Nachlass beteiligte Personen bereits im Zeitpunkt der Rechtswahl eine objektive Verbindung aufweisen. Dank dieser Flexibilitätsklausel des *Art. 22 h) EU-ErbVO n.F.* bleibt der Katalog an wählbaren Rechten für den Erblasser offen. Eine *ex post*-Kontrolle ist hier allerdings unvermeidbar. Schließlich muss richterlich geprüft werden, ob tatsächlich ein hinreichender objektiver Bezug zum gewählten Recht besteht.

Damit diese *ex post*-Kontrolle aber nicht zwangsmäßig erst nach Versterben des Erblassers erfolgt, i.e. zu einem Zeitpunkt in dem es eh zu spät wäre eine neue *professio iuris* zu treffen, soll dem Erblasser schon direkt nach Ausübung seiner Rechtswahl die Möglichkeit zustehen, verfahrensrechtlich klären zu lassen, ob zum gewählten Recht eine ausreichende Beziehung besteht und seine Rechtswahl folglich als gültige Wahl anerkannt wird. Sollte dies nicht der Fall sein, könnte er zumindest vor seinem Ableben noch eine erneute Rechtswahl treffen.[1007]

Denkbar wäre zum Beispiel, dass der Erblasser mittels der in *Art. 22 h) EU-ErbVO n.F.* vorgesehenen Flexibilitätsklausel das Recht des Staates, in dem sich seine Erben und/oder Vermächtnisnehmer gewöhnlich aufhalten oder das Recht des Staates, in dem er ein Recht an geistigem Eigentum besitzt, wählt. Der Wortlaut der Flexibilitätsklausel („jedes weitere Recht“ und nicht „jedes weitere *staatliche* Recht“) lässt zudem bewusst offen, ob auch nichtstaatliche Rechte dadurch erfasst werden können, wie z.B. das Recht der Religionszugehörigkeit des Erblassers. Die Wahlfreiheit wird somit nicht von vornherein auf staatliches Recht beschränkt, sondern hängt vom richterlichen Ermessen bei der *ex post*-Kontrolle ab.

Auch wird bewusst festgehalten, dass der Erblasser nur ein Recht wählen kann zu dem er oder sein Nachlass „bereits im Zeitpunkt der Rechtswahl“ einen objektiven Bezug hat. Durch die Flexibilitätsklausel soll dem Erblasser nicht ein Recht zur Auswahl stehen, zu dem er erst voraussichtlich in der Zukunft eine objektive Verbindung aufweisen wird. Nicht wählbar wäre in diesem Zusammenhang

1007 Zum Beispiel entschied der EuGH in der Rechtssache Kubicka (C-218/16) vom 12. Oktober 2017 bereits zu einem rein hypothetischen Erbfall (vor dem Versterben der Erblasserin) und wies dabei zur Rechtfertigung auf Erwägungsgrund 7 der EU-ErbVO hin: „In einem europäischen Rechtsraum muss es den Bürgern möglich sein, ihren Nachlass im Voraus zu regeln“. Zum „privilege of a judicial ex-ante examination“ im Falle von Frau Kubicka siehe Schmidt, Jan Peter. (2018, EPLJ, Seite 17–18).

z.B. das Recht des Staates, in dem der Erblasser noch vor seinem Tod beabsichtigt eine Immobilie zu erwerben.

Würde meinem Vorschlag eines „offenen" Katalogs an wählbaren Rechten (auch zugunsten einzelner Vermögenswerte) im Rahmen einer zukünftigen Novellierung der Erbrechtsverordnung stattgegeben werden, so würde der Erblasser über eine „beinahe" uneingeschränkte Rechtswahlfreiheit verfügen. Nur neutrale Rechte oder Rechte, die keinen hinreichenden Bezug zu ihm oder seinem Erbfall aufweisen, wären von der Wahl ausgeschlossen. Eine solche *professio iuris* wie sie von mir in *Art. 22 Abs. 1 a)-h) EU-ErbVO n.F.* vorgeschlagen wird, würde einer freien Rechtswahl, wie sie im Bereich des europäischen Schuldkollisionsrechts vorzufinden ist, schon sehr nahe kommen. Dadurch würde ein erwünschtes Ergebnis erreicht werden. In diesem Sinne schreibt Basedow:

> *„Again, the testator has superior knowledge and is in a better position than the State when it comes to predicting future legal relations concerning his or her estate. This is the basis of party autonomy requiring* ***an unlimited right*** *to elect the applicable law,* ***similar to*** *what is ungrudgingly acknowledged in* ***the field of contract law****. […]"*[1008]

Empfehlenswert wäre außerdem das aktuelle Subsidiärsystem in Art. 36 und 37 EU-ErbVO in ein direktes Verweisungsmodell umzuwandeln. Dann könnte der Erblasser z.B. auch direkt das Recht einer Teilrechtsordnung wählen. Durch eine legale Fiktion würde nämlich jede Gebietseinheit als Staat angesehen werden. Dementsprechend wäre „das Recht des Staates" in *Art. 22 Abs. 1 a)-g) EU-ErbVO n.F.* im Falle eines Mehrrechtsstaates immer als „das Recht der Gebietseinheit" zu lesen. Auch die Flexibilitätsklausel in *Art. 22 Abs. 1 h) EU-ErbVO n.F.* könnte eine Teilrechtsordnung umfassen. Zum Beispiel das Recht des Foralgebiets, in dem die Erben des Erblassers im Zeitpunkt der Rechtswahl ihren gewöhnlichen Aufenthalt haben. Die Wahl zugunsten einer Teilrechtsordnung zu der weder der Erblasser noch sein Nachlass irgendeine Beziehung hatte oder hat, ist hingegen abzulehnen.[1009]

Bei einer Novellierung der Erbrechtsverordnung sollte dem Erblasser zudem auch eine *professio fori* eingeräumt werden. Zurzeit ist in Art. 5 EU-ErbVO lediglich eine Gerichtsstandsvereinbarung für die betroffenen Parteien vorgesehen, damit sie wieder den Einklang zwischen *forum* und *ius* herstellen können.[1010] Wie

---

1008 Siehe Basedow, Jürgen. (2015, Seite 272, Unterpunkt 430, Hervorhebungen hinzugefügt).

1009 Siehe auch in diesem Sinne hinsichtlich der Wahl eines spanischen Foralrechtsgebiets Rodríguez-Uría Suárez, Isabel. (2013, Seite 13, Fußnote 45).

1010 Siehe hierzu bereits Seite 156 ff. unter Abschnitt *D. Die in Art. 5 EU-ErbVO erlaubte Gerichtsstandsvereinbarung* im zweiten Kapitel der Dissertation.

auch schon unter *C.II.3. Entgegenstehende Ordnungsinteressen i.Z.m. der Zulassung einer Gerichtsstandsbestimmung durch den Erblasser* geschrieben, sollte die neu einzuführende Gerichtsstandswahlfreiheit des Erblassers genauso breit sein wie seine Rechtswahlfreiheit.[1011] So hätte der Erblasser die Möglichkeit sowohl für streitige als auch für nichtstreitige Verfahren das Gericht oder die Gerichte eines Staates zu wählen, dessen Recht er bereits mittels der in *Art. 22 Abs. 1 a)-h) EU-ErbVO n.F.* vorgesehenen Rechtswahl bestimmen kann. Denn die Kriterien, um einen Katalog an Rechten zu erstellen, zu denen der Erblasser und/oder sein Nachlass eine objektiv ausreichende Verbindung aufweisen, können auch auf Ebene der anwendbaren Gerichte verwendet werden.[1012] Obwohl ein Gleichlauf zwischen *forum* und *ius* in vielen Fällen vorteilhaft ist, sollte das vom Erblasser gewählte Gericht nicht zwangsläufig mit dem anwendbaren Erbstatut übereinstimmen müssen.[1013] Voraussetzung der *professio fori* wäre indessen, dass es sich um das Gericht eines Mitgliedstaates handelt. Durch eine Vorschrift der Erbrechtsverordnung dürfte nämlich nicht über die Zuständigkeit drittstaatlicher Gerichte entschieden werden. Deshalb wird auch die jetzige Gerichtsstandsvereinbarung des Art. 5 EU-ErbVO auf mitgliedstaatliche Gerichte begrenzt.[1014]

Als Freundin der Rechtswahl hoffe ich mit diesem hier vorgestellten Lösungsvorschlag eines großzügigen und offenen Katalogs an wählbaren Rechten in *Art. 22 Abs. 1 a)-h) EU-ErbVO n.F.* ein sehr breites Spektrum von Rechtsordnungen zu erfassen und den jetzigen geschlossenen und schmalen Katalog in Art. 22 Abs. 1 EU-ErbVO aufzulockern.[1015]

1011 Siehe Seite 283–284 im dritten Kapitel der Dissertation.

1012 Siehe auch so die Stellungnahme des Max-Planck-Instituts für ausländisches und internationales Privatrecht zu den Comments on the Succession Proposal, Basedow, Jürgen. Dutta, Anatol. (2010, RabelsZ 74, Seite 588): „… it seeks to prevent fraudulent behavior on the part of the testator by limiting the number of eligible laws to those with a **genuine link** to the succession. The criteria used to establish the genuine link **at the level of the applicable law** are also a valid basis to establish a genuine link **at the level of jurisdiction**." (Hervorhebungen hinzugefügt).

1013 Siehe hierzu bereits das auf Seite 284 im dritten Kapitel der Dissertation geschriebene.

1014 Siehe auch schon Seite 159–160 im zweiten Kapitel der Dissertation.

1015 Siehe Dreher, Karin. (1999, Seite 67): „Sowohl die Argumentation der Gegner als auch der Befürworter dreht sich überwiegend um die Verbindung des Sachverhalts zu einer Rechtsordnung. […] Freunde und Feinde der Rechtswahl haben **ein sehr enges Spektrum** von Rechtsordnungen, zu denen sie Beziehungen sehen." (Hervorhebungen hinzugefügt). Laut der Klassifikation von Fontanellas Morell gehört mein Vorschlag zur Gruppe der „partidarios de un generoso catálogo de derechos elegibles", siehe Fontanellas Morell, Josep M. (2010, Seite 289, Fn 147).

Schlussfolgerungen und Ausblick auf eine größere Rechtswahlfreiheit im europäischen Erbkollisionsrecht

Zuletzt folgt eine kurze Zusammenfassung und Auswertung der Ergebnisse dieser Dissertation. Bekanntlich gibt es nichts Neues unter der Sonne: *nihil sub sole novum*. Auch über die erbrechtliche Parteiautonomie ist schon viel geschrieben worden. Dennoch soll meine Dissertation etwas Licht auf diese Thematik werfen. Insbesondere in Anbetracht der erst vor Kurzem eingeführten *professio iuris* in Art. 22 EU-ErbVO.

Obwohl es vor Inkrafttreten der Erbrechtsverordnung schon eine allgemeine Tendenz zur Einführung bzw. zur Ausweitung der Rechtswahlfreiheit im europäischen Erbkollisionsrecht gab, war vielen Mitgliedstaaten die Ausübung der Parteiautonomie im internationalen Erbrecht ganz fremd. In dieser Hinsicht stellt die am 16.08.2012 in Kraft getretene und seit dem 17.08.2015 anwendbare Erbrechtsverordnung für die meisten Mitgliedstaaten einen Zugewinn an Rechtswahlfreiheit dar. Insbesondere für diejenigen, die vor Anwendung der Verordnung gar keine erbrechtliche Rechtswahl kannten: Frankreich, Griechenland, Kroatien, Lettland, Litauen, Luxemburg, Malta, Österreich, Portugal, Schweden, die Slowakei, Slowenien, Spanien, Ungarn und Zypern.[1016] Doch auch den Mitgliedstaaten, die zwar bereits schon davor eine *professio iuris* im Erbrecht erlaubten, es aber auf einer beschränkteren Weise taten, ermöglicht die Erbrechtsverordnung dem Erblasser nun ein ganzes Stück mehr Freiheit. So ist es etwa in Belgien, Bulgarien, Deutschland, Estland, Italien, Rumänien oder in der Tschechischen Republik. Als ein Rückschritt erweist sich die von der Erbrechtsverordnung gewährte Parteiautonomie indessen in Finnland, Polen und in den Niederlanden, wo bereits eine etwas weitergehende Rechtswahl als die in Art. 22 EU-ErbVO erlaubt war.

Feststeht, dass auch mit Inkrafttreten der Erbrechtsverordnung immer noch ein sehr steiniger Weg vor uns liegt, um im Erbkollisionsrecht eine wahrhaftige *choice of law* zu erlangen, durch die dem Erblasser eine tatsächliche Palette an wählbaren Rechten bereitgestellt wird. Die Zulassung der aktuellen Parteiautonomie kann zwar als ein Schritt in die richtige Richtung betrachtet werden, ist aber keinesfalls als eine zufriedenstellende Lösung anzusehen.

1016 Siehe erneut die nicht farblich markierten Mitgliedstaaten auf der von der Verfasserin erstellten Europakarte im Anhang Nr. 1.

Die Kernfrage der Dissertation, ob der europäische Gesetzgeber es *de lege ferenda* wagen sollte, die jetzigen Schranken, unter der die *professio iuris* in der Erbrechtsverordnung leidet, aufzulösen und einer wesentlich breiteren Rechtswahl grünes Licht zu geben, ist definitiv zu bejahen. Schließlich ist deutlich zum Vorschein gebracht worden, dass die Vorzüge einer erweiterten *professio iuris* auch im Erbkollisionsrecht gegeben sind und sie etwaige mit der Rechtswahl verbundene Nachteile in den Schatten stellen. In den von mir untersuchten Erweiterungsmöglichkeiten der Rechtswahlfreiheit in Art. 22 Abs. 1 EU-ErbVO hat sich das Verlangen nach einer stärkeren Parteiautonomie auf europäischer Ebene widergespiegelt.

Für eine freie Rechtswahl, wie wir sie bereits dank der Rom I und Rom II-VO im vertraglichen und außervertraglichen Schuldrecht kennen, scheint es vorerst aber keinen Platz im europäischen Erbrecht zu geben. Es muss also den Tatsachen ins Auge geblickt werden, wie auch Anatol Dutta es zutreffend tut und dabei bemerkt: „… *the time for a total freedom of choice of law in successions has* ***not yet*** *arrived.*“[1017] Es ist aber nicht auszuschließen, dass eine solche Zeit im Erbrecht noch kommen *kann*. Erst einmal ist *in naher Zukunft* (innerhalb der nächsten 10 bis 50 Jahre) für die Zulassung eines offenen Katalogs an wählbaren Rechten (auch zugunsten einzelner Vermögenswerte) zu plädieren, zu denen der Erblasser oder sein Erbfall eine objektiv ausreichende Verbindung aufweisen. Dies könnte sich *in weiter Zukunft* (innerhalb der nächsten 50 bis 100 Jahre) jedoch ändern, insbesondere wenn die Institution des Pflichtteils überall abgeschafft oder zumindest stark reduziert werden würde.

Sich für das richtige Maß an Parteiautonomie zu entscheiden ist keine leichte Aufgabe für den Gesetzgeber. Einer Sache bin ich mir aber sicher: Auch im internationalen Erbrecht sollte zukünftig mehr Freiheit gewagt werden. Konsequenterweise sollten die Grenzen der Parteiautonomie auf diesem Gebiet weit gezogen werden. Neben der Beschränkung auf Rechtsordnungen, zu denen eine objektiv hinreichende Verbindung besteht, dürfte die erbrechtliche Parteiautonomie lediglich noch bei höherrangigen kollidierenden Interessen mittels einer Feinjustierung durch den *ordre public*-Vorbehalt durchbrochen werden.[1018] Nur so könnte sichergestellt werden, dass dem Erblasser genügend Spielraum bei der Entscheidung bleibt, welches Erbstatut letztlich auf seine Rechtsnachfolge von

1017 Siehe Dutta, Anatol. (RabelsZ 73, 2009, Seite 576, Hervorhebungen hinzugefügt).

1018 Siehe auch in diesem Sinne Pierre Lalive in Monaco, Riccardo. (1967, Seite 493): „Le seul problème est celui des **limites** de cette autonomie. Pour l'orateur, elles peuvent être constituées par **l'ordre public** d'une part, et le **caractère raisonnable d'un choix**, d'autre part." (Hervorhebungen hinzugefügt).

Todes wegen anwendbar sein soll. Und nur so würde die Achtung vor der Eigenverantwortlichkeit der Menschen im Bereich des Erbrechts gewährleistet und die Rechtswahlfreiheit als Rechtsprinzip in einer globalisierten Welt, in der die Freiheit des Individuums und die Gleichwertigkeit aller Rechtsordnungen im Mittelpunkt stehen, anerkannt werden.

"Liberty is the right to choose.
Freedom is the result of the right choice."

Jules Renard

Literaturverzeichnis

Aarnio, Aulis. Kangas, Urpo: Äktenskap, arv och testamente. Juristförbundets Förlag. Helsingfors, 1995.

Acar, Gültekin. Lorenz, Moritz: *Übersetzung des Gesetzes der Republik Aserbaidschan über das Internationale Privatrecht vom 6.6.2000*. Praxis des Internationalen Privat- und Verfahrensrechts. 23. Jahrgang, Heft 4, 2003, (Seite 386–389).

Akkermans, Bram: The principle of numerus clausus in European property law. Ius commune europaeum; 75. Intersentia. Antwerpen, 2008.

Alunaru, Christian: *Zum neuen Rumänischen Zivilgesetzbuch – Vertragsrechtlicher Teil*. European Review of Contract Law, ERCL 2/2010. (Seite 197–216).

Álvarez González, Santiago: *La determinación de la ley aplicable a los pactos sucesorios. ¿Hasta dónde el favor validitatis?* Universidade de Santiago de Compostela (USC), Dereito Vol.22, nº ext.: 41–60 (Novembro, 2013).

Álvarez González, Santiago: Estudios de derecho interregional. De Conflictu Legum – Estudios de Derecho Internacional Privado Núm.9. Universidade de Santiago de Compostela. Santiago de Compostela, 2007.

Álvarez Torné, María: La autoridad competente en materia de sucesiones internacionales. El nuevo reglamento de la UE. Marcial Pons. Madrid, 2013.

Anderson, Miriam. Arroyo i Amayuelas, Esther: The Law of Succession: Testamentary Freedom. European perspectives. European Studies in Private Law; 5. Europa Law Publishing. Groningen, 2011.

Andrae, Marianne: B.IV.1. HUntStProt 2007. Haager Protokoll vom 23. November 2007 über das auf Unterhaltspflichten anzuwendende Recht. In: Rauscher, Thomas (Hrsg.): *Europäisches Zivilprozess- und Kollisionsrecht*. Band V. 4. Auflage. Ottoschmidt Verlag. Köln, 2016. (Seite 629–770).

Andrae, Marianne: Wertungswidersprüche und internationales Erbrecht. In: Kronke, Herbert. Thorn, Karsten (Hrsg.): *Grenzen überwinden – Prinzipien bewahren. Festschrift für Bernd von Hoffmann zum 70. Geburtstag am 28. Dezember 2011*. Gieseking. Bielefeld, 2011. (Seite 3–22).

Appel, Alexander: *Reform und Kodifikation des Liechtensteinischen Internationalen Privatrechts*. Rabels Zeitschrift für ausländisches und internationales Privatrecht 61, 1997. (Seite 512–562).

Arndt, Karl. Marquardt, Gerhard: Einführungsgesetz zum bürgerlichen Gesetzbuch <EGBGB> vom 18. August 1896. Handkommentar zum bürgerlichen Gesetzbuch. 3. Auflage. Band 2. 1962, (Seite 1547–1712).

Arroyo i Amayuelas, Esther: *La reforma del derecho de sucesiones y de la prescripción en Alemania*. Revista para el análisis del derecho, InDret 1/2010. Barcelona, enero 2010. (Seite 1–53).

Aubart, Andrea: Die Behandlung der dépeçage im europäischen internationalen Privatrecht. Studien zum ausländischen und internationalen Privatrecht; 290. Mohr Siebeck. Tübingen, 2013.

Avasilencei, Catalina: *La codification des conflits de lois dans le nouveau Code civil roumain: une nouvelle forme en attente d'un contentieux*. Revue critique de droit international privé. Band 101, 2012. (Seite 247–275).

Bachler, Frauke: Situs-Regel, innerdeutsche und inneramerikanische Nachlassspaltung. Schriften zum Internationalen Recht, Band 171. Duncker & Humblot. Berlin, 2007.

Baetge, Dietmar: Gewöhnlicher Aufenthalt. In: Basedow, Jürgen. Hopt, Klaus J., Zimmermann, Reinhard (Hrsg.): *Handwörterbuch des europäischen Privatrechts. Band 1*. Mohr Siebeck. Tübingen, 2009. (Seite 758–761).

Baias, Flavius-Antoniu. Chelaru, Eugen. Constantinovici, Rodica. Macovei, Ioan: Noul Cod civil. Comentariu pe articole (art. 1–2664). Beck. Bucureşti, 2012.

Ballesta Martí, Lídia: *La competencia jurisdiccional en materia de sucesiones transfronterizas en el Reglamento (UE) Nº 650/2012*. In: *Institut Universitari d'Estudis Europeus* (Hrsg.). Quaderns de Recerca (Bellaterra) Núm.15, Curs 2011–2012.

Bandel, Stefan: *Rechtsübergang und Rechtsbegründung durch ausländische Vindikationslegate in Deutschland*. MittBayNot 2018, Heft 02, (Seite 99–107).

Bary, Christiane von: Gerichtsstands- und Schiedsvereinbarungen im internationalen Erbrecht. Mohr Siebeck. Tübingen, 2018.

Basedow, Jürgen: The Law of Open Societies — Private Ordering and Public Regulation of International Relations. The Hague Academy of International Law Monographs, Volume 9. Brill Nijhoff. Leiden, 2015.

Basedow, Jürgen: *Theorie der Rechtswahl oder Parteiautonomie als Grundlage des Internationalen Privatrechts*. Rabels Zeitschrift für ausländisches und internationales Privatrecht 75, 2011. (Seite 32–59).

Basedow, Jürgen: Das Internationale Privatrecht in den Zeiten der Globalisierung. In: Hohloch, Gerhard. Frank, Rainer. Schlechtriem, Peter (Hrsg.): *Festschrift für Hans Stoll zum 75. Geburtstag*. Mohr Siebeck. Tübingen, 2001. (Seite 405–416).

Basedow, Jürgen: *Die Neuregelung des Internationalen Privat- und Prozeßrechts*. Neue Juristische Wochenschrift 1986, Heft 48, (Seite 2971–2979).

Basedow, Jürgen. Diehl-Leistner, Barbara: Das Staatsangehörigkeitsprinzip im Einwanderungsland – Zu den soziologischen und ausländerpolitischen

Grundlagen der Nationalitätsanknüpfung im Internationalen Privatrecht. In: Jayme, Erik. Mansel, Heinz-Peter (Hrsg.): *Nation und Staat im Internationalen Privatrecht.* C.F. Müller. Heidelberg, 1990. (Seite 13–43).

Basedow, Jürgen. Dutta, Anatol: *Comments on the European Commission's Proposal for a Regulation of the European Parliament and of the Council on jurisdiction, applicable law, recognition and enforcement of decisions and authentic instruments in matters of succession and the creation of a European Certificate of Succession.* Rabels Zeitschrift für ausländisches und internationales Privatrecht 74, 2010. (Seite 522–720).

Basedow, Jürgen. Hopt, Klaus J. Zimmermann, Reinhard (Hrsg.): Handwörterbuch des europäischen Privatrechts. Band I und II. Mohr Siebeck. Tübingen, 2009.

Bauer, Frank: *Neues europäisches Kollisions- und Verfahrensrecht auf dem Weg: Stellungnahme des Deutschen Rates für IPR zum internationalen Erb- und Scheidungsrecht.* Praxis des Internationalen Privat- und Verfahrensrechts. 26. Jahrgang, Heft 2, 2006. (Seite 202–204).

Beckert, Jens: Unverdientes Vermögen. Soziologie des Erbrechts. Campus-Verlag. Frankfurt am Main, 2004.

Beier, Robert: Die gesetzlichen Rechte des überlebenden Ehegatten nach dem deutschen und spanischen Kollisionsrecht. Studien zum vergleichenden und internationalen Recht Band 157. Peter Lang. Frankfurt am Main, 2009.

Bendermacher-Geroussis, Emilios: Das Interpersonale Recht in Griechenland und insbesondere in Thrazien. In: Heldrich, Andreas. Henrich, Dieter. Sonnenberger, Hans Jürgen (Hrsg.): *Konflikt und Ordnung. Festschrift für Murad Ferid zum 70. Geburtstag.* Beck. München, 1978. (Seite 61–74).

Bergmann, Aet. Saaber, Anne: Estland. In: Süß, Rembert (Hrsg.): *Erbrecht in Europa.* Zerb Verlag. 3. Auflage. Bonn, 2015. (Seite 449–466).

Bilinsky, Andreas: *Sowjetunion (UdSSR).* In: Dörner, Heinrich. Hausmann, Rainer (Hrsg.). Begründet von: Ferid, Murad. Firsching, Karl. *Internationales Erbrecht. Quellensammlung mit systematischen Darstellungen des materiellen Erbrechts sowie des Kollisionsrechts der wichtigsten Staaten.* Band VIII. Beck. München & Berlin, 2019 (Stand der 107. Ergänzerungslieferung). (Stand UdSSR: 1.1.1983).

Blomberg, Eva Maria: Freiheit und Bindung des Erblassers. Eine Untersuchung erbrechtlicher Verwirkungsklauseln. Studien zum Privatrecht; 12. Mohr Siebeck. Tübingen, 2011.

Boele-Woelki, Katharina: *The principles of European family law: its aims and prospects.* Utrecht Law Review, published by Igitur. Volume 1, Issue 2 (December) 2005, (Seite 160–168).

Boele-Woelki, Katharina. Ferrand, Frédérique. González Beilfuss, Cristina. Jänterä-Jareborg, Maarit. Lowe, Nigel. Martiny, Dieter. Pintens, Walter: Principles of European Family Law Regarding Property Relations Between Spouses. European Family Law Series; 33. Intersentia. Antwerpen – Oxford, 2013.

Boele-Woelki, Katharina. Ferrand, Frédérique. González Beilfuss, Cristina. Jänterä-Jareborg, Maarit. Lowe, Nigel. Martiny, Dieter. Pintens, Walter: Principles of European Family Law Regarding Parental Responsibilities. European Family Law Series; 16. Intersentia. Antwerpen – Oxford, 2007.

Boele-Woelki, Katharina. Ferrand, Frédérique. González Beilfuss, Cristina. Jänterä-Jareborg, Maarit. Lowe, Nigel. Martiny, Dieter. Pintens, Walter: Principles of European Family Law Regarding Divorce and Maintenance Between Former Spouses. European Family Law Series; 7. Intersentia. Antwerpen – Oxford, 2004.

Bohata, Petr: *Neugestaltung des tschechischen Zivilrechts – Teil 5 – Internationales Privatrecht.* WiRO 2012, Heft 7, (Seite 193–200).

Bohata, Petr: Tschechische Republik. In: Dörner, Heinrich. Hausmann, Rainer (Hrsg.). Begründet von: Ferid, Murad. Firsching, Karl. *Internationales Erbrecht. Quellensammlung mit systematischen Darstellungen des materiellen Erbrechts sowie des Kollisionsrechts der wichtigsten Staaten.* Band VIII. Beck. München & Berlin, 2015. (Stand der 94. Ergänzungslieferung).

Bonomi, Andrea: *Il Regolamento Europeo sulle Successioni.* Rivista di Diritto Internazionale Privato e Processuale. 2013. Vol. XLIX. (Seite 293–324).

Bonomi, Andrea: *Successions internationales: Conflits de lois et de juridictions.* Académie de Droit International. Recueil des Cours. 2010. Band 350. Nijhoff. The Hague, 2011. (Seite 71–418).

Bonomi, Andrea: Choice-of-law Aspects of the Future EC Regulation in Matters of Succession – A First Glance at the Commission's Proposal. In: Boele-Woelki, Katharina. Einhorn, Talia. Girsberger, Daniel. Symeonides, Symeon (Hrsg.): *Convergence and divergence in private international law. Liber Amicorum Kurt Siehr.* Schulthess. Zürich, 2010. (Seite 157–171).

Bonomi, Andrea: *Prime considerazioni sulla Proposta di Regolamento sulle Successioni.* Rivista di Diritto Internazionale Privato e Processuale. 2010. Vol. XLVI. (Seite 875–914).

Bonomi, Andrea: *Testamentary freedom or forced heirship? Balancing party autonomy and the protection of family members.* Nederlands Internationaal Privaatrecht 4/2010. (Seite 605–610).

Bonomi, Andrea. Schmid, Christina: Successions internationales. Réflexions autour du futur règlement européen et de son impact pour la Suisse; actes de la 22e Journée de droit international privé du 19 mars 2010 à

Lausanne. Publications de l'Institut Suisse de Droit Comparé ; 68. Schulthess. Genève, 2010.

Bonomi, Andrea. Wautelet, Patrick: Le droit européen des successions. Commentaire du Règlement n° 650/2012 du 4 juillet 2012. 2e édition. Bruylant. Bruxelles, 2016.

Borcan, Daniela. Ciuruc, Manuela: *Herausgeber: Laporte-Legeais, Marie-Eugénie. Moreau, Michel.* Nouveau Code Civil Roumain. Traduction commentée. Noul Cod civil. La lettre des lois. Juriscope. Paris, 2013.

Borrás, Alegría: *Les ordres plurilégislatifs dans le droit international privé actuel.* Académie de Droit International. Recueil des Cours. 1994-V. Band 249. Nijhoff. The Hague, 1996. (Seite 145–368).

Borrás, Alegría: La Convention de la Haye de 1989 sur la loi applicable aux successions à cause de mort et l'Espagne. In: Borrás, Alegría. Bucher, Andreas. Struycken, Teun. Verwilghen, Michel (Hrsg.): *E Pluribus Unum: Liber Amicorum Georges A.L. Droz - on the Progressive Unification of Private International Law.* Martinus Nijhoff Publishers. The Hague, 1996. (Seite 7–24).

Bouckaert, Frans./Deutsches Notarinstitut <Würzburg> Les successions internationales dans l'UE. Perspectives pour une harmonisation ; (Conférence Bruxelles 10.-11.05.2004). Deutsches Notarinstitut. Würzburg, 2004. (Seite 417–429).

Boulanger, François: Les Successions Internationales. Problèmes contemporains. Economica. Paris, 1981.

Boye, Abd-El-Kader: *Le statut personnel dans le droit international privé des pays africains au sud du Sahara. Conceptions et solutions des conflits de lois. Le poids de la tradition négro-africaine personnaliste.* Académie de Droit International. Recueil des Cours. 1993 - I. Band 238. Nijhoff. The Hague, 1994. (Seite 247–419).

Brandi, Tim: Das Haager Abkommen von 1989 über das auf die Erbfolge anzuwendende Recht. Duncker und Humblot. Berlin, 1996.

Bratvogel, Katharina: Rechtswahlfreiheit. Die historische Entwicklung der Rechtswahlfreiheit mit Blick auf den Wahlmechanismus im Vorschlag für eine Verordnung des Europäischen Parlaments und des Rates über ein Gemeinsames Europäisches Kaufrecht. Studien zum internationalen Privat- und Verfahrensrecht; Band 54. Jenaer Wissenschaftliche Verlagsgesellschaft. Jena, 2016.

Breslauer, Walter: The private international Law of succession in England, America and Germany. Sweet & Maxwell. London, 1937.

Bridge, Michael G: *Uniform Probate Code Section 2–202: A Proposal to Include Life Insurance Assets Within the Augmented Estate.* Cornell Law Review. Volume 74, Issue 3, March 1989. (Seite 511–531).

Bříza, Petr. Břicháček, Tomáš. Fišerová, Zuzana. Horák, Pavel. Ptáček, Lubomír. Svoboda, Jiří: Zákon o mezinárodním právu soukromém komentář. Beck. Praha, 2014.

Brosch, Marlene. Rechtswahl und Gerichtsstandsvereinbarung im internationalen Familien- und Erbrecht der EU. Studien zum ausländischen und internationalen Privatrecht; 412. Mohr Siebeck. Tübingen, 2019.

Brown, Gordon. Myers, Scott: Administration of Wills, Trusts and Estates. Fifth Edition. Cengage Learning. Delmar, 2013.

Burandt, Wolfgang. Rojahn, Dieter (Hrsg.): Erbrecht. Beck'sche Kurz-Kommentare; Band 65. 2. Auflage. C.H. Beck. München, 2014.

Burghaus, Julia: Die Vereinheitlichung des Internationalen Ehegüterrechts in Europa. Peter Lang. Frankfurt am Main; Berlin; Bern; Wien [u.a.], 2010.

Buruiană, Mihail. Efrim, Oleg. Eşanu, Nicolae: Comentariul codului civil al Republicii Moldova. Volumul II. Ed. ARC. Chişinaŭ, 2006.

Calvo Caravaca, Alfonso-Luis. Davì, Angelo. Mansel, Heinz-Peter (Hrsg.): The EU Succession Regulation. A commentary. Cambridge University Press. Cambridge, 2016.

Căpăţînă, Octavian: *Das neue rumänische Internationale Privatrecht*. Rabels Zeitschrift für ausländisches und internationales Privatrecht 58, 1994. (Seite 465–522).

Capaul, Gian Andri: Zum Anknüpfungszeitpunk im internationalen Erbrecht. In: Grolimund, Pascal. Koller, Alfred. Loacker, Leander D. Portmann, Wolfgang (Hrsg.): *Festschrift für Anton K. Schnyder*. Schulthess. Zürich, 2018. (Seite 49–62).

Carlier, Jean-Yves: Autonomie de la volonté et statut personnel. Étude prospective de droit international privé. Travaux de la Faculté de Droit de l'Université Catholique de Louvain ; 4. Bruylant. Bruxelles, 1992.

Carrascosa González, Javier: El Reglamento Sucesorio Europeo 650/2012 de 4 de julio 2012: análisis crítico. Comares. Granada, 2014.

Carrascosa González, Javier: *Reglamento Sucesorio Europeo y Actividad Notarial*. Cuadernos de Derecho Transnacional (Marzo 2014), Vol. 6, N° 1, (Seite 5–44).

Castelein, Christoph, Foqué René. Verbeke, Alain: Imperative inheritance law in a late-modern society. Five perspectives. Intersentia. Antwerp, 2009.

Charytonov, Jeyhen O. Holubjeva, N. Ju: Цивільний кодекс України. науково-практичний коментар (Cyvil'nyj kodeks Ukraïny. Naukovo-praktyčnyj komentar). Verlag Odissej. Harkiv, 2011.

Chernysch, Volodymyr: Chapitre XXII - Ukraine. In: Union Internationale du Notariat Latin, Commission des Affaires Européennes et de la Méditerranée.

Sous la direction de Michel Verwilghen (Hrsg.): *Régimes matrimoniaux, successions et libéralités dans les relations internationales et internes III*. Bruylant. Bruxelles, 2003. (Seite 2619–2670).

Chiricǎ, Dan: Tratat de drept civil, succesiunile şi liberalităţile. Beck. Bucureşti, 2014.

Chocomeli, Carmen. Idelmann, Bernhard: *Pflichtteilsrecht und testamentarische Enterbung im spanischen Erbrecht im Kontext der aktuellen höchstrichterlichen Rechtsprechung*. Informaciones III/2014. Zeitschrift für den deutsch-spanischen Rechtsverkehr. Revista jurídica hispano-alemana. (Seite 175–180).

Christandl, Gregor: *Multi-Unit States in European Union Private International Law*. Journal of Private International Law, Vol. 9, Issue 2, 2013. (Seite 219–244).

Čigir, Vasilij F. (Hrsg.): Graždanskij kodeks Respubliki Belarus. Prijat palatoj predstabitelej 28 oktjabra 1998 goda, dobren sovetom Respubliki Nacional'nogo sobranija Respubliki Belarus' 19 nojabrja 1998 goda; pod prez. Respubliki Belarus' A. Lukašenko 7 dekabrja 1998 g., g. Minsk No 218–3; s kommentarijami k razdelam. Verlag Amalfeja. Minsk, 2000.

Čigir, Vasilij F. (Hrsg.): Graždanskij kodeks Respubliki Belarus. Utverždenzakonom Respubliki Belarus' ot 11 ijunja 1964 g; vveden v dejstvie s 1 janvarja 1965 g; (s izmenenijami i dopolnenijami po sostojaniju na 3 marta 1994 g). Verlag Amalfeja. Minsk, 1994.

Cobas Cobiellas, María Elena: *Hacia un nuevo enfoque de las legítimas*. Revista de Derecho Patrimonial n°17, 2006. (Seite 49–65).

Coester, Michael: *International Aspects of German Estate Law*. Loyola of Los Angeles international and comparative law review. Volume 4, Number 1 (1981). (Seite 53–86).

Collins, Lawrence: Dicey, Morris and Collins on the Conflict of Laws. Band 2. Sweet & Marxwell. 15. Ed. London, 2012.

Corneloup, Sabine: Grundlagen der Rechtswahl im Familien- und Erbrecht. In: Roth, Andreas (Hrsg.): *Die Wahl ausländischen Rechts im Familien- und Erbrecht*. Nomos. Baden-Baden, 2013. (Seite 15–32).

Cubeddu Wiedemann, Maria Giovanna. Wiedemann, Anton: Italien. In: Süß, Rembert (Hrsg.): *Erbrecht in Europa*. Zerb Verlag. 3. Auflage. Bonn, 2015. (Seite 695–768).

Damascelli, Domenico: *Herausgeber: Sesta, Michele*. Codice delle successioni e donazioni. Volume II – Leggi collegate. Le fonti del diritto italiano. I testi fondamentali commentati con la dottrina e anottati con la giurisprudenza. Diritto internazionale Privato. Giuffrè Editore. Milano, 2011.

Danilevich, Aliaksandr: *Herausgeber: Blanpain, Roger*. Private International Law in Belarus. Kluwer Law International. Alphen aan den Rijn, 2012.

Daumiller, Barbara von: Die Rechtswahl im italienischen internationalen Erbrecht und ihre Auswirkungen im deutsch-italienischen Rechtsverkehr. Peter Lang. Frankfurt am Main, 2003.

Dauner-Lieb, Barbara: *Das Pflichtteilsrecht – Ketzerische Fragen an ein altehrwürdiges Institut* – Forum Familien- und Erbrecht, Heft 4/2002. (Seite 110–119).

Davì, Angelo: L'Autonomie de la Volonté en Droit International Privé des Successions dans la Perspective d'une Future Réglementation Européenne. In: Deutsches Notarinstitut Würzburg (Hrsg.): *Les Successions Internationales dans l'UE. Perspectives pour une harmonisation; [Conférence Bruxelles 10. - 11.05.2004].* Dt. Notarinstitut. Würzburg, 2004. (Seite 387–415).

Davì, Angelo. Zanobetti, Alessandra: Il nuovo diritto internazionale privato europeo delle successioni. G. Giappichelli Editore. Torino, 2014.

Davì, Angelo. Zanobetti, Alessandra: *Il nuovo diritto internazionale privato delle successioni nell'Unione Europea.* Cuadernos de Derecho Transnacional (Octubre 2013), Vol. 5 N°2, (Seite 5–139).

Davids, Berkeley Reynolds: New York Law of wills. Vol.1. Thompson. Northport, New York, 1923.

De Angulo, Miguel: Comentario Artículo 10.5. In: *Comentarios a las Reformas del Código Civil. El nuevo Título Preliminar del Código y la Ley de 2 de mayo de 1975.* Volumen I. Editorial Tecnos. Madrid, 1977. (Seite 520–529).

Debryckyi, Orest: Ukraine. In: Dörner, Heinrich. Hausmann, Rainer (Hrsg.). Begründet von: Ferid, Murad. Firsching, Karl. *Internationales Erbrecht. Quellensammlung mit systematischen Darstellungen des materiellen Erbrechts sowie des Kollisionsrechts der wichtigsten Staaten.* Band VIII. Beck. München & Berlin, 2015. (Stand der 94. Ergänzungslieferung).

Debryckyi, Orest. Yunko, Michael: Ukraine. In: Dörner, Heinrich. Hausmann, Rainer (Hrsg.). Begründet von: Ferid, Murad. Firsching, Karl. *Internationales Erbrecht. Quellensammlung mit systematischen Darstellungen des materiellen Erbrechts sowie des Kollisionsrechts der wichtigsten Staaten.* Band VIII. Beck. München & Berlin, 2019. (Stand der 107. Ergänzungslieferung). (Stand Ukraine: Juni 2018).

De Cesari, Patrizia: Autonomia della volontà e legge regolatrice delle successioni. Studi e pubblicazioni della Rivista di diritto internazionale privato e processuale; 54. Cedam. Milano, 2002.

Deixler-Hübner, Astrid: *Herausgeber: Deixler-Hübner, Astrid. Schauer, Martin.* Kommentar zur EU-Erbrechtsverordnung. Manz'sche Verlags- und Universitätsbuchhandlung. Wien, 2015.

De la Cámara Álvarez, Manuel: Compendio de Derecho Sucesorio. Ed. La Ley. Madrid, 2011.

Demetriou, Demetrios. Gottwald, Peter: *Zur Intestaterbfolge nach griechischen Muslimen.* Praxis des Internationalen Privat- und Verfahrensrechts. 15. Jahrgang, Heft 3, 1995, (Seite 193).

Dethloff, Nina: *Familien- und Erbrecht zwischen nationaler Rechtskultur, Vergemeinschaftung und Internationalität Perspektiven für die Forschung.* Zeitschrift für Europäisches Privatrecht. 15. Jahrgang. Heft 4/2007. Beck. München, 2007. (Seite 992–1005).

Deutscher Rat für Internationales Privatrecht: *Herausgeber: Drobnig, Ulrich. Ferid, Murad. Kegel, Gerhard.* Gutachten zum internationalen und ausländischen Privatrecht 1997. Nomos Verlagsgesellschaft. Baden-Baden, 1999.

Deutscher Rat für Internationales Privatrecht: *Herausgeber: Drobnig, Ulrich. Ferid, Murad. Kegel, Gerhard.* Gutachten zum internationalen und ausländischen Privatrecht 1996. Nomos Verlagsgesellschaft. Baden-Baden, 1997.

De Vries, Tina: Polen. In: Dörner, Heinrich. Hausmann, Rainer (Hrsg.). Begründet von: Ferid, Murad. Firsching, Karl. *Internationales Erbrecht. Quellensammlung mit systematischen Darstellungen des materiellen Erbrechts sowie des Kollisionsrechts der wichtigsten Staaten.* Band VI. Beck. München & Berlin, 2019. (Stand der 107. Ergänzungslieferung). (Stand Polen: 15.10.2015).

De Winter, Louis I: *Nationality or Domicile? The present state of affairs.* Académie de Droit International. Recueil des Cours. 1969 - III. Band 128. Nijhoff. The Hague, 1970. (Seite 349–503).

Díez-Picazo, Luis. Gullón, Antonio: Sistema de derecho civil. Band 1. Parte general del derecho civil y personas jurídicas. 13. ed. Tecnos. Madrid, 2016.

Dobiáš, Petr: *Die Neuregelung des Internationalen Privatrechts in der Tschechischen Republik.* RIW, 58. Jahrgang, Heft 10/2012. (Seite 671–677).

Dobiáš, Petr. Hálová, Markéta. Kovařík, Zdeněk a kolektiv: Zákon o mezinárodním právu soukromém komentář. Podle právního stavu k 1. lednu 2014. Leges. Praha, 2013.

Dopffel, Peter: *Herausgeber: Wagner, Wolfgang.* Entwicklung des Erbrechts in Schweden und Finnland. Vittorio Klostermann. Frankfurt am Main, 1986.

Dopffel, Peter: Internationales Ehegüterrecht und Erbrecht. In: *Dopffel, Peter. Drobnig, Ulrich. Siehr, Kurt (Hrsg.): Reform des deutschen internationalen Privatrechts.* Mohr Siebeck. Tübingen, 1980. (Seite 45–52).

Dopffel, Peter. Siehr, Kurt: *B. Thesen zur Reform des internationalen Privat- und Verfahrensrechts.* Rabels Zeitschrift für ausländisches und internationales Privatrecht 44, 1980. (Seite 344–366).

Dorth, Katharina: *Testamentarische Anordnung eines ausländischen Vindikationslegats im Hinblick auf ein deutsches Nachlassgrundstück.* ZEV 2018, Heft 1, (Seite 11–14).

Dovgert, Anatoliy: *Herausgeber: Bonomi, Andrea. Volken, Paul. Codification of Private International Law in Ukraine.* Yearbook of Private International Law. Vol. VII 2005. (Seite 131–159).

Döbereiner, Christoph: *Damnationslegate unter Geltung der EuErbVO am Beispiel des deutsch-französischen Rechtsverkehrs.* ZEV 2015, Heft 10, (Seite 559–563).

Döbereiner, Christoph: *(Bindende?) Rechtswahlen nach der EU-Erbrechtsverordnung.* DNotZ 2014, Heft 5, (Seite 323–341).

Döbereiner, Christoph: *Vindikationslegate unter Geltung der EU-Erbrechtsverordnung.* GPR Heft 1/2014, (Seite 42–44).

Döbereiner, Christoph: *Das internationale Erbrecht nach der EU-Erbrechtsverordnung (Teil II).* MittBayNot 2013, Heft 6, (Seite 437–446).

Döbereiner, Christoph: *Das internationale Erbrecht nach der EU-Erbrechtsverordnung (Teil I).* MittBayNot 2013, Heft 5, (Seite 358–366).

Döbereiner, Christoph: Erbrecht in Frankreich. In: Süß, Rembert. Haas, Ulrich (Hrsg.): *Erbrecht in Europa.* Zerb Verlag. Angelbachtal, 2004. (Seite 380–446).

Dölle, Hans: *Die Rechtswahl im Internationalen Erbrecht.* Rabels Zeitschrift für ausländisches und internationales Privatrecht 30, 1966. (Seite 205–239).

Dörner, Heinrich: J. von Staudingers Kommentar zum Bürgerlichen Gesetzbuch mit Einführungsgesetz und Nebengesetzen EGBGB/IPR - Art. 25, 26 EGBGB (Internationales Erbrecht). Sellier – de Gruyter. Berlin, 2007.

Dörner, Heinrich: § 11. Der Trust im deutschen Internationalen Privatrecht. In: Richter, Andreas. Wachter, Thomas (Hrsg.): *Handbuch des internationalen Stiftungsrechts.* Nomos. Baden-Baden, 2007. (Seite 211–228).

Dörner, Heinrich. Hertel, Christian. Lagarde, Paul. Riering, Wolfgang: *Auf dem Weg zu einem europäischen Internationalen Erb- und Erbverfahrensrecht.* Praxis des Internationalen Privat- und Verfahrensrechts. 25. Jahrgang, Heft 1, 2005, (Seite 1–8).

Dreher, Karin: *Herausgeber: von Hoffmann, Bernd. Jayme, Erik.* Die Rechtswahl im internationalen Erbrecht unter besonderer Berücksichtigung des italienischen IPR-Reformgesetzes N. 218 vom 31. Mai 1995. Peter Lang. Frankfurt am Main, 1999.

Dubler, César E: Les clauses d'exception en droit international privé. Études suisses de droit international. Vol. 35. Georg. Genève, 1983.

Dumoulin, Franz Josef: *Vereinheitlichung des internationalen Ehegüter- und Erbrechts: Die Vorschläge der Internationalen Union des lateinischen Notariats.* Rabels Zeitschrift für ausländisches und internationales Privatrecht 28, 1964. (Seite 425–435).

Dutoit, Bernard: Droit international privé suisse. Commentaire de la loi fédérale du 18 décembre 1987. Helbing & Lichtenhahn. Bâle, Genève, München, 2001.

Dutta, Anatol: Verordnung (EU) Nr. 650/2012 des Europäischen Parlaments und des Rates vom 4. Juli 2012 über die Zuständigkeit, das anzuwendende Recht, die Anerkennung und Vollstreckung von Entscheidungen und die Annahme und Vollstreckung öffentlicher Urkunden in Erbsachen sowie zur Einführung eines Europäischen Nachlasszeugnisses (EuErbVO). In: Säcke, Franz Jürgen. Rixecker, Roland (Hrsg.): *Münchener Kommentar zum BGB. Band 11. Internationales Privatrecht I. Teil 4. Internationales Erbrecht.* 7. Auflage. C.H. Beck. München, 2018.

Dutta, Anatol: Vierter Abschnitt. Erbrecht. In: Säcke, Franz Jürgen. Rixecker, Roland (Hrsg.): *Münchener Kommentar zum BGB. Band 11. Einführungsgesetz zum Bürgerlichen Gesetzbuch.* 6. Auflage. C.H. Beck. München, 2015.

Dutta, Anatol: *Die europäische Erbrechtsverordnung vor ihrem Anwendungsbeginn: Zehn ausgewählte Streitstandsminiaturen.* Praxis des Internationalen Privat- und Verfahrensrechts. 35. Jahrgang, Heft 1, 2015, (Seite 32–39).

Dutta, Anatol: Warum Erbrecht? Das Vermögensrecht des Generationenwechsels in funktionaler Betrachtung. Beiträge zum ausländischen und internationalen Privatrecht 101. Mohr Siebeck. Tübingen, 2014.

Dutta, Anatol: The Legal Protection of the Surviving Spouse – German Law in Comparative Perspective. In: Frantzen, Torstein (Hrsg.): *Inheritance Law - Challenges and Reform. A Norwegian-German Research Seminar.* Berliner Wissenschafts-Verlag. Berlin, 2013. (Seite 35–50).

Dutta, Anatol: *Das neue internationale Erbrecht der Europäischen Union – Eine erste Lektüre der Erbrechtsverordnung.* FamRZ 2013, Heft 1. (Seite 4–15).

Dutta, Anatol: Die Rechtswahlfreiheit im künftigen internationalen Erbrecht der Europäischen Union. In: Reichelt, Gerte. Rechberger, Walter H. (Hrgs.): *Europäisches Erb- und Erbverfahrensrecht.* Jan Sramek Verlag. Wien, 2011. (Seite 57–84).

Dutta, Anatol: *Entwicklungen des Pflichtteilsrechts in Europa.* FamRZ 2011, Heft 23. (Seite 1829–1840).

Dutta, Anatol: *Succession and Wills in the Conflict of Laws on the Eve of Europeanisation.* Rabels Zeitschrift für ausländisches und internationales Privatrecht 73, 2009. (Seite 547–606).

Dutta, Anatol: *Die Abgrenzung von Gesellschaftsstatut und Erbstatut beim Tod des Gesellschafters.* Rabels Zeitschrift für ausländisches und internationales Privatrecht 73, 2009. (Seite 727–749).

Dutta, Anatol. Heinze, Christian: Mehr Freiheit wagen. Beiträge zur Emeritierung von Jürgen Basedow. Beiträge zum ausländischen und internationalen Privatrecht; 124. Mohr Siebeck. Tübingen, 2018.

Dutta, Anatol. Herrler, Sebastian: Die Europäische Erbrechtsverordnung. Schriftenreihe des Deutschen Notarinstituts. Beck. München, 2014.

Dutta, Anatol. Weber, Johannes: Internationales Erbrecht. EuErbVO, erbrechtliche Staatsverträge, EGBGB, IntErbRVG, IntErbStR, IntSchenkungsR. Beck'sche Kurz-Kommentare. C.H. Beck. München, 2016.

Dück, Hermann: Armenien. Aserbaidschan. In: Dörner, Heinrich. Hausmann, Rainer (Hrsg.). Begründet von: Ferid, Murad. Firsching, Karl. *Internationales Erbrecht. Quellensammlung mit systematischen Darstellungen des materiellen Erbrechts sowie des Kollisionsrechts der wichtigsten Staaten.* Band I. Beck. München & Berlin, 2019. (Stand der 107. Ergänzungslieferung). (Stand Armenien: 1. Mai 2014, Stand Aserbaidschan: 1. November 2012).

Ebenroth, Carsten Thomas: Erbrecht. Juristische Kurzlehrbücher für Studium und Praxis. Beck. München, 1992.

Ebrat Picart, Alejandro: Las sucesiones, donaciones y testamentos en Cataluña. Primera Edición. Deusto. Barcelona, 2012.

Elwan, Omaia: *Herausgeber: Menhofer, Bruno. Otto, Dirk.* Gutachten zum ausländischen Familien- und Erbrecht. Naher und Mittlerer Osten, Afrika und Asien. Verlag für Standesamtswesen. Frankfurt am Main/Berlin, 2005.

Ernst, Ulrich: *Das polnische IPR-Gesetz von 2011. Mitgliedstaatliche Rekodifikation in Zeiten supranationaler Kompetenzwahrnehmung.* Rabels Zeitschrift für ausländisches und internationales Privatrecht 76, 2012. (Seite 597–653).

Everts, Arne: *Neue Perspektiven zur Pflichtteilsdämpfung aufgrund der EuErbVO?* ZEV 2013, Heft 3, (Seite 124–127).

Fauvarque-Cosson, Bénédicte: L'accord procédural à l'épreuve du temps. In: *Le droit international privé: esprit et méthodes. Mélanges en l'honneur de Paul Lagarde.* Dalloz. Paris, 2005. (Seite 263–284).

Fauvarque-Cosson, Bénédicte: Foreign Law Before the French Courts: The Conflicts of Law Perspective. In: Canivet, Guy. Andenas, Mads. Fairgrieve, Duncan (Hrsg.): *Comparative law before the courts.* British Institute of International and Comparative Law. London, 2004. (Seite 3–12).

Ferid, Murad: Die gewillkürte Erbfolge im internationalen Privatrecht. In: Lauterbach, Wolfgang (Hrsg.): *Vorschläge und Gutachten zur Reform des deutschen internationalen Erbrechts.* Materialien zum ausländischen und internationalen Privatrecht, Band 12. Mohr Siebeck. Tübingen, 1969. (Seite 91–120).

Ferid, Murad: Frankreich. In: Dörner, Heinrich. Hausmann, Rainer (Hrsg.). Begründet von: Ferid, Murad. Firsching, Karl. *Internationales Erbrecht.*

Quellensammlung mit systematischen Darstellungen des materiellen Erbrechts sowie des Kollisionsrechts der wichtigsten Staaten. Band II. Beck. München & Berlin, 2019. (Stand der 107. Ergänzungslieferung). (Stand Frankreich: 1.12.1987).

Fernández-Hierro, María. Fernández-Hierro, Marta: *Panorama legislativo actual de la libertad de testar.* Academia Vasca de Derecho. Boletín JADO. Año VIII. Núm.19. Bilbao, 2010.

Fernández-Tresguerres García, Ana: Las sucesiones "mortis causa" en Europa: aplicación del Reglamento (UE) N° 650/2012. Primera edición. Thomson Reuters Aranzadi. Navarra, 2016.

Fetsch, Johannes: *Auslandsvermögen im Internationalen Erbrecht - Testamente und Erbverträge, Erbschein und Ausschlagung bei Auslandsvermögen.* RNotZ 2006, Heft 3, (Seite 77–117).

Fiala, Roman. Drápal, Ljubomír: Občanský zákoník - Dědické právo (§ 1475 - 1720). Band 4. Beck. Praha, 2015.

Firsching, Karl: Deutschland. In: Dörner, Heinrich. Hausmann, Rainer (Hrsg.). Begründet von: Ferid, Murad. Firsching, Karl. *Internationales Erbrecht. Quellensammlung mit systematischen Darstellungen des materiellen Erbrechts sowie des Kollisionsrechts der wichtigsten Staaten.* Band II. Beck. München & Berlin, 2019. (Stand der 107. Ergänzungslieferung). (Stand Deutschland: 31.12.2004).

Flick, Hans. Piltz, Detlev J.: Der Internationale Erbfall. Erbrecht, internationales Privatrecht, Erbschaftsteuerrecht. Beck. München, 2008.

Fontanellas Morell, Josep M.: La professio iuris sucesoria. Marcial Pons. Madrid, 2010.

Font i Segura, Albert: *Actualización y desarrollo del sistema de derecho interregional.* De Conflictu Legum – Estudios de Derecho Internacional Privado Núm.10. Universidade de Santiago de Compostela. Santiago de Compostela, 2007.

Frank, Jan-Hendrik. Leithold, Steffen: *Die Ermittlung des anwendbaren Erbrechts im deutsch/US-amerikanischen Erbfall nach der EuErbVO.* ZEV 2014, Heft 9, (Seite 462–469).

Frankenstein, Ernst: Internationales Privatrecht (Grenzrecht). Vierter Band. Rothschild. Berlin-Grunewald, 1935.

Frantzen, Torstein: Europäisches internationales Erbrecht. In: Mansel, Heinz-Peter. Hausmann, Rainer. Kohler, Christian. Kronke, Herbert. Pfeiffer, Thomas (Hrsg.): *Festschrift für Erik Jayme.* Band I. Sellier European Law Publ. München, 2004. (Seite 187–196).

Frantzen, Torstein: Arveoppgjør ved internasjonale ekteskap. Studier i norsk internasjonal privatrett med særlig vekt på gjenlevende ektefelles rettsstilling. Fagbokforlaget. Bergen, 2002.

Fresnedo de Aguirre, Cecilia: La autonomía de la voluntad en la contratación internacional. Fundación de cultura universitaria. Montevideo, 1991.

Frick, Mario: *Anerkennung und Vollstreckung ausländischer Urteile in Liechtenstein - Ein Überblick*. Liechtensteinjournal 4/2010, 8. Ausgabe, 2. Jahrgang. (Seite 106–111).

Fulli-Lemaire, Samuel. Rojas Tamayo, Daniel: France. In: Esplugues Mota, Carlos (Hrsg.): *Application of Foreign Law*. Sellier European Law Publishers. München, 2011. (Seite 185–199).

Galindo Garfias, Ignacio: Un siglo de derecho civil mexicano. Memoria del II Coloquio Nacional de Derecho Civil. Universidad Nacional Autónoma de México, Imprenta Universitaria. México, 1985.

Gärtner, Franz: Die Behandlung ausländischer Vindikationslegate im deutschen Recht. Beck. München, 2014.

Gbaguidi, Ahonagnon Noel: Erbrecht an Grund und Boden in Benin. Betrachtung zur Ermittlung des Erbstatuts in einem Mehrrechtsstaat. Bayreuth African Studies Series; 32. Bayreuth University, 1994.

Geimer, Reinhold: Die geplante Europäische Erbrechtsverordnung. In: Reichelt, Gerte. Rechberger, Walter H. (Hrsg.): *Europäisches Erb-und Erbverfahrensrecht*. Jan Sramek Verlag. Wien, 2011. (Seite 1–24).

Giesen, Reinhard: Die Anknüpfung des Personalstatuts im norwegischen und deutschen internationalen Privatrecht. Mohr Siebeck. Tübingen, 2010.

Gim, Ju su. Kim, Sang-Yong: Chin jog, sang sog beob. Verlag Beob mun sa. Pa ju, 2013.

Glenn, Patrick: *Codification of Private International Law in Quebec*. Rabels Zeitschrift für ausländisches und internationales Privatrecht 60, 1996. (Seite 231–268).

Gómez Taboada, Jesús: Derecho de sucesiones de Cataluña. Teoría y práctica. Lex Nova. Pamplona, 2012.

González Campos, Julio D. Borrás, Alegría: Chapter 17, Spain. In: Hayton, David (Hrsg.): *European Succession Laws*. Second Edition. Jordans. Bristol, 2002. (Seite 431–464).

Gottschalk, Paul Richard: § 3 Erwerb von Todes wegen. Schenkung auf den Todesfall. In: Troll, Max. Gebel, Dieter. Jülicher, Marc (Hrsg.): *Erbschaftsteuer- und Schenkungsteuergesetz mit Bewertungsrecht und Verfahrensrecht*. Verlag Franz Vahlen. München, 2016. (Rn. 243–254).

Graf, Hans Lothar: Nachlassrecht. Handbuch der Rechtspraxis Band 6. 10. Auflage. Beck. 2014. (3. Eigenhändiges Testament, Rn. 1.103–1.108b).

Gralla, Erhardt: *Polen: Neues internationales Zivilverfahrensrecht.* WiRO 2011, Heft 7, (Seite 204–213).

Gruber, Michael. Kalss, Susanne. Müller, Katharina. Schauer, Martin (Hrsg.): Erbrecht und Vermögensnachfolge. Springer. Wien, 2010.

Gruber, Urs Peter: *Die neue EG-Unterhaltsverordnung.* Praxis des Internationalen Privat- und Verfahrensrechts. 30. Jahrgang, Heft 2, 2010. (Seite 128–139).

Haas, Ingeborg: Die Reform des Erb- und Verjährungsrechts. 1. Auflage. Rudolf Haufe Verlag. München, 2009.

Haas, Ulrich: *Ist das Pflichtteilsrecht verfassungswidrig?* ZEV 2000, Heft 7, (Seite 249–292).

Haas, Ulrich. Sieghörtner, Robert: 9. Kapitel Internationale Testamentsvollstreckung. 9. Abgrenzung/Kollision des Erbstatuts zu/mit anderen Statuten. In: Bengel, Manfred. Reimann, Wolfgang (Hrsg.): Handbuch der Testamentsvollstreckung. 6. Auflage. Beck. München, 2017. (Rn. 67).

Haas, Ulrich. Sieghörtner, Robert: 9. Kapitel Internationale Testamentsvollstreckung. 5. Abgrenzung/Kollision des Erbstatuts zu/mit anderen Statuten. In: Bengel, Manfred. Reimann, Wolfgang (Hrsg.): *Handbuch der Testamentsvollstreckung.* 5. Auflage. Beck. München, 2013. (Rn. 58–73).

Hausmann, Rainer: Internationales und europäisches Ehescheidungsrecht mit Scheidungsfolgenrecht. 1. Auflage. Beck. München, 2013.

Hausmann, Rainer. Trabucchi, Giuseppe: Italien. In: Dörner, Heinrich. Hausmann, Rainer (Hrsg.). Begründet von: Ferid, Murad. Firsching, Karl. *Internationales Erbrecht. Quellensammlung mit systematischen Darstellungen des materiellen Erbrechts sowie des Kollisionsrechts der wichtigsten Staaten.* Band III. Beck. München & Berlin, 2019. (Stand der 107. Ergänzungslieferung). (Stand Italien: 1. Februar 2014).

Hay, Peter. Borchers, Patrick J. Symeonides, Symeon C.: Conflict of Laws. Fifth Edition. Hornbook Series. West. St. Paul, MN, 2010.

Hayton, David: Chapter 1, The Problems of Diversity. In: Hayton, David (Hrsg.): *European Succession Laws.* Second Edition. Jordans. Bristol, 2002. (Seite 1–21).

Heckel, Martin: Das Fiskuserbrecht im Internationalen Privatrecht. Eine rechtsvergleichende Untersuchung im Hinblick auf ein künftiges europäisches Kollisionsrecht. Mohr Siebeck. Tübingen, 2006.

Heinig, Jens: *Rechtswahlen im Erbrecht nach nationalem Kollisionsrecht – Der Countdown läuft!* RNotZ 2014, Heft 6, (Seite 281–309).

Heinig, Jens: *Rechtswahlen in Verfügungen von Todes wegen nach der EU-Erbrechts-Verordnung*. RNotZ 2014, Heft 5, (Seite 197–230).

Henrich, Dieter: Festvortrag: Privatautonomie, Parteiautonomie, (familienrechtliche) Zukunftsaspekte. In: Kleinschmidt, Jens. Kronke, Herbert. Raab, Thomas. Robbers, Gerhard. Thorn, Karsten (Hrsg.): *Strukturelle Ungleichgewichtslagen in der internationalen Streitbeilegung. Symposium in Gedenken an Bernd von Hoffmann*. PL Academic Research. Frankfurt am Main, 2016. (Seite 25–36).

Henrich, Dieter: Testierfreiheit vs. Pflichtteilsrecht. Schriften der Juristischen Studiengesellschaft Regensburg e.V. Heft 23. Beck. München, 2000.

Hemme, Susanne: Schutz des Eigentums und des Erbrechts als Gegenstand des Art. 1 Abs. 1 des 1. Zusatzprotokolls zur EMRK. In: Böllmann, Felix. Hemme, Susanne. Korkmaz, Ömer. Kühn, Friedrich. Sinn, Arndt (Hrsg.): *Die Menschenrechte als Grundlage für eine gesamteuropäische Rechtsentwicklung und ihr Einfluss auf das Strafrecht, das Öffentliche Recht und das Zivilrecht*. Deutsch-Türkische Rechtsstudien, Band 5. Berliner Wissenschafts-Verlag. Berlin, 2006. (Seite 247–264).

Herranz Ballesteros, Mónica: *The Regime of Party Autonomy in the Brussels I Recast: the Solutions Adopted for Agreements on Jurisdiction*. Journal of Private International Law, Vol. 10, Issue 2, 2014. (Seite 291–308).

Herweg, Cornelia: Die Vereinheitlichung des internationalen Erbrechts im europäischen Binnenmarkt. Nomos. Baden-Baden, 2004.

Hierneis, Otto: Das besondere Erbrecht der sogenannten Foralrechtsgebiete Spaniens. De Gruyter. Berlin, 1966.

Hill, Jonathan. Ní Schúilleabháin, Máire: Clarkson & Hill's Conflict of Laws. Fifth Edition. Oxford University Press. Oxford, 2016.

Hirse, Thomas: Die Ausweichklausel im Internationalen Privatrecht. Mohr Siebeck. Tübingen, 2006.

Hohloch, Gerhard: Rechtswahl als Anknüpfungsprinzip (Zur Bedeutung des Parteiwillens im europäischen Internationalen Privatrecht). In: Frantzen, Torstein (Hrsg.): *Rett og toleranse. Festskrift til Helge Johan Thue, 70 år*. Gyldendal. Oslo, 2007. (Seite 257 ff.)

Honsell, Heinrich. Vogt, Nedim Peter. Schnyder, Anton K. Berti, Stephen V.: Basler Kommentar. Internationales Privatrecht. 3. Auflage. Helbing Lichtenhahn Verlag. Basel, 2013.

Hotz, Klaus P.: Die Rechtswahl im Erbrecht im interkantonalen und internationalen Verhältnis. Schulthess. Zürich, 1969.

Hustedt, Volker: Erbrecht in Belgien. In: Süß, Rembert. Haas, Ulrich (Hrsg.): *Erbrecht in Europa*. Zerb Verlag. Angelbachtal, 2004. (Seite 263–286).

Hustedt, Volker. Schür, Gido: Belgien. In: Süß, Rembert (Hrsg.): *Erbrecht in Europa*. Zerb Verlag. 3. Auflage. Bonn, 2015. (Seite 223–284).

Hustedt, Volker. Genkin, Katia: Belgien. In: Dörner, Heinrich. Hausmann, Rainer (Hrsg.). Begründet von: Ferid, Murad. Firsching, Karl. *Internationales Erbrecht. Quellensammlung mit systematischen Darstellungen des materiellen Erbrechts sowie des Kollisionsrechts der wichtigsten Staaten*. Band I. Beck. München & Berlin, 2019. (Stand der 107. Ergänzungslieferung). (Stand Belgien: Dezember 2007).

Huzel, Erhard: Portugal. In: Süß, Rembert. *Erbrecht in Europa*. Zerb Verlag. 3. Auflage. Bonn, 2015. (Seite 1019–1065).

Hüßtege, Rainer. Mansel, Heinz-Peter (Hrsg.): Rom-Verordnungen. Nomos-Kommentar BGB. Band 6. 2. Auflage. Nomos. Baden-Baden, 2015.

Iglesias Buigues, José Luis. Palao Moreno, Guillermo (Hrsg.): Sucesiones Internacionales. Comentarios al Reglamento (UE) 650/2012. Tirant Lo Blanch. Valencia, 2015.

Ilja, Merit Ene: *Estland: Neues IPR - Law on the General Principles of the Civil Code*. Praxis des Internationalen Privat- und Verfahrensrechts. 16. Jahrgang, Heft 6, 1996. (Seite 439–442).

Illmer, Martin: Gerichtsstandsvereinbarung, internationale. In: Basedow, Jürgen. Hopt, Klaus J. Zimmermann, Reinhard (Hrsg.): *Handwörterbuch des europäischen Privatrechts*. Band I. Mohr Siebeck. Tübingen, 2009. (Seite 688–693).

Ivanova, Stela: Bulgarien. In: Süß, Rembert (Hrsg.): *Erbrecht in Europa*. Zerb Verlag. 3. Auflage. Bonn, 2015. (Seite 321–340).

Ivanova, Stela: *Gutachten Bulgarien. Materielles Erbrecht und Kollisionsvorschriften bei einer Erblasserin mit Wohnsitz in Deutschland*. Jahrbuch für Ostrecht 2010, Num. 51, (Seite 197–204).

Jan Michiel, Otto (Hrsg.): Sharia and National Law. Comparing the legal systems of twelve Islamic countries. The American University in Cairo Press. Kairo, 2010.

Jayme, Erik: Zur Reichweite des Erbstatuts. In: Reichelt, Gerte. Rechberger, Walter H. (Hrsg.): *Europäisches Erb- und Erbverfahrensrecht*. Jan Sramek Verlag. Wien, 2011. (Seite 27–40).

Jayme, Erik: Party Autonomy in International Family and Succession Law: New Tendencies. In: Bonomi, Andrea. Volken, Paul (Hrsg.): Yearbook of Private International Law. Vol. XI 2009. (Seite 1–10).

Jayme, Erik: *Rechtsspaltung im spanischen Privatrecht und deutsche Praxis*. Rabels Zeitschrift für ausländisches und internationales Privatrecht 55, 1991. (Seite 303–331).

Jayme, Erik: *Spanisches interregionales und deutsches internationales Privatrecht.* Praxis des Internationalen Privat- und Verfahrensrechts. 9. Jahrgang, Heft 5, 1989. (Seite 287–288).

Jayme, Erik: Internationales Familienrecht heute. In: Dieckmann, Albrecht. Frank, Rainer. Hanisch, Hans. Simitis, Spiros (Hrsg.): *Festschrift für Wolfram Müller-Freienfels.* Nomos Verlagsgesellschaft. Baden-Baden, 1986. (Seite 341–375).

Jayme, Erik: Pasquale Stanislao Mancini. Internationales Privatrecht zwischen Risorgimento und praktischer Jurisprudenz. Verlag Rolf Gremer. Ebelsbach, 1980.

Jayme, Erik. Nordmeier, Carl Friedrich: *Griechische Muslime in Thrazien: Internationales Familien- und Erbrecht in europäischer Perspektive.* Praxis des Internationalen Privat- und Verfahrensrechts. 28. Jahrgang, Heft 4, 2008. (Seite 369–370).

Jessel-Holst, Christa: The Bulgarian Private International Law Code of 2005. In: Bonomi, Andrea. Volken, Paul (Hrsg.): Yearbook of Private International Law. Vol. IX 2007. (Seite 375–385).

Jessel-Holst, Christa: *Bulgarien – Gesetzbuch über das Internationale Privatrecht vom 4. Mai 2005. Materialien.* Rabels Zeitschrift für ausländisches und internationales Privatrecht 71, 2007. (Seite 457–493).

Jessel-Holst, Christa: Bulgarien. In: Dörner, Heinrich. Hausmann, Rainer (Hrsg.). Begründet von: Ferid, Murad. Firsching, Karl. *Internationales Erbrecht. Quellensammlung mit systematischen Darstellungen des materiellen Erbrechts sowie des Kollisionsrechts der wichtigsten Staaten.* Band I. Beck. München & Berlin, 2019. (Stand der 107. Ergänzungslieferung). (Stand Bulgarien: 30.6.2017).

Jessel-Holst, Christa: Bulgarien. In: Dörner, Heinrich. Hausmann, Rainer (Hrsg.). Begründet von: Ferid, Murad. Firsching, Karl. *Internationales Erbrecht. Quellensammlung mit systematischen Darstellungen des materiellen Erbrechts sowie des Kollisionsrechts der wichtigsten Staaten.* Band I. Beck. München & Berlin, 2015. (Stand der 94. Ergänzungslieferung).

Johansson, Ernst: Schweden. In: Süß, Rembert (Hrsg.): *Erbrecht in Europa.* Zerb Verlag. 3. Auflage. Bonn, 2015. (Seite 1099–1139).

Johansson, Ernst: Erbrecht in Schweden. In: Süß, Rembert. Haas, Ulrich (Hrsg.): *Erbrecht in Europa.* Zerb Verlag. Angelbachtal, 2004. (Seite 850–883).

Jud, Brigitta: *Rechtswahl im Erbrecht: Das Grünbuch der Europäischen Kommission zum Erb- und Testamentsrecht.* GPR Heft 3/2005. (Seite 133–139).

Jülicher, Marc: *Die Joint Tenancy.* ZEV 2001, Heft 12, (Seite 469–474).

Juškevič, N. A. (Hrsg.): Graždanskij kodeks Respubliki Belarus. 7 dekabrja 1998 g. No 218–3. Verlag Amalfeja. Minsk, 2013.

Kastrissios, Eleftherios J.: Griechenland. In: Bergmann, Alexander. Ferid, Murad. Henrich, Dieter (Hrsg.): *Internationales Ehe- und Kindschaftsrecht.* Band VI. Verlag für Standesamtswesen. Frankfurt am Main, Berlin, 2016.

Käferböck, Thomas: Erleichterungen und Erschwernisse zur Realisierung des Erblasserwillens im internationalen Erbrecht. Das Haager Testamentsübereinkommen einerseits und die Problematik der Pflichtteilsermittlung bei Nachlassspaltung andererseits. Peter Lang. Frankfurt am Main, 2008.

Keim, Christopher: Rechtswahl nach der Europäischen Erbrechtsverordnung (EuErbVO). In: Roth, Andreas (Hrsg.): *Die Wahl ausländischen Rechts im Familien- und Erbrecht.* Nomos. Baden-Baden, 2013. (Seite 67–90).

Kemp, Peter: Grenzen der Rechtswahl im internationalen Ehegüter- und Erbrecht. Carl Heymanns Verlag, KG. Köln, 1999.

Kim-Ukkon, Louis: Republik Korea. In: Dörner, Heinrich. Hausmann, Rainer (Hrsg.). Begründet von: Ferid, Murad. Firsching, Karl. *Internationales Erbrecht. Quellensammlung mit systematischen Darstellungen des materiellen Erbrechts sowie des Kollisionsrechts der wichtigsten Staaten.* Band V. Beck. München & Berlin, 2019. (Stand der 107. Ergänzungslieferung). (Stand Republik Korea: 1.3.2003).

Kindler, Peter: From Nationality to Habitual Residence: Some brief remarks on the future EU Regulation on International Successions and Wills. In: Boele-Woelki, Katharina. Einhorn, Talia. Girsberger, Daniel. Symeonides, Symeon (Hrsg.): *Convergence and divergence in private international law. Liber Amicorum Kurt Siehr.* Schulthess. Zürich, 2010. (Seite 251–258).

Kindler, Peter: *Vom Staatsangehörigkeits- zum Domizilprinzip: das künftige internationale Erbrecht der Europäischen Union.* Praxis des Internationalen Privat- und Verfahrensrechts. 30. Jahrgang, Heft 1, 2010, (Seite 44–50).

Knorre, Karl-Friedrich. Mincke, Wolfgang: Finnland. In: Süß, Rembert (Hrsg.): Erbrecht in Europa. Zerb Verlag. 3. Auflage. Bonn, 2015. (Seite 467–489).

Knorre, Karl-Friedrich. Mincke, Wolfgang: Erbrecht in Finnland. In: Süß, Rembert. Haas, Ulrich (Hrsg.): Erbrecht in Europa. Zerb Verlag. Angelbachtal, 2004. (Seite 354–379).

Koch, Jens: Buch 2 – Recht der Schuldverhältnisse. Abschnitt 8. Titel 4. Schenkung. In: Säcke, Franz Jürgen. Rixecker, Roland (Hrsg.): *Münchener Kommentar zum BGB. Band 3. Schuldrecht – Besonderer Teil I. §§ 433–534.* 7. Auflage. C.H. Beck, 2016.

Kohler, Christian: *Kodifikation und Reform des Internationalen Privatrechts in Liechtenstein.* Praxis des Internationalen Privat- und Verfahrensrechts. 17. Jahrgang, Heft 5, 1997, (Seite 309–311).

Kokkini-Iatridou, Dimitra: Les clauses d'exception en matière de conflits de lois et de conflits de juridictions - ou le principe de proximité. XIVe Congrès International de Droit Comparé. Martinus Nijhoff Publishers. Dordrecht, 1994.

Kowalczyk,Barbara: *Praktische Auswirkungen des neuen polnischen IPR-Gesetzes für das Güter- und Erbrecht.* ZEV 2012, Heft 4, (Seite 194–198).

Kowalczyk,Barbara: *Spannungsverhältnis zwischen Güterrechtsstatut und Erbstatut nach den Kommissionsvorschlägen für das Internationale Ehegüter- und Erbrecht (Teil 1).* GPR Heft 4/2012. (Seite 212–218).

König-Tumpiya, Christian: Thailand. In: Dörner, Heinrich. Hausmann, Rainer (Hrsg.). Begründet von: Ferid, Murad. Firsching, Karl. *Internationales Erbrecht. Quellensammlung mit systematischen Darstellungen des materiellen Erbrechts sowie des Kollisionsrechts der wichtigsten Staaten.* Band VIII. Beck. München & Berlin, 2019. (Stand der 107. Ergänzungslieferung). (Stand Thailand: Juli 2018).

Kränzle, Michael: Heimat als Rechtsbegriff? Eine Untersuchung zu Domicile und gewöhnlichem Aufenthalt im Lichte der EU-Erbrechtsverordnung. Studien zum ausländischen und internationalen Privatrecht; 314. Mohr Siebeck. Tübingen, 2014.

Kreitlow, Maike: Das *domicile*-Prinzip im englischen Internationalen Privatrecht und seine europäische Perspektive. Schriften zum internationalen und vergleichenden Privatrecht; 3. Peter Lang. Frankfurt am Main, 2003.

Kristic, Thomas: § 15 Länderübersichten. In: Schlitt, Gerhard. Müller, Gabriele (Hrsg.): *Handbuch Pflichtteilsrecht.* 1. Auflage. Beck. München, 2010. (Seite 709 ff.).

Kroll-Ludwigs, Kathrin: *Rechtswahl- und Gerichtsstandsvereinbarungen nach der Europäischen Erbrechtsverordnung.* Zeitschrift Notar. Heft 3/2016. (Seite 75–85).

Kroll-Ludwigs, Kathrin: Die Rolle der Parteiautonomie im europäischen Kollisionsrecht. Beiträge zum ausländischen und internationalen Privatrecht 97. Mohr Siebeck. Tübingen, 2013.

Kropholler, Jan. Krüger, Hilmar. Riering, Wolfgang. Samtleben, Jürgen. Siehr, Kurt: Außereuropäische IPR-Gesetze. Deutsches Notarinstitut. Würzburg, 1999.

Krug, Walter (Hrsg.): Pflichtteilsprozess. Beraten, gestalten, durchsetzen. Nomos. Baden-Baden, 2014.

Kruis, Ferdinand: Das italienische internationale Erbrecht. Eine Untersuchung der Art. 46–50 des Gesetzes Nr. 218 vom 31.5.1995 unter besonderer Berücksichtigung deutsch-italienischer Erbfälle. Münchener Universitätsschriften, Reihe der Juristischen Fakultät 185. Beck. München, 2005.

Krüger, Hilmar. Braun, Julia: *Das Kollisionsrecht der Republik Kirgisistan*. Praxis des Internationalen Privat- und Verfahrensrechts. 24. Jahrgang, Heft 3, 2004, (Seite 270–275).

Krzywon, Hagen: *Die Rechtswahl im Erbrecht*. BWNotZ, Heft 1, 1987, (Seite 4–7).

Kutikov, Vladimir Josifov: Meždunarodno častno pravo na NR Bulgarija. Droit international privé de la R.P. de Bulgarie. Verlag Nauka i izkustvo. Sofija, 1976.

Kühne, Gunther: Die Parteiautonomie im internationalen Erbrecht. Gieseking. Bielefeld, 1973.

Kunz, Lena: *Nachlassspaltung durch die registerrechtliche Hintertür. Zur Koordination des Erb-, Sach- und Registerstatuts in der EuErbVO*. GPR Heft 5/2013. (Seite 293–295).

Lakomy, Slawomir: Erbrecht in Polen. In: Süß, Rembert. Haas, Ulrich (Hrsg.): *Erbrecht in Europa*. Zerb Verlag. Angelbachtal, 2004. (Seite 755–784).

Lakomy, Slawomir. Müller-Judenau, Jakub: Polen. In: Süß, Rembert (Hrsg.): *Erbrecht in Europa*. Zerb Verlag. 3. Auflage. Bonn, 2015. (Seite 995–1018).

Lammerding, Barbara Maria. Das Recht auf den Pflichtteil im deutschen und französischen Recht *de lege lata* und *de lege ferenda*. Kovač. Hamburg, 2013.

Lange, Knut Werner: *Das Erbkollisionsrecht im neuen Entwurf einer EU-ErbVO*. Informaciones II/2012. Zeitschrift für den deutsch-spanischen Rechtsverkehr. Revista jurídica hispano-alemana. (Seite 90–96).

Lange, Knut Werner: *Die geplante Harmonisierung des Internationalen Erbrechts in Europa*. Zeitschrift für Vergleichende Rechtswissenschaft 110, 2011, (Seite 426–442).

Lechner, Kurt: *Erbverträge und gemeinschaftliche Testamente in der neuen EU-Erbrechtsverordnung*. Neue Juristische Wochenschrift 2013, Heft 1–2, (Seite 26–27).

Lechner, Teresa: Die Reichweite des Erbstatuts in Abgrenzung zum Sachenrechtsstatut anhand der Europäischen Erbrechtsverordnung 650/2012. Nomos. Baden-Baden, 2017.

Lee, Byung-Jun: Kapitel 4 Zivilrecht. In: Korea Legislation Research Institute (Hrsg.): Einführung in das koreanische Recht. Berlin, Heidelberg, 2010. (Seite 79–114).

Lehmann, Daniel: *Erhöhter Druck auf Erbvertrag, gemeinschaftliches Testament sowie Vor- und Nacherbfolge durch die EuErbVO*. ZEV 2015, Heft 6, (Seite 309–315).

Lehmann, Daniel: *Die EU-Erbrechtsverordnung zur Abwicklung grenzüberschreitender Nachlässe*. Deutsches Steuerrecht (DStR) 2012, Heft 41, (Seite 2085–2089).

Lehmann, Daniel: *Internationale Reaktionen auf das Grünbuch zum Erb- und Testamentrecht.* Praxis des Internationalen Privat- und Verfahrensrechts. 26. Jahrgang, Heft 2, 2006, (Seite 204–207).

Leible, Stefan: *Kollisionsrecht und vertikaler Regulierungswettbewerb.* Rabels Zeitschrift für ausländisches und internationales Privatrecht 76, 2012. (Seite 374–400).

Leible, Stefan: Parteiautonomie im IPR – Allgemeines Anknüpfungsprinzip oder Verlegenheitslösung? In: Mansel, Heinz-Peter (Hrsg.): Festschrift für Erik Jayme. Band I. Sellier European Law Publ. München, 2004. (Seite 485–504).

Leible, Stefan. Unberath, Hannes: Brauchen wir eine Rom-0-Verordnung? Überlegungen zu einem Allgemeinen Teil des europäischen IPR. Studien zum internationalen Privat- und Verfahrensrecht; 43. Jenaer Wiss. Verl.-Ges. Jena, 2013.

Lein, Eva: A Further Step Towards a European Code of Private International Law: The Commission Proposal for a Regulation on Succession. In: Bonomi, Andrea. Volken, Paul (Hrsg.): Yearbook of Private International Law. Vol. XI 2009. (Seite 107–142).

Leitzen, Mario: *Kubicka und die Folgen: Vindikationslegate in der Rechtspraxis.* ZEV 2018, Heft 6, (Seite 311–317).

Leitzen, Mario: *Die Rechtswahl nach der EuErbVO.* ZEV 2013, Heft 3, (Seite 128–132).

Leitzen, Mario: *EuErbVO: Praxisfragen an der Schnittstelle zwischen Erb- und Gesellschaftsrecht.* ZEV 2012, Heft 10, (Seite 520–524).

Lewald, Hans: Conflits de lois dans le monde grec et romain. Zacharopoulos. Athènes, 1946.

Lewald, Hans: *Questions de Droit International des Successions.* Académie de Droit International. Recueil des Cours. 1925 - IV. Band 9. Nijhoff. The Hague, 1926. (Seite 5–123).

Lichtenberger, Peter: *Zum Gesetz zur Neuregelung des Internationalen Privatrechts.* DNotZ 1986, Heft 11, (Seite 644–687).

Liederer, Fabienne: *Herausgeber: Sutter-Somm, Thomas.* Nachlassspaltung im grenzüberschreitenden Sachverhalt. Impulse zur praxisorientierten Rechtswissenschaft, 10. Schulthess. Zürich, Basel, Genf, 2015.

Ließem, Alexander. Bekgulyan, Sergey: Weißrussland/Republik Belarus. In: Süß, Rembert (Hrsg.): Erbrecht in Europa. Zerb Verlag. 3. Auflage. Bonn, 2015. (Seite 1475–1482).

Liin, Urve: Pärimisõigus. Verlag Kirjastus ilo. Tallinn, 2005.

Liin, Urve: *Laws of Succession in Europe and Estonia: How We Got to Where We Are and Where We Should Be Heading.* Juridica International 6/2001. Law Review University of Tartu – Estonia. (Seite 114–124).

Lipstein, Kurt: *Das Haager Abkommen über die Internationale Abwicklung von Nachlässen.* Rabels Zeitschrift für ausländisches und internationales Privatrecht 39, 1975. (Seite 29–55).

Lledó Yagüe, Francisco: Derecho Sucesorio. Cuaderno I. La sucesión mortis causa: delación y la incapacidad para suceder. Aceptación y repudiación de la herencia. Las legítimas, las reservas, comunidad hereditaria y la partición. Ed. Dykinson. Madrid, 2012.

Lledó Yagüe, Francisco. Monje Balmaseda, Oscar: Reforma del sistema legitimario y el principio de libertad de testar. In: *El patrimonio sucesorio. Reflexiones para un debate reformista.* Band 1. Editorial Dykinson. Madrid, 2014. (Seite 649–718).

Looschelders, Dirk: *Begrenzung des ordre public durch den Willen des Erblassers.* Praxis des Internationalen Privat- und Verfahrensrechts. 29. Jahrgang, Heft 3, 2009. (Seite 246–248).

Lorenz, Stephan: Schweiz. In: Dörner, Heinrich. Hausmann, Rainer (Hrsg.). Begründet von: Ferid, Murad. Firsching, Karl. *Internationales Erbrecht. Quellensammlung mit systematischen Darstellungen des materiellen Erbrechts sowie des Kollisionsrechts der wichtigsten Staaten.* Band VII. Beck. München & Berlin, 2019. (Stand der 107. Ergänzungslieferung). (Stand Schweiz: 1.12.2002).

Lundmark, Thomas: Vereinigte Staaten von Amerika (US). Florida. In: Dörner, Heinrich. Hausmann, Rainer (Hrsg.). Begründet von: Ferid, Murad. Firsching, Karl. *Internationales Erbrecht. Quellensammlung mit systematischen Darstellungen des materiellen Erbrechts sowie des Kollisionsrechts der wichtigsten Staaten.* Band IX. Beck. München & Berlin, 2019. (Stand der 107. Ergänzungslieferung). (Stand Florida: Januar 2004).

Lurger, Brigitta: Der Europäische Erbschein – ein neues Rechtsinstrument für Notare und Rechtspraktiker in Europa. In: Rechberger, Walter H. (Hrsg.): *Brücken im Europäischen Rechtsraum.* Manzsche Verlags- und Universitätsbuchhandlung. Wien, 2010. (Seite 45–63).

Lurger, Brigitta. Melcher, Martina: Handbuch Internationales Privatrecht mit Hinweisen auf das Internationale Zivilverfahrensrecht. Verlag Österreich. Wien, 2017.

Lutz, Ina: Testierfreiheit und Pflichtteilsrecht im spanischen Código Civil im Vergleich mit dem deutschen Bürgerlichen Gesetzbuch. Peter Lang. Frankfurt am Main, 2011.

Lüdtke-Handjery, Christian. von Jeinsen, Ulrich: Höfeordnung für die Länder Hamburg, Niedersachsen, Nordrhein-Westfalen und Schleswig-Holstein. Beck. München, 2015.

Maesch, Petja: Kodifikation und Anpassung des bulgarischen IPR an das Europäische Recht. Mohr Siebeck. Tübingen, 2010.

Magnus, Robert: *Gerichtsstandsvereinbarungen im Erbrecht?* Praxis des Internationalen Privat- und Verfahrensrechts. 33. Jahrgang, Heft 5, 2013. (Seite 393–398).

Makarov, Aleksandr N.: Quellen des internationalen Privatrechts. Nationale Kodifikation. 3. Auflage. Mohr Siebeck. Tübingen, 1978.

Makarov, Aleksandr N.: Quellen des internationalen Privatrechts. Band II. Texte der Staatsverträge. 2. Auflage. De Gruyter. Berlin, 1960.

Makarov, Aleksandr N.: *Herausgeber: Loewenfeld, William. Simson, Walther von.* Die Quellen des internationalen Privatrechts. Das internationale Privatrecht der europäischen und außereuropäischen Staaten. Band I. Carl Heymanns Verlag. Berlin, 1929.

Maltry, Renate: *EU-Erbrechtsverordnung – Chance und Risiken. Fokus.* Zeitschrift des Deutschen Juristinnen Bundes. Jahrgang 15. Heft 4, 2012. (Seite 156–159).

Mankowski, Peter: *Der gewöhnliche Aufenthalt des Erblassers unter Art. 21 Abs. 1 EuErbVO.* Praxis des Internationalen Privat- und Verfahrensrechts. 35. Jahrgang, Heft 1, 2015, (Seite 39–46).

Mankowski, Peter: *Das erbrechtliche Viertel nach § 1371 Abs. 1 BGB im deutschen und europäischen Internationalen Privatrecht.* ZEV 2014, Heft 3, (Seite 121–129).

Mansel, Heinz-Peter: Die kulturelle Identität im Internationalen Privatrecht. In: Pluralistische Gesellschaften und Internationales Recht. Referate und Thesen von Georg Nolte, Helen Keller, Armin von Bogdandy, Heinz-Peter Mansel, Andrea Büchler, Christian Walter. C.F. Müller. Heidelberg, 2008. (Seite 137–208).

Mansel, Heinz-Peter: Vereinheitlichung des Internationalen Erbrechts in der Europäischen Gemeinschaft – Kompetenzfragen und Regelungsgrundsätze. In: Arkan, Sabih. Yongalık, Aynur. Şit, Başak (Hrsg.): *Prof. Dr. Tuğrul Ansay'a armağan.* Turhan Kitabevi. Ankara, 2006. (Seite 185–226).

Mansel, Heinz-Peter: Das Staatsangehörigkeitsprinzip im deutschen und gemeinschaftlichen Internationalen Privatrecht: Schutz der kulturellen Identität oder Diskriminierung der Person? In: Jayme, Erik (Hrsg.): *Kulturelle Identität und Internationales Privatrecht.* C.F. Müller Verlag. Heidelberg, 2003. (Seite 119–154).

Mansel, Heinz-Peter: Personalstatut, Staatsangehörigkeit und Effektivität. Münchener Universitätsschriften: Reihe der Juristischen Fakultät, Band 70. Beck. München, 1988.

Mansel, Heinz-Peter. Thorn, Karsten. Wagner, Rolf: *Europäisches Kollisionsrecht 2012: Voranschreiten des Kodifikationsprozesses – Flickenteppich des Einheitsrechts*. Praxis des Internationalen Privat- und Verfahrensrechts. 33. Jahrgang, Heft 1, 2013, (Seite 1–36).

Margonski, Martin: *OLG Schleswig: Erbfolge nach in Deutschland lebendem Polen aufgrund konkludenter Rechtswahl in gemeinschaftlichem Testament*. ZEV 2016, Heft 9, (Seite 502–507).

Margonski, Martin: *Ausländische Vindikationslegate nach der EU-Erbrechtsverordnung*. GPR Heft 2/2013, (Seite 106–111).

Martín Casals, Miquel. Solé Feliu, Josep: Testierfreiheit im innerspanischen Vergleich. In: Henrich, Dieter. Schwab, Dieter (Hrsg.): Familienerbrecht und Testierfreiheit im europäischen Vergleich. Gieseking. Bielefeld, 2001. (Seite 295–333).

Martínez Espín, Pascual: Derecho de sucesiones. Lecciones de derecho civil. Tecnos. Madrid, 2014.

Martiny, Dieter: *Europäisches Internationales Schuldrecht – Rom I- und Rom II-Verordnungen in der Bewährung*. Zeitschrift für Europäisches Privatrecht. 23 Jahrgang. Heft 4/2015. Beck. München, 2015. (Seite 838–868).

Martiny, Dieter: Chapter 18 – Is Unification of Family Law Feasible or even Desirable? In: Hartkamp, Arthur. Hesselink, Martijn. Hondius, Ewoud (Hrsg.): *Towards a European Civil Code*. Fourth Revised and Expanded Edition. Wolters Kluwer. Nijmegen, 2011. (Seite 429–457).

Martiny, Dieter. Eichenhofer, Eberhard: Empfiehlt es sich, die rechtliche Ordnung finanzieller Solidarität zwischen Verwandten in den Bereichen des Unterhaltsrechts, des Pflichtteilsrechts, des Sozialhilferechts und des Sozialversicherungsrechts neu zu gestalten? Gutachten A + B zum 64. Deutschen Juristentag. Verlag C.H. Beck. Berlin, 2002.

Marxer, Florian: Das internationale Erbrecht Liechtensteins. Ein Vergleich mit dem österreichischen und schweizerischen Recht. 1 Aufl. Liechtenstein Verl. Vaduz, 2002.

Max-Planck-Institut für ausländisches und internationales Privatrecht: *Kodifikation des deutschen Internationalen Privatrechts - Stellungnahme des Max-Planck-Instituts für ausländisches und internationales Privatrecht zum Regierungsentwurf von 1983. (VI. Erbrecht)*. Rabels Zeitschrift für ausländisches und internationales Privatrecht 47, 1983. (Seite 655–665).

McKnight, Joseph W.: *Spanisch Legitim in the United States – Its Survival and Decline*. The American Journal of Comparative Law. Volume 44, No.1 (Winter, 1996). Oxford University Press. (Seite 75–107).

Meeusen, Johan: Artikel 19. In: Erauw, Johan (Hrsg.): Het Wetboek Internationaal Privaatrecht becommentarieerd. Le Code de droit international privé commenté. Intersentia. Antwerpen, 2006. (Seite 102–105).

Mehdi, Rubya: The Islamization of the Law in Pakistan. Nordic Institute of Asian Studies monograph series; 60. Curzon Press. Richmond, 1994.

Meili, Friedrich: Das internationale Civil- und Handelsrecht auf Grund der Theorie, Gesetzgebung und Praxis. Band 2. Füssli. Zürich, 1902.

Merkle, Rüdiger: Pflichtteilsrecht und Pflichtteilsverzicht im Internationalen Erbrecht. Studien zum Internationalen Privat- und Verfahrensrecht 11. Jenaer Wissenschaftliche Verlagsgesellschaft. Jena, 2008.

Meston, Michael: Familienerbrecht und Testierfreiheit in Schottland und England. In: Henrich, Dieter. Schwab, Dieter (Hrsg.): Familienerbrecht und Testierfreiheit im europäischen Vergleich. Gieseking. Bielefeld, 2001. (Seite 73–86).

Miettinen, Johanna: *Einführung in das finnische Erbrecht.* ZErb 10/2006. (Seite 328–335).

Mikk, Tiina: Pärimisõigus. Verlag Sisekaitseakadeemia. Tallinn, 2004.

Mincke, Wolfgang: Finnland. In: Dörner, Heinrich. Hausmann, Rainer (Hrsg.). Begründet von: Ferid, Murad. Firsching, Karl. *Internationales Erbrecht. Quellensammlung mit systematischen Darstellungen des materiellen Erbrechts sowie des Kollisionsrechts der wichtigsten Staaten.* Band II. Beck. München & Berlin, 2019. (Stand der 107. Ergänzungslieferung). (Stand Finnland: 1.9.2003).

Möller, Alice Margarete: Das Europäische Nachlasszeugnis im System des Gutglaubensschutzes. Ein Vergleich mit Deutschland und den Niederlanden. Schriften zum deutschen und ausländischen Familien- und Erbrecht; Band 26. Wolfgang Metzner Verlag. Frankfurt am Main, 2018.

Möller, Lena-Maria: *Überblick über das syrische Familienrecht.* StAZ Nr. 10/2017. (Seite 298–303).

Monaco, Riccardo: *La succession testamentaire en droit international privé.* Annuaire de l'Institut de Droit International. Band 52 II. 1967. (Seite 464–522).

Mosgo, Oleg: *Materialien. Weißrussland: Internationales Privatrecht im VII. Abschnitt des neuen Zivilgesetzbuchs.* Praxis des Internationalen Privat- und Verfahrensrechts. 20. Jahrgang, Heft 2, 2000. (Seite 149–154).

Mosgo, Oleg: Weißrussland. In: Dörner, Heinrich. Hausmann, Rainer (Hrsg.). Begründet von: Ferid, Murad. Firsching, Karl. *Internationales Erbrecht. Quellensammlung mit systematischen Darstellungen des materiellen Erbrechts sowie des Kollisionsrechts der wichtigsten Staaten.* Band IX. Beck. München & Berlin, 2019. (Stand der 107. Ergänzungslieferung). (Stand Weißrussland: 15.12.2000).

Munteanu, Marietta. Leonhardt, Peter: Rumänien. In: Dörner, Heinrich. Hausmann, Rainer (Hrsg.). Begründet von: Ferid, Murad. Firsching, Karl.

Internationales Erbrecht. Quellensammlung mit systematischen Darstellungen des materiellen Erbrechts sowie des Kollisionsrechts der wichtigsten Staaten. Band VI. Beck. München & Berlin, 2019. (Stand der 107. Ergänzungslieferung). (Stand Rumänien: 30.06.2006).

Muscheler, Karlheinz: Erbrecht. Band 1. Mohr Siebeck. Tübingen, 2010.

Müller, Andreas: Berg Athos: Geschichte einer Mönchsrepublik. Beck. München, 2005.

Müller-Lukoschek, Jutta: Die neue EU-Erbrechtsverordnung. Einführung in die neue Rechtslage. 2. Auflage. Deutscher Notarverlag. Bonn, 2015.

Nademleinsky, Marco: *Die neue EU-Unterhaltsverordnung.* Zeitschrift für Familien- und Erbrecht (EF-Z). Manz. Wien, Juli 2011, Nr. 04. (Seite 130–134).

Neuhaus, Paul Heinrich: Die Grundbegriffe des Internationalen Privatrechts. 2. Auflage. Mohr Siebeck. Tübingen, 1976.

Nicholas, Robinson George: Christian law of inheritance and succession (applicable in Pakistan, India and Bangladesh). Omer Law Book House. Lahore, 2011.

Nick, Christian: *Ausweitung der Parteiautonomie und objektive Anknüpfung im Erbkollisionsrecht.* European Journal of Legal Studies. „Spaces of Normativity". Volume 2 Number 1 2008. (Seite 283–322).

Niederer, Werner: Einführung in die allgemeinen Lehren des internationalen Privatrechts. 3. Auflage. Polygraphischer Verlag. Zürich, 1961.

Nielsen, Peter Arnt: International privat- og procesret. Jurist- og Økonomforbundets Forlag. København, 1997.

Nietner, Sarah: Internationaler Entscheidungseinklang im europäischen Kollisionsrecht. Mohr Siebeck. Tübingen, 2016.

Nishitani, Yuko: Mancini und die Parteiautonomie im internationalen Privatrecht. Heidelberger rechtsvergleichende und wirtschaftsrechtliche Studien; 29. Winter. Heidelberg, 2000.

Nordmeier, Carl Friedrich: *Internationale Gerichtsstands- vereinbarungen nach der EuGVVO n. F.* RIW, 62. Jahrgang, Heft 6/2016. (Seite 1–336).

Nordmeier, Carl Friedrich: *Erbverträge in der neuen EU-Erbrechtsverordnung: zur Ermittlung des hypothetischen Erbstatuts nach Art. 25 ErbRVO.* ZErb 5/2013. (Seite 112–118).

Nordmeier, Carl Friedrich: *Grundfragen der Rechtswahl in der neuen EU-Erbrechtsverordnung – eine Untersuchung des Art. 22 ErbRVO.* GPR Heft 3/2013. (Seite 148–155).

Nordmeier, Carl Friedrich: *Erbverträge und nachlassbezogene Rechtsgeschäfte in der EuErbVO – eine Begriffsklärung.* ZEV 2013, Heft 3, (Seite 117–124).

Nordstrom, Robert J. Ramerman, Dale B.: *The Uniform Commercial Code and The Choice of Law*. Duke Law Journal. Volume 1969, August, Number 4.

Norri, Matti: Perintö ja testamentti. Käytännön käsikirja. Talentum. Helsinki, 2005.

Obergfell, Eva Inés: La libre elección de la ley aplicable en el derecho internacional privado de sucesiones: una perspectiva desde Alemania. In: Fernández Rozas, José Carlos (Hrsg.): Anuario español de derecho internacional privado. Tomo XI. Iprolex. Madrid, 2011. (Seite 407–414).

Ochoa Marco, Raúl. Sebastián Chena, Marta Soledad: La herencia. Análisis práctico de los problemas sustantivos y procesales del derecho de sucesiones. 7. Auflage. Edisofer. Madrid, 2017.

Odersky, Felix: Großbritannien: England und Wales. In: Süß, Rembert (Hrsg.): *Erbrecht in Europa*. Zerb Verlag. 3. Auflage. Bonn, 2015. (Seite 585–628).

Odersky, Felix: *Die Europäische Erbrechtsverordnung in der Gestaltungspraxis*. Deutscher Notarverlag. Monatsschrift für die gesamte notarielle Praxis. Notar 1/2013. (Seite 3–9).

Odersky, Felix: Die Abwicklung deutsch-englischer Erbfälle. Schriften der Deutschen Notarrechtlichen Vereinigung; 5. O. Schmidt. Köln, 2001.

Ondrejka, Martin T. Dobiáš, Petr: *Gesetz der Tschechischen Republik vom 25.1.2012 über das Internationale Privatrecht*. Praxis des Internationalen Privat- und Verfahrensrechts. 34. Jahrgang, Heft 1, 2014. (Seite 91–109).

Oppermann, Karl Felix: Die Unteranknüpfung nach der EuErbVO im Mehrrechtsstaat Spanien. Schriften der Deutsch-Spanischen Juristenvereinigung; Band 48. Peter Lang. Frankfurt am Main, 2016.

Oppermann, Karl Felix. Fernández Sánchez, Francisco: *El orden público en el Derecho hereditario español y alemán*. Informaciones II/2014. Zeitschrift für den deutsch-spanischen Rechtsverkehr. Revista jurídica hispano-alemana. (Seite 77–84).

Ortiz de la Torre, José Antonio Tomás: Legislaciones nacionales de derecho internacional privado. Ed. Revista de Derecho Privado. Madrid, 1995.

Otte, Gerhard: *Das Pflichtteilsrecht – Verfassungsrechtsprechung und Rechtspolitik*. Archiv für die civilistische Praxis. Band 202, Heft 2 (2002). (Seite 317–364).

Otto, Dirk: *Herausgeber: von Hoffmann, Bernd. Jayme, Erik*. Rechtsspaltung im indischen Erbrecht. Bedeutung und Auswirkungen auf deutsch-indische Nachlassfälle. Studien zum vergleichenden und internationalen Recht. Band 38. Peter Lang. Frankfurt am Main u.a., 1997.

Paintner, Beate: Island. In: Süß, Rembert (Hrsg.): *Erbrecht in Europa*. Zerb Verlag. 3. Auflage. Bonn, 2015. (Seite 687–693).

Pauknerová, Monika: Private International Law in the Czech Republic. Kluwer Law International. Alphen aan den Rijn, 2011.

Pazdan, Maksymilian: Chapitre XIV – Pologne. In: Union Internationale du Notariat Latin, Commission des Affaires Européennes et de la Méditerranée. Sous la direction de Michel Verwilghen (Hrsg.): *Régimes matrimoniaux, successions et libéralités dans les relations internationales et internes III*. Bruylant. Bruxelles, 2003. (Seite 1997–2075).

Pertegas, Marta: *The Belgian Code on Private International Law: a tour d'horizon*. Praxis des Internationalen Privat- und Verfahrensrechts. 26. Jahrgang, Heft 1, 2006. (Seite 53–61).

Pertegas, Marta: Artikel 79–82. In: Erauw, Johan (Hrsg.): Het Wetboek Internationaal Privaatrecht becommentarieerd. Le Code de droit international privé commenté. Intersentia. Antwerpen, 2006. (Seite 404–422).

Pfeiffer, Magdalena: *Choice of law in international family and succession law*. The Lawyer Quarterly 4/2012. (Seite 291–303).

Pfundstein, Tobias: Pflichtteil und ordre public. Angehörigenschutz im internationalen Erbrecht. Münchener Universitätsschriften Band 231. Beck. München, 2010.

Philip, Allan: Dansk international privat- og procesret. Juristforbundets Forlag. København, 1971.

Philip, Allan: *The Scandinavian Conventions on Private International Law*. Académie de Droit International. Recueil des Cours. 1959 – I. Band 96. Nijhoff. The Hague, 1960. (Seite 245–347).

Picone, Paolo: La legge applicabile alle successioni. In: Marano, Mario (Hrsg.): La riforma del diritto internazionale privato e i suoi riflessi sull'attività notarile. Giuffrè. Milano, 1991. (Seite 57–103).

Pintens, Walter: *Entwicklungen im belgischen Familien- und Erbrecht*. FamRZ 2004, Heft 18. (Seite 1420–1423).

Pintens, Walter: *Grundgedanken und Perspektiven einer Europäisierung des Familien- und Erbrechts - Teil 2*. FamRZ 2003, Heft 7. (Seite 417–425).

Pintens, Walter: Das Spannungsverhältnis zwischen Familienerbrecht und Testierfreiheit im belgischen Recht. In: Henrich, Dieter. Schwab, Dieter (Hrsg.): Familienerbrecht und Testierfreiheit im europäischen Vergleich. Gieseking. Bielefeld, 2001. (Seite 15–32).

Pissler, Knut Benjamin: Kapitel 5 Internationales Privatrecht. In: Korea Legislation Research Institute (Hrsg.): *Einführung in das koreanische Recht*. Springer. Berlin, Heidelberg, 2010. (Seite 115–156).

Pissler, Knut Benjamin: *Einführung in das neue Internationale Privatrecht der Republik Korea.* Rabels Zeitschrift für ausländisches und internationales Privatrecht 70, 2006. (Seite 279–357).

Pissler, Knut Benjamin: *Materialien. Korea. Gesetz über das internationale Privatrecht der Republik Korea.* Rabels Zeitschrift für ausländisches und internationales Privatrecht 70, 2006. (Seite 342–357).

Popescu, Dan Andrei: Some remarks on the applicable law to international successions in Romania. In: Bonomi, Andrea. Volken, Paul (Hrsg.): Yearbook of Private International Law. Vol. IX 2007. (Seite 277–311).

Preux, Patrick de: La professio juris. Étude de l'article 22 LRDC. Imprimerie des Arts et Métiers. Lausanne, 1981.

Prüß, Thomas: Probleme der Nachlaßspaltung im innerdeutschen Kollisionsrecht. Hartung-Gorre. Konstanz, 2001.

Püls, Joachim: Parteiautonomie. Die Bedeutung des Parteiwillens und die Entwicklung seiner Schranken bei Schuldverträgen im deutschen Rechtsanwendungsrecht des 19. und 20. Jahrhunderts. Duncker & Humblot. Berlin, 1995.

Quinzá Redondo, Pablo. Christandl, Gregor: *Ordenamientos plurilegislativos en el Reglamento (UE) de Sucesiones con especial referencia al ordenamiento jurídico español.* Revista para el análisis del derecho, InDret 3/2013. Barcelona, julio 2013. (Seite 1–27).

Rabel, Ernst: The conflict of laws. A comparative study by Ernst Rabel. Volume Four. University of Michigan Law School. Ann Arbor, 1958.

Raucent, Léon: Les Successions. Tome I. Collection PEDASUP 9. Acad. Bruylant, 1988.

Raupach, Claudia: Ehescheidung mit Auslandsbezug in der Europäischen Union. Die Rom III-Verordnung als Kernstück eines einheitlichen europäischen Scheidungskollisionsrechts. Studien zum ausländischen und internationalen Privatrecht; 324. Mohr Siebeck. Tübingen, 2014.

Rauscher, Thomas: Internationales Privatrecht mit internationalem Verfahrensrecht. 5. Auflage. C.F. Müller. Heidelberg, 2017.

Rauscher, Thomas (Hrsg.): Europäisches Zivilprozess- und Kollisionsrecht. Rom I-VO, Rom II-VO. Band 3. 4. Auflage. Otto Schmidt. Köln, 2016.

Rauscher, Thomas (Hrsg.): Europäisches Zivilprozess- und Kollisionsrecht. Brüssel IIa-VO, EG-UntVO, HUntVerfÜbk 2007, EU-EheGüterVO-E, EU-LP-GüterVO-E, EU-SchutzMVO. Band 4. 4. Auflage. Otto Schmidt. Köln, 2015.

Rechberger, Walter H. Zöchling-Jud, Brigitta (Hrsg.): Die EU-Erbrechtsverordnung in Österreich. Verlag Österreich. Wien, 2015.

Reich, Anne-Katrin: *Neue Kollisionsnormen im finnischen Erbgesetzbuch.* Praxis des Internationalen Privat- und Verfahrensrechts. 22. Jahrgang, Heft 6, 2002. (Seite 548–551).

Reichelt, Gerte: Gesamtstatut und Einzelstatut im IPR. Ein Beitrag zu den allgemeinen Lehren des Kollisionsrechts. Manzsche Verlags- und Universitätsbuchhandlung. Wien, 1985.

Reichelt, Gerte: *Der neue französische IPR-Entwurf. Einige Anmerkungen zum Allgemeinen Teil.* Zeitschrift für Europarecht, Internationales Privatrecht und Rechtsvergleichung. 12. Jahrgang, 1971. (Seite 249–260).

Reid, Kenneth G. C. Waal, Marius J de. Zimmermann, Reinhard: Testamentary Formalities. Comparative Succession Law Volume I. Oxford University Press. Oxford, 2011.

Reiß, Jürgen: Internationales Erbrecht. Italien. Beck. München, 2014.

Rentsch, Bettina: Der gewöhnliche Aufenthalt im System des Europäischen Kollisionsrechts. Studien zum ausländischen und internationalen Privatrecht; 382. Mohr Siebeck. Tübingen, 2017.

Rentsch, Bettina: Präzedenzfall versus Machterhalt - eine kritische Rekonstruktion der EuGH-Rechtsprechung zum gewöhnlichen Aufenthalt. In: Behme, Caspar. Fervers, Matthias. Hoffmann, Franz. Maute, Lena. Röder, Erik. Sattler, Andreas. Schmidt, Patrick. Seibl, Maximilian (Hrsg.): *Perspektiven einer europäischen Privatrechtswissenschaft.* Jahrbuch Junger Zivilrechtswissenschaftler München 2016. Nomos. Baden-Baden, 2017. (Seite 273–302).

Rieländer, Frederick: Überlegungen zu einem Allgemeinen Teil des europäischen Kollisionsrechts. In: Behme, Caspar. Fervers, Matthias. Hoffmann, Franz. Maute, Lena. Röder, Erik. Sattler, Andreas. Schmidt, Patrick. Seibl, Maximilian (Hrsg.): *Perspektiven einer europäischen Privatrechtswissenschaft.* Jahrbuch Junger Zivilrechtswissenschaftler München 2016. Nomos. Baden-Baden, 2017. (Seite 303–333).

Riering, Wolfgang: Kanada. Nr. 11 Provinz Québec. In: Dörner, Heinrich. Hausmann, Rainer (Hrsg.). Begründet von: Ferid, Murad. Firsching, Karl. *Internationales Erbrecht. Quellensammlung mit systematischen Darstellungen des materiellen Erbrechts sowie des Kollisionsrechts der wichtigsten Staaten.* Band IV. Beck. München & Berlin, 2019. (Stand der 107. Ergänzungslieferung). (Stand Kanada: 4.1.2002).

Rigaux, François: *Union internationale du notariat latin. – Septième Congrès (Bruxelles, septembre 1963). – Régimes matrimoniaux et successions en droit international privé.* Revue critique de droit international privé. Band 53, 1964. (Seite 168–176).

Ring, Gerhard. Olsen-Ring, Line: Dänemark. In: Süß, Rembert (Hrsg.): *Erbrecht in Europa*. Zerb Verlag. 3. Auflage. Bonn, 2015. (Seite 341–375).

Ring, Gerhard. Olsen-Ring, Line: *Dänemark: Neues Erbgesetz*. ZEV 2008, Heft 2, (Seite 76–77).

Rodríguez Pineau, Elena: *Estates in Spain: Inheritance According to Spanish Conflict Rules – A Judgement of the Tribunal Supremo*. Praxis des Internationalen Privat- und Verfahrensrechts. 18. Jahrgang, Heft 2, 1998. (Seite 135–137).

Rodríguez-Uría Suárez, Isabel: *La ley aplicable a las sucesiones mortis causa en el Reglamento (UE) 650/2012*. Revista para el análisis del derecho. InDret 2/2013. Barcelona, abril 2013. (Seite 1–58).

Rombach, Claudie: Tschechien. In: Süß, Rembert (Hrsg.): *Erbrecht in Europa*. Zerb Verlag. 3. Auflage. Bonn, 2015. (Seite 1355–1384).

Rombach, Claudie: Erbrecht in Tschechien. In: Süß, Rembert. Haas, Ulrich (Hrsg.): *Erbrecht in Europa*. Zerb Verlag. Angelbachtal, 2004. (Seite 1027–1063).

Rösler, Hannes: *Rechtswahlfreiheit im Internationalen Scheidungsrecht der Rom III-Verordnung*. Rabels Zeitschrift für ausländisches und internationales Privatrecht 78, 2014. (Seite 155–192).

Röthel, Anne (Hrsg.): Reformfragen des Pflichtteilsrechts. Symposium 30.11.-2.12.2006 in Salzau. Schriften der Bucerius Law School, Band I/7. Carl Heymanns Verlag. Köln, Berlin, München, 2007.

Rüberg, Sinja: Auf dem Weg zu einem europäischen Scheidungskollisionsrecht. Schriften zum internationalen Privat- und Verfahrensrecht, Band 2. Peter Lang. Frankfurt am Main; Berlin; Bern; Wien [u.a.], 2006.

Rühl, Giesela: Statut und Effizienz: ökonomische Grundlagen des Internationalen Privatrechts. Mohr Siebeck. Tübingen, 2011.

Rühl, Giesela: Rechtswahlfreiheit im europäischen Kollisionsrecht. In: Baetge, Dietmar. Von Hein, Jan. Von Hinden, Michael (Hrsg.): *Die richtige Ordnung. Festschrift für Jan Kropholler zum 70. Geburtstag*. Mohr Siebeck. Tübingen, 2008. (Seite 187–210).

Rühl, Giesela: Party Autonomy in the Private International Law of Contracts. Transatlantic Convergence and Economic Efficiency. In: Gottschalk, Eckart. Michaels, Ralf. Rühl, Gisela. Von Hein, Jan (Hrsg.): *Conflict of Laws in a Globalized World*. Cambridge University Press, 2007. (Seite 153–183).

Rühl, Giesela: *Die Kosten der Rechtswahlfreiheit: Zur Anwendung ausländischen Rechts durch deutsche Gerichte*. Rabels Zeitschrift für ausländisches und internationales Privatrecht 71, 2007. (Seite 559–596).

Sakka, Samy: *Der pauschalierte Zugewinnausgleich und das Europäische Nachlasszeugnis*. MittBayNot 2018, Heft 1, (Seite 4–9).

Salerno Cardillo, Franco. Damascelli, Domenico: Chapitre X – Italie. In: Union Internationale du Notariat Latin, Commission des Affaires Européennes et de la Méditerranée. Sous la direction de Michel Verwilghen (Hrsg.): *Régimes matrimoniaux, successions et libéralités dans les relations internationales et internes II*. Bruylant. Bruxelles, 2003. (Seite 1523–1640).

Samuel, Adam: The New Swiss Private International Law Act. International and Comparative Law Quarterly. Volume 37, 1988. (Seite 681–695).

Savigny, Friedrich Carl von: System des heutigen Römischen Rechts, Band VIII. Veit. Berlin, 1849.

Scalise Jr., Ronald J: Freedom of Testation in the United States. In: Zimmermann, Reinhard (Hrsg.): Freedom of Testation/Testierfreiheit. Mohr Siebeck. Tübingen, 2012. (Seite 143–170).

Schack, Haimo: *Aktuelle Entwicklungen und Probleme des europäischen Internationalen Zivilverfahrensrechts*. Ritsumeikan Law Review No. 26, 2009. (Seite 111–127).

Schauer, Martin: *Ist das Pflichtteilsrecht noch zeitgemäß?* Österreichische Notariatszeitung 1/2001. 133 Jahrgang. (Seite 70–81).

Scheuermann, Thomas: Statutenwechsel im internationalen Erbrecht. Münchener Universitätsschriften: Reihe der Juristischen Fakultät, Band 10. Beck. München, 1969.

Schmellenkamp, Cornelia: *Änderungen des Internationalen Erbrechts im Verhältnis zwischen Deutschland und den Niederlanden aufgrund des Haager Erbrechtsübereinkommens vom 1. August 1989*. MittRhNotK 1997, Heft 7/8, (Seite 245–258).

Schmidt, Jan Peter: *Challenged Legacies – First Decision of the European Court of Justice on the EU Succession Regulation (ECJ, 12 October 2017, C-218/16 (Kubicka))*. European Property Law Journal 2018, Band 7, Heft 1. (Seite 4–31).

Schmidt, Jan Peter: Artikel 22 Rechtswahl. In: Budzikiewicz, Christine. Weller, Marc-Philippe. Wurmnest, Wolfgang (Hrsg.): *Beck'scher Online-Großkommentar, EuErbVO*. CH. Beck. München, 2018. (Rn 1–43).

Schmidt, Jan Peter: *Anmerkung zum Beschluss des OLG Schleswig vom 25.04.2016*. FamRZ 2016, Heft 18. (Seite 1606–1613).

Schmidt, Jan Peter: *Die kollisionsrechtliche Behandlung dinglich wirkender Vermächtnisse. Ein Prüfstein für Grundfragen des internationalen und des materiellen Privatrechts*. Rabels Zeitschrift für ausländisches und internationales Privatrecht 77, 2013. (Seite 1–30).

Schmitz, Melanie: Die Rechtswahlfreiheit im europäischen Kollisionsrecht. Schriften zum europäischen Recht; Band 176. Dunker & Humblot. Berlin, 2017.

Schmoeckel, Mathias (Hrsg.): Das holographische Testament. Erleichterung oder Hindernis für den Laien? Schriften zum Notarrecht; 41. Nomos. Baden-Baden, 2015.

Schmoeckel, Mathias. Otte, Gerhard (Hrsg.): Europäische Testamentsformen. Schriften zum Notarrecht; 23. Nomos. Baden-Baden, 2011.

Schnitzer, Adolf F.: Handbuch des internationalen Privatrechts einschließlich Prozessrecht, unter besonderer Berücksichtigung der Schweizerischen Gesetzgebung und Rechtsprechung. Band II. Verlag für Recht und Gesellschaft. Basel, 1958.

Schotten, Günther. Schmellenkamp, Cornelia: Das internationale Privatrecht in der notariellen Praxis. 2. Auflage. Beck. München, 2007.

Schömmer, Hans-Peter. Bürgi, Urs: Internationales Erbrecht. Schweiz. Beck. München, 2006.

Schömmer, Hans-Peter. Eule, Wolfgang: Internationales Erbrecht und Erbschaftsteuer. Niederlande. Beck. München, 2010.

Schömmer, Hans-Peter. Faßold, Heidemarie. Bauer, Klaus: Internationales Erbrecht Österreich. Beck. München, 2003.

Schömmer, Hans-Peter. Remin, Andrzej. Szewior, Renata: Internationales Erbrecht Polen. Beck. München, 2011.

Schrameyer, Klaus: *Bulgarien: das neue Internationale Privatrechtsgesetzbuch. Textübersetzung mit Einführung.* Jahrbuch für Ostrecht 2006, Num. 47, (Seite 109–149).

Schrameyer, Sabine: *Bulgarien – Das Erbgesetz in der Fassung von 1992. Textübersetzung mit Einführung.* Jahrbuch für Ostrecht 1995, Num. 36, (Seite 281–298).

Schröder, Vincent: Die Verweisung auf Mehrrechtsstaaten im deutschen internationalen Privatrecht. Studien zum ausländischen und internationalen Privatrecht; 192. Mohr Siebeck. Tübingen, 2007.

Schulze, Ulrich W.: Estland. In: Dörner, Heinrich. Hausmann, Rainer (Hrsg.). Begründet von: Ferid, Murad. Firsching, Karl. *Internationales Erbrecht. Quellensammlung mit systematischen Darstellungen des materiellen Erbrechts sowie des Kollisionsrechts der wichtigsten Staaten.* Band II. Beck. München & Berlin, 2019. (Stand der 107. Ergänzungslieferung). (Stand Estland: 1. Juni 2018).

Schurig, Klaus: Das internationale Erbrecht wird europäisch. In: Bernreuther, Jörn. Freitag, Robert. Leible, Stefan. Sippel, Harald. Wanitzek, Ulrike (Hrsg.): *Festschrift für Ulrich Spellenberg zum 70. Geburtstag.* Sellier European Law Publishers. München, 2010. (Seite 343–353).

Schwind, Fritz: *Entwurf eines Bundesgesetzes über das internationale Privat- und Prozeßrecht.* Zeitschrift für Europarecht, Internationales Privatrecht und Rechtsvergleichung. 12. Jahrgang, 1971. (Seite 161–248).

Sedlmayr, Ralf: Norwegen. In: Süß, Rembert (Hrsg.): *Erbrecht in Europa.* Zerb Verlag. 3. Auflage. Bonn, 2015. (Seite 933–955).

Seeger, Sebastian: Erbverzichte im neuen europäischen Kollisionsrecht unter besonderer Berücksichtigung rechtsvergleichender Bezüge und der Problematik des Statutenwechsels. Studien zum ausländischen und internationalen Privatrecht; 407. Mohr Siebeck. Tübingen, 2018.

Sein, Karin: Chapitre VI – Estonie. In: Union Internationale du Notariat Latin, Commission des Affaires Européennes et de la Méditerranée. Sous la direction de Michel Verwilghen (Hrsg.): *Régimes matrimoniaux, successions et libéralités dans les relations internationales et internes II.* Bruylant. Bruxelles, 2003. (Seite 1141–1227).

Siehr, Kurt: Minderheiten im Internationalen Privatrecht. In: Stathopoulos, Michael. Beys, Kostas. Doris, Philippos. Karakostas, Ioannis (Hrsg.): *Festschrift für Apostolos Georgiades zum 70. Geburtstag.* C.H. Beck/Stämpfli. München/Bern, 2006. (Seite 921–939).

Siehr, Kurt: Die Parteiautonomie im Internationalen Privatrecht. In: Forstmoser, Peter. Heini, Anton. Giger, Hans. Schluep, Walter R. (Hrsg.): *Festschrift für Max Keller zum 65. Geburtstag.* Schulthess. Zürich, 1989. (Seite 485–510).

Siehr, Kurt: *Das internationale Erbrecht nach dem Gesetz nur Neuregelung des IPR.* Praxis des Internationalen Privat- und Verfahrensrechts. 7. Jahrgang, Heft 1, 1987. (Seite 4–8).

Simotta, Daphne-Ariane: *Die Gerichtsstandsvereinbarung nach der neuen EuGVVO.* International Journal of Procedural Law, Volume 3, 2013, Number 1, (Seite 58–79).

Sohst, Wolfgang: Das spanische Bürgerliche Gesetzbuch. Código Civil Español und Spanisches Notargesetz. Text und Kommentar. 5. Auflage. Xenomoi Verlag. Berlin, 2013.

Solomon, Dennis. Firsching, Karl. Heusler, Hans-Joachim: Vereinigte Staaten von Amerika (US). In: Dörner, Heinrich. Hausmann, Rainer (Hrsg.). Begründet von: Ferid, Murad. Firsching, Karl. *Internationales Erbrecht. Quellensammlung mit systematischen Darstellungen des materiellen Erbrechts sowie des Kollisionsrechts der wichtigsten Staaten.* Band VIII und IX. Beck. München & Berlin, 2019. (Stand der 107. Ergänzungslieferung). (Stand US: Januar 2002).

Sonnentag, Michael: *Das Europäische Internationale Erbrecht im Spannungsfeld zwischen der Anknüpfung an die Staatsangehörigkeit und den gewöhnlichen Aufenthalt.* EWS 2012, Heft 11, (Seite 457–469).

Soreață, Maria Marieta: Noutăți legislative în materia succesiunilor introduse prin noul Cod civil [deschiderea moștenirii, moștenirea legală, liberalități, reducțiune, testamente, partajul moștenirii]. Ed. Hamangiu. București, 2013.

Stade, Stefan: *Die EU-Erbrechtsverordnung aus französischer Sicht.* ZErb 3/2015. (Seite 69–78).

Stadler, Peter: Das interregionale Recht in Spanien. Darstellung unter besonderer Berücksichtigung des Ehegüter- und Erbrechts. Schriften der Deutsch-Spanischen Juristenvereinigung, Band 23. Peter Lang. Frankfurt am Main, 2008.

Stamatiadis, Dimitrios: Die Ehescheidung im deutsch-griechischen Rechtsverkehr. Europäische Hochschulschriften, Reihe 2, Rechtswissenschaft, Band 1573. Peter Lang. Frankfurt am Main u.a., 1994.

Staudinger, Ansgar. Friesen, Siegfried: *Leben und sterben lassen in der EU – Europäisches Internationales Privatrecht in Erbsachen nach der Verordnung (EU) Nr. 650/2012.* JA 2014, Heft 9, (Seite 641–648).

Stauffer, Wilhelm: Praxis zum NAG. Textausgabe mit Hinweisen auf die wichtigsten Gerichts- und Verwaltungsentscheide sowie auf die vorbehaltenen Staatsverträge. Schulthess. Zürich, 1973.

Steinmetz, Alexander. Huzel, Erhard. García Alcázar, Rocío: Spanien. In: Süß, Rembert (Hrsg.): *Erbrecht in Europa.* Zerb Verlag. 3. Auflage. Bonn, 2015. (Seite 1273–1353).

Steinmetz, Alexander. Löber, Jan. García Alcázar, Rocío: *Die EuErbVO und ihre Anwendbarkeit im Mehrrechtsstaat Spanien.* Zeitschrift für Erbrecht und Vermögensnachfolge 2013, Heft 10, (Seite 535–539).

Sticherling, Philipp: Höfeordnung. In: Zimmermann, Walter (Hrsg.): *Praxiskommentar Erbrechtliche Nebengesetze.* Zerb Verlag. Bonn, 2013. (Seite 651–737).

Stille, August L.G.A.: Abweichung von der Staatsangehörigkeitsanknüpfung bei ineffektiver Staatsangehörigkeit von Monostaatern – Die aktuelle Entwicklung in den Niederlanden. In: Jayme, Erik. Mansel, Heinz-Peter (Hrsg.): *Nation und Staat im Internationalen Privatrecht.* C.F. Müller. Heidelberg, 1990. (Seite 223–235).

Stoll, Hans: Kollisionsrechtliche Fragen bei räumlicher Spaltung des anwendbaren Rechts. In: Forstmoser, Peter. Heini, Anton. Giger, Hans. Schluep, Walter R (Hrsg.): *Festschrift für Max Keller zum 65. Geburtstag.* Schulthess. Zürich, 1989. (Seite 511–527).

Story, Joseph: Commentaries on the conflict of laws, foreign and domestic, in regard to contracts, rights, and remedies, and especially in regard to marriages, divorces, wills, successions, and judgments. Hilliard, Gray & Co. Boston, 1834.

Sturm, Fritz: Das neue Internationale Privatrecht Liechtensteins. Vortrag. Ludwig Boltzmann Institut für Europarecht. Wien, 1997.

Sturm, Fritz: Parteiautonomie als bestimmender Faktor im internationalen Familien- und Erbrecht. In: Bickel, Dietrich (Hrsg.): *Recht und Rechtserkenntnis. Festschrift für Ernst Wolf zum 70. Geburtstag.* Carl Heymanns Verlag. Köln, 1985. (Seite 637–658).

Sturm, Fritz: Podiumsgespräch und Diskussion zum Vortrag "Die Reform des deutschen Internationalen Privatrechts aus notarieller Sicht" von Dr. Reinhold Geimer, 22. Deutscher Notartag München 1985. DNotZ 1985, Sonderheft, (Seite 139–142).

Suk, Kwang Hyun: The New Conflict of Laws Act of the Republic of Korea. In: Šarčević, Petar. Volken, Paul (Hrsg.): Yearbook of Private International Law. Vol. V 2004. (Seite 99–141).

Süß, Rembert: Allgemeiner Teil (§1–6). In: Süß, Rembert (Hrsg.): *Erbrecht in Europa*. Zerb Verlag. 3. Auflage. Bonn, 2015. (Seite 1–180).

Süß, Rembert: Malta. In: Süß, Rembert (Hrsg.): *Erbrecht in Europa*. Zerb Verlag. 3. Auflage. Bonn, 2015. (Seite 885–888).

Süß, Rembert: Moldawien. In: Süß, Rembert (Hrsg.): *Erbrecht in Europa*. Zerb Verlag. 3. Auflage. Bonn, 2015. (Seite 893–895).

Süß, Rembert: Rumänien. In: Süß, Rembert (Hrsg.): *Erbrecht in Europa*. Zerb Verlag. 3. Auflage. Bonn, 2015. (Seite 1067–1078).

Süß, Rembert: Ukraine. In: Süß, Rembert (Hrsg.): *Erbrecht in Europa*. Zerb Verlag. 3. Auflage. Bonn, 2015. (Seite 1421–1425).

Süß, Rembert: *Rumänien: Neues Zivilrecht*. ZEV 2012, Heft 11, (Seite 588).

Süß, Rembert: Erbrecht in Estland. In: Süß, Rembert. Haas, Ulrich (Hrsg.): *Erbrecht in Europa*. Zerb Verlag. Angelbachtal, 2004. (Seite 351–353).

Süß, Rembert. Ritter v. Schönfeld, Johannes: Liechtenstein. In: Süß, Rembert (Hrsg.): *Erbrecht in Europa*. Zerb Verlag. 3. Auflage. Bonn, 2015. (Seite 823–830).

Svenné Schmidt, Torben: International person-, familie- og arveret. Jurist- og økonomforbundets Forlag. Dänemark, 1990.

Tasev, Christo: Bălgarsko nasledstveno pravo. Verlag Siela. Sofija, 2000.

Tersteegen, Jens. Reich, Thomas: Deutschland. In: Süß, Rembert (Hrsg.): *Erbrecht in Europa*. Zerb Verlag. 3. Auflage. Bonn, 2015. (Seite 377–447).

Thoms, Cordula: Einzelstatut bricht Gesamtstatut. Mohr Siebeck. Tübingen, 1996.

Thorbek, Jytte. Steiniger, Wolfgang: Dänemark. In: Dörner, Heinrich. Hausmann, Rainer (Hrsg.). Begründet von: Ferid, Murad. Firsching, Karl. *Internationales Erbrecht. Quellensammlung mit systematischen Darstellungen des materiellen Erbrechts sowie des Kollisionsrechts der wichtigsten Staaten*. Band II. Beck. München & Berlin, 2019. (Stand der 107. Ergänzungslieferung). (Stand Dänemark: August 1981).

Tiedemann, Andrea: Internationales Erbrecht in Deutschland und Lateinamerika. Kollisionsrechtliche Regelungen zwischen Nachlaßeinheit und Nachlaßspaltung. Studien zum ausländischen und internationalen Privatrecht; 34. Mohr Siebeck. Tübingen, 1993.

Tiedemann, Andrea: *Die Rechtswahl im deutschen Internationalen Erbrecht.* Rabels Zeitschrift für ausländisches und internationales Privatrecht 55, 1991. (Seite 17–40).

Todorov, Todor: Meždunarodni semejni i nasledstveni pravootnošenija. International family and succession relationships. Verlag Univ. Izdat. Sv. Kliment Ochridski. Sofija, 1994.

Traest, Michael: Artikel 77–78. In: Erauw, Johan (Hrsg.): *Het Wetboek Internationaal Privaatrecht becommentarieerd. Le Code de droit international privé commenté.* Intersentia. Antwerpen, 2006. (Seite 396–403).

Trulsen, Marion: Pflichtteilsrecht und englische family provision im Vergleich. Studien zum ausländischen und internationalen Privatrecht; 129. Mohr Siebeck. Tübingen, 2004.

Tsche, Kwang-Jun: *Gesetz über das Internationale Privatrecht. Gesetz der Republik Korea Nr. 6465 vom 7.4.2001.* Praxis des Internationalen Privat- und Verfahrensrechts. 27. Jahrgang, Heft 5, 2007, (Seite 479–484).

Tsche, Kwang-Jun. Mörsdorf-Schulte, Juliana: *Neuregelung des koreanischen IPR und IZPR.* Praxis des Internationalen Privat- und Verfahrensrechts. 27. Jahrgang, Heft 5, 2007, (Seite 473–475).

Umbrecht, Robert P.: Die immanenten Schranken der Rechtswahl im internationalen Schuldvertragsrecht. Züricher Studien zum Internationalen Recht Nr. 36. Polygraphischer Verlag. Zürich, 1963.

Valladão, Haroldo: *Le Droit International Privé des Etats Americains.* Académie de Droit International. Recueil des Cours. 1952 - II. Band 81. Nijhoff. The Hague, 1953. (Seite 5–115).

Van Loon, Hans: *Die Haager Konferenz und ihre Bestrebungen zur Reform des Internationalen Erbrechts.* MittRhNotK 1989, Heft 1/2, (Seite 9–13).

Van Maas de Bie, Arlette R.: Niederlande. In: Süß, Rembert (Hrsg.): *Erbrecht in Europa.* Zerb Verlag. 3. Auflage. Bonn, 2015. (Seite 905–932).

Van Maas de Bie, Arlette R.: Erbrecht in den Niederlanden. In: Süß, Rembert. Haas, Ulrich (Hrsg.): *Erbrecht in Europa.* Zerb Verlag. Angelbachtal, 2004. (Seite 665–694).

Vaquer Aloy, Antoni: *Libertad de testar y condiciones testamentarias.* Revista para el análisis del derecho, InDret 3/2015. Barcelona, julio 2015. (Seite 1–40).

Vaquer Aloy, Antoni: Freedom of Testation in Spain and Catalonia. In: Zimmermann, Reinhard (Hrsg.): *Freedom of Testation/Testierfreiheit.* Mohr Siebeck. Tübingen, 2012. (Seite 85–123).

Vaquer Aloy, Antoni: The Law of Successions. In: Bussani, Mauro. Werro, Franz (Hrsg.): *European Private Law: A Handbook.* Band I. Stämpfli. Bern, 2009. (Seite 555–586).

Vaquer Aloy, Antoni: *Reflexiones sobre una eventual reforma de la legítima*. Revista para el análisis del derecho, InDret 3/2007. Barcelona, julio 2007. (Seite 1–25).

Varul, Paul: The New Estonian Civil Code. In: Heiss, Helmut (Hrsg.): *Zivilrechtsreform im Baltikum*. Studien zum ausländischen und internationalen Privatrecht; 161. Mohr Siebeck. Tübingen, 2006. (Seite 51–57).

Vassilakakis, Evangelos: *The Choice of the Law Applicable to the Succession under Regulation 650/2012 - An Outline*. Annals of the Faculty of Law of Zenica, Volume 18, 2016. (Seite 221–233).

Vassilakakis, Evangelos: La professio juris dans les successions internationales. In: Lagarde, Paul (Hrsg.): *Le droit international privé. Esprit et méthodes; mélanges en l'honneur de Paul Lagarde*. Dalloz. Paris, 2005. (Seite 803–816).

Vastersavendts, Alfons: Praktisch Handboek van Erfrecht. Larcier. Brüssel, 1975.

Vékás, Lajos: Objektive Anknüpfung des Erbstatuts. In: Reichelt, Gerte. Rechberger, Walter H. (Hrsg.): *Europäisches Erb- und Erbverfahrensrecht*. Jan Sramek Verlag. Wien, 2011. (Seite 41–56).

Vékás, Lajos: *Zur Konkurrenz zwischen Erbstatut und Güterrechtsstatut*. Praxis des Internationalen Privat- und Verfahrensrechts. 5. Jahrgang, Heft 1, 1985, (Seite 24–25).

Verbeke, Alain: Belgisch erfrecht in kort bestek. Met IPR-aspecten en praktische tips voor Nederbelgen. Intersentia. Antwerpen, 2003.

Verbeke, Alain. Leleu, Yves-Henri: Chapter 19 - Harmonisation of the Law of Succession in Europe. In: Hartkamp, Arthur. Hesselink, Martijn. Hondius, Ewoud (Hrsg.): *Towards a European Civil Code*. Fourth Revised and Expanded Edition. Wolters Kluwer. Nijmegen, 2011. (Seite 459–479).

Verschraegen, Bea: Österreich. In: Dörner, Heinrich. Hausmann, Rainer (Hrsg.). Begründet von: Ferid, Murad. Firsching, Karl. *Internationales Erbrecht. Quellensammlung mit systematischen Darstellungen des materiellen Erbrechts sowie des Kollisionsrechts der wichtigsten Staaten*. Band VI. Beck. München & Berlin, 2019. (Stand der 107. Ergänzungslieferung). (Stand Österreich: 15.4.2011).

Virgós Soriano, Miguel. Rodríguez Pineau, Elena: Succession law and renvoi: the Spanish solution. In: Mansel, Heinz-Peter. Pfeiffer, Thomas. Kronke, Herbert. Kohler, Christian. Hausmann, Rainer (Hrsg.): *Festschrift für Erik Jayme*. Band I. Sellier European Law Publishers. München, 2004. (Seite 977–992).

Vitta, Edoardo: Diritto Internazionale Privato. Band III. *Diritti reali – Successioni e donazioni – Obbligazioni*. Unione tipografico-Editrice Torinese. Torino, 1975.

Vogeler, Andreas: Die freie Rechtswahl im Kollisionsrecht der außervertraglichen Schuldverhältnisse. Studien zum ausländischen und internationalen Privatrecht; 286. Mohr Siebeck. Tübingen, 2013.

Vogenauer, Stefan: The Prohibition of Abuse of Law: An Emerging General Principle of EU Law. In: De la Feria, Rita. Vogenauer, Stefan (Hrsg.): *Prohibition of Abuse of Law. A New General Principle of EU Law?* Hart. Oxford, 2011. (Seite 521–571).

Von Albertini, Lamara: *Ukraine: Neues Gesetz über Internationales Privatrecht.* StAZ Nr. 4/2006. (Seite 116–121).

Von Bar, Christian: Ausländisches Privat- und Privatverfahrensrecht in deutscher Sprache. Systematische Nachweise aus Schrifttum, Rechtsprechung und Gutachten 1990 – 2011. 8. Auflage. Sellier European Law Publishers. München, 2011.

Von Hoffmann, Bernd. Ortiz-Arce, Antonio: *Das neue spanische Internationale Privatrecht.* Rabels Zeitschrift für ausländisches und internationales Privatrecht 39, 1975. (Seite 647–689).

Von Overbeck, Alfred E.: La professio juris comme moyen de rapprocher les principes du domicile et de la nationalité en droit international privé. In: *Liber Amicorum Baron Louis Fredericq.* Band 2. Faculteit der Rechtsgeleerdheid. Gent, 1965. (Seite 1085–1112).

Wachter, Thomas: *Europäische Erbrechtsverordnung in der Gestaltungspraxis.* ZNotP 1/2 Januar/ Februar 2014, 18. Jahrgang, (Seite 2–23).

Wagner, Rolf: *Erste Rechtsprechung (des EuGH) zur EuErbVO.* Neue Juristische Wochenschrift 2017, Heft 52, (Seite 3755–3758).

Wall, Fabian: Art. 4 Allgemeine Zuständigkeit. In: Geimer, Reinhold. Schütze, Rolf A. (Hrsg.): *Internationaler Rechtsverkehr in Zivil- und Handelssachen.* Band III. Europäische Erbrechtsverordnung. C.H. Beck. München, 2016. (Seite 578. 63–96).

Weber, Johannes: *Ein Klassiker neu aufgelegt: Die Qualifikation des § 1371 BGB unter dem Regime der Europäischen Erbrechtsverordnung.* Neue Juristische Wochenschrift 2018, Heft 19, (Seite 1356–1358).

Weber, Johannes: *Kubicka und die Folgen: Vindikationslegate aus Sicht des deutschen Immobiliarsachenrechts.* DNotZ 2018, Heft 1, (Seite 16–32).

Weber, Johannes: *Die Europäischen Güterrechtsverordnungen: Eine erste Annäherung.* DNotZ 2016, Heft 9, (Seite 659–697).

Weber, Susanne: Die Parteiautonomie außerhalb des internationalen Schuldvertragsrechts unter Berücksichtigung der Rechtslage in Österreich und der Schweiz. Kovač. Hamburg, 2012.

Weber, Wolfgang: *Internationales Erbrecht in den Niederlanden.* Praxis des Internationalen Privat- und Verfahrensrechts. 20. Jahrgang, Heft 1, 2000, (Seite 41).

Weber, Wolfgang: Niederlande. In: Dörner, Heinrich. Hausmann, Rainer (Hrsg.). Begründet von: Ferid, Murad. Firsching, Karl. *Internationales Erbrecht. Quellensammlung mit systematischen Darstellungen des materiellen Erbrechts sowie des Kollisionsrechts der wichtigsten Staaten.* Band VI. Beck. München & Berlin, 2019. (Stand der 107. Ergänzungslieferung). (Stand Niederlande: 1.5.2004).

Weishaupt, Axel: *Neues Kollisions- und Internationales Zivilprozessrecht in der Republik Kasachstan.* Praxis des Internationalen Privat- und Verfahrensrechts. 22. Jahrgang, Heft 1, 2002, (Seite 53–62).

Weishaupt, Axel: Kasachstan. In: Dörner, Heinrich. Hausmann, Rainer (Hrsg.). Begründet von: Ferid, Murad. Firsching, Karl. *Internationales Erbrecht. Quellensammlung mit systematischen Darstellungen des materiellen Erbrechts sowie des Kollisionsrechts der wichtigsten Staaten.* Band IV. Beck. München & Berlin, 2019. (Stand der 107. Ergänzungslieferung). (Stand Kasachstan: 1. Juli 2001).

Weishaupt, Axel: Kirgisistan. In: Dörner, Heinrich. Hausmann, Rainer (Hrsg.). Begründet von: Ferid, Murad. Firsching, Karl. *Internationales Erbrecht. Quellensammlung mit systematischen Darstellungen des materiellen Erbrechts sowie des Kollisionsrechts der wichtigsten Staaten.* Band IV. Beck. München & Berlin, 2019. (Stand der 107. Ergänzungslieferung). (Stand Kirgisistan: 1. November 2003).

Weishaupt, Axel: Moldau. In: Dörner, Heinrich. Hausmann, Rainer (Hrsg.). Begründet von: Ferid, Murad. Firsching, Karl. *Internationales Erbrecht. Quellensammlung mit systematischen Darstellungen des materiellen Erbrechts sowie des Kollisionsrechts der wichtigsten Staaten.* Band V. Beck. München & Berlin, 2019. (Stand der 107. Ergänzungslieferung). (Stand Moldau: 1. September 1995).

Weishaupt, Axel: Tadschikistan. In: Dörner, Heinrich. Hausmann, Rainer (Hrsg.). Begründet von: Ferid, Murad. Firsching, Karl. *Internationales Erbrecht. Quellensammlung mit systematischen Darstellungen des materiellen Erbrechts sowie des Kollisionsrechts der wichtigsten Staaten.* Band VIII. Beck. München & Berlin, 2019. (Stand der 107. Ergänzungslieferung). (Stand Tadschikistan: 1. Juli 1995).

Weishaupt, Axel: Usbekistan. In: Dörner, Heinrich. Hausmann, Rainer (Hrsg.). Begründet von: Ferid, Murad. Firsching, Karl. *Internationales Erbrecht. Quellensammlung mit systematischen Darstellungen des materiellen Erbrechts sowie des Kollisionsrechts der wichtigsten Staaten.* Band IX. Beck. München & Berlin, 2019. (Stand der 107. Ergänzungslieferung). (Stand Usbekistan: 1. Juli 2002).

Weiss, Kinga M. Bigler, Manuel: *Die EU Erbrechtsverordnung – Neue Herausforderungen für die internationale Nachlassplanung aus Schweizer Sicht.* Successio. Zeitschrift für Erbrecht; Nachlassplanung und -abwicklung. 8 Jahrgang Heft 1/14. Schulthess. Zürich, 2014. (Seite 163–193).

Wennersbusch, Jasmin: Rechtswahl im Spannungsfeld von Parteiautonomie und kollisionsrechtlichem Schutz des Schwächeren. Studien zum Internationalen Privat- und Verfahrensrecht, Band 66. Jenaer Wissenschaftliche Verlagsgesellschaft. Jena, 2018.

Wicki, André Aloys: Zur Dogmengeschichte der Parteiautonomie im Internationalen Privatrecht. Verlag P.G. Keller. Winterhur, 1965.

Wilke, Felix M.: *Brauchen wir eine Rom 0-Verordnung? Eine Skizze anlässlich einer Bayreuther Tagung*. GPR Heft 6/2012. (Seite 334–341).

Wilke, Felix M.: *Das internationale Erbrecht nach der neuen EU-Erbrechtsverordnung*. RIW, 58. Jahrgang, Heft 9/2012. (Seite 601–609).

Wohlgemuth, Arno: *Die Mutter als Alleinerbin ihres Sohnes in Kasachstan - IPR-Gutachten zum kasachischen Erbrecht*. Recht in Ost und West, Zeitschrift für Ostrecht und Rechtsvergleichung. 39. Jahrgang. Heft 1, 1995. (Seite 195–198).

Wolf, Stephan. Dorjee-Good, Andrea: Schweiz. In: Süß, Rembert (Hrsg.): *Erbrecht in Europa*. Zerb Verlag. 3. Auflage. Bonn, 2015. (Seite 1141–1199).

Wolff, Lorenz: *Herausgeber: Rainer, Michael*. Pflichtteilsrecht – Forced Heirship – Family Provision. Österreich – Louisiana – Schweiz – England und Wales. Salzburger Studien zum Europäischen Privatrecht. Band 28. Peter Lang. Frankfurt am Main, 2011.

Worthmann, Elke: Irland. In: Süß, Rembert (Hrsg.): *Erbrecht in Europa*. Zerb Verlag. 3. Auflage. Bonn, 2015. (Seite 643–685).

Wöhrmann, Otto. Stöcker, Hans A., Wöhrmann, Heinz: Das Landwirtschaftserbrecht. Kommentar zur Höfeordnung, zum BGB-Landguterbrecht und zum GrdstVG-Zuweisungsrecht. Luchterhand. Köln, 2012.

Wysocka-Bar, Anna: Prawo właściwe dla spraw spadkowych w polskim prawie prywatnym międzynarodowym z 2011 r. Das Erbstatut nach dem polnischen IPRG 2011. In: *Znad granicy ponad granicami. Księga dedykowana profesorowi Dieterowi Martiny*. Beck. Warszawa, 2014. (Seite 405–422).

Zabalo Escudero, Mª Elena: Capítulo VI. La remisión a sistemas plurilegislativos en materia sucesoria. Perspectiva Europea. In: Viñas, Ramón. Garriga, Georgina (Hrsg.): *Perspectivas del Derecho sucesorio en Europa*. Marcial Pons. Madrid, 2009. (Seite 137–155).

Zidarova, Jordanka. Stančeva-Minčeva, Sofia: *Gesetzbuch über das Internationale Privatrecht der Republik Bulgarien*. Rabels Zeitschrift für ausländisches und internationales Privatrecht 71, 2007. (Seite 398–456).

Zidaru, Gheorghe-Liviu: *Die neue Zivilprozessordnung Rumäniens - ein Überblick*. Jahrbuch für Ostrecht 2013, Num. 54, (Seite 61–100).

Zimmermann, Reinhard: *Testamentsformen: „Willkür" oder Ausdruck einer Rechtskultur?* Rabels Zeitschrift für ausländisches und internationales Privatrecht 76, 2012. (Seite 471–508).

Zimmermann, Walter: Erbrecht. Lehrbuch mit Fällen. 5. Auflage. Erich Schmidt Verlag. Berlin, 2019.

Zimmermann, Walter: Erbschein, Erbscheinsverfahren, europäisches Nachlasszeugnis. 3. Auflage. Erich Schmidt Verlag. Berlin, 2016.

Anhang

1 *Europakarte mit Rechtsordnungen, die vor Inkrafttreten der Erbrechtsverordnung eine professio iuris zuließen*

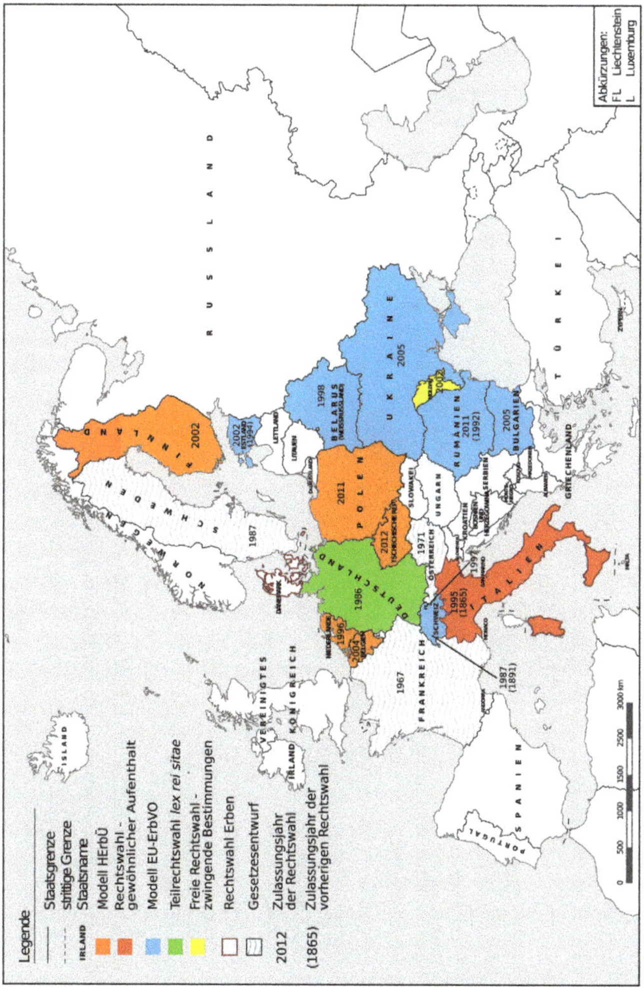

Die Markierungen sind von der Verfasserin selbst erstellt worden. Der Grundriss der Karte ist auf folgender Website abrufbar: http://www.schulatlas.com/2014/menue/stummekarte/eu/EUR_AB.pdf (zuletzt geprüft am 29.12.2018)

2 *Weltkarte mit Rechtsordnungen, die vor Inkrafttreten der Erbrechtsverordnung eine professio iuris zuließen*

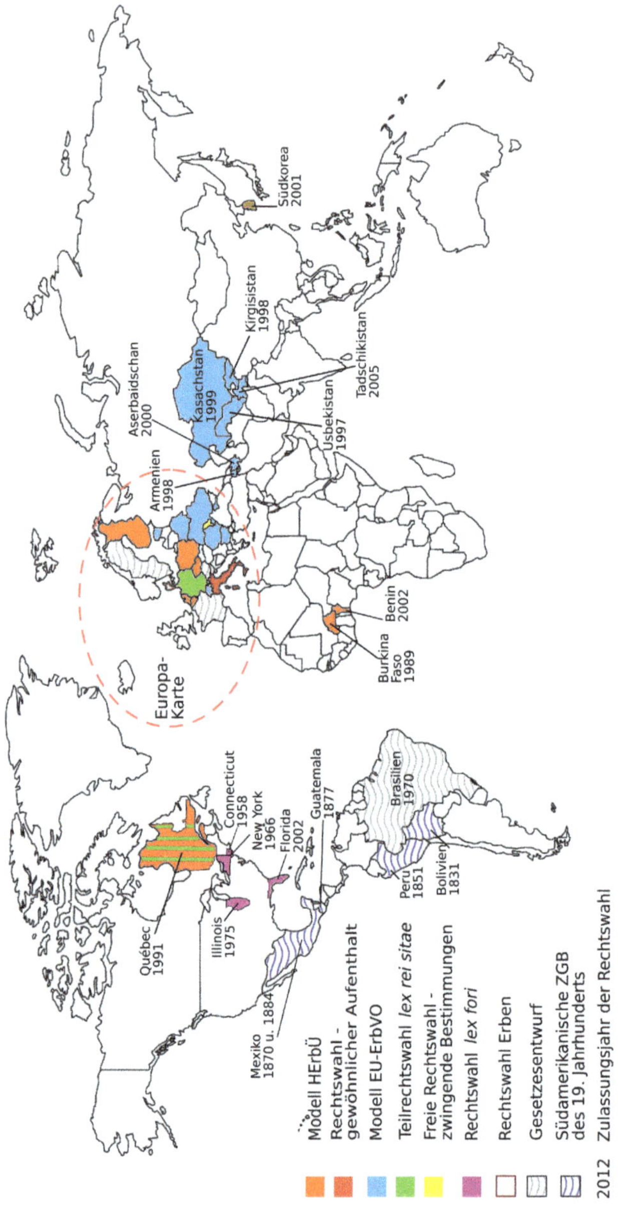

Die Markierungen sind von der Verfasserin selbst erstellt worden. Der Grundriss der Karte ist auf folgender Website abrufbar: https://www.pinterest.de/pin/242561129909975710/ (zuletzt geprüft am 29.12.2018)

3 *Europa- und Weltkarten – Objektive Anknüpfung vor und seit Anwendung der Erbrechtsverordnung*

3.1 Europakarte – Objektive Anknüpfung vor Anwendung der Erbrechtsverordnung

Quelle: http://www.internationales-erbrecht.de/ (zuletzt geprüft am: 11.06.2015)

3.2 Weltkarte – Objektive Anknüpfung vor Anwendung der Erbrechtsverordnung

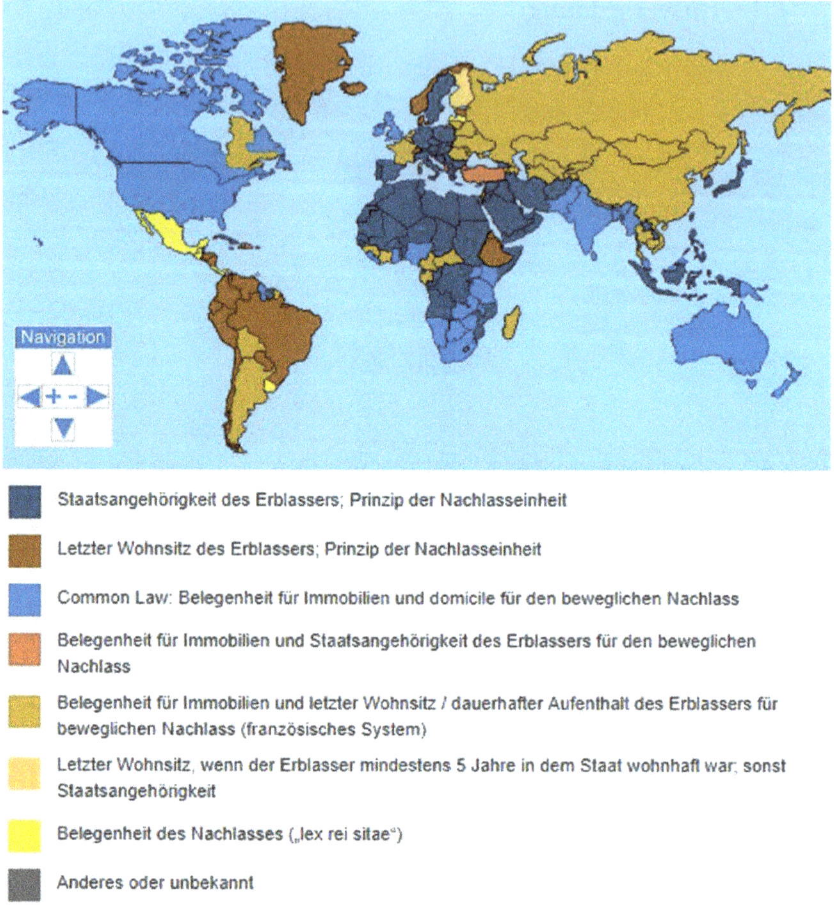

Quelle: http://www.internationales-erbrecht.de/ (zuletzt geprüft am: 11.06.2015)

3.3 Europakarte – Objektive Anknüpfung seit Anwendung der Erbrechtsverordnung

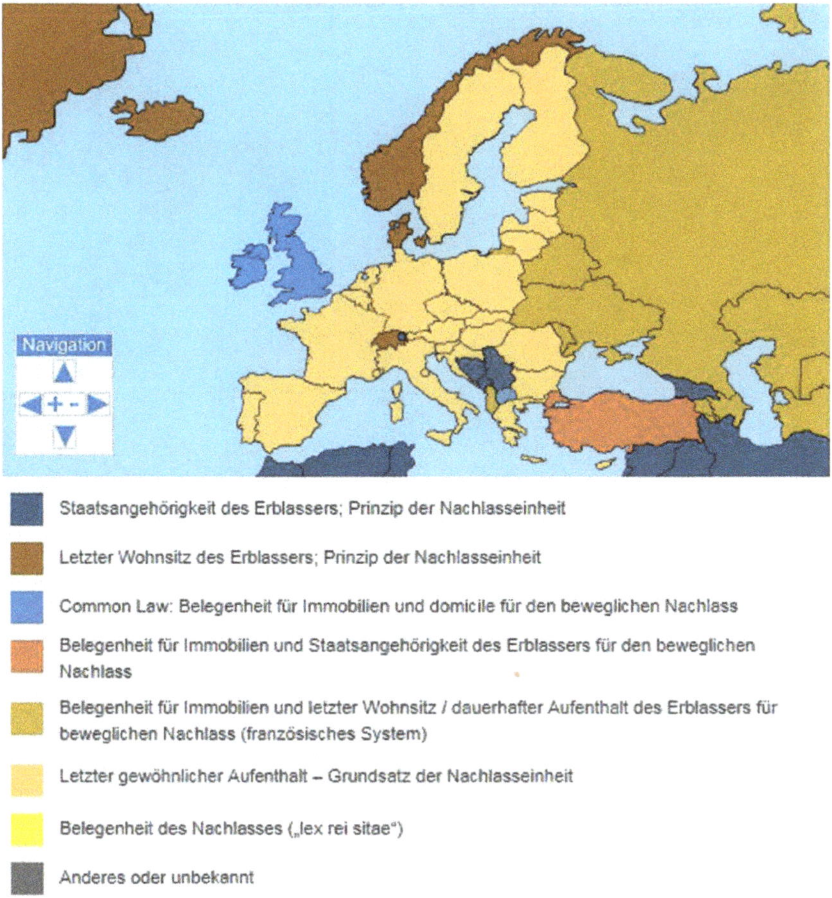

Quelle: http://www.internationales-erbrecht.de/ (Zuletzt geprüft am 29.12.2018)

3.4 Weltkarte – Objektive Anknüpfung seit Anwendung der Erbrechtsverordnung

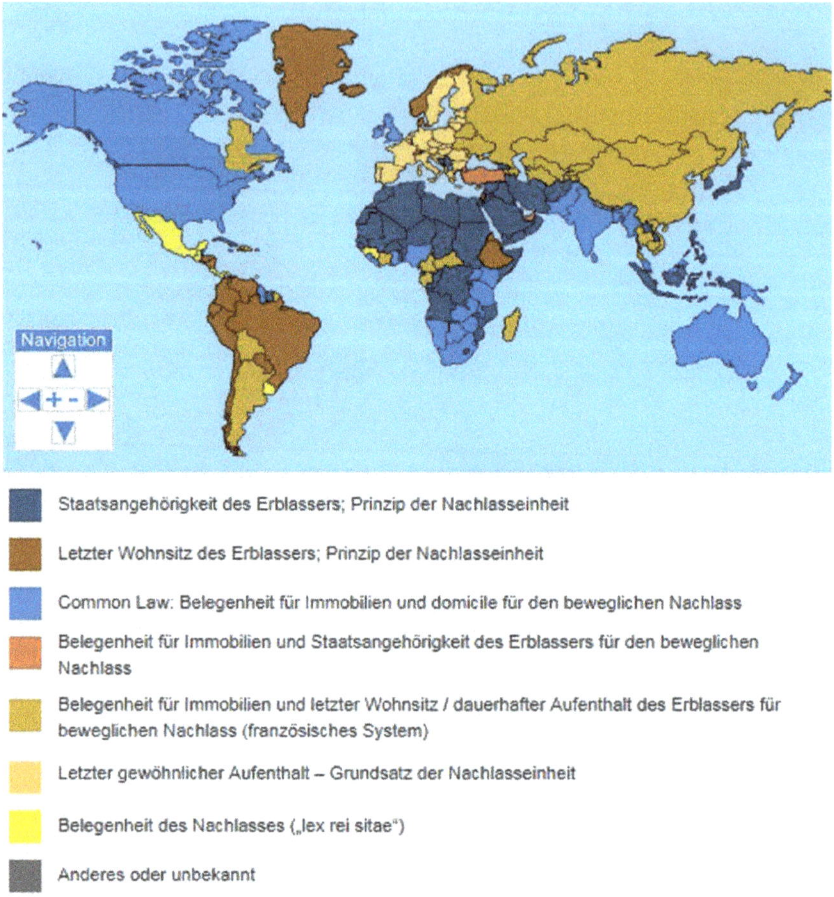

Quelle: http://www.internationales-erbrecht.de/ (zuletzt geprüft am 29.12.2018)

4 *Die Foralrechte (derechos forales) in Spanien*

Legende: In orange: Teilrechtsordnungen, die ein eigenes Erbrecht besitzen. In weiß: die restlichen Regionen, in denen der *Código Civil* anwendbar ist.

Die Markierungen sind von der Verfasserin selbst erstellt worden. Der Grundriss der Karte ist auf folgender Website abrufbar: http://es.imagixs.com/mapa-de-espaa-para-colorear/ (zuletzt geprüft am: 04.11.2016)

5 *Weltkarte mit Kennzeichnung der Länder, in denen die Sharia anwendbar oder nicht anwendbar ist*

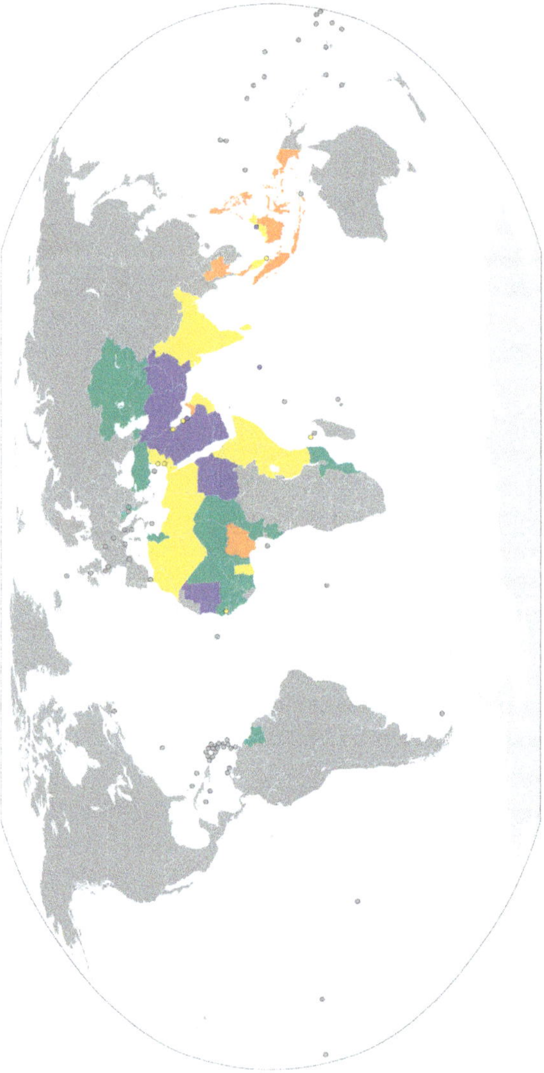

Legende: Länder mit muslimischer Bevölkerungsmehrheit oder Mitglieder der OIC, in denen die Scharia keine Rolle im Rechtssystem spielt. Länder mit säkularem Rechtssystem, in denen die Scharia im Privatrecht (z.B. Ehe, Scheidung, Erbrecht, Sorgerecht) Anwendung findet. Länder mit voller Gültigkeit der Scharia. Länder mit regional unterschiedlicher Anwendung der Scharia.

Quelle: https://de.wikipedia.org/wiki/Scharia#/media/File:Use_of_Sharia_by_country.svg (zuletzt geprüft am 29.12.2018)

Abbildungsverzeichnis

Abb. 1: Freie Quote des Erblassers nach belgischem Recht 56
Abb. 2: Freie Quote des Erblassers nach italienischem Recht 73
Abb. 3: Freie Quote des Erblassers nach bulgarischem Recht 86
Abb. 4: Aufteilung der legítima bei einem Erblasser mit zwei Abkömmlingen im gemeinspanischen Erbrecht 251

www.ingramcontent.com/pod-product-compliance
Ingram Content Group UK Ltd.
Pitfield, Milton Keynes, MK11 3LW, UK
UKHW021815051026
8980IPUK00042B/197

9 783631 784242